Georg Hilger/Werner H. Ritter

RELIGIONSDIDAKTIK GRUNDSCHULE

Georg Hilger/Werner H. Ritter

RELIGIONSDIDAKTIK GRUNDSCHULE

HANDBUCH FÜR DIE PRAXIS des evangelischen und katholischen Religionsunterrichts

Kösel/Calwer

FSC

Mix

Produktgruppe aus vorbildlich bewirtschafteten Wäldern und anderen kontrollierten Herkünften

www.fsc.org Zert.-Nr. GFA-COC-1298

Verlagsgruppe Random House FSC-DEU-0100
Das für dieses Buch verwendete FSC-zertifizierte Papier
Munken Print White liefert Arctic Paper

2. Auflage 2008

Umschlaggestaltung: Kaselow Design, München
Umschlagmotiv: zefa images / masterfile / Ken Davies
Druck und Bindung: Kösel, Krugzell
Printed in Germany
ISBN 978-3-466-36707-8 (Kösel)
ISBN 978-3-7668-3913-8 (Calwer)

INHALT

III ANREGUNGEN FÜR EIN LEBENDIGES LERNEN IM RELIGIONSUNTERRICHT – LERNWEGE 291

Vorwort

Religiöses Lernen und religiöse Bildung gehören zum Auftrag der Schule von Anfang an: In diesem Sinne hat die Grundschule im Rahmen ihres Erziehungs- und Bildungsauftrags einen Beitrag dazu zu leisten, dass sich Kinder in weltanschaulich pluralen Zeiten und komplexen Kontexten ihre Welt erschließen und sich dabei auch religiös orientieren können, indem sie vor allem – aber nicht nur – der Religion unseres Kultur- und Sprachraumes begegnen, sie kennen und verstehen lernen, sie probieren und gestalten können. Dies soll Grundschülerinnen und -schülern bei der Entstehung, Klärung und Gestaltung ihrer Selbst-, Welt- und Gotteserfahrung sowie ihrer religiösen und moralischen Lebensgestaltung unterstützen. Unser Buch will angehenden und fertigen Religionslehrkräften das nötige Rüstzeug an die Hand geben, um die Kinder hierbei anzuleiten, anzuregen und herauszufordern.

Eine Besonderheit vorliegender Grundschulreligionsdidaktik ist, dass sie in großem Einvernehmen von einem evangelischen und einem katholischen Religionspädagogen gemeinsam konzipiert, erarbeitet und entsprechend ausgerichtet ist. Die einzelnen Artikel des Buches sind in produktivem interkonfessionellen Austausch entstanden: Beide Autoren haben zusammengearbeitet, indem jeweils einer den Artikel verfasst, der andere ihn gegengelesen, kritisiert, erweitert und modifiziert hat, sodass der jetzige Text gemeinsam verantwortet werden kann. Dies soll auch anzeigen, was und wie viel heute evangelisch und katholisch in einer Grundschulreligionsdidaktik möglich ist, also gemeinsam gedacht, entfaltet und gestaltet werden kann, ohne dass konfessionelle Profile und Besonderheiten aufgegeben werden müssen.

So ist auf der Basis des Christentums in seiner katholischen wie evangelischen Religionsgestalt ein gemeinsames Werk entstanden, das ebenso Studierende der evangelischen und katholischen Religionslehre wie Religionslehrkräfte in den ersten, aber auch in den besten Berufsjahren anregen und beflügeln soll.

Die religionsdidaktische Positionierung und Ausrichtung des Studienbuches zeigt sich in seinem dreigliedrigen Aufbau. Im ersten Teil »Religion in der Grundschule – Herausforderungen und Aufgaben« wird das Verständnis von Religionsunterricht mit seinen Zielperspektiven, Begründungen, Kontexten und mit den in ihm handelnden Personen in den Blick genommen. Der zweite Teil »Kinder und Inhalte im Religionsunterricht« reflektiert vor dem Hintergrund elementarer religionsdidaktischer Kriterien und Fragerichtungen einige zentrale Inhaltsbereiche religiösen Lernens. Der dritte Teil will die didaktische Fantasie der Lehrkräfte inspirieren, gibt also »Anregungen für ein lebendiges Lernen im Religionsunterricht«. Das ausführliche Inhaltsverzeichnis, das Stichwortregister, die analoge Strukturierung der einzelnen Kapitel und die Querverweise in den Texten wollen die Orientierung in diesem umfangreichen Werk erleichtern.

Hinsichtlich der Anlage und der Durchführung der vorliegenden Religionsdidaktik für die Grundschule halten wir es mit der weisen Einsicht des Psychologen Kurt Lewin (1890–1947): »Nichts ist praktischer als eine gute Theorie.« Wir teilen diese Auffassung uneingeschränkt und legen deswegen mit diesem Studienbuch eine Theorie für die Praxis vor, ganz im Sinne der ursprünglichen Wortbedeutung von *theoria* als Schau und Sicht bzw. Vorstellung von etwas. Eine solche Theorie für die Praxis kann die Augen für wichtige Aspekte, Zusammenhänge, Perspektiven und Lernwege des schulischen religiösen Lernens und der religiösen Bildung öffnen und zum Entdecken, Schauen, Wahrnehmen, Kennenlernen, Prüfen, zur Auseinandersetzung und immer wieder auch zum Mit- und Nachvollzug einladen. Ebendies intendieren wir mit diesem Band, denn es gibt in der Tat nichts Praktischeres als eine gute Theorie im Dienste eines lebendigen und reflektierten Religionsunterrichts, der die Kinder als Lernende ernst nimmt.

Wir danken allen, die zum Erscheinen dieser Grundschulreligionsdidaktik beigetragen haben: Zu nennen sind hier die beiden Verlage Kösel und Calwer, die das Werk in ihr religionsdidaktisches Programm aufgenommen haben, insbesondere Frau Margarete Stenger für ihr Engagement, das sehr zum Gelingen der Zusammenarbeit mit den Verlagen beigetragen hat. Danken möchten wir auch den am Entstehen des Buches Beteiligten an den beiden Lehrstühlen, insbesondere den Sekretärinnen Maria Schmidmeier und Kathrin Tauscher für ihre Aufmerksamkeit und Geduld bei der Erstellung und Überarbeitung der Texte, den Mitarbeiterinnen und Hilfskräften Michaela Albrecht und Barbara Rabus in Bayreuth sowie Corinna Fehrenbacher und Ruth Franke in Regensburg für manche Literaturrecherchen und ihr umsichtiges Korrekturlesen.

Georg Hilger und Werner H. Ritter

RELIGION IN DER GRUNDSCHULE –

HERAUSFORDERUNGEN UND AUFGABEN

Einführung: Religiöses Lernen und religiöse Bildung in der Grundschule

Werner H. Ritter

Einerseits erscheint Religionsunterricht heute als ein Grundschulfach wie jedes andere auch. Andererseits gilt es vielen als nicht unumstritten: So wird gefragt, was religiöses Lernen und religiöse Bildung überhaupt sind und was sie in der Grundschule sollen. Waren religiöse Erziehung und Bildung in der Nachkriegszeit bis in die 60er-Jahre des 20. Jh. hinein relativ unstrittig, so bedürfen sie heute vermehrt der Reflexion, der Begründung und bewusster Praxis. Wer für Religionsunterricht an der Grundschule plädiert, muss sagen können, was Religion, religiöses Lernen und religiöse Bildung sind und wollen. Vielen erscheint dies auf den ersten Blick klar, anderen nicht (mehr).

1. Recht von Kindern auf religiöse Bildung

Seit den späten 60er-Jahren des vergangenen Jahrhunderts erschienen religiöse Erziehung und Religionsunterricht oft in einem schlechten Licht: Religion und religiöse Erziehung galten als autoritäre Eingriffe in das (Seelen-)Leben unmündiger Kinder und Heranwachsender. Kinder würden durch Religion und religiöse Erziehung verdorben und manipuliert sowie um ein »vernünftiges« Menschsein gebracht – diese Auffassung fand und findet Vertreterinnen und Vertreter bis heute, darunter so berühmte wie einst John Locke (1632–1704) in England und Jean-Jacques Rousseau (1712–1778) in Frankreich. In der Folge sind im letzten Drittel des 20. Jh. religiöse Erziehung und Bildung von Eltern, aber auch in der Öffentlichkeit oft vernachlässigt worden. Mittlerweile wird deutlich, dass Kinder, denen wir Gott und Religion vorenthalten, um Wesentliches gebracht werden. Deswegen wird seit einiger Zeit von Religionspädagogen betont, dass wir Kinder nicht um Gott betrügen dürfen (vgl. Biesinger 1994a; 1994b) und dass Kinder ein Recht auf Religion und religiöse Bildung haben (vgl. Schweitzer 2000a).

Die Grundschule leistet im Rahmen ihres Erziehungs- und Bildungsauftrages einen wesentlichen Beitrag zur kindgemäßen Wirklichkeitserschließung und Weltorientierung, indem sie das Selbst- und Weltverständnis von Kindern fördert und fordert. Letzteres muss unseres Erachtens Religion und religiöse Bildung einschließen. Religion und religiöse Bildung können als wichtige Aufgaben der Grundschule und unverzichtbare Aspekte von allgemeiner Bildung gelten (vgl. EKD 2000, 4). Diesbezüglich besteht ein hoher, wenn auch kein totaler grundschulpädagogischer Konsens dahingehend, dass in einer allgemeinen Grundbildung persönliche und weltanschauliche Orientierung und damit zusammenhängend die Bearbeitung religiöser und ethischer Themen und Fragen nicht fehlen dürfen, wenngleich die Meinungen darüber auseinander gehen, wie dem – angesichts religiöser Individualisierung, Pluralisierung und veränderter Kindheit (s. I.1) – schulpraktisch am besten entsprochen werden kann (s. I.3).

2. Gründe für religiöse Bildung in einer Kultur des Aufwachsens

Ein *erster Grund* ist, dass Religion und religiöse Bildung zu unserer abendländisch-europäischen Kultur gehören. Aufgabe der (Grund-)Schule ist es auch, Kinder mit dem kulturellen Erbe und der kulturellen Herkunft vertraut oder zumindest damit bekannt zu machen (= kulturgeschichtliches Argument). Ein *zweiter Grund*: Im Unterschied zum Tier kommt der Mensch instinktreduziert zur Welt, verfügt also über kein von Anfang an fertiges Verhaltens- oder Deutungsrepertoire hinsichtlich seiner Wirklichkeit. Weil er keine entsprechende »Sinnformel« für sich und seine Welt hat, muss er danach suchen, wozu er eine Lebens-Deutung, eine Welt-Anschauung oder ein Welt-Bild und – je nachdem – Religion braucht: Wo kommen wir her, wohin gehen wir? Was sollen wir tun? Was dürfen wir hoffen? Der Pädagoge Heinrich Roth schreibt in diesem Sinne: »Kein Mensch, auch nicht der einfachste Mensch, kann ohne Weltdeutung, sei sie noch so primitiv und pauschal, geistig leben ... Wer nicht christlich glaubt, der lebt aus einem philosophischen oder weltanschaulichen Glauben« (Roth 1966, 141). Wenn wir nicht einfach in den Tag hinein leben, sondern uns unserer Existenz bewusst sein bzw. werden wollen, dann ist es »unsere größte und zugleich schwerste Aufgabe, in unserem Leben einen Sinn zu finden«; deshalb sei es, so der Kinderpsychologe Bruno Bettelheim, auch »die wichtigste und schwierigste Aufgabe der Erziehung«, »dem Kind dabei zu helfen, einen Sinn im Leben zu finden« (Bettelheim 1977, 9). Kinder müssen mithilfe von Erziehung, Lernen und Bildung die ihnen widerfahrenden Ereignisse deuten und zu einem individuell tragfähigen »Weltdeutungsmodell« verarbeiten. Mit einiger Plausibilität lässt sich sagen: Kinder sind dazu gezwungen, im unübersehbaren Chaos von Sinneseindrücken und sich widersprechenden Erlebnissen durch Fragen, an sie weitergegebenes »Wissen« und vorläufige, selbst konstruierte Antworten auf diese Fragen eine Ordnung – eine Art Weltordnung – zu erstellen, die ihrem Erleben, Denken und Handeln einen verlässlichen Rahmen gibt. Dies leistet für bestimmte Fragen und Zusammenhänge Religion. Damit Kinder auf der Grundlage ihrer geistigen Möglichkeiten selbst »Ordnungsvorstellungen« aufbauen können, braucht es in Erziehung, Unterricht und Bildung profilierte, gesprächsfähige Positionen (= funktionales Argument). Ein *dritter Grund*: Auch in einer Welt, in der naturwissenschaftliche und technische, technologische Fragen immer mehr Bedeutung gewinnen, wollen Kinder und Menschen nach wie vor wissen, welchen Sinn ihr Leben hat, wofür es sich zu leben lohnt, wie man »richtig« lebt, was es heißt, an Gott zu glauben. Hier geht es um Grundfragen, die vermutlich alle Menschen auf dieser Erde miteinander teilen: Menschen werden schuldig, müssen leiden, müssen sterben; da gibt es Schicksale, Schuld und Opfer. All dies kann nicht aus dem Repertoire technisch-instrumenteller Vernunft bestritten werden, sondern erfordert vor allem den Rückgriff auf religiöse, menschheitsgeschichtliche Traditionen. Im Aufwachsen von Kindern (aber auch Jugendlichen) brechen immer wieder Fragen auf, die zumindest potenziell eine religiöse Bedeutung haben. »Eine Bildung, die Kindern (und Jugendlichen) gerecht werden will, kann auf diese Dimension grundsätzlich nicht verzichten.« (EKD 2003b, 87) Die Tabuisierung solcher Fragen ist – so der Philosoph Vittorio Hösle – »ein Verbrechen an der kindlichen Seele« (Nora K./Hösle 1996, 247). Eine Gesellschaft und eine Schule, die ihre Kinder nur rationales Erkennen, technokratisches und gesellschaftlich nützliches Handeln lehren, bleiben hinter den Möglichkeiten des Menschen und hinter den »Maßen« des Menschlichen zurück (= anthropologisches Argument). Ein *vierter* und letzter Grund findet sich im 10. Kinder- und Jugendbericht der Bundesregierung von 1998; er hebt in einem grundsätzlichen Sinne den objektiven Bedarf sinnorientierender Angebote in der Schule gerade pluraler Gesellschaften nachdrücklich hervor: Der Sinnbedarf nehme in pluralen Gesellschaften nämlich nicht etwa ab, sondern in der Tendenz eher zu (= sozialdiakonisches Argument).

3. Was meint heute Religion?

Bevor wir nach dem Was und Wozu religiöser Bildung fragen können, ist zu überlegen, was *Religion* überhaupt ist bzw. was man darunter heute versteht. In einem allgemeinen, landläufigen Verständnis hat Religion fundamental damit zu tun: Menschen haben immer wieder erfahren und erfahren bis heute, dass die Wirklichkeit mehr ist als das, was man sehen, hören, greifen, zählen und messen kann, und dass es so etwas wie eine transzendente Person, Macht oder Wirklichkeit hinter, über bzw. jenseits jener »oberflächlichen« Wirklichkeit gibt. Begriffe wie Religion oder Gott stehen gleichsam als Chiffren oder Symbole für diese Wirklichkeit und entsprechende damit verbundene Erfahrungen. Dabei schien das, was Religion ist, lange Zeit bis weit in das 20. Jh. hinein klar zu sein (vgl. zum Folgenden Ritter 2004c, 302 ff). Wenn man – noch im 19. und 20. Jh. – nicht gleich Religion als christliche Religion begriff und damit identifizierte, verstand man in der älteren Religionswissenschaft des späten 19. und frühen 20. Jh., aber auch im (damaligen wie oft noch heutigen) alltäglichen Sprachgebrauch unter Religion die Beziehung von Menschen oder ihr Verhalten zu einer Macht oder Mächten, Gott oder Göttern, zu einem Heiligen oder Absoluten.

Diese Verstehensweise von Religion wird *inhaltlich* bzw. *substantial* genannt. Sie suggeriert ein einheitliches Verständnis einer eindeutig identifizierbaren Größe Religion. Immerhin bemerkte man bei aller Bevorzugung oder Höherbewertung der christlichen Religion in Theologie und Religionswissenschaft des 19. und frühen 20. Jh., dass sich Religion genau genommen als eine unterschiedliche und vielgestaltige Weise menschlichen Verhaltens zu einer transzendenten Wirklichkeit darstellt, wie das ja in den verschiedenen großen und kleinen (Welt-)Religionen zum Ausdruck kommt. Gleichwohl schien klar zu sein, dass Religion zu allen Zeiten und an allen Orten anzutreffen sei, mit anderen Worten: etwas Universales darstelle. Seit geraumer Zeit ist allerdings dem Religionsbegriff seine frühere Eindeutigkeit abhanden gekommen. Neuere sozialwissenschaftliche, religionswissenschaftliche und theologische Forschung bemerkt mittlerweile sehr deutlich, dass das Auffällige an Religion gerade ihre mangelnde Eindeutigkeit sei, weswegen es immer wieder der Verständigung darüber bedürfe, was wir darunter verstehen. Das heißt: Phänomen und Begriff Religion erscheinen heute komplex, spannungsreich und uneindeutig. Folgende Erkenntnisse sind in diesem Zusammenhang wichtig:

Religion als christliche Religion

Religion ist kein ursprünglich christliches Wort. Das lateinische »religio« entstammt der römisch-hellenistischen Philosophie und meint eine Verhaltensweise oder Tugend, die einer göttlich genannten Natur heilige Sorgfalt und feierlichen Dienst entgegenbringt. Erst im 4. Jh., als das Christentum zur Staatsreligion wurde, adaptierte es den Begriff. Mit der *Renaissance* gerieten außereuropäische Religionen in das Blickfeld, und mit dem Augsburger Religionsfrieden (1555) sowie dem Westfälischen Frieden (1648) gab es eine Mehrzahl von (christlichen) Konfessionen und Religionsparteien. In dem Maß, in dem der christliche Glaube infolge der konfessionellen Zersplitterung während der Reformation an Integrations- und Überzeugungskraft verloren hatte, avancierte der Allgemeinbegriff Religion zunächst zum Zeichen und zur Grundlage für die Überwindung konfessioneller und gesellschaftlicher Differenzen in Europa. Religion wurde jetzt ein fundamentaler christlicher Begriff, der zur Reflexion auf die eigene Verfassung und Geschichte gebildet wurde. Damit war es möglich, die Allgemeinheit und bleibende Verbindlichkeit des Christentums zu unterstreichen, die infolge der konfessionellen Streitigkeiten und Spaltungen im 16. Jh. gefährdet erschienen.

Religion als Universalkategorie

Im Verlauf der Neuzeit wird der Religionsbegriff zu einer fundamental-anthropologischen oder -ontologischen Universalkategorie entwickelt, welche nicht nur die binnenchristlichen Konfessionsdifferenzen, sondern auch noch jene Differenzen umgreift, die zwischen Christentum und nichtchristlichen Religionen bestehen. Nun steht der Begriff dafür, dass alle Menschen Religion haben bzw. religiös sind, unabhängig von und vor aller spezifischen historischen Konfession. Dies verleiht dem Religionsbegriff maximale *Allgemeingültigkeit*, geht freilich mit einer eigentümlichen *Ahistorizität* und einer auffälligen *Inhalts-* bzw. *Substanzlosigkeit* einher. Diese Verallgemeinerungstendenz kann dabei soweit gehen, dass sogar Atheismus, Humanismus etc. als Religion verstanden werden. Was seit dem späten 19. Jh. bis ins 20. Jh. hinein an Religion zunehmend interessiert, ist v.a. ihre *Funktion* bzw. ihre *Funktionen*. In einer Art zweiten Aufklärung über Religion – nach den großen Religionskritikern Feuerbach, Marx, Freud – entdecken Sozialwissenschaftler (Niklas Luhmann, Hermann Lübbe u.a.), dass Menschen weiter individuelle und soziale Bedürftigkeiten haben, die von »Religion« (unspezifisch und nur im Blick auf ihre »Funktion« verstanden) befriedigt werden. Nachgerade seit den 60er-Jahren des 20. Jh. sprechen Sozialwissenschaftler von verschiedenen Funktionen der Religion wie Identitätsstiftung, Reduktion von Komplexität, Kontingenzbewältigung, ihrer integrierenden Sinngebungs- und Welterrichtungsfunktion. Wir nennen dies das *funktionale* Verständnis von Religion im Unterschied zum älteren substantialen oder inhaltlichen, das Religion an bestimmten Inhalten oder Substanz(en) festmacht. Dadurch kommt es zu einer hochgradigen Vervielfältigung von Dingen, Erfahrungen und Symbolen, die als »religiös« besetzt erscheinen können, auch wenn sie mit Religion(en) im herkömmlichen, substantialen Sinne zumindest auf den ersten Blick nur wenig gemeinsam haben. Dieses funktionale Verständnis von Religion wird so gedehnt gebraucht, dass z.B. auch Konsum, Sport, Kino, Werbung, Popmusik, Popkultur etc. als Religion bezeichnet werden. Auch wenn es fragwürdig erscheint, ob solcher unspezifische und inhaltsleere Begriffsgebrauch von Religion für gehaltvolles theologisches und religionspädagogisches Arbeiten ausreicht, ergeben sich für religionspädagogische Theorie und Praxis häufig hilfreiche Erkenntnisse und Ansätze, wenn wir Kinder wie Heranwachsende danach fragen, was ihnen »heilig« ist, woran sie »ihr Herz hängen«, was ihnen Halt und Orientierung gibt. Gleichwohl ist dieses allgemeine funktionale Religionsverständnis kritisch anzufragen: Ist wirklich alles, was Menschen in besonderer Weise angeht, Religion? Ist dann nicht letztlich alles Religion? Wenn aber alles Religion ist, welchen Sinn macht es dann noch von Religion zu sprechen? Hier kann es sich empfehlen, zwischen Religion, Weltanschauung und Sinn zu unterscheiden.

Religion als eigenständige Dimension neben Kirchlichkeit

Insgesamt gesehen kann Religion als eine eigenständige Dimension unseres Lebens gelten. Dabei ist ihre (nicht nur) im abendländisch-europäischen Raum verbreitetste Konkretionsgestalt nach wie vor das *Christentum.* Auch angesichts aller hierzulande begegnenden Multikulturalität und Multireligiosität kommt der christlichen Tradition eine besondere Bedeutung zu, was sich etwa in Westdeutschland (anders Ostdeutschland – derzeit ca. 28%) darin zeigt, dass die Mehrheit der dort lebenden Menschen – derzeit über 75% – einer christlichen Kirche angehört (vgl. EKD 2003a, 7). Generell steht dabei Religion nicht nur im evangelischen Bereich für ein eigenständiges Christentum und eine christliche Religiosität, die nicht ohne weiteres mit Kirche und Kirchlichkeit identisch sind bzw. sein müssen, was aber nicht zu einer Fundamentalopposition führen muss. Und doch drückt sich evangelischer- wie katholischerseits in Religion als »Laienkonzept« der Freiheitsanspruch bzw. »Freiheitsvorbehalt« von Christinnen und Christen gegenüber ihrer Kirche aus (Trutz Rendtorff).

Religion als Negativgröße

Neben einem positiv besetzten Verständnis von Religion als für den Menschen essenziell, gut und wichtig gibt es spätestens seit der europäischen Aufklärung auch ein gegenläufiges negatives Verständnis von Religion als vorwissenschaftlich (Auguste Comte), antifortschrittlich, als Beweihräucherung des schlechten Status quo und Vertröstung (Karl Marx), als Projektion (Ludwig Feuerbach) und Illusion (Sigmund Freud). In der neueren Glaubens- und Theologiegeschichte konnte sowohl evangelischer- als auch katholischerseits der Religionsbegriff sehr unterschiedlich verstanden und rezipiert werden: Während er lange Zeit positiv verwendet wurde – so z.B. evangelischerseits von Friedrich D. E. Schleiermacher (Religion als »Sinn und Geschmack fürs Unendliche«) und Paul Tillich (Religion als »das, was uns unbedingt angeht«) oder katholischerseits im Sinne einer klaren Hierarchie der Religionen mit dem Christentum an der Spitze –, stieß er im evangelischen Bereich v.a. infolge der Dialektischen Theologie seit den 20er bis in die 60er-Jahre des 20. Jh. auf erhebliche Vorbehalte und tut es noch; im katholischen Bereich betont jüngst etwa Thomas Ruster, dass der christliche Glaube keine Religion (wie die anderen) sei, sondern eben etwas ganz anderes: Offenbarung (vgl. Ruster 2000).

Religion als diskursiver Tatbestand

Entgegen früheren Vorstellungen eines zeitlosen und allgemeinen »Wesens« der Religion wird heute betont, dass Religion nicht im Allgemeinen vorkommt, sondern nur konkret im Plural real existierender Religionen, angefangen bei nicht-christlichen Religionen über christliche Konfessionen und Denominationen bis hin zu religiösen Sondergemeinschaften. Wissenschaftlich reflektiert gibt es demzufolge heute keinen allgemein verbindlichen Religionsbegriff mehr (vgl. so Antes 1992, 1544). Deswegen gilt neuerdings – nicht nur sozialwissenschaftlich – Religion in aller Regel als kulturell gebundener »umbrella term« oder »diskursiver Tatbestand« (Matthes 1992), über den man sich immer erst verständigen muss, der also nicht gleichsam zu Tage liegt.

Religion als subjektiv bestimmte Daseinsdimension

Auf eine exakte Definition verzichtend, kann es deshalb bei Religion heute nur darum gehen, grob ihr *Bedeutungsfeld* abzustecken. Heuristisch und vereinfacht kann man darunter verstehen: den lebenspraktischen, mehr oder weniger reflektierten Umgang mit dem Woher unserer Existenz und mit dem, was uns ultimativ-letztlich, »was uns unbedingt angeht« (P. Tillich). Die Bedeutung des Wortes Religion sollte dabei – wie bei Wortbedeutungen generell – seinem Gebrauch in der Alltagssprache entsprechen (vgl. Wittgenstein 1975, 3), wobei freilich das substantiale wie funktionale Verständnis von Religion mit zu berücksichtigen sind. Wichtig ist auf jeden Fall die von Menschen selbst vorgenommene Zuschreibung als religiös oder nicht-religiös. Als ihre »Religion« bezeichnen Menschen im Alltag für gewöhnlich heute meistens das, was ihnen »Halt« sowie Antwort auf die Frage nach dem Sinn ihres Lebens, des Weltgeschehens und des In-der-Welt-Seins gibt. Gleichwohl ist die individuelle Selbsteinschätzung in diesem Zusammenhang nicht der einzige Gesichtspunkt für die Klärung der Frage, was Religion sei. Weiterführend kann letztlich nur ein gemeinsames Ringen und Aushandeln von Wissenschaft, (institutionalisierter) Religion und subjektivem Verständnis sein, um den Begriff annäherungsweise profilieren zu können (vgl. Polak 2002, v.a. 58).

Religion als Dimension menschlichen Lebens

Auch wenn Religion v.a. in der Neuzeit (seit dem späten 18. Jh.) immer wieder als irreal erfahren und etwa durch Religionskritik abgelehnt werden konnte, auch wenn sie von anderen als epochal-vorübergehendes Phänomen verstanden wurde (»Religion als Auslaufmodell«), wenn Menschen sie als unterdrückend und unfrei machend erfuhren, wenn Religion zumindest auch ambivalent erschien –, gemeinhin galt und gilt sie noch als unverzichtbare, wesentliche und konstitutive Dimension menschlichen Lebens, der Wirklichkeit und damit auch der Schule und der (religiösen) Bildung. Dies wurde nicht zuletzt unterstützt durch Entwicklungen nachgerade in der zweiten Hälfte des 20. Jh., die zeigten, dass sich Religion und religiöse Fragen durch wissenschaftlichen und technischen Fortschritt nicht einfach von selbst erledigen, sondern von Menschen mitunter neu und sogar heftiger als zuvor – Stichworte: boomende Religiosität, »neue Religiosität« – thematisiert werden. Dementgegen ist seit geraumer Zeit unübersehbar deutlich, dass Menschen ohne Religion leben und leben können, ihr Leben also ohne wesentliche Defizite, wie sie sagen, organisieren und zubringen können (vgl. Tiefensee 2000). Dies zeigt sich in Westdeutschland und verstärkt in Ostdeutschland, wo insbesondere die Situation an (Grund-) Schulen herausfordert. Da wie dort trifft die Ansicht, Religion sei eine wesentliche Dimension des Lebens und Lernens und eine anthropologische Konstante, mehr oder weniger auf Unverständnis. Aufgrund solcher Erfahrungen wird die Meinung vertreten, dass es unter den Bedingungen der modernen Gesellschaft für Menschen keineswegs mehr zwingend sei, explizit religiös zu sein und sich mit der Sinnfrage abzugeben. »Die Möglichkeit religionsfreier Lebensführung ist als empirisches Faktum nicht zu bestreiten«, schreibt der Soziologe Niklas Luhmann und fügt hinzu, dass alle »anthropologischen Begründungen der Funktion der Religion« an diesem Tatbestand zusammenbrächen (Luhmann 1989, 349). Religion ist ein soziales Phänomen, aber kein »naturnotwendiger« anthropologischer Grundsachverhalt, sie ist eine wesentliche (essenzielle) Möglichkeit des Menschen. Menschen können religiös sein – und die Mehrzahl ist es –, aber sie müssen es nicht. Dass Religion anthropologisch unverzichtbar und definitiv zum Menschen gehört, lässt sich also – summa summarum – weder sozialwissenschaftlich noch sonst wie allgemein gültig beantworten, da es Gründe dafür und dagegen gibt. Dies macht die Legitimation und Institutionalisierung religiöser Bildung in der Schule nicht unbedingt leichter, aber dafür realitätsnäher und ehrlicher. Gleichwohl können wir *theologisch* in einer Religionsdidaktik evangelischer und katholischer Gestalt davon ausgehen, dass Menschen potenziell für Religion und eine religiöse Sicht bzw. Deutung der Wirklichkeit offen sind.

4. Religiöse Bildung

Nach diesen notwendigen Klärungen zum Religionsbegriff können wir unsere Verständigung darüber, was religiöse Bildung ist und will, fortsetzen. Wenn Religion in gezeigtem Sinne einen wichtigen, freilich nicht unumstrittenen und nicht selbstverständlichen Bestandteil, eine elementare Dimension unseres Lebens ausmacht, dann sind religiöses Lernen und Bildung ein bedeutsames Anliegen in der Schule generell, in der Grundschule speziell. Dabei zeigt es sich, dass religiöses Lernen und religiöse Bildung seit geraumer Zeit (seit den 1980er-Jahren) zentrale Begriffe neuerer Religionspädagogik und Religionsdidaktik sind. Mit dem Bildungs- und Lernbegriff können nämlich die religiösen Implikationen des Prozesses menschlicher Subjekt- bzw. Personwerdung sehr gut verdeutlicht werden. Es besteht, wie schon weiter oben gesagt, ein hoher theologischer, religionspädagogischer und grundschulpädagogischer Konsens dahingehend, dass *religiöse Bildung und Erziehung zum allgemeinen schulischen Bildungs- und Erziehungsauftrag gehören.* Dafür können gute und respektable Gründe vorgebracht werden. Hier die wichtigsten in Kürze (vgl. zum Folgenden Ladenthin 1999): Da ist zunächst das kulturelle Begründungsargument, das besagt, dass unsere Kultur tief religiös-christlich imprägniert und geprägt sei. So zutreffend das ist, hat dieses Argument doch nur eine begrenzte Reichweite: Da zu unserer Kultur mittlerweile auch (zunehmende) Religionslosigkeit gehört, könnte dies auch als Argument für eine religionslose Bildung (in der Schule) verwendet werden. Doch auch wenn sich damit religiöse Bildung in der Schule zwar nicht stringent-zwingend begründen lässt, erscheint dieses Argument dennoch vielen Menschen plausibel und überzeugt sie, nicht zuletzt auch deswegen, weil keine Kultur ohne Tradition – auch religiöse Tradition – existieren kann und zukunftsfähig ist. Ferner wird für religiöse Bildung an der Schule jenes schon oben angeführte *anthropologische Begründungsargument* angeführt. Danach haben sich Menschen und Völker zu allen Zeiten religiös artikuliert, weswegen ein Verzicht auf Religion als ein Verzicht auf etwas spezifisch Menschliches erscheinen würde. Auch dieses Argument nicht letztlich zwingend, sondern nur von begrenzter Reichweite: Selbst wenn Religion bislang definitiv und konstitutiv zum Menschsein gehört hat, muss das nicht so bleiben. Noch zahlreiche weitere Begründungsargumente für religiöse Bildung etc. werden angeführt: Der Mensch müsse sich mit seiner *Endlichkeit* auseinander setzen; als ein *sittlich-handelndes Wesen* müsse er nach Normen und Motiven für sein sittliches Handeln fragen; zudem sei die *Frage nach dem Sinn* für ihn unausweichlich. Bei aller Relevanz dieser Begründungsargumente für religiöse Bildung ist zu sagen, dass sie religiöses Lernen und Bildung in der (Grund-)Schule nicht letztgültig oder zwingend begründen können: Der Mensch

muss sich *nicht* mit seiner Endlichkeit auseinander setzen und Menschen von heute setzen sich auch nicht immer damit auseinander; Menschen stellen sich nicht die Frage nach Sittlichkeit usw.; und sie fragen *nicht* nach dem Sinn ihres Lebens, ohne deswegen den Eindruck zu machen, dass ihnen Wesentliches fehlt. Daraus folgt: Es gibt *keine allgemein akzeptierte Letzt-Begründung für Religion und religiöse Bildung in der Schule*; wohl gibt es gute, viele gute Gründe dafür, aber eben keine zwingenden. Dies gilt – wohlgemerkt! – genau genommen für alle Schulfächer. Auch Mathematik und Kunstunterricht, Deutsch und Sport usw. lassen sich nur bedingt allgemein gültig als Schulfächer legitimieren, vielmehr handelt es sich dabei um kulturelle und schulische Übereinkünfte von hoher Relevanz.
Warum sind »Bildung« und »Lernen« besonders gut geeignet, den Prozess religiöser Subjekt- und Personwerdung zu veranschaulichen und zu verdeutlichen?

Bildung

Bildung und Subjektwerdung

Unter Bildung verstehen wir den lebenslangen Prozess der Subjektwerdung des Menschen im Kontext seiner Zeit (vgl. Biehl 1991b, 175). Bildung wird häufig mit Wissen gleichgesetzt, umfasst aber entschieden mehr: Da Menschen unfertig, instinktreduziert und sinnarm geboren werden, bedarf es zu ihrer Person- und Subjektwerdung der Erziehung, Sozialisation und Bildung. Mittels Bildung als »zweiter Geburt« des Menschen kommen Menschen zu ihrer Welt (Elschenbroich 2001, 9). Das deutsche Wort »Bildung« ist eine Ableitung des althochdeutschen Wortes »bildunga«, welches Bildnis, Gestalt, Schöpfung meint. Ursprünglich ist Bildung ein durch christlichen Glauben und Theologie (v.a. Meister Eckart) imprägnierter Begriff, der den Vorgang der Ein-Bildung bezeichnet, mittels dessen das Bild Christi (als Ebenbild Gottes) in die menschliche Seele ein-gebildet und eingeprägt werden soll. Bildung meint dann näherhin die Bildung des Menschen nach dem Bilde Christi bzw. Gottes (vgl. Gen 1,27), also so wie Gott ihn will. In der Neuzeit gerät freilich dieses Verständnis mit dem Bildungsverständnis von Humanismus und Aufklärung in Konflikt, das stark im Sinne von Selbstvervollkommnung und Selbstverwirklichung begriffen wurde und damit seinen theologischen Gehalt verlor, der ihm ursprünglich eignet, und eine Säkularisierung erfahren hat. Auch wenn die Entwicklung so verlief, können wir heute theologisch und religionspädagogisch unter Bildung die (befreite) Selbstbestimmung des Menschen und seine Subjektwerdung verstehen, die in Gott bzw. Gottes Freiheit gründet (vgl. Dohmen 1964, 33ff).

Bildung aller Kräfte

Seit dem deutschen Idealismus und Neuhumanismus des 18. und 19. Jh. meint Bildung sodann alle *Kräfte* und *Möglichkeiten* des Menschen und erschöpft sich nicht in Wissen. »Der wahre Zweck des Menschen – nicht der, welchen die wechselnde Neigung, sondern welche die ewig veränderliche Natur ihm vorschreibt – ist die höchste und proportionierlichste Bildung seiner Kräfte zu einem Ganzen.« (Humboldt 1980, 64) Mit Wilhelm von Humboldt (1767–1835) ist Bildung also die *Anregung aller Kräfte eines Menschen*, weil der Mensch nur so zu einer eigenständigen Individualität bzw. Persönlichkeit werden kann; Bildung erstreckt sich – mit Johann Heinrich Pestalozzi (1746–1827) gesprochen – auf »Kopf, Herz und Hand« (vgl. Pestalozzi 1960, 64f). Des Weiteren umfasst Bildung *naturwissenschaftlich-technische* Dimensionen der Wirklichkeit ebenso wie *sinnbezogene, religiöse und ästhetische*, hat also mit Sinn, unseren Sinnen und auch Bildern zu tun; sie realisiert sich – so Jürgen Mittelstraß (1982) – als »Verfügungswissen« und »Orientierungswissen«. Ferner geht Bildung zwar auch einher mit Zwecken und Absichten, ist aber dennoch in einem hohen Maße *zweckfrei*. Gerade eine Bildung, die die Grenzen des vordergründig Nützlichen überschreitet, kann wirklich »Nutzen« bringen. Sie dient zum einen dem Individuum, indem sie dessen Horizont bildet und erweitert; und sie dient zum anderen unserer Kultur, deren Erhaltung und Fortschreibung. Im Kern geht es nicht um egoistische Selbstverwirklichung oder -vervollkommnung, sondern um die Welt, in der und von der wir leben. Bildung hat von daher immer eine praktische, wirklichkeitsbezogene Komponente, sie wird *lebensbezogen* und nicht weltabgehoben verstanden.

Bildung und Kritik

Sodann inhäriert dem Bildungsgedanken seit der Aufklärung (18. Jh.) ein zweifacher kritisch-emanzipatorischer Zug: Zum einen steht Bildung für Befreiung von und aus Abhängigkeiten und Unmündigkeit. So heißt es in Immanuel Kants Aufsatz »Beantwortung der Frage: Was ist Aufklärung?« von 1784: »Aufklärung ist der Ausgang des Menschen aus seiner selbst verschuldeten Unmündigkeit. Unmündigkeit ist das Unvermögen, sich seines Verstandes ohne Leitung eines anderen zu bedienen. Selbst verschuldet ist diese Unmündigkeit, wenn die Ursache derselben nicht am Mangel des Verstandes, sondern der Entschließung und des Mutes liegt, sich seiner ohne Leitung eines anderen zu bedienen. Sapere aude! Habe Mut, dich deines eigenen Verstandes zu bedienen! ist also der Wahlspruch der Aufklärung« (Kant 1999, 20). Damit konnte man sich von traditionellen, ungeprüften Bindungen und Abhängigkeiten unterschiedlicher Art befreien. Zum anderen wehrt der Bildungsgedanke (seit dem 18. Jh.) einer Verengung von Bildung auf berufliche Abrichtung, Spezialisierung und Funktionalisierung der modernen Berufswelt. Bildung meint mehr als »wissen«, funktionieren und Berufskenntnisse haben. Sie will zur Selbst- und Eigenständigkeit in Wissens- und Lebenszusammenhängen hinführen. Bildung meint nicht nur eine abgeschlossene Phase im menschlichen Leben, sondern einen *lebenslangen Prozess*, in dessen Verlauf Menschen sich befähigen, am gesellschaftlichen, kulturellen und religiösen Leben teilzunehmen. Als Selbstbildung verstanden entsteht Bildung durch die *Auseinandersetzung des Selbst mit dem Anderen*, auch mit *dem Fremden*, also der andringenden Weltwirklichkeit, der Kultur und ihren Objektivationen. Dies beinhaltet, sich mit seiner kulturellen Herkunft, auch seiner religiösen, bekannt zu machen und damit auseinander zu setzen, also Partizipation an und Reflexion über objektiv gegebene Kultur. In der Begegnung und Abarbeitung am Anderen wird der Mensch mündiges Subjekt.

Bildung und Weltbild

Entartete Bildung sehr oft zu Vielwisserei, so verstehen wir heute darunter verstärkt die prozesshafte, reflektierte und verantwortete, vielgestaltige *Weltbeziehung* bzw. »*Welthabe*« und *Weltbild*: »Bildung hat damit zu tun, dass ich mithilfe von Wissen, Urteilskraft und Gestaltungsfähigkeit ein Bild von der Welt entwerfe. Wir wissen erst dann etwas über die Welt, wenn wir sie uns durch Bilder zu Eigen gemacht haben. Und dieses Welt-Bild dient mir zur Orientierung im Leben, gleichsam als Landkarte auf dem Lebensweg. Je differenzierter dies Bild ist, desto besser wird es mich ... leiten können. Bildung ist ein aktiver, ein tätiger Prozess der Aneignung und Gestaltung« (Kluge 2003, 31). Gebildet ist nach Humboldt derjenige, der »so viel Welt als möglich zu ergreifen und so eng, als er nur kann, mit sich zu verbinden« sucht. Insofern meint Bildung nicht Lehrbuchwissen oder einen Kanon, den man (auswendig) lernt, sondern im Wesentlichen ein *Können* und darin eine *Lebensform* (vgl. Mittelstraß 1982). Als Selbstbildung verstanden, zielt Bildung also auf Erfahrungs-, Vorstellungs- und Imaginations-, Urteils- und Handlungsfähigkeit, letztlich auf ein Welt- und Selbstverständnis bzw. -bild. Letzteres gilt auch für religiöse Bildung. Sie will konstruktiv kritische Beiträge zum menschlichen Welt- und Selbstverständnis liefern. Doch auch wenn der Bildungsbeflissene danach strebt, »so viel Welt als möglich zu ergreifen« (Humboldt), muss Bildung (heute) immer *fragmentarisch* bleiben. Die Vielfalt und Unübersichtlichkeit der Wirklichkeit und ihrer Themen sowie unsere begrenzte menschliche Kapazität lassen allseitige und umfassende Bildung nicht (mehr) zu. Dies gilt auch für religiöse Bildung.
Damit ist Bildung für (christliche) Religion in ihrer evangelischen wie katholischen Gestalt nichts Fremdes oder Sekundäres, sondern etwas Konstitutives. Mittels ihrer kann (christliche) Religion individuell angeeignet, begangen und gestaltet sowie kritisch reflektiert werden.

Religiöse Bildung im christlichen Kontext

Wenn Religion nicht allgemein, sondern immer geschichtlich konkret in bestimmten Traditionen und Gestalten vorkommt, kann sich auch religiöse Bildung nur unter faktischer Berücksichtigung religionskultureller Gegebenheiten vollziehen. Letztere sind im abendländisch-europäischen Raum nicht nur, aber doch vorrangig vom Christentum geprägt und imprägniert. Wenn es keine allgemein verbindliche Antwort auf die Frage nach dem Lebenssinn gibt, kann es im Normalfall auch keine allgemeine religiöse Bildung geben, sondern nur solche, die an eine Religions- oder Glaubensgemeinschaft angebunden ist. Wie eine allgemeine Religion ein künstliches Abstraktum wäre, das keine Entsprechung in der Lebenswelt hat, so wäre es auch mit einer allgemeinen religiösen Bildung in der Schule – sie wäre eine Art Schul-Religion oder Papier-Religion-Bildung, was meint, dass sie in dieser Form nur in der Schule und gewissermaßen auf dem Papier (Lehrpläne, Bücher etc.) vorkommt. Eine allgemeine religiöse Bildung geht an der schulpädagogischen Grundeinsicht, dass Schule lebensnah und wirklichkeitsbezogen arbeiten soll, vorbei. Was religiöse Bildung in unserem Raum und im Grundschulbereich sein und heißen soll, ergibt sich aus folgender Überlegung:

Unter christlicher Religion kann – in freier Anverwandlung von Friedrich D. E. Schleiermacher – die »Welt-Anschauung« aus der Perspektive des christlichen Glaubens (Karl Ernst Nipkow) verstanden werden. Dies meint nicht ein punktuelles Fürwahrhalten von einzelnen christlichen Aussagen, sondern die Konzeptualisierung einer universalen Sinnwelt mit den Augen des Glaubens. Sie umfasst unser Selbst-, Welt- und Gottesverständnis bzw. -verhältnis, auch unser Verhalten und Handeln in ethischen und moralischen Zusammenhängen, betrifft also unsere Lebensorientierung in toto. Entsprechend geht es bei religiöser Bildung darum: Sie kann Kindern (und Heranwachsenden) bei deren Suche nach Lebenssinn helfen, indem sie sie auf das Menschen-, Welt- und Gottesverständnis sowie die Wirklichkeitssicht(en) der christlichen Religion aufmerksam macht, sie diese erproben und kritisch bedenken lässt. Das Evangelium und der christliche Glaube sind deswegen wichtig für unsere Bildung, weil sie Bilder liefern, die uns sowie unsere Sicht der Dinge und der Wirklichkeit »bilden«. Sie halten Vorstellungen, Perspektiven, Sichtweisen bereit, die uns zur Wirklichkeit verhelfen, also einen Wirklichkeits- und Bildungshorizont schaffen; darin sind sie für (Wirklichkeits-)Bildung unersetzbar und unverzichtbar. Christliche Religion – in ihrer reflektierten Gestalt die christliche Theologie – leistet nämlich Wirklichkeitshermeneutik, d.h. sie legt mit und für Menschen deren persönliche Wirklichkeit aus dem christlich-religiösen Überlieferungszusammenhang he-

raus aus. So gesehen sind überlieferte christliche Inhalte und Themen eine Chance und ein Potenzial, ein Erfahrungs- und Bildungsschatz für uns Spätere, die Bildungskraft entwickeln können. Daran können sich Menschen (Kinder eingeschlossen) orientieren und bilden.
Insgesamt *intendiert religiöse Bildung* kindgemäße Darstellung, Erprobung und Reflexion des christlichen Glaubens sowie ein Nachdenken über die Welt aus christlicher Sicht. Mittels religiöser Bildung erschließt sich die Welt-Deutung und Welt-Anschauung des christlichen Glaubens für Kinder und mit Kindern, in Kommunikation mit ihnen, aber auch mit anderen religiösen und nicht-religiösen Weltdeutungen. Religiöse Bildung will dabei wie allgemeine Bildung generell alle Kräfte der Kinder »schulen« und »bilden«, also kognitive, affektive und pragmatische. Sie meint nicht ein Weniger an »Wissen« und ein Mehr an »Glauben«, vielmehr intendiert sie, dass sich Menschen mit anderem Wissen, anderen Welt-Deutungen ins Benehmen und, wo nötig, auch kritisch auseinander setzen. Dabei erinnert religiöse Bildung auch an die Grenzen unserer Bildungsanstrengungen, an die Unverfügbarkeit und Nicht-Beherrschbarkeit der Welt sowie an »Gott als Geheimnis der Welt« (Eberhard Jüngel). Schließlich meint religiöse Bildung nicht lediglich ein sachkundiges und möglichst neutrales Informieren über möglichst vieles, sondern Darstellung von authentischen Positionen, die nicht distanziert und teilnahmslos vorgetragen werden können, vielmehr Engagement und Positionalität erfordern. Nicht zuletzt geht es dabei auch um die Wahrheitsfrage, die nicht aus Unterricht und Bildung ausgeklammert werden kann.

Religiöses Lernen

Lange Zeit galt als die Norm für religiöse Bildung generell der gymnasiale Typ von Religionsunterricht, der damit zugleich genereller Bewertungsmaßstab für religiöses Lernen in der Grundschule war (vgl. dazu und zum Folgenden Englert/Schweitzer 2003, 64f). Dies hat sich in den letzten zwei Jahrzehnten geändert, nicht nur weil der Religionsunterricht an der Grundschule in empirischen Befragungen (s. I.6) sehr gut abgeschnitten hat, sondern weil man sich religionspädagogisch darüber im Klaren ist, dass religiöse Bildung den schulartspezifischen Gegebenheiten Rechnung zu tragen hat. Heute hat religiöses Lernen in der Grundschule ein eigenes fachdidaktisches Profil gewonnen, das auch auf andere Schularten ausstrahlen kann. Signifikant für religiöses Lernen in der Grundschule ist die – von der älteren Lehrerforschung so genannte – »paidotrope Orientierung« (Christian Caselmann), also die Orientierung am Kind, seinen Bedürfnissen, Möglichkeiten und Lernvoraussetzungen (s. I.7): Weniger Be-Lehrung als vielmehr die Lern-Lust, das Lern-Vermögen und das Selbst-Lernen der SchülerInnen sind das Movens des Unterrichts. Diese Wendung zum Kind hin bzw. vom Kind her liegt durchaus in der Logik des Evangeliums – vgl. Mk 10,14 (»Lasst die Kinder zu mir kommen…«). Religiöses Lernen in der Grundschule lässt sich näherhin so kennzeichnen: Es wird nicht mehr als ein normativer Prägevorgang verstanden, sondern – im Sinne des dynamischen Prinzips der Korrelation (s. II., Einführung) – als offene und prozesshafte *Begegnung, Kommunikation* von Lebens- und Glaubenserfahrungen der religiösen (v.a. jüdisch-christlichen) Tradition und der Lebens- und religiösen Erfahrungen heutiger Menschen bzw. Kinder. Im Einzelnen beinhaltet religiöses Lernen Folgendes:

- Es erschöpft sich nicht im »Kennen« und »Faktenwissen«, sondern macht eher einen »Abschied vom Bescheidwissen« (Horst Rumpf) notwendig. Positiv hat es zu tun mit und vollzieht sich im Wahrnehmen, Entdecken, Staunen und Sich-Einlassen auf etwas (vgl. Buck 2002b, 99; Hentig 1985; Rumpf 1981). Allein traditionales Lernen von Vorgefertigtem und Auswendiglernen tun es auf Dauer nicht. Wichtig ist, dass die Schülerinnen und Schüler *selbst lernen* und *Entdeckungen* machen können.
- (Religiöses) Lernen will eine umfassende Entwicklung des Individuums befördern. Das umfasst physische, soziale, ethische, ästhetische, kreative und spirituelle Aspekte und nicht nur kognitive oder an Fertigkeiten orientierte Fähigkeiten. Dementsprechend geht es um ein mehrdimensionales (religiöses) Lernen, welches Leben und Glauben sinn-voll mit »Kopf, Herz und Hand« (Pestalozzi) erschließt, also ein *Lernen mit allen Sinnen* (s. I.2).
- Religiöses Lernen ist wesentlich auch *probierendes Lernen*. Es bedarf dazu nicht nur kognitiver Distanz, sondern Religion und Religiöses müssen auch »probeweise in Brauch« genommen werden (Christoph Bizer), damit Kinder mit Religion in konkrete Berührung kommen, sie ansatzweise »bewohnen« und ausprobieren können.
- (Religiöses) Lernen will im Sinne lebensrelevanten Lernens betroffen machen, SchülerInnen involvieren, zur Partizipation und zur Perspektivenübernahme einladen.

Viele dieser Anliegen sind gebündelt in folgender Zielformulierung für den Religionsunterricht in der Grundschule: »Er begleitet den religiösen Weg der Kinder. Er fördert ihre religiöse Wahrnehmungs-, Gestaltungs- und Urteilsfähigkeit« (DBK 1998, 19).

Zusammenfassung:

Was unter religiösem Lernen und religiöser Bildung zu verstehen ist, aus welchen Gründen und mit welchen Zielen sie in der Grundschule vorkommen sollten, ist heute nicht mehr leichthin beantwortbar. Schon die Komplexität von Religion in unserer pluralisierten Gesellschaft erfordert genaues Hinsehen. Wer über das Wesen des Menschen und unsere Kultur nachdenkt, dem kann sich zeigen, dass Religion in ihrer wirklichkeitserschließenden und weltorientierenden Funktion unverzichtbar zur Grundbildung des Menschen gehört und daher aus dem Grundschulunterricht nicht wegzudenken ist. Sie soll dort als religiöse Bildung und religiöses Lernen in Erscheinung treten, nicht als bloße Belehrung also, sondern als Einladung zum Entdecken, Probieren und zur Perspektivenübernahme. Dergestalt als Selbstbildung verstanden, ist religiöse Bildung ein für den Prozess der Subjekt- und Personwerdung des Menschen unverzichtbarer Bestandteil des Bildungsauftrags der Grundschule.

Lesehinweis:

Dressler, Bernhard (2002): Religiöse Bildung: Warum und Wozu? In: Wermke, Michael (Hg.): Aus gutem Grund: Religionsunterricht. Göttingen, 22–34.

Englert, Rudolf/Schweitzer, Friedrich (2003): Religiöses Lernen in der Grundschule – ein Forschungsbericht. In: Speck-Hamdan, Angelika u.a. (Hg.): Kulturelle Vielfalt, religiöses Lernen. Jahrbuch Grundschule IV. Seelze, 60–89.

Ladenthin, Volker (1999): Braucht Bildung Religion? Das Fach Religion aus der Perspektive der Allgemeinen Pädagogik. In: KatBl 124, 350–359; wieder abgedruckt in: Fischer, Dietlind (Hg.) (2001): Religion lernen in der Grundschule. Münster, 31–37 [Zitate nach dem Wiederabdruck].

I.1 Religiöse Pluralisierung, Individualisierung und veränderte Kindheit

Werner H. Ritter

Wer heute in der Grundschule mit der Aufgabe religiöser Bildung betraut ist, steht, verglichen mit den entsprechenden Voraussetzungen und Gegebenheiten vor vier bis fünf Jahrzehnten, vor einer stark veränderten Situation. Sie wird in entsprechenden Untersuchungen seitens Erziehungswissenschaften, Sozialwissenschaften, Theologie und Religionspädagogik mit den Stichworten (religiöse) Individualisierung, Pluralisierung und veränderte Kindheit auf den Begriff gebracht. Erfasst werden sollen damit Phänomene wie diese: In unseren heutigen (Grundschul-)Klassen sitzen immer häufiger getaufte und ungetaufte, ausländische und deutsche Kinder, also Kinder unterschiedlicher kultureller und religiöser Herkunft und Kinder aus unterschiedlichen Familiensituationen, deren Kindheit häufig anders verläuft, als dies vor einem halben Jahrhundert der Fall war. Viele kommen aus kirchlich wenig verbundenen Familien, und so ist der konfessionelle Religionsunterricht in der Grundschule für nicht wenige die erste Begegnung mit Christentum und Religion überhaupt (vgl. EKD 2000, 3). Was heißt das nun für religiöse Bildung, wenn sie sich im Kontext bzw. unter den Signaturen von religiöser Individualisierung, Pluralisierung und veränderter Kindheit ereignet?

1. Religiöser Wandel oder Abbruch?

Religiöse Individualität und Pluralität sowie veränderte Kindheit sind Kennzeichen unserer Zeit. Sie werden in ihrer gesellschaftlichen wie individuellen Wirksamkeit nicht nur vielfach beschrieben und debattiert, sondern von vielen einfach gelebt. »Hineingeboren in eine plurale Welt. Aufwachsen zwischen multikulturellem Reichtum und religiöser Heimatlosigkeit« (Schweitzer 2003b, 36–58), so hat der evangelische Religionspädagoge Friedrich Schweitzer die religiöse Befindlichkeit von Kindern heute kurz umrissen. War Kindheit in religiöser Hinsicht bis weit in die Mitte des letzten Jahrhunderts hinein durch eine feste, gleichsam »zugeborene« und lebenslange Zugehörigkeit zu einer bestimmten religiösen Gemeinschaft, d.h. Kirche – in aller Regel katholisch oder evangelisch – gekennzeichnet, so machen Kinder heute sehr früh Erfahrungen religiöser Vielfalt und individueller Besonderheit. Schon im Kindergarten und im familiären Nahbereich können sie Angehörigen anderer Kulturen und Religionsgemeinschaften begegnen. Des Weiteren bekommen sie, ob sie nun ohne oder mit Religion und religiöser Erziehung aufwachsen, unterschiedliche religiöse Praktiken mit: Manche Familien beten, andere nicht; manche gehen zum Gottesdienst, andere nicht; manchen Kindern wird von Jesus erzählt, anderen nicht, wiederum anderen von Mohammed usw. Viele Kinder erleben Religion als absolute Privatangelegenheit, weil ihre Eltern religiöse Themen oft grundsätzlich aus familiären Gesprächen ausklammern. Ferner gibt es Eltern, die unsicher sind, ob sie ihre Kinder in eine bestimmte religiöse Tradition einführen dürfen, da sie häufig befürchten, ihr Kind so zu indoktrinieren oder zu manipulieren. Dann gibt es Kinder, deren Eltern nicht nur verschiedenen Konfessionen (katholisch und evangelisch) zugehören, sondern in unterschiedlichen Religionen zu Hause sind. Schließlich erleben Kinder im Kontext dessen, was wir »veränderte Kindheit« nennen, gegenüber früher stark veränderte, oft unvollständige Familiensituationen, wachsen in so genannten Stieffamilien oder Restfamilien auf. Das aber heißt, dass die so genannten primären Bezugspersonen eines Kindes, welche für die religiöse Erziehung in der Familie zuständig und wichtig sind, wechseln können. Schon dieser kurze Überblick zeigt, dass die prägende Einbettung von Kindern in eine Religion oder Glaubenstradition durch die Familie nicht unbedingt mehr der Normalfall ist, sondern Kinder vielmehr nahezu regelmäßig die Erfahrung religiöser Vielfalt machen.

Vor allem – aber nicht nur – ältere Beobachter der religiösen Landschaft, Kirchenleute, Laien, Eltern und auch Religionslehrkräfte empfinden diese Situation sehr oft als bedrohliche Entwicklung, ja als *Verfall und Abbruch des christlichen Glaubens*. Diese Tendenz in der modernen Gesellschaft problematisierend, argumentiert man dabei nicht selten mit Vergleichen von »früher« und »heute«: *Früher* seien die Gesellschaft, die Schulen und die Kinder dem christlichen Glauben und den Kirchen wesentlich aufgeschlossener begegnet, *heute* dagegen herrsche Individualisierung, Pluralisierung und religiöse Indifferenz vor. Junge Menschen, die heute Theologie oder Religionspädagogik studieren, kennen solche »besseren« Zeiten nur vom Hörensagen; dies gilt in erhöhtem Maße für heutige SchülerInnen, die allesamt unter den Bedingungen religiöser Individualisierung und Pluralisierung im Kontext veränderter Kindheit aufwachsen. Für sie sind diese Kennzeichen in hohem Maße Normalität. Wie und wann ist es zu solchen gravierenden Veränderungen gekommen? Religiöse Individualisierung und Pluralisierung sind Folgen einer veränderten Religionspräsenz in unserer heutigen Kultur, was wiederum mit umfangreichen und komplexen Veränderungsprozessen zu tun hat. Letztere lassen sich auf drei unterschiedlichen Ebenen sehr deutlich aufzeigen.

2. Veränderungen auf gesellschaftlicher, kultureller und individueller Ebene

Religion als Teilsystem der Gesellschaft

Auf der *gesamtgesellschaftlichen Ebene* wird Religion im Verlauf der Moderne zu einem Teilsystem neben anderen; sie verliert zunehmend ihre Funktion als »heiliger Baldachin« (Peter Ludwig Berger), der ein übergreifendes Sinnangebot für alle darstellt bzw. dargestellt hat. In *vormoderner Zeit*, also etwa in der mittelalterlichen Gesellschaft, vollzog sich religiöse Bildung in einer traditionsgeleiteten, geschlossenen Gesellschaft, die erheblich stärker, als dies heute der Fall ist, *eine* einheitliche Größe (mit Kaiser und Papst an der Spitze) mit sehr klaren Ordnungsvorstellungen war, mit geltenden, kaum hinterfragten Traditionen und Einrichtungen, die eine hohe weltanschauliche Einheit zur Folge hatten. Glaube und Leben, ja alles war verbindlich geregelt. Dem hatten sich die Menschen zu fügen und zu unterstellen, wenn sie nicht als Außenseiter gebrandmarkt werden wollten. Eine geschlossene Gesellschaft gewährt dem Einzelnen hohe Sicherheit, aber wenig Freiheit. Mit der beginnenden Neuzeit hebt hier ein weitreichender gesellschaftlicher Wandel an. Für *moderne Gesellschaften* gilt im Unterschied zu vormodernen, traditionalen, dass Religion und Gesellschaft in ein Spannungsverhältnis zueinander treten. Die Gesellschaft gleicht nun nicht mehr einer Pyramide mit einer einheitlichen Spitze aus Kaiser und Papst, die über allem thront und wacht; vielmehr differenziert sie sich aus in verschiedene Teil- bzw. Subsysteme (Politik, Medizin, Jurisprudenz, Kultur, Religion/Theologie usw.). Das Christentum ist wie andere große Religionen und ideologische Systeme von diesen Veränderungen massiv betroffen. Lautet der Selbstanspruch der christlichen Religion dahingehend, die entscheidenden Maßgaben (Parameter) für ein einheitliches Weltbild bereitzustellen, so wird ihr gesellschaftlich diese Funktion in der Moderne nicht mehr zugewiesen. Dem Christentum geht dadurch viel an normierender Kraft für das öffentliche wie private Leben verloren; als gesellschaftlicher Teilbereich muss es mit anderen gesellschaftlichen Teilbereichen als Weltbild-Produzent konkurrieren. Diese gesellschaftliche Differenzierung wiederum beflügelt nun die Prozesse von Individualisierung und Pluralisierung. *Individualisierung* meint: Wenn sich die moderne Gesellschaft in spezialisierte Teilsysteme aufgeteilt darstellt, dann kann sich der einzelne Mensch immer weniger an einer umfassend verbindlichen Sozialinstanz orientieren. Vielmehr wird die Einzelperson selbst zur Instanz, die die unterschiedlichen Teilsysteme miteinander vermitteln muss. Das Individuum ist also in der Gestaltung seines privaten wie seines gesellschaftlichen Lebens weitestgehend auf sich allein gestellt. Primärer Bezugspunkt des Menschen und seiner Erfahrungen wird seine eigene Person, seine eigene Subjektivität, womit Chancen und Lasten verbunden sind: Chancen des Freiheitsgewinns und Lasten durch eine Fülle von Wahlmöglichkeiten. Individualisierung hat wiederum engstens mit *Pluralisierung* zu tun bzw. diese zur Folge. Letzteres meint eine Gesellschaft, in der eine Vielfalt von Überzeugungen, Meinungen und Weltanschauungen existieren. Die Individualisierungstendenzen nehmen in dem Maße zu, wie die vielen Einzelnen sich einer – oft unübersehbaren – Mehr- oder Vielzahl (Pluralität) verschiedener, oft sich widerstreitender Positionen, Weltanschauungen und Religionen gegenübersehen, die die eigene Position ständig relativieren und in Frage stellen.

Bedeutungsverlust institutionalisierter Religion und Wiederkehr des Religiösen

Auf der *Ebene der Kultur* gibt es nicht mehr nur eine verbindlich geltende Weltanschauung bzw. Religion, vielmehr treffen in modernen Gesellschaften eine Mehrzahl von Deutungssystemen aufeinander; sie treten mit übergreifenden Ansprüchen auf Wahrheit, Orientierung und Legitimität auf, konkurrieren miteinander und berauben sich wechselseitig ihrer selbstverständlichen Geltung. Der *Bedeutungsverlust großer religiöser und ideologischer Systeme* hat erhebliche Folgen für deren Institutionen und Organisationen. Auch sie verlieren an Einfluss wie an Mitgliedern. Nachgefragt und wichtig sind sie weiter, weniger wegen ihres substanziellen als wegen ihres funktionalen Beitrags zur Gestaltung des Gemeinwesens und zum Wohl des Einzelnen. Für christliche Religion und Kirchen heißt das ganz unmittelbar: Sie haben nicht mehr dieselbe (Deutungs-)Macht wie früher, als sie alle Lebens- und Gesellschaftslagen umfasst haben.

Bis vor wenigen Jahrzehnten war es üblich, diesen eben beschriebenen Wandel von Religion auf der gesamtgesellschaftlichen, kulturellen (aber auch individuellen) Ebene als *Säkularisierung* zu bezeichnen. Darunter verstand man – und versteht teilweise noch immer –, dass mit fortschreitender Modernisierung von Gesellschaften zwangsläufig ein Bedeutungsverfall, ja vielleicht sogar das Ende von Religion einhergehe. Seit geraumer Zeit wird dieses Säkularisierungsverständnis sozialwissenschaftlich, religionswissenschaftlich und theologisch kritisiert: Es gilt, da es einen direkten Zusammenhang zwischen Modernisierung und Religion unterstellt, als zu wenig differenziert und der Vielschichtigkeit der tatsächlichen Zusammenhänge nicht gerecht werdend. Eher sieht es danach aus, dass Religion gesellschaftlich vielfältig präsent ist – unsichtbare Religion, privatisierte Religion, transformierte Religion usw. – und auch zur modernen Wirklichkeit und zum Leben vieler Menschen gehört (vgl. Gabriel 2002, 142f), gerade in ihrer individualisierten und pluralisierten Gestalt.

Doch auch wenn der mancherseits erwartete konsequente Niedergang der Religion in Deutschland und vielen anderen Ländern der Welt nicht eingetreten ist, also das Ende der Religion keineswegs nahe ist, haben sich dennoch die Dinge stark verändert. Zu reden ist zum einen von *Verlusten* des christlichen Glaubens: Die Säkularisierungsthese lässt sich in Europa zu einem gewissen Teil empirisch bestätigen. Verglichen mit dem Mittelalter ist unsere Welt wesentlich weltlicher geworden. So haben die traditionellen Kirchen vor allem der westlichen Welt seit den 70er-Jahren des 20. Jh. einen erheblichen Mitgliederverlust hinnehmen müssen, und sie haben – wichtig zu sehen – kein *absolutes* Religions-Monopol mehr, sondern eher ein *relatives*. Deutlich ist auch, dass die Zahl so genannter Konfessionsloser, die sich weder einer Konfession noch Religionsgemeinschaft zugehörig wissen, erheblich gewachsen ist.

Sodann ist auch wertneutral von *Wandel* und *Veränderung* zu reden: Das Christentum selbst ist längst keine einheitliche Größe mehr, sondern eine plurale Erscheinung, die sich in viele Konfessionen und Denominationen ausdifferenziert; sogar die einzelnen christlichen Konfessionen sind keine monolithischen Einheiten, sondern facettenreiche Größen. Vor allem durch die Aufklärungsepoche mitbedingt, treten kirchenoffizielle Religion und private Religiosität des bzw. der Einzelnen in der Neuzeit und Moderne auseinander. Phänomenologisch können drei Erscheinungsformen des Christentums benannt werden: Neben einer *kirchen- und kerngemeindlichen Christlichkeit* kennen wir seit geraumer Zeit ein *individuell-privates* und ein *kulturell-öffentliches* Christentum (vgl. Roessler 1994). Eine weitere auffällige Folge neuzeitlich bedingter Veränderungen von Christentum und Religion ist, dass Religion aus dem angestammten Ort Kirche aus- und in andere Orte des Lebens einwandert. Wir sprechen von Ortsverschiebungen von Religion. In diesem Zusammenhang ist man auf die verborgenen Gestalten von Religion und Religiosität – im Unterschied zu institutionalisierten Religionen und Kirchen oft »Säkular-Religion« oder »Säkular-Religiosität« genannt – mitten in unserer weltlichen Wirklichkeit aufmerksam geworden: in Kunst, Literatur, Musik, Sport, Werbung, Medien, Tourismus, im öffentlichen und politischen Leben etc. Auch hierin zeigt sich, wie Menschen das Religionsmonopol, das die Kirche lange Zeit hatte, sich selbst aneignen und damit ihre religiöse Autonomie und Unabhängigkeit reklamieren.

Zudem ist auch von einer *Wiederkehr* oder *Wiederentdeckung* von Religion zu reden. Enttäuscht von den neuzeitlichen »Gewissheiten« (vgl. Küenzlen 1994, 11ff) wie Fortschrittsglaube, technische Rationalität, Konsumgesellschaft, materialistisch-mechanistisches Weltbild haben zahlreiche Menschen Religion wieder für sich entdeckt, sei es im Rekurs auf lebenswarme und bedürfnisorientierte Religion, auf intensives religiöses Erleben und Erfahren wider alle einseitige Verkopfung und Rationalität oder als erfüllende Spiritualität und Mystik. Gerade weil modernen, individualisierten Menschen oft der sichere Kosmos der Geborgenheit und Beheimatung fehlt, wollen Menschen ihre biologische Existenz übersteigen, weswegen die Moderne auch religionsproduktiv ist: Menschen verlangen nach Transzendenz und transzendieren ihre Vorfindlichkeit. Zudem kommt es zu einer breiten, nicht erwarteten »Wiederkehr der Religionen« in Deutschland und Europa, da Islam, Hinduismus und Buddhismus ihre werbenden Aktivitäten im amerikanischen und europäischen Raum erheblich verstärken. Ferner finden »neue religiöse Bewegungen« unterschiedlicher Herkunft wie auch alte, archaische Religionen nicht geringen Zulauf. Grundsätzlich ist hier jedoch zu sagen, dass sich *Religion und Religiosität in Deutschland* und in Europa bei allem Import und Rückgriff auf Früheres im Wesentlichen immer noch *auf der Basis des Christentums* bewegen. Wer sich religiös artikuliert, greift weithin auf die christliche Sprach- und Symbolwelt zurück. Deswegen können wir heute nicht von einer zahlenmäßig massiv begegnenden Religion und Religiosität jenseits christlich-kirchlicher Religion sprechen, wohl aber gibt es diese Vielzahl neuer und anderer Religionen bzw. Religiositäten.

Gerade die modernen veränderten Gestalten des Christentums, welche die kirchlich institutionalisierte Religion und den individuellen Glauben auseinander treten lassen, zeigen, dass das Christentum sich nicht einfach in einem Eliminierungsprozess befindet. Freilich werden diese Veränderungsprozesse oft allzu einseitig negativ beurteilt, nämlich ausschließlich am Maß der überkommenen kirchlichen Gestalt des Christentums. Versucht man aber die produktiven Veränderungsgestalten des Christlichen in der Gegenwart positiv zu lesen, ist der grassierende Vorwurf eines flächendeckenden Religionsverfalls falsch, denn auch unsere Zeit nimmt (christliche) Religion positiv-produktiv auf. Im Übrigen sind rückläufige Kirchlichkeit im Sinne einer Nicht-Teilnahme an kirchlichen Veranstaltungen und Kirchenaustritt nicht mit dem Schwinden oder dem völligen Ausfall von Religion und Religiosität gleichzusetzen. Die Identifikation von Religion und Religiosität mit bestimmten überlieferten und bekannten Formen kirchlichen Christentums lässt weder die Dynamik des religiösen Feldes noch die breite Präsenz religiöser Phänomene in den Blick kommen. Sie führt zudem zu vermeintlich empirischen Ergebnissen, die – infolge ihrer Grundannahme – einen kontinuierlichen Rückgang kirchlicher Bindung und kirchlicher Gläubigkeit meinen feststellen zu müssen. Nicht zuletzt werden mit solchen Defizit-Beobachtungen, die nur das Verschwinden des christlichen Glaubens konstatieren zu können meinen, keine religionsdidaktischen Perspektiven eröffnet, die eine Kommunikation zwischen alltagsweltlicher Religion und Religiosität von Menschen sinnvoll erscheinen lassen. Gerade auf Letzteres käme es aber an.

Religion als individuelle Entscheidung und als subjektive Leistung

Religiöse Individualisierung und Pluralisierung begegnen uns schließlich auf der Ebene des bzw. der *einzelnen Menschen* und sind ganz wesentliche Merkmale von Religion und Religiosität heute in der so genannten (Post-)Moderne. Religiöse Individualisierung ist dabei gleichsam die Folge bzw. die Kehrseite religiöser Pluralisierung. Konkret heißt dies: Die noch bis in die 50er-/60er-Jahre hinein begegnenden so genannten geschlossenen religiösen Milieus katholischer wie evangelischer Provenienz schwinden erheblich, und stattdessen wird oft das Allgemein-Christliche und/oder die individuelle Freiheit betont. Zudem treffen Menschen schon von Kindesbeinen an mit anderen Kulturen zusammen und wachsen damit auf. Begegnete ein katholischer Dorfbewohner, der im 19. Jh. aus einem konfessionell geschlossenen Milieu in die Stadt zog, dort Protestanten, Juden und vielleicht ein paar Atheisten, so trifft der heutige Nachfahre jenes Dorfbewohners im 20./21. Jh. potenziell auf einen viel komplizierteren Pluralismus: »Im Nebenhaus wohnt eine muslimische Familie, eine Verwandte ist Buddhistin geworden, Bekannte üben tägliche Meditation, der Lehrer der Kinder ist dezidierter Atheist und im Fernsehen und im Internet gibt es kaum irgendeine religiöse Tradition der Menschheitsgeschichte, die dort nicht vertreten ist« (Berger 2000, 812). Religiöse Pluralisierung meint den Prozess, in dem den Einzelnen religiöse Orientierungen und Einstellungen in vielfältigen Gestalten begegnen. Dies betrifft sowohl den inneren Pluralismus des Christentums mit seinen verschiedenen Gruppierungen und Konfessionen wie auch die äußere religiöse Pluralität einer multireligiösen Gesellschaft. Menschen sind – wie auch immer – von pluralen Religions- und Sinnsystemen umgeben, angesichts derer sich ihr Aufwachsen und Leben vollzieht. So ist die religiöse Gegenwartskultur in europäischen und auch in vielen anderen Gesellschaften – wie sie der Einzelne wahrnimmt – im Unterschied zu der Zeit vor etwa 50 Jahren durch eine wachsende Vielfalt religiöser Orientierungen in ein und derselben Gesellschaft ausgezeichnet, Säkularisierungs-Schübe eingeschlossen. Für Heranwachsende und Erwachsene in unserer Gesellschaft hat dies zur Folge, dass sie christliche Religion und Kirche nicht mehr im gleichen Maße wie bis in die Mitte des 20. Jh. hinein als die einzige und die maßgebende Religion akzeptieren, von der sie sich ohne weiteres exklusiv orientieren ließen und deren Autorität sie umstandslos akzeptierten (s. II.6).

Das andere markante Merkmal religiöser Gegenwartskultur in Europa und darüber hinaus besteht darin, dass sich der und die Einzelne angesichts innerer wie äußerer religiöser Pluralisierung in gesteigertem Maße selbst einen Reim auf ihre Religiosität machen und diese bis zu einem bestimmten Grade eigenständig »konstruieren« (müssen), wodurch die vorher stärker homogene (christliche) Religionslandschaft sich zusehends individueller und pluraler ausformt. Der bzw. die Einzelne lässt sich heute die persönliche religiöse Orientierung nicht allein durch Kirchen bzw. religiöse Institutionen und deren Traditionen vorgeben. Stattdessen wird Religion bzw. die *Religiosität des Einzelnen* zunehmend zu einer *Sache der individuellen »Wahl«* – eine Konsequenz aus der pluralen Situation. Der (Religions-)Soziologe Peter Ludwig Berger spricht in diesem Sinne vom »häretischen Imperativ«, womit er die Situation einer angesichts religiöser Pluralität notwendig gewordenen religiösen Wahl für jeden Einzelnen in der Gesellschaft kennzeichnen will (Berger 1980). Von individualisierter Religiosität zu reden – im Grunde eine Tautologie, weil Religiosität ohnehin die individuelle Seite von Religion bezeichnet –, ist dennoch sinnvoll, da die aktive Eigenbeteiligung des Einzelnen an seiner Religiosität, die es in irgendeiner (geringeren) Form schon immer gab, in unserer Zeit eminent an Bedeutung zugenommen hat. Moderne Religiosität hat demzufolge nicht mehr den Charakter einer schicksalhaft zugeborenen Sache, sondern wird vielmehr stärker vom Einzelnen entschieden. Zwar kann man sich auch weiterhin mit einer bestimmten ererbten religiösen Überlieferung total identifizieren, aber auch diese Identifikation muss »*gewählt* werden, bedarf deshalb irgendeiner Form der Begründung (d.h. sie wird reflektiert)« (Berger 2000, 811). Mit der Entdeckung der eigenen Autonomie erheben die Individuen genauso Anspruch auf Wahrheit und Wirklichkeit, wie es die religiös kulturellen Überlieferungen tun. Menschen lehnen heute tendenziell jede (religiöse) Definitionsmacht über ihr Leben, egal woher sie kommt, ab und fühlen sich für ihre Religion und Weltanschauung sowie ihr Leben selbst zuständig. Sie nehmen sich also das Recht, ihre religiöse Anschauung selbst zu bilden. Was heute einer glaubt, glaubt er nicht bloß traditionell-konventionell, sondern »aus Überzeugung«. Deswegen zeichnet sich religiöse Individualisierung durch auswählendes Verhalten und persönliche Identifikationen mit bestimmten Glaubensinhalten aus. Unübersehbar tritt damit neben die überlieferte Religion subjektive Religiosität, mit der sich die Einzelnen zunehmend unabhängiger von der institutionalisierten Religion setzen.
Auch wenn solcherart individuelle Religiosität immer wieder als billige religiöse Auswahlmentalität und Beliebigkeitsreligiosität dargestellt wird – was nicht von vornherein definitiv auszuschließen ist – und als geschmäcklerisch bezeichnet wird, ist doch positiv die damit verbundene *subjektive religiöse Leistung* zu würdigen: Der Einzelne muss heute angesichts pluraler religiöser Traditionen selbstständig seine religiöse Position finden, ihm ist im Unterschied zu früher seine reli-

giöse Biografie wesentlich stärker als selbst zu gestaltendes und zu verantwortendes Projekt aufgegeben. Ob abwertende Begriffe wie religiöse »Patchwork-Identität« den Schwierigkeiten gerecht werden, denen sich Menschen, die sich in verschiedenen Bereichen der Gesellschaft bewegen, ausgesetzt sehen, ist fraglich. Um religiös deute- und handlungsfähig zu werden, müssen sie dieses Unterschiedliche ja koordinieren und integrieren. Dass Religiosität jeweils individuell verschieden von den Einzelnen konstruiert wird, zeigt sich in einer oft widersprüchlichen Vielfalt konkreter Spielarten, auch bis hin zur Selbstauflösung des erkennbar Religiösen (vgl. Porzelt 2002b, 272; 278).

Im Blick auf die in Deutschland dem Einzelnen begegnende Pluralisierung von Religion ist Folgendes zu sagen: Nach wie vor ist das *Christentum* mit seinen pluralen Gestalten heute *religiös prägend*. Wenn auch die SchülerInnen in den öffentlichen Schulen vor allem städtischer Ballungsräume oft ein religiös buntes Bild bieten, muss man doch im Blick auf die gesamtgesellschaftliche Situation in Deutschland von einem nur »begrenzten explizit religiösen Pluralismus« (Michael N. Ebertz; vgl. Englert 2002a, 22f) sprechen, da allein der Islam religiös zahlenmäßig zu Buche schlägt und vorerst die Religion einer Migrantenkultur ist. Aufs Ganze gesehen gilt daher, dass man in Deutschland noch nicht von einer Konkurrenz der Weltreligionen im großen Stil sprechen kann, wenngleich die verschiedenen Weltreligionen im ehemals homogen christlichen Deutschland wesentlich stärker präsent sind als früher. Das heißt: »Die Situation religiöser Pluralität in Deutschland ist nicht so stark, wie man vielleicht zunächst annehmen sollte, durch die sich von der Pluralität der hier vertretenen Weltreligionen her ergebenden Wahlmöglichkeiten gekennzeichnet.« (Englert 2002a, 23). So begegnet uns – vor allem in West-Deutschland – eine zahlenmäßig starke, unbestimmte, diffuse Christlichkeit, daneben auch eine »frei schwebende«, flottierende, vagabundierende Religiosität.

3. Veränderte Kindheit

Was Kindheit ist, steht nicht einfach definitiv fest. Biologisch gesehen ist Kindheit zwar eine anthropologische Konstante, geschichtlich-gesellschaftlich gesehen aber ist das, was wir Kindheit nennen, soziokulturell bedingt und stellt sich in verschiedenen Kulturen und Epochen dementsprechend unterschiedlich dar. Für unsere Ausführungen ist wichtig, dass die komplexen Modernisierungsprozesse sich auf Kinder auswirken und heutiger Kindheit eine veränderte Gestalt geben. Augenscheinlich und nachweislich hat Kindheit vor allem seit den 70er- und 80er-Jahren des 20. Jh. einen erheblichen Wandel erfahren (vgl. Rolff/Zimmermann 1997; Föl-

ling-Albers 2001b; 2002), was natürlich auch Folgen für Religion und Religiosität hat. Was sind nun ins Auge fallende Phänomene »veränderter Kindheit«? Eine *grundsätzliche* Veränderung liegt sicher darin, dass Kindheit und Jugend nicht mehr wie früher (bis in die 60er-Jahre des 20. Jh. hinein) als Vorbereitungszeit (»Moratorium«) auf das spätere Erwachsenenleben verstanden wird, welches bis dahin Verzicht, Aufschub und Abstinenz verlangte. Stattdessen steht eine Vielzahl von Lebensbereichen, die bis dato Erwachsenen vorbehalten waren, auch schon Kindern offen. Maria Fölling-Albers (2001b) spricht dementsprechend von Entgrenzungsprozessen zwischen Kindern und Erwachsenen: Kinder partizipieren an Freizeit-, Medien- und Konsumangeboten, benutzen moderne Kommunikationstechniken (Handy, PC etc.) usw., sodass der Generationenabstand »immer kleiner« und die Erwachsenenähnlichkeit der Kinder immer größer wird. Auch wenn hier schichten- und milieuspezifische Unterschiede zu wenig beachtet werden, zeigt sich doch darin ganz deutlich der Wandel von Kindheit. Eine *zweite grundsätzliche* Veränderung besteht darin, dass Kinder heute mit einer Vielzahl unterschiedlicher Erfahrungen aus Lebenswelten, Kulturen und religiösen Kontexten zur Schule kommen, Kindheit im Vergleich zu früher also ein wesentlich bunteres Bild bietet. Kindheit gibt es heute sozusagen nicht mehr im Singular, sondern nur noch im Plural!
Im Einzelnen wurden und werden ferner folgende Veränderungen benannt: Die Zahl der Kinder pro Familie habe sich drastisch-dramatisch reduziert, die Einzelkinder (die neuen »kleinen Kaiser«) nähmen zu; moderne Kindheit sei »Medien-Kindheit« geworden, sodass bereits Grundschulkinder eine erhebliche Zeit mit Medien zubrächten; Kinder erführen viel Stress, Hektik, Lärm, ihre Freizeit sei eminent verplant und verzweckt, sodass sie zu wenig Zeit zum freien Spielen hätten; sie gingen vielfach sozialer Beziehungen und Kontakte verlustig; durch doppelte Berufstätigkeit würden häufig die Eltern als Erziehungsinstanzen ausfallen; Erziehung und Erziehungsstile hätten sich (bedenklich) liberalisiert usw. usw. Auch wenn diese Negativ-Diagnosen durchaus Anhalt an der faktischen Wirklichkeit haben – auffällig ist, dass Phänomene veränderter Kindheit in den Anfängen entsprechender erziehungswissenschaftlicher Kindheitsforschung der 80er-/90er-Jahre *überwiegend defizitär und negativ* dargestellt wurden. Natürlich kann man diese Veränderungen auch alle negativ sehen, muss es aber nicht. Wer nur darauf sieht, dass Eltern nicht mehr in gleichem Maße wie früher zu Gehorsam und Pflicht, zu Disziplin und Unterordnung erziehen, übersieht sehr leicht, dass Eltern die Selbstständigkeit ihrer Kinder fördern wollen und ihnen deren Selbstbestimmung wichtiger ist als reglementierende Interventionen. Weil Selbstentfaltungswerte wie Autonomie und Selbstständigkeit höher bewertet werden, nehmen Kinder immer früher an Entscheidungen über ihre Lebensorientierung teil. Veränderungen in den Familien und Familienstrukturen müssen nicht unbedingt zu Defiziten führen. So setzt sich etwa der Trend zur Kleinfamilie zwar fort, weswegen in

der Tat Sozialkontakte mit Geschwistern fehlen, andererseits aber kompensieren nicht wenige Eltern dies mit hoher emotionaler Zuwendung. Die meisten Kinder fühlen sich in ihren Familien sehr wohl; dies gilt auch für Ein-Eltern-Familien, die von vielen Kindern als »Ganz«-Familie gesehen werden. Wichtiger als die Quantität der Beziehungen zwischen Kindern und Eltern scheint die Qualität zu sein. Insgesamt geht es bei den bekannten Effekten veränderter Kindheit nicht um totale und umgreifende Veränderungen, sondern um relative. Mag der Wandel von Kindheit gerade im Vergleich mit unseren eigenen Kindheitserinnerungen, mittels derer wir heutige Kindheiten immer wieder vermessen, erheblich sein, sind Kinder dennoch auch im 21. Jh. gerne Kind und leben gern: »Sie fühlen sich mehrheitlich glücklicher als massenmediale Katastrophenszenarien wie ›Stresskindheit‹ oder ›Ende der Spielzeit‹ weismachen wollen« (Bucher 2002b, 195). Sie spielen gerne, sie schauen zu den Erwachsenen auf, sind neugierig, können sich freuen usw.

4. Kinder und Religion

Wenn sich nicht nur die Religion verändert hat, sondern auch die Kindheit, was heißt das für *Kinder und Religion heute*?

Wir leben nicht mehr in einer Zeit, in der Religion ausschließlich mit Kirche identifiziert wird (s. I., Einführung); auch leistet die früher sehr intensiv gepflegte Koalition zwischen Familie und Kirche diesbezüglich nicht mehr das, was sie früher leisten konnte (s. I.10). Zudem ist kindliches Aufwachsen heute nicht mehr so selbstverständlich wie früher ein Aufwachsen mit Religion, auch nicht mit christlich-kirchlichem Glauben. In dem Maße, in dem Familien kleiner werden und sich die Kinderzahl reduziert, schwinden auch die Möglichkeiten, der Kirche im Leben und im Alltag zu begegnen. Das aber heißt nicht, dass Kindheit heute religionslos ist. Kinder kennen in der Tat nicht mehr so viele biblische Geschichten, Gesangbuchlieder, Gebete etc. und haben nicht mehr das traditionelle religiöse Wissen wie vor 30 oder 40 Jahren – die Rede ist von religiösem Traditionsabbruch und schwindender religiöser Sozialisation –, dennoch sind sie aber nicht einfach an Religion und Religiosität uninteressiert. Wandel von Kindheit heißt also nicht automatisch, dass Kinder sich massenhaft von Religion und Religiosität verabschieden; vielmehr fragen und artikulieren sie sich religiös, weil sie auf fundamentale und elementare Zusammenhänge in ihrem Leben stoßen, die mit Religion, mit dem Woher und Wohin zu tun haben. So nimmt sicher die konfessionelle Bindung von Kindern und deren Familien in westlichen Industriegesellschaften ebenso ab wie die Erfahrung des Eingebundenseins in eine Glaubensgemeinschaft; stattdessen begegnen Kinder oft bruchstückhaft anderen nicht-kirchlichen oder nicht-christlichen Überzeugungen. Doch mit dem Schwinden konfessioneller Bindungen und der Begegnung mit anderen Religionen bzw. Weltanschauungen werden offenkundig religiöse Fragen und Interessenslagen von Kindern nicht obsolet – eine Erkenntnis, die das Land Brandenburg 1996 veranlasste, ein staatlich organisiertes, von den Kirchen unabhängiges Unterrichtsfach »Lebensgestaltung – Ethik – Religionskunde« (LER) in öffentlichen Schulen zu etablieren. Gleichwohl hat sich das Verhältnis von Kindern zu Religion gewandelt, es fällt wesentlich individualisierter und pluralisierter aus, Letzteres auch deswegen, weil eine sehr große Zahl von Kindern nicht mehr in geschlossenen evangelischen oder katholischen Milieus aufwächst, sondern – spätestens – schon vom Kindergarten an mit Kindern aus anderen Kulturen und Religionen zusammentrifft, ohne dass die Begegnung mit einer anderen Religion zum Problem zu werden scheint. Zudem fragen Kinder heute offenkundig entschieden pragmatischer nach dem Gebrauch und Nutzen von Religion als früher. Insgesamt resultiert daraus eine wesentlich höhere Eigen- und Selbstständigkeit von Kindern in religiösen Dingen. Dies gilt auch dann und dort, wo Kinder auf in ihren Familien vorhandene (christlich-)religiöse Vorstellungen und Themen zurückgreifen können.

Ohne im Einzelnen definitiv sagen zu können, wie weit der Ausfall an explizit christlich-religiösen Vorprägungen und Vorstellungen aufseiten der Kinder reicht, wird er doch beträchtlich sein. Gleichwohl erscheinen gerade Grundschulkinder als religiös sehr ansprechbar und begeisterungsfähig (vgl. Englert/Schweitzer 2003, 71). Dabei ist religiöse Ansprechbarkeit nicht zu verwechseln mit religiöser Sprach- und Ausdrucksfähigkeit. Wenn man in diesem Zusammenhang immer wieder von Kindern als »religiösen Analphabeten« spricht, dann meint man damit in aller Regel nicht nur mangelnde Kenntnis in Sachen christlicher Tradition, sondern vor allem auch die relative Sprachlosigkeit angesichts der religiösen Dimension unseres Lebens. Zudem ist kindliche Religiosität oft – wie die der Erwachsenen – »unbestimmt«, eher eine Religion des Fühlens und Meinens als eine Religion des Glaubens. Religiöse Bildung will Kinder in dieser ihrer Befindlichkeit nicht allein lassen, sondern sie auf ihrer Suche nach Sinn unterstützen und ihnen Zeit-Raum zur religiösen Findung, Orientierung und Expression gewähren. Hilfreich ist dabei, dass Kinder weithin ein fast »natürliches« Interesse an religiösen Themen und Dingen haben, über die sie »anders als Erwachsene ganz unbefangen kommunizieren wollen« (EKD 2000, 7). Das in diesem Zusammenhang oft vorgebrachte Argument, man könne Kindern im Religionsunterricht vor allem deshalb nichts beibringen, weil sie vom Elternhaus her nicht oder zu wenig religiös erzogen würden, sticht daher nur sehr bedingt. Unterschätzt werden die Eltern häufig im Hinblick auf ihre Vermittlung von elementaren religiös relevanten Grunderfahrungen wie der Erfahrung des unbedingten Angenommenseins und der Erfahrung von Verlässlichkeit und Vertrauen. Und so hoch man die Eltern auch in Sachen religiöser Erziehung schätzen muss, brauchen wir sie andererseits auch nicht zu überschätzen. Religion »lernen« kann man bis zu einem gewissen Grade auch später in der Grundschule. Im Übrigen würde keine Sport-, Deutsch- oder Musiklehrkraft nur deswegen ihr Fach nicht schulisch unterrichten, weil die Eltern zu Hause mit ihrem Kind nicht turnen, Bücher lesen oder musizieren.

5. Herausforderungen und Chancen religiöser Bildung heute

Oben genannte Veränderungen sind religiöser Bildung aufgegeben. Wir können weder hinter sie zurück noch können wir sie überspringen. Wie also damit religionspädagogisch umgehen? Wir können diese Veränderungen als radikale Bedrohung des christlichen Glaubens und entsprechend als eminente Belastungsposten und Probleme für religiöse Bildung einstufen, wir können sie aber auch als große Herausforderung und Chance für religiöse Bildung heute begreifen. Wir sind hier der Auffassung, dass man die (religiös) individualisierte, pluralisierte und veränderte Situation von Kindern nicht einfach als defizitär, sondern als gewandelt (und sich noch im Wandel befindlich) verstehen sollte. Anliegen religiöser Bildung heute ist, dass Religionslehrkräfte und Kinder – auf der Suche nach Orientierung und Sinn (s. I., Einführung) – Religion gemeinsam lernen und sie so kommunizieren, dass sie (nicht nur die Kinder!) sich selbst religiös bilden können. Religiöse Bildung muss also die aus religiöser Pluralisierung, Individualisierung und veränderter Kindheit herrührenden Anforderungen an Religion nicht nur notdürftig akzeptieren, sondern sie positiv aufnehmen und religionspädagogisch gestalten. Wenn Religionslehrkräfte die genannten Veränderungen generell als schlecht und defizitär empfinden und von früheren, religiös »besseren« Zeiten schwärmen, erzeugen sie nicht nur bei Grundschülern ganz schnell das Gefühl der Fremdheit und der Geringschätzung. SchülerInnen, denen von Religionslehrkräften signalisiert wird, dass Menschen – Kinder sowieso – heute nicht mehr oder zu wenig religiös seien und zu wenig glaubten, werden in eine relativ aussichtlose Situation gebracht: Ihre Bereitschaft zu und Lust an religiösem Lernen und Bildung wird dadurch nicht gefördert, sondern dezimiert und deprimiert. Demgegenüber meinen wir, was christlicher Glaube und Religion heute sind, »ist notwendig, aber nicht hinreichend an der Vergangenheit abzulesen«, sondern muss von jeder Zeit immer wieder neu buchstabiert und geklärt werden (vgl. Heil/Ziebertz 2003, 297).

Angesichts religiöser Individualisierung und Pluralisierung sowie veränderter Kindheit ist unseres Erachtens religiöse Bildung überfordert, wenn sie ein bestimmtes Muster von (christlicher oder kirchlicher) Religion bzw. Religiosität für alle im Religionsunterricht verbindlich zu vermitteln hätte. Dies kann sie nicht leisten. Was sie tun kann, ist dies: Kinder und Heranwachsende in eine Kommunikation mit (christlicher) Religion hineinnehmen und sie religiös begleiten. Sie wird dabei Kindern religiös-kulturelle Partizipation an christlicher Religion in ihrer Vielgestaltigkeit ermöglichen, ferner mit und für SchülerInnen einen Blick für Religion(en) entwickeln helfen und schließlich ihren Beitrag dabei leisten wollen, dass in diesem Spektrum Kinder ihren religiösen Weg finden und gehen können (s. I.4, I.7).

Zusammenfassung:

> Religiöse Bildung vollzieht sich seit geraumer Zeit nicht mehr auf der Basis einer geschlossenen und bewusst kirchlichen Einstellung oder einer christlichen familialen Erziehung. Infolge gesellschaftlicher Modernisierung ergeben sich komplexe Individualisierungs- und Pluralisierungsprozesse, die auch die Religion betreffen: Für die Einzelnen stellt sich das, was heute Religion ist, komplex, uneindeutig und vielfältig dar. Gleichwohl wächst so der religiöse Orientierungs- und Bildungsbedarf von Kindern. Religiöse Bildung kann sich nicht an diesen Prozessen vorbei ereignen. Dabei kommt es darauf an, die Veränderungen im positiven Sinne als Herausforderungen und Chance für religiöse Bildung zu sehen. Damit Kinder sich religiös bilden können, ist es konstitutiv, dass sie die vielgestaltige (christliche) Religion im Sinne kultureller Partizipation sinnenhaft kennen lernen; des Weiteren ist es für religiöse Bildung unabdingbar, den Blick von Kindern über den eigenen »religiösen Gartenzaun« zu fördern und zu üben. All dies geschieht in der Absicht oder besser in der Hoffnung, dass sich Kinder mit der Unterstützung des Religionsunterrichts in, mit und unter solcher Begegnung mit Religion(en) religiös bilden, nach Möglichkeit ihre Religiosität finden und gestalten.

Lesehinweis:

Behnken, Imbke/Zinnecker, Jürgen (2001): Neue Kindheitsforschung ohne eine Perspektive der Kinder? In: Fölling-Albers, Maria u.a. (Hg.): Kindheitsforschung. Forschung zum Sachunterricht. Jahrbuch Grundschule III. Seelze, 52–55.

Bucher, Anton (2002b): Religion in der Kindheit. In: Bitter, Gottfried u.a. (Hg.): Neues Handbuch religionspädagogischer Grundbegriffe. München, 194–198.

Fölling-Albers, Maria (2001b): Veränderte Kindheit – revisited. Konzepte und Ergebnisse sozialwissenschaftlicher Kindheitsforschung der vergangenen 20 Jahre. In: Dies. u.a. (Hg.): Kindheitsforschung. Forschung zum Sachunterricht. Jahrbuch Grundschule III. Seelze, 10–51.

I.2 Ästhetisches Lernen und religiöse Bildung in der Grundschule

Georg Hilger

Um einer Engführung religiöser Bildung zu entgehen, bemüht sich die Religionsdidaktik seit Jahrzehnten, den Religionsunterricht erfahrungshermeneutisch zu konzipieren. Ein erfahrungsbezogener Unterricht beschränkt sich in Theorie und Praxis aber oft darauf, Erfahrungen lediglich zu besprechen: Erfahrungen, andernorts und oft auch nur von anderen Menschen gemacht, werden aufgegriffen und als »Material« des Religionsunterrichts verwendet. Erfahrungsbezug im herkömmlichen Sinne bedeutet auch nicht immer Bezug zu religiösen Erfahrungen. Oft sind es zwischenmenschliche, soziale, ethische und andere Alltagserfahrungen oder Grunderfahrungen, die thematisiert werden, um sie dann mit den in Texten verdichteten Erfahrungen der jüdisch-christlichen Tradition mühsam zu korrelieren (s. II., Einführung).

Erfahrungsbezug, der sich auf Erfahrungen außerhalb der Schule bezieht, um diese dann lediglich zu reflektieren, ist aus verschiedenen Gründen auszuweiten: Die fortschreitende Individualisierung von Lebensstilen macht es zunehmend unmöglich, an für alle Schüler gemeinsame Erfahrungen anzuknüpfen. Die lebensgeschichtlichen Erfahrungen der Kinder klaffen immer weiter auseinander (s. I.1). Angesichts einer kaum noch voraussetzbaren gemeinsamen religiösen Sozialisation und angesichts von ausbleibenden gemeinsamen gemeindlich-liturgischen Praxiserfahrungen muss der Religionsunterricht religiös-relevante Erfahrungen und religiöse Praxisformen nicht nur reflektieren, sondern auch ermöglichen. Religionsunterricht wird sich also in behutsamer Weise für religiöse Erfahrungsmöglichkeiten öffnen müssen, wenn er zum Erfahrungsraum werden will und die religiöse Erfahrungsfähigkeit der Kinder fördern will (Schweitzer 1994b, 247f).

Unter dem Vorzeichen z.B. praktischen Lernens, projektartigen Lernens (s. III.11), Symbolisierenlernens (s. II.3), kreativer Bibelarbeit (s. II.2), eines Lernens außerhalb des Klassenzimmers (s. III.9), von Stille-Erfahrung bzw. Meditation (s. III.2), eines Lernens mit allen Sinnen, von Fest- und Feiergestaltung (s. II.7) und Übungen des Wahrnehmens etc. hat ein solches Verständnis von Erfah-

rungsbezug die religionsunterrichtliche Praxis schon vielerorts geprägt. Dies sind Ansätze, die es weiter zu vertiefen gilt.
Solche Ansätze lassen sich dazu unter dem Begriff ästhetische Bildung zusammenfassen. Was damit gemeint ist und worin die religionsdidaktische Bedeutung gesehen werden kann, soll in den nächsten Abschnitten dargelegt werden.

1. Was heißt ästhetische Bildung?

Das »postmoderne« Krisenbewusstsein hat eine neue Hinwendung zum Ästhetischen vorbereitet als eine wachsende Sensibilität für den Zusammenhang von Form und Inhalt, von Innen und Außen, von Vernunft und Praxis.
Es kann aber kein allgemeiner Konsens vorausgesetzt werden, was »ästhetische Bildung« bedeutet. Um einer Engführung ästhetischen Lernens vorzubeugen, ist es hilfreich drei Dimensionen ästhetischer Bildung zu unterscheiden: ästhetische Wahrnehmungsfähigkeit, ästhetische Gestaltungsfähigkeit, ästhetische Urteilsfähigkeit.

Ästhetische Wahrnehmungsfähigkeit

Im wörtlichsten Sinne bedeutet ästhetische Bildung so viel wie Bildung der sinnlichen Wahrnehmungsfähigkeit (*aisthesis* = Wahrnehmung) und zielt auf die Erweiterung und Übung von Wahrnehmungsmöglichkeiten und die Fähigkeit zur Wahrnehmungskritik. Ein solches Ästhetikverständnis lässt sich auf Alexander Gottlieb Baumgarten (1714–1765) zurückführen. Aus erkenntnistheoretischem Interesse rehabilitiert Baumgarten alle jene Sinneseindrücke, die nicht von mathematisch-logischen Wissenschaften erfasst werden, und weist ihnen unersetzliche Bedeutung zu. Ästhetische Bildung dient in einem solchen Sinne der Erweiterung und Entgrenzung von Erkenntnis und erinnert an die Vieldimensionalität menschlicher Erkenntnis (zur praktisch-theologischen Rezeption von Baumgarten vgl. u.a.: Grözinger 1991, 111–116; Biehl 1988, 4). Religionsdidaktisch gewendet, bedeutet ästhetische Bildung in diesem Sinne: umfassende Wahrnehmungsschulung und damit Sensibilisierung für die Vieldimensionalität von Welt und Leben. Dies schließt auch die Möglichkeit ein, das alltägliche Leben neu und anders und interessiert wahrzunehmen. Ästhetische Wahrnehmungsschulung umfasst sowohl Sensibilisierung der Sinnlichkeit als auch die Infragestellung und Irritation von Wahrnehmungsgewohnheiten wie die Förderung neuer Welt- und Selbstwahrnehmung. Darin drückt sich eine besondere Beziehung zur Welt und zum Leben aus: Konkretes Wahrnehmen, das sich einlässt, sich behutsam und aufmerksam an

Welt annähert, auch an ihre Widerstände, Widersprüche und Fremdheiten (vgl. Rumpf 1994, 237f, 2005, 258f), ist gemeint, nicht eine distanzierte, »extramundane«, Beobachtung, die sich auf vereinnahmendes Bescheidwissen beschränkt. Das hier gemeinte Weltverständnis sieht George Reilly als »ein prinzipiell affektives und praktisches Verwickeltsein des Menschen in der Welt« (Reilly 1988, 56). Ästhetische Bildung ist somit nicht nur auf Kunst im engeren Sinne und das Schöne zu beziehen.

Ästhetische Gestaltungsfähigkeit

Ästhetische Bildung beschränkt sich nicht auf *aisthesis* im wörtlichsten Sinne, sondern weist über sinnliches Wahrnehmen hinaus auf ästhetisches Gestalten von Wirklichkeit (poiesis) und eröffnet Raum für das Mögliche und Erhoffte. Ästhetisches Gestalten ist Ausdruck menschlicher Freiheit und Würde. Das gilt besonders augenfällig für das Spielen, Musizieren, Malen, Plastizieren, Erzählen, Textgestalten und die rhythmische Bewegung, ebenso wie für den ganzen Bereich der ästhetischen Alltagspraxis (Wahl der Frisur, der Kleidung, Wohnraumgestaltung, Gestalten eines Festes, eines Essens, von Beziehungen, von Zeit etc.) (vgl. Klafki 1993, 28). Kein Bereich von menschlicher Erfahrung ist davon ausgenommen, auch nicht der von Religion, Politik, Ökonomie und Gesellschaft. Ästhetisches Gestalten bezieht sich auch auf Möglichkeiten, Wirklichkeit neu und menschlicher zu gestalten. Ästhetische Bildung wird dann ihrem Anspruch gerecht, Bildung zu sein, wenn sie darüber auch kritisches Bewusstsein fördert, wenn sie zugunsten der Freiheit des Subjekts und zugunsten von universeller Solidarität die Kinder sensibilisiert für manipulative Verwendungsmöglichkeiten von Kunst im engeren Sinne und von anderen ästhetischen Mitteln wie z.B. von Werbung und Propaganda. Damit ist schon ein weiteres Merkmal von ästhetischer Bildung angesprochen.

Ästhetische Urteilsfähigkeit

Ästhetische Bildung umfasst auch die Förderung von ästhetischem Bewusstsein und schließt damit Rationalität und Aufklärung nicht aus, sondern findet in ihnen konstitutive Elemente, die den Prozess des ästhetischen Erfahrens mitbedingen, tragen und auch verändern. Es kann nicht von Bildung gesprochen werden, wenn Ästhetik auf die bloße Schulung von Sinnesorganen oder auf ein Produzieren von Objekten beschränkt bliebe. Menschliche Wahrnehmung enthält immer auch Momente des Erkennens, Denkens, Deutens und Fühlens. Als ästhetische Wahrnehmung führt sie auch zu ästhetischer Urteilsbildung (katharsis).
Ästhetische Bildung meint somit auch Stellungnahme. Sie ist bezogen auf das

Ganze der menschlichen Existenz und fragt nach der Qualität und der Ausrichtung auf gutes menschliches Leben. Die Bildung ästhetischer Urteilsfähigkeit setzt voraus, dass jeder Beteiligte seine eigenen Erfahrungen in die Kommunikation über ästhetische Erfahrung einbringen kann, ohne Zwang und Bevormundung, auch im Interesse eines kommunikativen Suchens von Wahrheit.

Zusammenfassend lassen sich drei aufeinander bezogene Dimensionen ästhetischen Erfahrens für die ästhetische Bildung unterscheiden:

- die wahrnehmend-rezeptive Dimension (*aisthesis*)
- die gestaltend-produktive Dimension (*poiesis*)
- die urteilende und kommunikative Dimension (*katharsis*).

Ästhetische Urteils-, Gestaltungs- und Wahrnehmungsfähigkeit sind zwar voneinander unterscheidbar, bleiben aber ineinander verwoben.

2. Religionsdidaktik und ästhetische Bildung

Viele religionsdidaktische Reformimpulse der letzten Jahrzehnte betonen das Sinnhafte und Zweckfreie, das Spielerische und Imaginative, das Schauen und Meditieren, das Musizieren und Spielen, das künstlerische Gestalten und ganzheitlich leib-seelische Äußerungen sowie praktisches Lernen und das Brauchtum in ihrer Bedeutung für den Religionsunterricht (Lange 1995, 342).
George Reilly sieht die religionsdidaktische Bedeutung ästhetischer Bildung vor allem in der Entwicklung einer elementaren Sensibilität für die religiöse Dimension der Wirklichkeit und betont für die Inhalte und die Unterrichtsformen des Religionsunterrichts, dass diese Sensibilisierung wörtlich zu nehmen sei. »Weil sie nicht eine Sensibilisierung für eine abstrakte Idee, sondern für das sinnlich-leidenschaftliche Verwickeltsein Gottes und des Menschen miteinander ist, muss dieses sinnliche Verwickeltsein für die Religionsdidaktik leitend sein« (Reilly 1988, 60). Dies schließt auch mit ein, den eschatologischen Charakter von Wirklichkeit anzunehmen als Handlungsimpuls für den Versuch, Wirklichkeit neu und menschlicher zu gestalten.
Erich Feifel fordert unter dem Vorzeichen einer religionspädagogischen Ästhetik, den Gestaltcharakter von Wirklichkeit und die Leibhaftigkeit der Botschaft des Glaubens zu erschließen. Das bedeutet auch, dass in Lernprozessen unter ästheti-

schem Vorzeichen nicht mehr länger nach einem Inhalt durch die Form hindurch oder an ihr vorbei gefragt werden kann (Feifel 1992, 8).
Die Verschmelzung von Inhalt und Form, von Gehalt und Gestalt kann so als das unterscheidend Ästhetische angesehen werden: »der Inhalt ist Form und umgekehrt« (Grözinger 1991, 124). Diese folgenreiche Aussage bedeutet für religionsdidaktisches Handeln, dass auch unterrichtliches Handeln hohe Affinitäten zu künstlerischer Gestaltung hat. Es wird auf die Stimmigkeit von Inhalten (Gehalt) und Lernformen (Gestalt) zu achten sein, anders ausgedrückt: Inhalts- und Zielfragen einerseits und Methodik andererseits lassen sich nicht voneinander ablösen, vor allem nicht über- bzw. unterordnen.
Joachim Kunstmann betont eine ästhetische Vernunft als Ergänzung zu einem rationalen Weltverständnis, welche dem Subjektiven, der Imagination (s. III.3), der Fantasie, dem Spiel (s. III.6) eine hohe Bedeutung für Bildungsprozesse einräumt, als über das Kindesalter hinaus bleibende Bedingung auch für die rationale Vernunft. Religiöse Bildung kann auf ästhetisches Lernen nicht verzichten, weil Religion durch ihre poetische und metaphorische Sprache, ihre Liturgie und ihre reiche Symbol- und Bilderwelt eine »ästhetische Signatur« hat (vgl. Kunstmann 2002, 56f, 347–410).
In der Theologie ist die Ästhetik erst durch das zunehmende Interesse an der Sinnlichkeit des Glaubens zu einem wichtigen Thema geworden. Wer die Wirklichkeit des Lebens Jesu als Ikone des unsichtbaren Gottes (Kol 1,15) und Offenbarung als Selbstmitteilung Gottes versteht, der wird keine Theologie betreiben können, ohne die greifbare Leibhaftigkeit der Gotteswahrheit und die Konkretheit des Reiches Gottes aufspüren zu wollen. Die Provokationen, die in Jesus Christus Gestalt gewonnen haben, fordern zum »Anders-Sehen« und Wahrnehmen des Mitmenschen und der Wirklichkeit heraus. Das bedeutet auch, sich die Augen und Sinne öffnen zu lassen für das, was bisher nicht wahrnehmbar war, und von Jesus Christus her neu zu sehen und neu zu erleben, was das Leben und die Welt zutiefst bestimmt (vgl. Werbick 1992b, 25f).
Was hier als Herausforderung für die Theologie genannt wird, kann religionsdidaktisch unter dem Vorzeichen einer religiösen Wahrnehmungs- und Ausdrucksschulung aufgegriffen werden, die hilft, Welt und Leben anders wahrzunehmen und zu gestalten: ein Gespür und eine Intuition zu entwickeln für eine andere oder bessere Welt (s. III.3). Einige Elemente eines solchen sinnlichen und sinnvollen Religionsunterrichts sollen im Folgenden dargestellt werden.

3. Anregungen für den Religionsunterricht in der Grundschule

Aufmerksamkeit lernen mit allen Sinnen

Ästhetisches Lernen wird nicht selten eingeschränkt auf reine Sinnesschulung: Sehen – Hören – Riechen – Tasten – Schmecken – Fühlen – Empfinden. Solche Sinne sind »Tore zur Welt« und gleichzeitig auch Tore zur Innenwelt des Selbst. Sie helfen, Welt und Leben wahrzunehmen, zu bestaunen und zu befragen und so auch das Sinnliche in seiner bloßen Dinglichkeit zu transzendieren. Wache Blicke, geschulte Ohren, eine gute Nase und die Fähigkeit, sich einzufühlen, sind Voraussetzung zur Wahrnehmung, können das Ich vor Abschottung und Selbstbefangenheit bewahren. Es geht dabei nicht um das Training isolierter Fähigkeiten, um reine Sinnesschulung. Religionsdidaktisch geht es um das Entwickeln von Aufmerksamkeit und von Interesse für das, was außen und innen das Leben ausmacht, was es fördert und hindert, für das, was gegeben und was aufgegeben, was zu bejahen und zu verändern ist.

Wo nichts wahrgenommen wird, wird auch das Erfahren dürftiger – im Zusammenleben mit Freunden, in Situationen, in der Begegnung mit der Welt und mit uns selbst. Mangelnde Wahrnehmungsfähigkeit führt dazu, dass vieles fraglos hingenommen und die Vorstellungskraft geschwächt wird. Aufmerksamkeit und Wachheit der Sinne sind Voraussetzungen eines teilnehmenden und teilgebenden Miteinander-Lebens. Im Dienste von Bildung ist Wahrnehmung zu weiten und sind Wahrnehmungsblockaden zu erkennen und zu überwinden. Den Ernstfall stellt die Wahrnehmung der anderen und des anderen dar als Voraussetzung, den anderen auch in seinem Anderssein anerkennen zu können.

Sich mit allen Sinnen dem Leben öffnen und so Aufmerksamkeit erlernen steht nicht nur im Dienste von Selbstvergewisserung, Dialogfähigkeit und von Solidarität. Das ist auch eine Voraussetzung zum Beten: dem dankenden, preisenden und dem fürbittenden. Wahrnehmungsfähigkeit und Aufmerksamkeit hilft, das selbstverständlich Fraglose fragwürdig werden zu lassen und Bewusstsein zu schaffen, dass Gott auch als die große heilsame Frage an die Menschen wahrnehmbar werden kann (vgl. Werbick 1990, 92).

Entwicklung von Wahrnehmungsfähigkeit stellt sich gegen die »Vernichtung nachdenklicher Aufmerksamkeit« (Rumpf 1992, 28), gegen Unbetreffbarkeit, Empfindungslosigkeit in einer Zeit der Überflutung durch konsumanregende, kurzfristige Lust- und Neugier erzeugende ästhetische Reize. Solche ästhetischen Phänomene einer »Anästhetik« (Welsch 1993, 9–40) machen letztlich kontakt- und gefühllos gegenüber der Welt und dem Leben mit seinen Licht- und Schattenseiten. Es gilt, sich wirklich auf Wahrnehmungen einzulassen, sich berühren zu lassen und sich Zeit zu nehmen auch für das Widerständige, Unvertraute, Übersehene und Überhörte, für das Verdrängte und Befremdliche.

Seinem Leben und seinem Glauben Gestalt geben

Innere Vorgänge, vertiefende Eindrücke, Wahrnehmungen, Lebensstile, Botschaften, Gemeinsamkeiten etc. mit vielen Möglichkeiten auszudrücken, sollte im Religionsunterricht gepflegt werden. Inneres Leben bedarf der äußeren Form. Gesten und Formen sind für das Gelingen von Kommunikation unersetzlich. Religiöse Formen, die gestaltlos bleiben, verflüchtigen sich schnell. Im Religionsunterricht sollen Kinder lernen, ihre Lebensdeutungen, ihr Engagement, ihre Religiosität und ihren Glauben auch zu gestalten: sichtbar, hörbar, fühlbar und mitteilbar. Dabei wird es vor allem darauf ankommen, dass die Kinder zu eigenem Ausdruck befreit werden: im Erzählen (s. III.1), im kreativen Schreiben (s. III.7), im Beten (s. III.2), im Malen und Gestalten (s. III.8), in der Bewegung (s. III.5), im darstellenden Spiel (s. (III.6), in ihren eigenen Symbolisierungen (s. II.3), in ihren Selbstdarstellungen, in der Gestaltung von Ritualen, in der Festgestaltung (s. II.8) etc. Religionsunterricht sollte Raum und Lernformen anbieten, das auszudrücken, was für sie im Leben wichtig, bedeutungsvoll ist, was als sinnvoll und was als sinnlos erfahren wird, was leben und hoffen lässt und was Leben behindert. Dies könnte z.B. Gestalt gewinnen in einem »Ich-Buch«, in das Kinder ihre persönlichen Gedanken, Fragen, Bilder, Fotos, Lieder, kurze Geschichten, Psalmverse, Gebete eintragen und bewusst gestalten mit ihrer je eigenen Ästhetik. Das intensiviert die Wahrnehmung und ermöglicht Kommunikation mit anderen.
Die Symbole des christlichen Glaubens lassen sich dann in ihrer lebensdeutenden und heilenden Kraft erahnen, wenn Kinder selber gelernt haben zu symbolisieren, wenn sie gelernt haben, eine »Sprache«, einen Ausdruck dafür zu finden, was für sie in ihrem Leben Bedeutung hat, was für sie sinnvoll und sinnlos ist. Symboldidaktik (s. II.3) unter ästhetischem Vorzeichen ist darum immer auch Symbolisierungsdidaktik und religiöse Alphabetisierung. Religiöse Alphabetisierung unter ästhetischem Vorzeichen bedeutet auch Gestaltgebung und Stärken der Vorstellungs- und Ausdruckskraft.
Besondere Möglichkeiten des Gestaltgebens eröffnet das »Projektartige Lernen« (s. III.11), das zugleich Brücken bauen kann zwischen schulischem und außerschulischem Lernen und die Kinder erfahren lässt, dass ihr Tun Bedeutung hat für das Leben auch außerhalb von Schule: z.B. eine Ausstellung vorbereiten, ein Labyrinth anlegen, Patenschaften für ausländische Schüler übernehmen, einen Gottesdienst mitgestalten, einen Bachlauf von Unrat befreien, ein Fest gestalten etc.

Den Lernprozess auf produktive Weise verlangsamen

Schule und mit ihr der Religionsunterricht stehen unter der Maxime unserer Zeit, alles müsse schnell gehen. Schnell ist gut, schneller ist besser! Langsamkeit im Lernen läuft dieser Maxime zuwider. Die Forderung nach Verlangsamung im Lernen erinnert an den ehrenvollen und provokativen Wortsinn von Schule, abgeleitet von *schola* bzw. *scholé*, Ort der Muße und des Innehaltens. Schule braucht eine Lernkultur des Innehaltens und der Verlangsamung, wenn sie im Geiste eines bildenden Lernens die Fähigkeit zur Selbstbestimmung, Mitbestimmung und Solidarität fördern will. Ästhetische Bildung setzt eine Schulkultur voraus, die Zeit hat, Zeit lässt, und die – vielleicht sogar Widerstand setzend und Barrieren errichtend – aktiv Zeiträume schafft für ein verlangsamtes Lernen. Bildendes Lernen in diesem Sinne sollte den Verlockungen des schnellsten Weges widerstehen. Widerstand setzend, sollte es auch die Wahrnehmungsfähigkeit fördern.
Zu einer solchen Lernkultur gehört auch das Nachdenken und Grübeln, das Abwehren von zu schnellen Antworten und Lösungen, der Schutz der Fremdheit und der Besonderheit der Lerninhalte und immer wieder auch die Suche nach Möglichkeiten einer sinnlichen Fühlungnahme mit den Lerninhalten.
Ein gewolltes Verlangsamen religiösen Lernens kann auf Kosten quantitativer (Über-)Fülle ein qualitatives Mehr im Sinne wichtiger religionsdidaktischer Intentionen begünstigen: ein Mehr an Intensität, an Aufmerksamkeit, an Vorstellungs- und Einbildungskraft (s. III.3). Produktiv ist ein solches Lernen, wenn es eingefahrene Wahrnehmungsmuster »unterbrechend« ins Wanken bringt.
Produktive Verlangsamung in diesem Sinne kann so als eine notwendige Vorbedingung für ästhetische Erfahrungen im Religionsunterricht angesehen werden. Verlangsamung sollte aber nicht mit Untätigkeit verwechselt werden. Mit der Betonung des aktiven Moments wird eine weitere religionsdidaktische Dimension eines verlangsamten Lernens angesprochen: Verlangsamung zielt darauf, neuen Sinnsichten und Lebensperspektiven Zeit zu lassen. Dass Warten, Ruhe, Unterbrechungen produktiv sein können im Sinne einer Humanisierung des Lebens, sagt doch wohl auch das priesterschriftliche Schöpfungslied, wenn es die Unterbrechung und die Ruhe des Schöpfers am siebten Tag als Höhe- und Zielpunkt der Schöpfung besingt. »Schabbat« bedeutet als Verb »unterbrechen, aufhören, ruhen«. Das Ruhigwerden am Schabbat unterbricht ein lineares Zeitverständnis, rhythmisiert die Zeit, damit der Mensch und die Schöpfung zu sich und zu Gott finden können. Vielleicht kann der Religionsunterricht dann und wann eine Zeit sein, bei der die gut tuende und heilende Gabe des Schabbat erspürt werden kann.

Zusammenfassung:

Religionsunterricht unter dem Vorzeichen von ästhetischer Bildung meint erfahrungsbezogenes Lernen, das möglichst alle Sinne einbezieht, das die Wahrnehmung für das Gegebene, Anvertraute sowie Fremde und den Sinn für das Mögliche fördert. Ästhetische Bildung stärkt die Fähigkeit, Leben und Welt anzunehmen, mitzugestalten sowie seiner Religiosität und seinem Glauben sinnliche Gestalt zu geben. Religionsunterricht ist somit unter recht unterschiedlichen Vorzeichen »ästhetisch«, nämlich dann, wenn z.B. die Form-Inhalt-Relation bei der Gestaltung eines Festes bewusst beachtet wird, wenn mit Hand, Kopf und Herz gelernt wird, wenn die Kinder alltägliche und religiöse Symbole in ihrer ganzen Sinnenhaftigkeit wahrnehmen und selber Symbole bilden, wenn sie im expressiven Spiel, im kreativen Schreiben, im bildnerischen Gestalten, in Tanz und Bewegung ihren Erfahrungen und Wahrnehmungen Ausdruck verleihen, wenn sie sich im Rahmen eines Projekts für eine sinnvolle Sache engagieren, wenn sie lernen, etwas mit einem anderen Blick zu sehen, mit einem anderen Ohr zu hören, wenn sie Stellung beziehen oder sich und andere in Bewegung setzen. Religionsunterricht wird »ästhetisch«, wenn er biblisch inspirierte Sehvorschläge ins Spiel bringt, sich als »Sehschule« (Lange 1977) versteht, um Welt und Leben anders wahrnehmen zu lernen, wenn er Anregungen gibt, sich auf Gottes liebevollen und parteiischen Blick auf die Welt und die Menschen einzulassen.

Lesehinweis:

Biehl, Peter (1989): Religionspädagogik und Ästhetik. In: Biehl u.a. (Hg.): Jahrbuch der Religionspädagogik 1988 (JRP 5). Neukirchen-Vluyn, 3–44.

Lange, Günter (1995): Ästhetische Bildung im Horizont religionspädagogischer Reflexion. In: Ziebertz/Simon (Hg.): Bilanz der Religionspädagogik. Düsseldorf, 339–350.

Kunstmann, Joachim (2002): Religion und Bildung. Zur ästhetischen Signatur religiöser Bildungsprozesse. Gütersloh/Freiburg.

I.3 Religionsunterricht als Schulfach oder Religion als Teil eines Lernbereichs?

Georg Hilger

Religionsunterricht in der herkömmlichen konfessionellen Gestalt wird in Frage gestellt mit Argumenten, die ernst zu nehmen sind. Im Hintergrund stehen dabei die Fragen nach der Bedeutung der nach Wissenschaften geordneten Schulfächer für ein bildendes Lernen, das den gegenwärtigen und zukünftigen Anforderungen gerecht wird, ferner die neuen Herausforderungen angesichts einer religiösen Differenzierung und Pluralisierung. Für den konfessionellen – evangelischen und katholischen – Religionsunterricht könnte das bedeuten, Teil eines Lernbereichs zu werden zusammen etwa mit anderen Religionen, Ethik, Philosophie. Diese für die Zukunft eines konfessionell-positionellen Religionsunterrichts folgenreiche Frage wird im Folgenden diskutiert vor dem Hintergrund schulpädagogischer und politischer Infragestellungen.

1. Religionsunterricht als Teil eines Lernbereichs? – Schulpädagogische Initiativen

In den viel beachteten Empfehlungen zur Neugestaltung der Primarstufe »Die Zukunft beginnt in der Grundschule« (Faust-Siehl u.a. 1996) wird versucht, die starre Fächerstruktur zugunsten von Lernbereichen aufzugeben. Religion wäre dann Teil eines Lernbereichs Religion, Ethik, Philosophie, der es allen Kindern, gleich ob sie einer Religion angehören oder nicht, ermöglicht, sich mit Grundfragen der menschlichen Existenz zu befassen, mit ihren Sinn- und Glaubensfragen und mit Verhaltensfragen.
In oben genannter Schrift wird anerkannt, dass die Auseinandersetzung mit solchen Fragen zu den wichtigsten Aufgaben der Grundschule gehört; Religion wird dabei an erster Stelle genannt und damit in ihrer pädagogischen Dignität betont.

Religion als Teil eines Lernbereichs ist als überkonfessionelles Angebot für alle Kinder gedacht. »Ziel dieses Unterrichts ist das Verstehen von Menschen in ihren zentralen Orientierungen, Ansichten und Haltungen sowie die Anbahnung der Fähigkeit zum interkulturellen und interreligiösen Dialog einschließlich des Dialogs zwischen Glaubenden und Nicht-Glaubenden. Der Unterricht soll die Kinder zur Weltoffenheit, Toleranz gegenüber ihnen bislang nicht bekannten Überzeugungen und Formen religiöser Praxis, einschließlich der Überzeugungen der Nicht-Gläubigen, erziehen« (a.a.O. 105). Den Religionsgemeinschaften wird lediglich ein Mitwirkungsrecht eingeräumt. Diese Folgerungen greifen somit erheblich die bisherige Struktur des konfessionellen Religionsunterrichts an.

Ähnlich wie die Empfehlungen des Grundschulverbands zur Neugestaltung der Primarstufe argumentiert auch die Denkschrift der Kommission »Zukunft der Bildung – Schule der Zukunft« beim Ministerpräsidenten des Landes Nordrhein-Westfalen (1995). Anerkannt wird auch hier, dass die religiösen Aspekte der kulturellen Tradition besonderer Aufmerksamkeit bedürfen. Gerade die Unverzichtbarkeit einer systematischen Auseinandersetzung mit solchen Fragen in der Schule mache es notwendig, dass sich alle SchülerInnen damit auseinander setzen, also auch die hohe und stetig anwachsende Zahl vom Religionsunterricht befreiter, nicht-christlicher und konfessionsloser SchülerInnen, die von einem konfessionellen Religionsunterricht nicht erreicht werden können. Die Denkschrift empfiehlt, Ethik, Religion, Weltanschauung in einem obligatorischen Lernbereich zusammenzuführen. »Staat und Religionsgemeinschaften sollten ein unabhängig von Konfessionalität konzipiertes Lernangebot zu weltanschaulichen, religiösen und kulturellen Orientierungen in öffentlichen Schulen entwickeln« (a.a.O. 109).

Beachtenswert ist die Absicht dieser Vorschläge, der Religion einen Ort in der Grundschule zu sichern und allen Kindern einen gemeinsamen Zugang zu religionsrelevanten Fragen in der Schule zu ermöglichen. Im Vordergrund steht hierbei das erkenntnisleitende Interesse einer integrativen Ausrichtung der Grundschule, der sich eine Differenzierung des schulischen Angebots nach Konfessionen und Religionen unterordnen soll. Wenn das integrative Prinzip einseitig dominiert, stellt sich aber die Frage, ob die Grundschule überhaupt noch den unterschiedlichen Lern- und Lebensvoraussetzungen von Kindern gerecht werden kann. Integration und Differenzierung dürfen nicht getrennt werden. Darum muss gelten: »Allen das Gleiche – aber auch jedem das Seine!« (Schweitzer/Faust-Siehl 2000b, 12, vgl. zur Diskussion auch Lück 2002, 179–193).

2. Politische Infragestellung des Religionsunterrichts durch das neue Schulfach LER

Die wohl größte politische und juristische Herausforderung des Religionsunterrichts in der Nachkriegszeit ist die Einrichtung eines staatlichen Pflichtfaches im Land Brandenburg »Lebensgestaltung – Ethik – Religionskunde« (LER) für die Sekundarstufe I. Zur Disposition stehen das Recht der Kirchen auf ein Lehrfach und ob Religion in staatlichen Schulen ein ordentliches Lehrfach im Sinne des Grundgesetzes (GG 7 Abs. 3) bleiben wird.
Die Notwendigkeit einer religiösen Allgemeinbildung wird durch das neue Fach anerkannt. Diese könne aber nur als Allgemeinbildung in einem für alle verbindlichen Fach vermittelt werden. Dem herkömmlichen Religionsunterricht wird unterstellt, er sei Weltanschauungserziehung und würde den freien Blick und den Dialog erschweren. Nicht nachgewiesen werden konnte bisher, ob die von dem neuen Lernbereich beanspruchte weltanschauliche Neutralität und Offenheit überhaupt eingelöst werden kann. Prinzipiell wird durch das neue Schulfach das Verhältnis von Staat und Kirche bzw. von Staat und gesellschaftlichen Gruppierungen angefragt: Welche Bedeutung sollen die Kirchen noch bei der Mitgestaltung von Schule und damit auch von Religionsunterricht haben?
Der bis vor das Bundesverfassungsgericht geführte Streit um das neue Schulfach endete mit einem Kompromiss, der aber keine Stellung bezieht zu der Frage, ob das neue Schulfach LER verfassungskonform sei. Nach dem vom Verfassungsgericht vorgeschlagenen Vergleich wird ein konfessioneller Religionsunterricht als »Unterrichtsfach« anerkannt, das in allen Schulformen und Schulstufen angeboten werden kann. Dieses Fach wird neben dem staatlichen Unterricht und im Auftrag von Kirchen und Religionsgemeinschaften erteilt. Religionsunterricht wird somit kirchlicher Unterricht in der öffentlichen Schule, wenn sich genug für ihn melden. Die Leistungen für dieses Fach werden in das staatliche Zeugnis aufgenommen und benotet. Im Unterschied zum Religionsunterricht als »Schulfach« bleibt LER »ordentliches Schulfach«, von dem sich aber Schülerinnen und Schüler abmelden (lassen) können, wenn sie den Religionsunterricht besuchen. Religionsunterricht ist in Brandenburg somit Ersatzfach für Schülerinnen und Schüler, die nicht am Unterricht in LER teilnehmen und zum Wahlfach für solche, die an beiden Fächern teilnehmen wollen (vgl. Simon 2002a, 147ff). Von der Attraktivität des Religionsunterrichts hängt es ab, ob dieses Fach in diesem Bundesland Bestand haben wird.
Somit bekommt der Religionsunterricht in Brandenburg einen vergleichbaren Stellenwert wie der Ethikunterricht in vielen anderen Bundesländern, der von den

Kirchen ausdrücklich gewollt ist als Ersatzfach bzw. Alternativfach für den Religionsunterricht. Kinder, die nicht am Religionsunterricht teilnehmen, sind dann verpflichtet, ein Fach zu besuchen, das Verständnis für die in der Gesellschaft wirksamen Wertvorstellungen und Normen sowie den Zugang zu philosophischen und religiösen Fragen vermittelt.

3. Religionsunterricht zwischen konfessioneller Beheimatung und multireligiöser Pluralität

Der konfessionelle Religionsunterricht steht zur Diskussion, obwohl er vom Grundgesetz her rechtlich bestens abgesichert ist als ein Fach, das »in Übereinstimmung mit den Grundsätzen der Religionsgemeinschaften« erteilt werden soll (Art 7, Abs. 3 GG). Gibt es angesichts einer weitgehenden religiösen Pluralisierung und einer wachsenden Anzahl von Kindern, die nicht kirchlich-konfessionell sozialisiert sind, noch gute Gründe für einen evangelischen oder katholischen Religionsunterricht?

Es stellt sich dabei die grundlegende Frage, ob Kinder von ihrem Entwicklungsstand her religiöse Orientierung finden können in einem pluralen oder eher in einem homogenen Kontext. Müssen sich Kinder zunächst ihrer eigenen religiösen Wurzeln bewusst werden können und bedürfen sie daher zunächst einmal eines homogenen konfessionellen Religionsunterrichts, durch den sie sich in ihrer Religion beheimaten können bevor sie konfessioneller oder religiöser Pluralität begegnen, oder lässt sich religiöse Identität heute überhaupt nur noch im Durchgang durch eine – für die meisten Kinder von Anfang an vorgegebene – Erfahrung von religiöser Differenz aufbauen? Nimmt man Letzteres an, wird eine Pluralität von religiös geprägten Lebensstilen und -entwürfen zum Ausgangspunkt, um vielleicht einmal zu einer christlich-religiösen Identität zu finden. Der Weg setzt dann bei der Vielfalt an. Religiöse Identität entsteht dann im Zusammenhang mit bewusst werdender Differenz. Wer davon überzeugt ist, wird einen konfessionsübergreifenden oder sogar interreligiösen Religionsunterricht befürworten.

Als ein starkes Argument gegen eine Auflösung eines konfessionell-konfessorischen Profils des Faches Religionsunterricht ist zu bedenken, dass religiöse Bildung am ehesten in Auseinandersetzung mit dem Geltungs- und Wahrheitsanspruch einer religiösen Überlieferung ihr Ziel erreichen kann. Die Sache des Religionsunterrichts würde lebensfern und abgehoben, wenn sich dieses Fach nicht auf konkrete, gelebte Religion beziehen würde und dürfte. Religionsunterricht gewinnt durch den Bezug auf das Konkrete, d.h. auch auf den gelebten Glauben der konkreten Gemeinde, auf ihre sakramentale Praxis, auf ihren gelebten und gefeierten Glauben, an Wirklichkeitsbezug. Religion hat viel zu tun mit dem Bedürfnis nach umfassender Beheimatung, nach Verwurzelung in einem sozialen Kosmos. Hierauf hat Rudolf Englert in seinen Überlegungen zu den religiösen Bedürfnissen der Kinder als Ausgangspunkt für den Religionsunterricht an der Grundschule hingewiesen (vgl. Englert 1993b). Er spricht von dem Bedürfnis nach sinnhafter Verortung, nach Beheimatung in einer Sinnwelt. Auch das Bedürfnis von Kindern nach ritueller Gestaltung als Ordnung des Außerordentlichen, als Freude an wiederkehrenden Unterbrechungen des alltäglichen Gleichlaufs, als Form, in denen das Kind dem Erhabenen begegnen kann, die rituelle und sakramentale Seite von Religion kommen solchen Vorstellungen entgegen. Zu den elementaren religiösen Kompetenzen gehören das Vertrautwerden mit der Symbolik von Religion und mit elementaren Formen religiösen Erlebens, wie z.B. Staunen, Dank, Bitte, Klagen, Meditation.

Das sind, gerade im Hinblick auf den Religionsunterricht in der Grundschule, gewichtige Gründe für einen konfessionellen Religionsunterricht, dem man dann – zumindest für einen Teil der Kinder – die Aufgabe einer Beheimatung in der eigenen Konfession und die Aufgabe der Förderung von konfessioneller Identität zusprechen kann. Zumindest muss den Kindern Gelegenheit gegeben werden, die eigene Zugehörigkeit zu ihrer Religion zu klären und zu bearbeiten (vgl. Englert/Schweitzer 2003, 63f; Schweitzer/Biesinger 2002, 73ff). Darin sind sich im Prinzip die in ihren Konsequenzen aber abweichenden Stellungnahmen der beiden großen Kirchen »Identität und Verständigung« (EKD-Denkschrift 1994) und »Die bildende Kraft des Religionsunterrichts« (DBK 1996) einig. Hier ist das Motiv der Beheimatung im eigenen Glauben sehr deutlich hervorgehoben: »Religiöses Leben aber konkretisiert sich in Gemeinschaft und Gemeinde mit ihren spezifischen konfessionellen Prägungen. So bietet der Religionsunterricht den Schülerinnen und Schülern auch an, Heimat in ihrer Kirche zu finden« (a.a.O., 53).

Dies setzt Begegnungen mit Lehrerinnen und Lehrern voraus, die von Schülern als Angehörige einer bestimmten Glaubensgemeinschaft identifizierbar sind und auch kritisch befragbar sind. Damit stellt sich die Frage der Qualifizierung und Positionalität dieser Personen, die in besonderer Weise Verantwortung für religiöse Bildung tragen (s. I.8).

Ein konfessorischer, positioneller und theologisch profilierter Unterricht mit Rückbindung an eine gelebte Religion ist ein kostbares Gut. Dieses lässt sich aber angesichts der nicht zu übersehenden religiösen und weltanschaulichen Pluralität nur dann erhalten, wenn der Religionsunterricht viel transparenter als bisher deutlich macht, dass er wichtige Beiträge leistet für ökumenische und interreligiöse Begegnung und Verständigung und entwicklungstypische Schlüsselfragen der

Grundschulkinder wie z.B.: Wo komme ich her? Wo gehöre ich hin? Was ist nach dem Tod? Wer hält zu mir? Wer bin ich? Wie bin ich? Wie soll ich mit den vielen Lernanforderungen zurechtkommen? Warum gibt es Leid und Tod? Gibt es Gott? (vgl. Oberthür 1995b). Kinder können sich dabei in elementare Formen des weltanschaulichen Dialogs und des gegenseitigen Sich-Befragens einüben, wenn sie sich in ihrer Eigenheit und Andersheit geschützt und angenommen wissen, wenn sie im Religionsunterricht Geborgenheit erfahren als Voraussetzung für jeden existenziell bedeutsamen Dialog.
Die Zukunft des Faches Religionsunterricht hängt angesichts der neuen Herausforderung davon ab, ob es gelingt, religiöse Offenheit für das Differente und konfessionellen Stil auf eine überzeugende Weise miteinander zu verbinden.

4. Konfessionelle Kooperation

Eine angemessene Form für einen solchen Unterricht in der Balance von Beheimatung und Differenzerfahrung ist ein konfessionell-kooperativer Religionsunterricht, der den Kindern hilft, sich ihrer eigenen Konfession bewusster zu werden, aber auch Einblicke in die andere Konfession zu gewinnen und der die Begegnung mit anderen im Umfeld der Kinder gelebten Religionen sucht (Schweitzer/Biesinger 2002, 237).
Die beiden großen christlichen Kirchen eröffnen beachtliche Spielräume für die Praxis einer konfessionellen Kooperation in der schulischen Praxis (Sekretariat der Deutschen Bischofskonferenz/Kirchenamt der EKD 1998), z.B. durch

- einen wechselseitigen Gebrauch von Unterrichtsmaterialien und Schulbüchern zu bestimmten Themen,
- die Zusammenarbeit bei Stoffverteilungsplänen,
- das Zusammenwirken von Fachkonferenzen,
- die Einladung der Religionslehrerin bzw. des Religionslehrers der je anderen Konfession zu bestimmten Themen und Fragestellungen,
- ein zeitweiliges team-teaching,
- gemeinsame Unterrichtsprojekte und Projekttage,
- die Einladung der Pfarrerin bzw. des Pfarrers oder anderer Vertreter der je anderen Konfession in den Religionsunterricht,
- eine gemeinsame Gestaltung von schulischen und kirchlichen Feiertagen, von Schulgottesdiensten, Andachten, Schulfeiern u.a.

Zu beachten ist dabei: Konfessionelle Kooperation setzt anspruchsvolle theologische Kompetenzen von Lehrerinnen und Lehrern voraus: Sie müssen zuerst einmal selbst ein Bewusstsein konfessioneller Gemeinsamkeiten und Differenzen entwickeln.

Zusammenfassung:

Sowohl schulpädagogisch als auch politisch besteht ein weiter Konsens darüber, dass Religion zum Bildungsauftrag der Grundschule (s. I., Einführung) gehört und dass allen Kindern ein Zugang zu religionsrelevanten Fragen in der Schule zu ermöglichen ist. Gegen eine einseitige Dominanz des integrativen Prinzips eines einheitlichen Religionsunterrichts für alle wird die Bedeutung eines differenzierten religiösen Angebots betont, das bei aller Offenheit für Ökumene und für andere Religionen und Weltanschauungen Kindern die Gelegenheit gibt, sich mit einer konkreten religiösen Tradition und einer gelebten Religion auseinander zu setzen und auch in den Grenzen schulischen Lernens eigene religiöse Erfahrungen zu machen (s. I.1). Zu beachten ist dabei die Balance von religiöser Offenheit für das Differente und konfessionell-positionellem Stil. Diese lässt sich am ehesten in einem konfessionell-kooperativen Religionsunterricht herstellen.

Lesehinweis:

DBK (1996): Die bildende Kraft des Religionsunterrichts. Zur Konfessionalität des katholischen Religionsunterrichts. Bonn.

EKD (1994): Identität und Verständigung. Standort und Perspektiven des Religionsunterrichts in der Pluralität. Eine Denkschrift der Evangelischen Kirche in Deutschland. Gütersloh.

Englert, Rudolf/Schweitzer, Friedrich (2003): Religiöses Lernen in der Grundschule – Ein Forschungsbericht. In: Speck-Hamdan, Angelika u.a. (Hg.): Kulturelle Vielfalt, religiöses Lernen. Jahrbuch Grundschule IV. Seelze, 60–89.

Lück, Christhard (2002): Religionsunterricht an der Grundschule. Studien zur organisatorischen und didaktischen Gestalt eines umstrittenen Schulfaches. Leipzig.

I.4 Zielperspektiven und Aufgaben des Religionsunterrichts in der Grundschule

Werner H. Ritter

Infolge geringer werdender (kirchlich-)religiöser Sozialisationsleistungen seitens Gesellschaft und Familien ist der Religionsunterricht an der Grundschule zusehends bedeutsamer geworden. Viele Kinder kommen hier erstmalig einigermaßen konsistent und konsequent mit dem christlichen Glauben in Berührung. Gerade in einem am Kind ausgerichteten Religionsunterricht Grundschule unternehmen die SchülerInnen vieles, was ihnen Freude macht, erleben Gutes und Schönes (s. I.6). Worauf will aber der Religionsunterricht an der Grundschule eigentlich hinaus? Was sind seine Aufgaben und welchen notwendigen und sinnvollen Zielen kann er folgen?

1. Partizipation an der Aufgabe von Schule und dem Ziel von Unterricht

Der Religionsunterricht Grundschule partizipiert in Aufgabe und Ziel grundständig an der Aufgabe von Schule und der Zielsetzung von Unterricht generell. Als *Aufgabe der Schule* kann im lockeren Anschluss an Wolfgang Klafki (1975, 43) in einem allgemeinen Sinne gelten, dass sie SchülerInnen in einer sinnorientierten und wertgebundenen Weise Wirklichkeit erschließen will; ein *Unterrichtsfach* hat zum *Ziel*, SchülerInnen »zur Orientierung in einem bestimmten Lebensbereich zu verhelfen« (vgl. Schmidt 1974, 32). Auf den Religionsunterricht angewandt heißt dies grundsätzlich: Er hat die Aufgabe, die religiöse Dimension der Wirklichkeit sowie Religion (als Wirklichkeit) zu erschließen. Sein *Ziel* ist generell, dazu beizutragen, dass sich Grundschulkinder *religiös bilden* können (s. I., Einführung), und ihnen bei ihrer Orientierung im Lebensbereich Religion zu helfen. Was dabei konkret als Ziel(e) und Aufgabe(n) des Religionsunterrichts Grundschule bezeichnet wird, fällt – vereinfacht gesprochen – in einem an (traditionellen) Inhalten und Stoffen orientierten Religionsunterricht anders aus als in einem am Schüler orientierten, hängt also in hohem Maße von grundsätzlichen Entscheidungen ab. Die real geltenden Zielsetzungen und Aufgaben des Religionsunterrichts in der Grundschule sind näherhin in den jeweils geltenden Lehrplänen und (Rahmen-)Richtlinien der einzelnen Bundesländer beschrieben. Hier finden sich stärker grundsätzliche und allgemeine Ziel- und Aufgabenbestimmungen für das Fach, die von konkreteren und detaillierteren für Jahrgänge und Unterrichtseinheiten zu unterscheiden sind. Auf Letztere wird hier ebenso wenig eingegangen wie auf dementsprechende Auffassungen von Seiten der Religionslehrkräfte (s. I.6). Überblickt man die offiziell vorliegenden Zielstellungen und Aufgaben für den Religionsunterricht Grundschule, dann differieren sie in ihrem Themenspektrum nur wenig voneinander, verschieden ist lediglich das Ausmaß der Verbindlichkeit in den einzelnen Bundesländern (vgl. Fischer 2002, 370; DBK 1998, 75–85). Zentral geht es in ihnen nahezu ausnahmslos um die Auseinandersetzung mit elementaren religiösen Erfahrungen und um die kindgemäße Darstellung von biblischen-theologischen Zusammenhängen, beides in wechselseitiger Verwiesenheit und Verschränkung, sei es im Sinne der Korrelationsdidaktik oder des Elementarisierungsansatzes (s. II., Einführung).

2. Aufgaben

Von öffentlicher, staatlicher, auch schulischer Seite wird dem Religionsunterricht immer wieder die Aufgabe der »Wertevermittlung« oder der »Werteerziehung« zugeschrieben. Nun ist es nicht einfach illegitim, sich diesbezüglich vom Religionsunterricht Hilfestellung zu erwarten. Doch ist – einmal abgesehen davon, dass dies der ganzen Schule aufgegeben ist – damit die Aufgabe des Religionsunterrichts unterbestimmt. »In der christlichen Religion geht es ... im umfassenden Sinne um das Gottesverhältnis und um eine daraus erwachsende Welt- und Selbstdeutung, also um mehr als um ›Werte‹« (Dressler 2002, 24). Grundsätzlich ist die Aufgabe des Grundschulreligionsunterrichts, der sich kindorientiert versteht (s. I., Einführung), durch zweierlei gekennzeichnet (vgl. Fischer 2002, 370), einmal dadurch, dass die religiösen Bedürfnisse, Interessen und Fragen von Kindern als religiösen Subjekten wahrzunehmen sind und dass zum anderen – in Korrespondenz dazu – entsprechende Lernangebote für SchülerInnen im Sinne religiöser Bildung und Horizonterweiterung zu machen sind. Im Anschluss an oben Ausgeführtes (s. I., Einführung bis I.2) sehen wir damit drei Hauptaufgaben des Religionsunterrichts. Wenngleich sie sich in der Praxis ganz häufig überschneiden, sollen sie hier zum Zwecke besserer Nachvollziehbarkeit unterschieden und nacheinander dargestellt werden.

Religiös-kulturelle Partizipation: Einblick in die Religion unseres eigenen Kulturraums

Der Religionsunterricht Grundschule will Kinder mit dem christlichen Glauben in der Welt – dies schließt auch die Lebenswelt von Kindern ein – bekannt machen. Da unsere Kultur vom Christentum geprägt ist, zwei Drittel der deutschen Bevölkerung zumindest nominell einer der großen christlichen Kirchen angehören – ca. 75,5% im Westen, 28% im Osten (vgl. EKD 2004, 5) – ist es geboten, die in unserem Kultur- und Lebensraum »wirksame biblisch-christliche Tradition in der Grundschule schwerpunktmäßig zu thematisieren« (EKD 2000, 6). Gerade weil Erfahrungen mit Formen und Gestalten christlicher Religion, ihrer Sprache und ihren Symbolen bei Grundschulkindern – trotz relativ hoher formeller Kirchenzugehörigkeit – häufig nicht vorausgesetzt werden können (wobei regionale und soziokulturelle Unterschiede zu beachten sind), sind sie zur Erschließung, Vorstellung und Vermittlung aufgegeben. Das Erlernen von Religion ist hier am ehesten mit dem Erlernen menschlicher Sprache zu vergleichen: Jeder Mensch lernt zunächst seine *Muttersprache*, manche haben vielleicht sogar zwei. Man kann diese Muttersprache wechseln, man kann auch eine Fremdsprache lernen, aber nur wenn man bereits eine Muttersprache gelernt hat. Der Religionsunterricht ist von seiner Aufgabe her am ehesten dem muttersprachlichen Unterricht vergleichbar. Dementsprechend obliegt dem schulischen Religionsunterricht eine elementare Einführung in das Christentum besonders evangelischer und katholischer Prägung (s. I.9). Religion lernen heißt, im Fachunterricht evangelische bzw. katholische Religion für und mit Kindern zu erschließen, was es »mit Religion als einem eigenen Erfahrungsbereich menschlichen Lebens auf sich hat«; dabei knüpft er möglichst »an die ausgeübte Glaubenspraxis oder erlebte Anschauung an« (EKD 2000, 8; DBK 1996, 19). Dies schließt ein, ihre individuelle wie soziale Bedeutsamkeit zu entdecken. Da evangelische und katholische Religion nicht irgendetwas ist, nichts Beliebiges, nicht einfach Ethik und Moral oder Metaphysik, sondern etwas Bestimmtes, das aber Kinder oft nur ein bisschen, »irgendwie« oder auch gar nicht kennen, braucht es dafür einen ausgewiesenen unterrichtlichen Zeit-Raum. Hier sind wichtige (noch) unbekannte, fremd gewordene oder vergessene Aspekte der christlichen Religion Kindern vor Augen zu führen. So geht es um ein Erschließen der Religion in der gegenwärtigen Welt für SchülerInnen, ein Hin- und Einführen, ein (erstes) Bekannt- und (vielleicht) anfanghaftes Vertrautwerden, ein (erstes) Entdecken und Bedenken ihrer Bedeutsamkeit für Lebenswelt und Wirklichkeit. Dies ist die

Grundlage dafür, dass Kinder, wenn sie wollen, dann auch mental an ihrer Religion bzw. Religionsgemeinschaft partizipieren können. Noch ganz unabhängig davon, wie sich Kinder selbst innerlich und einstellungsmäßig zur christlichen Religion verhalten, ist es für sie jetzt und später wichtig, dass sie bedeutsame Aspekte des christlichen Glaubens im Sinne kultureller Partizipation kennen und verstehen lernen können. Diese Aufgabe beinhaltet zweierlei: Zum einen ist Religion in ihren Formen und Gestalten probeweise zu begehen und in (Ge-)Brauch zu nehmen, zum anderen gilt es, ihr nachzusinnen, nachzudenken, sie zu reflektieren. Einführung oder Erschließung umfasst also partizipierend-probierende *und* reflektierende Lernprozesse und Unterrichtsgestaltung. Es geht daher nicht allein darum, gleichsam die »Papierform« von Religion kennen zu lernen und nur kognitiv vorzugehen, sondern es müssen auch – gerade auf dem Hintergrund des religiösen Traditions- und Formenabbruchs – Formen gelebter Religion bekannt gemacht und explizite religiöse Vollzüge ansatzweise ermöglicht werden (s. I., Einführung). Gleichermaßen hat der Religionsunterricht aber auch eine nachdenkende, reflektierende und kritische Aufgabe. Die aus den Familien mitgebrachte Religiosität von Kindern – die Rede ist von »Familienreligiosität« (s. I.10) – ist sehr häufig ganz privat, eher erlebnisorientiert, un-bedacht, wenig »bewohnt« und reflektiert. Dem Religionsunterricht erwächst daraus die Aufgabe, SchülerInnen zu helfen, ihre religiösen Vorstellungen zu bedenken und Schritt für Schritt zu einem begründeten Urteil in religiösen Dingen anzuleiten. Religionsunterricht an der öffentlichen Schule ist auch ein Ort kritischer Reflexion und steht für »gebildetes« Christsein (vgl. Simon 2002b, 365f).

Wahrnehmen und kennen lernen anderer, fremder Religionen: Exemplarische Blicke über das Eigene hinaus

Diese Aufgabe legt sich aus drei Gründen nahe: Zum einen treffen infolge zunehmender Globalisierung in unserer Gesellschaft immer häufiger Menschen verschiedener Religionen und Kulturen aufeinander (s. II.6); zum anderen leben Kinder mit unterschiedlicher Kultur und Religion an einem Ort, in einer Schule, in einer Klasse zusammen (s. I.1); und drittens umfasst Religion immer noch »mehr« und »anderes« als das kirchlich oder konfessionell Gegebene (s. I., Einführung). All das fordert den Religionsunterricht in der Grundschule heraus und macht eine Beschäftigung mit der Vielgestaltigkeit von Religion und Religiosität, wie sie längst in die Lebenswelt von Kindern – wenn auch regional unterschiedlich – Einzug gehalten hat, unabdingbar. Wenn eine plurale Gesellschaft aus und mit der Vielfalt ihrer Überzeugungen, auch religiöser Art, lebt, ist einer pluralismusfähigen Schule und einem pluralismusfähigen Religionsunterricht

in ihr schon von der Grundschule an die Begegnung mit dem Anderen, dem Fremden aufgegeben.
Die Schule wie ihr Religionsunterricht müssen in diesem Sinn differente religiöse Standpunkte und Weltanschauungen zulassen und Raum zum Kennenlernen und zur Befassung mit ihnen geben. Dies erfordert exemplarische Begegnung mit und exemplarische Behandlung von relevanten Aspekten anderer Religionen (vgl. EKD 2000, 6; DBK 1998, 39–41), immer orientiert am Kind und seinem Erleben. SchülerInnen Einblick nehmen lassen in die Andersartigkeit und Vielfalt von Religionen, beinhaltet mehreres. Da ist zum einen die innerchristliche Pluralität mit ihrer Fülle unterschiedlicher Ausprägungen des Christentums; da ist aber auch die Pluralität kleiner und großer anderer Religionen; zu nennen wären aber auch vielfältige »alternative« Religiositäten von hochgradig individualisierten Formen bis hin zu straff organisierten Gruppierungen. Auch wenn die anderen und fremden Religionen zahlenmäßig nicht so massiv vorkommen, dass man von einer Konkurrenz im großen Stil sprechen könnte – allein der Islam hat in Deutschland größeres Gewicht (s. I., Einführung) –, so sind doch diese Religionen in einem ehemals homogen christlichen Land wie Deutschland wesentlich präsenter als je zuvor, auch in der Wahrnehmung von Grundschulkindern. Deswegen werden im Religionsunterricht Grundschule neben der »eigenen« christlichen Religionsgestalt auch fremde, andere Religionen in exemplarischer und kindbezogener Auswahl zu betrachten sein (s. II.6). Ist eine fremde Religion nur als unvereinbarer Kontrast oder als wichtige Ergänzung zu unserer eigenen zu sehen? Oder werden wir auch ihrer besonderen Eigenheiten gewahr und bemerken die Differenzen zu unserer Religion (vgl. Greiner 2002, 26–56)? Hier wird es die Aufgabe des Religionsunterrichts sein, das Differente wie das Gemeinsame von Religionen wahrzunehmen, Differentes auch zu benennen und Gemeinsames zu stärken. Erstaunlich und wichtig dabei ist: Oft hilft die Begegnung mit dem Anderen und dem Fremden zum Kennen- und Verstehenlernen des Eigenen! Und der, der andere verstehen will, braucht unabdingbar Einsichten und Klärungen dahingehend, wo und was sein Eigenes ist, wo er »zu Hause« ist und was seine eigene Religiosität ausmacht und kennzeichnet. So können auch Wahrheit und Verlässlichkeit der eigenen Religion gerade im Gespräch mit anderen religiösen Traditionen zur Sprache kommen. Durch das Kennenlernen anderer Religionen kann die eigene Religiosität aber auch geschwächt werden, weil eigene Glaubensüberzeugungen an Selbstverständlichkeit verlieren. Aber werden nicht schon die weltanschaulich-religiösen Gespräche von Kindern klarer, ehrlicher und toleranter, wenn sie nicht nur die eigene Religion als die richtige ausgeben, sondern erkennen lassen, dass es Alternativen gibt, Alternativen schon in der eigenen christlichen Tradition, aber auch in anderen Religionen? Hier ist dem Religionsunterricht schon in der Grundschule aufgegeben, religiöses Lernen so zu gestalten, dass Kinder in Sa-

chen religiöser Pluralität wahrnehmungs-, dialog- und kommunikationsfähig gemacht werden bzw. sich machen können. So ist es die Aufgabe des Religionsunterrichts, in der Begegnung und Auseinandersetzung mit anderen Religionen SchülerInnen anzuleiten, religiös miteinander und voneinander zu lernen, aber auch Anderes zu respektieren und zu tolerieren. Es spricht viel dafür, dass der Religionsunterricht in der Grundschule eine gute Möglichkeit im Kinderleben darstellt, Pluralismusfähigkeit einzuüben im Sinne eines zunehmend reflektierten Verhältnisses zu dieser Situation.

Entdeckung, »Entwicklung« und Pflege eigener Religiosität

In und mit den oben genannten beiden Dimensionen wird auch die dritte Aufgabe des Religionsunterrichts in der Grundschule bedeutsam, die darin besteht, die Religiosität von Kindern bzw. kindliche religiöse Suchprozesse zu begleiten und ihnen nicht einfach fertige theologische Gewissheiten zu applizieren (vgl. Englert 1994). Der Grundschulreligionsunterricht bekommt sein spezifisches Profil (u.a.) dadurch, dass er ein religiöses Lernen intendiert, welches Kindern dabei hilft, ihre Religiosität zu artikulieren und darin zu wachsen. Im Religionsunterricht müssen also auch Religion und Religiosität, wie sie die Kinder aus ihrem Alltag mitbringen, zur Sprache kommen. Hier hat der Religionsunterricht mitzuhelfen, dass Kinder ihre Religiosität entdecken, ihrer gewahr werden und sie zunehmend auch selbst gestalten können. Kinder können sich hier häufig – mit etwas Unterstützung – enorm selbstständig artikulieren (s. I.2 und I.7). Diese Aufgabe des Religionsunterrichts ist ein sehr wichtiger mäeutischer Dienst.

Hier bedarf es sicher auch immer wieder – vor allem dann, wenn kindlicher Glaubenshorizont erweitert werden soll – der Erschließung und Vermittlung von (weiterführenden) Glaubenseinsichten signifikanter Personen, solcher vor uns (Tradition) und um uns (Gegenwart), die wichtige Lebens- und Glaubenserfahrungen gemacht haben. An solchen Glaubenserfahrungen als einem kulturellen Gedächtnis unserer Gesellschaft können Kinder ihr Lebens- und Glaubensverständnis abarbeiten, erweitern und profilieren (s. dazu II.). Wenn der Religionsunterricht in diesem Zusammenhang individualisierte SchülerInnenreligiositäten ins Gespräch mit relevanten, bewährten Glaubenseinsichten und -erfahrungen bringt, kann er SchülerInnen vor der Gefahr isolierter religiöser Selbstbezüglichkeit, Beliebigkeit oder auch fundamentalistischer Neigungen ansatzweise bewahren helfen (vgl. Simon 2002b, 366) und erinnert zudem an die Lebensbedeutsamkeit christlicher Religion. Ein Religionsunterricht, der Kinder bei der Entwicklung ihrer Religiosität und religiösen Suchprozesse begleiten will, setzt voraus, dass es so etwas wie eine progressive religiöse Entwicklung mit unterscheidbaren Phasen bzw. Stufen gibt (s. I.7) – dafür sprechen viele gute (heuristische) Gründe, aber es handelt sich bei diesen Entwicklungsmodellen um Theorien, keine empirisch verifizierbaren Gesetzmäßigkeiten. In dem Sinne wird man in Sachen religiöser Entwicklung dafür plädieren, dass religionspädagogisch auch kognitiv »unentwickelte« neben einer zu rationaler Verfügung fähigen und insofern »reifen« Religiosität anerkannt wird. Damit aber schon GrundschülerInnen ihre Religiosität *pflegen* und *kultivieren* können, ist dem Religionsunterricht in jedem Fall aufgegeben, diesbezüglich entsprechende förderliche Lernangebote zu machen, die Kinder über ihren eigenen »religiösen Tellerrand« hinausschauen, sie ihre Religiosität entwickeln und damit religiös wachsen lassen. Hier erscheint es uns heute wichtig, dass sich Kinder von überlieferter und Gestalt gewordener Religion anregen, inspirieren, bereichern und – im Fall des Falles – auch korrigieren lassen, wie umgekehrt überlieferte und zur Gestalt geronnene Religion zu ihrer Vitalisierung die Impulse und Einsichten religiöser Subjekte – auch und gerade die von Kindern (s. I.7) – braucht. Die lebendige Religiosität von Kindern birgt erhebliche Chancen und Potenziale für christliche Religion heute.

Zugehörigkeit/Beheimatung – Begegnung – Offenheit

Im Zusammenhang mit den oben genannten drei Aufgabendimensionen wird seit längerer Zeit in der Religionspädagogik die Frage diskutiert, ob der Grundschulreligionsunterricht nun eher die Aufgabe habe, SchülerInnen religiös zu *beheimaten* oder ihnen *Begegnungen mit unterschiedlichen Religionen* zu ermöglichen. Dazu liegen im Wesentlichen drei akzentuierte Vorschläge vor.

- Das Dokument der katholischen deutschen Bischöfe »Die bildende Kraft des Religionsunterrichts – Zur Konfessionalität des katholischen Religionsunterrichts« (1996), das aufs Ganze gesehen am Grundsatz der Konfessionalität festhält, betont, SchülerInnen sollen »Heimat in ihrer Kirche« (DBK 1996, 53) finden. Beheimatung wird aber nicht als Selbstisolierung oder Abschottung verstanden, sondern zielt vielmehr auf »gesprächsfähige Identität« (DBK 1996, 49).
- Eine andere Position vertritt das Konzept eines interreligiösen Religionsunterrichts (vgl. Asbrand 2000; Lück 2002, 143–167). Hier ist man der Auffassung, dass Religiosität, religiöse Identität und Dialogfähigkeit aus der Begegnung mit anderen Religionen und Traditionen erwachsen.
- Einen dritten Weg schlägt die EKD-Denkschrift »Identität und Verständigung« (EKD 1994) vor: »Einerseits ermöglicht der Religionsunterricht identifikatorisches Lernen und hilft so zur Identitätsbildung; ein konfessionell orientierter Religionsunterricht erlaubt Identifikation. Andererseits fördert die gleichzeitige Öffnung des Religionsunterrichts das Verstehen ande-

> rer Auffassungen und die Verständigung mit anderen Menschen« (EKD 1994, 60). Hier wird also für Beheimatung und Begegnung plädiert.

Friedrich Schweitzer hat sich bezüglich der Alternative Beheimatung/Zugehörigkeit versus Offenheit/Begegnung dahingehend geäußert, dass dies eine typische Erwachsenenperspektive sei, die hinter den Möglichkeiten der Kinder – und der Sache! – zurückbleibe (vgl. Schweitzer 2003b, 52–57). Das meint: Religiöse Erziehung zielt in aller Regel nach wie vor auf Einwurzelung und Beheimatung in bzw. Zugehörigkeit zu einer religiösen Tradition, so wie sie Kinder und Heranwachsende selbst – Individualisierung! – zu realisieren vermögen. Andererseits begegnen Kinder religiöser Pluralität fast alltäglich. Dementsprechend gibt es – so Schweitzer – heute in postmoderner Zeit weder für Kinder noch für Erwachsene eine Wahl zwischen religiöser Pluralität und Offenheit auf der einen, Beheimatung/Zugehörigkeit auf der anderen Seite. Kinder wie Erwachsene leben in und mit dieser Pluralität und wollen sehr häufig – sicher nicht immer – wissen, wohin sie gehören, wo sie »zu Hause« sind. Die Aufgabe religiöser Erziehung im Allgemeinen, des Religionsunterrichts der Grundschule im Besonderen ist es, »das Kind zu begleiten und es in seiner Auseinandersetzung mit diesen Erfahrungen zu unterstützen« (Schweitzer 2003b, 56). Dann aber geht es nicht – wie es in der reinen Erwachsenen-Logik oft verstanden wird – um abgeschottete Zugehörigkeit/Beheimatung *oder* totale Offenheit/Pluralität. Vielmehr gibt es im realen Leben Offenheit nicht ohne versichernde Zugehörigkeit, und Zugehörigkeit haben wir nur mit offenen Augen für anderes. Dann aber müssen wir uns erzieherisch und unterrichtlich um ein Gleichgewicht zwischen religiöser Zugehörigkeit und Offenheit bemühen, »indem wir gleichzeitig eine feste Verwurzelung im eigenen Glauben betonen wie auch die Fähigkeit, den Glauben anderer zu akzeptieren und anzuerkennen« (Schweitzer 2003b, 56f). Die Qualität konfessionellen Religionsunterrichts von der Grundschule an hängt davon ab, ob Kinder ihren religiösen Fragen und Interessen nachgehen und von einer Konfession getragene, »authentische« Antworten und Perspektiven erhalten. Gerade Grundschulreligionsunterricht, der konkret gelebte Religion als reale Lebensform ernst nimmt und nicht bloß eine Art künstliche Schulreligion (»Papierreligion«) traktiert, braucht die Begegnung mit konkret gelebter Konfession und Konfessionalität.

3. Ziele

Nach dem Abebben der curricularen Euphorie der 70er-Jahre des 20. Jh. mit ihren differenzierten Lernzielkatalogen hat die Religionspädagogik von der Formulierung spezifischer religionspädagogischer Zielsetzungen weitestgehend Abstand genommen. Da seit den 90er-Jahren weniger die Vermittlungsintentionen der Religionslehrkräfte als vielmehr die Aneignungsmöglichkeiten – »Didaktik der Aneignung« – der SchülerInnen im religionspädagogischen Interessensmittelpunkt stehen, begnügt man sich religionspädagogisch häufig mit der Formulierung sog. *Lernangebote* bzw. der Bereitstellung von *Lernmöglichkeiten*. Nach PISA ist aber mittlerweile die Forderung nach Mindeststandards schulischer Bildung auf die bildungspolitische Tagesordnung zurückgekehrt, weswegen die Zielfrage neu zu stellen ist.

Wie eingangs gesagt, zielt der Religionsunterricht nach unserer Auffassung darauf ab, dass sich SchülerInnen religiös bilden und im Lebensbereich Religion orientieren können. Wie Grundschule generell ist auch Grundschulreligionsunterricht an Bildung interessiert, näherhin an »gebildeter« Religion, an »gebildetem« Glauben (s. I., Einführung), und versteht sich nicht als kirchliche Sozialisationsagentur zur Rekrutierung von Kirchgängern. Ihm liegt an freier religiöser Bildung von SchülerInnen. Weder Gesinnungs-Erziehung noch Gesinnungs-Schulung, will er ein »*Beitrag zur persönlichen religiösen Orientierung und Bildung sein*« (EKD 1994, 26). Was ergibt sich daraus für die Ziele des Grundschulreligionsunterrichts?

Keine zu hohen und zu allgemeinen, sondern realistische Ziele

Die Zielbestimmungen für den Religionsunterricht – auch an der Grundschule – sind vor allem in älterer religionspädagogischer, aber auch in neuerer Literatur oft sehr hoch gesteckt (worden). Traditionell konnte es lange Zeit heißen, der Religionsunterricht habe zum Glauben zu erziehen; er habe die Liebe zu Gott zu vermitteln; er habe vertraut zu machen mit der Wirklichkeit des Glaubens und des Glaubens zu vergewissern; er habe herauszufordern und zu motivieren zu einer persönlichen religiösen Entscheidung und zu verantwortlichem Handeln in Kirche und Gesellschaft; er ziele auf »Glauben und Leben lernen«, auf Identitätsbildung usw. Nur ein Einwand dazu: Wir können Kinder nicht in dem Sinne zum Glauben erziehen, als hätten wir es gewissermaßen in der Hand, dass Kinder gläubig würden. Nach gemeinchristlicher Auffassung ist der Glaube ein Geschenk Gottes bzw. des Heiligen Geistes und nicht einfach pädagogisch machbar, insofern nicht etwas, was man durch Unterricht erreichen könnte. Wie es aussieht, sind in unserer komplexen und veränderten Religions- und Bildungslandschaft solche Zielerwartungen zu hoch gesteckt, gerade wenn man realisiert, dass für immer mehr Kinder Grundschulreligionsunterricht die erste Begegnung mit Religion und Christentum überhaupt ist. Durch überzogene Zielerwartungen übernimmt sich Grundschulreligionsunterricht radikal und überfordert alle Beteiligten. Brauchen wir, fragt Rudolf Englert zu Recht, »für eine Religionspädagogik mit nur bescheidenen Möglichkeiten nicht auch bescheidenere Zielhorizonte?« (Englert 1994, 485). Benötigt werden deswegen *realistische, realitätsnähere* Zielformulierungen für den Grundschulreligionsunterricht. Generell sollen unsere (religions-)pädagogischen Zielformulierungen der Haltung des pädagogischen Realismus verpflichtet sein, was heißt, von entsprechenden (religions-)pädagogischen Allmachtsfantasien Abschied zu nehmen. Wie kommen wir zu solchen Zielen (vgl. Englert 2002b)?

Religiöse Kompetenz(en)

Ein wichtiger religionspädagogischer Vorschlag lautet, als Ziel des Religionsunterrichts bzw. religiöser Erziehung den Erwerb religiöser *Kompetenz* anzusehen (vgl. Hemel 1988, 672–675). Religiöse Kompetenz besteht danach in fünf Dimensionen, die zielmäßig ausdifferenziert werden und dann offenkundig auch zu erreichen sind bzw. sein sollen. Sie zeigt sich in den Dimensionen religiöse *Sensibilität*, religiöses *Ausdrucksverhalten*, religiöse *Inhaltlichkeit*, religiöse *Kommunikation* und religiös motivierte *Lebensgestaltung*. Zweifelsohne ist dieser Vorschlag ansprechend, und der Versuch, diese Zieldimensionen unterrichtlich zu erreichen, ist auch nicht von vornherein zum Scheitern verurteilt; er zeigt überzeugend auf, dass es im Religionsunterricht um mehr als um die Vermittlung von Inhalten geht. Fraglich erscheint uns allerdings, ob Kinder dann, wenn sie diese Kompetenzen ordentlich trainieren, wirklich religiös gebildet sind. Vielleicht sind sie auch nur – im Sinne von Saul B. Robinsohn – »ausgestattet« zum religiösen Verhalten und Funktionieren in der Welt.

Normativer religiöser Bildungskanon – Bildungsstandards?

Ein anderer relevanter religionspädagogischer Vorschlag für die Zielgewinnung geht dahin, im Kontext des Mega-Themas Bildung nach religiöser (Grund-)Bildung im normativ-inhaltlichen Sinne zu suchen. Was soll, formuliert Anton Bucher, »ein Grundschulkind nach den 4 Jahren Religionsunterricht können, wissen, gelernt – oder verlernt haben« (Bucher 2003, 91)? Und was ist der »*Kanon*« von Religionsunterricht in der Grundschule, was ist der – Bucher zitiert hier den Pädagogen Elmar Tenorth – »bewahrenswerte Kern an Wissen und Können, Fertigkeiten und Kompetenzen ...«? Vermutlich kommen wir, wenn wir nach dem Ziel des Religionsunterrichts in der Grundschule fragen, nicht völlig an der Bestimmung von relevanten Inhalten vorbei, auch wenn man sich damit, wie Bucher selbst betont, dem Verdacht der Katechismuspaukerei aussetzt. Zwar müssen in der Tat die großen konfessionellen Katechismen als die mit Abstand erfolgreichste Form religiöser Grundbildung bezeichnet werden; aber sind im Zeitalter von (religiöser) Individualisierung und Pluralisierung inhaltliche Bildungsideale (Stoffkanones) ohne weiteres fortschreibbar? Und genügen sie mit ihrem deduktiven Charakter und ihrem Stoffmaterialismus heutigen Anforderungen an Schule und Bildung? Gleichwohl ist die Frage aufzuwerfen und wird auch aufgeworfen (vgl. Klieme u.a. 2003), welche Bildungsstandards Schulfächer anpeilen müssen. Dies gilt auch für den Grundschulreligionsunterricht. Dabei wird kritisch zu bedenken sein: Es ist berechtigt, nach Bildungsstandards zu fragen, doch sind diese nicht die Garantie für guten Unterricht und auch nicht die »Lösung« aller schulischen Probleme, eher ein Beitrag dazu unter anderen (vgl. Oelkers 2004; Hameyer/Heckt 2004).

Zieldimensionen des Religionsunterrichts

Mittlerweile liegen sowohl von evangelischer als auch katholischer Seite respektable Zielformulierungen für die religionspädagogische Arbeit in der Grundschule vor. Dabei kommen die oben genannten Aspekte *Kompetenz(en)* und *Inhalte* zum Tragen. Die *Evangelische Kirche* (EKD 2000, 6f) formuliert vier bzw. fünf Ziele:

- Die Kinder sollen biblisch-theologisches Grundwissen erwerben und die Tradition und Sprache des christlichen Glaubens kennen lernen;
- sie sollen erkennen, wie die Religion ihre Lebenssituationen, -aufgaben und -probleme betrifft, und lernen, Unterschiede religiöser Herkunft wahrzunehmen und zu respektieren;
- ihnen soll ein Raum der Besinnung gegeben werden, in welchem sie nach Sinn und Bedeutung fragen, Leid, Angst und Trauer äußern sowie Sehnsucht und Hoffnung ausdrücken können, um so die spirituelle Dimension des Lebens zu spüren;
- der Religionsunterricht soll die religiöse Urteilsfähigkeit der Kinder entwickeln und Handlungs- und Wertorientierungen vermitteln;
- Kinder werden nicht zuletzt in charakteristische Formen religiösen Lebens (wie Singen, Beten, Lesen, Danken, Klagen und Bitten) eingeführt, die Religion und Religiosität von innen spürbar werden lassen.

Der *Grundlagenplan für den katholischen Religionsunterricht an der Grundschule* (DBK 1998, 19) entfaltet vor dem Hintergrund einer umfassenden pädagogischen und religionspädagogischen Globalzielformulierung folgendes Zielspektrum:

Der Religionsunterricht beteiligt sich an der Bildungs- und Erziehungsarbeit der Grundschule. Er trägt dazu bei, dass die Kinder • über sich nachdenken und sich annehmen, • zur Beziehung mit anderen fähig werden, • mit Erscheinungsformen von Kultur und Zivilisation vertraut werden und eigenständig umgehen.	Der Religionsunterricht in der Grundschule gewinnt sein Profil aus der christlichen Glaubenswirklichkeit, wie sie in der Kirche überliefert und gelebt wird. Er begleitet den religiösen Weg der Kinder. Er fördert ihre religiöse Wahrnehmungs-, Gestaltungs- und Urteilsfähigkeit.

Darum ermutigt der Religionsunterricht die Kinder, nach sich, nach dem Zusammenleben mit anderen, nach dem Woher und Wohin ihres Lebens und in diesem Zusammenhang nach Gott zu fragen.

Darum macht der Religionsunterricht vertraut mit Ausdrucksformen des Glaubens in Bildern und Gesten, Symbolen und Metaphern, in Geschichten, in Liedern, Gebeten und Feiern; er erschließt die Sprache der »heiligen Zeichen«, der Liturgie und hilft den Kindern, eine eigene religiöse Sprache zu finden.

Darum eröffnet der Religionsunterricht Zugänge zur lebensdeutenden und befreienden Kraft des Wortes Gottes in den biblischen Überlieferungen.

Darum lädt der Religionsunterricht ein zur Begegnung mit gläubigen Menschen, mit Kirche und Gemeinde und mit Gott.

Darum trägt der Religionsunterricht dazu bei, dass die Kinder Menschen besser verstehen, die einer anderen Religion oder Kultur angehören; so fördert er die Achtung vor Menschen mit anderen Lebensdeutungen und damit auch indirekt das vertiefte Nachdenken über den eigenen Glauben.

Darum erschließt der Religionsunterricht auf der Grundlage der Glaubensüberlieferung Maßstäbe ethischen Urteilens und motiviert zum bewussten Engagement für Gerechtigkeit, Frieden und Bewahrung der Schöpfung.

Um ihre schulische Notwendigkeit, ihre guten und problematischen Seiten wissend, erscheinen uns selbst im Anschluss an die offiziellen evangelischen und katholischen Vorschläge sowie an die von Englert (1993b) folgende fünf (Ziel-)Dimensionen religiöser Bildung in der Grundschule für verfolgenswert:

- den religiös-philosophischen »großen Fragen« (Oberthür 1995) der Kinder Zeit und Raum geben; das Bedürfnis von Kindern nach Orientierung, nach einer sinnhaft geordneten Welt und nach Beheimatung in einer Sinn-Welt inspirieren, begleiten und fördern, was die Orientierung an bzw. in einer Religion oder Glaubensgemeinschaft einschließt (s. I.7 und II.8);
- die sinnliche, gestalthafte und ästhetische Dimension von Religion in ihrer Bedeutung für Kinder wahrnehmen und kultivieren (s. I.2 und III.); sinnliche Ausgestaltungen von Religion sind »nicht nur Formen der Veranschaulichung einer ebenso und vielleicht sogar genauer auch begrifflich aussagbaren Eigentlichkeit, sondern sie sind sozusagen die ursprünglichen Gefäße des religiösen Erlebnisses« (Englert 1993b, 846);
- einführen in und erschließen von Grundmotiven biblisch-christlicher Religion für und mit Kindern (s. II.2); nicht Indoktrination und Belehrung, sondern Kommunikation von SchülerInnen mit dem christlichen Glauben in ihrer gegenwärtigen Welt;
- Raum schaffen für elementare Formen religiösen Erlebens: Religion will »be-gangen« (Christoph Bizer) und spirituell erlebt werden (s. II.8);
- im Kennenlernen anderer Religionen und Daseinsauslegungen einen »Sensus« gewinnen für die eigene Religion und die eigene Religiosität (s. II.6).

Zieldimensionen des Religionsunterrichts benennen und beschreiben also *Fähigkeiten*, die für den Umgang mit Religion und die Orientierung in diesem Lebensbereich spezifisch und wichtig sind. Sie beschränken sich nicht allein auf den Erwerb von Wissen und Kenntnissen. Als *Steuerungsinstrumentarien* für Unterricht sind sie in Korrespondenz mit relevanten Sachaspekten von Religion und mit Blick auf Grundschulkinder zu konkretisieren.

Zusammenfassung:

Religionsunterricht will vor allem mit der christlichen Religion in Überlieferung und Gegenwart bekannt machen, fremde und andere Religionen wahrnehmen helfen und Kinder bei ihrer Suche nach religiöser und Lebens-Orientierung begleiten und fördern. Den religiösen Orientierungs- und Bildungsbedürfnissen der Kinder korrespondieren verschiedene (Ziel-)Dimensionen von Religion bzw. Religionsunterricht wie die religiös-philosophische, die partizipative, die sinnlich-ästhetische, die erschließende, die probierend-experimentelle sowie die wahrnehmend-unterscheidende.

Lesehinweis:

Englert, Rudolf (1993): Religiöse Bedürfnisse der Kinder. Ausgangspunkt für den Religionsunterricht an der Grundschule. In: KatBl 118, 844–851.

Englert, Rudolf (2002b): Ziele religionspädagogischen Handelns. In: Bitter, Gottfried u.a. (Hg.): Neues Handbuch religionspädagogischer Grundbegriffe. München, 53–58.

Lähnemann, Johannes (2003): In ökumenischer und interreligiöser Offenheit. Neue Perspektiven religiösen Lernens in der Grundschule. In: Speck-Hamdan, Angelika u.a. (Hg.): Kulturelle Vielfalt, religiöses Lernen. Jahrbuch Grundschule IV. Seelze, 94–99.

I.5 Der Religionsunterricht und die anderen Schulfächer

Fächerverbindendes Lernen – Beitrag zur Schulkultur

Werner H. Ritter

»Religion lernen« ereignet sich schwerpunktmäßig im entsprechenden Fachunterricht Evangelische und Katholische Religionslehre, aber nicht nur da. Auch in anderen schulischen Lern- und Lebenszusammenhängen kann das geschehen: Religion und Religiosität als ein wichtiger Bestandteil des Lebens sowie des allgemeinen schulischen Bildungsauftrages (s. I., Einführung) kommen unterrichtlich und überunterrichtlich zum Ausdruck und gewinnen Gestalt in anderen Grundschulfächern, Formen fächerverbindenden Lernens sowie Schulkultur und Schulleben.

Auf den ersten Blick sieht es so aus, als ob Religion in der Grundschule ausschließlich im entsprechenden konfessionellen Fachunterricht gelernt würde. Infolge der veränderten Bedingungen in der Grundschule gibt es aber mittlerweile viele Lernbereiche, viele besondere Situationen und Ereignisse im Miteinander einer Schulklasse, im Jahres- und Wochenrhythmus, im Tageslauf, in Schulkultur und Schulleben, bei Festen, Feiern, Gottesdiensten und Andachten, bei Begegnungen, im Zusammenhang besonderer pädagogischer Vorhaben usw., in denen die religiöse Dimension aufscheint und folglich Religion »gelernt« werden kann (vgl. Fischer 2001c, 9). Diese Gelegenheiten rufen nach achtsamer, respektvoller und sorgfältiger (religions-)pädagogischer (Mit-)Gestaltung. Gerade weil in der Grundschule die Erfüllung von Fachlehrplänen noch nicht im gleichen Maß wie an den weiterführenden Schulen im Vordergrund steht, ist hier Spielraum und Zeit für die Realisierung entsprechender (religions-)pädagogischer Ideen. Letzteres ist freilich nicht immer leicht umzusetzen, zumal dann, wenn Religionslehrkräfte in ihrer jeweiligen Schule auf den Vorbehalt von KollegInnen, Eltern und SchülerInnen stoßen, wonach Religion ja eigentlich belanglos oder rückständig, auf jeden Fall aber »Privatsache« sei (s. I., Einführung), die niemanden etwas angehe, weswegen man sie doch bitte auf die zwei oder drei Unterrichtsstunden pro Woche beschränken möge. Nichtsdestotrotz darf Religion im »Haus des Lernens« der

Grundschule auch außerhalb des Fachunterrichts an anderen Orten begegnen. Dietlind Fischer hat dafür eine hilfreiche »didaktische Landkarte« (Fischer 2001b, 93) vorgelegt. Wir werden uns im Folgenden – die Landkarte leicht modifizierend – in exemplarischer Auswahl auf drei Aspekte dieser religiösen Topografie Grundschule konzentrieren.

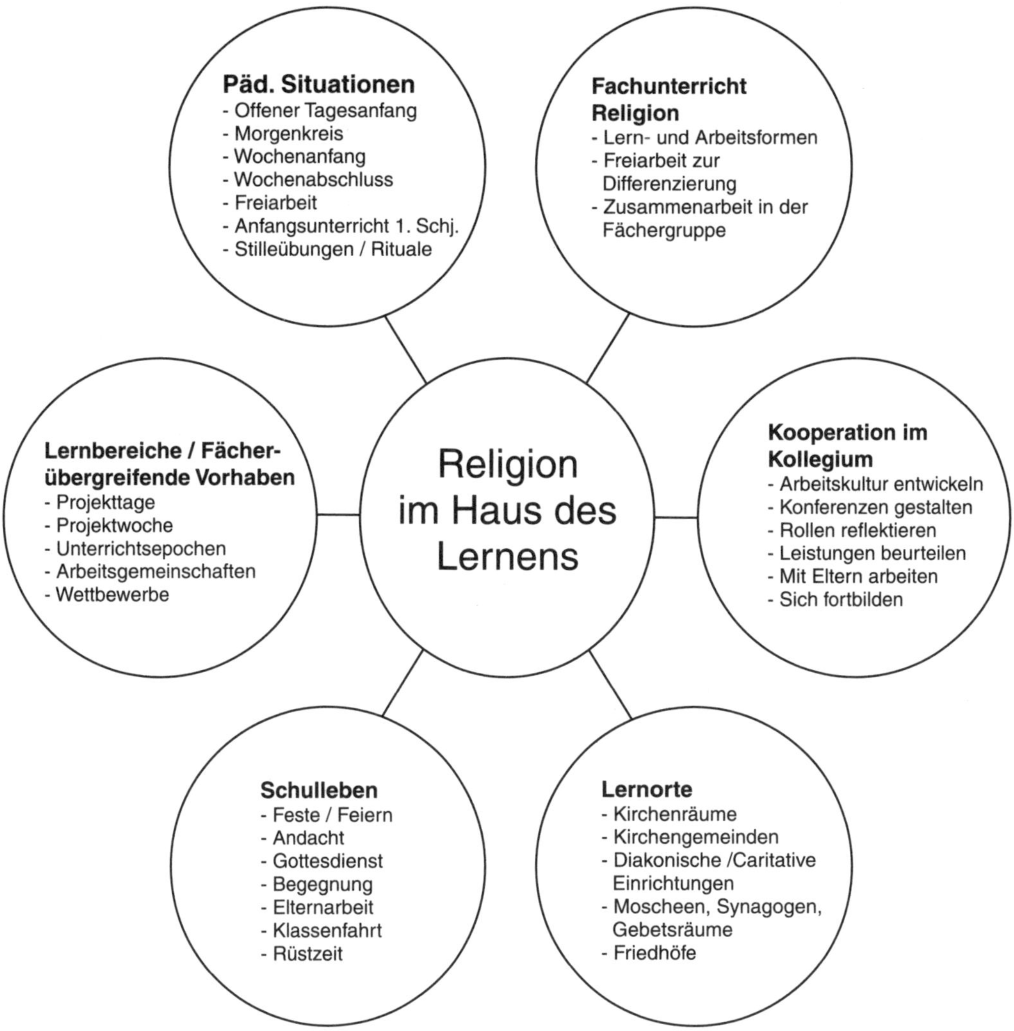

Didaktische Landkarte
Religion im Haus des Lernens
Dietlind Fischer, Comenius Institut Münster

1. Religion, Religionsunterricht und die anderen Schulfächer

Wenn Religion eine Dimension der Wirklichkeit, des Lebens und des Lernens ist (s. I., Einführung), Kinder dafür offen und religiös neugierig sind (s. I.1), dann können spontan und ungeplant, aber auch intentional gewollt und reflektiert religiöse Fragen und Themen im Grunde in allen anderen Grundschulfächern bzw. Lernbereichen auftauchen, ob nun im Deutsch-, Heimat- und Sachkundeunterricht oder im Musikunterricht usw. Auch in diesen Fächern – aber nicht nur in ihnen – geht es immer wieder um Lebensthemen und -fragen, die mit Religion und Glauben zu tun haben. Religion – in welcher Gestalt auch immer, ob nun mehr traditionell-konfessionell oder transformiert und individualisiert (s. I.1) – ist eine Dimension schulischen Lernens und Lebens als Ganzem, nicht nur des Religionsunterrichts (vgl. EKD 2000, 3). So gesehen sind alle Unterrichtsfächer potenziell offen für »Religion«, was meint, dass diese hier begegnen kann und unterrichtlich eigentlich auch nicht ausgeklammert werden darf. Zweifelsohne stellt es hohe Anforderungen an die einzelnen Lehrkräfte, wenn sie in der jeweiligen Situation entscheiden müssen, »in welcher Weise den existenziell bedeutsamen Fragen der Kinder angemessen nachgegangen werden kann: spontan oder systematisch, kurz- oder mittelfristig, direkt oder indirekt, formell oder informell« (Fischer 2002, 371). Grundsätzlich hängt diesbezüglich viel an der jeweiligen Lehrkraft, nämlich ob und inwieweit sie sich auf solche Themen einlässt. Dies wird vermutlich in der Grundschule gar nicht so selten der Fall sein, auch wenn es aufs Ganze gesehen doch vermutlich in den meisten Unterrichtsfächern kurz und »beiläufig« geschieht bzw. ganz ausfällt. Letzteres macht die Notwendigkeit eines im Stundenplan ausgewiesenen Faches Evangelische bzw. Katholische Religion einsichtig. Im Fachunterricht vernehmen Kinder deutlicher und im Zusammenhang, was es mit Religion als einem eigenen Erfahrungs- und Lebensbereich auf sich hat (vgl. EKD 2000, 8). Gleichwohl muss der Religionsunterricht in der Grundschule heute nicht auf verlorenem, weil einsamen Posten stehen. Evangelischer wie Katholischer Religionsunterricht sind ihrem Selbstverständnis nach (s. I., Einführung und I.4) an einer vielfältigen *In-Beziehung-Setzung* ihrer Inhalte und Ziele mit denen anderer Grundschulfächer interessiert, ja sie »leben« bis zu einem gewissen Grade von der »Vitalisierung« religiöser Themen auch in anderen Fachunterrichten, weil dadurch der Fachunterricht Religion ein positives Reinforcement erhält. Hierfür können der Religionsunterricht selbst, die Religionslehrkräfte, aber auch die anderen Lehrkräfte an der Grundschule nicht wenig tun. Mit Kindern theologisieren und philosophieren (s. II.7) lässt es sich auch in anderen Unterrichtsfächern, was zeigt, dass Religion nicht so geartet ist, dass sie sich für ein Fach reservieren und darauf reduzieren ließe.

2. Religion und Religionsunterricht im fächerverbindenden Lernen

Die Grundschule nimmt seit geraumer Zeit fächerverbindende und fächerübergreifende Aufgaben wahr, zu deren Realisierung potenziell alle Unterrichtsfächer – je nach ihren Möglichkeiten – beisteuern sollen. Für den Grundschulunterricht werden in den verschiedenen Grundschullehrplänen der Bundesländer dafür Aufgaben bzw. Themen genannt wie Umwelt/Schöpfung, soziales Lernen/Nächstenliebe, Familie, Jungen und Mädchen, Freundschaft und Sexualität, Stärkung der Persönlichkeit, Bewältigung von Konflikten und Enttäuschungen, miteinander und voneinander lernen, Leben und Lernen mit Behinderung bzw. Behinderten, Frieden und Gerechtigkeit, Schuld, Hass und Gewalt usw. Diese Themen und Aufgaben tauchen – potenziell – nicht nur im Religionsunterricht, sondern auch in anderen Unterrichtsfächern auf, im Einzelnen sicher unterschiedlich. Sie sind schon für Grundschulkinder grundsätzlich lebensrelevant und allgemein bildend und enthalten spezifisch religiös-ethische Aspekte sowie religiöses Sinnpotenzial.
In der Praxis der Grundschule lassen sich vielfältige Versuche erkennen, die Grenzen des »reinen« Fachunterrichts zu überschreiten, sei es im fächerverbindenden oder fächerübergreifenden Unterricht, im Epochenunterricht oder im Projektunterricht (s. III.11). Die Lehrplanentwicklung in der Grundschule der letzten Jahrzehnte zeigt sehr deutlich die zunehmende Bedeutung fächerverbindenden Lernens und Unterrichtens. Themen und Probleme der gegenwärtigen Welt und des Schülerlebens in der Grundschule, wie sie oben aufgeführt sind, stehen in gewisser Weise quer zum herkömmlichen traditionellen Fächerkanon, lassen sich also nicht in einem Fach vollständig abhandeln, sondern begegnen unter bestimmten Aspekten oft in mehreren, mitunter vielen Unterrichtsfächern wieder.
Die gewöhnliche Fachorientierung und Fächerausdifferenzierung auch der Grundschule erweist sich als ambivalent (vgl. Dieterich 2002, 195f). Einerseits hat sie ein Ordnungs-, Strukturierungs- und Entlastungsmoment in sich, hilft also SchülerInnen bei der Aneignung von Welt in ihrer Komplexität, andererseits kann sie eine Aufteilung, Zersplitterung und Zertrennung der Zusammenhänge von Welt, Leben und Subjekt zur Folge haben. Da aber Leben, Wirklichkeit, Themen und Probleme in der Realität nicht auf Fächer aufgeteilt vorkommen, ruft – um die Einheit und den Zusammenhang der Wirklichkeit zu erkennen – der auf Fächer aufgeteilte Unterricht nach *Fächerverbindung*.
Aus diesem Grund ist die Verstärkung fächerverbindenden und fächerübergreifenden Lernens in der Grundschule, aber auch in den anderen Schularten positiv zu sehen, »denn wegen der Verschränkung von Religion und Leben, Glaube und Alltag, Kirche und Gesellschaft überschneiden sich« die Gegenstände des Reli-

gionsunterrichts »längst mit denen anderer Fächer« (EKD 1997, 3). Andererseits machen diese Lernformen spezifischen Fachunterricht, also auch den in Religion, nicht überflüssig, setzen ihn vielmehr im Sinne von Sachlichkeit als Raum systematischen Lernens voraus (vgl. EKD 2000, 8). Aus diesem Grunde bemühen sich Schulen auf der Suche nach neuer »Allgemeinbildung« als dem wirklich »gemeinsam Angehenden« (vgl. Klafki 1985, 18) seit ca. zwei Jahrzehnten, über Fächerunterricht herkömmlicher Art und Fächergrenzen hinaus gemeinsam Angehendes aufzuspüren und für SchülerInnen sinn- und wirklichkeitserschließend zu »verhandeln«. Solche fächerverbindenden und fächerübergreifenden Lernformen sind aus schulpädagogischen Reformansätzen reformpädagogischer Herkunft erwachsen (vgl. Ritter 1999). Gegen die zunehmende Parzellierung von Schulbildung in Fächer setzte die klassische Reformpädagogik seit 1900 andere lebens- und kindorientierte ganzheitliche Lernformen. Für den Bereich der Grundschule wurde Berthold Ottos Gedanke eines Gesamtunterrichts bedeutsam. Mit den 80er-Jahren des 20. Jh. kehren diese Ideen wieder auf die grundschulpädagogische Tagesordnung zurück und finden heute nicht zuletzt infolge von Wolfgang Klafkis Konzept der »epochaltypischen Schlüsselprobleme« (Klafki 1994, 43–81) große Beachtung, nicht nur in der Grundschule. Das Reizvolle und Notwendige fächerverbindender und fächerübergreifender Lernformen liegt darin, dass hier damit Ernst gemacht wird, dass Leben, Themen, Fragen und Probleme des Unterrichts in der Grundschule realiter nicht auf Wirklichkeitssegmente und Fächer aufgesplittet, sondern immer nur als Ganze vorkommen. Evangelischer wie Katholischer Religionsunterricht sind aufgrund ihres Selbstverständnisses (s. I., Einführung und I.4), wo immer möglich, an einer sinnvollen »Verknüpfung, Vernetzung und Integration seiner Inhalte und Zielsetzungen mit denen anderer Fächer« (Fischer 2001b, 92) interessiert und daran, dass die Bedeutung christlicher Religion in und für verschiedenste Lebenszusammenhänge deutlich wird. Letzteres kann sich vor allem dort ereignen, wo Grundschulunterricht sich zugunsten von Lernfeldern bzw. Lernbereichen öffnet.

Von *fächerübergreifendem* Lernen oder Unterricht sprechen wir nur dann, wenn in einem Fach (z.B. Religion oder Deutsch usw.) von *einer* Lehrkraft Inhalte, Methoden und Medien mit berücksichtigt werden, die zu mehreren Fächern gehören. Damit schaut der Fachunterricht Religion oder Deutsch gewissermaßen über seinen Tellerrand hinaus, bleibt allerdings auf die Klasse bzw. Lerngruppe und auf das Fach bezogen. Im Unterschied dazu werden im *fächerverbindenden* Lernen und Unterrichten ein weiteres Fach oder mehrere Fächer, eine weitere Lehrkraft oder mehrere weitere Lehrkräfte in die Planung und Durchführung dieses Unterrichts miteinbezogen. Dadurch werden die Kooperations- und Austauschmöglichkeiten erheblich intensiviert, was mit einem beträchtlichen Maß an organisatorischer Vorbereitung einhergeht (vgl. Willert 2002).

3. Religion und Religionsunterricht: Beiträge zu Schulkultur und Schulleben

Näher besehen erschöpft sich Schule nicht in (Fächer-)Unterricht und Schulstunden. Im Rahmen dieser Erkenntnis ist seit etwa zwei Jahrzehnten in der pädagogischen Debatte die Rede von Schulkultur, pädagogischer Kultur und Schulleben (vgl. Nipkow 1990, 81–84; 514ff). An ihnen entscheidet es sich mit, ob Schulen gute Schulen oder schlechte Schulen sind. Helmut Fend (1986) und Peter Fauser (1989) haben unabhängig voneinander darauf hingewiesen, dass hier am prägnantesten die Qualität einer Schule zum Ausdruck komme. Ob Schulkultur, Schulleben oder pädagogische Kultur – entscheidend und gemeinsam ist diesen Überlegungen der Blick auf die Ausgestaltung der Schule als einer Lernumwelt, die als Ganze von Bedeutung ist. Pädagogische Kultur und Schulkultur schließen dabei – über Schulleben hinausgehend – auch den Unterricht mit ein und stehen, mit einer Definition des Kulturwissenschaftlers Hermann Bausinger (auf den Fauser zurückgreift), für ein »bis ins Alltägliche hineinreichendes Zusammenspiel von Formen und Normen«. Zusammengefasst und pointiert formuliert, meint also die Rede von Schul- bzw. pädagogischer Kultur und Schulleben, dass sich der pädagogische Charakter von Schule auch in der »*Gestalt*« bzw. im »*Stil*« oder »*Geist*« im Ganzen ausdrücken sollte. Ist es der Geist des Kapitalismus, des technokratischen Verfügungswissens, der Lernoptimierung oder ein Geist, der den Menschen nicht im Vorhandenen aufgehen lässt, sondern ihm »Muße« und Zeit zugesteht, um sich auf Dinge einlassen zu können und sich in der Welt sinnhaft zu orientieren? Christliche Religion und Religionsunterricht sind in diesem Zusammenhang überzeugt, zum Geist von Schule und zur Schulkultur Wichtiges beitragen zu können.

Religion und Religionsunterricht, aber auch andere Unterrichtsfächer mit Schulkultur in Verbindung zu bringen und umgekehrt, war so lange nicht üblich und möglich, wie man Sache und Fach Religion bzw. auch andere Sachen und Fächer nur in ihrer solitären Stellung in der Schule sehen konnte. In der neueren Grundschuldebatte hat sich dies deutlich geändert, weswegen die wechselseitige Zuordnung von Schulkultur und Religion (wie auch anderer Fächer) mittlerweile ziemlich selbstverständlich ist. Damit ist zum einen gemeint, dass Religion und Religionsunterricht auch auf Schulkultur angewiesen sind. Zum anderen können Religion und Religionsunterricht – Religionslehrkräfte hierin eingeschlossen – ihrerseits Förderliches zur Schulkultur beitragen, weil es »in, mit und unter« Religion um Fragen, Themen, Haltungen geht, »deren Relevanz weit über den Rahmen des bloßen Fachunterrichts hinausgeht: um Grundeinstellungen zum Leben wie Dankbarkeit, Hoffnung, Vertrauen, Achtsamkeit usw., um Fragen des Menschen- und Gottesbildes, Fragen der Gerechtigkeit und des Gewissens« (Englert/Schweitzer 2003, 80f), pointiert gesprochen darum also, in welchem Aufmerksamkeitshorizont, im Lichte welcher Perspektiven und Geschichten Kinder und Lehrkräfte (nicht nur Religionslehrkräfte!) einer Grundschule sich in der Wirklichkeit orientieren, ihr Leben »lesen«, begehen und verstehen wollen. All dies ist für die in der Schule agierenden Personen und für die Schulkultur in hohem Maße bedeutsam. Wir denken dabei im grundschulrelevanten Zusammenhang in exemplarischer Auswahl vor allem an folgende Elemente und Momente, »in, mit und unter« denen in der Grundschule Religion begegnet:

Pädagogische Situationen und Gelegenheiten

Begegnungen mit Religion und religiöses Lernen können sich – seien sie spontan oder intentional gesteuert – in rhythmisierter und ritualisierter Schul-Zeit ereignen, also an (normalen) Schultagen, in der Schulwoche und im Schuljahr. Konkrete Möglichkeiten sind der Morgenkreis, der Wochenanfang und Wochenabschluss, Gelegenheiten im Jahreskreislauf, aber auch besondere situations- und schulbedingte Möglichkeiten. Viele Grundschulen haben mittlerweile gute Erfahrungen mit dem offenen Tagesanfang bzw. der »Gleitzeit« gemacht: Kinder können hier »gleitend« ankommen und sich zunächst individuell im Klassenraum orientieren (Spiel- und Arbeitsecken etc.), bevor der strukturierte Unterricht beginnt. Dadurch haben Lehrkräfte Zeit, mit den Grundschulkindern informell zu kommunizieren, wobei religiöse Fragestellungen und Themen einfließen können (vgl. EKD 2000, 10). Weitere Gelegenheiten sind Freiarbeit (s. III.10), Anfangsunterricht (s. III.12), Stilleübungen (s. III.2). Des Weiteren sind *gemeinsame Rituale* (s. II.8), sei es im Klassenverband bzw. der Lerngruppe oder auch schulöffentlich, zu Beginn einer Schulwoche, im Verlauf des Schuljahres und des Jahreskreislaufs oder bei besonderen schul- und ortsbedingten Gelegenheiten dazu angetan, inhaltlich, sozial und emotional auf die Woche, einen Schul- oder Jahresabschnitt und auf besondere Ereignisse »einzustimmen, Erwartungen zu wecken, Pläne offen zu legen und besonderer Ereignisse zu gedenken« (EKD 2000, 11). Wochenschlussrituale, Rituale im Rückblick auf Schuljahresabschnitte, auf Frühjahr, Sommer, Herbst und Winter sind Gelegenheiten, zum Rückblick, zur Besinnung, auch zur Auswertung und zum Feed-back beizutragen. Themen mit religiöser Konnotation und religiös relevante Ereignisse können hier einbezogen werden. Da Kinder Ritualisten sind und nach Form, Gestalt, Riten verlangen, bietet es sich an, bei der Gestaltung von Ritualen auf die überlieferte (oder auch neue) Expressions- und Formensprache der christlichen Religion, aber auch anderer Religionen zurückzugreifen, etwa im Singen eines Liedes oder Kanons, im Schreiben eines Gedenk- oder Fürbittbuches, in einer Prozession, im Anzünden einer Kerze, einem Bewegungs- oder Kreistanz usw. Da diese Gelegenheiten und Möglichkeiten außerhalb des Fachunterrichts in verschiedenen Situationen stattfinden, ist in jeder dieser Situationen darauf zu achten, dass eine Balance zwischen positiver und negativer Religionsfreiheit gewährleistet ist. Grundschulkinder sollten sich hier frei äußern und einbringen können, ohne dass andere weltanschaulich-religiös in Bedrängnis kommen oder gar verletzt werden. Für die verantwortliche Gestaltung solcher Situationen »ist ein hohes Maß an fachlicher Kompetenz und Sensibilität in religiösen Fragen erforderlich« (EKD 2000, 10), und zwar seitens aller Beteiligten, speziell aber der Religionslehrkräfte, die sich bei der Ausgestaltung der oben genannten Situationen und Gelegenheiten immer wieder beteiligen sollten.

Feiern, Andachten und Gottesdienste

Kinder begehen und feiern gerne Feste, weil sie hier vielfältig und »sinnlich« angesprochen und berührt werden und sich – je nach Möglichkeiten – selbst beteiligen können und Eigenaktivitäten entfalten dürfen (s. II.8). Für das schulische Zusammenleben und Miteinanderlernen sind Feste und Feiern ein unverzichtbarer Bestandteil der Schulkultur (EKD 2000, 12). Feste und Feiern im schulischen Rahmen – nicht nur religiöse! – tragen viel zur Qualität einer Schule bei und sind multifunktional (vgl. Wermke 2002b, 199): Sie können zur Identitätsfindung des Einzelnen und der Gemeinschaft beitragen, sie helfen dabei, Ethos und Pathos einer Schule auszugestalten und zu formen, sie ermöglichen zwischen schulischem Alltag und Feiertag zu unterscheiden. Ferner sind sie pädagogisch und schulpädagogisch bedeutsam, weil sie zu fächerübergreifender Zusammenarbeit animieren, immer wieder bislang unerkannt gebliebene Talente, Befähigungen und Begabungen von SchülerInnen und Lehrkräften entdecken lassen und mitunter einen ganz erstaunlichen Beitrag zur Integration der oft total unterschiedlichen Lebenswelten, aus denen die Lehrkräfte und Kinder stammen, leisten können. Konkret ist hierbei an Schulfeste und Schulfeiern, religiöse Feste, interkulturelle und interreligiöse Feste, Orts- und Stadtteilfeste zu denken, an denen sich Grundschulen beteiligen können. Die Mitbeteiligung von Religionsunterricht bzw. konkreten Religionsklassen sowie Religionslehrkräften an solchen Festen und Feiern kann erfahrbar werden lassen, dass christliche Religion mit unseren Sinnen und mit unserem Leben in seinen Hoch- und Tiefzeiten zu tun hat, also nicht leibfeindlich ist, sondern biophil und noch dazu »eine gesellige Sache« (Friedrich D. E. Schleiermacher). Christliche Religion wird so »sinnlich« und gestalthaft erfahrbar (s. I., Einführung). Speziell christliche Feste und Feiern machen zentrale Inhalte christlichen Glaubens anschaulich und leibhaftig (Freudenberg 2002, 90). Hier lassen sich mit Blick auf Gegenstände des Lehrplans, auf Kirchenjahr, Jahreskreislauf, Schuljahr und besondere Situationen vor Ort kleine und große Feste inszenieren: ein Freudenfest im Kontext der Heimkehr des verlorenen Sohnes (Lk 15), ein Bibel-Fest im Rahmen einer Unterrichtseinheit über die Bibel, eine Dank-Feier im Anschluss an die Unterrichtseinheit »Über die Schöpfung staunen und loben«. Am Ende einer Unterrichtseinheit über die Josefsgeschichte in der 2. Grundschulklasse etwa kann man ein abschließendes Fest inszenieren, in dem erzählt, gespielt, miteinander gefeiert, gegessen und getrunken wird. Gefeiert werden können auch die Geburts- und Namenstage von Kindern und Lehrkräften in ihrer religiösen Bedeutung.

Des Weiteren sind (Morgen-)Andachten, religiöse (Morgen-)Feiern, Schulgottesdienste, besondere schulbedingte, schuljahresbedingte oder ortsbedingte Gedenktage – zu denen alle SchülerInnen (evtl. auch die Eltern) unabhängig von ihrer religiös-weltanschaulichen Herkunft eingeladen werden und sich nach Möglichkeit beteiligen können (EKD 2000, 12) – wichtige Gelegenheiten des Innehaltens im Schulalltagseinerlei, Momente der Nachdenklichkeit, aber auch der Fröhlichkeit und des ritualisierten Gedenkens. Gedacht wird auch an kranke und verstorbene Kinder – sensible Gelegenheiten für Spiritualität und Stille, Andacht und Feier, in denen die religiöse Dimension authentisch aufscheinen kann. Schon Grundschulen können beim Aufbau einer Gedenkkultur mitwirken, etwa im Zusammenhang des Gedenkens an eine ehemalige jüdische Gemeinde am Ort oder im Kontext von Heiligenviten. All dies kontrastiert und unterbricht den gewohnten Ablauf von Schule; es erinnert an einen anderen Zeittakt und kann zu einer veränderten Zeit-Raum-Erfahrung beitragen, indem es wahrnehmen lässt, dass es mehr als Prüfungen, Zeugnisse und Versetzungen gibt.

Schulgottesdienste können im Rahmen des Ablaufs eines Schuljahrs, des Jahreskreislaufs, aber auch des Kirchenjahres gefeiert werden und hier besondere religiöse Akzente im Raum der Schule setzen. Ob nun Schulgottesdienste zu Advents- und Weihnachtszeit, Fasten- und Osterzeit, im Kontext des Erntedanktages, ob zum Schuljahresbeginn oder zum Schuljahresabschluss – sie alle haben fernab von jeder pädagogischen Verzweckung zuallererst »den Charakter einer eigenständigen Kasualie« und insofern einen Selbstwert (Wermke 2002b, 199). Besonders zu nennen ist hier der Einschulungsgottesdienst: Früher eine wenig beachtete Veranstaltung, entwickelt er sich zusehends zum Familien- und Schulfest, durchaus mit besonderer religiöser Konnotation. Vermutlich geht es dabei Kindern, Eltern, Verwandten und Lehrkräften weniger um eine religiöse Verbrämung und Verzierung als um den »Wunsch nach der festlichen Gestaltung eines Übergangs zwischen zwei bedeutsamen Lebensabschnitten. Der Gottesdienst bietet den Ort der Einkehr, des Sich-seiner-selbst-bewusst-Werdens, der Rückschau und

Vorausschau, des Dankes; es ist der Ort, wo Schülerinnen und Schüler, ihre Eltern und ihre Lehrkräfte sich und ihre Zukunft unter den Segen Gottes stellen« (Wermke 2002b, 199). Insgesamt erweist sich damit die Gestaltung von Festen und Feiern, Gottesdiensten und Andachten als eine besondere Gelegenheit, sinnliche und komplexe Erfahrungen mit Religion – auch im Ritual – zu ermöglichen (Fischer 2002, 371).

Öffnung von Schule und Begegnung

Zur Schulkultur gehört ferner, dass sich Grundschulen zunehmend unterschiedlichen außerschulischen Lebensbereichen öffnen und die Begegnung mit ihnen suchen. Dies beinhaltet z.B. (s. III.9) die *Erkundung* von Orten gelebter Religion, seien es Kirchen, Moscheen oder diakonische Einrichtungen, sowie *Begegnungen* mit Menschen, seien es Zeugen und VertreterInnen des christlichen Glaubens oder nicht-christlicher religiöser Herkunft (vgl. Fischer 2002, 371).

»Beziehungsarbeit«

Die Bedeutung von (christlicher) Religion wird nicht zuletzt auch in der Gestaltung von Beziehungen und Beziehungsarbeit im Raum der Schule deutlich. Die »beziehungsstiftende« Kraft christlicher Religion, welche die Gottesebenbildlichkeit in den Mittelpunkt rückt und Einzigartigkeit, Unverwechselbarkeit und Würde der Person betont (vgl. Fischer 2001b, 92), ist hier von hoher Bedeutung und wirkt sich personaliter aus im Umgang von Menschen miteinander, wie sie sich im Raum der Grundschule begegnen. Hier wird konkret, ob Religion sich in der Lage zeigt, etwas von der »Lebensfreundlichkeit« und »Beziehungsfreundlichkeit« Gottes weiterzugeben und zum Ausdruck zu bringen. Dies kommt exemplarisch in folgenden drei Zusammenhängen zur Geltung:

Wenn *mit* den *Eltern* und nicht *gegen* sie oder *ohne* sie gearbeitet und Kontakt gepflegt wird, wenn diese in die Mitgestaltung von Schule und Unterricht einbezogen werden und helfen können, aber ihrerseits auch von der Schule und den Lehrkräften Unterstützung erfahren (wertschätzende Elternarbeit).

Wenn der Weg »vom Lehrer-Konglomerat zum *Kollegium*« gelingt (Bohnsack 1986, 97), also ein gutes Miteinander, Empathie und Sympathie, Dialogfähigkeit, aber auch Toleranz geübt und gelebt werden können. Wie gestalten die Lehrenden ihre Zusammenarbeit? Nehmen sie sich Zeit füreinander zur Verständigung, zur Gestaltung der pädagogischen Arbeit? Wird im Team gearbeitet?

Wenn *SchülerInnen* nicht als »Problemlast«, sondern mit Wertschätzung wahrgenommen werden, wenn sie genügend Anregungen, Geborgenheit und Verlässlichkeit erfahren und nach Bedarf gefordert und gefördert werden. Wichtig ist, dass Lehrkräfte fürsorglich handeln und gute Beziehungen zu ihren Grundschulkindern pflegen, d.h. »Verhaltensweisen wie Fairness, persönliches Interesse, Respekt, Vertrauen, Vergebungsbereitschaft ... zeigen und einfordern« (Scheilke 2002, 351). Auch hier begegnet Religion, ereignen sich Seelsorge und religiöses Lernen.

Zusammenfassung:

Religion begegnet in der Grundschule im Fachunterricht Religionslehre. Aber auch in anderen Schulfächern sollte Zeit und Raum sein, sich mit religiösen Aspekten der Wirklichkeit auseinander zu setzen, wenn Kinder im Zusammenhang mit fächerspezifischen Themen religiöse Fragen stellen. Eine weitere Möglichkeit findet sich im fächerübergreifenden Unterricht, der zum Ziel hat, der Zersplitterung der Weltwahrnehmung in Teilbereiche entgegenzuwirken; hierbei kann die religiöse Dimension bestimmter Sachverhalte und Fragestellungen aufscheinen. Darüber hinaus wird Religion in der Grundschule dadurch konkret und relevant, dass sie durch Feste und Gottesdienste, durch die offene Begegnung mit verschiedenen Formen von Religion und durch das Miteinander in der Schule im Geist christlicher Nächstenliebe einen wesentlichen Beitrag zu Schulleben und Schulkultur leistet.

Lesehinweis:

Dieterich, Veit-Jakobus (2002): Fächerübergreifender Unterricht. In: Bizer, Christoph u.a. (Hg.): Religionsdidaktik (JRP 18). Neukirchen-Vluyn, 193–204.

Fischer, Dietlind (2001b): Religion im Schulprogramm. In: Dies. (Hg.): Religion lernen in der Grundschule. Münster, 91–94.

Willert, Albrecht (2002): Religionsunterricht als fachübergreifender und fächerverbindender Unterricht. In: Wermke, Michael (Hg.): Aus gutem Grund: Religionsunterricht. Göttingen, 191–197.

I.6 Religionsunterricht – ein Fach, das Kinder und Lehrende mögen: Empirische Befunde

Georg Hilger

Der Religionsunterricht in der Grundschule galt lange als Fach mit wenig Schwierigkeiten, war bei Kindern und Lehrenden relativ beliebt und fand wegen seiner geringen Reformbedürftigkeit in der religionspädagogischen Forschung nur geringe Aufmerksamkeit. Inzwischen aber wird zunehmend erkannt, dass der Religionsunterricht in der Grundschule keineswegs eine idyllische Oase darstellt, und bei der intensiv diskutierten Frage nach der äußeren und inneren Gestalt des Faches an der öffentlichen Schule eine Schlüsselrolle einnimmt. Dementsprechend wächst auch das wissenschaftliche Interesse daran, wie z.B. Kinder und die Lehrenden dieses Fach in der Grundschule wahrnehmen (zum Forschungsstand vgl. Lück 2002, 198–230; Englert/Schweitzer 2003). Nicht zuletzt stellen auch die nicht mehr übersehbaren Auswirkungen einer »veränderten Kindheit« (vgl. Fölling-Albers 1992; 2001) und insbesondere die gewandelten kirchlich-religiösen Sozialisationsvoraussetzungen (s. I.2) Fragen an die Zielsetzungen und die Gestaltung des Religionsunterrichts.
Was wissen wir empirisch überprüfbar über die Beliebtheit, Wichtigkeit und Effizienz der Lernangebote des Religionsunterrichts in der Wahrnehmung der Kinder? Lassen sich daraus Empfehlungen ableiten für die innere Gestalt des Religionsunterrichts? Diesen Fragen ist Anton A. Bucher (2000a, 2000b) in einer Untersuchung bei Dritt- und Viertklässlern nachgegangen. Die Ergebnisse erlauben Rückschlüsse darauf, wie »guter« und wirksamer Religionsunterricht in der Sicht von Kindern aussehen könnte.
Wie beurteilen ReligionslehrerInnen an Grundschulen die Bedingungen, unter denen sie das Fach »Religion« heute erteilen müssen? Wie sehen sie die Akzeptanz und die Beliebtheit des Faches im schulischen Kontext und bei den Kindern? Welche Zielpräferenzen favorisieren die Lehrenden dieses Faches? Dazu haben Rudolf Englert/Ralph Güth (1999) mit einer Forschungsgruppe katholische und Christhard Lück (2003) evangelische ReligionslehrerInnen befragt. Dabei zeigt sich im Vergleich mit dem Urteil von Kindern eine beachtenswerte Differenz hinsichtlich der Wahrnehmung: Lehrende urteilen über die Resonanz ihres Reli-

gionsunterrichts skeptischer als die SchülerInnen, nicht wenige haben das Gefühl im Unterricht kaum etwas zu bewirken (vgl. Lück 2003, 148), obwohl auch sie wahrnehmen, dass Kinder religiös ansprechbar sind und den Religionsunterricht mögen. Ähnliche Beobachtungen machte auch Hans Schmid (1998) bei Lehrenden in Bayern. Eine Religionslehrerin drückt das so aus: »Viele SchülerInnen sind aufgeschlossen und ›hungrig‹ nach der frohen Botschaft. Doch zunehmend viele haben von ihren Familien her keine religiöse Verwurzelung. Die ›Begeisterung‹ trägt oft nicht durch, weil in der Familie und Umgebung ›Gott‹ nicht vorkommt« (Schmid 1998, 15).

1. »Jetzt haben wir endlich wieder Religion« – Religionsunterricht in der Sicht von Kindern

»Jetzt haben wir endlich wieder Religion« ist eine Aussage, die nach Anton Bucher auf 78,3% der GrundschülerInnen zutreffen könnte. Im Vergleich mit den anderen Schulfächern rangiert der Religionsunterricht mit Musik hinter Sport und Kunst an dritter Stelle der Beliebtheit (Bucher 2000b, 90).
Vergleichbar positiv ist die erhobene Einschätzung der Wichtigkeit des Faches für das eigene Leben (49,3% »sehr«, 28,4% »etwas«, 14,3% »nicht so«, 8,1% »überhaupt nicht«). Aber was lernen die Kinder nun in ihrer eigenen Wahrnehmung? 89% sagen, sie hätten viel über Jesus gelernt, 85% über Gott (Bucher 2000b, 91). In der Rangliste der wichtigsten Inhalte folgen dann Bibel und Kirche und mit noch mehr als 50% positive Bewertung »Was ich glauben soll«, »Wie ich richtig leben soll«, »Wie ich glücklich werden kann«.
Wovon aber hängen Beliebtheit und wahrgenommene Effizienz des Faches Religionsunterricht ab? Sind es vorwiegend vorgegebene äußere Faktoren wie Region, Wohnumgebung, Alter, Geschlecht, Konfession, sind es Faktoren, die zum beeinflussbaren Binnengeschehen des Unterrichts gehören oder ist es vor allem der Einfluss der religiös-kirchlichen Sozialisation?

Einfluss äußerer Faktoren

Entgegen häufiger Einschätzungen spielt bei der Einschätzung des Faches die Region oder die Wohnumgebung keine signifikante Rolle, die Konfessionszugehörigkeit nur schwach, deutlicher die Geschlechtszugehörigkeit: Für Mädchen ist der Religionsunterricht wichtiger für ihr Leben, beliebter und effizienter als für

Jungen. Deutliche Unterschiede zeigen sich nach Bucher im Blick auf das Alter: »Je älter die SchülerInnen, desto geringer die Beliebtheit des Faches, desto geringer auch die ihm zugeschriebene Lebensrelevanz« (Bucher 2000a, 40).

Beeinflussbare Binnenfaktoren des Unterrichts

Diese können Hinweise enthalten, wie Religionsunterricht in der Wahrnehmung der Kinder sein sollte, damit er beliebt, wichtig und effizient bleibt bzw. wird. Hier geht es also um das religionsdidaktische Profil des Faches, das von den Lehrenden und den Lehrplänen beeinflusst werden kann.

- Wenn die *Lehrenden* von den Kindern in der Regel als freundlich erlebt werden – dies ist auch deutlich überwiegend der Fall –, steigert dies das Engagement und das Wohlbefinden.
- Je häufiger aber die *Disziplin* gestört wird, desto geringer ist die Beliebtheit und die Wichtigkeit des Faches (Bucher 2000a, 44).
- Nicht zu unterschätzen ist die Bedeutung der *Methoden* für die Einstellung zum und Wirksamkeit von Religionsunterricht. Kinder hören gerne biblische Geschichten und wollen aktiv sein: Feste vorbereiten und feiern, zeichnen und malen, singen und musizieren – Letzteres vor allem die jüngeren Kinder und die Mädchen (Bucher 2000a, 46). Weniger beliebt sind im Rahmen der traditionellen Methoden Hefteinträge; »Beten« hingegen wird überraschend oft positiv assoziiert. Religion als Fach ist im Vergleich zu den anderen Fächern in der Grundschule umso beliebter, je aktiver die Kinder sein können und handlungsorientierter er sich darstellt. Diese Beobachtung deckt sich mit Untersuchungen darüber, was Kinder glücklich macht: Glück als Ergebnis gelingender und intensiver Aktivität, die den Kindern etwas zumutet, ihrer Aktivitätslust entgegenkommt und echte Anerkennung findet (vgl. Bucher 2001, 259f).
- Die Inhalte des Religionsunterrichts in der Grundschule sind in der Wahrnehmung der Kinder mehrheitlich theologisch profiliert (Gott, Jesus). Kinder hören gerne »Geschichten aus der Bibel« (Bucher 2000a, 45). Theologische wie auch lebenskundliche Themen (z.B. Glück, Armut) können Wichtigkeit, Beliebtheit und Effizienz des Fachs erhöhen (Bucher 2000b, 100).

Religiöse Sozialisation

Sowohl für die nördliche als auch für die südliche Region gleichermaßen gilt, was GrundschullehrerInnen immer wieder registrieren: Die religiös-kirchliche Erziehung im Elternhaus ist recht rar, insbesondere das Erzählen biblischer Geschichten, das Tischgebet und das Erzählen von Gott. Häufiger geben Kinder an, mit den Eltern vor dem Einschlafen zu beten (24% oft, 15% selten) und – wahrscheinlich etwas geschönt – mit ihnen oft oder manchmal in die Kirche zu gehen (je 30%) (Bucher 2000a, 49f). Obwohl religiös stark Sozialisierte signifikant den RU als effektiver einstufen, schätzen auch gering oder nicht religiös erzogene Kinder den Unterricht durchaus als für sie lebensrelevant ein, ca. 40% (Bucher 2000b, 101). Letzteres ist ein bemerkenswertes Ergebnis von schulischen Bemühungen. Dies kann aber nicht dahingehend gedeutet werden, der Religionsunterricht könne den Ausfall religiöser Primärsozialisation kompensieren.

2. »Schwieriger, aber wichtiger denn je« – Religionsunterricht in der Sicht von Lehrenden

Empirische Untersuchungen bei Lehrenden durchzuführen ist methodisch einfacher als bei Kindern. Seit den 90er-Jahren des vorigen Jahrhunderts mehren sich Befragungen auch von ReligionslehrerInnen an Grundschulen (zum Forschungsstand vgl. Lück 2002, 198–222).

Die differenziert angelegte »Essener Umfrage« (Englert/Güth 1999) bezieht sich auf katholische ReligionslehrerInnen an Grundschulen im Bistum Essen und zeigt, dass vielen Lehrenden die problematischen Seiten der »veränderten Kindheit« zu schaffen machen und sie die Grundschule keineswegs als ein religionspädagogisches Idyll ansehen. Andererseits zeigen sie ein hohes Maß an beruflicher Zufriedenheit und Motivation, Religionsunterricht zu erteilen (Englert/Güth 1999, 49f). Dies bestätigt eine Umfrage im Jahr 1997 bei katholischen ReligionslehrerInnen in Bayern (Schmid 1998, 6). Auch die von Christhard Lück befragten evangelischen ReligionslehrerInnen an Grundschulen zeigen eine hohe Motivation, Berufserfahrene sagen sogar mehrheitlich, dass sie das Fach »jetzt lieber als früher« unterrichten (Lück 2003, 287–310). Wie passt das zusammen?

Sicht auf die SchülerInnen: Arbeits- und Sozialverhalten, religiöse Sozialisation und Ansprechbarkeit

Lehrende nehmen deutlich wahr, dass Kinder heute hohen psychischen Belastungen ausgesetzt sind. Besonders zu schaffen macht ihnen das verschlechterte *Arbeits- und Sozialverhalten:* mangelnde Konzentrationsfähigkeit, Belastbarkeit,

Rücksichtnahme und Gemeinschaftsfähigkeit bei vielen Kindern, insbesondere bei denen aus relativ einfachem sozialem Milieu. Das macht das Unterrichten schwieriger und fordert auf, sich den einzelnen Kindern zuzuwenden, ihnen das Gefühl zu geben, dass sie angenommen sind, den Unterricht aufzulockern und Differenzierungs- bzw. Individualisierungsangebote zu machen. Die gleichen so anstrengenden SchülerInnen werden aber auch von nicht wenigen für selbstständiger, aufgeschlossener, fantasievoller und spontaner gehalten als frühere Schülergenerationen. Auch diese positive Einschätzung wird stärker Kindern aus gehobenem als aus einfachem Milieu attestiert. Dabei kann die größere Spontaneität durchaus auch unterrichtliche Probleme bereiten (Englert/Güth 1999, 69ff).

Für religiöse Lernprozesse ist insbesondere die Frage nach der *religiösen Ansprechbarkeit* der Kinder relevant. Auch hierbei wissen GrundschullehrerInnen zu unterscheiden. Sie sehen realistisch die Phänomene einer veränderten religiösen Sozialisation im Hinblick auf christlich-religiöse Vorprägungen aus der Familie und der Kirchengemeinde (s. I.10). Die stärksten Verbindungen stellen noch die Kasualien (Taufe, Hochzeit, Beerdigung usw.) dar, die schwächsten Gemeindeleben, Gebet und Gottesdienst. Trotzdem schätzen drei Viertel aller Lehrenden die Kinder als religiös ansprechbar ein (vgl. Englert/Güth 1999, 74f), obwohl viele der Meinung sind, die Kinder nähmen den Religionsunterricht weniger ernst als andere Fächer und seien für religiöse Themen kaum noch zu sensibilisieren (Lück 2003, 151f). Eine Mehrheit der Lehrenden sieht es aber als eine Chance, mit den Kindern an einem »Nullpunkt« anfangen zu können und den Mangel an kirchlicher Sozialisation als Begründung dafür, den Religionsunterricht heute im Vergleich zu früher als wichtiger anzusehen. Daraus lassen sich ein hohes Maß an Motivation und ein »missionarischer« Impetus ablesen, sich für den Religionsunterricht zu engagieren. Gestützt wird die hohe Motivation auch durch die Überzeugung, Religionsunterricht sei wichtig bzw. sehr wichtig für den schulischen Bildungsauftrag. Dies wird in einen Zusammenhang gebracht mit den besonderen Möglichkeiten dieses Faches, hier »Impulse gegen den Trend« zu setzen, ohne »Stoff- und Leistungsdruck« unterrichten zu können und die »Beziehungs- und Inhaltsdimension von Unterricht« besonders gut aufeinander beziehen zu können (vgl. Englert/Güth 1999, 69–83).

Sicht auf den eigenen Unterricht: Zielsetzung, Themenauswahl und Methoden

In der Essener Umfrage wurde den Lehrenden eine Liste mit 15 Zielsetzungen vorgelegt mit der Bitte diese im Hinblick auf ihren eigenen Unterricht zu gewichten. Die Ziele ließen sich drei Grundmustern zuordnen: »allgemein pädagogisch«, »religionspädagogisch« und »kirchlich-traditionell«. Die stärkste Zustimmung

»sehr wichtig« erhielten folgende »allgemein pädagogische« Intentionen: »Kinder zum Nachdenken zu bringen«, »zu religiöser Toleranz zu erziehen«, »zu sozialem Engagement zu motivieren«. Danach folgten die »religionspädagogischen« Intentionen: »die Kinder mit der Peson Jesu vertraut machen«, »die Frage nach Gott wach halten«, »Lebenshilfe aus dem Glauben anbieten«. Schwächer bewertet wurden »kirchlich-traditionelle« Intentionen wie: »Kinder zu Christus führen«, »die christliche Tradition erschließen«, »den Glauben der Kirche weitergeben«. Die starke pädagogische und religionspädagogische Gewichtung darf aber nicht dahingehend interpretiert werden, dass die Lehrenden an Grundschulen missionarisch-verkündigende Intentionen ablehnen. Fast 80% geben an, es sei ihnen »wichtig« bzw. sogar »sehr wichtig«, »die Kinder zu Christus zu führen« und »die christliche Tradition zu erschließen« (Englert/Güth 1999, 78ff). »Biblisch-christliche« und »kirchliche« Zielsetzungen werden nicht als Konkurrenz zu den pädagogischen und religionspädagogischen Zielsetzungen gesehen, schließen sich also nicht aus. Letzteres registriert auch Lück (2003, 136f) bei evangelischen ReligionslehrerInnen.

Bei der *Themenauswahl* veranschaulichen sich die Lehrenden im Ruhrgebiet stark an den von den Kindern kommenden Fragen und an aktuellen Anlässen, also zuerst einmal am Kind und dann erst am Lehrplan und Religionsbuch (Englert/Güth 1999, 84). Lück beobachtet bei den evangelischen ReligionslehrerInnen eine gleiche Tendenz: Sie gingen heute stärker als früher von den Erfahrungen und Ansichten der Kinder aus, verbinden diese aber mit biblisch-christlichen Inhalten (Lück 2003, 157). In Bayern hingegen plädieren die Lehrenden für eine stärkere biblische Orientierung ohne die Absicht aus den Augen zu verlieren, den Religionsunterricht für die Lebenswirklichkeit der heutigen Kinder zu öffnen. Begründet wird diese Präferenz für biblische Einheiten mit den guten Erfahrungen mit narrativen Unterrichtsformen (Schmid 1998, 9). Hier zeigt sich deutlich ein enger Zusammenhang von Inhalt und Methode.

Die Untersuchungen von Anton Bucher weisen darauf hin, dass die Akzeptanz des Faches stark von schüleraktivierenden und attraktiven Handlungsformen abhängt (Bucher 2000a, 148). Welche *Methoden und Unterrichtsformen* halten Lehrende an Grundschulen für besonders geeignet, auf die Probleme des heutigen Religionsunterrichts und die veränderten Lernvoraussetzungen, z.B. auf das veränderte Arbeits- und Sozialverhalten bei den Kindern einzugehen?

Als zukunftsträchtig werden von den Lehrenden nach den Daten von Englert/Güth mit weitem Abstand an erster Stelle das »Gespräch« (neben dem Lehrer-Schüler-Gespräch, das Kreisgespräch, das Schüler-Schüler-Gespräch, Gespräch in Kleingruppen), dann »Aktion, Spiel und Stilleübung« (also der rhythmisierende Wechsel von Aktion und Kontemplation, von Extraversion und Introversion), an dritter Stelle »Gruppen- und Partnerarbeit« genannt. An vierter Stelle rangieren Methoden, die verschiedene Sinne aktivieren: Erzählen, Vorlesen, Bildbetrachtung, Malen, Basteln, Künstlerisches Gestalten, Gottesdienste, Kontakt zu einer Gemeinde, Lied, Musik, Arbeit mit Medien, Projektarbeit. Relativ selten werden genannt: »Freiarbeit, Einzel- bzw. Stillarbeit«. Freiarbeit scheint – vielleicht wegen seines hohen vorbereitenden Aufwands – noch nicht so richtig in der Praxis des Religionsunterrichts angekommen zu sein. Insgesamt zeigt sich in der Breite eine ansprechende Methodenvielfalt, wobei ein handlungs- und erfahrungsorientiertes Methodenrepertoire eine besonders hervorgehobene Rolle spielt (Englert/Güth 1999, 87ff; Lück 2003, 140ff).

Sicht auf die eigenen Fähigkeiten: Was für die Profession »sehr wichtig« ist

Obwohl sich bei den Antworten auf die Frage nach den wichtigsten Kompetenzen dienstalters- und geschlechtsbedingte Differenzen beobachten lassen: Es dominiert ein berufliches Selbstverständnis, das sich sehr stark am Kind orientiert. An erster Stelle rangiert der Kompetenzbereich »Gefühl für Kinder«. Dazu gehören mit weitem Abstand: »den Kindern das Gefühl menschlichen Angenommenseins geben« zu können, ferner »sich in das Denken der Kinder hineinversetzen« zu können und »ein Gespür für die Eigenart der verschiedenen Kinder« auszubilden. Als zweitwichtigste Kompetenz gilt die Fähigkeit zur »religionspädagogischen Vermittlung«: die Übersetzungsarbeit von theologischen Inhalten in den Denkhorizont der Kinder, Kinder religiös sensibilisieren zu können, aufzeigen können, was christlicher Glaube mit ihrem Leben zu tun hat, und die Fähigkeit, »lebendig erzählen« zu können. Den dritten Rang nimmt die »menschliche« Persönlichkeit ein: dazu gehören nervliche Belastbarkeit, Toleranz, überzeugende Ausstrahlung und Humor (Englert/Güth 1999, 103–108).

Sicht auf die Struktur des Religionsunterrichts: konfessionell oder ökumenisch?

Wie schätzen ReligionslehrerInnen an Grundschulen die Auswirkungen religiöser Pluralisierung auf die Struktur ihres Faches im Hinblick auf das Konfessionalitätsprinzip ein?
Sowohl bei einer (knappen) Mehrheit der evangelischen als auch der katholischen ReligionslehrerInnen zeichnet sich eine zunehmende Parteinahme für einen »ökumenischen« bzw. »konfessionell-kooperativen« Religionsunterricht ab: vor allem bei den unter Vierzigjährigen (Englert/Güth 1999, 171), im Hinblick auf die ersten beiden Schuljahre und bei Lehrenden an Schulen, wo er bereits praktiziert wird (Lück 2003, 390). Darin drückt sich ein pädagogisches Interesse an pädago-

gischer Integration aus und die Absicht, eine äußere Differenzierung möglichst weit hinauszuschieben. Durch eine stärkere evangelisch-katholische Kooperation werden vor allem ökumenische Fortschritte erhofft (Englert/Güth 1999, 97; Lück 2003, 222f). Wenn auch die Frage nach der Konfessionalität bei der Lehrerschaft kontrovers diskutiert wird (vgl. Schmid 1998, 8; Weidenthaler 1998, 56; Lück 2002, 212f), besteht ein weitgehender Konsens darin, konfessionelle Bezüge (z.B. Kirchenjahr, Kasualien, Heilige) und eine kirchliche Bindung des Religionsunterrichts zu befürworten. Bei aller Bereitschaft für eine enge evangelisch-katholische Zusammenarbeit werden jedoch nüchtern Zweifel an der praktischen Realisierbarkeit geäußert (Schmid 1998, 9). Wenig Zustimmung bei allen Altersgruppen finden ein allgemeiner Religionsunterricht, der nicht kirchlich angebunden ist, und einer, der auf freiwilliger Basis erteilt wird (Englert/Güth 1999, 95). Ein Religionsunterricht nach dem LER-Muster des Landes Brandenburg erhält sowohl bei evangelischen wie auch bei katholischen ReligionslehrerInnen keine nennenswerte Zustimmung (Lück 2003, 73).

Bei der Auswertung eines Schulversuchs mit konfessionell-kooperativen Unterrichtsformen konnten Albert Biesinger und Friedrich Schweitzer nachweisen, dass Grundschulkinder zu unterschiedlichen Organisationsformen des Religionsunterrichts differenziert Position beziehen können. Dabei zeigte sich bei den Kindern eine positive Resonanz auf einen Religionsunterricht, der im Team-teaching von zwei LehrerInnen mit unterschiedlicher Konfessionszugehörigkeit oder phasenweise konfessionell-kooperativ angelegt ist (Schweitzer/Biesinger 2002, 238).

Zusammenfassung:

In Anbetracht der vielen Erschwernisse des Religionsunterrichts durch eine »veränderte Kindheit« und durch einen weitgehenden Ausfall religiös-kirchlicher Sozialisation bei der Mehrzahl der Kinder ist es erstaunlich, dass ReligionslehrerInnen mit ihrem Beruf weitgehend zufrieden sind und die sie belastenden Herausforderungen durch »schwierige Kinder« motiviert annehmen. Die Hauptaufgabe wird darin gesehen, die als religiös ansprechbar wahrgenommenen Kinder zu begleiten, obwohl viele der Meinung sind, die religiöse Sensibilität der Kinder sei weitgehend verschüttet. Dies motiviert zu einem erfahrungs- und handlungsorientierten Religionsunterricht, der Kindern das Gefühl vermitteln will, angenommen zu sein, auf sie eingeht, ihnen Lebenshilfe anbietet und die Frage nach Gott wach halten will. Dennoch meinen viele LehrerInnen, in Sachen Religion und Glauben bei den Kindern letztendlich wenig zu bewirken.

Ist der Religionsunterricht in der Grundschule für viele Lehrende heute besonders herausfordernd durch seine Schwierigkeiten und Chancen, zeigt er sich in der Wahrnehmung der Kinder als sehr beliebtes und für ihr Leben wichtiges Fach. Die Effizienz des Religionsunterrichts schätzen sie weniger skeptisch ein als die Lehrenden. Entscheidend wichtig für die Beliebtheit und Wirkung sind die methodischen Gestaltungselemente: Kinder hören gerne biblische Geschichten und wollen aktiv sein. Religion ist also umso beliebter, je aktiver die Kinder sein können und je handlungsorientierter er sich darstellt.

Lesehinweis:

Englert, Rudolf/Güth, Ralph (Hg.) (1999): »Kinder zum Nachdenken bringen«. Eine empirische Untersuchung zu Situation und Profil des katholischen Religionsunterrichts an Grundschulen. Stuttgart.

Bucher, Anton A. (2000a): Religionsunterricht zwischen Lernfach und Lebenshilfe. Eine empirische Untersuchung zum katholischen Religionsunterricht in der Bundesrepublik Deutschland. Stuttgart/Berlin/Köln.

I.7 Kinder, ihr Theologisieren und ihre religiöse Entwicklung

Georg Hilger

»Was tun Sie«, wurde Herr K. gefragt, »wenn Sie einen Menschen lieben?« »Ich mache einen Entwurf von ihm«, sagte Herr K., »und sorge, dass er ihm ähnlich wird.« »Wer? Der Entwurf?« »Nein«, sagte Herr K., »der Mensch.«
Diese bekannte Keuner-Geschichte von Bertolt Brecht lässt sich umtexten zu einer (weniger schönen) religionsdidaktischen Prüfungsfrage: »Was tun Sie«, wurde Frau K. gefragt, »wenn Sie bei Ihrer Unterrichtsplanung an Ihre SchülerInnen in der Klasse 3 denken?« »Ich mache mir Gedanken darüber, was sie lernen sollen, und mache mir Vorstellungen darüber, wie sie sich entwickeln sollen«, sagte Frau K., »und sorge, dass sie ihnen ähnlich werden.« »Wer? Die Vorstellungen?« »Nein«, sagte Frau K., »die Kinder.«
Was sich hier als wohlmeinende, aber problematische pädagogische Orientierung am Kind darstellt, wird von der italienischen Ärztin und Reformpädagogin Maria Montessori (1870–1952) scharf kritisiert als Blindheit von Erwachsenen für die Andersartigkeit des kindlichen Denkens und für dessen Eigenheiten: Der Erwachsene sei »in seinem Verhältnis zum Kind egozentrisch – nicht egoistisch, aber egozentrisch. Alles, was die Seele des Kindes angeht, beurteilt er nach seinen eigenen Maßstäben ... Von diesem Blickpunkt aus erscheint ihm das Kind als ein leeres Wesen, das der Erwachsene mit etwas anzufüllen berufen ist ... Schließlich fühlt sich der Erwachsene als Schöpfer des Kindes ..., wird zum Maßstab von gut und böse« (Montessori 1967, 27).
Haben Kinder ein Recht auf ein eigenes theologisches Denken und Fragen, und sind sie dazu überhaupt in der Lage? Gibt es bei aller individuellen Unterschiedlichkeit kindlichen Denkens entwicklungspsychologische Erkenntnisse, die helfen können, Kinder in ihrem Entwicklungsstand besser wahrnehmen und fördern zu können, ohne sich vorschnell ein Bild von ihnen zu machen?
In diesem Kapitel wird diesen Fragen nachgespürt in der Absicht, die Wahrnehmungsfähigkeit für die Andersheit und die Eigenheiten kindlichen Theologisierens zu fördern. Dabei wird das Kind weder als eine theologische Tabula rasa gesehen noch als ein passiv reifendes Wesen, sondern als ein von Anfang an aktives und zugleich soziales Wesen, das auf religiöse Kommunikation angewiesen ist und dessen religiöse Entwicklung stimuliert werden kann.

1. Kinder als Theologinnen und Theologen?

Wie Kinder glauben und theologisieren, sich z.B. mit ihren Gottesvorstellungen auseinander setzen und sie aufbauen, ist eine recht junge Frage. Glaubensvermittlung im herkömmlichen Sinne konzentrierte sich fast ausschließlich auf die möglichst effektive Weitergabe eines theologisch reflektierten Erwachsenenglaubens. Kindern zuzugestehen, eine eigene Theologie aktiv zu entwerfen bzw. zu konstruieren (vgl. Bucher 1992; Schambeck 2005), setzt eine Anthropologie voraus, die anerkennt, dass Kinder anders sind als Erwachsene und sich auf eigene Weise mit den großen Fragen des Lebens auseinander setzen. Kinder als ernst zu nehmende theologische Denker wahrzunehmen und nicht als im Vergleich zur wissenschaftlich reflektierten oder kirchlich vorgegebenen Erwachsenentheologie defiziente Wesen, erfordert einen Perspektivenwechsel und ist noch lange keine Selbstverständlichkeit. Kinder sind nicht mehr als leere Gefäße zu betrachten, die zu füllen wären, sondern als religiös und theologisch kompetente Subjekte (vgl. u.a. Mette 1996; Bucher 1996), die als Experten für ihr Theologisieren das theologische Denken von Erwachsenen inspirieren können. Das zeigen u.a. die faszinierenden Beispiele, die in den letzten Jahren zur Theologie von Kindern veröffentlicht worden sind, z.B. in der fortlaufenden Reihe »Jahrbuch für Kindertheologie« hg. von Anton A. Bucher u.a. (2002, 2003ff), in Büchern zur Kindertheologie mit den programmatischen Titeln wie »Theologisieren mit Kindern« (Büttner/Rupp 2002), »Religiöse Vorstellungen bilden – Erkundungen zur Religion von Kindern über Bilder« (Fischer/Schöll 2000), »Gottesbilder von Mädchen – Bilder und Gespräch als Zugänge zur kindlichen religiösen Vorstellungswelt« (Klein 2000a), »Wie sieht Gott eigentlich aus? Wenn Kinder nach Gott fragen« (Scheilke/Schweitzer 2002).
Mit »Kindertheologie« ist an erster Stelle eine Theologie *der* Kinder gemeint, bei der die Grenzen zwischen sog. Experten und Laien aufgeweicht und Kinder in ihrem eigenständigen Theologisieren zu würdigen sind (vgl. Bucher 2002a). Dies ist eine unverzichtbare Voraussetzung dafür, dass Erwachsene fähig werden für einen theologischen Dialog *mit* Kindern und für angemessene theologische Denkanstöße *für* Kinder. Friedrich Schweitzer betont die Unterscheidung von Kinderphilosophie und Kindertheologie, verstanden als »Reflexion über religiöses Denken«. Damit könne der Öffentlichkeit das Recht der Kinder auf Religion und die Notwendigkeit eines Theologietreibens *mit* Kindern als einem gemeinsamen Fragen und Suchen nach theologischen Antwortmöglichkeiten deutlich gemacht werden. Kindertheologie schließe auch eine entwicklungsgemäße Theologie *für* Kinder als behutsame theologische Aufklärung nicht aus. Schweitzer votiert da-

mit für ein theologisch profiliertes Verständnis von Kindertheologie, zu der drei unterschiedliche Dimensionen gehören:

- *Theologie von Kindern* als eigene theologische Reflexion der Kinder
- *Theologie mit Kindern* als religionspädagogische Praxis theologischen Fragens und Antwortens gemeinsam mit Kindern
- *Theologie für Kinder* als jenseits der bloßen Deduktion aus der akademischen Theologie ansetzende Aufklärung durch Theologie (Schweitzer 2003e, 18).

Um mit Kindern in einen authentischen theologischen Dialog zu kommen ist es ratsam, ihrem Fragen Raum und Würde zu geben und ihre theologische Produktivität wahrzunehmen und zu fördern.

Den Fragen der Kinder Raum geben und sie zum Fragen animieren

Kinder als Subjekte des Religionsunterrichts ernst nehmen bedeutet, ihren Fragen Raum zu geben und sie in ihrem Fragen zu bestärken. Dabei wird man feststellen können, dass der Fragehorizont der GrundschülerInnen bei weitem das Frageniveau übersteigt, das im täglichen Unterricht gewöhnlich zur Sprache kommt (vgl. Ritz-Fröhlich 1991, 67–69).

Religionsunterricht ist nicht nur Antwortunterricht, bei dem es darum geht, die großen Antworten der Menschheitsgeschichte auf die kleinen Fragen der Menschen zu geben. Umgekehrt sollte er auch nicht auf die vielen großen Fragen der Kinder nur dürftige Antworten geben. Religionsunterricht ist als Frageunterricht ein kommunikatives Geschehen, bei dem Kinder ihr Fragen kultivieren und verfeinern lernen. Dies ist ein zentrales Anliegen von Rainer Oberthür, der Kindern aus den Schuljahren 2–4 die Gelegenheit gegeben hat, auf einem Blatt zur Überschrift »Fragen, über die ich mir den Kopf zerbreche« frei zu schreiben, was sie beschäftigt. Damit wurden sie ermutigt, ihrer Lust am Fragen und dem eigenen Denken Gestalt zu geben.

»Wieso bin ich so, wie ich bin?«

»Warum bin ich?«

»Wenn es mich nicht gäbe, würde es keiner merken?«

»Wer war der erste Mensch?«

»Wo kommt Gott her?«

»Wann ist die Zeit entstanden?«

»Wird Gott nie sterben?«

»Gibt es Gott wirklich?«

»Wieso heißt Gott Gott und nicht Mensch?«

»Warum kann man Gott nicht sehen?«

»Ist Gott noch auf der Welt?«

»Warum streite ich mich manchmal mit einem,
obwohl ich es nicht will?«

»Warum gibt es Krieg?«

»Wie sieht unsere Welt in 50 Jahren aus?«

»Hört das Leben auf der Erde nie auf?«

»Wo kommen wir hin, wenn wir tot sind?«

»Warum müssen wir Menschen sterben?«

»Wenn Gott stärker ist als der Tod,
warum schafft er denn den Tod nicht ab?«

(nach Oberthür 1995b, 14–16)

Oberthür sieht die Haltung des Fragens und Nachdenkens, Staunens und Zweifelns als dringliche Voraussetzung des Religionsunterrichts an. Wenn man nach der theologischen Relevanz eines solchen Unterrichts fragt, wird man feststellen, dass die Fragen der Kinder um folgende Themen kreisen: Gott, Theodizee-Frage, Ethik, Religionskritik, Schöpfungslehre, Auferstehung und Eschatologie. Je tiefgehender im Unterricht das Fragen eingeübt wird, desto theologisch-fundamentaler fragen Kinder. So z.B. zu dem Impuls: »Stell dir vor, du kannst Gott Fragen stellen! Was fragst du ihn?«
Die Fragen der Kinder konzentrierten sich auf drei Fragenkomplexe: 1. die *Existenz Gottes*, z.B. »Wie bist du entstanden?« »Hast du auch eine Mutter, die dich in die Arme nimmt?« »Warum heißt du Gott? Warum bist du ein Gott?« »Bist du wirklich überall?« 2. *Leben und Welt*, z.B.: »Warum hast du die Erde erschaffen?« »Wie schaffst du es, dass eine Fliege fliegen kann und so ein winziges Herz hat?« 3. »Warum-Fragen« nach *Leid und Unrecht*, z.B.: »Warum lässt du manche Kinder behindert auf die Welt kommen?« »Warum lässt du es zu, dass es Kriege und Hungersnöte gibt?« »Warum hast du böse Menschen erschaffen?« (Oberthür 1998, 85–88).

Die Aufmerksamkeit für Kinderfragen ist Ausdruck dafür, dass Kinder als aktive und produktive Subjekte ernst genommen werden. »Solange Kinder eher wie Objekte betrachtet wurden, stellten ausschließlich die Lehrenden die Fragen und die Kinder hatten zu antworten« (Schmidt 2002, 16). Das Fragen der Kinder – wenn man es zulässt und fördert – ist ein Anzeichen dafür, dass sich Kinder ihre Welt und damit auch ihre Gottesvorstellungen produktiv aneignen, und zwar auf je eigene Weise und in engster Beziehung zu dem, was sie wahrgenommen haben. Darum sollte man dem Fragen der Kinder und ihren eigenen (theologischen) Erklärungsversuchen Raum geben bzw. es bewusst provozieren, damit sie spüren, dass selbst die großen Antworten der Theologie ihre großen Fragen nicht alle auflösen können.

Das Theologisieren von Kindern ernst nehmen und fördern

Wenn man Kindern Impulse gibt und sie dazu ermutigt, sind sie zu anspruchsvollen theologischen Auseinandersetzungen fähig. Ihnen müssen Anregungen und Freiräume gegeben werden, damit sie z.B. an ihrem Gottesglauben arbeiten und ihn auf ihre Weise ausdrücken können.

Folgende Beobachtungen aus dem Unterricht in einer dritten Klasse können einen Eindruck von der theologischen Fantasie und Produktivität von Kindern vermitteln. Der Impuls lautete: »Ich hätte gern, dass du mir ein Bild von Gott malst, wie du dir Gott vorstellst. Wichtig ist, dass es dein eigenes Bild ist. Du kannst nichts dabei falsch machen. Wenn du magst, kannst du auch auf dem Bild vorkommen« (vgl. Hilger/Rothgangel 2000).

Vielleicht war dieser Impuls für einige Kinder die erste explizite Herausforderung, sich mit ihrem eigenen Gottesglauben und ihrer Gottesvorstellung auseinander zu setzen und mit den je eigenen und den entwicklungsbedingten zeichnerischen Möglichkeiten ins Bild zu bringen. Das Malen, Radieren und Übermalen wurde zu einer intensiven theologischen Auseinandersetzung, das zeigen folgende Beobachtungen während des Entstehungsprozesses der Bilder:

Anna, Schülerin eines dritten Schuljahres, legte plötzlich während des Malens ihre Stifte zur Seite. Sie könne Gott nicht so schön malen, wie sie sich ihn vorstellt. Dabei hatte sie schon für ein theologisches Problem eine bildnerische Form gefunden: Gott als den für sie Fernen und ihr zugleich Nahen stattet sie mit einem Fernrohr aus, mit dem er auf die Menschen schaut.

Immer wieder zeigt Sandra durch ihr Radieren und ihre Übermalungen, wie sie an ihren Gottesvorstellungen arbeitet. Zuerst malt sie Gott als Mann mit Bart, lächelndem Mund, Heiligenschein, Hose und Füßen. Später malt sie ihm – wie zwei wesentlich kleiner gemalten Engeln – zwei Flügel, radiert seine Hose und seine Füße wieder weg und zeichnet ihm eine lange Kutte mit einem Kreuz auf der

Brust. Die Flügel radiert sie dann wieder weg und meint dazu: »Gott braucht keine Flügel!« Er kann überall sein.
Auch Daniel, Zweitklässler, arbeitet an seiner Theologie mit dauernden Korrekturen. Sein erster Gott war ihm zu weit von der Erde weg. »Gott soll direkt bei der Erde sein«, und darum malt er Gott hinter eine Erdkugel, von einer großen Hand getragen, die aber nicht seine Hand sei. Die symbolische Qualität der Hand betont er mehrfach: Gott halte die Erde am Herzen und abschließend – nach Fertigstellung des äußerst differenzierten Bildes, an dem er ausdauernd gearbeitet hat – sagt er: »Gott hält die Erde in der Hand.« Er legt mit seinen Erklärungen und seiner bildnerischen Komposition Wert darauf, Gott als großen Schöpfer darzustellen, dem die Erde am Herzen liegt und durch ihn gehalten wird.
Kay diskutiert während seines Malens immer wieder mit seinen Klassenkameraden. Sein »Gott«, inspiriert durch die Hauptperson eines Computerspiels, hält die Erde in seiner Hand und auf die Nachfrage eines Klassenkameraden hin erklärt Kay: »In einem Lied heißt es, er hält die Erde in der Hand.« Auf die Reaktion eines Klassenkameraden hin (»So ein Schmarrn!«) schränkt er ein: »... aber nicht richtig.« Schließlich philosophieren die Kinder beim Malen: »Warum hat Gott überhaupt Leben auf der Erde gemacht?« – »Das ist so ein Kreislauf – ich denke mir, damit er nicht so einsam ist.« Bei einem Gespräch über Zahnspangen stellt sich auf einmal die Frage: »Ob er (Anm.: Gott) schon in der modernen Welt ist?«
Bei dem Entstehungsprozess der Bilder konnten theologische Theoriebildungen beobachtet werden. Kinder sind aber auf eigene Weise »Theologen«, die bei ihren theologischen Konstruktionen vieles verarbeiten, was sie in der Familie und in ihrer Lebenswelt erfahren haben, was sie auf ihre Weise an Wirklichkeit wahrgenommen haben – auch an religiöser Symbolik – und was sie gelernt haben, beiläufig oder in geplanten Lernprozessen. Ob die theologischen Lernprozesse der Kinder im Fluss bleiben oder nicht, wird davon abhängen, ob die Kinder bei der Entwicklung ihres theologischen Fragens, Suchens und Denkens wahrgenommen und angenommen werden, sie ihre Religiosität und Glauben auf ihre Weise ausdrücken dürfen und ihnen behutsam Impulse gegeben werden, die ihr theologisches Denken herausfordern. Dies verlangt von den Lehrenden sowohl eine sensible Wahrnehmungskompetenz als auch ein umfassendes theologisches Wissen, damit den Kindern auch angemessene Anregungen und Anstöße angeboten werden können, ihre theologischen Konstrukte zu entwickeln oder zu korrigieren (vgl. Hanisch 2002, 175f).

2. Was heißt religiöse Entwicklung?

Wer von religiöser Entwicklung spricht, setzt schon implizit voraus, dass es eine progressive religiöse Entwicklung in unterscheidbaren Phasen bzw. Stufen gibt und dass jeder Mensch in seiner Religiosität bzw. seinem Glauben entwicklungsfähig ist. »Entwicklung« betont ferner die Eigenaktivität des sich aktiv entwickelnden Subjekts und enthält in seinem Menschenbild auch die Idee des mündigen religiösen Menschen (vgl. Bucher 1999a).

In diesem Kapitel beschränken wir uns auf zwei Theorien religiöser Entwicklung, die im deutschsprachigen Raum in den letzten Jahrzehnten intensiv diskutiert wurden und in enger Beziehung zu den entwicklungspsychologischen Forschungen von Jean Piaget (1896–1980) stehen: Theorien zur Entwicklung des religiösen Urteils nach Fritz Oser und Paul Gmünder und zu den Entwicklungsstufen des Glaubens nach James W. Fowler.

Zu Grundannahmen von genetisch-strukturellen Entwicklungstheorien, die auf *Piaget* zurückgehen, gehört: Kinder und Jugendliche denken anders und verarbeiten das an sie (z.B. im Unterricht) Herangetragene anders als Erwachsene. Anders denken heißt nicht, fehlerhaft denken. Denken entwickelt sich nicht durch Belehrungen, sondern dadurch, dass die Lernenden ihr Denken durch den Aufbau von neuen Strukturen umstrukturieren. Piagets Modell der Entwicklung des logisch-mathematischen Denkens umfasst vier Stufen: sensomotorisch (erstes Lebensjahr), präoperatorisch (bis ca. 6 Jahre), konkret-operatorisch (bis ca. 12 Jahre) und schließlich formal-operatorisch. Entwicklung erfolgt dann, wenn mit den bestehenden kognitiven Strukturen ein Sachverhalt nicht mehr assimiliert werden kann und eine Anpassung (Akkommodation) der Strukturen notwendig ist, damit das Gleichgewicht (Äquilibrium) wieder hergestellt wird. Dieser Prozess findet auch innerhalb der religiösen Denkentwicklung statt, die zumal durch kognitive Konflikte und Zweifel angetrieben wird (vgl. Bucher 2001).

Entwicklung des religiösen Urteils nach Fritz Oser und Paul Gmünder

Religionspädagogisch inspirierte entwicklungspsychologische Forschungen im Sinne von J. Piaget (z.B. durch F. Oser, P. Gmünder, J.W. Fowler) haben bestätigt, dass Kinder und Jugendliche auch im religiösen Bereich als aktive Subjekte ihrer Entwicklung anzusehen sind. Das lernende Subjekt muss die Inhalte des Religionsunterrichts aktiv in sich aufnehmen und verarbeiten, gewissermaßen einverleiben (assimilieren) gemäß seiner kognitiven Entwicklung. Nur so werden sie bedeutsam, und nur so können sich Erkenntnisstrukturen entwickeln und dem

neuen Bewusstseinsstand angepasst (akkommodiert) werden (vgl. u.a. Oser/Gmünder 1984).
Das folgende Beispiel verdeutlicht die Forschungsmethode von Oser/Gmünder. Die beiden Wissenschaftler haben Kindern, Jugendlichen und Erwachsenen im Alter von 8 bis 75 Jahren verschiedene Dilemma-Geschichten vorgelegt. In der Literatur bekannt geworden ist vor allem das so genannte Paul-Dilemma:

»Paul, ein junger Arzt, hat soeben sein Staatsexamen mit Erfolg bestanden. Er hat eine Freundin, der er versprochen hat, dass er sie heiraten werde. Vorher darf er als Belohnung eine Reise nach England machen, welche ihm die Eltern bezahlen. Paul tritt die Reise an. Kaum ist das Flugzeug richtig aufgestiegen, meldet der Flugkapitän, dass ein Motor defekt ist und der andere nicht mehr zuverlässig arbeitet. Die Maschine sackt ab. Alle Sicherheitsvorkehrungen werden sofort getroffen. Sauerstoffmasken, Schwimmwesten usw. werden verteilt. Zuerst haben die Passagiere geschrien, jetzt ist es totenstill. Das Flugzeug rast unendlich schnell zur Erde. Paul geht sein ganzes Leben durch den Kopf. Er weiß, jetzt ist alles zu Ende. In dieser Situation denkt er an Gott und beginnt zu beten. Er verspricht – falls er gerettet würde –, sein Leben ganz für die Menschen in der Dritten Welt einzusetzen und seine Freundin, die er sehr liebt, sofern sie ihn nicht begleiten will, nicht zu heiraten. Er verspricht, auf ein großes Einkommen und Prestige in unserer Gesellschaft zu verzichten. Das Flugzeug zerschellt auf einem Acker – doch wie durch ein Wunder wird Paul gerettet! Nach seiner Rückkehr wird ihm eine gute Stelle in einer Privatklinik angeboten. Er ist von neunzig Anwärtern aufgrund seiner Fähigkeiten ausgewählt worden. Paul erinnert sich jedoch an sein Versprechen, das er Gott gegeben hat. Er weiß nun nicht, wie er sich entscheiden soll.« (Oser/Gmünder 1984, 130f)

Das Interviewgespräch kreist um folgende Fragen: »Soll Paul sein Versprechen an Gott halten? Warum oder warum nicht?« Einige Antworten können zeigen, wie unterschiedliche Antworten den Stufen zugeordnet sind:

Junge, 10 Jahre: »Er soll schon gehen, weil er es versprochen hat ...«
Frager: »Wieso soll man ein Versprechen halten?« »Weil man vielleicht sonst doch bestraft wird. Gott tut, dass man im Innern Weh hat – Bauchweh oder so etwas.«

Hier steht die Strafe als Begründung im Vordergrund und gleichzeitig Gottes Handeln. Er kann direkt in die Geschichte eingreifen, so wie er will. Die Interaktion ist einseitig: völlige Abhängigkeit vom Ultimaten! Hier zeigt sich bei diesem Zehnjährigen die Argumentationsstruktur nach Stufe 1: Deus ex machina.

Stufen der Entwicklung religiöser Urteilskraft (nach Oser/Gmünder)

Stufe 1: *Orientierung an absoluter Heteronomie (Deus ex machina)*
Das Kind fühlt sich »ausgeliefert«. Es glaubt an ein Größeres (»Ultimates«), das über ihm steht und es in allem leitet. Gott als »Deus ex Machina« ist unerreichbar und unbeeinflussbar.

Stufe 2: *Orientierung an »do ut des«*
Das Kind kann dieses Größere, das über ihm steht, durch intentionale Akte wie Opfer, Gebet, das Befolgen von Geboten usw. beeinflussen, mit ihm in der Weise eines Tauschverhältnisses gleichsam handeln.

Stufe 3: *Orientierung an Selbstbestimmung (Deismus)*
Der junge Mensch befreit sich aus der Abhängigkeit von diesem Ultimaten, ihm wird (in den meisten Fällen) ein eigener, vom Menschen getrennter Bereich zuerkannt. Sein Leben wird aber dadurch nicht mehr direkt beeinflusst.

Stufe 4: *Orientierung an Autonomie und Heilsplan*
Der Mensch nimmt sich als derjenige wahr, der selbst entscheidet, selbst handelt, selbst reflektiert und selbst die Verantwortung ergreift. Er fragt aber nach den Bedingungen der Möglichkeit für diese Vernunft und Freiheit und erfährt sie als durch das Ultimate gegeben und geschenkt.

Stufe 5: *Orientierung an Intersubjektivität*
In allem, was der Mensch tut, sieht er sich heilsgeschichtlich verwurzelt. Er nimmt den Standpunkt seiner unbedingten Religiosität ein, die nicht mehr auf einen Sonderbezirk der Lebenswelt beschränkt, sondern allumfassend ist. Die Sache des Menschen ist von jener Gottes nicht mehr trennbar. Gott ist die Ermöglichung der eigenen Freiheit, die Freiheit des anderen wird das Sinnziel des Handelns. Gott erscheint in der Begegnung und der unbedingten Anerkennung des anderen in seiner Freiheit.

Ein neunjähriger Junge argumentiert so: »Ja, das muss er, Gott hat ihn auch gerettet. Er hat den Paul vielleicht darum gerettet, weil er immer lieb zu ihm war. Er hat nicht so viel Böses gemacht. Wenn wir nämlich gut zu Gott sind, dann hilft uns Gott vielleicht auch wieder einmal.«
Frager: »Warum hilft uns Gott?« »Er will damit erreichen, dass wir überleben können. Wenn er uns hilft, dann können wir manchmal auch etwas für ihn tun. Zuerst machen wir etwas, vielleicht hilft er uns dann.«
Frager: »Wie hilft er uns?« »Mit seinen Kräften, die er besitzt. Er kann Wunder machen. Aber er macht sie nicht immer. Es kommt darauf an, wie man zu ihm ist.«
Hier gilt: »Ich gebe, damit du gibst.« Der Mensch hat Mittel, Gott zu seinen Gunsten zu beeinflussen. Mensch und Gott können in eine Art Handelsbeziehung eintreten. Das Letztgültige (Ultimate) tut es, wenn ich ... (Stufe 2: Do ut des).

Religionsdidaktisch hat diese Theorie an erster Stelle einen heuristischen Wert: Sie ermöglicht eine Sensibilisierung für das kognitive Entwicklungsniveau der Lernenden, kann so Unterricht vor demotivierender Unter- oder Überforderung schützen und somit helfen, Kinder oder Jugendliche dort abzuholen, wo diese in ihren religiösen Denkstrukturen tatsächlich stehen.
Zweitens legt dieser entwicklungspsychologische Ansatz es nahe, die Lernenden in ihrer jeweiligen Entwicklungsstufe anzunehmen, damit sie ihre erworbene Denkstruktur auch in eigener aktiver Auseinandersetzung mit Inhalten anwenden können, die auf die jeweilige Struktur Rücksicht nehmen. Der Entwicklung nicht dienlich ist es, ihnen theologische Erwachsenenpositionen aufzuzwängen. Oser betont den optimalen Ausbau der jeweiligen Stufe. Kindern muss die Gelegenheit gegeben werden, ihre neu erworbene Denkstruktur – so oft und so aktiv als möglich – anzuwenden und ihre Wirkweise zu überprüfen (Oser 1988, 20). Lehrende sollten auf die jeweilige Struktur kindlichen Denkens Rücksicht nehmen. Das bedeutet aber nicht, dass sie den Kindern jeweils nur ihrem jeweiligen Entwicklungsstand angepasste und somit leicht verständliche Antworten zu geben haben.
Wer die Stufentheorie bei seiner unterrichtlichen Planung berücksichtigt, wird darum drittens daran interessiert sein, die Lernenden bei Übergängen zu einer komplexeren Sichtweise durch Impulse und aktive Anregungen zu stimulieren, sich zur nächsten Stufe zu entwickeln. Dies ist dann sinnvoll, wenn das Kind seine Stufe wirklich ausdifferenziert hat und an seine Grenzen gelangt ist. So können die bisherigen Deutungsmuster für das Kind fragwürdig und seine religiöse Entwicklung gefördert werden. Zur Förderung von Entwicklung gehören auch Anregungen bis hin zu einer entwicklungsangemessenen Instruktion.
Problematisch kann eine Vernachlässigung des *affektiven* Aspekts werden. Sicher ist religiöse Entwicklung ganzheitlich und zeigt sich nicht nur in der verbalen und kognitiven Urteilsfähigkeit, doch betrifft sie, wenn man affektives und kognitives

Handeln nicht künstlich trennen will und intuitive, emotionale und symbolische Ausdrucksformen nicht prinzipiell vernachlässigt, einen zentralen Aspekt religiösen Lernens, der vor allem für schulisches Lernen bedeutsam ist.
Auch die hierarchische Ordnung von Stufen und der Endpunkt religiöser Entwicklung sind problematisch: Ist jede höhere Stufe auch eine wertvollere Form von Religiosität oder hat jede Phase ihren eigenen Wert? Schon die Begriffe »Stufe« und »Entwicklung« suggerieren eine Hierarchie und einen normativen Zielpunkt. Es wären auch andere Metaphern wie z.B. Spirale, Weg oder Sequenz denkbar, z.B. im Rückgriff auf mystische Weltsichten (vgl. Moran 1988). Religiöse Entwicklung braucht nicht unbedingt immer ein Weg nach oben, sie kann auch ein Weg in die Tiefe sein.
Es kommt durch die Stufentheorie zum religiösen Urteil also nicht alles in den Blick, was für eine umfassende religiöse Bildung bedeutsam ist. Mit anderen (z.B. narrativen bzw. bildlichen) Erhebungsverfahren und anderen (z.B. an der konkreten Erfahrungswelt der Kinder orientierten) Inhalten wird man auch andere Denk- und Argumentationsweisen und große interindividuelle Unterschiede bei Kindern gleichen Alters feststellen können. (Zur Diskussion vgl. u.a. Billmann-Mahecha 2003; Bucher/Reich 1989; Nipkow/Schweitzer/Fowler 1988. Eine Zusammenstellung repräsentativer Texte zur religiösen Entwicklung findet sich in Büttner/Dieterich 2000.)

Stufen der Glaubensentwicklung nach James W. Fowler

Weniger im deutschsprachigen Raum rezipiert ist die Stufentheorie von J. W. Fowler. Sie ist komplexer und umfassender als die von Oser/Gmünder, weil Fowler u.a. auch die Erkenntnisse zur Lebenslaufforschung und zur Entwicklung der Ich-Identität von Erik H. Erikson (1902–1994) mit einbezieht, sich somit nicht auf das religiöse Urteil und die darin aufscheinende Beziehung des Menschen zu einem Göttlichen beschränkt. Fowler reflektiert den Lebensglauben des Menschen als eine Aktivität des sinnschaffenden Menschen, das Leben zu erkennen, zu werten und mit Sinn zu füllen, es also im Horizont eines umfassenden Ganzen zu begreifen. Er unterscheidet dabei Glaube als »faith«, als eine das ganze Leben bestimmende Grundhaltung, von »belief« als Festhalten an bestimmten Glaubensinhalten. Die Suche nach dem Sinn ist dem Menschen von Natur aus gegeben und aufgegeben, und sie zeigt sich je nach Lebensphase in unterschiedlicher Weise (vgl. u.a. Fowler 1984, 1991; Diskussion u.a. bei Kuld 1992; Utsch 1990; Bucher 1995). Für die frühe Kindheit spricht Fowler von einem »intuitiv-projektiven« Glauben, der angeregt ist von Geschichten, Gesten und Symbolen und noch nicht vom logischen Denken kontrolliert ist (Fowler 1984, 312), und für die reifere Kindheit von einem »mythisch-wörtlichen« Glauben, bei dem sich die sich entwi-

Stufen der Glaubensentwicklung nach James W. Fowler

Stufe 0: *Erster Glaube, Glaube als Urvertrauen:* Grunderfahrung des Aufgehobenseins, des elementaren Gebens und Nehmens in den ersten Lebensmonaten.

Stufe 1: *Intuitiv-projektiver Glaube,* der stark von der Fantasie geprägt ist (ca. 2–6 Jahre).

Stufe 2: *Mythisch-wortgetreuer Glaube* (»Buchstabenglaube«): Wirklichkeit wird von Fantasie unterschieden, Mythen werden wörtlich genommen, nicht als symbolische Sprache erkannt. Gott wird wie ein menschliches Wesen aufgefasst (Kindheit im Grundschulalter und frühe Jugend).

Stufe 3: *Synthetisch-konventioneller Glaube,* der eine noch wenig reflektierte Synthese von Überzeugungen und Wertvorstellungen darstellt, die den Einzelnen mit anderen verbindet. Glaube ist also noch kein persönlich angeeigneter Glaube, er ist vielmehr von anderen übernommen und von anderen abhängig (ab Jugend).

Stufe 4: *Individuierend-reflektierender Glaube,* der eigenständiges und kritisch-rationales Denken voraussetzt, Symbole können erfasst und Glaubensaussagen entmythologisiert werden. Hier zeigt sich ein klares Bewusstsein der eigenen Individualität und Autonomie (von Jugend und frühem Erwachsenenalter an).

Stufe 5: *Verbindender Glaube,* der die eigene Individualität in die umfassende Kommunikation einbringt. Es wächst ein neues Verständnis für den Wahrheitsgehalt von Symbolen und Mythen und Metaphern (vom mittleren Lebensalter an).

Stufe 6: *Universaler Glaube*, bei dem individuelle Interessen in den Hintergrund treten, Selbsthingabe aus Liebe und Selbsttranszendierung auf den Grund des Seins möglich werden.

ckelnde Fähigkeit des Kindes, logisch zu denken, bemerkbar macht und sich verbindet mit wörtlich genommenen mythischen Vorstellungen. Folgendes Gespräch von Lothar Kuld mit dem vierjährigen Lukas, in das sich die sechsjährige Judith einschaltet, kann veranschaulichen, wie sich dort verschiedene »Stufen des Glaubens« berühren:

Beim Frühstück fragt mich der vierjährige Lukas: »Wie groß ist Gott?« Ich überlege und sage: »Sehr groß. Überall ist Gott.« Lukas: »Ist der so groß wie du?« Ich: »Nein, das siehst du doch. Es gibt doch Menschen, die viel größer sind als ich.« Lukas: »Ist der so groß wie ein Haus?« Ich: »Nein. So kann man das nicht sagen.« Nach einer Weile des Schweigens bricht es aus Lukas heraus: »Gell, der ist so groß wie ein Hochhaus.« Da interveniert die zuhörende sechsjährige Schwester Judith: »Gott ist doch kein Haus. Der ist doch im Himmel. Und die Häuser bauen doch Menschen.« »Aber das Hochhaus?«, fragt Lukas noch.

Lukas setzt sich mit Fantasie und kindlicher Vorstellungskraft mit der Größe Gottes auseinander. Er benutzt dabei seine Vorstellungen von Größe ohne Gott zu vermenschlichen (»Mann«) oder zu versachlichen (»Haus«, »Hochhaus«). Lukas denkt also in Bildern. Wenn Gott groß ist, dann muss er mindestens so groß sein wie ein Hochhaus. Nur so konkret kann er Aussagen über Gott machen. Die ältere Judith hingegen operiert mit einer mythischen Vorstellung, dem Himmel, der für sie so realistisch ist wie das Hochhaus bei Lukas: ein Beispiel für mythisch-wörtlichen Glauben (Kuld 2001, 27f).

Das wörtliche Verstehen symbolischer Texte führt dazu, dass Gott wie ein menschliches Wesen aufgefasst wird. Der Himmel ist dann wirklich oben, dort, woher der Regen kommt. Hier nun ein Ausschnitt aus einem Interview bei Fowler (1991, 156f) mit der zehnjährigen Millie, der zeigt, wie sie einerseits noch mit der Vorstellungswelt eines mythischen Weltbildes agiert, andererseits aber schon die Grenze dieser Stufe 2 bei Fowler verspürt:

Millie (= M): *Gott ist wie ein Heiliger. Er ist gut und er – er regiert so die Welt, aber in einer guten Weise. Und –*
Interviewerin (= I): *Wie regiert er die Welt?*
M: *Ja, er – er regiert nicht wirklich die Welt, sondern hm – Moment, er – er lebt oben auf der Welt und wacht stets über alle Menschen. Jedenfalls versucht er es. Und er tut, was er für richtig hält. Er tut, was er für richtig hält, und versucht, das Beste zu tun und – er lebt oben im Himmel und –*
I: *Kann man denn in den Himmel kommen?*
M: *Wenn man will und wenn man an Gott glaubt, dann kann man in den Himmel kommen.*

I: *Und wenn man nicht will:*
M: *Dann geht man in die entgegengesetzte Richtung.*
I: *Und wo ist das?*
M: *Unten, unter der Erde, wo der Teufel lebt.*
I: *Oh ja, ich verstehe. Kannst du sagen, was der Teufel ist?*
M: *Der Teufel ist auch ein Heiliger, aber er glaubt an das Böse und macht die Sache falsch. Gerade das Gegenteil von Gott. Und er tut immer Dinge, von denen Gott nicht will, dass die Leute sie tun.*
I: *Hat er Macht über die Welt?*
M: *Der Teufel sozusagen, nein. Gott – nein. Ich glaube nicht ... Das ist eine schwierige Frage. Gott hat nicht wirklich Macht über die Welt. Er sieht ihr nur so zu. Und der Teufel ist so wie eine kleine Maus, die versucht, Käse zu bekommen. Irgendwie versucht er reinzukommen, aber ich glaube, er kann es einfach nicht.*

Zusammenfassung:

Die folgenreichste religionsdidaktische Erkenntnis der vorgestellten Entwicklungskonzepte ist, dass die gelehrten Inhalte nicht einfach vom Lernenden »eingespeichert« werden. Kinder und Heranwachsende eignen sich vielmehr – so Piaget – ihre Welt in einem aktiven Konstruktions- oder Strukturierungsvorgang per Assimilation und Akkommodation an, entsprechend ihrer kognitiven Entwicklung und in Abhängigkeit von den jeweils aufgebauten Erkenntnisstrukturen. Kinder sehen und bilden ihre Welt so, wie sie es vermögen. Sie dürfen in ihrem Weltbild verweilen, sollen aber auch in seiner Weiterentwicklung unterstützt werden. Die Inhalte des Religionsunterrichts muss das Kind den eigenen Möglichkeiten gemäß aktiv in sich einverleiben und sich anverwandeln bzw. aneignen, um zu einer eigenen Sicht kommen zu können. Kinder müssen somit das Recht erhalten, ihre je eigenen entwicklungsadäquaten religiösen Vorstellungen, ihre Gottes- und Weltvorstellung artikulieren und reflektieren zu können.
Das bedeutet, dass Kinder einen Anspruch auf ihr eigenes Theologisieren haben, auch wenn dieses von der Theologie der Erwachsenen abweicht. Die religionsdidaktisch entscheidende Planungsperspektive und Handlungsperspektive ist es, diese differenten Theologien *von* Kindern wahrzunehmen, sie ernst zu nehmen, damit *mit* ihnen ein respektvoller theologischer Dialog im Unterricht geführt werden kann, in dem sich die unterschiedlichen Perspektiven bereichern können und das theologische Denken angeregt werden kann. Dies erfordert von den Lehrenden einerseits einen Perspektivenwechsel hin zu der Sicht der Kinder von Gott und Welt, damit sie mit ihnen zusammen leben und glauben lernen, und andererseits, dass sie die Kinder behutsam herausfordern zu einem weiterführenden und ihren Horizont erweiternden Theologisieren.

Lesehinweis:

Kuld, Lothar (2001): Das Entscheidende ist unsichtbar. Wie Kinder und Jugendliche Religion verstehen. München.

Bucher, Anton A. u.a. (Hg.) (2002): Jahrbuch für Kindertheologie 1: »Mittendrin ist Gott«. Kinder denken nach über Gott, Leben und Tod. Stuttgart.

Bucher, Anton A. u.a. (Hg.) (2003): Jahrbuch für Kindertheologie 2: »Im Himmelreich ist keiner sauer«. Kinder als Exegeten. Stuttgart.

Bucher, Anton A. u.a. (Hg.) (2005): Jahrbuch für Kindertheologie 4: »Kirchen sind ziemlich christlich«. Erlebnisse und Deutungen von Kindern. Stuttgart.

Büttner, Gerhard/Dieterich, Veit-Jakobus (Hg.) (2000): Die religiöse Entwicklung des Menschen. Ein Grundkurs. Stuttgart.

Oberthür, Rainer (1995): Kinder und die großen Fragen. Ein Praxisbuch für den Religionsunterricht. München.

I.8 ReligionslehrerIn-Sein in der Grundschule zwischen Glaubens-, Lebenshilfe und Lernfach

Werner H. Ritter

Für religiöse Lern- und Bildungsprozesse (s. I., Einführung) in der Grundschule kommt zweifelsohne der Religionslehrkraft eine besondere Bedeutung zu, sowohl was ihre Person als auch was ihr professionelles, also ihr sachlich-fachliches Können betrifft. Was macht ReligionslehrerIn-Sein in der Grundschule heute aus, was kennzeichnet es markant? Eine Antwort auf diese Frage gibt es grundsätzlich nur im Kontext des Verständnisses von Religionsunterricht Grundschule. In der Frage nach der Religionslehrkraft spitzt sich dieses zu, konkretisiert und personalisiert sich. Die religionspädagogische Diskussion hat unterschiedliche Dimensionen bzw. Erfordernisse von ReligionslehrerIn-Sein vorgeschlagen.
Lehrkräfte, ob mit oder ohne Fach Religionslehre, sind generell geeignet, für Grundschulkinder – nicht nur für sie! – *zu bedeutungsvollen Erwachsenen zu werden*. SchülerInnen brauchen Personen, die ihnen über die eigenen Eltern hinaus zu »signifikanten Anderen« (Berger/Luckmann 1977, 140ff) werden können, weil sie ihnen ein Bild von der Welt, vom Leben, vom Glauben, von der Würde der Person usw. zeigen und – wie gebrochen auch immer – vorleben. An den LehrerInnen können sie sich orientieren, ausrichten, Position beziehen, sich »reiben« sowie eigene Vorstellungen entwickeln und gewinnen. In der heutigen Situation mit gesellschaftlich bedingt veränderter (familialer) religiöser Erziehung und Sozialisation (s. I.1 und I.10) sind Religionslehrkräfte in der Grundschule oft die ersten bewusst wahrgenommenen Personen, die für Kinder Religion, Glaube und Christ-Sein »repräsentieren«, Personen, die für sie relevante Gesprächspartner in Sachen Glauben und Leben sein können. Durch sie können sie (eigene) Zugänge zum Glauben und zur Religion gewinnen, ihr Leben verstehen und gestalten lernen. Religionslehrkräfte werden von Grundschulkindern ganz häufig als anschaulich-konkrete Beispiele gelehrter und/oder gelebter Religion wahrgenommen; sie sind ihnen gleichsam personale Modelle, wie Menschen heute glauben und leben können. Heranwachsende brauchen glaubhafte Personen, »glaubwürdige und anfassbare Modelle eines im Glauben geführten … Lebens« (Fraas 1995, 39), das bei Kindern eine positive Verstärkung (»reinforcement«) der Bedeutung von Re-

ligion und Glauben bewirkt. Nicht nur, aber gerade in der Grundschule kommt viel Entscheidendes in Sachen Glaube, Leben, religiöses Lernen über die Person der Religionslehrkraft.

1. Unterschiedliche Dimensionen des ReligionslehrerIn-Seins in der Diskussion

Welche Anforderungen sind nun näherhin an Religionslehrkräfte in der Grundschule zu stellen? In welchen *Dimensionen* wird ReligionslehrerIn-Sein in der Grundschule heute konkret, und zwar sowohl in Bezug auf die Zielperspektiven und Aufgaben des Faches (s. I.4), das eigene Selbstverständnis der Religionslehrkräfte und die Erwartungen an sie (s. I.6) als auch in Bezug auf die im Folgenden vorzutragende Argumentation? In der Religionspädagogik sind solche zentralen Dimensionen auf unterschiedliche Weise gewonnen worden:

(1) Die *unterschiedlichen Rollenerwartungen* an Religionslehrkräfte, z.B. Staatsbeamter, religiöser Fachmann, Seelsorger, Verkündiger, schülernaher Begleiter usw. (vgl. Adam 2003, 165ff), werden beschrieben und sodann alle oder einige von ihnen zu zentralen Dimensionen heutigen ReligionslehrerIn-Seins erklärt. Unbefriedigend ist hierbei, dass sich in diesem Ansatz ReligionslehrerIn-Sein in zugemuteten Rollenerwartungen erschöpft, die der/ die Einzelne erfüllen muss, ohne hier eigene Vorstellungen einbringen zu dürfen. Freilich zeigt sich, dass ReligionslehrerInnen in der Grundschule diesbezüglich wenig Schwierigkeiten haben und einigermaßen souverän mit den unterschiedlichen Rollenerwartungen zurechtkommen.

(2) Bestimmte *allgemein-didaktische Theorien* – bildungstheoretische, lerntheoretische, kommunikative usw. Didaktik – werden zugrundegelegt (vgl. Adam 2003, 188ff), um von da aus zentrale Dimensionen heutigen ReligionslehrerIn-Seins festzulegen. Problem dabei ist, dass die Dimensionen zu stark im allgemein-didaktischen Bereich verbleiben und zu wenig auf das religiöse Profil bzw. Proprium achten.

(3) Bestimmte *pädagogische Kompetenzen* wie Unterrichten, Beurteilen, Diagnostizieren, Leitungs- und soziale Kompetenz usw. (vgl. Ziebertz 2003d, 188ff) werden zu Dimensionen heutigen ReligionslehrerIn-Seins erklärt. Auch hier bleibt das spezifisch Religiöse in den Dimensionen unsichtbar bzw. unterbestimmt.

(4) Unter Zugrundelegung der großen *klassischen religionspädagogischen Konzeptionen v.a. des 20. Jh.* – kerygmatischer Ansatz bzw. evangelische Unterweisung, hermeneutische Konzeption usw. (vgl. Adam 2003, 177ff) – werden aus ihnen entweder in unterscheidender Auswahl oder im Mischverfahren zentrale Dimensionen heutigen ReligionslehrerIn-Seins in der Grundschule gewonnen. So sinnvoll dieses Vorgehen auch sein mag, kann es dennoch zu einem eklektischen Sammelsurium, aber auch zu problematischem Exklusivismus führen. Zudem zeigt es sich – nicht nur in der Grundschule –, dass die Zeit der großen klassischen Einheitskonzeptionen vorbei zu sein scheint und sich weder für Religionsdidaktik noch für ReligionslehrerIn-Sein in der Grundschule wichtige Dimensionen allein aus der klassischen Konzeptionenthematik gewinnen lassen.

(5) Heutige *ReligionslehrerInnen werden nach ihren persönlichen und sachlichen Präferenzen ihres ReligionslehrerIn-Seins befragt.* Hierbei wurden drei *idealtypische Grundmuster* erhoben: allgemeinpädagogische Intentionen (z.B. Kinder zum Nachdenken bringen), religionspädagogische (z.B. Frage nach Gott wach halten, Lebenshilfe aus Glauben) sowie kirchlich-traditionelle (z.B. Glauben der Kirche weitergeben) (vgl. Englert/Güth 1999, 79–82; ausführlich Lück 2003). So viel Erhellendes solche und ähnliche Praxisbefragungen mit einer Präferenzentypologie erbringen, sind sie dennoch in zweierlei Hinsicht problematisch. Sie erliegen zum einen der Gefahr einer hierarchischen Wertung: angefangen bei uneingeschränkt anerkannten allgemeinpädagogischen über die nicht gleichermaßen wichtigen religionspädagogischen bis hin schließlich zu den etwas inferioren kirchlich-traditionellen Intentionen bzw. Dimensionen. Zum anderen – und das ist die größere Problematik – können dieserart empirisch erhobene Befunde leicht normativen Charakter bekommen, ohne dass eine religionspädagogische Diskussion der Praxisbefunde stattgefunden hat. Abgesehen von der problematischen Bewertung zeigt nun aber gerade die Praxis, dass GrundschulreligionslehrerInnen – jedenfalls teilweise – im unterrichtlichen Alltag Intentionen bzw. Dimensionen zusammenhalten, die der Theorie nach eigentlich gar nicht miteinander vereinbar sind: Sie denken »nicht von einander ausschließenden Theorien«, sondern von »konkreten Möglichkeiten und Erfordernissen der unterrichtlichen Praxis her« (Englert/Güth 1999, 169) – dann aber nimmt die idealtypische Theorie auseinander, was in praxi ganz oft zusammengehört.

2. Drei essenzielle Dimensionen heutigen ReligionslehrerIn-Seins – ein Anforderungsprofil

Entscheidend für die Gewinnung zentraler Dimensionen heutigen ReligionslehrerIn-Seins in der Grundschule erscheint uns Folgendes: Wenn Lehrkräfte ihr ReligionslehrerIn-Sein von dem her gestalten, was unterrichtlich möglich und erforderlich ist (vgl. Englert/Güth 1999), dann liegt unseres Erachtens wirklich alles daran, was *unterrichtlich objektiv erforderlich* und – in dieser Reihenfolge – möglich ist. Diesbezüglich können »subjektive« Interessen, Bedürfnisse und Interessen der Lehrkräfte durchaus in einen Streit mit »objektiven« Erfordernissen geraten – objektive Erfordernisse, die sich vom Fach als auch von dem her ergeben, was SchülerInnen wirklich brauchen. Was objektiv erforderlich ist bzw. welches die Erfordernisse an heutiges ReligionslehrerIn-Sein sind, ergibt sich zwar auch aus der Praxis und im Gespräch mit ihr, kann aber nicht allein aus ihr deduziert werden. Vielmehr müssen diese Dimensionen und Erfordernisse in einer entsprechenden Theorie- und Grundlagenreflexion – in Abstimmung bzw. im Benehmen mit Praxis – erhoben und geklärt werden. *Unsere Überzeugung und These* in diesem Zusammenhang lautet: ReligionslehrerIn-Sein in der Grundschule stellt sich als *Glaubens-, Lebens- und Lern-Hilfe* dar, weil dies sowohl vom Fach als auch von den SchülerInnen her wirklich notwendig ist. Dabei geht es um das vielfältige In- und Miteinander dieser drei Erfordernisse bzw. Dimensionen. ReligionslehrerInnen, die nur Glaubenshilfe oder *nur* Lebenshilfe intendieren, verkürzen die Dimensionen und Anforderungen an ReligionslehrerIn-Sein ebenso entscheidend wie die, die nur das schulische Lernfach Religionsunterricht im Blick haben.

Da zur christlichen Religion selbst zentral Glauben, Leben und Lernen gehören, ist es nur nahe liegend, diese Dimensionen im Sinne komplementärer Erfordernisse auch heutigem ReligionslehrerIn-Sein zuzuschreiben. Damit umreißen wir kritisch-konstruktiv ein selbstständiges *Anforderungsprofil* – jenseits von Realbild und Idealbild (vgl. Adam 2003, 163ff) – , mit dem sich Religionslehrkräfte in der Grundschule auseinander setzen und an dem sie sich abarbeiten können und sollen. Glaubens- und Lebenshilfe zu leisten sind ebenso unabdingbare Erfordernisse heutigen ReligionslehrerIn-Seins wie dafür zu sorgen, dass Kinder in Sachen Religion etwas lernen können.

Im Anschluss an diese Grundsatzüberlegung stellen wir im Folgenden nun die drei maßgeblichen Dimensionen vor (s. 3 bis 5).

3. ReligionslehrerIn-Sein und die Dimension der Glaubenshilfe

Glaube meint biblisch und theologisch, pointiert formuliert, das Verhältnis von Menschen zu Gott und umfasst äußeres Verhalten wie inneres. Als ein Geschehen, das Menschen von Gott her Verlässlichkeit zuspielt, die sie sich selbst nicht geben können, wird Glaube anschaulich und konkretisiert sich in der Geschichte bzw. den (Lebens-)Geschichten von Menschen mit Gott: von Abraham über Mose, Josef und natürlich Jesus bis in unsere Gegenwart hinein. Glaube erscheint in vielfältigen Gestalten und Gesichtern. Den *einen* Glauben gibt es nur in der Abstraktion, in der Konkretion haben wir mannigfache individuelle, soziale und konfessionelle Erscheinungs- und Transformationsgestalten. Ist (christlicher) Glaube an bestimmte Geschichten Gottes mit Menschen gebunden, meint Glaubenshilfe als Dimension des ReligionslehrerIn-Seins generell die vielgestaltige Erschließung von Glauben in Geschichte und Gegenwart für und mit bestimmte(n) Menschen, damit diese ihren Glauben entdecken und realisieren können. Glaubenshilfe seitens der Religionslehrkräfte meint also nicht vordergründig »Glaubensweitergabe« (Gottfried Adam) im Sinne der Vermittlung eines fixen Glaubenslehrbestandes (»depositum fidei«), den die SchülerInnen lediglich zu internalisieren hätten, sondern vielgestaltige *Anregungen* und Kommunikation auf eigenen Glauben hin. Glauben und Glaubenshilfe als Dimension von ReligionslehrerIn-Sein werden deswegen hier nicht auf das Konzept der »Evangelischen Unterweisung« (evang.) oder der »Materialkerygmatik« (kath.) eingeengt verstanden, in denen die Religionslehrkräfte als »Zeugen« des Glaubens der Kirche in kirchlicher Bindung für den kirchlichen Verkündigungsauftrag in Anspruch genommen wurden. Glaubenshilfe heute schließt also dies ein: exegetisch-hermeneutische theologische Kompetenzen (= Auslegen von Glaubensgeschichten), eigenes konfessorisch-konfessionelles Profil (nicht auf verbale Zeugenschaft reduziert), lebenswelt- und problembezogenes Wahrnehmen von (Kinder-)Glauben und damit Kindorientierung.

Glauben erschließen und zeigen

Religionslehrkräfte sind in Sachen Glaube weder »Herren« (vgl. 2 Kor 1,24) noch Urheber des Glaubens ihrer SchülerInnen. Aber sie können als Helfer auf Glauben hin einen Dienst tun, nämlich »Helfer zur Freude« (2 Kor 1,24) sein. Die Entstehung von Glauben bei Menschen generell sowie bei GrundschülerInnen speziell muss komplementär gesehen werden: Einerseits resultiert Glaube nicht aus menschlichem Tun und Wollen (z.B. Erziehung, Unterricht, Lehren und Lernen), sondern ist Tat und Geschenk Gottes. Andererseits kommt er zustande, vollzieht und ereignet sich wie alles andere Menschliche in menschlichen Bezügen, also mittels Erziehung und Sozialisation im Sinne der Angliederung an ein Lebensmodell (vgl. Schwab 2002b), durch Lernen von und Sich-Bilden am Glauben bzw. an Glaubensformen, -gestalten und -geschichten.

Religionslehrkräfte können also Grundschulkinder nicht derart zum Glauben erziehen, dass diese dann auch tatsächlich unmittelbar glauben. Glaube ist, theologisch begründet, der (religions-)pädagogischen Machbarkeit entzogen. Er kommt nicht durch Lernprozesse zustande, auch nicht durch gutes Zureden oder Appelle. Aber ReligionslehrerInnen können – und eben das meint Glaubenshilfe – Gestalten, Modelle und Formen des Glaubens in Geschichte (Bibel und Tradition) und Gegenwart ihren SchülerInnen exemplarisch *»zeigen«, vorstellen, konkret werden, nacherleben und »probieren« lassen*, die den SchülerInnen Wege zum Glauben eröffnen können, näherhin zu deren je eigenem Glauben und Spiritualität.

Glaubenshilfe schließt dabei ein, Glauben in seinen vielfältigen Seiten und Schattierungen, in hellen und dunklen Farben bzw. Ausprägungen, in Stärken und Schwächen, angefochten und zweifelnd, aber »dennoch« glaubend vor Augen zu führen. SchülerInnen brauchen, wenn sie zum Glauben kommen sollen oder wollen, in der Regel zur Anregung und Entfaltung desselben Glaubensgeschichten und -erfahrungen derer vor uns (Tradition) und derer um und mit uns (Gegenwart). Diesbezüglich können wir auf beeindruckende Glaubensgeschichten aus Bibel, Tradition und Gegenwart zurückgreifen, sei es, dass Kinder solche oder ähnliche Erfahrungen mit dem Glauben auch heute machen können, sei es dass sie in ihrer Schwere, Tiefe, Radikalität (z.B. Jesus Christus, Hiob) ihnen »voraus« bleiben, christlicher Religionsunterricht aber dennoch wegen ihrer Fundamentalität von ihnen reden und sie darstellen muss. In der Grundschule wird solcher Glaube vor allem, aber nicht nur exemplarisch anschaulich in den Geschichten von Abraham, Josef und Jesus Christus, bei Letzterem etwa beispielsweise in den sog. Wundergeschichten, in denen Glaube – für Erwachsene oft anstößig – auffällig sinnlich und doch kindnah begegnet: Jesus »sieht« den Glauben (Mk 2,5); Glaube hat mit »magischer« Berührung zu tun (Mt 9,20ff) sowie mit Befehl und Gehorsam (Mt 8,9ff). Glaube erscheint hier – ohne dass damit schon alles gesagt wäre – vorzugsweise als Vertrauen auf Gottes Erbarmen (»Kyrie eleison«), auf Gottes Macht und Gottes »Mitsein«, Zweifel und Unglaube eingeschlossen.

Dergestalt gehört es zum ReligionslehrerIn-Sein, Kindern dabei zu helfen, dass sie glauben können und ihren Glauben leben können. Als Glaubenshelfer sind Religionslehrkräfte propädeutisch tätig, unterstützen Kinder bei deren »spiritueller Pilgerschaft«, indem sie gleichsam Geburts- und Entwicklungshelfer sowie Wegweiser auf Glauben hin sind, indem sie anregen und inspirieren, erschließen und erklären. Die Dimension der Glaubens-Hilfe soll ReligionslehrerInnen ermuntern und herausfordern, schützt sie aber zugleich vor Überforderung: Sie sind *Helfer*, dass Kinder zum Glauben kommen können, *aber nicht Macher* des Glaubens. Näher betrachtet hat die Glaubenshilfe des ReligionslehrerIn-Seins eine sachlich-materiale und eine personale Komponente.

Die sachlich-materiale Komponente der Glaubenshilfe

Materialiter kann die Religionslehrkraft Glaubenshilfe leisten, indem sie Glauben und Glaubensthemen *in konkreten Zusammenhängen*, nicht abstrakt also, in *exemplarischer Auswahl* und *an den Kindern orientiert* zur Sprache bringt. Dabei kann es nicht um die Darstellung der Vollständigkeit eines Glaubensganzen gehen, wohl aber darum, dass Kindern aufscheint, was Glaube ist und wie er »aussieht«. Solche Fragmentarität, besser: Elementarität (s. II., Einführung) genügt in der Grundschule – und nicht nur hier. Diese Auswahl hat sich an der Kapazität, dem Lern- und Rezeptionsvermögen von Kindern zu orientieren. Konkret realisieren lässt sich solche Glaubenshilfe

- im Rückgriff auf biblische Texte, Aspekte der Tradition (Relevantes aus der Kirchengeschichte eingeschlossen),
- unter Einbezug heutiger glaubensrelevanter Gesichtspunkte und Themen sowie
- im Gespräch mit den Glaubensvorstellungen der Kinder selbst.

Zu solchen glaubensrelevanten Themen sind näherhin zu rechnen (vgl. Brühl 2000, 352ff):

- biblische Texte in grundschulrelevanter Auswahl;
- »Theologisches« wie: von Gott reden; beten; Schöpfung; Bibel; Reformation; andere Konfessionen und Religionen usw.;
- Kirche und Gemeinde: unsere Kirche; Gemeinde – Gemeinschaft; Kirche auf der ganzen Welt; Diakonie; Kirchenraum;
- christliche Feste im Jahreskreislauf bzw. Kirchenjahr.

Mithilfe dieser Themen und Zusammenhänge können GrundschülerInnen Vorstellungen vom Glauben bekommen und Glaubenshilfe erfahren. Dabei zeigt sich im Unterrichtsalltag, dass Glaubenshilfe vor allem dort gelingt, wo sie sich mit Grundanliegen des Menschen und des Lebens verbinden lässt, also dann, wenn

Kindern an Glaubensthemen anthropologisch Relevantes aufscheint. So geht es bei Abraham und Jesus Christus immer wieder um menschliches Vertrauen auf Gott, bei Jakob und Esau um Schuld und Versöhnung, bei Josef um Streit und Rettung usw.

Die personale Komponente der Glaubenshilfe

»Sachen«, auch die religiösen, kommen (nicht nur) bei Kindern ganz stark über die Person oder Personen, die sie vermitteln. Lehrkräfte sind daher grundsätzlich nicht nur Sach-, sondern auch Beziehungsarbeiter. Insofern hat Glaubenshilfe eine personale Dimension im Sinne persönlicher Erfordernisse an das ReligionslehrerIn-Sein (vgl. EKD 2000, 16). Hier ist es wichtig, dass Religionslehrkräfte im Unterricht die »inhaltliche« Komponente des Glaubens und der Glaubenshilfe durch ihre Person mit ihren Stärken und Schwächen (einigermaßen) authentisch und glaubwürdig (was nicht unkritisch heißt) vertreten und präsentieren. Es spricht viel dafür, dass (Grund-)SchülerInnen vorzugsweise in der konkreten Begegnung und Auseinandersetzung mit einer Person, die einen gelebten Bezug zu der von ihr vertretenen und gelehrten »Sache« Religion hat, Religion lernen und eigene religiöse Überzeugungen ausbilden können (vgl. EKD 1994, 85). Die Prägekraft und das Ausstrahlungsvermögen von ReligionslehrerInnen im Sinne personaler Repräsentanz sind nicht zu unterschätzen – sie zeigen und machen Glauben sympathisch personal konkret. Zu dieser personalen Komponente gehören folgende Dimensionen:

ReligionslehrerIn-Sein – ein Verhältnis zum Glauben haben

Unabdingbar ist, dass ReligionslehrerInnen genauso wie andere (Fach-)Lehrkräfte »ein Verhältnis haben« zu der Sache, die sie unterrichten. Dies meint einen prinzipiell positiven – was nicht heißt: flächendeckenden und unkritischen – Bezug zum christlichen Glauben und seiner Weltdeutung. Zur personalen Komponente gehört m. a. W., dass Religionslehrkräfte selbst glauben. Solche konfessorische Positionalität (»Standort«) schließt Gesprächsfähigkeit und dialogische Offenheit mit und für anderes und andere ein. Wichtig ist, dass Religionslehrkräfte mit ihrem Glauben und ihrer Glaubensgeschichte kritisch umgehen lernen »und ihr Glaubensverständnis in einer Weise zu erkennen geben, die die Schülerinnen und Schüler nicht einengt, sondern ermutigt, selbstständig nach dem Glauben zu suchen« (EKD 1994, 85). ReligionslehrerIn-Sein besteht nicht darin, dass SchülerInnen den Glauben ihrer ReligionslehrerInnen übernehmen, sondern dass diese ihnen zu ihrem eigenen

Glauben verhelfen. Die Religionslehrkraft darf also – auch angesichts der Tatsache, dass es verschiedene Weisen gibt, christlichen Glauben zu leben – nicht ihren eigenen Glauben für normativ erklären. Im Übrigen gehören zum Glauben – ob man nun ReligionslehrerIn ist oder nicht – auch Glaubenszweifel und -krisen.

ReligionslehrerIn-Sein – Kirche und Kirchlichkeit

Zum ReligionslehrerIn-Sein gehört weiter, dass Religionslehrkräfte sinnvollerweise (in der Praxis freilich nicht immer gegeben) die unterrichtlich zu *lehrende* Religion auch in konkreten Lebensformen und in der sozialen Verbindlichkeit und Gemeinschaft einer konkreten Religion bzw. Konfession *leben* – was persönliche Freiheit nicht aus-, sondern einschließt. Es besteht ein relativ hoher religionspädagogischer Konsens dahin gehend, dass ein allgemeiner Religionsunterricht für alle, der *ohne* Bindung an eine konkrete Religions- bzw. Konfessionsgemeinschaft ist, keine zufrieden stellende Lösung bietet (vgl. Schweitzer/Faust-Siehl 2000b, 15). Der Vorzug der Anbindung an oder der zumindest partiellen Verwurzelung in einer Religion bzw. Konfession ist, dass sie Glauben sichtbar machen und ihm Gestalt verleihen, ihm oft neue Möglichkeiten eröffnen, die das nur auf sich selbst bezogene religiöse Individuum in aller Regel nicht sieht. Kirche hat bezüglich des eigenen Glaubens der Religionslehrkräfte also anregende und korrigierende Funktionen: »Von dort können bestärkende, stimulierende, aber auch kritische Impulse für die eigene Religiosität ausgehen« (Ziebertz 2003d, 182; s. I., Einführung und I.1). Insofern kommt der Beziehung zur (Orts-)Kirche eine nicht geringe Bedeutung zu. Weder evangelischer- noch katholischerseits wird von ReligionslehrerInnen heute »blinder Gehorsam« erwartet; dennoch sollen sie in (kritischer) Loyalität zur Kirche stehen. Für die *katholische* Kirche ist gleichwohl zu vermerken, dass diese offene konstruktive Grundposition (vgl. DBK 1974) mittlerweile in kirchlichen Verlautbarungen gelegentlich hinterfragt wird. So gibt es durchaus Anzeichen dafür, dass in neuerer Zeit Religionslehrkräfte wieder als Zeugen in Anspruch genommen werden, die Rechenschaft über den katholischen Glauben abzulegen haben (vgl. DBK 1996). *Evangelischerseits* ist vor allem auf Folgendes hinzuweisen: Jüngere ReligionslehrerInnen, die seit den 80er-Jahren des 20. Jh. in den Schuldienst traten, legen – wie es aussieht – im Vergleich zu älteren, die in den späten und kirchen-kritischen 60er- und 70er-Jahren ihren Dienst antraten, ein offeneres Verhältnis zur Kirche als Glaubensgemeinschaft an den Tag (vgl. Feige u.a. 2000). Jüngere ReligionslehrerInnen können die Kirche als »Resonanzraum« (Bizer 1992, 125) nutzen, ohne ihre religiöse Souveränität und Eigenständigkeit aufzugeben. Glaubenshilfe bedeutet bei ihnen nicht »Kirche in der Schule«, aber eben auch nicht »Religion ohne Kirche« (Dressler/Feige 2002, 400).

ReligionslehrerIn-Sein – Zeuge, Vorbild, Modell des Glaubens?

Welche Erfordernisse an ReligionslehrerIn-Sein sind hier geboten? Sicher muss eine Religionslehrkraft für die von ihr »gelehrte und gelebte« Sache auch einstehen und sie bezeugen, ist insofern tatsächlich *»Zeuge«*. Allerdings ist diese Komponente geschichtlich durch Evangelische Unterweisung und Katholische Materialkerygmatik belastet. Die Anforderung, Zeuge zu sein, kann Religionslehrkräfte religiös und menschlich überfordern. Pädagogisch und didaktisch gesehen, kann Zeuge-Sein nur ein Moment des Unterrichts sein, da Religionsunterricht in der öffentlichen Schule stattfindet, die Lernen und Bildung intendiert. Weiter hat ReligionslehrerIn-Sein sicher auch in einem bestimmten Maß mit *Vorbild-Sein* zu tun. Wird dieses allerdings als strahlend fehlerlos verstanden, kann es Religionslehrkräfte überfordern. Diese sind in praxi eben auch problematische Vorbilder (vgl. Mieth/Mieth 1977, 628), die so oder so zu denken geben, auf jeden Fall nicht unkritisch »nachzuäffen« oder zu imitieren sind. Völlig hehre Vorbilder sind weder glaubens- noch menschenfreundlich. Wer sie fordert, übersieht, dass ReligionslehrerInnen als gläubige Menschen Stärken und Schwächen haben, also nicht fehlerlos sind, es auch nicht sein müssen. Wichtiger ist es, dass sie authentisch erscheinen. Gleichwohl wissen wir, dass Glauben sich an Vor-Bildern entzünden kann und Heranwachsende in den letzten Jahren generell wieder stärker danach verlangen (vgl. Zinnecker u.a. 2002, 50ff). Wenn Religionslehrkräfte Glauben (bzw. Christsein) nicht ideal oder optimal repräsentieren können, sondern so, wie sie es als Menschen mit ihren (Glaubens-) Stärken und Schwächen eben vermögen, dann gleichen sie in vielem einem *Modell* (vgl. Mieth/Mieth), an dem SchülerInnen etwas vom Glauben wahrnehmen, lernen, von dem sie sich aber auch unterscheiden und »entfernen« dürfen auf dem Weg zu *ihrem* Glauben. Kinder erfahren personale Glaubenshilfe vermutlich am meisten dort, wo sie in Nähe und Distanz, Identifikation und Auseinandersetzung persönlichen, modellhaften und fragmentarischen Realisierungen des Glaubens und der Glaubenshilfe begegnen können.

ReligionslehrerIn-Sein und der Glaube von Kindern

Für eine sehr große Zahl der Grundschulkinder sind ReligionslehrerInnen nicht Glaubenshelfer in dem Sinne, dass sie bei Kindern bezüglich des Glaubens auf eine »Tabula rasa« stoßen. Neuere Religionspädagogik betont, dass Kinder selbst glauben und glauben können, dass sie dementsprechend nicht als »leere Gefäße« anzusehen sind, die nun per Religionsunterricht mit den (richtigen) Glaubensin-

halten angefüllt werden müssen (vgl. Bucher 2000a, 54). Seit den späten 80er- und 90er-Jahren des 20. Jh. – Stichwort »Kindertheologie« (s. I.7) – werden im Zeichen eines Perspektivenwechsels in der Religionspädagogik Kinder als religiöse und glaubende Subjekte wahr- und ernst genommen. Sie »haben« in aller Regel einen Glauben im weiteren Sinne oder eine Spiritualität qua anthropologische Kategorie (vgl. Grethlein 2002b, 252f), die durch eigene Erfahrung sowie durch Auseinandersetzung mit der Tradition und Umwelt Gestalt gewinnen. In der Praxis sind ReligionslehrerInnen auffällig oft erstaunt über solchen Kinderglauben (s. I.7). Zum ReligionslehrerIn-Sein gehört es heute unabdingbar, dass Religionslehrkräfte diesbezüglich ihre Wahrnehmung schulen und Einblicke in die religiöse Vorstellungs- und Glaubenswelten von Kindern gewinnen. Letztere sind nicht bloß Sprungbrett für das Eigentliche im Religionsunterricht, sondern eigenwertige Glaubensausdrücke und -vorstellungen von Kindern. Die Glaubenshilfe der ReligionslehrerInnen besteht näherhin nicht darin, solchen Glauben von Kindern vorschnell zu korrigieren, sondern Raum und Zeit zu schaffen, dass sich kindlicher Glaube entwickeln, entfalten und differenzieren kann in der Kommunikation und Auseinandersetzung mit für Kinder relevanten theologischen Vorstellungen bzw. einer Theologie für Kinder (vgl. Schweitzer 2003e, 14ff).
Die dem Glauben der SchülerInnen zugewandte Glaubenshilfe der Religionslehrkräfte trägt dazu bei, dass unter kindgemäßer Erschließung des christlichen Glaubens die Kinder ihren *eigenen* Glaubens-Weg finden, gehen und gestalten können.

4. ReligionslehrerIn-Sein und die Dimension der Lebenshilfe

Christliche Religion als »Welt-Anschauung aus dem Glauben« (s. I., Einführung) beschäftigt sich sach- und definitionsgemäß mit christlichem Glauben, Glaubensthemen und -fragen sowie mit dem gelebten Leben in seiner Komplexität. Glaube als Beziehung oder »Verhältnis« verstanden impliziert nicht nur ein Gottes-, sondern ein Selbst- und Weltverhältnis (vgl. Korsch 2000, 9ff) und hat infolgedessen mit dem Leben zu tun. Dabei ist im christlichen Verständnis Leben kein selbstverständlicher und quasi natürlicher Vorgang, sondern *Geschenk Gottes* (vgl. Dunkel 1988, 712), kommt von ihm her und wird »vor ihm« (coram deo) gelebt. Näherhin kann der christliche Glaube auch als Lebenshilfe – nicht nur im Sinne von Kontingenzbewältigung! – verstanden werden bzw. hat damit zu tun. Demzufolge haben Religionsunterricht und ReligionslehrerIn-Sein auch eine Dimension in diesem

Bereich, die wir hier als *Lebenshilfe* verstehen wollen. Diese Lebenshilfe ist nicht allgemeiner oder unspezifischer Art, sondern speist sich aus dem Potenzial des christlichen Glaubens. Sie kann als Lebenshilfe aus dem »christlichen Aufmerksamkeitshorizont« (Karl Ernst Nipkow) heraus verstanden werden. Ihr geht es nicht um Leben und Lebensthemen an und für sich, sondern um deren Relation zum christlichen Glauben bzw. um Sichtung, Wahrnehmung und Bearbeitung des Lebens von ihm her. Die Dimension Lebenshilfe impliziert nicht, dass die ReligionslehrerInnen nur Leben und Lebensthemen zu behandeln hätten, gleichwohl dürfen, ja müssen sie aus theologischen, aber auch aus religionspädagogischen Gründen vorkommen. Mitten in ihren Lebenswelten und angesichts veränderter Kindheit (s. I.1) fragen Kinder und Religionslehrkräfte im Religionsunterricht der Grundschule nach lebensbezogenen Themen und Problemen, die für ihr Aufwachsen wichtig sind, und bearbeiten sie gemeinsam. Entscheidend dabei ist, dass diese Lebenshilfe sich nicht ausschließlich aus den Themen der Erwachsenenwelt speist, sondern sich im Kontext der Lebenswelten der Kinder ereignet, wobei ReligionslehrerInnen Kinder bezüglich Leben (und Glauben) auch zum »Wachsen« über ihren Status quo hinaus anregen müssen. Von der Schule als Lebensraum her gedacht soll es in der Grundschule generell, im Religionsunterricht speziell nicht nur um Lebenshilfe auf Vorrat für später gehen, sondern solche Lebenshilfe soll – weil die Gegenwart der Kinder nicht ihrer Zukunft geopfert werden darf – immer wieder auch gegenwärtiges Leben der SchülerInnen im Auge behalten, was die einzelne Religionslehrkraft vor Ort situativ besser zu leisten vermag, als übersituative Lehrplan-Vorgaben dies können. Lebenshilfe wird dort besonders dicht, wo die von Kindern selbst erlebten Lebenslagen, ihre Themen, ihre Fragen und Probleme im Unterricht aufgenommen werden.

Dabei ist es wichtig zu sehen, dass Lebenshilfe und Lebensrelevanz nicht einseitig nur aus der Behandlung von Lebensthemen resultieren, sondern sich vielmehr auch über Glaubenshilfe und Glaubensthemen ergeben können, wie umgekehrt Lebenshilfe zur Glaubenshilfe werden kann. Wenn Kinder zum Beispiel über Spuren der Liebe Gottes in ihrem Leben nachdenken, dann kann dies Glaubenshilfe oder Lebenshilfe, aber auch beides sein. Wenn SchülerInnen anhand von 1 Sam 17 (David und Goliath) Einsicht in die Hoffnung gewinnen, dass Menschen mit Gottes Hilfe über »die Großen« die Oberhand gewinnen können, dann ist dies eine für den Glauben wie für das Leben wichtige Einsicht.

In Sachen Lebenshilfe kann nun die Religionslehrkraft ganz konkret mit einer Reihe *wichtiger Lebensthemen* aufwarten. Eine stattliche Anzahl lebensrelevanter Themen findet sich in heutigen Grundschullehrplänen (vgl. auch den Überblick bei Brühl 2000, 352–357). Zu nennen sind hier: Freude und Leid; Ich bin einmalig; Kennenlernen; Mein und Dein; Angst und Geborgenheit; Erfolg haben und versagen; Schuld und Verzeihen; Glück; Trauer und Freude; Sterben und Tod;

Streit und Vergebung; Wahrheit und Unwahrheit; Alleinsein; Kranksein; Vorurteile; Gehorsam und Ungehorsam; Andere sind anders als wir; Leid in meinem Leben und in der Welt; Verantwortung; Zusammenleben und Nächstenliebe usw. Bei solchen lebensbezogenen Themen bietet sich auch die Möglichkeit zur Zusammenarbeit mit anderen Fächern und Lehrkräften in fächerverbindendem und fächerübergreifendem Unterricht (s. I.5).

Auf jeden Fall erhöhen lebensbezogene Themen und die damit einhergehende Lebenshilfe die Wichtigkeit, Beliebtheit und Effizienz des Faches Religionsunterricht bereits von der Grundschule an (vgl. Bucher 2000b, 100).

Entscheidend dafür, dass solche Glaubenshilfe und entsprechende religiöse Lernprozesse unterrichtlich gelingen, dürfte es sein, dass sich die Religionslehrkräfte *zusammen mit Kindern* auf solche Themen einlassen.

Natürlich können ReligionslehrerInnen solche Lebenshilfe bei Kindern nicht einfach erzeugen oder »machen«; sie können sie ihnen aber in Modellen »zeigen« und zumindest dann und wann selbst vor-leben. Allerdings geht es diesbezüglich nicht darum, dass die ReligionslehrerInnen ihr Leben zum Musterbeispiel gelungenen Lebens stilisieren – es geht ja um Leben in seinen Ambivalenzen –, sondern darum, dass sie SchülerInnen darin unterstützen, dass diese ihren Lebensweg finden und ihr eigenes Leben leben (vgl. Flitner 1983, 117).

5. ReligionslehrerIn-Sein und die Dimension »Lernfach Religion«

Wer über Schule, Unterrichtsfächer, auch Religion als Unterrichtsfach, über Kinder und christlichen Glauben nachdenkt, kann bemerken, dass sie alle mit Lernen zu tun haben: Schule ist an allgemeinem, bestimmtem und zielgerichtetem Lernen interessiert, ein Unterrichtsfach – auch Religion also – intendiert spezielles Lernen in einem Wirklichkeitsbereich. Kinder sind in aller Regel neugierig und lernbereit. Auch der christliche Glaube als eine geschichtliche Religion ist auf Lernen angewiesen. Dies zusammengenommen macht deutlich, dass es zweifelsohne eine aus mehreren Gründen wichtige und unverzichtbare Dimension heutigen ReligionslehrerIn-Seins in der Grundschule ist, darauf zu achten, dass SchülerInnen in Sachen Religion Lernfortschritte machen können. Da der Religionsunterricht in der Grundschule ordentliches Lehrfach ist (s. I.9), müssen ihn die Lehrkräfte auch als Lehrfach verstehen und entsprechend gestalten. In ihm geht es ja um (Er-)Lernen von Religion im Sinne religiösen Kompetenzerwerbs und religiöser (Horizont-)Bildung (s. I., Einführung). Das meint zwar auch Wissenserwerb qua Fakten- und »Verfügungswissen« (Jürgen Mittelstraß), aber noch stärker ein *»Orientierungswissen«* (Mittelstraß 1982) im Wirklichkeitsbereich Religion, welches uns in unserem Existenz- und Wirklichkeitsverständnis und im konkreten Umgang mit Leben und Welt leitet, orientiert und – wie Bildung (s. I., Einführung) – mit *Können* und praktischer *»Welthabe«* zu tun hat.

Orientierung und Bildung im Lebensbereich Religion sind letztlich das Ziel des Lernens von Religion. Das schließt relevante Fachkenntnisse und spezifische Memorierstoffe nicht aus, sondern ein. Schulfächer und Lehrkräfte haben von ihrer Aufgabe her auf Lernfortschritte und -zuwächse zu achten, die in einem ordentlichen Lernfach auch feststellbar sein müssen (s. I.9), und zwar um der Schule, der Qualität des Fachunterrichts und der SchülerInnen willen. Speziell mit Blick auf Letztere ist zu sagen: Was SchülerInnen sich nicht kenntnis- und wissensmäßig eingeprägt und internalisiert haben, das macht sich für sie, ihre »Welt-Anschauung«, ihre Bildung auch nicht kenntlich, gewinnt keine für andere wahrnehmbare Gestalt in Leben und Alltag und steht – last but not least – im Gespräch mit anderen nicht zur Verfügung. Als schulisches Lernfach braucht der Religionsunterricht in der Grundschule benenn- und identifizierbare Stoffe im Sinne (wirklichkeits-)bildender »Sachverhalte«, die und an denen die SchülerInnen lernen können (»Bildungskanon«). Für qualitätsvolles (Religion-)Lernen in der Grundschule sind freilich weder möglichst große Stoffpensen noch »Vielwisserei« (Wilhelm H. Peterßen) entscheidend. Ob der Religionsunterricht von SchülerInnen als »lerneffizient« empfunden wird, hängt übrigens in hohem Maße von der Dichte und Häufigkeit glaubens- und lebensrelevanter Themen ab (vgl. Bucher 2000a, 52).

Wichtig zu sehen ist hierbei zweierlei: Einmal lernen Grundschulkinder weithin generell gerne, was wichtig und interessant erscheint, und zeigen auch in Sachen Religion hohe Lernbereitschaft. Zum anderen lernen sie selbst als *Subjekte* und wollen auch so lernen dürfen. So sehr »Korrekturen« und »Be-Lehrungen« in jedwedem Unterricht, also auch in Religion, sein müssen, darf dauerhaftes Belehrt-Werden nicht an die Stelle des Selbst-Lernens der SchülerInnen treten. Subjektorientiertes Lernen im Grundschulreligionsunterricht schließt ein, bei den religiösen Bedürfnissen der Kinder einzusetzen (vgl. Englert 1993b), wenngleich solcher »Ausgangspunkt« (Englert) nicht der »Endpunkt« des Religionsunterrichts sein kann. Religion lernen heißt konkret (s. I., Einführung und I.4), wichtige Vorstellungen vor allem (aber nicht nur) des jüdisch-christlichen Glaubens kennen zu lernen, sich damit vertraut zu machen, sie zu bedenken und sich wissens- und kenntnismäßig anzueignen, bis hin zu einem habituellen Umgang mit ihnen, der auf Bildung, Einstellungen und Haltungen aus ist, welche aber nicht mehr in den »machbaren« Bereich bzw. die Verfügungsgewalt von Schule und Unterricht gehören, ihnen vielmehr entzogen sind. Den ReligionslehrerInnen kommt mit Blick auf die Dimension »Religion lernen heute« eine eminente Bedeutung zu: Da Religion und religiöses Lernen im Alltag von Kindern eher ungeplant, zufällig und beiläufig, oft auch diffus vorkommen, spricht viel dafür, dass die ReligionslehrerInnen, die im Religionsunterricht reflektierte Lernprozesse intendieren, für Kinder einflussreiche personale und persönlich zugewandte »religiöse Lernhelfer« sind, weil Religion, ihre Bedeutung und Wahrheit, ganz stark über die Person kommt.

Zusammenfassung:

Zum ReligionslehrerIn-Sein in der Grundschule gehört, Kindern im Religionsunterricht Glaubens-, Lebens- und religiöse Lernhilfe anzubieten; glauben, leben und lernen aber müssen sie selbst. Wie es aussieht, kann solche Glaubens-, Lebens- und religiöse Lernhilfe vor allem die Religionslehrkraft geben, der Glauben selbst wichtig ist, die sich mit dem Leben befasst und die sich selbst als religiös Lernende versteht. Dieses *gemeinsame* Glauben, Leben, Lernen ist wichtig. Ereignen kann sich dies im Unterricht wie in persönlichen Gesprächen von ReligionslehrerInnen mit SchülerInnen. ReligionslehrerIn-Sein, das sich von diesen drei Dimensionen herausfordern lässt, dient dem Glauben, Leben und Lernen der Kinder, dann aber dem Glauben, Leben und religiösen Lernen generell.

Lesehinweis:

Bucher, Anton A. (2000a): Religionsunterricht zwischen Lernfach und Lebenshilfe. Eine empirische Untersuchung zum katholischen Religionsunterricht in der Bundesrepublik Deutschland. Stuttgart.

Lück, Christhard (2003): Beruf Religionslehrer. Selbstverständnis – Kirchenbindung – Zielorientierung. Leipzig.

I.9 Religionsunterricht zwischen Staat und Kirche

Rechtliches, Vocatio und Missio, ordentliches Lehrfach

Werner H. Ritter

In fast allen europäischen Ländern gibt es von der Grundschule an Religionsunterricht in staatlichen Schulen – sehr häufig unter Beteiligung der Religionsgemeinschaften bzw. Kirchen. Trotz ihrer scheinbaren Selbstverständlichkeit birgt diese Konstellation einige Spannung in sich. Daher sollen in diesem Abschnitt die rechtlichen Bestimmungen vor allem des Grundgesetzes, die Festschreibung des Religionsunterrichts als »ordentliches Lehrfach« und die Verantwortung seitens der Religionsgemeinschaften genauer in den Blick genommen werden.
Wenn Religion eine wichtige Dimension des Lebens und der Wirklichkeit ist (s. I., Einführung), dann hat ein entsprechendes Fach im Raum der öffentlichen Schule Sinn. Näherhin ist in den meisten – nicht allen – Bundesländern Deutschlands evangelischer und katholischer Religionsunterricht reguläres staatliches Schulfach und wird im Bereich der Grundschule meistens mit zwei Wochenstunden erteilt.
Auf folgende *Besonderheiten und Ausnahmen* ist hinzuweisen (vgl. Brühl 2000, 351):

- In Sachsen ist der Religionsunterricht im 1. Schuljahr der Grundschule einstündig.
- In Berlin wird Religion als Unterrichtsfach in der (Grund-)Schule (seit 1948) infolge gesetzlicher Regelung in alleiniger Verantwortung der Religions- und Weltanschauungsgemeinschaften angeboten und ist dementsprechend als freiwilliges »Anmeldefach« kein »ordentliches Lehrfach« im Sinne von Art. 7 Abs. 3 GG.
- In Hamburg gibt es an öffentlichen Schulen nur evangelischen Religionsunterricht, der mit dem 3. Schuljahr beginnt; katholischer Religionsunterricht findet aufgrund der geringen Katholikenzahl in diesem Raum nur an katholischen Privatschulen statt.

- In Bremen wird seit 1947 per gesetzlicher Regelung Religionsunterricht als »bekenntnismäßig nicht gebundener Unterricht in Biblischer Geschichte auf allgemein christlicher Grundlage« (Art. 32 BLV) erteilt.
- In Bayern, Rheinland-Pfalz sowie seit den 90er-Jahren des 20. Jh. in den meisten neuen Bundesländern müssen SchülerInnen, die nicht den konfessionellen Religionsunterricht besuchen, am Fach Ethik (bzw. Philosophieren mit Kindern in Mecklenburg-Vorpommern) als sog. Ersatzfach teilnehmen, was aber im Grundschulbereich relativ selten der Fall ist. Die Rede von Ethikunterricht als »Ersatz« ist dabei nicht abwertend gemeint, sondern zeigt in juristischer Terminologie die Vollwertigkeit dieses Faches an.
- Einen Sonderfall stellt das Schulfach LER – Lebensgestaltung, Ethik, Religionskunde – in Brandenburg dar (vgl. Ramseger 2003). Es wird allein vom Staat verantwortet und versteht sich weder als Ersatz für den Religionsunterricht noch als Wahlpflicht-Alternative dazu, sondern als eigenständiges Pflichtfach für alle. Dieses Fach wird aber in der Grundschule nicht unterrichtet, sondern erst ab der 5./6. Klasse. Auch in Berlin soll ab dem Schuljahr 2006/07 ein Pflichtfach Lebenskunde/Ethik/Religionskunde eingeführt werden, ebenfalls nicht in der Grundschule, sondern erst ab der 7. Klasse.
- Ein jüdischer und griechisch-orthodoxer Religionsunterricht wird in einigen wenigen Bundesländern nach regionalem Bedarf angeboten, also vor allem in Großstädten.
- Deutschsprachigen islamischen Religionsunterricht im Sinne des Art. 7 Abs. 3 GG gibt es derzeit (noch) nicht, es wird aber seit geraumer Zeit darüber verhandelt. Angeboten wird bislang eine islamische Unterweisung als Teil des türkisch-muttersprachlichen Unterrichts.

1. Rechtliche Bestimmungen im Überblick

Die verfassungsrechtlichen Bestimmungen und Implikationen für den schulischen Religionsunterricht, wie sie im Grundgesetz der Bundesrepublik Deutschland (1949) in Art. 7 Abs. 2 und 3 in Verbindung mit Art. 4 Abs. 1 und 2 stehen (vgl. dazu auch die Länderverfassungen), liefern den für dieses Fach verbindlichen Rahmen: Auf der Basis positiver wie negativer Glaubens-, Gewissens- und *Religionsfreiheit* (Art. 4 Abs. 1 GG) ist festgelegt, dass das ganze Schulwesen unter *staatlicher Aufsicht* steht (Art. 7 Abs. 1 GG). Explizit wird sodann der Religionsunterricht an öffentlichen Schulen als *»ordentliches Lehrfach«* (Art. 7 Abs. 3 S. 1 GG) verstanden, welches – unter staatlichem Aufsichtsrecht – gleichwohl *»in Übereinstimmung mit den Grundsätzen der Religionsgemeinschaften erteilt«* wird (Art. 7 Abs. 3 S. 2 GG). Zu seiner Erteilung darf kein Lehrer *»gegen seinen Willen verpflichtet werden«* (Art. 7 Abs. 3 S. 3 GG), wie auch *kein Schüler* (aufgrund von Art. 4 Abs. 1 und Art. 7 Abs. 2 GG) *zum Besuch* dieses Faches *gezwungen* werden darf. Mit dieser rechtlichen Grundlage, die so kein anderes Schulfach hat, eignet dem Religionsunterricht ein fester Platz im schulischen Fächerkanon. Er kann – siehe Art. 79 Abs. 3 GG – auch nicht nachträglich eingeschränkt oder abgeschafft werden. Geschichtlich gesehen hat der Religionsunterricht seit dem 19. Jh. infolge seiner spezifischen Bindung an die Religionsgemeinschaften resp. Kirchen lange Zeit zweifellos eine gewisse Sonderstellung für sich in Anspruch genommen. Bis in die 60er-Jahre hinein verstand er sich nämlich als ein verlängerter Arm der Kirchen bzw. des kirchlichen Lebens im Raum der Schule. Dementsprechend sah er sich den Gegebenheiten und Anforderungen schulischer Organisation und Didaktik nicht im gleichen Maße wie andere Fächer verpflichtet. Letzteres hat sich aber seit Mitte der 60er-Jahre zunehmend geändert, sodass heute Religion als ein integraler Bestandteil der Schule und ihres Bildungsauftrags erscheint (vgl. u.a. DBK 1996). Die Bestimmungen des Grundgesetzes für dieses *zwischen Staat und Kirche* angesiedelte Schulfach sollen im Folgenden in ihren wichtigsten Punkten angeführt werden.

2. Religionsunterricht als Schulfach

Ausdruck und Ausübung positiver Grundrechtsausübung

Der Staat, wie ihn das Grundgesetz versteht, achtet – obwohl zu weltanschaulicher Neutralität verpflichtet – gleichwohl auf die religiösen Willensbekundungen seiner Bürger und darauf, dass sie ihre Grundrechte auch ausüben können. Deswegen richtet er zur Wahrung der positiven Religionsfreiheit ein entsprechendes Schulfach Religionsunterricht ein. Da die Religionsfreiheit nämlich zu den »Grundrechten« (Artikel 1–19 GG) zählt, ist der Religionsunterricht weder eine »großzügige Geste des Staates« noch ein kirchliches Privileg, er ist vielmehr zur »Sicherung der Grundrechtsausübung durch den Einzelnen« (EKD 1994, 86) im Raum der öffentlichen Schule eingerichtet. Kinder und Jugendliche sollen sich in dem speziell dafür vorgesehenen Schulfach eigenständig und frei religiös orientieren können. Auch für den Staat selbst ist wichtig, dass sich die Heranwachsenden »mit den ihn tragenden Werten und ihrer kulturellen, weltanschaulichen und religiösen Herkunft« auseinander setzen (EKD 1994, 86), da er auf Überzeugungen beruht, die er selbst nicht schaffen kann (Ernst-Wilhelm Böckenförde).

In Verantwortung von Staat und Religionsgemeinschaften (Kirchen)

Die Besonderheit des schulischen Religionsunterrichts besteht nicht nur darin, dass er als einziges Fach im Grundgesetz genannt wird, sondern vor allem darin, dass er infolge von Art. 7 Abs. 3 S. 2 *von zwei Seiten verantwortet* wird, nämlich vom Staat und den Religionsgemeinschaften resp. Kirchen, was so für kein anderes Fach der Fall ist. Der Staat verzichtet beim Religionsunterricht auf seine sonst in der Schule wahrgenommene bildungsmäßige und bildungspolitische Alleinzuständigkeit und greift zur inhaltlichen Ausgestaltung auf die Religionsgemeinschaften resp. Kirchen zurück. Dies ist aufgrund des Grundgesetzes auch unabdingbar: Da der Staat nach Art. 4 GG weltanschaulich neutral zu sein hat – auch im Raum der Schule –, darf er infolge von Art. 7 Abs. 3 nicht selbst die Inhalte für den Religionsunterricht festlegen bzw. dieses Fach in die eigene Alleinregie nehmen. Seine Aufgabe erstreckt sich im Wesentlichen darauf, die organisatorischen Voraussetzungen zu schaffen und die schulischen Rahmenbedingungen im Blick zu haben. Im Sinne einer »res mixta« sind »Ordnung und Durchführung des Religionsunterrichts staatliche Aufgabe und Angelegenheit« und gehören zugleich »in den Verantwortungsbereich der Kirchen bzw. Religionsgemeinschaften« (EKD 1994, 87), die für die inhaltliche Ausgestaltung zuständig sind. Die dafür notwendigen konkreten Vereinbarungen zwischen Staat und Kirchen sind durch Konkordate (katholisch), Staatskirchenverträge (evangelisch) und weitere Gesetze geregelt. Ferner ist darauf hinzuweisen, dass bei Einhaltung bestimmter praktisch erforderlicher Konditionen grundsätzlich jede Religionsgemeinschaft das Recht hat, mittels ausgebildeter Lehrkräfte für ihre Mitglieder ein entsprechendes Fach Religionsunterricht einzurichten.

»Ordentliches Lehrfach«

Nach Art. 7 Abs. 3 S. 1 GG ist der Religionsunterricht »ordentliches Lehrfach«, was mit einer Reihe wichtiger Folgen einhergeht (vgl. Adam 2003, 169f; Ziebertz 2003d, 184f):

- Der Religionsunterricht unterliegt staatlichem *Schulrecht* und staatlicher *Schulaufsicht*. Von Staat und Kirchen (bzw. Religionsgemeinschaften) verantwortet, wird er vom Staat veranstaltet, ist also eine *Veranstaltung des Staates*, nicht der Kirchen.

- Seine Einrichtung als *Pflichtfach* ist für Schulträger *obligatorisch*. Im schulischen Fächerkanon hat er damit seinen festen Platz, wird im Rahmen des Stundenplans erteilt und unterliegt denselben formalen Bedingungen wie die anderen Fächer.
- Der Staat als Träger und Veranstalter des Schulwesens ist für den *äußeren Ablauf des Faches* verantwortlich, also für die Bereitstellung der entsprechenden Religionslehrkräfte, den Erlass der Fachlehrpläne Evangelische und Katholische Religionslehre sowie die Bereitstellung von Materialien.
- Als ordentliches Lehrfach muss sich Religionsunterricht auch von den *allgemeinen Erziehungs-, Lern- und Bildungsanliegen der Schule(n)* her begreifen, wie sie in den einzelnen Länderverfassungen konkret formuliert sind. An ihnen hat er sich, da er nicht einfach kirchliche Katechese in der Schule ist, zu orientieren. Dies tut er, indem er sich zum einen an der Erfüllung der allgemeinen schulischen Erziehungs- und Bildungsaufgaben beteiligt und zum anderen die spezifisch religiöse Lern- und Bildungsaufgabe verfolgt.
- Wie in jedem anderen Schulfach werden auch im Religionsunterricht Noten vergeben, wobei diese *versetzungserheblich* sind. Benotet werden dabei nicht Religiosität, Glaube oder Kirchlichkeit der SchülerInnen, sondern ihre »messbaren Leistungen«, wie sie sie im Rahmen des Unterrichts oder häuslicher Vorbereitung erbringen. Dazu gehören Kenntnisse und »Fähigkeiten, Gelerntes zu verstehen und wiederzugeben, es in Zusammenhänge einzuordnen und selbstständig Fragen zu stellen, Probleme zu sehen und Lösungen zu erarbeiten usw.« (Adam 2003, 170). Dabei kann und muss im Religionsunterricht – gerade der Grundschule – nicht alles gemessen und benotet werden (s. III.13).

10.3 Die Verantwortung und Mitwirkung der Religionsgemeinschaften (Kirchen)

Art. 7 Abs. 3 S. 2 GG stellt den Religionsunterricht auch in den »Verantwortungsbereich der Kirchen bzw. Religionsgemeinschaften« (EKD 1994, 87) und sichert ihnen seine inhaltliche Ausgestaltung zu. In unserem Zusammenhang heißt dies: Die Kirchen sind personaliter an den entsprechenden Lehrplankommissionen ebenso beteiligt wie an der materialen Ausgestaltung der Lehrpläne, sie entscheiden mit über die Zulassung von Lehrmitteln, und staatliche (wie auch kirchliche) Lehrkräfte mit Fach Religion bedürfen der kirchlichen »Zustimmung« (Missio bzw. Vocatio), damit sie Religionsunterricht erteilen können.

»... in Übereinstimmung mit Grundsätzen der Religionsgemeinschaften«

Infolge von Art. 7 Abs. 3 S. 2 GG entscheiden die Kirchen resp. Religionsgemeinschaften entsprechend ihrer »Grundsätze« über Inhalte und Ziele des Unterrichtsfaches Evangelische bzw. Katholische Religionslehre. Wo menschliche Existenz (nicht nur religionsunterrichtlich) in ihren Grundsituationen und Grundfragen behandelt wird, geschieht dies im Kontext und auf der Basis bestimmter Grundannahmen, eines Referenzrahmens, genauer: einer konkreten Religion und Konfession (s. I., Einführung). Nach katholischem Verständnis partizipiert das Bekenntnis des Einzelnen am Bekenntnis der Kirche, »indem der Christ dem zustimmt, was die Kirche durch ihr Lehramt als christlichen Glauben verbindlich verkündigt« (Frieling 1999, 40; vgl. DBK 1996, 37ff). Evangelischerseits gibt es zwar auch ein »Kirchenbewusstsein, das die Konfession als Institution betont«, doch geht die Evangeliumsverkündigung »nie in der kirchlichen Lehre, in Dogmen und Bekenntnissen auf« (Frieling 1999, 41). Gibt es dergestalt unterschiedliche Konfessionen, dann resultiert daraus und aus dem hier angeführten Passus des Grundgesetzes die Praxis des nach Konfessionen getrennten Religionsunterrichts (auch) in der Grundschule. Mit einem breiten theologischen und religionspädagogischen Konsens, aber auch nach herrschender juristischer Lehre spricht derzeit viel – nicht alles! (s. auch 5.) – für einen konfessionell verantworteten Religionsunterricht, nicht zuletzt deswegen, weil eine »allgemeine« Religion in Alltag und Lebenswelt nicht vorkommt und ein »allgemeines« Fach Religion von seinen Gegenständen her – gerade für GrundschülerInnen – kaum überschaubar wäre. Demzufolge erscheint es der »Sache«, die eine Konfession bzw. Religionsgemeinschaft vertritt, »angemessen, dass sie von dieser Religionsgemeinschaft authentisch selbst interpretiert und im Unterricht dargestellt wird« (Bitter 2002a, 15). Dies entspricht den Glaubensquellen der jeweiligen Konfession, dient aber auch den Heranwachsenden, weil sie die evangelische und katholische – ggf. auch jüdische und muslimische – Glaubens- und Lebenssicht »jeweils in eigenständigen Fächern aus erster Hand kennen lernen« (Bitter 2002a, 15). Nachgerade in der Grundschule, welcher der Bezug zum gelebten Leben – und im Falle des Religionsunterrichts auch zum gelebten Glauben – wichtig ist, muss die Begegnung mit (Phänomenen) gelebter Religion breiten Raum einnehmen: Hier wird das Spezifische einer Konfession sichtbar (s. I.4). Dies meint einen Religionsunterricht in *konfessioneller Gebundenheit* und nicht in (pluralistischer) Beliebigkeit. Steht dergestalt eine Konfession im Zentrum des Religionsunterrichts, die so die Orientierung an und in einer Konfession bzw. Glaubensgemeinschaft ermöglicht, so ist damit gleichwohl das religiös Andere und Unterschiedene auch im Religionsunterricht der Grundschule nicht auszuschließen, eben weil sich religiöse Identität bei SchülerInnen nur in der Begegnung mit der »eigenen«, aber auch im Kontakt mit anderen Konfessionen bzw. Religionen prozessual entwickelt. Dazu braucht es neben einer Kultivierung des Gemeinsamen und Einenden auch den wachen Blick für das Unterscheidende (s. I.3 und I.4). Mit dem konfessionellen Religionsunterricht sollen die SchülerInnen nicht autoritär in ein religiös-konfessionelles Korsett gezwängt werden, sondern lernen, sich – inmitten religiöser und weltanschaulicher Vielfalt – eigenständig zu orientieren. Dies aber ist durch die vom Grundgesetz bislang vorausgesetzte konfessionelle Gebundenheit des staatlichen Religionsunterrichts gerade nicht ausgeschlossen: Religiös orientieren können sich (nicht nur, aber gerade) GrundschülerInnen einem breiten religionspädagogischen Konsens zufolge eher in einem bekenntnisbezogenen Religionsunterricht als in einem pluralen und allgemeinen Fach Religion. Solche Konfessionalität ist alles andere als Gesinnungszwang. Der von der Verfassung her nämlich »gebotene Schutz vor individuell unerwünschter religiöser Beeinflussung ist nicht durch eine Pluralisierung der Unterrichtsinhalte zu gewährleisten, sondern durch die Möglichkeit freier und sanktionsloser Abmeldung vom Religionsunterricht« (Kästner 2003, 21).

Auf jeden Fall schließt der Passus »in Übereinstimmung mit den Grundsätzen der Religionsgemeinschaften« einen (religiös) neutralen Religionsunterricht aus, verlangt vielmehr theologisch wie juristisch nach identifizierbarer und ausweisbarer konfessioneller Positionalität. Juristischer- und staatlicherseits gibt es eine hohe Neigung, diese »Grundsätze« als verbindliche Normen zu verstehen. Demzufolge müsste Religionsunterricht »ein bekenntnisgebundener, dogmatischer Unterricht sein, und zwar auch in dem Sinne, dass die Heilslehre und die sonstigen Glaubenssätze mit absolutem Geltungsanspruch vorgetragen werden« (Mangoldt/Klein 1957, 284). Zumindest die evangelische Kirche hat diesbezüglich schon 1971 darauf hingewiesen, dass zwar unter den »Grundsätzen der Religionsgemeinschaften« im Sinne der Weimarer Verfassung in der Tat ursprünglich »positive Lehrsätze und Dogmen« verstanden worden seien, diese Auffassung jedoch schon zum damaligen Zeitpunkt nicht dem Stand der evangelisch-theologischen Wissenschaft entsprochen habe. Vielmehr müsste diese Formulierung im Horizont *aktueller* »theologischer und pädagogischer Praxis« interpretiert werden (EKD 1972, 124).

Insgesamt muss dieser Passus bezüglich des schulischen Religionsunterrichts so lange nicht als problematisch empfunden werden, wie die Kirchen resp. Religionsgemeinschaften die konfessionelle Bindung nicht im Rahmen ihrer Mitwirkungsrechte gegen die Bedingungsmöglichkeiten freier schulischer Lern- und Bildungsprozesse ausspielen. Das heißt: Lehren und Lernen von Religion müssen im Raum der Schule frei geschehen können, also ohne Glaubens- und Gewissenszwang.

Die zwei- bzw. dreifache konfessionelle Gebundenheit des Religionsunterrichts

In evangelischem Verständnis ist die Bekenntnisgebundenheit des Faches grundsätzlich *zweifach*, durch das entsprechende Bekenntnis der Religionslehrkraft und durch die konfessionsentsprechende Entfaltung der Unterrichtsinhalte, gegeben; die SchülerInnen müssen nicht der evangelischen Konfession angehören, vielmehr ist evangelischer Religionsunterricht auch für Kinder offen, die nicht evangelisch sind (vgl. EKD 1994). Nach katholischem Verständnis ist der Religionsunterricht *dreifach* konfessionell gebunden: durch die Konfessionalität der Religionslehrkraft, der Unterrichtsinhalte und der SchülerInnen bei gleichzeitiger vorsichtiger Öffnung auch für konfessionell nicht gebundene SchülerInnen (vgl. DBK 1996).

Religionsunterricht – sachlich, aber nicht persönlich obligatorisch

Der Religionsunterricht ist einerseits an den Schulen sachlich-rechtlich garantiert und *als Fach obligatorisch*, gleichzeitig ist er das einzige Schulfach, das nicht persönlich – weder für SchülerInnen noch für Lehrkräfte – verpflichtend gemacht werden kann. Das heißt, dass aufgrund von Art. 4 Abs. 1 GG den SchülerInnen (bzw. den Erziehungsberechtigten; vgl. Art. 7 Abs. 3 S. 2 GG) zusteht, über ihre Teilnahme oder Nichtteilnahme am Religionsunterricht frei zu entscheiden. Gleichermaßen darf keine Lehrkraft gegen ihren Willen gezwungen werden, Religionsunterricht zu erteilen. Damit sind in der Lösung des Grundgesetzes zwei Prinzipien zum Ausgleich gebracht, dass nämlich einerseits in Erziehung und Schule auf Religion nicht verzichtet werden soll, gleichzeitig aber die Glaubens- und Gewissensfreiheit von SchülerInnen und LehrerInnnen geschützt wird.

»Vocatio« und »Missio«

Der Umstand, dass der Religionsunterricht in Verantwortung von Staat und Kirchen steht, konkretisiert sich noch einmal in der Gestalt der Religionslehrkraft: Die staatlichen ReligionslehrerInnen für Evangelische und Katholische Religionslehre brauchen (ebenso wie selbstverständlich auch die kirchlichen Kräfte) nicht nur eine staatlich bestätigte Lehrbefähigung, sondern auch eine entsprechende kirchliche Beauftragung oder Bevollmächtigung für ihr Fach: im evangelischen Bereich Vocatio (»Berufung«), im katholischen Bereich Missio canonica (»Sendung«) genannt (vgl. Adam 2003, 174ff; Ziebertz 2003d, 185f). Diese setzt zunächst einmal voraus, dass die Religionslehrkraft der betreffenden Konfession angehört, in deren Namen sie den Religionsunterricht erteilt. In den weiteren Bestimmungen unterscheiden sich evangelische und katholische Kirche etwas: Für das *evangelische* Religionslehramt ist in den meisten evangelischen Landeskirchen die Vocatio die verbindliche Form der Beauftragung (vgl. EKD 2000, 15). Erst mit ihr darf eine Religionslehrkraft, die die staatliche (oder kirchliche) Lehrbefähigung für den Religionsunterricht erlangt hat, das Fach auch unterrichten. Konkret sieht das so aus, dass für die Zeit der sog. zweiten Phase (Lehramtsausbildung) kirchlicherseits eine vorläufige Bevollmächtigung oder Berufung ausgestellt wird, und dann nach abgeschlossener Ausbildung und zweitem Examen (und Anstellung im Schuldienst) die endgültige Vocatio erteilt wird. In aller Regel wird dies in einer gottesdienstlichen Feier begangen, während der die Vocatio-Urkunde überreicht wird. Die Möglichkeit einer Entziehung der Vocatio ist kirchengesetzlich fixiert. War seit den 40er-Jahren des 20. Jh. die Vocatio durchaus auch ein kirchliches Kontrollinstrument, so hat sich dies im letzten Drittel des vergangenen Jahrhunderts geändert. Im Vordergrund steht jetzt wirklich die Berufung der Religionslehrkraft seitens der Kirche, der Zuspruch des Evangeliums an sie sowie das Angebot der Begründung eines Vertrauensverhältnisses (vgl. EKD 1972, 126). Die Vocatio soll m.a.W. die Beziehungen zwischen Kirche und Religionslehrkraft vertiefen. Ausdruck dieser Bemühungen sind kirchlicherseits Beratungs- und Fortbildungsangebote auf Orts- und Gemeindeebene, aber auch in den entsprechenden religionspädagogischen Zentren oder Instituten. So ist die Vocatio »ein Zeichen kirchlicher Wertschätzung für einen schwierigen Dienst im Schnittfeld von Kirche und Gesellschaft« (EKD 2000, 15). Gleichzeitig sind die Religionslehrkräfte aber auch gebeten, »ihre Fähigkeiten und Erfahrungen in die Kirche einzubringen« (EKD 2000, 16).

Für das *katholische* Religionslehramt erhält die Religionslehrkraft zu Beginn des Referendariats die vorläufige kirchliche Lehrerlaubnis und nach erfolgreich abgelegtem zweiten Staatsexamen die notwendige Missio vom zuständigen Ortsbischof. Auch sie wird im Rahmen eines Gottesdienstes urkundlich überreicht. Entsprechende Rahmenrichtlinien für ihre Verleihung sind bundeseinheitlich geregelt; Kriterien für die Verleihung der Missio sind:

- Die Religionslehrkraft ist bereit, den Religionsunterricht in Übereinstimmung mit der Lehre der katholischen Kirche zu erteilen.
- Die Religionslehrkraft beachtet in ihrer persönlichen Lebensführung die Grundsätze der Lehre der katholischen Kirche.

Dabei ist die Beziehung zur Ortskirche von Bedeutung, da mit der Erteilung der Missio konkrete kirchliche Erwartungen an das fachliche wie persönliche Handeln der Religionslehrkraft verbunden sind.
In der Praxis sieht das so aus: Die Religionslehrkraft muss einen Antrag auf Erteilung der Missio an den Bischof stellen, wenn sie das zweite Staatsexamen bestanden hat. Hinsichtlich der formalen Prozedur erteilen die Mentorate bzw. auch die bischöflichen Schulämter Auskunft. Auch der Missio inhäriert dabei der Vergewisserungs- und Unterstützungsgedanke, der in der Veranstaltung von Fortbildungskursen und der Bereitstellung von Unterrichtsmaterial seitens der bischöflichen Schulämter oder religionspädagogischer Zentren zum Ausdruck kommt.
Insgesamt: Missio und Vocatio formulieren katholischerseits wie evangelischerseits einen *Zuspruch*, aber auch einen Anspruch an die ReligionslehrerInnen, und sie wollen ein *Schutzinstrument* für ReligionslehrerInnen und Religionsunterricht gegenüber staatlichen Ein- und Übergriffen sein.

4. Religionsunterricht in Deutschland – ein Auslaufmodell?

Mit Blick auf die internationale wie europäische Situation wird immer wieder einmal vorgetragen, die Konzipierung von Religionsunterricht nach Art. 7 Abs. 3 GG sei zwar geschichtlich verständlich, habe aber so keine Zukunft mehr. Die Verhältnisse hätten sich nämlich derartig verändert, dass den Religionsgemeinschaften resp. Kirchen kein Ausgestaltungs- oder Mitwirkungsrecht für dieses Fach mehr gewährt werden könne (s. aber I., Einführung und I.1). Diese Sichtweise übersieht zweierlei (vgl. Schweitzer 2002a, 19f):
Zum einen wird nicht der freiheitliche Grundansatz des Verfassungsmodells wahrgenommen. Der Staat gewährt Heranwachsenden generell und im Raum der Schule positive Religionsfreiheit, also das *Recht zur Religionsausübung*. Zum anderen wird nicht gesehen, dass es in fast allen europäischen Ländern Religionsunterricht an der Schule gibt, häufig unter Mitwirkung der Religionsgemeinschaften (vgl. Stettberger 2003). Ohne rein religions*kundliche* Ausgestaltungen des Faches in Europa zu leugnen (z.B. England und Wales, auch Schweden), muss man darauf hinweisen, dass es nicht nur in Deutschland konfessionellen Religionsunterricht gibt. Zu den wenigen Ländern ohne schulischen Religionsunterricht zählt z.B. Frankreich, das in der Verfassung eine strikte Trennung von Staat und Kirchen bzw. Religionsgemeinschaften verankert hat. Religiöse Unterweisung findet hier im innerkirchlichen Raum bzw. in kirchlichen Schulen statt. Die grundsätzli-

che Anfrage an dieses Modell aber muss lauten, ob Religion wirklich derart Privatsache ist bzw. ob sie nicht doch, mehr als wir zugeben, auch eine öffentliche Sache ist bzw. sein sollte.

5. Veränderungen

Das infolge der angeführten Grundgesetz-Passagen eingeführte Modell eines Religionsunterrichts in zwei konfessionellen Ausprägungen war so lange einigermaßen unstrittig akzeptiert, als die im Grundgesetz erwähnten Religionsgemeinschaften sich fast völlig aus evangelischer und katholischer Konfession (1945 ca. 96% der Wohnbevölkerung) zusammensetzten. Zwar hat sich an den rechtlichen Gegebenheiten, wie sie im Grundgesetz (1949) formuliert sind, grundsätzlich nichts geändert, wohl aber haben sich vor allem in den letzten zwei bis drei Jahrzehnten erhebliche gesellschaftliche Veränderungen ergeben.

(1) Da ist zum einen ein nicht zu übersehender *Rückgang konfessionellen Bewusstseins* und konfessioneller Differenzierung zu beobachten – was man als Gewinn, aber auch als Verlust ansehen kann. Christen betonen heute oftmals weniger das spezifisch Evangelisch-Lutherische oder das Römisch-Katholische als vielmehr das Gemeinsame und »Gemeinchristliche«. Die »Evangelische Kirche in Deutschland« (EKD) hat mit ihrer Denkschrift »Identität und Verständigung« (1994) einen großen Schritt in Richtung ökumenischer Kooperation im Religionsunterricht getan. Danach soll der evangelische und katholische Religionsunterricht beibehalten, aber durch kooperativen Unterricht erweitert und ergänzt werden, damit gemeinsam gelernt und gearbeitet werden kann. Dazu gibt es auch erste Praxiserfahrungen in der Grundschule (s. I.3). Die katholischen Bischöfe haben in einer entsprechenden Stellungnahme »Die bildende Kraft des Religionsunterrichts« (1996) stärker die Konfessionalität des Religionsunterrichts betont und zeigen sich – auch in späteren Erklärungen – hinsichtlich des Ausmaßes eines konfessionell-kooperativen Religionsunterrichts und der Konfessionszugehörigkeit der Kinder reservierter.

(2) Zum anderen ist – nicht zuletzt infolge der deutschen Vereinigung im Jahre 1990 – eine neue Situation in Deutschland entstanden, die man als konfessionelle Dreiteilung bezeichnen kann: Von der Wohnbevölkerung in Deutschland sind nun ca. 26,65 Millionen katholisch, 26,45 Millionen evangelisch, aber auch 23 Millionen, also gut ein Drittel, »konfessionslos«, d.h. ohne Kir-

chenzugehörigkeit (vgl. EKD 2003a, 29). Wie sollen die SchülerInnen (vor allem, aber nicht nur) in den östlichen Bundesländern unterrichtet werden, die keine Konfessions- oder Religionszughörigkeit haben? Ob die flächendeckende Einführung *allein* des konfessionellen Religionsunterrichts nach Art. 7 Abs. 3 GG zufrieden stellen kann, wenn die entsprechende Konfession gar keine zahlenmäßig ins Auge fallende gesellschaftliche Realität ist, darf bezweifelt werden. Brandenburg hat sich hier (für die Klassen ab Sekundarstufe I) mit dem eingangs erwähnten LER-Fach beholfen. Was aber ist mit den »konfessionslosen« Kindern in anderen Bundesländern?

(3) Schließlich gibt es die neuen Herausforderungen, wie sie aus *multikulturellen und multireligiösen Veränderungen* unserer Gesellschaft resultieren: In Deutschland leben heute etwa 3,3 Millionen Muslime, 0,56 Millionen Andersreligiöse wie Juden, Buddhisten und Hinduisten sowie 1,56 Millionen Christen anderer Kirchen (vgl. EKD 2003a, 29). Wie können deren Kinder das Recht auf Religionsfreiheit in der Schule ausüben? Hier bedarf es einer »interpretativen Fortentwicklung der Verfassung« (so schon EKD 1972, 119), die einerseits die rechtlichen Gedanken des Art. 7 Abs. 3 GG im Kern bewahrt, sie andererseits »aber auf eine veränderte Situation anwendbar macht« (EKD 1994, 87). Die Folge wäre dann die *Einrichtung weiterer Religionsunterrichtsangebote*, vor allem im Falle der Muslime. Legt man dabei die konfessionell getrennte Lösung zugrunde, dann hat dies für Staat und Schulen einen beträchtlichen Mehraufwand zur Folge, und zwar hinsichtlich Personal, Schulräumen etc. Organisatorisch ist dies oft nur schwierig zu bewerkstelligen und wird häufig mit der pädagogischen Frage verbunden, ob gerade Grundschulkinder in diesem Bereich mit zentralen Lebensthemen getrennt werden sollen und dürfen (vgl. Asbrand 2000). Das Postulat *eines* Schulfaches »Religion« lässt dann nicht lange auf sich warten; bei ihm ist freilich ungeklärt, wie konfessionelle Profile gewahrt werden sollen.

Insgesamt spricht bei diesem Stand der Dinge viel dafür, dass es in Deutschland zunehmend mehrere und verschiedene Realisationsformen von Religionsunterricht – die es ansatzweise schon immer gegeben hat (siehe oben) – geben wird, aber kein Religionsunterricht-Einheitsmodell.

Zusammenfassung:

Als grundgesetzlich garantiertes »ordentliches Lehrfach«, das in Übereinstimmung mit den Grundsätzen der Religionsgemeinschaften erteilt wird, ist Religionsunterricht im Spannungsfeld zwischen Staat und Kirche angesiedelt. Staat und Kirche tragen gemeinsam die Verantwortung für ihn, jeweils in den ihnen zustehenden Bereichen. Der Religionsunterricht ist aus der Schule nicht wegzudenken, weil er für die SchülerInnen das Grundrecht auf Religionsausübung sichert. Gleichwohl muss in Zeiten gravierender gesellschaftlicher Umbrüche und mit Blick auf theologische Entwicklungen auch über veränderte Formen des Religionsunterrichts nachgedacht werden.

Lesehinweis:

Grethlein, Christian (2002a): Schule braucht Religion. In: Wermke, Michael (Hg.): Aus gutem Grund: Religionsunterricht. Göttingen, 27–33.

Schweitzer, Friedrich (2002a): Der Religionsunterricht in Deutschland und anderswo. In: Wermke, Michael (Hg.): Aus gutem Grund: Religionsunterricht. Göttingen, 14–21.

I.10 Religionsunterricht und andere Orte religiöser Bildung

Familie, Gemeinde, Öffentlichkeit

Werner H. Ritter

Um das Thema Religion geht es im Religionsunterricht und – wie wir gesehen haben (s. I.5) – im fächerverbindenden Lernen sowie der Schulkultur. Schule und Unterricht sind zweifellos sehr wichtige Orte religiöser Erziehung und Bildung. Doch am (Er-)Lernen von Religion, an religiöser Sozialisation und Bildung sind darüber hinaus noch andere Sozialisationsinstanzen beteiligt, im Einzelnen unterschiedlich, aber doch markant (1). Wir konzentrieren uns im Folgenden auf die Familie (2), die Gemeinde (3) und die Öffentlichkeit (4).

1. Verschiedene Lernorte von Religion und Glauben

Der schulische Religionsunterricht ist im Laufe der letzten 40 bis 50 Jahre infolge einschneidender gesamtgesellschaftlicher wie religiöser Veränderungen (s. I.1) zu einem, wenn nicht *dem* zentralen Ort religiösen Lernens und religiöser Bildung geworden. Hier können Heranwachsende 9 bis 12 Schuljahre lang über »Gott und die Welt« nachdenken, reden, Erfahrungen machen und sich orientieren – wir haben sonst keine zeitlich vergleichbar lange wirkmächtige Sozialisationsinstanz. Es spricht in der Tat viel dafür, »dass der Religionsunterricht heute quantitativ und qualitativ das einflussreichste Element im gesellschaftlichen Distributionsprozess religiösen Wissens ist« (Feige 1991, 34). Zweifellos brauchen Kinder (und Jugendliche) zum (Auf-)Wachsen einen solchen außerfamilialen Schon-, Lebens- und Erfahrungsraum, in dem sie Existenzielles bedenken und erproben können.
Es zeigt sich gleichwohl, dass religiöse Fragen, Inhalte und Elemente auch außerschulisch einen Platz haben und im Leben der Heranwachsenden vorkommen müssen, wenn Religion zu einer wirklichen Dimension ihres Lebens und Lernens

werden soll. Urie Bronfenbrenner hat mit seiner ökologischen Sozialisationsforschung nachdrücklich sehr grundsätzlich darauf aufmerksam gemacht, dass für den Verlauf des menschlichen Sozialisationsprozesses verschiedene Ebenen bzw. Faktoren – nicht nur eine(r)! – eine wichtige Rolle spielen (vgl. Bronfenbrenner 1976; 1981). Zugespitzt formuliert: Damit Sozialisationsprozesse erfolgreich verlaufen, ist es erforderlich, dass verschiedene Ebenen bzw. Faktoren zusammenspielen und gleichsam »an einem Strang ziehen«. Will sagen: Damit ein Sachverhalt sozialisatorisch von Heranwachsenden als relevant erfahren werden kann, muss er seitens mehrerer Sozialisationsebenen bzw. -instanzen als relevant erscheinen. Auf je mehr Ebenen bzw. durch je mehr Faktoren er als relevant ausgewiesen wird, desto eher erfährt er eine Bestätigung seiner Wichtigkeit. Auf Religion bezogen heißt dies: Wenn Religion als wichtig erscheinen soll, braucht sie die positive Verstärkung (reinforcement) – am besten – auf mehreren Ebenen. Bei zu wenig Unterstützung kommt es zu einem negativen reinforcement – Religion unterliegt dann »Löschbedingungen«, wird also in ihrer Wichtigkeit geschwächt. Ein Studium der entwicklungspsychologischen und soziologischen Literatur – vor allem in ihrer ökosozialen Ausarbeitung – macht damit auf die Begrenztheit und Ergänzungsbedürftigkeit einzelner (hier: religiöser) Lernorte aufmerksam und zeigt, dass für religiöse Bildung eine Konzentration allein auf den schulischen Religionsunterricht unzureichend ist, da es noch andere Orte und (alltägliche) Sozialformen religiösen Lernens und Sich-Bildens gibt, die sich in jedem Fall auf das Lernen von Religion auswirken, sei es stärkend oder eben schwächend. Für religiöse Bildung in einem komplexen Sinn, wie sie hier verstanden wird (s. I., Einführung), ist also nicht allein der schulische Religionsunterricht die entscheidende ursächliche Größe. Vielmehr gilt es, die Verflochtenheit religionspädagogisch inszenierter Lernangebote mit anderen Ebenen und Bereichen religiöser Erziehung, Sozialisation und Bildung zu bedenken. Religiöse Bildung entsteht, so gesehen, in einer Art konzentrierter Aktion als einem Ineinandergreifen und Interagieren verschiedener Sozialisationsfelder und -instanzen und ist das Ergebnis eines sehr vielschichtigen *Prozesses*.

Die Religiosität eines Heranwachsenden unterliegt, genauer betrachtet, einer *Entwicklung* als Abfolge miteinander verbundener Veränderungen. Mittelbar beruht sie auf lernunabhängigen Reifungs- und Wachstumsvorgängen (Gehirn, Psyche). Unmittelbar entwickelt sie sich dadurch,

- dass einerseits die *Umgebung*, v.a. in der Familie, sodann in der weiteren Sozialisation (Kindergarten, Schule, Peergroup, Öffentlichkeit), das Lernen am Modell (Vorbild), die Fremdverstärkung und der kommunikativ-verbale Einfluss anderer (Lernen/Lehren) Anregungen vermittelt
- und dass andererseits der Heranwachsende *selbst* diese Einflüsse aktiv verarbeitet und sich bildet.

Die Religionspädagogik spricht in diesem Sinne seit geraumer Zeit von verschiedenen Lernorten von Religion bzw. des Glaubens (vgl. Bitter u.a. 2002, 293–432; DBK 2004, 26ff). Das meint, dass die Glaubensgeschichte bzw. religiöse Biografie von Menschen sich gleichsam aus verschiedenen Quellen speist bzw. mit verschiedenen Sozialisationsebenen resp. -instanzen zu tun hat. Dabei ist heute der Einzelne im Blick und nicht so sehr wie zu Zeiten der Evangelischen Unterweisung und der Materialkerygmatik der 40er- bis 60er-Jahre des vergangenen Jahrhunderts der kirchliche Gesamtkatechumenat. Religiöse Bildung gleicht dabei einem Netzwerk, bei dem viele Fäden wichtig sind. Jeder (Lern-)Ort hat seine *eigenen* Aufgaben, Qualitäten, Chancen, aber auch seine Grenzen und steht in einer notwendigen Beziehung zu den anderen; ein Ort kann nicht alles abdecken: »Wir lernen zentrale Fähigkeiten für unser Leben in der Familie, zugleich aber kann – so wissen wir – religiöse Entwicklung von Kindern nur schwer gelingen, wenn die Familie nicht ergänzt und erweitert wird durch Schule, Jugendarbeit und Gemeinde« (Kohler-Spiegel 2000, 191). Fehlt ein Ort völlig, hinterlässt das Spuren und hat Folgen für die anderen Bereiche. Näherhin zählen Familie und Gemeinde seit langem zu den altbewährten und »klassischen« religiösen Sozialisationsinstanzen, deren Bedeutung allerdings infolge erheblicher gesamtgesellschaftlicher Veränderungen in Frage gestellt ist, die auf jeden Fall derzeit nicht mehr die Bedeutung haben, die sie ehemals – etwa vor 50 Jahren – hatten. Gleichwohl sollen sie hier und heute exemplarisch betrachtet werden. Während wir andere bedeutungsvolle Orte religiöser Sozialisation und Bildung wie Kindergarten, Kindertagesstätten, Kinder- (und Jugend-)arbeit, Kindergottesdienst, Schulpastoral/ Schulseelsorge usw. hier bewusst ausklammern (vgl. dazu Grethlein 1998b, 307ff; Leimgruber 2003a; Bitter u.a. 2002, 304ff), soll ein relativ neues Sozialisationsfeld in seiner Bedeutung für religiöse Bildung sehr wohl bedacht werden: Öffentlichkeit und Medien. Wir legen dabei im Folgenden einen weiten Religionsbegriff (s. I., Einführung) zugrunde, der einerseits Religion in christlicher Konnotation und Gebundenheit versteht, sie andererseits aber auch als Suchbewegung von Subjekten nach Letztgültigem erscheinen lässt. Kirchlichkeit ist dann eine Spezialform, aber nicht die einzige Form von Religion.

2. Familie

Familien früher

In traditionalen, bäuerlichen Gesellschaften – bei uns noch vor zwei- bis einhundert Jahren – waren Glaube und Religion fest eingebunden in die prägenden Lebensgewohnheiten vorwiegend ländlicher Lebensgemeinschaften. Da waren die festen Kirchgangssitten, der Rhythmus des Kirchenjahres mit seinen Festen (s. II.8), da waren die Familien, die ihre kirchliche Anbindung traditionell an die nachwachsenden Generationen weitergaben, indem sie die Kinder in diesem Lebensmodell ansiedelten. Durch learning by doing (und nicht im 45-Minuten-Takt bzw. »künstlich« aus dem Alltag herausgenommen und in die Schule »abgeschoben«), durch Mitleben in den Familien wurde »man« kirchlich-religiös sozialisiert und gebildet. Lange Zeit, bis in die 60er-Jahre des 20. Jh. hinein, galt die Familie neben der Gemeinde und (weit) vor dem schulischen Religionsunterricht traditionell als genuiner Ort von Religion, der religiösen Erziehung und des Glauben-Lernens, war sie gleichsam die Keimzelle des christlichen Glaubens, weil hier ganz maßgeblich dessen Weitergabe erfolgte. Sie war die basale religiöse Sozialisationsinstanz, die auf Kirche und Gemeinde zuarbeitetete – zumindest aus kirchlich-pastoraler Sicht. Dies aber hat sich seitdem zunehmend verändert. War das eben Entfaltete früher in aller Regel die »Norm«, so stellt es heute eine »Möglichkeit« dar, die in einem Teil der Familien gegeben ist, in anderen nicht.

Familien heute

Heute, in (post-)modernen Zeiten, leben Menschen nicht mehr in den herkömmlichen Sozialmilieus katholisch imprägnierter Arbeiterschaft bzw. protestantisch geprägter Landbevölkerung und Beamtenschicht. Der gesellschaftliche Wandel hat – so sehr noch da und dort gewisse Elemente der ehedem fest gefügten alten Sozialmilieus erkennbar sind – neue Lebensstile hervorgebracht (vgl. Schwab 2002a, 37), deren wichtigste gemeinsame Merkmale Individualisierung, Pluralisierung und Privatisierung (s. I.1) sind. Natürlich haben diese Veränderungen längst auch die Familien erreicht und ihr Erscheinungsbild deutlich verändert. Die Familie spiegelt als gesellschaftlicher Mikrokosmos Entwicklungen des gesellschaftlichen Makrokosmos wider. Aus pädagogischer Sicht sind die Veränderungen bei den Erziehungszielen und Erziehungsmustern folgenreich: Eltern und Kinder handeln ihre gegenseitigen Erwartungen und Ansprüche meistens aus. Nicht mehr angepasste Kinder und feststehende Normen wie Gehorsam, Disziplin, Pünktlichkeit sind vorrangig genannte Erziehungsziele der Mehrzahl der Eltern, sondern sie wünschen sich selbstständige Kinder. Die Schule muss damit rechnen, dass Kinder daran gewöhnt sind, als Subjekte ernst genommen zu werden, und dies auch einfordern. Ihnen wird in den meisten Familien Freiheit und Offenheit zugestanden und zugemutet, andererseits erwarten die Eltern von ihnen gute Lernleistungen im Hinblick auf die Bildungsabschlüsse, ohne dass sie in der Familie in das für eine gute schulische Leistung erforderliche Maß z.B an Disziplin, Ausdauer, Aufschub von spontanen Bedürfnissen eingeübt worden sind. Auf diese Veränderungen in der Familie vom »Befehlshaushalt« zum »Verhandlungshaushalt« (Peter Bücher) muss sich die Grundschule erst noch einstellen (vgl. Fölling-Albers 2002, 380–384).

Das »klassische« Familienmodell von Eltern mit mehreren Kindern ist heute nur noch eines unter vielen – Individualisierung, Pluralisierung und Privatisierung auch hier. Dennoch ist die Familie, obwohl seit den 60er-Jahren des 20. Jh. oft tot gesagt, nach wie vor von eminenter Bedeutung und wird von den Heranwachsenden selbst als »starkes Netzwerk Familie« empfunden, wie neueste empirische Umfragen unter Heranwachsenden zeigen (Zinnecker u.a. 2002, 21ff). Speziell die Eltern gelten ausnahmslos als »sehr wichtig« (Zinnecker u.a. 2002, 25), und die als bedeutsam empfundene Familie reicht über die Kernfamilie hinaus und umfasst zumindest zwei Generationen (v.a. Großeltern). Auch wenn also neben die oben genannte klassische Familienkonstellation längst eine Reihe anderer Familienformen – Ein-Eltern-Familie, Stieffamilie, Patchworkfamilie (s. I.1) – getreten und zur »Normalität« geworden ist, auch wenn sich die Erscheinungsformen der Familie also geändert haben – Veränderung ist übrigens ein Zeichen des Lebendigen, nur Totes ändert sich nicht! –, ist damit die Familie nicht am Ende. Sie ist und bleibt ein bedeutsamer Lebens- und Orientierungsraum, der ins Leben einführt und einübt, sowie ein prägender sozialer Lern-Ort (vgl. Schwab 2002b, 181), sie ist »der Ort primärer Entwicklung, der Verlässlichkeit, des leistungsfreien Aufgehobenseins und der unverwechselbaren Identität« (Leimgruber 2003a, 280).

Wie die Familie generell für die Sozialisation und Subjektwerdung von Heranwachsenden von großer Bedeutung ist, so ist sie es speziell auch für deren *Religiosität*. Dabei zeigt sich, dass sich auch im Kontext von Religion – Glaube – Kirche infolge des gesamtgesellschaftlichen Wandels *Individualisierung als religiöser Vergesellschaftungsmodus* durchsetzt (vgl. Gabriel 1996; Schwab 2002b, 180). Religiosität wird generell und in den Familien speziell individuell(er) gelebt, die Strukturierungskraft kirchlicher Normen für den Alltag von Familien sinkt (vgl. Klein 2002, 296). Infolge der nachlassenden Kraft der früher sozialisatorisch wirksamen geschlossenen konfessionellen Milieus wird der Kontakt zwischen Familien und Kirchen bzw. Gemeinden liberalisiert, wird es zunehmend notwendig, dass Menschen selbst über ihren Glauben entscheiden und ihn gestalten, und es erfolgt – man denke an Eheschließungen mit konfessions- und religionsver-

schiedenen oder konfessionslosen PartnerInnen – eine Autonomisierung und Individualisierung von Glaube und Religion. Hinzu kommt, dass der Umgang von Eltern und Kindern wesentlich partnerschaftlicher geworden ist – »von der Erziehung zur Beziehung« –, sodass religiöse Erziehung viel mehr als früher auf die Selbstständigkeit der Kinder und ihre Entscheidungen achtet und weniger durch Gehorsam und Normvorgaben geprägt ist.
Im Blick auf religiöse Erziehung wird man diesen Wandel in der Familienstruktur durchaus positiv bewerten können: In den allermeisten Familien gibt es keine fremdbestimmten, angstbesetzten und machtorientierten Formen religiöser Erziehung mehr. Eine allzu straffe und autoritäre Familienreligiosität hat ja nicht selten zu einer Areligiosität und zum Glaubensverlust geführt bis hin zur »Gottesvergiftung«, wie sie Tilmann Moser sehr eindringlich in seiner Abrechnung mit Gott und letztlich auch mit seiner Familienerziehung beschreibt (vgl. Moser 1976). Es gibt auch religiöse Familienerziehung, die sehr bewusst und dennoch äußerst kontraproduktiv ist. Religiöser Zwang durch Eltern (Glauben aufzwingen, Zwang zum Kirchgang, Drohungen mit Gott, Intoleranz) führt ebenso zu Entfremdung wie umgekehrt der völlige Verzicht der Eltern auf religiöse Sozialisation. Religiöse Erziehung, die Kinder in ihrem Streben nach Freiheit und Mündigkeit behindert oder sogar dabei bestraft, provoziert Religionsverlust. Religiöse Erziehung kann nur dort gelingen, wo auch erlebt wird, dass die menschliche Person das Recht auf religiöse Freiheit hat.

Wandel oder Verfall?

Auf diesem Hintergrund ist häufig vor allem (aber nicht nur) im kirchlichen Binnenbereich in Form einer Verfallsthese davon die Rede, dass die Familie – regional sicher unterschiedlich – als religiöse Sozialisationsinstanz teils schon seit hundert, »konzentriert erst seit 20 bis 30 Jahren« »ausgefallen ist« (Feige 1991, 32). So stimmen ältere wie neuere Untersuchungen auffällig oft darin überein, dass Religion – Glaube – Kirche einem rasant zunehmenden Schwund unterliegen (s. auch I.1). Die Sozialwissenschaftlerin Renate Köcher formuliert: »Die Schwächung des Kontaktes zur Kirche und der Rückzug der meisten Elternhäuser aus der religiösen Erziehung haben gravierende Folgen: Die Chancen von Kindern und Jugendlichen gelebte Religion zu erfahren, sind stark gesunken« (Köcher 1987, 179). Für den Soziologen Christof Wolf befindet sich »Religion und Familie in Deutschland« (Wolf 2003) weiter in einem deutlichen Abwärtstrend, wobei er – relativ unverhohlen – Religion mit Kirchlichkeit und einem bestimmten, traditionellen kirchlichen Verhalten identifiziert. Letzteres aber ist eine petitio principi, also eine nicht weiter hinterfragte Grundsatzentscheidung, die erhebliche Folgen hat (s. I., Einführung). De facto stehen Untersuchungen zur religiösen Familienerziehung vor der Schwierigkeit, dass dieser Bereich eben nur schwer empirisch zugänglich ist (Schweitzer 2003f, 96) und zudem mit dem dabei – diskutiert oder undiskutiert – vorausgesetzten Religionsverständnis steht und fällt. Mit Blick auf das von uns hier vorausgesetzte Verständnis von Religion sei an Folgendes erinnert (s. I., Einführung und I.1):

- Religion steht heute weder gesellschaftlich noch familial im Vordergrund des Alltags, eher in dessen Hintergrund, sie ist aber nicht einfach verschwunden.
- Kirche und Kirchlichkeit als »Spezialform von Religion« (Christoph Bizer) haben in der Tat im Verlauf weniger Jahrzehnte stark an Bedeutung verloren (vgl. Ziebertz 1999, 55), sind heute aber nicht einfach bedeutungslos. Die Kirche bleibt für die meisten Menschen auch heute »fremde Heimat«, selbst wenn sie auf weite Strecken ihres Lebens in Distanz zu ihr gehen (vgl. Engelhardt/Loewenich/Steinacker 1997).
- In vielen Familien, auch unterschiedlichen sozialen Milieus, gibt es eine mehrere Jahrhunderte lange, also über Generationen hinweg angebahnte (gewisse) Distanz zur Kirche und kirchlichen Lehre (vgl. Schwab 1995); ebenso hat die Distanz der Kirche(n) zu den Familien tiefe Wurzeln in der Geschichte des Christentums (vgl. Tyrell 1982). Die These vom Verfall der Kirche in der Postmoderne greift also in jedem Fall zu kurz.

Ohne die gravierenden Veränderungen bagatellisieren oder leugnen zu wollen, lautet also die entscheidende Frage: Sind diese Veränderungen als *Zeichen christlich-religiöser Desozialisation* (vgl. Kasch 1978), also des Religionsverfalls bzw. -schwunds zu lesen (vgl. auch Ziebertz 1999, 56), oder kann man sie auch anders verstehen? Die Antwort auf diese Frage ist von grundsätzlicher Bedeutung, nicht nur für die religiöse Erziehung in den Familien heute.

Wandel

Hinsichtlich Familie und Religion ergibt sich seit geraumer Zeit in der derzeitigen gesellschaftlichen Lage ein ambivalentes Bild: Einerseits kann man hier nicht vom definitiven Verfall oder Niedergang von Religion und Religiosität sprechen, andererseits lässt die kirchlich-konfessionelle Anbindungsbereitschaft der Familie gegenüber früher in ihrer Konsistenz sichtlich nach (vgl. Ebertz 1988, 412). Gleichwohl darf der traditionale Eigensinn kirchlich-religiöser Sozialisation in den verschiedenen Regionen Deutschlands nicht übersehen werden (Behnken/Zinnecker 1993). Was für Kinder bzw. Familien und Religion in großstädtischen Ballungsräumen wie Berlin, Hamburg, Köln etc. gelten mag, ist nicht unbedingt der Normalfall, kann vielmehr auch den Blick für reale Gegebenheiten verengen. Infolge des neuzeitlichen Modernisierungsprozesses schwindet zwar die hohe Bedeutung von Glaube und Kirche, und religiöse Bezüge begegnen eher im Hintergrund als im Vordergrund des Alltags. Gleichwohl spricht sehr viel dafür, dass Religion – Glaube – Kirche auch heute für Menschen im Alltag einen *Horizont und Rahmen* bilden, um Leben und Welt zu verstehen, zu deuten und zu begehen (vgl. Ziebertz 1999, 63ff; EKD 2003a), oft transformiert und an anderem Ort als dem klassischen kirchlichen begegnend. Zwar hat Religion keine normierende »Weltbildfunktion« (Jürgen Habermas) mehr wie früher, aber sie ist für die strukturierende und normalisierende Gestaltung von Leben und Wirklichkeit unverzichtbar und dient der Selbst- und Weltverständigung, der Sinn- und Identitätsstiftung der Einzelnen (vgl. Kaufmann 1989).

Familienreligiosität

Die Familie ist nach wie vor – Ausnahmen bestätigen die Regel – ein intimes Beziehungssystem (vgl. Schwab 2002a, 36), in dem es um Vertrauen, Geborgenheit, Gemeinschaft, aber auch Versagen und Schwächen geht. In der Familie machen Heranwachsende fundamentale Erfahrungen mit dem, was den Familienmitgliedern wichtig und »heilig« ist, was sie zentral angeht. Hier brechen Fragen nach Sinn, Liebe, Hoffnung und Zukunft auf (vgl. Ziebertz 1999, 55), die durchaus (krypto-)religiöse Qualität haben (vgl. Leimgruber 2003a, 280), die das Leben vieler Familien »zumindest impliziert religiös« erscheinen lassen (Bucher 2002b, 195). Hinsichtlich manifester kirchlich-konfessioneller Christlichkeit heißt das: Ohne dass kirchliche Bezüge einfach total passé wären, werden diesen individualisierte familiale religiöse Bedürfnisse und Notwendigkeiten vorgelagert, die bei entsprechenden Gelegenheiten und auf bestimmte Zeit aktiviert werden, wenn sie lebensbedeutsam erscheinen. Familienreligiosität liegt deswegen wesentlich im Zuständigkeitsbereich und Gestaltungsbereich der Familienmitglieder, über die sich diese immer wieder neu verständigen müssen (vgl. Klein 2002, 296). Insofern wird aus (früher) *selbstverständlichem* kirchlichen Verhalten heute das *selbst entscheidende* individuell-religiöse Verhalten – die Familie akkommodiert sich an den sie umgebenden gesellschaftlichen Individualisierungsmodus. Glaube und Kirche sind demzufolge für Familien mehr eine Option als eine Norm, also eine Möglichkeit für das Familienleben (vgl. Schwab 2002a, 35). Letzteres ist dann nicht einfach generell als religionslos zu deklarieren, auch wenn es entschieden weniger kirchlich normiert ist als vorzeiten. Abnehmende Kirchenbindung muss nicht automatisch mit rückläufiger Religiosität einhergehen, wie auch hohe Kirchlichkeit nicht zwangsläufig mit lebendiger Religiosität identisch sein muss.

Der evangelische Theologe Ernst Troeltsch (1865–1923) hat in diesem Sinne unter Verweis auf verschiedene außerkirchliche Bewegungen in der Geschichte des Christentums auf etwas aufmerksam gemacht, was uns auch heute nachdenklich stimmen kann, nämlich, dass die »lebendigsten Zeiten der Religion ... die unkirchlichsten (sind)« (Troeltsch 1922, 148).
Das aber heißt: Es ist damit zu rechnen, dass Familien religiöse Orientierungen auch dann wirksam weitergeben können, wenn sie von kirchlichen Erwartungen abweichen. Was in kirchlicher Perspektive wie ein Nachlassen familialer religiöser Erziehung aussieht, kann sich für Familien selbst anders darstellen, nämlich als »erfolgreiche« Weitergabe von Familienreligiosität (vgl. Schweitzer 2003b, 105). Michael N. Ebertz wies in diesem Sinne schon Ende der 80er-Jahre des 20. Jh. in einer Analyse verschiedener entsprechender Studien darauf hin, dass Eltern vielfach religiöse Erziehung prinzipiell bejahten, sie jedoch nicht auf kirchlich Angesonnenes (das sie freilich unter »Marktgesichtspunkten« einbezögen) beschränkten. Nach Ebertz ist die situative und punktuelle Präsenz von Religiosität in der Familie in kaum einem anderen Lebensbereich, der religiös ebenso unspezifisch ist wie die Familie, in diesem Umfang anzutreffen (vgl. Ebertz 1988).
Aber auch in jüngerer und jüngster Zeit kommen Untersuchungen zur religiösen Familienerziehung zu erstaunlichen Ergebnissen, die den gewöhnlichen oben referierten früheren Untersuchungen mit ihrer These vom Schwund familialer religiöser Erziehung zuwiderlaufen. So macht eine qualitativ empirische Untersuchung zur Familienreligiosität (vgl. Schwab 1995) deutlich, dass es in Familien nach wie vor Interesse an religiöser Erziehung gibt, sich solche Familienreligiosität aber anders konkretisiert, als Kirchen das erwarten, nämlich stark individualisiert, pluralisiert und privatisiert. Ein neuer Survey zur Kindheit in Deutschland zeigt, dass hinsichtlich Religiosität »die kulturelle Tradierung qua Familiensozialisation in diesem Bereich besonders hoch und direkt ist«, viel stärker sogar als etwa die »Weitergabe von Sportkultur, einer Kultur des sozialen Aufstiegs« und vor allem als der »Transfer von Bildungsorientierung und Bildungserfolg« (Zinnecker/Silbereisen 1996, 355). Übrigens haben dieser Veröffentlichung zufolge katholische Kinder eine ca. 15 bis 20% größere Wahrscheinlichkeit, von ihren Eltern religiös erzogen zu werden als protestantische. Gleichwohl ist die elterliche religiöse Erziehungsbereitschaft bzw. -wahrscheinlichkeit katholisch (ca. 80%) wie evangelisch (ca. 60%) erstaunlich hoch. Den Ergebnissen der dritten EKD-Mitgliedschaftserhebung von 1992 zufolge sehen drei Viertel aller Evangelischen die Eltern als diejenigen an, die die eigene »Einstellung zu Religion, Glauben und Kirche besonders beeinflusst« haben (Engelhardt/Loewenich/Steinacker 1997, 90). Und selbst der oben schon referierte Christof Wolf muss einräumen, dass vor allem für Westdeutschland die Chance für einen Kontakt mit Kirche(n)

bei Menschen steigt, die in Familien leben; hier gibt es »eine deutlich größere Nähe zur Kirche«, und man begegnet religiösen Themen aufgeschlossener als andere (vgl. Wolf 2003, 67).

Bei dieser sog. Familienreligiosität handelt es sich näherhin um eine hoch individualisierte Form von Religion, die eng mit dem Familienleben verbunden ist: mit alltäglichen Bedürfnissen, Krisen- und Glückserfahrungen, mit biografischen Zusammenhängen. Es sind vor allem die Frauen (Mütter und Großmütter), die die Gestaltung familialer Religiosität übernehmen, unter Einbeziehung der Kinder, deren eigenständiges Entscheiden und Mittun wichtig ist. Familienreligiosität ist ein Halt in schwierigen Lebenszeiten und eine Quelle gelungener Lebensbewältigung, die von kirchlich orientierten, aber auch distanzierten und aus der Kirche ausgetretenen Eltern wertgeschätzt wird (vgl. Klein 2002, 296ff). Die überwiegende Zahl der Familien nimmt kirchliche Begleitung bei »Kasualien« wie Taufe (ca. 90%), Hochzeit, Kommunion, Firmung bzw. Konfirmation, Beerdigung in Anspruch, auch wenn die sonstigen Kontakte zur Kirche selten sind. Letztere erfolgen weniger alltagszyklisch als lebens- und jahreszyklisch: zu den großen Festen im Jahreskreislauf wie Advent, Weihnachten, Ostern, Erntedank und eben an biografischen »Wendepunkten des Lebens« – hier wird nach wie vor auf die Kirchen, ihre Symbole, Riten, Formen, Gebräuche und Gestaltungsangebote zurückgegriffen (s. II.8).

Wichtige Formen individualisierter Familienreligiosität sind: das Erzählen von (Gute-Nacht-)Geschichten, auch biblischen Geschichten, Gebete (vor allem vor dem Einschlafen), Singen, religiöse Familienriten, Gespräche usw. (vgl. Klein 2002, 298f). Damit wird von den Familienmitgliedern oft ein Konsens über »letzte Sicherheiten« angenommen und vollzogen, den »man im Leben braucht«, ohne dass er kommunikativ bearbeitet und eingeholt werden würde (Ziebertz 1999, 65). Familienreligiosität gilt deswegen zu Recht als entöffentlicht und privatisiert (vgl. Ebertz 1988, 404); sie bildet, auch wenn sie in Brauch genommen wird, eher einen unthematisierten Horizont, Rahmen, Hintergrund, oft wenig bedacht und reflektiert, gleichwohl wirkmächtig.

Wichtig dürfte in dem Zusammenhang zweierlei sein: *Kirchen und Gemeinden* sollten Familienreligiosität und ihre Erscheinungsweisen anerkennen und wertschätzen lernen und Familien vertrauen, dass diese religiös erziehen können. *Eltern* wiederum sollten lernen, ihre Religiosität und eigenen Glaubensvorstellungen sichtbar, deutlich und »für Kinder nachvollziehbar werden zu lassen« (vgl. Schwab 2002a, 41): »Wenn dein Sohn dich morgen fragt ...« (Dtn 6,20–25) – unsere Kinder sollten hören, sehen, schmecken, was uns selbst im Leben (religiös) wichtig ist. Daran könnten und sollten im Übrigen auch kirchliche und gemeindliche Initiativen anknüpfen. Auf jeden Fall scheint abschließend dies deutlich zu sein: Wo der Lernort Familie religiös vollständig ausfällt, fehlen wichtige religiöse Grunderfahrungen. Schulischer Religionsunterricht kann später nicht mit wenigen Schulstunden einfach kompensieren oder »nachholen«, was früher nicht stattfand, er kann also religiöse Primärsozialisation nicht einfach ersetzen.

Indirekte religiöse Erziehung in der Familie

Gleichwohl darf nicht übersehen werden, dass religiöse Erziehung in einem weiten Sinne auch in Familien geschehen kann, wo eine solche Familienreligiosität nicht gepflegt wird, nämlich dann, wenn die Grundbedürfnisse der Kinder nach Geborgenheit, Gemeinschaft und Anerkennung, nach Wissen, nach Tätigkeit usw. gestillt werden, wenn sie sich mitteilen können und verstanden werden. Das sind Weisen der indirekten religiösen Erziehung, durch die ebenfalls religiöse Werte kommuniziert und durch die Kinder ebenfalls für Religion ansprechbar gemacht werden können. Gottlob dürfen in sehr vielen Familien Kinder solche Erfahrungen machen, die mit religiösen Elementen assoziiert werden können: Halt, Stütze, Kraft und Vertrauen. So etwas sensibilisiert für die religiöse Frage und letztlich auch für die Frage nach Gott. Auf solche Erfahrungen kann eine spätere Thematisierung und Bewusstmachung religiöser Inhalte, wenn sie frei ist von Indoktrination und Instrumentalisierung, aufbauen und es kann aus ihnen vielleicht auch religiös motiviertes Handeln erwachsen.

Religiöse Erziehung in der Familie beginnt in einem weiten Sinne dort, wo Kinder ein Selbstverständnis entwickeln können, das sich ausdrückt in: »Es ist gut, dass ich da bin. Ich bin nicht alleine! Die trauen mir etwas zu!« Sie beginnt schon damit, wie Eltern auf die Schwangerschaft und auf die Geburt eines Kindes reagieren, mit dem Anblicken und dem ersten Lächeln, welches ein Kind erfährt. Nichts ist für die Entwicklung religiöser Dispositionen so wichtig wie Liebeserfahrung des Kindes durch die Eltern. In einem solchen Sinne erfahren wohl viel mehr Kinder, als dies nach kirchensoziologischen Gesichtspunkten registriert werden kann, etwas von der Sakramentalität der Gottesbeziehung. Religiöse Erziehung in der Familie muss sich an solchen existenziellen Grunderfahrungen orientieren.

Religiöse Erziehung beinhaltet also mehr als die verbale Tradierung von Glaubensinhalten und normativen Ansprüchen, sie geschieht im Kontext der Familie in sehr konkreten lebensweltlichen Erfahrungen und Handlungen, die nonverbal im Kind eine Antwort auf die Frage nach dem Grund von Hoffnung, von Trauer und nach dem Sinn von Liebe und Treue gibt.

Eine Anmerkung zum Schluss: Wir haben religiöse Erziehung in der Familie jetzt vor allem mit Blick auf Kinder und ein wenig auch auf Jugendliche betrachtet. Lernort Familie bedeutet auch, die übrigen Phasen des Familienzyklus bis ins hohe Alter hinein in den Blick zu nehmen, die ebenfalls religiös hoch bedeutsam sind: z.B. die Loslösung des Heranwachsenden von den Eltern, Konflikte zwischen den Ehepartnern, das Verhältnis zwischen den Generationen, das Altwerden in Familien.

3. Gemeinde

Dass sich die Kirchen für die Zukunft der heranwachsenden Generationen mitverantwortlich wissen (vgl. EKD 1994, 85), konkretisiert sich darin, dass sie Bildungsmitverantwortung im Religionsunterricht und auch darüber hinaus in der Schule sowie in der Öffentlichkeit übernehmen. Dies muss aber auch in den eigenen Handlungsfeldern der Kirchen deutlich werden – hier hat es sich zu zeigen, dass und wie sich Kirche glaubens- und lebenserschließend auf Kinder und Heranwachsende einlässt. Religiöse Bildung ist zweifelsohne auf Religionsunterricht und familiale religiöse Erziehung angewiesen, aber auch auf andere »Orte gelebter Religion, praktizierten Glaubens und sichtbar gewordener christlicher Überlieferung« (EKD 1994, 86), wie sie uns ganz konkret landauf, landab in den Kirchengemeinden und ihrer Arbeit – auch mit Kindern – begegnen. Es braucht angesichts veränderter familialer religiöser Sozialisation, die mit einer gewissen »Verdunstung« sichtbarer christlicher Praxis einhergeht, sowohl im Sinne mehrseitiger positiver Verstärkung religiösen Lernens als auch zum Zwecke differenzierter religiöser Bildung (mit ihren kognitiven, affektiven und pragmatischen Facetten) dringend Orte *»praktischen Lernens«* von Religion, wofür nach wie vor Kirchengemeinden prädestiniert sind (vgl. Grethlein 1998b, 408ff; Bitter u.a. 2002, 304ff), zumindest prinzipiell gesehen.

Vor allem in den ersten Jahrzehnten nach dem Zweiten Weltkrieg leisteten die evangelischen und katholischen Kirchengemeinden hinsichtlich kirchlicher Sozialisation und religiöser Inkulturation von Kindern und Heranwachsenden Beachtliches. Dies hat zu einer gewissen Selbstüberschätzung der Kirchen geführt, weil man die in den letzten zwei bis drei Jahrzehnten veränderten Ausgangsbedingungen zu wenig in den Blick nimmt. Faktisch sind die kirchlich-religiösen Sozialisationsleistungen nicht mehr die, die sie vordem einmal waren. Etliche Jahrzehnte in ihrer Leistungskraft also überschätzt, werden sie derzeit hinsichtlich ihrer Beitragsmöglichkeiten zur religiösen Sozialisation Heranwachsender – wie es aussieht – unterschätzt (vgl. Leimgruber 2003a, 281). Dabei könnten und müssten sie sich heute verstärkt als einladende Erfahrungs- und Lebensräume verstehen, darstellen und gestalten – als Räume, in denen über schulisches religiöses Lernen hinaus, dem eben doch auch der Charakter eines »Trockenschwimmkurses« anhaftet, fundamentale und elementare Lern- und Bildungserfahrungen im Kontext christlicher Erfahrungs- und Lebensgemeinschaften gemacht werden können. Gerade auf dem Hintergrund der seit den 60er-Jahren des 20. Jh. nachlassenden Traditionsorientierung und rückläufiger Institutionenbindung von Menschen, sind die Kirchen und ihre Gemeinden nicht nur besonders herausgefordert, sondern haben durch die ihnen zur Verfügung stehenden religiösen Erfahrungen auch das Potenzial, um dieser schwierigen Aufgabe gewachsen zu sein: Sie haben einen immensen Schatz an Geschichten und Bildern vom Leben, von Angst und Hoffnung, von Wahrheit, Gerechtigkeit, Gnade, Vergebung, Trost; sie haben Visionen und Vorstellungen von »Gott und der Welt«; sie haben (be-)lebbare Räume und Gebäude, haben Symbole, Riten, Gebräuche und Sitten, Feste und Feiern sowie Begegnungsmöglichkeiten, die sich für Kinder beim Verstehen und der Gestaltung des Lebens und seiner »Begehung« als sinnvoll und hilfreich erweisen können (vgl. auch Ritter 2004b, 199f).

Der theologisch entscheidende Gedanke dabei ist der, dass sich Kirche und Gemeinde nicht im Sinne einer »Thermoskanne« verstehen und es nur selbst »warm haben« wollen (Heinz Zahrnt), sondern »gesandt in die Welt« ausstrahlen und zum Mitglauben und Mitleben einladen. Dabei trifft es sich gut, dass es erwiesenermaßen in Westdeutschland (wie auch zumindest eingeschränkt in Ostdeutschland) eine ausgeprägte »Kindheitsbindung« an Kirche und Religiosität bei Heranwachsenden gibt; erst gegen Ende des zweiten Lebensjahrzehnts kommt es diesbezüglich zu Einbrüchen und Kirchendistanz (vgl. Zinnecker/Silbereisen 1996, 335). Kirchen haben also gerade im Blick auf Kinder allen Grund, sich als Lebensraum zu zeigen, in dem man Christsein lernen, modell- und beispielhaft mit Stärken und Problemen wahrnehmen und (mit-)leben kann. Hier haben die Gemeinden Chancen zur Vitalisierung von Religion und Religiosität – demgegenüber bleiben, nota bene, die Auswirkungen schulischen Religionsunterrichts auf die Kirche, wenn umgekehrt von ihm erwartet wird, er habe die Kirchen »voller zu machen«, schwachstromig. Nach wie vor nämlich sind gemeinsames Erleben und Leben in einer Gruppe ein durch nichts zu ersetzender, bedeutsamer und verstärkender Faktor für religiöse Sozialisation. Erlebnis- und Reformpädagogik weisen in diesem Sinne ganz zu Recht darauf hin, dass sozial und religiös bedeutsames Lernen dadurch zustande kommt, dass Heranwachsende zumindest auf Zeit gemeinsame lebendige Erfahrungen machen und verarbeiten können (vgl. Schwab 2002b, 182f).

Jenseits der lange gewohnten Separierung bzw. *Versäulung* (vgl. Elsenbast 2002, 212f) von schulischem Religionsunterricht einerseits und Kirchengemeinde andererseits – wonach beide völlig Verschiedenes tun, ohne sich gegenseitig wahrzunehmen – kommt es im Sinne gelingender religiöser Bildung heute darauf an, einen Blick zu gewinnen, was Kirchengemeinden für religiöses Lernen, religiöse Bildung und Religionsunterricht tun können – vice versa (vgl. EKD 1994, 86)!

Kirchliche Arbeit mit Kindern braucht Beziehungen zum Lernort Schule und umgekehrt. Hier haben die Kirchen bzw. Gemeinden eine Reihe interessanter Lernmöglichkeiten anzubieten (s.o.), nicht zu vergessen die Fülle an kirchlichen Lernräumen (s. auch I.5), von Kirchen, Kirchen- und Gemeinderäumen über diakonische Einrichtungen bis hin zu Friedhöfen.

Evangelischerseits ist speziell das Konzept »Nachbarschaft von Schule und Gemeinde« bekannt geworden (vgl. Grethlein 1998b, 461ff). Konzipiert vom Comenius-Institut (Münster) Ende der 80er-Jahre, intendiert es, den jeweils eigenen Sozialraum (Kirche; Schule) auf den anderen hin zu überschreiten, denn beide haben eine »Nachbarschaft in der Bemühung um Erziehung« (Hans Bernhard Kaufmann; zit. bei Grethlein 1998b, 462). So lassen sich, um zwei Beispiele zu nennen, in einer Kirche Stilleübungen mit Grundschulkindern wesentlich intensiver und nachhaltiger erleben und verarbeiten als in einer lauten Schule; und über die Taufe lässt es sich vor dem Taufstein mit seiner goldglänzenden Taufschale ganz anders, nämlich erlebnisdicht erzählen und kommunizieren, während die Aura gleichsam auf die versammelten Kinder ausstrahlt. Eine weitere Möglichkeit für kirchlich-religiöse Sozialisationsangebote und zudem eine – nicht zwangsläufig nur grundschulspezifische – Kooperationsmöglichkeit zwischen Schule und Kirchengemeinde ist die sog. »Kontaktstunde« oder »Seelsorgestunde«. Mit diesem kirchlichen Angebot, das es seit Schuljahresbeginn 1998/99 in den 3. und 4. Grundschulklassen Nordrhein-Westfalens gibt, können pädagogisch qualifizierte MitarbeiterInnen von Kirchengemeinden in einer Wochenstunde während der Schulzeit den Kontakt zwischen Klassen bzw. Lerngruppen und in der Gemeinde gelebter christlicher Religion vertiefen. Dabei zeigt sich, dass dieses Angebot zum einen in hohem Maße religiöse Fragen der Kinder hervorruft und sich zum anderen positiv auf die gemeindliche Arbeit mit Kindern auswirkt (vgl. Schröder 2003).

Katholischerseits wird seit den 60er-Jahren des 20. Jh. vor allem auch infolge des Zweiten Vatikanischen Konzils die *Gemeinde als Lernort* (vgl. Bitter u.a. 2002, 304ff) verstanden und gestaltet. Gemeint sind damit speziell *»jene Lernprozesse im christlichen Glauben, die bewusst initiiert, partnerschaftlich strukturiert, biografieorientiert und zeitlich begrenzt sind«* und überwiegend in Gruppen unter Einbezug ehrenamtlicher KatechetInnen erfolgen (Lutz 2002, 305). Als Teil der Evangelisierung verstanden, meint Gemeindekatechese auch die Sakramentenkatechese, die vor allem von Müttern und Vätern übernommen wird, aber auch anderes mehr (vgl. Leimgruber 2003a, 278f). Hatte die Gemeindekatechese ursprünglich die (volle) »Eingliederung« in die Kirche intendiert, so wurde daraus seit Anfang der 90er-Jahre der Gedanke einer differenzierten Zugehörigkeit zur Kirche entwickelt mit Wertschätzung auch zeitlich befristeter und punktueller Kontakte, die ebenfalls eine Möglichkeit communionaler Erfahrungen mit Glaube und Kirche sind.

Insgesamt lässt sich sagen: Wenn der Lernort Gemeinde und damit die Erfahrung von Gemeinschaft fehlen, bleiben Glaube und Religiosität leicht auf sich selbst fixiert und ichbezogen, sie werden a-sozial, geschichts-los und gedanken-los, weil sie keine Anregung und keine Korrekturmöglichkeiten von außen bekommen (vgl. Englert 1998, 11f; Ritter 2004b, 199f). So liegen die Chancen und das Potenzial von Gemeinden bzw. von gemeindebezogenem religiösen Lernen ganz entschieden darin, Korrektiv gegen allzu einseitige Individualisierungstendenzen zu sein.

4. Öffentlichkeit

Kinder und Heranwachsende leben in der Öffentlichkeit: in einer Kultur bzw. einer Gesellschaft mit einer Vielzahl von Kulturen, geprägt von Medien und in allen Bereichen beeinflusst von Politik. Was relevant ist, ist *öffentlich* relevant – oder es ist eben nicht relevant. Dementsprechend ist es auch für die religiöse Bildung von (Grundschul-)Kindern von erheblicher Bedeutung, ob Religion nur in der Familie und Gemeinde bzw. Kirche vorkommt, oder ob – und wie – sie auch in der Öffentlichkeit begegnet. Legt man Bronfenbrenners Sozialisationstheorie (s.o.) auch hier zugrunde, macht es einen gewaltigen Unterschied, ob Kinder und Jugendliche in einer Gesellschaft aufwachsen, in der Religion »Löschbedingungen« unterliegt, indem sie als defizitär dargestellt wird, oder ob sie für positiv erachtet und »verstärkt« wird. Religiöse Bildung Heranwachsender vollzieht sich unseres Erachtens nicht außerhalb der Öffentlichkeit. Was lässt sich diesbezüglich für den deutschen Kontext feststellen?

Grundsätzlich ist zu sagen, dass das Evangelium als frohe Botschaft und damit der christliche Glaube von ihren Anfängen an keine »Verschlusssachen«, sondern *öffentliche Sachen* waren (»Gehet hin und lehret alle Völker...« [Mt 28,19f]), selbst dann wenn sie, wie etwa zu Zeiten von Christenverfolgungen in den ersten Jahrhunderten, notgedrungen »geheim« gehandelt wurden. Dementsprechend ist Öffentlichkeit – und nicht der Rückzug hinter Kirchenmauern – eine ausgesprochen relevante christlich-theologische Kategorie (vgl. Ziebertz 2002, 204ff). So gesehen kann sich christliche Religion von ihren Ursprüngen und ihrem Selbstverständnis her nicht fernab oder separat von Öffentlichkeit abspielen.

Nun ist es zugegebenermaßen so, dass die eine oder andere religiöse Gegenwartsanalyse meint, nur noch einen Verfall von (christlicher) Religion in der Öffentlichkeit konstatieren zu können, wonach unsere westliche Kultur eigentlich kaum mehr christliche Religion enthalte (s. I., Einführung); immer wieder ist die Rede vom Ausverkauf des Christlichen, das bestenfalls nur noch als leere Hülse oder feierliche Girlande ohne substanziellen Gehalt vorkomme. Diesem vorurteilsbehafteten Negativimage entgegen fragen wir, wie es de facto um die Öffentlichkeit von Religion – Glaube – Kirche bestellt ist, wie Religion in der Öffentlichkeit heute aussieht. Wir müssen uns dabei im Zusammenhang einer Religionsdidaktik Grundschule auf Weniges und wirklich Wesentliches beschränken und sprechen deswegen nur zwei Aspekte an:

Kinder begegnen explizit kirchlich-christlichen Sachverhalten in der Öffentlichkeit

Begegnungen mit explizit kirchlich-christlicher Religion gibt es, wenn Kinder Gottesdienste besuchen, an einer Taufe, Hochzeit etc. teilnehmen, sich am Leben einer christlichen Gemeinde beteiligen. Damit partizipieren sie an der kirchlichen Gestalt des Christentums in der Öffentlichkeit.
Im Verlauf der neuzeitlichen Ausdifferenzierung der Gesellschaft (s. I.1) begegnet uns aber das Christentum nicht nur in dieser Gestalt, sondern auch »außerhalb der Kirche« (vgl. Rendtorff 1969; Ritter 2004b, 194f). Unterscheidet man (mit Roessler 1994) zu Recht drei Gestalten des neuzeitlich-modernen Christentums, nämlich kerngemeindliches, individuelles und öffentliches Christentum (s. I.1), dann verschwindet (christliche) Religion heute eben nicht immer mehr aus der Öffentlichkeit, sondern konkretisiert und transformiert sich auch dort – es kommt nur darauf an, seine Orte, Spuren und Gestalten wahrzunehmen und zu würdigen. Zu denken ist da vor allem daran, dass Kinder alltäglich und öffentlich auf Kirchen, kirchliche Bauwerke und Architektur als wahrnehmbare Symbole christlicher Religion und Kultur treffen, sie mit kirchlichen Festen und Feiertagen, christlicher Zeitrechnung in Kontakt kommen. Des Weiteren gibt es – öffentlich zugänglich – Kinderbibeln, biblische Erzählbücher, Bibel-Comics und Bibel-Filme: Seit 1993 wird das Alte Testament in 21 Folgen à 90 Minuten für das Fernsehen verfilmt – »Abraham« (1993), »Die Schöpfung« (1993), »Jakob« und »Josef« (1994), »Moses« (1995) usw. An hohen Feiertagen ausgestrahlt, wurden und werden diese Filme vermutlich wenigstens teilweise auch von Kindern bzw. Familien gesehen (vgl. Grethlein 1998b, 379ff). Jedenfalls lassen die beachtlichen Einschaltquoten auf ein breites öffentliches Publikumsinteresse schließen. Dabei schafft das Fernsehen (aber auch andere Medien) eine Art allgemeines »Hintergrundwissen« (Niklas Luhmann), von dem Menschen in der Alltagskommunikation ausgehen können (vgl. Grethlein 1998b, 379). Sodann gibt es vielfältige öffentliche Berichterstattungen durch Printmedien, Rundfunk und Fernsehen über kirchlich-christliche Ereignisse, Themen und Zusammenhänge (z.B. Kirchentage); es gibt Gottesdienstübertragungen am Sonntagvormittag, das »Wort zum Sonntag« am Samstagabend, Übertragungen von

Gottesdiensten anlässlich von Hochzeiten oder Beerdigungen bekannter Persönlichkeiten usw. Insgesamt ist festzuhalten, dass einerseits die Kirchen intensiv für die öffentliche Präsenz christlicher Religion sorgen, die Religion andererseits aber auch außerhalb der institutionellen Kirchen öffentlich und kulturell präsent ist (vgl. Gräb 2002; Ziebertz 2002, 211f; Leimgruber 2003a, 273).

Kinder begegnen implizit (christlich-)religiösen Aspekten und Themen in der Öffentlichkeit

Über oben Gesagtes hinaus begegnet – freilich nur bei genauerem Zusehen und mittels einer Erweiterung des »religiösen« Wahrnehmungsrasters – (christliche) Religion implizit und vielgestaltig an unterschiedlichen Orten der Öffentlichkeit und kommt hier gleichsam im »nichtpriesterlichen Gewand« daher. Will sagen: Die Möglichkeit, in von Medien öffentlich Gezeigtem und Thematisiertem Religion und religiös Bedeutsames wahrzunehmen, ist von dem vorausgesetzten Religionsverständnis (s.o. sowie I., Einführung) abhängig: Legt man ein sehr enges und kirchlich fokussiertes Verständnis zugrunde, wird man in öffentlichen Medien kaum Religion entdecken, ganz anders aber, wenn man sich den dargestellten Phänomenen mit einem dimensional erweiterten Religionsbegriff nähert. Dann können sowohl elektronische als auch Print-Medien, Fernseh-, Video-, Fantasy-Filme und Comics zur religiösen Sozialisation und Bildung beitragen (vgl. Pirner 2001c). Man denke hier exemplarisch an Joanne K. Rowlings »Harry Potter« und an Fantasy-Filme, die um das Thema Erlösung, Gut oder Böse kreisen und ganz deutlich religiös konnotiert sind (vgl. Ritter 2003; Ritter/Pohlmann 2004). Solche Geschichten, Inszenierungen und Storys werden Kindern zu ordnenden und orientierenden Deutungs-, Verständigungs- und Handlungsmustern, über die auch religiöses Lernen stattfindet. So gesehen zielen nicht wenige Medienproduktionen auf fundamentale anthropologische und religiöse Bedürfnisse von Menschen generell, Kindern speziell, und deren Befriedigung – man denke nur an die Werbung (vgl. Buschmann/Pirner 2003)! Letzteres scheint ihnen durchaus in nicht geringem Maße zu gelingen, wenn man den Zuspruch der Leute wahrnimmt (vgl. Grethlein 1998b, 376ff; Ritter 2003, 193ff) und nicht eng dogmatisch-theologisch argumentiert. Solche öffentliche »implizite« Religion strukturiert und orientiert Leben, unterbricht und transzendiert den All-Tag, erleichtert, tröstet, schafft Sinn und ermöglicht »Beheimatung« in einer komplex und verwirrend erlebten Lebenswelt.

Insgesamt gesehen ist Religion damit eine öffentliche Sache. Dass sie sich in der Öffentlichkeit halten kann, zeigt, dass sie auf Bedarf stößt: Die Moderne ist nicht, wie lange Zeit geglaubt, nur religionsfeindlich, sondern sie ist auch religionsproduktiv – Religion gibt dem neuzeitlich-modernen und unbehausten Menschen, der aus allen traditionalen Sicherungen herausgefallen ist, gleichsam ein »Dach über dem Kopf«.

Zusammenfassung:

> Wenn Religion sozialisatorisch als relevant erfahren werden soll, bedarf sie einer positiven Verstärkung auf mehreren Ebenen. Der schulische Religionsunterricht kann lebendiges und präsentes Christentum in Familie, Gemeinde und Öffentlichkeit ergänzen und reflektieren, aber nicht ersetzen. Daher ist es wichtig, dass die genannten Instanzen religiöser Sozialisation sich ihrer wechselseitigen Verflochtenheit bewusst bleiben bzw. werden. Dies kann geschehen, wenn man sich nicht im Sinne von allumfassenden Verfallstheorien gegenseitig das religiöse Potenzial abspricht, sondern die Veränderungen als Chance und zugleich Herausforderung begreift.

Lesehinweis:

Behnken, Imbke/Zinnecker, Jürgen (1993): Kirchlich-religiöse Sozialisation in der Familie. In: Hilger, Georg/Reilly, George (Hg.): Religionsunterricht im Abseits? München, 147–170.

Bucher, Anton A. (2002b): Religion in der Kindheit. In: Bitter, Gottfried u.a. (Hg): Neues Handbuch religionspädagogischer Grundbegriffe. München, 194–198.

Elsenbast, Volker (2002): Religionsunterricht und kirchliche Handlungsfelder. In: Wermke, Michael (Hg.): Aus gutem Grund: Religionsunterricht. Göttingen, 207– 213.

Schwab, Ulrich (2002a): Eltern, Kinder und die Religion. In: Wermke, Michael (Hg.): Aus gutem Grund: Religionsunterricht. Göttingen, 34–43.

II KINDER UND INHALTE IM RELIGIONSUNTERRICHT

Einführung: Elementarisierung und Korrelation als didaktische Grundkategorien

Werner H. Ritter/Georg Hilger

Elementarisierung und Korrelation sind zwei in ihrer Ausformung eigenständige, aber doch in der Sache miteinander verwandte neuere religionspädagogische Kategorien bzw. religionsdidaktische Ansätze (vgl. Mette/Schweitzer 2002, 24) – neuere religionspädagogische *Kategorien* deswegen, weil damit Vorstellungen, die religionspädagogische Theorie und Praxis leiten, auf den Begriff gebracht werden können; religionsdidaktische *Ansätze* deswegen, weil damit Situation *und* Tradition, SchülerInnen *und* Sache bewusster aufeinander bezogen bzw. miteinander vermittelt werden können.

1. Stoff oder Schüler? Glaube oder Welt? – Unsinnige Alternativen

Lange Zeit galt vor allem im Gefolge älterer religionspädagogischer Konzeptionen wie der Evangelischen Unterweisung und der Materialkerygmatik – von ca. 1930 bis 1960, aber auch noch darüber hinaus – Folgendes als klar: Die Stoffe und Inhalte sind im Religionsunterricht das Entscheidende, und sie haben traditionell aus der Bibel, aus kirchlicher Tradition (Katechismen, Dogmen), Gotteslob bzw. Gesangbuch, Liturgie, Kirchen- und Frömmigkeitsgeschichte zu stammen, also kirchlich-theologischer Herkunft zu sein. Diese Inhalte waren im Religionsunterricht den SchülerInnen zu vermitteln, was aufs Ganze gesehen sicher unterschiedlich, aber doch in didaktischer Reduktion und Rückführung auf das theologisch Wesentliche und Elementare in weithin passabler Weise geschah. Dies ließ zu dieser Zeit den Religionsunterricht von der Grundschule an glaubensorientiert, traditionsbezogen und kirchenjahrsverhaftet erscheinen, während die Lebenswelt(en), die SchülerInnen (als religiöse Subjekte) und die »Situation(en)« demgegenüber entweder deutlich unterbelichtet blieben oder ganz ausfielen. Letzteres sollte sich erst mit den 70er-/80er-Jahren des 20. Jh. ändern. Seit dieser Zeit nämlich gibt es auf evangelischer wie katholischer Seite religionspädagogische bzw. religionsdidaktische Bestrebungen, die Separierung von Bibelorientierung und Problem-/Situationsorientierung bzw. von Sachen/Stoffen und Personen/SchülerInnen als unsinnige Alternativen zu überwinden.

In einer erfahrungsorientierten Hermeneutik geht es seitdem zentral zum einen um eine *wechselseitige Bezogenheit* (Korrelation) von Glaubenswelt und Lebenswelt bzw. Botschaft des christlichen Glaubens und Situation der SchülerInnen und zum anderen um eine *wechselseitige* (elementare) *Erschließung* von Stoff/Inhalten *und* SchülerInnen. Letzteres ist vor allem evangelischerseits mit dem Terminus Elementarisierung bzw. Elementarisierungsansatz (s.u., 2), Ersteres vor allem katholischer-, aber auch evangelischerseits mit dem Terminus Korrelation bzw. Korrelationsdidaktik (s.u., 3) bezeichnet und bekannt geworden. Die Korrelationsdidaktik greift auf die Theologie von Paul Tillich zurück; bei der Elementarisierung steht – pointiert formuliert – der bildungstheoretische Grundsatz der »wechselseitigen Erschließung« von Person und Sache nach Wolfgang Klafki Pate.

Bei nicht zu übersehenden Unterschieden – die aber vernachlässigt werden können (vgl. Reilly 2001) – stehen beide religionsdidaktischen Konzepte bzw. Ansätze für eine reflektierte Ver-mittlung zwischen Stoffen/Sachen *und* SchülerInnen zum einen, Glaube *und* Leben resp. Glaubenswelt *und* Lebenswelt zum anderen, meinen also *nicht* Vermittlung von Stoff an SchülerInnen und auch nicht die Vermittlung von Glauben an/in die Situation resp. Lebenswelt der SchülerInnen. Vielmehr ist religionsdidaktisch der Gedanke des kommunikativen »Austausches« (vgl. Ritter 1989, 290ff; 310ff) beider Faktoren qua wechselseitiger Erschließung und Bezogenheit im Sinne einer Doppelbewegung entscheidend und leitend.

2. Das Elementarisierungskonzept

SchülerInnen und »Sachen«

Elementarisierung und Elementarisierungskonzept meinen keine neue religionsdidaktische Konzeption in Fortführung der großen religionsdidaktischen Konzeptionen des vergangenen 20. Jh. (vgl. Hilger/Kropač/Leimgruber 2003, 42ff; Sturm 2003, 37ff). Während nämlich eine religionspädagogische Konzeption Auskunft darüber gibt, was der Religionsunterricht generell am öffentlichen Ort Schule zu einer bestimmten Zeit will und soll (bzw. wollte und sollte), stehen Elementarisierung und Elementarisierungsansatz für ein religionsdidaktisches *Modell* bzw. ein entsprechendes *Konzept zur Vorbereitung und Planung, reflektierten Durchführung/Gestaltung und Nachbereitung von (Religions-)Unterricht* (vgl. Schweitzer 2003c, 10). Im Unterschied zur Curriculumtheorie, der über der Identifikation von Qualifikationen und Lernzielen u.a. die Vernachlässigung der (theologischen) Inhalte und – unbeabsichtigt – letztlich auch der SchülerInnen vorgeworfen wurde, konzentriert sich das Elementarisierungskonzept vereinfacht und zugespitzt formuliert eben genau auf diese beiden Faktoren: SchülerInnen und Inhalte. Wider Stofffülle und -materialismus ist sie an elementaren Inhalten interessiert und an dem, was die SchülerInnen wirklich angeht, was sie wirklich brauchen, was ihre elementaren Erfahrungen ausmacht (vgl. EKD 1994, 28) und ihre Subjektwerdung fördert. Dementsprechend ist und arbeitet Elementarisierung zugleich themen- *und* subjektorientiert. Sie macht damit deutlich, dass sich Religionsdidaktik nicht in Methoden- und Verfahrensfragen bzw. Unterrichtsrezeptologie erschöpft. Sie fragt vielmehr wesentlich zum einen nach elementaren, d.h. wirklich relevanten *»Sachen«* qua Inhalten des Religionsunterrichts. Lernen und sich bilden können SchülerInnen nämlich nur an und mit entsprechenden (Bildungs-)Inhalten, die sie über ihren jeweiligen »Tellerrand« qua vorhandenem Bildungshorizont hinausschauen lassen, an denen sie sich abarbeiten und im Sinne einer Horizonterweiterung gegenwarts- und zukunftsbezogen (Wolfgang Klafki) weiterentwickeln können. Zum anderen fragt Elementarisierung konstitutiv nach den *SchülerInnen*, deren Subjektwerdung sie fördern will, nach ihren Lebens-, Verstehens- und Zugangsvoraussetzungen.

Zur Vorgeschichte des Elementarisierungsansatzes

Bemühungen um eine »schlichte«, elementare Einführung in den christlichen Glauben haben eine lange Vorgeschichte (vgl. Schweitzer 2003d, 204f), die von Augustin über Luther und den Catechismus Romanus von Petrus Canisius bis in das 20. Jh. hinein reicht, auch wenn dafür der Begriff Elementarisierung noch nicht verwendet wurde. Pädagogischerseits taucht der Begriff des Elementaren im Umfeld der geisteswissenschaftlichen Pädagogik bzw. bildungstheoretischen Didaktik in den späten 50er- und 60er-Jahren des 20. Jh. vor allem bei Wolfgang Klafki (1963a; 1963b) auf. Im Sinne einer Doppelbewegung beinhaltet er eine wechselseitige Erschließung: »Erschlossensein einer Wirklichkeit … für einen Menschen« *und* »Erschlossensein dieses Menschen für die Wirklichkeit« (Klafki 1963b, 43). Elementare Bildung vollzieht sich von daher als Vermittlung von Subjekt *und* Wirklichkeit und ist an elementaren Bildungsinhalten interessiert. In dieser Zeit nehmen evangelische Religionspädagogen den Begriff des Elementaren auf und entwickeln unter dem Gesichtspunkt einer »Elementar-Theologie« (!) erste entsprechende religionspädagogische Ansätze (vgl. Schweitzer 2003d, 204), die aber weniger den pädagogisch-bildungstheoretischen Gedanken des Elementaren als vielmehr den einer Mini- bzw. Schmalspur-Theologie verfolgen.
Seit Mitte der 70er-Jahre des vergangenen Jahrhunderts taucht das Stichwort Elementarisierung *explizit* sowohl als theologischer als auch didaktischer Begriff auf und meint die Konzentration auf theologisch Wesentliches. Elementarisierung wird dabei zum einen vor allem auf die Bibel bezogen im Sinne eines neuen Ansatzes einer biblischen Didaktik (Baldermann/Nipkow/Stock 1979), zum anderen wird darunter auch eine »Elementarisierung theologischer Inhalte und Methoden« (Comenius-Institut Münster 1977; vgl. Schweitzer 2003d, 205) verstanden. Bei allen Unterschieden im Einzelnen geht es beiden Elementarisierungsansätzen um den Versuch einer »Auswahl und Vereinfachung theologischer Inhalte« (Mette/Schweitzer 2002, 24). Danach in Vergessenheit geraten, taucht das Stichwort Elementarisierung erst wieder seit Mitte der 80er-Jahre bei Karl Ernst Nipkow auf und wird von ihm als religionsdidaktisches Konzept profiliert (Nipkow 1986). Seit dieser Zeit wird Elementarisierung von zahlreichen Religionspädagogen (vgl. Schweitzer 2003d, 207; Ritter 2001b, 84) zu einem komplexen und grundlegenden religionsdidaktischen Ansatz weiterentwickelt und ausgearbeitet (vgl. den Überblick bei Ritter 2001b, 82ff). Dieses wird mittlerweile von zahlreichen evangelischen wie katholischen Religionspädagogen bzw. -didaktikern (z.B. Feifel 1995a, 95; Simon 1995; Bucher 1996b, 71ff) als

hilfreiches Konzept angesehen und kann als Art »gemeinsamer ökumenischer didaktischer Nenner« gelten. Auch kirchenoffiziell findet es Erwähnung und Zustimmung (vgl. DBK 1996, 16; EKD 1994, 28).

Elementarisierung heute – das Tübinger Modell

Dem heutigen Elementarisierungsmodell liegt von den (evangelischen) Tübinger Religionspädagogen Nipkow (2002) und Schweitzer (2003c; 2003d) her ein bildungstheoretischer Ansatz zugrunde, der sich vor allem von der geisteswissenschaftlichen Pädagogik resp. bildungstheoretischen Didaktik (Wolfgang Klafki) inspiriert weiß und zentral auf die »wechselseitige Erschließung« von Person und Sache zielt (Nipkow 2002, 452). Demzufolge ist Elementarisierung hier keine (fundamental-)theologische, sondern eine konsequent religionsdidaktische Kategorie. Dabei geht es um die Ermittlung und Berücksichtigung elementardidaktischer Aufgaben und Schritte bei der Unterrichtsvorbereitung, der Durchführung (und Nachbereitung) des Unterrichts, um so lernende Subjekte und religiös-kulturelle Inhalte bzw. Objektivationen (Texte, theologische Sachverhalte, Handlungszusammenhänge etc.) dergestalt fruchtbar füreinander zu erschließen, dass sich *SchülerInnen* elementar und grundlegend religiös bilden können. *Lehrkräften* soll mit diesem Konzept didaktisch sinnvolles Wahrnehmen, Deuten und Handeln ermöglicht werden. Insofern geht es bei Elementarisierung um ein Lehr- und Lernkonzept, das bestimmte Entscheidungen notwendig macht, die den Lern- und Unterrichtsprozess strukturieren (vgl. Zilleßen 2000). Elementarisierung intendiert damit durchaus im Sinne der Korrelationsdidaktik (s. 3) die zündende In-Beziehung-Setzung von Leben und Glauben von und für Lernende(n). Um dies zu erreichen, zergliedert sie der Überschaubarkeit und Nachvollziehbarkeit wegen Unterrichtsvorbereitung, -durchführung (und -nachbereitung) in anfänglich (so Nipkow seit Mitte der 80er- und in den 90er-Jahren) vier, heute mit Friedrich Schweitzer *fünf elementare didaktische Aufgaben, Suchlinien oder Arbeitsschritte*. Dieses mehrschrittige Verfahren will den zu planenden, durchzuführenden (oder gehaltenen) Unterricht in seiner Mehrperspektivität sehen lassen und erschließen und ihn »didaktisch handhabbar« machen (vgl. Schweitzer 2003c, 14). Im Einzelnen geht es um folgende *fünf Elementarisierungsschritte* bzw. »Fragerichtungen« (vgl. Schweitzer 2003c, 14ff):

Elementare Strukturen

Die Komplexität von Glaube und Theologie erfordert – von der Grundschule an – sach- und textgemäße Konzentration auf theologisch Wesentliches als Grund-Legendes und Einfaches im Sinne »elementarer Strukturen«, die charakteristisch und unverzichtbar sind. Dies macht konkretisierende Stoff-Auswahl nötig, und zwar jenseits enzyklopädischer Ansprüche bzw. Fülle und subjektiver Vorlieben, die oft mit Verkürzungen einhergehen. Angesichts der Gefahr, vor der explodierenden Vielfalt theologischer Erkenntnisse zu kapitulieren oder der Herausforderung durch die »Sachen« (Inhalte) – angeblich schülerorientiert – einfach auszuweichen, ist es wichtig, sich mittels wissenschaftlicher Erkenntnisse »darüber klar zu werden, was beim jeweiligen Thema wesentlich ist und worauf es entscheidend ankommt« (Schweitzer 2003b, 17). Will mancher hierin eine versimplizierende Reduktion sehen, erscheint es dem Vorgang angemessener, dies als didaktische Konzentration zu bezeichnen. Im Falle des Grundschulreligionsunterrichts stellt sich dies – obwohl dessen Inhalte/Sachen natürlich unterschiedliche Deutungen und Sichtweisen zulassen – in aller Regel leichter dar als in weiterführenden Schulen. So ist – um zwei Beispiele zu nennen – etwa im Gleichnis vom verlorenen Sohn (Lk 15,11-24) dies entscheidend: Gottes irritierende Liebe »überholt als Vergebung die Vergangenheit des Menschen, und sie überholt als Bitte zum Mitfeiern« die Selbstgerechtigkeit des Menschen bzw. des »älteren Sohnes« (Hans Weder; vgl. Schweitzer 2003c, 18). Und bei den in der Grundschule oft behandelten sog. Wundergeschichten – eigentlich müssten sie Geschichten von (göttlichen) Zeichentaten und Krafterweisen heißen – kommt es entscheidend darauf an, dass unsere unheile menschliche Welt als heilbar gezeigt wird (vgl. Ritter 2001a, 275ff; s. auch II.2).

Elementare Erfahrungen

Heutige SchülerInnen suchen nach für sie lebensrelevanten, lebensbedeutsamen Erfahrungen, die sie »angehen«. Sie finden »nur das einleuchtend«, »was im Horizont ihrer eigenen Lebens- und Erfahrungswelt Sinn macht« (Schweitzer 2003c, 19). Dementsprechend arbeitet Elementarisierung erfahrungsorientiert. Sie bedenkt dazu heutige Erfahrungen von SchülerInnen, sucht aber auch komplementär dazu nach in biblischen Stoffen überlieferten oder geborgenen Erfahrungen, die – seien sie fremd oder vertraut – kritisch-anregend wirken und, sei es positiv oder negativ, »zu den Erfahrungen heutiger Menschen sprechen« können (Schweitzer 2003c, 20). In der Begegnung mit solchen Erfahrungen aus unterschiedlichen Erfahrungswelten (früher und heute) können sich Kinder produktiv mit der Welt, mit sich selbst und mit Gott auseinander setzen. Neben analogen

Erfahrungen lernen Menschen dabei besonders aus »Kontrasterfahrungen«, die uns, weil sie gerade nicht unseren eigenen Erfahrungen entsprechen, neue, andere Erfahrungen zuspielen. Paradebeispiele für solches Lernen sind etwa biblische Gleichnisse, aber auch andere biblische Texte (s. II.2 und II.4) und weitere religionsdidaktisch relevante Zusammenhänge (s. II.6 und II.7). Gegenwärtige Lebenswelt von SchülerInnen verlangt religionsdidaktisch nach einer entsprechenden Erfahrungs-Hermeneutik. Das schon genannte Beispiel des Gleichnisses vom verlorenen Sohn ist eine solche Geschichte, die zahlreiche Erfahrungsbezüge, ähnliche und widersprüchliche, zum Leben heute Heranwachsender bietet (vgl. Schweitzer 2003c, 20).

Elementare Zugänge

Lange vernachlässigt, sehen wir heute, dass die elementaren Lebens-, Verstehens-, Anfangs- bzw. Zugangsvoraussetzungen von Lernenden generell, Kindern hier speziell religionsdidaktisch konstitutiv zu berücksichtigen sind. Kinder lernen (religiös) als aktive Subjekte auf die ihnen mögliche Weise, und sie sind (kleine) »TheologInnen« (s. I.7), freilich mit einer eigenständigen und – aus Erwachsenenperspektive – manchmal eigenwilligen Denkart. Was also ist das Elementare, wenn Kinder ihre eigenen Verstehens- und Deutungsweisen mitbringen? Um dies zu entdecken, braucht es den Einbezug entwicklungspsychologischer, rezeptionsästhetischer, sozialisationstheoretischer und lebensweltlicher Hinsichten auf SchülerInnen. Solche Hinsichten – heuristisch und nicht gesetzmäßig verstanden! – helfen uns, kindliches Denken und Verstehen wahrzunehmen und zu würdigen (vgl. Schweitzer 2003c, 22) und es nicht einfach von einer Erwachsenenperspektive her als »falsch« abzuqualifizieren. Der Gewinn entsprechender Entwicklungstheorien (James W. Fowler; Fritz Oser/ Paul Gmünder) liegt darin, dass sie einen hilfreichen Beitrag »zur Schulung des *›pädagogischen Sehens und Denkens‹*« (Schweitzer 2000b, 248) von Religionslehrkräften leisten können, der ihren Horizont erweitert und ihr didaktisches Handeln beweglich hält. Wie also fassen Kinder – nicht die ReligionslehrerInnen! – den »Vater«, den jüngeren und den älteren Sohn im Gleichnis Lk 15,11ff auf? Was ist für sie daran wesentlich? Miteinbezogen werden müsste in diese dritte Elementarisierungsrichtung schließlich auch noch der sog. Konstruktivismus bzw. die Konstruktivistische Didaktik, die damit rechnet, dass die SchülerInnen die Themen und damit den Unterricht mitkonstituieren (vgl. Schweitzer 2000b, 248).

Elementare Lernformen

Elementare Erfahrungen und elementare Anfänge bzw. Zugänge verlangen notwendig nach elementaren Lernformen im Sinne von aktivem praktischen Lernen. Ist Lernen mehr als passives Aufnehmen von Informationen, dann sollen Schule und Unterricht für Kinder zum Erfahrungsraum werden und sie im Sinne lebensbezogenen Lernens Erfahrungen machen lassen, weil sie sinnliche (Lern-)Wesen sind: Dies zeigt sich in ästhetischem, bildnerischen Gestalten ebenso wie in spielerischer Nachgestaltung etwa von Gleichnissen, in der Arbeit mit und an Symbolen, in liturgischen Vollzügen, Festen und Feiern, in der Begegnung mit Menschen, Orten und Einrichtungen, »wie sie ohne den Religionsunterricht in der Schule kaum einen Platz hätten« (Schweitzer 2003c, 25). Dabei schließt aktives praktisches Lernen kontemplative Erfahrungs- und Lernformen nicht aus, sondern ein (s. III.2 und III.3).

Elementare Wahrheiten

Was ist das gewiss-machende Wahre? Auch der Religionsunterricht kann und will nicht einfach an und für sich festliegende Wahrheiten vermitteln. Wahrheit, biblisch-theologisch als das verstanden, worauf ich mich *verlassen* kann, ergibt sich prozessual zwischen Sache und Person als *Wahrheit »für mich«* – nicht im Sinne eines naturwissenschaftlichen, intersubjektiv überprüfbaren Wahrheitsverständnisses, aber deswegen nicht von geringerer Bedeutung oder geringerem Wahrheitswert! Existenzielle Wahrheit ist in diesem Sinne anders und mehr als faktische Wahrheit (im Sinne von adaequatio rei et intellectus). Dies relativiert ein statisch-fixes und satzhaftes Wahrheitsverständnis. Elementarisierung meint auch »Streit um gewiss-machende Wahrheit« (Nipkow 1986, 602) und spielt sich in offenen Lernprozessen ab. Wahrheit gibt es nicht »in Flaschen abgefüllt« oder im Konstrukt vorab, sondern sie zeigt und erweist sich, sie will »bezeugt«, besser: erzählt werden. Darüber können die Beteiligten ins Gespräch kommen und auch streiten.

Insgesamt ist beim Elementarisierungsmodell die gleichzeitige Achtsamkeit auf alle fünf genannten Fragerichtungen in der bipolaren Spannung zwischen »Sachen«/Inhalten und SchülerInnen charakteristisch und entscheidend. Die Fragerichtungen gleichen einem »Gerüst« und wollen zum selbstständigen Vorbereiten, Durchführen und Nachbereiten von Religionsunterricht befähigen.
Kritisch ist zu sagen, dass der Elementarisierungsansatz – ähnlich wie die Korrelationsdidaktik (s.u.) – die alltägliche Praxis in der Grundschule nicht in dem Maße erreicht hat, wie es in der religionspädagogischen Fachdiskussion gerne

dargestellt wird (vgl. Fischer 2002, 370). Dementsprechend soll zur Elementarisierung ermutigt werden. Dazu müssen vermutlich die lebensgeschichtlichen, lebensweltlichen, entwicklungspsychologischen etc. Voraussetzungen der SchülerInnen noch mehr berücksichtigt und die theologischen Inhalte noch differenzierter elementarisiert werden.

3. Korrelation und Korrelationsdidaktik

Unter Korrelation bzw. Korrelationsdidaktik wird für gewöhnlich die religionspädagogische Bestrebung verstanden, Glaubensaussagen und heutige Erfahrungen »so miteinander ins Gespräch (zu) bringen, dass sie sich wechselseitig erhellen« (Niehl 1986, 750). Ausgangspunkt für die religionsdidaktische Bedeutung von Korrelation ist die sich radikalisierende Erfahrung der größer werdenden Distanz von Erfahrung und Glaube. So entsteht die Frage, ob die beiden Pole überhaupt für viele junge Menschen im Religionsunterricht biografisch korrelierbar sind und in eine kritisch-produktive Wechselbeziehung kommen können. Religionsdidaktik nimmt dabei eine grundlegende theologische Fragestellung in den Blick. Von der Beantwortung dieser Frage hängt es ab, ob und in welcher Weise mit SchülerInnen in einem weltanschaulich pluralen Umfeld Theologie betrieben werden kann.

Korrelation als theologisches Grundprinzip

In der Theologie bedeutet Korrelation die Wechselbeziehung von christlicher Botschaft und menschlichem Leben, von göttlicher Offenbarung und menschlicher Erfahrung oder von überliefertem und gelebtem Glauben. Eine korrelative Theologie versucht, sich immer wieder neu vor den sich wandelnden gesellschaftlichen und existenziellen Lebensbedingungen und -möglichkeiten die Frage zu stellen, ob und wie Glaubensaussagen und heutige Erfahrungen miteinander ins Gespräch gebracht werden können, sodass sie sich wechselseitig erhellen und in ihrer inspirierenden und befreienden Relevanz für das Menschsein und Christsein in heutiger Zeit erkannt oder zumindest erahnt werden können. Dabei wird vorausgesetzt – was in der Theologiegeschichte keine unbestrittene Annahme war und ist –, dass Offenbarung und Erfahrung miteinander verwoben sind und sich wechselseitig interpretieren, auch dann, wenn sie sich gegenseitig infrage stellen und kritisieren. Korrelation ist vor diesem Hintergrund ein theologisches Grundprinzip mit hoher religionspädagogischer Bedeutung und bezeichnet die kritisch-produktive Wechselbeziehung von göttlicher Offenbarung und menschlicher Erfahrung.

Die unlösbare Verbindung von Gotteswort und Menschenwort ist zweifellos ein theologisches Grunddatum. Christliche Theologie muss deshalb immer korrelativ sein. Als theologischer Topos wurde Korrelation erstmals von dem evangelischen Theologen Paul Tillich (1886–1965) explizit reflektiert. Tillich verwendet den Begriff als Methode der Theologie im Sinne eines Frage-Antwort-Geschehens zur Bestimmung des Verhältnisses *Gott – Mensch* und *Botschaft – Situation*. Aufgabe der Theologie ist es dann, die menschlichen Fragen und die Inhalte der Offenbarung so aufzuarbeiten, dass deren Wechselbezug auch für kritisch-fragende Zeitgenossen in ihrer Bedeutung nachvollzogen werden kann (vgl. Tillich 1956, 73ff; 129ff).

Katholischerseits können Karl Rahner (1904–1984) und Edward Schillebeeckx (geb. 1914) als theologische Protagonisten des Korrelationsgedankens genannt werden. Rahner hat durch die von ihm beeinflusste »anthropologische Wende« der Theologie ein statisches Verhältnis von Offenbarung und Erfahrung aufgebrochen, den Blick auf den Menschen als »Hörer des Wortes« konzentriert und der Erfahrung des Subjekts einen offenbarungstheologischen Rang für die Selbstmitteilung Gottes eingeräumt (vgl. Baudler 1979, 211ff). Der holländische Theologe und Dominikaner Edward Schillebeeckx hat das Korrelationsverständnis in der Religionspädagogik nachhaltig geprägt durch den von ihm hervorgehobenen Akzent der *kritischen* Korrelation. Christliche Theologie schöpft nach Schillebeeckx stets aus zwei Quellen: aus der Erfahrungstradition der großen jüdisch-christlichen Bewegung und aus heutigen Erfahrungen von Christen und Nichtchristen. Zur Korrelation gehört das kritische In-Bezug-Setzen dieser beiden Quellen (vgl. Schillebeeckx 1979, 13f). So wird die heutige Situation zu einem unverzichtbaren hermeneutischen Schlüssel für die Botschaft des Glaubens. Wechselseitige kritische Korrelation bedeutet sowohl Infragestellung der ambivalenten heutigen Erfahrungen vom kritischen und befreienden Handlungspotenzial der christlichen Hoffnung her als auch Kritik an der Art, wie die Botschaft des Evangeliums heute zur Sprache gebracht wird. Wer diesem theologischen Ansatz folgt, wird sich vor zu glatten Korrelationen hüten, wird stattdessen stärker die Konfrontation und Provokation der ursprünglichen christlichen Glaubenserfahrung mit den zwiespältigen säkularen Welterfahrungen in unserer Zeit betonen.

Die Impulse der Theologen Tillich, Rahner und Schillebeeckx wurden in der Religionspädagogik begierig aufgegriffen zur theologischen Profilierung und Legitimation eines erfahrungsorientierten Religionsunterrichts, für den christliche Tradition und Situation der SchülerInnen gleichrangige Determinanten sind.

Korrelation als Leitmotiv für die Didaktik des Religionsunterrichts

Mit dem »Zielfelderplan für den katholischen Religionsunterricht in der Grundschule« (DBK 1977) wird der Begriff Korrelation Religionspädagogik zu einem allgemein akzeptierten Programm. Korrelation bedeutet hier die Entdeckung des »dritten Weges«, der vor zwei Engführungen schützen will: einerseits vor einem religionsdidaktischen Ansatz, der die christliche Tradition als erstarrte Tradition einbringt und sie als System von Sätzen und Wahrheiten ohne Rücksicht auf die Situation des Adressaten vermitteln will; andererseits soll dieses Prinzip den Religionsunterricht davor bewahren, dass er sich dem Zeitgeist einfach anpasst und so den Glauben an das jeweilige Bewusstsein nivelliert.
Religionsdidaktisch gewendet meint Korrelation also ein bestimmtes Grundverständnis von Religionsunterricht. Korrelation hat eine inspirierende heuristische Funktion, etwa für Lehrpläne und didaktische Materialien wie z.B. Religionsbücher. Hier können Korrelationsangebote vorgestellt werden. Kriterien für die Formulierung von Zielen und die Auswahl von Inhalten lassen sich »korrelativ« begründen. Der »Zielfelderplan für den katholischen Religionsunterricht in der Grundschule« aus dem Jahr 1977 tut dies zum Beispiel durch eine wechselseitige »Filterung« von Lebenssituationen und Glaubensinhalten und durch den Aufweis von theologischen und anthropologischen Akzenten bei Intention und Thema. Religionsbücher und Unterrichtsentwürfe tun sich im Vergleich dazu schwerer, transparent zu machen, was sie unter »Korrelation« verstehen. Sie versuchen auf unterschiedliche Weisen, eine Zuordnung von Traditionselementen und Dokumenten aufzubauen, welche die Lebenswelt präsentieren. Einige solche »Korrelationsstrategien« seien hier genannt (zu ausführlicheren Beispielen vgl. Hilger 1977, 250ff): Im *Frage-Antwort-Schema* werden erfahrbare Lebenssituationen so erhellt und vertieft, dass aus ihnen Menschsein als Frage hervorgeht, die einer existenziellen Antwort aus der Schrift und Tradition bedarf (Bsp.: Krankheit und Leid). *Additiv* wird korreliert, wenn gegenwärtige Problemstellungen mit thematisch gleichen Problemen in den Texten der Tradition miteinander verbunden werden (Bsp.: Friede damals und heute). Korrelation als *Kontrast* bringt bewusst die Welt von heute und die Welt der Bibel in eine provozierende Konfrontation (Bsp.: Aggression und Bergpredigt). *Überbietend* wird korreliert, wenn z.B. die positive Erfahrung von liebender Zuwendung radikalisiert wird durch das biblische Beispiel einer Liebe bis hin zur Hingabe des Lebens für andere.
Im Hinblick auf den Unterricht stellt sich die Frage, ob Korrelationen durch die Person des/der Lehrenden hergestellt, vorgegeben, nahe gelegt, durch instruieren-

de didaktische Arrangements angeboten, aufgedeckt bzw. bezeugt werden oder ob umgekehrt die Lernenden zu eigenem Korrelieren in einer Suchbewegung mit offenem Ausgang angeregt und provoziert werden (vgl. Niehl 1993, 96).
Korrelation, um die es im Religionsunterricht gehen soll, lässt sich zwar planerisch vor-strukturieren. Durch Aktionsformen oder durch didaktische Entscheidungen kann Korrelation begünstigt, aber auch erschwert werden. ReligionslehrerInnen können bezeugen und offen legen, wo sie für sich die Wechselbeziehung zwischen ihrem gelebten Leben und der in der biblischen Tradition enthaltenen Glaubenserfahrung sehen und welche Bedeutung dies für ihre Lebensdeutung hat. Korrelationen lassen sich aber im Unterricht nicht herstellen. Wie sich die SchülerInnen auf korrelative Lernprozesse einlassen, das wird bei jedem/jeder anders sein. Das anspruchsvollste Ziel religionsdidaktischer Planung ist es, den SchülerInnen Angebote zu machen und sie einzuladen, selbst zu korrelieren.

Grenzen und Infragestellungen der Korrelationsdidaktik

Standen die Fachpublikationen in den Anfangsjahren (ab ca. 1975) im Zeichen einer Fundierung von Korrelation als Leitmotiv religionspädagogischer Theorie und Praxis, erhoben sich am Beginn der 1990er-Jahre immer mehr kritische Stimmen, die nach der Tragfähigkeit einer korrelativen Didaktik fragten. Im Vordergrund standen folgende drei Themenkreise:

Das Gewicht der beiden Pole »Glaubensüberlieferung« und »Gegenwartserfahrung«

Die Frage, ob in korrelativen Prozessen die Pole »Tradition« und »Situation« ausbalanciert sind, wird unterschiedlich beantwortet. Auf der einen Seite wird der Vorwurf erhoben, dass es in einem korrelativen Unterricht vielfach nicht um die Gegenwartserfahrung heutiger SchülerInnen gehe, sondern um »konstruierte Erfahrungsbereiche, zu denen man gelangt, weil sie von der Überlieferung her aufgebaut sind« (Ziebertz 1994b, 103). Das Korrelationsprinzip werde innerlich ausgehöhlt, weil im Religionsunterricht die Gewichte auf Kosten der Situation zugunsten der Tradition verschoben seien.
Andere Stimmen vertreten die gegenteilige Auffassung: Die Erfahrungen der SchülerInnen träten so sehr in den Vordergrund, dass die theologischen Inhalte zur Nebensache gerieten. Das theologische Profil des Religionsunterrichts drohe bis zur Unkenntlichkeit zu verwischen (vgl. Ruster 2000, 200). Eine solche Positi-

on relativiert eine anthropologisch gewendete Theologie mit ihrem spezifischen Blick für existenzielle menschliche Erfahrungen.
Mit der Frage nach dem Gewicht der Pole »Glaubensüberlieferung« und »Gegenwartserfahrung« in korrelativen Prozessen ist keineswegs ein religionspädagogisches Randproblem tangiert, im Gegenteil: Die jeweiligen Antworten implizieren (offenbarungs-)theologische Grundentscheidungen, die nicht nur das Verständnis von Religionsunterricht, sondern die Theologie als Ganzes betreffen.

Die Weise, wie die beiden Pole »Glaubensüberlieferung« und »Gegenwartserfahrung« korreliert werden

Hubertus Halbfas kritisiert am Korrelationsprinzip, dass es von einer Kluft zwischen Glaubensüberlieferung und Gegenwartserfahrungen ausgehe bzw. diese erst künstlich schaffe, um sie dann unter den Bedingungen schulischen Unterrichts zu überwinden (vgl. Halbfas 1991, 750). Es geht Halbfas um ein Ernstnehmen menschlicher Erfahrungen. Diese sollen auf den in ihrer Tiefe aufscheinenden religiösen Gehalt hin erschlossen werden. Er fordert darum die Ablösung eines künstlichen Dualismus von Tradition und Erfahrung durch einen noch konsequenteren anthropologischen Ansatz.
Bei der Frage, wie das Wechselspiel zwischen der jüdisch-christlichen Überlieferung und den Erfahrungen junger Menschen realisiert wird, sind folgende Verfahrensweisen zu unterscheiden: *Deduktiv* wird vorgegangen, wenn die Überlieferung Priorität hat und von hier aus die heutige Lebenswelt in den Blick genommen wird; von *Induktion* ist die Rede, wenn Erfahrungen heutiger SchülerInnen als methodischer Ausgangspunkt bestimmt werden, von dem aus ein Brückenschlag zur Tradition erfolgt.
Beide Varianten werden der geforderten Wechselbeziehung, die das Wesen korrelativer Prozesse ausmacht, aber nicht voll gerecht. Von Andreas Prokopf und Hans-Georg Ziebertz wurde darum vorgeschlagen, der Alternative »Deduktion – Induktion« durch die so genannte *abduktive Korrelation* zu entgehen (Prokopf/Ziebertz 2000, 19ff). Damit ist Folgendes gemeint: Ansatzpunkt für religiöse Lernprozesse ist der Pol »Lebenswelt«. Der Pol »Tradition« kommt nun dadurch ins Spiel, dass gefragt wird, welche Spuren oder Bestände der christlich-religiösen Tradition in den Aussagen Jugendlicher zu existenziellen Themen enthalten sind. Ziel einer solchen abduktiven Korrelation ist es, die vom Subjekt selbst geschaffenen Bezüge zwischen Glaubensüberlieferung und persönlicher Erfahrung zu erheben und sie ihm bewusst zu machen.
Positiv ist zu würdigen, dass das Modell einer abduktiven Korrelation gewissermaßen Korrelationen en miniature zugänglich macht, nämlich Beziehungen zwischen allgemeinen religiösen Traditionsbeständen und individuellen Erfahrungen

von SchülerInnen in konkreten Situationen. Was in der Sprachregelung der »klassischen« Korrelationsdidaktik »Situation« heißt, stellt sich somit als ein Bereich dar, der, zumindest in Teilen, eine korrelative Grundstruktur besitzt. SchülerInnen stellen immer schon selbst – unabhängig von organisierten Lernprozessen – Korrelationen zwischen Fragmenten der Tradition und ihren Erfahrungen her. Aufgabe des Religionsunterrichts müsste es sein, diese in weitgehend unbewussten Prozessen konstruierten Korrelationen auf die Ebene des Bewusstseins zu heben und sie mit Korrelationen, die der Tradition entstammen, zu konfrontieren.
Bei der Frage nach dem Wie der Wechselbeziehung zwischen den beiden Polen eines korrelativen Geschehens ist schließlich das Problem ernst zu nehmen, ob Korrelationen als eine den Menschen treffende und ihn zutiefst berührende Wechselbeziehung zwischen Erfahrung und Glaube überhaupt *unter den Bedingungen von Unterricht* geschaffen werden können. Korrelation steht in der Gefahr, »etwas didaktisch zu operationalisieren, was nur Geschenk, ›Geschehen von woanders‹ sein kann« (Beuscher 1994, 59). In ihrer Tiefenstruktur ist Korrelation ein Akt des Glaubens und insofern auf jene unverfügbare Gabe angewiesen, die die christliche Tradition Gnade nennt.

Der Status von Korrelation als didaktischem Prinzip

George Reilly nimmt vielfach bestätigte Klagen aus der Praxis des Religionsunterrichts auf, dass »eine christliche Deutung der Erfahrungswelt der Schüler an deren Fragen vorbeigeht« (Reilly 1993). Sie bestätigen ihn in seiner Vermutung, dass die Korrelationsdidaktik nicht praxisfähig sei.
In die gleiche Kerbe schlägt Rudolf Englert. Er formuliert Reillys Anfrage an die Praxisfähigkeit der Korrelationsdidaktik zu einem »Plädoyer für einen ehrenhaften Abgang« um (Englert 1993a). Englert begreift Korrelation als einen »Versuch, die Grundbewegung christlichen Glaubenslebens nachzuzeichnen« (Englert 1993a). Dieses Unterfangen ist dann vom Scheitern bedroht, wenn SchülerInnen die christliche Praxis nicht mehr konkret erfahren. Schon diese Anfragen machen deutlich, dass Korrelation nicht alle Aspekte eines gelingenden Unterrichts in den Blick nehmen kann. Das stellt die religionsdidaktische Bedeutung von Korrelation als einem unverzichtbaren theologisch-hermeneutischen Prinzip nicht infrage, wohl aber seine Reichweite als umfassende Methodik bzw. Didaktik des Unterrichts (vgl. Hilger 1993b, 828ff).

Korrelation als ein dynamisches religionsdidaktisches Prinzip

Der Begriff Korrelation wird durch die kritischen Infragestellungen nicht überflüssig. Korrelation hat als Begriff und Prinzip für die Religionsdidaktik nach wie vor große Bedeutung und Dynamik. Dies zeigen sowohl die intensive Diskussion als auch die Neuansätze z.B. einer »abduktiven Korrelation« (s.o.) oder die Idee einer »Korrelation als Dekonstruktion« (vgl. Hilger/Kropač 2002). Mit Dekonstruktion wird ein Kunstwort des französischen Philosophen Jaques Derrida aufgegriffen, in dem die beiden Substantive »Destruktion« und »Konstruktion« auf paradoxe Weise synthetisiert sind (vgl. Derrida 1988). »Korrelation als Dekonstruktion« zielt kraft ihrer paradoxen Dynamik auf eine permanente Verflüssigung der Beziehungen zwischen dem Text der jüdisch-christlichen Tradition und dem Subjekt und setzt somit aber eigene Akzente (zu einem Beispiel dekonstruktiver Bibelarbeit vgl. Kropač 2001, 399ff). Dekonstruktion findet nicht zwischen Glaube und Leben, sondern zwischen Text und Subjekt statt. Das sich zwischen diesen Größen entwickelnde Geflecht destruktiver und konstruktiver Kräfte vertieft jene Wechselbeziehungen, die von der Korrelation intendiert waren.

Zusammenfassung:

Elementarisierung und Korrelation sind zwei miteinander verwandte religionsdidaktische Ansätze, die eine Vermittlung von heutiger Situation und biblisch-christlicher Tradition bzw. von SchülerInnen mit den »Sachen« des Religionsunterrichts intendieren.

Das Elementarisierungskonzept sucht in diesem Sinne bei Unterrichtsvorbereitung und Durchführung nach *elementaren Strukturen* (Konzentration auf die wesentlichen theologischen Inhalte), *elementaren Erfahrungen* (erfahrungsorientierte Themenerschließung), *elementaren Zugängen* (Berücksichtigung der kindlichen Zugangsvoraussetzungen), *elementaren Lernformen* (aktive Aneignung) und *elementaren Wahrheiten* (zuverlässige Wahrheit »für mich«).

Ähnlich ist das Ziel der Korrelationsdidaktik, Glaubenserfahrungen und Erfahrungen von SchülerInnen miteinander ins Gespräch zu bringen, damit sie sich gegenseitig erschließen. Die kritischen Anfragen an das Korrelationsprinzip bewahren davor, unrealistische Erwartungen an eine planbare Wechselbeziehung von Glaubensinhalten und Erfahrungen zu wecken, die sich unter den Bedingungen von Unterricht jedoch nicht einlösen lassen. Korrelation als religionsdidaktisches Prinzip, das immer wieder neu die Frage des Verhältnisses von lebensweltlicher Erfahrung und tradierter Glaubenserfahrung der jüdisch-christlichen Tradition sehr grundsätzlich in den Blick nimmt, ist darum zu ergänzen durch die Fragerichtungen einer elementarisierenden Religionsdidaktik, bei der das Wechselspiel von Person und Sache für die Planung von Unterricht aus verschiedenen didaktischen Blickwinkeln thematisiert wird.

Lesehinweis:

Hilger, Georg/Kropač, Ulrich (2002): Ist Korrelation »out«? In: Bizer, Christoph u.a. (Hg.): Religionsdidaktik (JRP 18). Neukirchen-Vluyn, 52–62.

Nipkow, Karl Ernst (2002b): Elementarisierung. In: Bitter, Gottfried u.a. (Hg.): Neues Handbuch religionspädagogischer Grundbegriffe. München, 451–455.

Schweitzer, Friedrich (2003d): Elementarisierung in der religionsdidaktischen Diskussion. In: Ders.: Elementarisierung im Religionsunterricht. Neukirchen-Vluyn, 203–220.

II.1 Gott, Gottesbilder und Kinder

Werner H. Ritter

Die Gottesthematik mittels Gottesbildern zu erschließen, sich »Gott« also über Bilder zu nähern, empfiehlt sich aus zwei Gründen: Zum einen denken Grundschulkinder stark bildlich, können sich Wirklichkeit und »Gott« auf diese Weise aneignen; zum anderen begegnet das Thema »Gott – Gottesbilder« markant und prägnant in der Bibel, der theologischen Tradition sowie in heutiger dogmatisch-theologischer Reflexion. Zur Vorbereitung auf religiöse Lehr-, Lern- und Bildungsprozesse in der Grundschule ist dieses Thema vorab religionsdidaktisch zu reflektieren. Damit sollen wesentliche Aspekte des Themas sowohl von der *Sache* als auch von den *SchülerInnen* her beleuchtet werden. Vor aller konkreten Unterrichtsplanung dient die didaktische Reflexion nämlich dazu, dass sich Studierende und Lehrkräfte das Thema »Gott – Gottesbilder« sachgerecht und kindbezogen erschließen und sich von ihm »aufschließen« lassen (vgl. Klafki 1963a, 43; s. II., Einführung). Näherhin sind hier drei Zusammenhänge zu erhellen:

- die Gottesthematik als Kern(-curriculum) des (Grundschul-)Religionsunterrichts (1)
- relevante theo-logische Perspektiven (2)
- Gottesbilder von, für und mit Kindern – unterrichtliche Aufgaben und Möglichkeiten (3).

1. Die Gottesthematik als Kern(-curriculum)

Einer dpa-Meldung aus dem Jahre 2003 zufolge glauben drei Viertel der deutschen Kinder an Gott. Das jedenfalls ist das Ergebnis einer Kinderstudie des Instituts für Demoskopie Allensbach, bei der 819 Kinder zwischen sechs und zwölf Jahren befragt wurden. Ein großer Unterschied zeigte sich dabei zwischen west- und ostdeutschen Kindern: Während in den westlichen Bundesländern 82% die Frage bejahen, tun dies in den »neuen« Ländern nur 27%. Insgesamt gilt die Gottesthematik seit den 80er-Jahren in Theologie und Religionspädagogik sowie in der öffentlichen Meinung zunehmend als das am christlichen Glauben Entscheidende, als Kern und Konzentrat von Religion schlechthin (vgl. Nipkow 1987a, 9).

Dementsprechend heißt es in offiziellen Dokumenten wie dem Lehrplan für den Katholischen Religionsunterricht an bayerischen Grundschulen: »Den Sinn für das Religiöse entfalten und die Frage nach Gott wach halten« sei die Zielperspektive des Religionsunterrichts, die sein Profil ausmache (Bayerische Staatsministerien 2000, 18). Evangelischerseits kann formuliert werden: »Religion bewahrt und beantwortet die *Frage nach Gott*. Wie in keinem Fach sonst erhalten die Schüler und Schülerinnen im Religionsunterricht die Gelegenheit, über Gott nachzudenken und zu reden. Die angemessene Behandlung dieses einzigartigen ›Unterrichtsgegenstandes‹ ist für die Lernenden wie für die Lehrenden die verantwortungsvolle Mitte des Faches« (EKD 1994, 30). Diesbezüglich empfiehlt die zitierte EKD-Denkschrift »Identität und Verständigung« die »Strukturierung« der Lehrpläne des Religionsunterrichts um ein entsprechendes »Kerncurriculum«: Gott und der Anfang/Schöpfung – Was kommt nach dem Tod? – Gott und das Leid – Existiert Gott? usw. (vgl. EKD 1994, 18).

Aber auch Kinder selbst – ob sie nun aus einem religiösen, weniger religiösen oder areligiösen Umfeld kommen – wollen etwas von »dem« Gott »wissen«; dabei bringen sie schon Vorstellungen von ihm mit und sind auf Weiteres neugierig (vgl. Oelkers 1994; Nipkow 1987a, 21f). Das aber heißt: Gott als das Zentrum des christlichen Glaubens darf in einer religiös stark veränderten Landschaft wie der unsrigen (s. I.1) den Kindern nicht vorenthalten werden; Schule und Religionsunterricht dürfen Kinder nicht um Gott betrügen (vgl. Biesinger 1994a; 1994b). Denn wer Kindern »Gott« erschließt und näher bringt, ihnen vielleicht sogar eine Beziehung zu ihm aufzubauen hilft, zeigt ihnen neue Möglichkeiten, Welt und Wirklichkeit zu sehen, zu deuten, zu bestehen und zu gestalten. Dabei ist das Problem heutiger religiöser Erziehung und Bildung sicher nicht, dass – wie bis in die 60er-Jahre des 20. Jh. hinein – zu massiv und zu viel mit gefährlichen und bedrohlichen Gottesbildern gearbeitet wird (vgl. Moser 1976; 2003), sondern wie und mit welchen Bildern und Vorstellungen Kinder heute überhaupt im Grundschulreligionsunterricht Gott begegnen sollen und können.

2. Relevante theo-logische Perspektiven

Um die Gottesthematik theologisch sachgerecht – und natürlich auch kindbezogen (s. 1.4) – zu erschließen, sind fundamentaltheologische, biblisch-theologische und dogmatisch-theologische Überlegungen anzustellen (vgl. Ritter 2002a; 2002b; Lachmann 2004).

Fundamentaltheologische Überlegungen zur Gottesthematik

Können Menschen überhaupt von Gott reden oder ihn ausdrücken?

Dies ist die fundamentale theologische Frage. Ausgehend von der theologischen Erkenntnis, dass Gott Gott ist, wir aber Menschen, und dass begrenzte, endliche Wesen wie wir den großen, un-begrenzten Gott eigentlich gar nicht fassen können (»finitum non capax infiniti«), ist es die entscheidende Frage, *ob überhaupt*, und wenn ja, wie Menschen Gott auszudrücken vermögen. Die Theologie hat sich hier beizeiten mit der Einsicht beholfen, dass wir als Menschen Gott nur auf menschliche Weise zur Darstellung bringen können, tastend und suchend sowie im Bewusstsein einer letzten Unzureichendheit unserer Ausdrucksmöglichkeiten. Konkret lassen sich in der Geschichte des jüdisch-christlichen Glaubens und auch der Religionen einige wenige fundamentale Weisen erkennen, wie Menschen Gott darstellen können, nämlich im Klang und in der Musik, in Bildern und Gestaltungen, im Wort und in der Rede sowie im Schweigen. Das heißt: Gott kann von Menschen nie direkt und un-vermittelt ausgedrückt werden, sondern wir brauchen dafür »Mittler« und »Medien« wie die eben genannten.

Von Gottes-Lehre zu Gottesbildern

In dem Maß, in dem sich Religion im Abendland unter der Führung der Theologie zur »Lehre« verdichtete (vgl. Stolz 1988, 80), wurde bis weit ins 20. Jahrhundert hinein von Gott (»De Deo«) vorzugsweise in lehrhafter Darstellung gehandelt, was sich bis in praktische religiöse Lern- und Bildungsprozesse hinein – siehe Katechismen – auswirkte. Solche dogmatische Gotteslehre, die abstrakt etwa auf göttliche Eigenschaften wie Unwandelbarkeit, Allmacht etc. reflektierte und vorwiegend den menschlichen Intellekt ansprach, hat mittlerweile an Einfluss verloren. Nicht nur den an religiösen Erziehungs-, Lern- und Bildungsprozessen Beteiligten wird deutlich, dass wir zu Gott nicht anders Zugang haben als über menschliche Erfahrungen mit ihm (vgl. Ritter 1989). Im Zuge dieser Erkenntnis wiederum gewinnen Gottesbilder als Konfigurationen vorausliegender menschlicher Erfahrungen mit Gott an Bedeutung und treten an die Stelle steiler und abstrakter Theo-Logie. In Gottes-Bildern sind elementare und unseren Sinnen zugängliche Glaubens- und Gotteserfahrungen aufgehoben. Da die institutionelle Absicherung von Religiosität und religiösem Lernen rückläufig ist, werden zum Erlernen dessen, was Gott und Glaube meinen, Geschichten, Erfahrungen, Symbole und eindrückliche (Gottes-)Bilder entsprechend bedeutsam.

Die sinnliche Kraft der Bilder

In einer von Medien bestimmten Welt haben Bilder gesteigerte Bedeutung. Kirche, Christentum und religiöse Bildung können sich der Allgegenwart, Sogwirkung und sinnlichen Kraft von Bildern schwer entziehen. In einer Welt voller Bilder wird der theologische Rückzug auf Texte und Worte allein als ungenügend empfunden. Da nach Immanuel Kant bloße »Begriffe ohne Anschauung (...) leer« sind, lernen wir es neu schätzen, etwas verbildlichen, in unseren Blick und zum Vorschein bringen, imaginieren, versinnlichen und veranschaulichen zu können. Gottesbilder als non-verbale wie verbale »Sinnbilder« machen Glauben leibhaft und sinnlich-lebendig (vgl. Spiegel 1984). Sie »können mit visuellen Mitteln selbstständig Theologie betreiben« (Wichelhaus/Stock 1981, 9) und erscheinen als unverzichtbare Medien und Markierungen auf dem Weg zu einem eigenen Gottesverständnis und -verhältnis. Materialiter begegnen uns »Gott« und Gottesbilder in der biblischen (und nachbiblischen) Überlieferung sowie in der Alltagsreligion von Menschen heute.

Gottesbilder: Biblische Perspektiven

Was ist biblisch von Gott zu sagen und welche Gottesbilder finden wir hier? Grundsätzlich ist vorab anzumerken, dass die Bibel an existenzerhellenden, lebens- und wirklichkeitsbezogenen »messages« interessiert ist, weniger an historischen und faktischen Sachverhalten. Näherhin sind die Vorstellungen der biblischen Schriften bezüglich »Gott – Gottesbilder« enorm komplex, vielfältig und different und von daher nicht leicht »unter einen Hut zu bringen«, es sei denn um

den Preis der Reduktion von Komplexität. Wenn wir deswegen hier von biblischen *Per-spektiven* sprechen, dann geht es uns darum, *Durch-Blicke* für wichtige Umrisse, Linien und Gestalten von und für Gott und Gottesbilder zu erhalten, denn eine »Gotteslehre« in systematisch-theologischem Sinne ist in den biblischen Schriften nicht zu finden. Konkret begegnen uns Gottesvorstellungen und Gottesbilder biblisch in ganz unterschiedlichen Zusammenhängen und Texten bzw. Textsorten: in Storys/Geschichten, in Liedern/Psalmen, Gebeten, Gleichnissen, Bekenntnissen, in lehrhaften Texten und liturgischen Passagen.
Generell erscheint für biblisches Reden von Gott Folgendes *signifikant*: Einerseits wird in der hebräischen Bibel (AT) verboten, sich Vorstellungen und Bilder von irgendetwas zu machen: »Du sollst dir kein Gottesbild machen und keine Darstellung von irgendetwas am Himmel droben, auf der Erde unten ...« (Ex 20,4). Andererseits redet die Bibel wie kein anderes Buch in Bildern, und auch Gott wird mittels vieler unterschiedlicher Bilder zum Ausdruck gebracht. Ebenso zeigen geschichtlich-archäologische Funde, dass es in Israel seit frühester Zeit und bis ins Exil stets eine Fülle bildlicher Darstellungen gegeben hat: »Dabei sind vom Götterbild, Kultbild über dekorative Kunst bis hin zum persönlichen Schmuck (...) Bilder aller Funktionen bezeugt« (Schroer 1987, 11). Ferner haben sich Menschen durch die Religionsgeschichte hindurch bis zum heutigen Tag immer wieder Bilder von Gott gemacht. Wird damit – genau genommen – nicht fortlaufend gegen das so genannte Bilderverbot verstoßen? Eine genaue Untersuchung diesbezüglicher Bibeltexte ergibt hier, »dass es sich nicht um ein generelles Bilderverbot, sondern um ein Kultbildverbot handelte, dessen Wirkung selbst im Tempel von Jerusalem in der Forschung umstritten ist« (Staubli 2004, 33f). Das heißt: Es gab zwar ein Kultbildverbot, aber das alttestamentlich-jüdische Kulturmilieu war nicht grundsätzlich bilderfeindlich.

Gottesvorstellungen und Gottesbilder im weiteren Sinne

Sie begegnen uns zahlreich im Ersten (Alten) wie im Zweiten (Neuen) Testament. Wir können also nicht von dem biblischen Gottesbild reden, sondern von vielfältigen Gottesvorstellungen, die »dem Wechselspiel aus überlieferten Vorstellungen, neuen Gotteserfahrungen und vermittelten Deutungen« entspringen (Lachmann 2004, 108) und ein plurales, *dynamisches Gottesbild* erkennen lassen. Da zeichnet das AT in den Vätergeschichten (Gen 12–50) Gott als einen mit Abraham, Isaak, Jakob, Josef mitgehenden Gott. Die Mosegeschichten zeigen ihn als befreiend-rettenden (Ex 14;15) und bewahrenden (Ex 16), aber auch strengen und strafenden Gott (Ex 32,35; vgl. auch Ijob 5,17; Jes 2,4). In den Schöpfungstexten (Gen 1 und 2) erscheint er als der, der alles ins Dasein ruft, Leben schenkt und erhält; er ist aber auch der, der das Leben wegnimmt (vgl. z.B. Ps 104,29; Jes 11,4).

Vor allem in den Psalmen als den »Liedern des Lebens« wird er als menschlichem Leben und aller Kreatur verbundener und zugewandter »naher« Gott, aber auch als souverän, »fremd und sperrig« gegenüberstehender »ferner« Gott vorgestellt. Das NT setzt diese Gottesvorstellungen voraus und partizipiert an ihnen, akzentuiert, modifiziert und erweitert sie aber auch durch seine Orientierung an *Jesus Christus*, dem »Ebenbild Gottes« (Kol 1,15; 2 Kor 4,4). In Jesu gepredigtem und gelebtem Evangelium erscheint Gott verstärkt als gütiger, barmherziger »lieber Vater« (Lk 15), aber auch als strenger Herr und harter Richter (Lk 14,24; Mt 25,11–13; Mt 18,31–34; Lk 6,49 etc.). In den Gleichnissen wird er immer wieder als sich ungewöhnlich und extravagant verhaltend und normale Erwartungen sprengend gezeichnet. Die sog. Wundergeschichten inszenieren ihn (bzw. Jesus Christus selbst) als »Liebhaber des Lebens«, der Menschen aus Lebensbegrenzungen (Hunger, Krankheit, Not, Tod) herausholt, sie rettet und bewahrt, was aber nicht allen leidenden Menschen seiner Zeit zuteil wird. Die Passions- und Ostergeschichten zeigen Gott, wie er bzw. Jesus Christus ins Leid verwickelt wird und den Tod besiegt. In Jesusgeschichten wie den Nachfolgegeschichten und den Streitgesprächen wird ein ernsthafter Gott vorgestellt, bei dem Menschen um Konsequenzen und Entscheidung nicht herumkommen.
Charakteristisch erscheint für Gottesbilder bei genauerem Hinsehen eine Spannung zwischen solchen, die Gottes *Nähe und Zuwendung* ausdrücken, und solchen, die den *ganz anderen, fernen, unberechenbaren und unheimlichen Gott* bezeichnen.

Gottesbilder im engeren Sinn

Gott wird biblisch ins Bild gesetzt als Vater, Mutter, Schild, Amme/Wärter, Quelle, Henne, Licht, Burg, Feuer, Hirte, Schrecken, Freund, Richter, König, Sonne, Hausherr, Befreier, Arzt, Freund, Begleiter, Kriegsherr, Keltertreter, Rächer, Tröster usw. Gottesbilder in diesem engeren Sinne finden sich in der Bibel mit einer enormen Spannweite. Die personal-anthropomorphen Bilder sind dabei zahlreicher als die apersonalen. Es sind Bilder mit einer erstaunlichen Vielfalt, ja Inkonsequenz und »logischen« Inkonsistenz zwischen trösten und richten, schaffen und zerstören, am Tag in einer »Wolkensäule« und nachts in einer »Feuersäule« (Ex 13,21) – gewissermaßen Bilder und Gegenbilder, dabei mehr Such-Bilder als Ab-Bilder, die uns gerade wegen ihrer Unausgewogenheit, Extravaganz und Ungewöhnlichkeit aufmerken lassen, inspirieren und Gott neu zeigen (können).
Diese Bildervielfalt ist für die biblische Darstellung und Expression Gottes charakteristisch. Dabei wird nirgends der Versuch gemacht, Gottesbilder gegeneinander auszuspielen oder hierarchisierend von Haupt- und Nebenbildern zu sprechen – Gottesbild ist Gottesbild.

Dogmatische Reflexionen

Worauf kommt es an, wenn wir heute im christlich-theologischen Kontext verantwortet von Gott reden, und worauf haben wir bei Gottesbildern zu achten?

Die Existenz Gottes ist heute umstritten

Empirischen Erhebungen zufolge glaubt heute nach wie vor eine deutliche Mehrheit der Menschen an Gott (vgl. Zulehner/Denz 1993), eine beachtliche Zahl eben aber auch nicht. Vor allem infolge der Neuzeit und der Aufklärung und damit verbundener Verweltlichungsprozesse erscheint die Existenz Gottes heute nicht mehr so selbstverständlich wie in früheren Zeiten. So betonten besonders die großen Religionskritiker des 19. und 20. Jh. – Ludwig Feuerbach, Karl Marx und Sigmund Freud –, dass Gott und Gottesbilder letztlich *»nichts anderes«* seien als Ausdruck allzu menschlicher Vorstellungen, Illusionen, Projektionen, Sehnsüchte und Wünsche. Dies und anderes lässt Gott heute umstritten erscheinen.

Nachchristliche Situation

Mit der Gottesthematik geht es (bei Menschen in unserem Land) nicht um den Rest christlichen Glaubens, sondern um dessen *Kern*, dessen *(Ur-)Grund* und *(Ur-)Sache* (vgl. Küng 1987; Nipkow 1987a, 9). Gott ist im System des Glaubens und der Theologie Alpha und Omega, Anfang und Ende, also dessen Konzentrat. Dabei ist nicht zu verkennen, dass sich die Gottesfrage in den letzten Jahrzehnten von ihrem kirchlichen, teilweise auch ihrem christlichen Kontext losgelöst hat. Die Rede von einer »nachchristlichen Situation«, einer »schwebenden Religiosität« und »unbestimmten Christlichkeit« (EKD 1994, 16) will auf diese neue Lage aufmerksam machen. Zweifelsohne sind solche *Abkoppelungsprozesse der Gottesthematik von der kirchlich-christlichen Tradition* nicht rundum zu bestreiten; hier scheinen sich in der Tat weitreichende Veränderungen anzubahnen (vgl. Ziebertz/Kalbheim/Riegel 2003, 325ff). Gleichwohl treibt die Gottesthematik Menschen nach wie vor um, ob an der Oberfläche oder im Untergrund.

Schöpfer und Geschöpf

Die *wichtigste Unterscheidung*, die der christliche Glaube macht, ist die Unterscheidung zwischen Gott und Mensch, Gott und Welt. Dadurch weist der Glaube dem Menschen und allem Irdischen einen bestimmten Ort zu: den des Geschöpfes und der Kreatur, nicht aber den des Schöpfers. Damit setzt er den Menschen und alles Irdische in ein Verhältnis und lässt weder ihn noch sonst etwas das »Maß aller Dinge« sein.

Wie ist angemessen von Gott zu reden?

Angemessenes Reden von Gott heute zeichnet sich dreifach aus: Es ist *existenziell, konfessorisch* und *bildhaft. Existenziell* ist es, weil Gott kein Ding unter Dingen ist – es »gibt« ihn nicht, wie es den Bodensee oder eine Tafel Schokolade gibt. Er wird vielmehr von Menschen in ihrer Existenz als Grund und Möglichkeit ihres und allen Daseins erfahren. Deswegen können sie auch »nur« in existenzbezogenen Aussagen von ihm reden, indem sie sagen: »ich/wir glaube(n) ..., ich/wir vertraue(n) ..., ich/wir habe(n) erfahren ...« usw. *Konfessorisch* ist dieses Reden, weil das, was wir in Betroffenheit von Gott sagen, Aussagen mit Bekenntnischarakter sind, nicht distanzierte und neutrale Äußerungen, sondern solche »im Zeugenstand«. *Bildhaft* meint: Weil Gottes Wirklichkeit letztlich alle unsere sprachlichen, denkerischen und expressiven Möglichkeiten kategorial übersteigt, können wir uns ihr ausschließlich in Bildern, Zeichen und Symbolen, hinweishaft und analog, nähern, sie umkreisen und umschreiben, auf sie hinweisen, sie aber nicht auf den Begriff oder gar in den Griff bekommen – Gott bleibt all unseren Vorstellungen immer voraus und ist »größer«, anders als diese. Wenn in der Bibel, in der weiteren theologischen Traditionsgeschichte, aber auch in der Religionsgeschichte Menschen Gott sehr häufig bildlich ausdrücken, um ihn zur Darstellung zu bringen, deutet das darauf hin, dass wir Menschen uns gar nicht anders als in Bildern eine Vorstellung von ihm machen können.

Das Bilderverbot

Was ist dann der theologische *Sinn des so genannten Bilderverbots*? Theologisch wie religionspädagogisch gibt es bis heute erhebliche Skepsis gegenüber Gottesbildern im Besonderen wie Bildern im Allgemeinen (vgl. Ritter 2002a, 89; s. auch III.8). Dies ist zum Teil das Resultat einer problematischen theologischen (vielleicht eher protestantischen) Wirkungsgeschichte des so genannten alttestamentlichen Bilderverbots, in deren Verlauf es zu einer Dominanz von Wort und Hören kam und durch die sich weder Theologie noch Religionspädagogik in ein konstruktives Verhältnis zu Bildern setzen konnten. Gottesbildern haftete der Geruch des Heidnischen und Untheologischen an. Jüdisch-christlicher Glaube war wirkungs- und motivgeschichtlich stark vom Wort und Hören geprägt: »Höre Israel!« (Dtn 6,4), »der Glaube kommt vom Hören« (Röm 10,17). Im biblischen Zusammenhang ist dagegen zu entdecken, dass das so genannte Bilderverbot wesentlich ein Kultbildverbot ist. Wo es im Sinne »reiner Lehre« auf alle Bilder ausgeweitet wird, lässt es sich nicht mit dem Hinweis auf die Bibel als der Urkunde des Glaubens legitimieren (vgl. Staubli 2004, 35). Der Sinn dieses Verbots besteht vermutlich darin, der *Idolatrie* (Götzenanbetung) infolge der Vergegenständlichung bzw. Verdinglichung Gottes zu wehren. Zum einen sollen damit die Nicht-Festlegbarkeit und Unverfügbarkeit Gottes gewahrt, seine Fixierung auf ein innerweltliches Objekt verhindert werden, zum anderen sollen von Menschen gefertigte Bildwerke nicht als Gottesbilder und als Gott angebetet werden (vgl. Ex 32,1ff; Jes 44,9ff). Denn es ist zweifelsohne eine Gefahr von Gottesbildern, dass durch sie Gott auf ein bestimmtes Bild festgelegt wird. Das »Bilderverbot« unterstreicht so gesehen »Gottes Konkurrenz- und Analogielosigkeit« (Lange 2002a, 76) und zeigt ihn vom ersten Gebot her als den allen Abbildungen und Verobjektivierungen gegenüber Freien. Es hat von daher auch heute eine *kritisch-regulative Bedeutung* (vgl. Barth/Elsaß 1993).

Die Bedeutung anthropomorpher Gottesbilder

Wir können Gott in *personalen* (»anthropomorphen«) und *a-personalen Bildern* ausdrücken. Die Darstellung Gottes als Person steht zwar immer in der Gefahr, Gott zu vermenschlichen. Aber ist sie nicht auch eine vorzügliche »anschauliche« Möglichkeit, unsere Erfahrungen mit Gott auszudrücken? Können wir zum Beispiel nicht das, was »Liebe Gottes« meint, zumindest in einem ersten Schritt »am Modell der Begegnung zwischen zwei Menschen anschaulich machen« (Zahrnt 1970, 85), und das nicht nur für Kinder? Und welche »vornehmeren, größeren, tieferen Bilder, Chiffren, Symbole, Vorstellungen, Begriffe hätte der Mensch zu seiner Verfügung, um sich (...) an Gott heranzutasten, als eben menschliche?« (Küng 1974, 298f).

Zum Mehrwert von Bildern

Moderne, aber auch schon alte Kunst sowie neuere Kunst- und Bildtheorie (vgl. Boehm 1994; Heimbrock 2000) lehren uns: *Bild ist nicht einfach Abbild oder Illustration.* Solcher Bildbegriff verdeckt geradezu die Potenzen des Bildes, nämlich etwas zu zeigen, zu entdecken und wahrnehmen zu lassen, was (noch) nicht gesehen worden ist. »Kunst gibt nicht das Sichtbare wieder, sondern macht sichtbar« (Klee 1973, 28). Gute Bilder streiten gegen abbildhafte Darstellung, Verfestigung und eingefahrene Sehgewohnheiten. Dieser Wechsel im Bildverständnis weg vom naiven Abbild- und Repräsentationsgedanken hin zum kreativen Seh-Akt und zur Wahrnehmung ist mittlerweile in der neueren theologischen und religionspädagogischen Auseinandersetzung mit Ästhetik und Bild aufgegriffen worden. Gottesbilder wollen neu zu sehen geben, unseren Blick und Horizont weiten und uns so religiös bilden. Gottesbilder, alte wie neue, bringen also Gott in und zur Sicht und wahren dessen Unverfügbarkeit.

Bild und Wort

Bilder sind historisch und theologisch dem Wort nicht einfach nachgeordnet. Gerade in weitgehend illiteraten Gesellschaften waren Bilder ein viel verbreiteteres und allgemein verständlicheres Medium als Worte und Texte, mitunter sogar deren Voraussetzung. Vom biblischen Befund her kann jedenfalls der hergebrachte Gegensatz von Wort und Bild für eine theologische Ästhetik nicht länger leitend sein, vielmehr ist von einer »Dialektik von Wort und Bild« (Biehl 1989, 20) auszugehen. Peter Biehl zeigt an der Berufungsgeschichte des Mose (Ex 3,1ff) und der Emmaus-Perikope (Lk 24,13ff) auf, wie sich in der Bibel Wort und sinnliche Phänomene gegenseitig erschließen und begrenzen. Gottesbilder als Seh-Bilder zeigen etwas, das sprachlich nicht einfach zu substituieren ist. Bilder können nämlich den letztlich unsagbaren und unfassbaren Gott in einer Weise sichtbar machen, wie es Worte nicht vermögen. Sie erschließen und bilden bzw. zeigen ihn. Sie haben zu tun mit Wahrnehmungen und Resonanzen, Emotionen und Affekten, Gestalt und Anschaulichkeit, Sinnen und Sinnlichkeit, Atmosphäre und Einbildungskraft und sie erinnern an die ästhetische Dimension von Gott, Religion und religiöser Bildung (vgl. Heimbrock 1999; s. I.2). Speziell verbale Gottesbilder können von Gott auf dreierlei Weise reden. Einmal via negationis: Von Gott wird geredet, indem alle Aussagen über den Menschen verneint werden (z.B. Gott ist un-endlich, un-sterblich); sodann via eminentiae: Von Gott wird geredet, indem alle Aussagen über den Menschen radikal überboten werden (z.B. Gott ist all-wissend); schließlich via analogiae, wissend, dass wir von Gott nur im »Modus des Entwurfs«, also in menschensprachlicher »Brechung«, d.h. näherungsweise, analog, symbolisch und verweisend, aber nicht abbildhaft reden können (vgl. Ricoeur/Jüngel 1974). Gerade letztere Darstellungsweise hat tiefen Anhalt an der Bibel und der theologischen Tradition.

Warum Bilder helfen können

Alles in allem können für unser heutiges Reden von Gott Gottesbilder im oben beschriebenen Sinne in mehrfacher Hinsicht wichtig und hilfreich sein (vgl. Ritter 2002a, 91):

- Sie zeigen in Bildern und Gegenbildern Gott vielfältig und unterschiedlich.
- Sie zwingen nicht mit abstrakter theologischer Begrifflichkeit zusammen, was sich (theo-)logisch nicht zusammenfügen oder harmonisieren lässt.

- Sie korrigieren unsere abstrakten und oft von der Lebenswirklichkeit abgezogenen Gottesbilder.
- Sie verhindern, dass wir Gott auf unsere menschlichen Erwartungen festlegen.
- Sie bringen Gott in die Zeit und sind nicht an zeitlosen Wesensaussagen über Gott interessiert.
- Sie zeigen so, dass sich Gottesbilder wandeln und verändern können.
- Sie zeigen den nahen, zugewandten Gott ebenso wie den fernen, unnahbaren und verborgenen – eine Spannung, die für das jüdisch-christliche Gottesbild konstitutiv ist.
- Sie verweisen nicht auf sich selbst, sondern über sich hinaus, und sind zu dem unterwegs, auf den sie deuten. Sie sind zeitlich-geschichtliche Wege (vgl. Werbick 1992a), nicht das Ziel, und stellen uns auf einen Weg. Ihr Recht und Potenzial besteht darin, dass sie Gott unseren Sinnen zugänglich machen. An ihre Grenze kommen sie, wenn und wo sie Gott eindeutig machen wollen. Aber Gott geht nicht in Bildern auf; er bleibt ihnen voraus, ist »mehr« und »größer« als alles, was sich von ihm bildlich einfangen lässt. In Abwandlung von Thomas von Aquin formuliert: Die Unähnlichkeit zwischen einem Gottesbild und Gott ist stets größer als die Ähnlichkeit.
- Sie laden zum Gespräch und zum Austausch ein über die Zeiten hinweg und in der Zeit.

Was bestimmte biblische, traditionelle und heutige Gottesbilder bei einzelnen Menschen auslösen und bewirken, kann nicht definitiv gesagt werden. Vielmehr kommt es zu sehr unterschiedlichen und ambivalenten Wirkungen und Reaktionen, oft in Abhängigkeit von den Erfahrungen, die man mit den jeweils herangezogenen irdischen Vergleichsbildern gemacht hat. So mag das Bild vom Auge Gottes oder das Gottesbild in Ps 139 (Gott der Allwissende und Allgegenwärtige) den einen Sicherheit und Zuversicht schenken, bei anderen löst es Angst aus. Gleiches gilt vom Gottesbild Vater. Hier erweist sich die mahnende Erinnerung an die Begrenztheit der menschlichen Gottesbilder als hilfreich.
Zu messen sind Gottesbilder letztlich am Ersten Gebot, sodann an Ex 3,14 (»Ich werde da sein als der ich da sein werde«) und daran, ob sie etwas von Gottes Nähe und Liebe wie auch seiner Ferne und Verborgenheit erkennen lassen.

3. Gottesbilder von, für und mit Kindern – Unterrichtliche Aufgaben und Möglichkeiten

Wenn die Gottesfrage, Gottesvorstellungen und -bilder nach wie vor eine große Bedeutung für Kinder haben, ist zu fragen, wie es hier zu guten Lern- und Bildungsprozessen kommen kann. Dem Thema »Gott – Gottesbilder« im Grundschulreligionsunterricht Kontur zu geben, heißt nach Wegen zu suchen, wie Gottesvorstellungen und Gotteserfahrungen bei SchülerInnen so aktiviert werden können, dass bei ihnen (aber auch bei Lehrkräften) eine Auseinandersetzung mit der Gottesthematik als »konstruierender und aktiver Prozess« (Hilger/Schambeck 2002, 23) in Gang kommt. Weiter ist zu fragen, wie dieses Thema erfahrungsorientiert, also nah an der »Sache« und den Kindern (vgl. Ritter 1989; 2005a) unterrichtet werden kann, welche Aufgaben sich hier stellen und welche Möglichkeiten sich ergeben. Grundsätzlich ist dem Grundschulreligionsunterricht diesbezüglich aufgegeben, Kindern zu ermöglichen bzw. ihnen zumindest dabei zu helfen,

- dass sie mitgebrachte und vorhandene Gottesbilder wahrnehmen und ausdrücken können: *Gottesbilder von Kindern*;
- dass sich ihnen bedeutsame (andere/neue) Gottesbilder aus der theologischen Tradition und Gegenwart erschließen und dass sie sich ihrerseits dafür in Entdeckungsprozessen erschließen lassen: *Gottesbilder für Kinder*;
- dass sie in Auseinandersetzung damit, aber auch auf andere Weisen trag- und entwicklungsfähige Gottesbilder aufbauen können: *Gottesbilder mit Kindern* (vgl. dazu auch Schweitzer 2003e).

Generell wichtig erscheint im Grundschulreligionsunterricht – aber nicht nur da! –, dass alle drei Zusammenhänge so angelegt und strukturiert sind, dass die Kinder selbsttätig und aktiv werden und so religiös lernen können. Denn nur selbst aufgebaute und in die eigenen Strukturen integrierte (Gottes-)Vorstellungen sind tiefenstrukturell wirksam und (bewusstseins-)bildend. Ausdrücklich sei vermerkt, dass die Gottesthematik als Kerncurriculum des Religionsunterrichts nach einer wiederkehrenden *thematisch eigenständigen Behandlung* verlangt, also weder als bekannt (und damit nicht behandlungsnotwendig) vorausgesetzt noch einfach anderen Themen untergeschoben werden darf (vgl. Lachmann 2004, 118). Wenn die Gottesthematik das Zentrum des christlichen Glaubens ist, bei dem Jung und Alt aber eben auch eine gewisse Unsicherheit und

Sprachlosigkeit verspüren, dann muss sich Grundschulreligionsunterricht zentral darum kümmern, und zwar in unterschiedlichen thematischen Zusammenhängen (s.o.).

Gottesbilder von Kindern

Religionsdidaktisch sind wir, wenn die religiösen Lernprozesse der Kinder positiv verlaufen sollen, konstitutiv auf deren (eigene) Gottesvorstellungen und -bilder angewiesen, wie sie sich in ihrer Alltagsreligion und religiösen Fantasie finden (vgl. Ritter 2000b). Solche schon vorhandenen Gottesbilder verlangen danach, dass Kinder sie ausdrücken, darüber nachdenken und zu eigenen Vorstellungen gelangen können. Dies erscheint deswegen geboten, weil im Zeichen des subjektorientierten Perspektivenwechsels in der Religionspädagogik – seit den 90er-Jahren – Kinder zunehmend als Subjekte (nicht Objekte) religiösen Lernens gesehen werden. Demzufolge ist es religionspädagogisch wichtig und nicht bloß kindertümelndes Zugeständnis, Kindern dabei zu helfen, ihren eigenen Gottesvorstellungen auf die Spur zu kommen, weil sie eine eigene Dignität in religiösen Lernprozessen haben (vgl. Hanisch 1996, 102). Didaktisch – und theologisch! – gilt es deswegen, die eigene Sicht der Kinder von Gott, die sie aus ihrer Erziehung, Sozialisation und Lebensgeschichte mitbringen (oder auch nicht), wahrzunehmen, wertzuschätzen bzw. sie zumindest zu achten, sie aber nicht schlecht zu reden oder lächerlich zu machen. Kinder sind theo-logisch produktive Subjekte, ihre Theo-logie hat ein eigenes Recht und einen eigenen Rang (vgl. Fikenscher 1995) und ist an der (jeweiligen) unterrichtlichen Themenkonstitution immer mitbeteiligt – im Übrigen können sich dabei auch Religionslehrkräfte ihrer Gottesbilder bewusst werden. Wer diese Einschätzung teilt, kann erfahren, dass religiöses Lernen im Religionsunterricht »viel eher eine aktive und produktive Tätigkeit ist oder sein kann als lediglich die Reproduktion« vorgegebenen Glaubenswissens (Orth 2002, 151).

Lernen durch Bilder

Schon *von klein auf* machen sich Kinder Bilder und erschließen ihre Welt bildlich. Vor aller kognitiven und verbalen Perzeption steht die bildlich-ikonografische, die nach und nach durch erstere komplettiert wird, wobei die bildlich-ikonografische nicht einfach verschwindet (vgl. Schäfer 1995). So veranschaulichen Kinder bildlich, was sie über Gott erfahren und wahrnehmen, weswegen für die Entwicklung und Konturierung von Gottesbildern Seh- und Imaginationsprozesse eine wichtige Rolle spielen (vgl. Heimbrock 2000, 19; s. III.3).

Religiöse Bildung ereignet sich folglich nicht nur über den Verstand, sondern auch über Emotionalität, Gefühl, Atmosphäre, Gestalt, Anschauung und Bild, also ästhetisch (s. I.2).

Wie kindliche Gottesbilder entstehen

Näherhin fallen Gottesbilder nicht fertig vom Himmel, sind vielmehr *mannigfach anthropogen und soziokulturell* bedingt. Da sind der Einfluss der Eltern(-imagines) auf das Gottesbild (vgl. Schweitzer 1994a), deren (religiöse) Erziehung, die jeweilige familiale (religiöse) Sozialisation (vgl. Schwab 2000) sowie Einflüsse aus der Lebens- und Erfahrungswelt, Mediensozialisation (vgl. Pirner 2001c) eingeschlossen. Näherhin erwachsen Gottesbilder aus einer Identifikation mit den real erfahrenen oder erhofften Eltern (vgl. Schweitzer 1994a, 93ff), wobei sich männliche und weibliche, mütterliche und väterliche Züge (gegen Freud) mischen. Die Eltern(-imagines) sind von den jeweiligen Rollenzuweisungen in Kultur und Gesellschaft abhängig, die Gottesbilder wiederum werden von den jeweiligen religiösen Traditionen mitbestimmt.
Ferner »erschaffen« – so eine stärker psychoanalytisch-psychodynamische Forschungsrichtung (vgl. Rizzuto 1975) – Kinder innerlich aktiv ihren Gott bzw. ihr Gottesbild, indem sie auf seine »Konstruktion« im Denken, Sprechen und Handeln einwirken (»Konstruktivismus«; s. III., Einführung), sind also religiös schöpferische, aktiv konstruierende und rekonstruierende Subjekte in einer Dialektik von Reproduktion und Produktion (vgl. Heimbrock 2000, 30), die Vorgegebenes eigenständig und subjektiv verarbeiten.
Es ist immer wieder erstaunlich, zu welchen beeindruckenden Imaginationen Gottes Kinder dabei gelangen und welche faszinierenden Vorstellungen – »Gott ist für mich wie ein Überraschungsei« (Viertklässler) – sie entwerfen können, sei es (so mehrheitlich) im Anschluss an biblische und kirchlich tradierte Bilder, sei es als Neu-Produktionen – Ausdruck ihrer theologischen Fantasie *und* Reflexion. Erstaunlich ist es in dem Zusammenhang auch, dass und wie Kinder an ihren Gottesbildern *arbeiten* (vgl. Hilger 2000a). All dies lässt uns auf ihre (religiöse) Erziehung, Sozialisation und Lebensgeschichte sowie ihre religiöse Denk- und Lernfähigkeit achten (s. I.7). Die entsprechenden Erkenntnisse *religiös-kognitiver Entwicklungstheorien* (Oser/Gmünder 1988; Fowler 1991; vgl. dazu Schweitzer 1991) sind dabei als heuristische Wahrnehmungs-Hilfen von (kindlichen) Gottesbildern wichtig, dürfen aber in ihrer Leistung nicht überschätzt werden (vgl. Schweitzer 2002b, 192).

Die Bedeutung anthropomorpher Gottesbilder

Eine Reihe von empirischen Studien v.a. zu gezeichneten Gottesbildern bei Kindern und Heranwachsenden zeigen, dass jüngere Kinder Gott vorwiegend *anthropomorph repräsentieren* (vgl. Bucher 1994, 79ff; Hanisch 1996), vorzugsweise als Mann, Mädchen mitunter als mädchenhafte und mütterliche Gestalten, freilich ohne dass es diesen möglich erscheint, ihre Gottesdarstellung auch als Frau zu benennen (vgl. Klein 2000a, 122). Während ihn Jungen eher aktiv handelnd, mächtig, von konkreter Gestalt, aber fern beschreiben, ist er für Mädchen weit stärker mit dem Ästhetischen verbunden, zwar im Himmel, aber den Menschen liebend und sorgend nahe (vgl. Schweitzer 1994a, 92; Hilger/Dregelyi 2002). Ältere Religionspädagogik war häufig darum bemüht, die anthropomorphen Züge kindlicher Gottesbilder möglichst schnell überwinden zu helfen. Heute wird dagegen bisweilen entdeckt, dass Gottesbilder von Kindern gerade den Anthropomorphismus durchbrechen, weil Gott hier zwar Person, aber eben kein Mensch sei (so Klein 2000a, 118). Uns erscheint entscheidend, dass Kinder, wenn sie nach ihren Gottesvorstellungen gefragt werden, nach einem Ausdruck suchen, »der etwas mit ihrer Welt und ihren Erfahrungen zu tun« hat (Hilger/Schambeck 2002, 24). Darauf sollten sich ReligionlehrerInnen einlassen statt gleich Korrekturen vorzunehmen.

Der »liebe« Gott

Vor allem personal orientiert, fällt Gott – vorausgesetzt, Kinder haben Vorstellungen und Bilder von ihm – *vorwiegend »lieb«* und *»freundlich«*, dem Menschen zugewandt aus (vgl. Hanisch 1996, 104) – so ein großer Konsens zahlreicher empirischer Studien zum Gottesbild von Kindern. Der befremdliche Gott, der sich aus dem Leben von Menschen zurückziehen und verborgen bleiben kann, der heilige, ganz andere Gott – »mysterium tremendum et fascinans« (Rudolf Otto) – fehlt in den Gottesvorstellungen heutiger Kinder weitgehend.

Jesus Christus

Bei der Beschreibung ihres Gottesbildes kommen die Kinder – angesichts der breiten Thematisierung von Jesus-Geschichten im Grundschulreligionsunterricht sehr erstaunlich – von sich aus kaum auf Jesus Christus zu sprechen (vgl. Hanisch 1996, 104f).

Methodische Hinweise

Methodisch können wir *Gottesbilder* und -vorstellungen von Kindern *auf unterschiedliche Weisen erheben*:

- Wir können Kinder einladen, *Fragen zu stellen* (vgl. Hilger/Schambeck 2002, 24).
- Nach dem *Erzählen einer Dilemma- oder Problemgeschichte* (z.B. Gott und das Leid eines krebskranken Kindes) äußern Kinder mündlich oder schriftlich ihre Vorstellungen von Gott (vgl. Ritter/Hanisch/Nestler/Gramzow 2006).
- Wir bitten Kinder darum, ein *Bild von Gott zu malen*, so wie sie sich ihn vorstellen (vgl. dazu informativ, aber auch kritisch Fischer/Schöll 2000).
- Wir legen Kindern unterschiedliche *Gottesbilder* vor und bitten sie, diejenigen *auszusuchen*, die ihrer Meinung nach am ehesten ausdrücken, wie Gott ist.
- Mithilfe der *Metaphernübung* »Gott ist für mich wie ...« zeigen Kinder ihre Vorstellungen von Gott.

Kinder so zu ihren Gottesbildern hinzuführen und sie diese ausdrücken zu lassen, ist bis zu einem gewissen Grade die Voraussetzung dafür, dass in Sachen »Gott – Gottesbild« gute Lernprozesse in Gang kommen.

Gottesbilder für Kinder

Die Formulierung »Gottesbilder für Kinder« kann den Gedanken an ein problematisches deduktiv-theologisches Vermittlungsdenken nahe legen (vgl. Schweitzer 2003e, 14f). Dies ist jedoch hier nicht beabsichtigt, weil nicht mit dem vereinbar, was »Kindertheologie« (s. I.7) meint. Gleichwohl braucht es, damit es bei Kindern zu weiterführenden religiösen Lernprozessen kommen kann, die Berücksichtigung elementarer theologischer Perspektiven.

Gottesthematik profilieren

Wenn Kinder, wie gezeigt, eigene Gottesvorstellungen haben, dann sind theologisch reflektierte religiöse Lernprozesse an und mit der Gottesthematik keineswegs überflüssig, sondern didaktisch geboten. Im Anschluss, Austausch und in der Verschränkung mit den erhobenen Gottesbildern der Kinder ist die Gottesthematik christlich-theologisch zu konturieren und zu profilieren. Die entscheidende Frage ist doch, welches Gottesbild bzw. besser: *welche Gottesbilder* wir im Religionsunterricht der Grundschule *theologisch reflektiert erschließen* und mit den kindlichen Gottesbildern ver-mitteln wollen, damit es nicht zu Vereinseitigungen kommt. Zeigen kindliche Gottesbilder in aller Regel eine Präferenz zugunsten des guten, lieben, verständnisvollen, alles verzeihenden Gottes, so muss schon der Religionsunterricht in der Grundschule den »Gegenstand« Gott in seiner *Eigenartigkeit und Komplexität* ins Spiel bringen (vgl. Porzelt 2002a, 42), auch wenn dies SchülerInnen befremdlich sein mag. Religionsdidaktisch kommt es darauf an, dass SchülerInnen ihre Vorstellungen von Gott im Kontakt und »Erfahrungs-Austausch« (Ritter 1989, 290ff) mit theologisch reflektierten – biblischen vor allem, aber auch nachbiblischen – Gottesbildern befragen, konturieren und »schulen«, modifizieren, (weiter-)bilden und weiterentwickeln können. Näherhin können Kinder dabei – idealtypisch gesprochen – vermutlich zweierlei entdecken: Zum einen, dass ihre Vorstellungen von Gott teilweise mit denen von Menschen der biblischen und nachbiblischen Tradition *übereinstimmen*, ihnen zum anderen aber auch teilweise *widersprechen* (vgl. Hanisch 1996, 102f). Beides kann Kindern bei der Konturierung und Profilierung ihrer Gottesbilder helfen. Vor allem die sperrigen, widerständigen Gottesbilder können dazu beitragen, sich mit (nach-)biblischen Gottesvorstellungen auseinander zu setzen, das eigene Gottesbild infrage stellen und verändern zu lassen. Kinder ändern und erweitern ihre mitgebrachten Vorstellungen, die eine lange Haltbarkeit (bis ins 13./14. Lebensjahr hinein) haben (oder zumindest haben können), mutmaßlich dann, wenn diese sich als ungenügend erweisen und sie sich selbst an der Entdeckung sowie am Aufbau anderer, neuer Gottesbilder beteiligen können, die ihnen plausibler und motivkräftiger erscheinen. Religiöse Lernprozesse (s. I., Einführung) vermitteln so gesehen nicht einfach Gott bzw. Gottesbilder fertig an Kinder, sondern ermöglichen diesen ein neues Wahrnehmen, Entdecken, Deuten und Verstehen Gottes (vgl. Orth 2002, 155).

Gehaltvolle, spannungsreiche Gottesbilder

Da wir kein unerschöpfliches Arsenal von Gottesbildern haben, sind wir unterrichtlich vor allem (aber nicht nur) auf überlieferte gehaltvolle und spannungsreiche Gottesvorstellungen angewiesen, deren hohes Alter eher ein Erweis ihrer Tauglichkeit als ihrer Antiquiertheit sein könnte. Dementsprechend gilt es in der Unterrichtsvorbereitung *für Kinder* theologisch relevante Gottesbilder aufzuspüren und zu erschließen, die vorstellbar und mitteilbar sind. Was wir oben als Charakteristikum v.a. biblischer Gottesbilder erkannt hatten – Gottes Ferne und Unnahbarkeit, Nähe und Zugewandtheit; sein Offenkundigsein in Jesus Christus wie seine Unerforschlich- und Unergründlichkeit (Röm 11,33) –, das muss sich auch in Gottesbildern *für* Kinder abbilden. Das kann sich über Begegnungen mit biblischen Figuren wie Abraham, Jakob, Josef, Mose ergeben sowie über heutige Personen; das findet sich in Psalmtexten, die einem den nahen und manchmal fernen Gott vor Augen führen. Jesustexte und Jesusgeschichte (Passionsgeschichte; Lk 15) zeigen den »ohnmächtigen« und »verlassenden« Gott wie den, der grenzenlos liebt. Das können wir in personalen (Retter, Freund, Heiland, Richter, Herr) wie in apersonalen Bildern (Wasser, Feuer, Fels etc. in ihrer Ambivalenz) zum Ausdruck bringen. Entscheidend ist dabei, dass schon der Religionsunterricht in der Grundschule *entwicklungsoffene* Zugänge zur Bibel schafft (vgl. Porzelt 2002a, 40).

Motiv- und Anregungspotenzial

Vor allem biblische, aber auch heutige Gottesbilder kommen hier als Motiv-, Ressourcen- und Anregungspotenzial für den Grundschulreligionsunterricht in Betracht; sie bieten reiche und »kritische« Möglichkeiten, Gott zu »sehen«, wahrzunehmen, zu spüren, zu gestalten und zu denken. Dies dürfte umso notwendiger sein, als die Gottesbilder von heutigen Kindern ein kritisches Gegenüber in Gestalt der Überlieferung und des »kulturellen Gedächtnisses« brauchen. In Sachen Glaube und Gottesbilder steht keiner für sich allein, sondern ist angewiesen auf »die vor uns« – von ihnen können wir uns anregen, inspirieren, bereichern und auch korrigieren lassen. Freilich sind hier die Rezeptionsmöglichkeiten von Kindern (s. I.7) ernst zu nehmen: Kinder verstehen das, was sie verstehen, auf *ihre* Weise, die nicht von vornherein die der erwachsenen Lehrkraft ist. Ferner können wir nicht mehr – wie in früherer dogmatischer Gotteslehre üblich – Gottesbilder einfach dekretieren, welche für Kinder unbedingt »verbindlich zu glauben« sind. Wohl aber müssen wir »dialogisch und ohne Herrschaftsanspruch« theologisch relevante Gottesbilder als *»regulative Ideen«* für religiöse Lernprozesse ermitteln und der Praxis entsprechende Vorschläge machen (vgl. Büttner 2002a, 24; 26). Gehaltvolle überlieferte Gottesbilder sind dann weniger in ihrer Normativität, als in ihrer Kausativität zu sehen: Sie »verursachen« und zeigen Kindern und uns Wichtiges von Gott, das auch für sie und uns relevant sein könnte.

Gottesbilder, die Kinder brauchen

Didaktisch kommt es darauf an, (mit) Kindern Gottesbilder zu erschließen, die sie notwendig brauchen. Was aber Kinder notwendig brauchen, ergibt sich theologisch nicht allein aus ihrer Situation, hängt vielmehr auch von der »Sache« ab, um die es geht: Gott. Das heißt: Die mitgebrachten Gottesvorstellungen sind mit solchen in theologischer Reflexion gewonnenen Gottesbilder zu ver-mitteln, die Kindern in ihrem Leben und in ihrer religiösen Bildung weiterhelfen. Bei solcher »Ver-mittlung« geht es nicht vordergründig um Wissensvermehrung und Abprüfbarkeit, sondern um die *»Gegenwarts- und Zukunftsbedeutung«* (Wolfgang Klafki) von Gottesbildern in ihrer spannungsvollen Dynamik für Kinder: Hierzu braucht es Vorstellungen vom treuen, mitgehenden, barmherzigen Gott ebenso wie solche, die die »dunklen Seiten Gottes« (Dietrich/Link 2000; 2002) zeigen.

Religiöse Wachstumsanreize

(Schulischen) religiösen Lernprozessen liegt an einem sinnvollen und geordneten (Weiter-)Lernen. Religionspädagogisch sind kindlichen Gottesbildern »Wachstumsreize« anzubieten, damit sie sich allmählich neu formieren können auf ein komplexeres, spannungsreicheres Gottesbild hin. Dann können Kinder ihre oft auftauchenden Vorstellungen von einem »Deus ex Machina«, der sozusagen jederzeit interventionsfähig und -willig ist, behutsam selbst transformieren in Richtung von Gottesbildern, in denen auch die dunklen und rätselhaften Seiten Gottes Platz haben. Auf diese Weise ließen sich womöglich kindlich-verfestigte Vorstellungen von Gott, die wahrnehmungsblind machen (vgl. Hilger/Schambeck 2002, 25), ebenso umgehen wie ein später nicht seltener Bruch mit Gott und der ganzen religiösen Vorstellungswelt in der Adoleszenz (vgl. Ziebertz 1994a, 614).

Mehrere Gottesbilder

Damit wir religionspädagogisch die Gefahr einer Vereinseitigung und Festlegung Gottes vermeiden helfen, sollen schon Grundschulkinder mehrere und unterschiedliche Gottesbilder kennen und verstehen lernen (vgl. Ritter 2002b, 65). Darüber, ob es »sehr viel besser« ist, »wenn Kinder zu viele Bilder statt zu wenig haben« (Hull 1997, 40), kann man auch anderer Meinung sein. Viele Bilder von Gott fördern zwar in der Tat ein differenziertes Gottesverständnis, allerdings gibt es für Grundschulkinder auch ein Zuviel an Bildern, das verwirrend sein und Gott in die Beliebigkeit abgleiten lassen kann. Unseres Erachtens kommt es hier nicht formal auf die reine Quantität, eher auf eine differenzierte Qualität der Gottesbilder an.

Gottesbilder mit Kindern

Schließlich ist die Behandlung der Gottesthematik auf Zugänge, Möglichkeiten und Wege angewiesen, um »gemeinsam mit Kindern« (vgl. Schweitzer 2003e, 13f) an deren Gottesvorstellungen einschließlich ihrer damit verbundenen Probleme und Fragen zu arbeiten. Dies hat eine *»sachliche«* und eine *»verfahrensmäßige«* (methodische) Seite. Hier sind wir derzeit religionspädagogisch besonders herausgefordert, ohne dass schon sehr viele brauchbare Erkenntnisse vorlägen.

Zugänge

»Sachlich« geht es darum, dass Kinder ihre Fragen, Probleme und Schwierigkeiten, ihre Deutungen und Argumente vorbringen können und die Religionslehrkräfte sie ernst nehmen und die Kinder nicht gleich korrigieren oder belehren (vgl. Schweitzer 2003e, 13; Lachmann 2004, 120). Vielmehr sind die Kinder auf ihnen zugängliche Einsichten, Beobachtungen und »Gegen-Argumente« aufmerksam zu machen, die sie »zu weiterführenden eigenen theologischen Einsichten gelangen lassen (können)« (Schweitzer 2003e, 13). Wenn Kinder die Unangemessenheit bestimmter Gottesbilder bemerken, sind sie eher bereit, andere Vorstellungen zu suchen und sich so religiös selbst zu bilden. Wichtig ist dabei, die Gottesthematik in unterschiedlichen thematischen Zusammenhängen mit Kindern aufzugreifen, denn es hat sich gezeigt, dass die Gefahr besteht, dass sie im Religionsunterricht weitgehend ausgespart wird, sogar dort, wo sie sich, wie etwa bei der Behandlung biblischer Texte, geradezu aufdrängt (vgl. Hanisch 1996, 103). Dadurch werden fruchtbare Möglichkeiten und Gelegenheiten verspielt. Zugänge zur Gottesthematik gibt es über biblische *Texte* (s. II.2), bestimmte Themen wie Schöpfung (s. II.4), Gott und das Leid (vgl. Bischof 2001; Oberthür 1998; Ritter/Hanisch/Nestler/Gramzow 2006), Gott und das Schöne; über Situationen und Zeiten (Schuljahr, Kirchenjahr; s. I.5), über Symbole (s. II.3), Bilder (s. III.8), Musik (s. III.4) usw.

Methoden

Verfahrensmäßig-methodisch ist es wichtig, die Thematik »Gott – Gottesbilder« mit Kindern zusammen erfahrbar und konkret, anschaulich und »begehbar« zu machen und sie zu gestalten. Die Wege, die hier zu wählen sind, sollen vor allem die kindliche Selbsttätigkeit, ihr Probier-Verhalten und (Probe-)Handeln anregen: »Gott« kann zum Klingen gebracht und musikalisch ausgedrückt werden (s. III.4); er kann in der Stille, im Schweigen und Meditieren (s. III.2), in der Bewegung und im Tanz (s. III.5) erfahren werden; er kann zur Gestalt gebracht werden durch Malen, Töpfern, Collagen, Schreiben, Erzählen, kurz: mit allen Sinnen.
Hierfür sind im Religionsunterricht Räume, Zeiten und Gelegenheiten zu schaffen, damit die SchülerInnen der Gottesthematik nach-sinnen und nach-spüren und »Gott« so zur Erfahrung bringen können, ohne dass sich freilich Gotteserfahrungen auf diese Weise unterrichtlich beliebig produzieren ließen (vgl. Hilger/Schambeck 2002, 24).

Zusammenfassung:

Schon von der Sache her ist die Gottesthematik ein Kernthema des Grundschulreligionsunterrichts. Aber auch SchülerInnen begegnen diesem Thema mit großem Interesse.
Im Unterricht über die Gottesthematik müssen Lehrkräfte sich bewusst sein, dass Menschen hier nur auf menschliche und damit letztlich konstitutiv in tastender Weise reden können, nicht über Gott an sich, sondern von menschlichen Erfahrungen mit ihm. Sich dessen bewusst werdend, findet in der Theologie zunehmend ein Wandel von einer deduktiven Gotteslehre hin zu Gottes-Bildern statt, was sich nicht nur didaktisch sehr günstig für das oft stark bildliche Denken der Grundschulkinder erweist, sondern auch sachlich angemessen ist, wird doch auch in der Bibel Gott in den unterschiedlichsten Bildern ausgedrückt.
Wenn im Grundschulreligionsunterricht dementsprechend nicht nur »de Deo« doziert werden, sondern den SchülerInnen eine persönliche Annäherung an die Thematik ermöglicht werden soll, müssen im Unterrichtsgeschehen Sache und Kinder gleichzeitig in den Blick genommen werden. LehrerInnen müssen darauf achten, welche Vorstellungen über Gott die Kinder von sich aus mitbringen, und ihnen helfen, diese zu explizieren (Gottesbilder von Kindern), sie sollen ihnen aber auch durch das Erschließen anderer Gottesvorstellungen aus Tradition und Gegenwart neue Anregungen und Perspektiven bieten (Gottesbilder für Kinder). Letztlich geht es dabei auch darum, gemeinsam mit den Kindern der Gottesthematik nachzuspüren und ihnen so zu vermitteln, dass es sich dabei um einen sich entwickelnden, unabschließbaren Suchprozess handelt (Gottesbilder mit Kindern).

Lesehinweis:

Fischer, Dietlind/Schöll, Albrecht (Hg.) (2000): Religiöse Vorstellungen bilden. Erkundungen zur Religion von Kindern über Bilder. Münster.

Ritter, Werner Heinz (2002a): Gott – Gottesbilder. In: Bitter, Gottfried u.a. (Hg.): Neues Handbuch religionspädagogischer Grundbegriffe. München, 89–93.

Schweitzer, Friedrich (2003e): Was ist und wozu Kindertheologie? In: Bucher, Anton A. u.a. (Hg.): Jahrbuch für Kindertheologie 2: »Im Himmelreich ist keiner sauer«. Neukirchen-Vluyn, 9–18.

II.2 Biblisches Lernen mit Kindern

Georg Hilger

Die Bibel am Lernort Schule ist zunächst einmal ein Unterrichtsgegenstand, ein Schulbuch oder ein Geschichtenbuch wie andere auch, nur älter und Zeugnis einer fernen Kultur. Für manche SchülerInnen ist sie vielleicht auch eine »Heilige Schrift« mit einem Vorschuss an Bedeutung und an Akzeptanz. Dagegen wird einer Vielzahl von Kindern, die ausschließlich im Religionsunterricht biblischen Geschichten begegnen und nicht kirchlich-sozialisiert sind, Bibel nicht als »Wort Gottes« erscheinen. Der heilige Respekt vor der Bibel hängt ja auch davon ab, ob Kinder von der Existenz Gottes überzeugt sind (vgl. Bucher 1999b, 144). Die Bibel als ein zentraler Inhalt eines theologisch verantworteten Religionsunterrichts muss somit erst Akzeptanz finden, ehe sie auch für die Kinder ein lebenswichtiger Lerngegenstand wird. In der Sicht älterer Schüler zählt sie zu den weniger beliebten Inhalten. Kinder jedoch, vor allem jüngere, mögen biblische Erzählungen, wenn sie auch ihre Emotionen ansprechen und nicht immer auf die gleiche Weise behandelt werden (1). Wie aber rezipieren und verarbeiten Kinder biblische Texte? Verstehen sie diese anders als Erwachsene? Haben sie gar einen Anspruch darauf, den Text auf ihre Weise zu lesen (2)?
Wenn also die Bibel ein wichtiger Lerngegenstand bleibt, ist auf die zentrale bibeldidaktische Frage einzugehen, warum biblische Texte in einem zeitgemäßen Religionsunterricht nicht zu kurz kommen sollen (3). Die Nachhaltigkeit biblisch orientierten Unterrichts hängt nicht nur von der Faszination der Inhalte ab, sondern auch von der Art der Aneignung (4).

1. Bei LehrerInnen und bei Grundschulkindern hoch im Kurs: Biblische Geschichten

Mehr biblische Geschichten im Religionsunterricht der Grundschule! Das wünschten sich ReligionslehrerInnen von einem neuen Lehrplan. Überhaupt solle die Bibel mehr als »ein Schatz« erscheinen, aus dem es zu schöpfen gilt. Neben Jesuserzählungen sollten auch alttestamentliche Geschichten stärkere Berücksichtigung finden (Schmid 1998, 8). Dieses deutliche Votum wird bestätigt durch eine Umfrage bei SchülerInnen der dritten und vierten Grundschulklasse: Biblische Geschichten stoßen bei ihnen auf Offenheit und positive Resonanz. »Geschichten aus der Bibel hören« gehört nach dieser Untersuchung zu den fünf beliebtesten Tätigkeiten der Kinder (Bucher 2000a, 45). Dass sich bei den Kindern mehr von der Bibel als landläufig angenommen einprägt, zeigt eine Umfrage von Helmut Hanisch und Anton Bucher über das Bibelwissen bei evangelischen und katholischen Kindern am Ende der Grundschulzeit (Hanisch/Bucher 2002, 19ff). Wichtige Kriterien sowohl für die Beliebtheit als auch für die Motivation, biblische Geschichten zuhause den Eltern oder Geschwistern gerne zu erzählen, sind, dass sie »spannend, wichtig, schön« sind (ebd. 60). Unter einem solchen Vorzeichen schneiden die im Lehrplan vorkommenden Berufungs- und Bekehrungsgeschichten schwach ab.

Wie wirkungsvoll und grundlegend der schulische Religionsunterricht für die Tradierung biblischer Geschichten ist, zeigt sich daran, dass fast 90 % der Kinder ihre biblische Lieblingsgeschichte durch den Religionsunterricht kennen. Ohne ReligionslehrerInnen würden mehr als die Hälfte der Kinder nicht mit biblischer Tradition vertraut gemacht (ebd. 62) und könnten sich diese nicht aneignen. Wenn im Elternhaus biblische Geschichten erzählt werden, dann überwiegend von der Mutter und der Oma. Männer beteiligen sich selten an dieser Aufgabe. Die in vielen Haushalten vorhandenen Kinderbibeln oder Tonbandkassetten spielen eine nur marginale Rolle bei dem Aneignungsprozess.

Hinsichtlich der Rezeption biblischer Geschichten ist die Frage nach der Geschlechterdifferenz zu stellen. Obwohl Mädchen weit weniger gleichgeschlechtliche Identifikationsangebote bei den im Lehrplan vorgesehenen biblischen Themen erhalten als Jungen, fallen ihnen mehr Bibelgeschichten ein als den Jungen und sie schnitten bei dem Bibeltest besser ab. Auch bei den Lieblingsgeschichten zeigen sich geschlechtstypische Unterschiede. Jungen präferieren häufiger die Mosesgeschichte und die Erzählung von David und Goliath als Mädchen, die wiederum signifikant öfter die Geburtsgeschichte Jesu und die Paradieserzählung von Adam und Eva als Lieblingsgeschichte wählten (ebd. 43). Für die Bibeldidaktik sind das wichtige Hinweise im Hinblick auf die Themenwahl.

Eine bibeldidaktische Herausforderung im Hinblick auf die didaktische Fantasie und methodische Varianz stellt die Beobachtung dar, dass die Freude, biblische Geschichten zu hören, nicht nur im Jugendalter drastisch zurückgeht, sich vielmehr schon im Verlauf der Grundschulzeit als Trend bemerkbar macht im Vergleich der Achtjährigen mit den Zehnjährigen (ebd. 95).

2. Kinder als Exegeten? – Zum Bibelverständnis von Kindern im Grundschulalter

Vom Recht des Kindes auf eigene Exegese

Sicher wird man Kinder im Religionsunterricht nicht zu wissenschaftlichen Exegeten hochstilisieren wollen, die nach überprüfbaren Kriterien biblische Texte erforschen können und sollen. Dennoch ist dic Bezeichnung von Kindern als »Exegeten« nicht unberechtigt: Kinder sind Experten für ihre Art der Bibelauslegung mit einem eigenständigen Zugang zu biblischen Texten und haben die Fähigkeit, Texten auf eigene Weise reflexiv und intuitiv Bedeutung zuzuschreiben.

Selbst in der wissenschaftlichen Exegese spielt die Perspektive des Rezipienten inzwischen eine wichtige Rolle. Zentrale Erkenntnis der Rezeptionsästhetik ist, dass die Leser und Leserinnen aktiv an der Bedeutungsproduktion eines Textes beteiligt sind. In diesem Sinne ist der Verstehensprozess ein Wechselspiel zwischen einem Text und den Lesern. Für Kinder ist dies ein spezifisches Wechselspiel, in dem sie ihre lebensweltlichen Erfahrungen, ihre entwicklungsbedingten Verstehensmöglichkeiten, ihre Intuitionen und ihr Vorwissen mit dem Text und seinen möglichen Bedeutungsschichten in Beziehung setzen. Wie man von einer Kindertheologie spricht, kann man darum auch von einer Kinderexegese als Exegese von Kindern sprechen, die wie jede wissenschaftliche Exegese nicht nur Auslegung, sondern auch Konstruktion des Lesers ist. Die Interpretationsleistung des Lesers bzw. der kleinen LeserInnen rückt damit in den Vordergrund.

Für die Lehrenden ist diese Sichtweise der Kinder eine Herausforderung, deren subjektive Rezeptionsweisen und Bedeutungskonstruktionen sensibel wahr- und ernst zu nehmen und Kinder im Unterricht zu eigenständigen Entdeckungen und Auslegungen im Sinne einer subjektorientierten Bibeldidaktik zu ermutigen (zur Diskussion vgl. u.a. Müller 2003; Schweitzer 1999; Wegenast 1999). Hierbei müssen (evtl.) unkonventionelle »unrichtige« Bedeutungskonstruktionen als entwicklungsbedingte »Verstehensoptionen« (Müller 2003, 30) ernst genommen werden. Kinder sind anders als Erwachsene, und sie haben ein Recht, dass die Andersartigkeit kindlichen Verstehens wahrgenommen und geachtet wird. Es kann sogar kontraproduktiv für ihre religiöse Entwicklung sein, wenn ihren von den Lehrenden als »falsch« beurteilten Verstehensoptionen das angeblich »richtige« Ergebnis vorgegeben bzw. aufgezwungen wird.

Die hier vertretene Sichtweise von Kinderexegese ist aber kein Freibrief für ReligionslehrerInnen, sich nicht mit wissenschaftlichen Erkenntnissen der Bibelforschung auseinander zu setzen und diese in den Dialog mit den Kindern einzubringen. Als professionelle Lehrkräfte müssen sie in der Lage sein, die Aussagen von Kindern vor dem Hintergrund der exegetischen Tradition und aktueller wissenschaftlicher Fragestellungen zu verstehen. Dies erweitert ihre Wahrnehmungsfähigkeit möglicher Bedeutungskonstruktionen des jeweiligen Textes. Kinder sollten angeregt werden zu einer entwicklungsangemessenen Erweiterung ihres Verstehenshorizontes. Sie selber sind es, die sich einen Bibeltext aneignen müssen. Als Regel kann festgehalten werden: »Das Kind soll jene Interpretation vertreten, die es plausibel findet, ohne gleich korrigiert zu werden« (Bucher 1999b, 138). Es kann seinen Verstehenshorizont erweitern, wenn es eingebunden ist in einen Dialog und mit anderen Verstehensmöglichkeiten konfrontiert wird.

Religiöse Entwicklung und Bibelverständnis

Wie ist es zu erklären, dass nicht wenige Kinder z.B. die Schöpfungserzählungen (Gen 1,1ff) nur wortwörtlich, den brennenden Dornbusch (Ex 3,1–6) als physikalisch-physisches Phänomen verstehen können oder Gleichnisse nicht in ihrem metaphorischen Verweischarakter interpretieren können? Grundschulkinder tendieren zu einem wortwörtlichen Verstehen biblischer Erzählungen. Ein solches Schriftverständnis führt am Ende der Kindheit nicht selten dazu, dass manche Jugendliche viele Texte der Bibel – ohne nach dem theologischen Sinn zu fragen – als »unwahr« mit der Begründung ablehnen, sie seien »unwirklich« oder in einem abwertenden Sinne »nur symbolisch«. Sie legen damit ihre kindliche Textrezeption ab, ohne zu einer neuen symbolisch-metaphorischen Verstehensweise fähig zu sein: Was nicht mehr wortwörtlich verstanden werden kann, ist dann für sie nicht mehr »wahr«.

Ab wann kann man damit rechnen, dass Kinder biblische Texte gattungsgemäß bzw. in ihrem symbolischen Gehalt verstehen? Ab wann ist es ihnen möglich, Gleichnisse als Gleichnisse in ihrer metaphorischen Bedeutung zu verstehen, und ab wann können sie sich von einem konkret-realistischen, mythisch-wörtlichen oder einem artifizialistischen Verständnis ablösen, bei dem kindliches Denken die Entstehung der Welt und der Dinge auf einen Fabrikateur zurückführt, der alles konkret gemacht hat? Auch wenn die Entwicklungspsychologie hierüber einigermaßen gesicherte Aussagen machen kann, bleibt noch immer offen, welche Konsequenzen aus ihren Erkenntnissen zu ziehen sind. Macht es

Sinn, schon in den ersten Jahren der Grundschule Kinder mit Gleichnissen oder Wundererzählungen zu konfrontieren?

Anton Bucher: Von der Schwierigkeit einer gattungsgemäßen Auslegung der Gleichnisse durch Kinder

Bucher kommt aufgrund seiner Untersuchungen zum Gleichnisverständnis von Kindern zu der Erkenntnis, dass Kinder der ersten Grundschulklassen Gleichnisse nur als konkrete und punktuelle Geschichten aufnehmen können. Mit einem gattungsmäßigen Verstehen, das hohe Abstraktionsleistung voraussetzt, rechnet er nicht vor dem zwölften Lebensjahr (Bucher 1987; 1999b, 141). Bucher kann bei dieser Argumentation auf die Theorien Jean Piagets zur kognitiven Entwicklung und auf die Stufentheorie religiöser Entwicklung von Oser/Gmünder (s. I.7) verweisen. Konkret-operatorisch denkende Kinder – auf dieser Stufe befinden sich die meisten Grundschulkinder – können demnach Gleichnisse nur als konkrete Geschichten verstehen, nicht aber als Gleichnis. Wie stark die Tiefenstrukturen des religiösen Urteils nach Oser/Gmünder die inhaltliche Interpretation der Gleichnisse bestimmen, weist Bucher u.a. an dem Gleichnis von den Arbeitern im Weinberg (Mt 20,16) nach. Er fragte die Kinder, warum Jesus diese Geschichte erzählt habe. Kinder auf der Stufe 1 (Deus ex Machina) meinten, Jesus habe die Geschichte erzählt, damit wir nicht neidisch seien; sonst werde Gott böse. Auf der Stufe 2 (*do ut des*) argumentieren Kinder, Jesus habe diese Geschichte als Gegenbeispiel erzählt; Gott würde gerade nicht so handeln wie der Herr, sondern gerecht. Bibeldidaktische Konsequenz könnte sein, eine nicht gattungsgemäße Verstehensweise als für die jeweilige Entwicklungsstufe angemessene zu akzeptieren oder diese anspruchsvolle biblische Gattung erst nach der Grundschule zu behandeln (Bucher 1999b, 141). Letzteres gilt für Bucher nur relativ, weil nicht jedes Bildwort aus der Bibel einer gattungsgemäßen Auslegung bedarf und weil manche Bilder sich intuitiv-vorreflexiv, also unabhängig von einer verbalisierenden Bewusstseinsebene, erschließen. Wenn z.B. Kinder konkret erleben konnten, wie aus einem winzigen Samen große Pflanzen oder gar Bäume wachsen, werden ihnen ansatzweise manche Bedeutungsschichten des Senfkorngleichnisses (Mk 4,30–32) als ein Bildwort zugänglich.
Buchers Ergebnisse stehen sicher auch in einem Zusammenhang mit seinen Untersuchungsmethoden, die nur schwer mehrschichtige und intuitive kindliche Verstehenszugänge entdecken lassen.
In einen unterrichtlichen Kontext eingebunden ist das Forschungsdesign von Anke Pfeifer, die herausfinden wollte, wie Kinder biblische Metaphern verstehen und in ihre lebensweltlichen Erfahrungen integrieren können. Können Metaphern schon Kindern überraschende Wahrnehmungsperspektiven anbieten und ihnen eine veränderte Wirklichkeitsdeutung ermöglichen? Pfeifer sieht erst in der fort-

geschrittenen Grundschulzeit einen Zugewinn an metaphorischer Verstehenskompetenz als möglich an, die Kindern Perspektiven für weiterführende sinnvolle Auseinandersetzungen gibt (Pfeifer 2003, 205).

Hubertus Halbfas: Kinder in die Grammatik der religiösen Sprache einführen und in die Erzähldynamik der Gleichnisse hineinlocken

Halbfas wünscht hingegen entschieden eine frühe Behandlung von Gleichnissen und der symbolisch-metaphorischen Sprache. Schon vom ersten Schuljahr an enthalten seine Religionsbücher Kurse, um so in eine elementare Grammatik religiöser Sprache einzuführen. Sein Anliegen ist es, auf diese Weise kontinuierlich ein Verständnis für die Hintergründigkeit und die Tiefenschichten von Metaphern und Symbolen aufzubauen. Er setzt dabei voraus, dass Kinder eine einfache Alltagsmetaphorik (z.B. »Ein Spatz in der Hand ist besser als die Taube auf dem Dach.«) schon sehr früh verstehen und aktiv übernehmen. Er rechnet dabei mit einer hohen Intuition für bildhaften Ausdruck und mit einer Lernfähigkeit für hintergründigen Sinn (Halbfas 1983, 233–252). Nach einer Einführung in Metaphern im ersten Schuljahr (Licht-, Herz-, Tür-Metaphorik, Metaphorik vom Sehen) schlägt Halbfas schon für das dritte Schuljahr das Gleichnis vom Sauerteig (Lk 13,20f; Mt 13,33), vom Schatz im Acker (Mt 13,44–46), von der verlorenen Drachme (Lk 15,8–10) und die Parabel vom Gastmahl (Lk 14,15–24) vor (Halbfas 1985a, 542–560). Halbfas setzt bei seinem Gleichnisverständnis auf die sprachliche Kraft der Metaphern und Gleichnisse und will darum die Kinder in die Erzähldynamik des Gleichnisses hineinlocken. Er fordert: Gleichnisse » ... Geschichten sein zu lassen, in ihnen zu bleiben, statt sie zu abstrahieren, sie keinerlei Übertragungen auszusetzen« (ebd. 548). Vor diesem Hintergrund wird dann ein reflexives Sprachverständnis sekundär. Vorausgesetzt wird aber ein nicht-begriffliches, ein narratives Verstehen, auf das Halbfas in seinem Unterrichtswerk größten Wert legt u.a. dadurch, dass er immer wieder Vorschläge macht für eine sinnenhafte Annäherung an Metaphern. Das kann ein Weg sein, dass Kinder der Grundschule dem Gleichnis gegenüber nicht distanziert bleiben, sondern in ihm selbst vorkommen (ebd. 550).

Ingo Baldermann und Rainer Oberthür: Von der Fähigkeit der Kinder mit metaphorischer Sprache umzugehen

Baldermann ist ebenso wie Halbfas davon überzeugt, dass Kinder durch biblische Sprachbilder direkt und ursprünglich ansprechbar sind. Es war für ihn eine große Entdeckung, dass kleinere Kinder erstaunlich problemlos mit der metaphorischen

Bildsprache der Psalmen umgehen können: »Wenn der Satz an der Tafel vom Versinken im tiefen Schlamm spricht, sprechen die Kinder von Todesangst, von schlechtem Gewissen oder von Feindschaft. Kaum einmal haben wir erlebt, dass sich das Gespräch an dem vordergründig buchstäblichen Sinn des Bildes festhakte. ... Dabei steht die realistisch beschriebene Erfahrung ›wenn man in ein Schlammloch fällt‹ dem metaphorischen Verständnis nicht im Wege, sondern verschärft die Erfahrung des Einsam- und Verlorenseins« (Baldermann 1996, 27f). Baldermann und Oberthür) belegen durch überzeugende Beispiele aus dem Unterricht die Fähigkeit der Kinder, assoziativ ihre eigenen Erfahrungen bzw. Träume mit ausgesuchten Psalmworten in Verbindung zu bringen. Wobei Baldermann nicht vor dem vierten Schuljahr damit rechnet, dass Kinder verbal über die Symbolsprache reflektieren können. Er geht sogar noch weiter als Halbfas, der ja meint, vom ersten Schuljahr an systematisch ein Metaphernverständnis aufbauen zu müssen, wenn er die Ansicht vertritt, dass es möglich sei » ... Kindern einen eigenen Zugang zur Bibel zu eröffnen, auf dem sie biblische Texte ohne vorausgeschickte historische oder hermeneutische Erklärungen begreifen und sich aneignen. Es ist möglich Stellen in der Bibel zu finden, die auch heutige Kinder anregen, sich auf einen direkten Dialog mit ihnen einzulassen« (ebd. 30). Bibeldidaktische Aufgabe bleibt es dann, nach solchen geeigneten Stellen zu suchen, die Erfahrungen und Empfindungen der Kinder ansprechen.
In der Spur von Baldermann hat *Oberthür* in vielen Unterrichtsversuchen nachweisen können, dass Kinder sogar ungewöhnliche Fähigkeiten metaphorischer Rede entwickeln können. Dabei kann er auf viele originelle Metaphernproduktionen von Kindern verweisen. Sie sind in der Lage, Psalmworte kreativ und verständnisvoll mit ihren Alltagserfahrungen zu verbinden und neue Metaphern zu bilden. Oberthür bestreitet nicht den Hang der Kinder zum wörtlichen Verstehen von Metaphern, beobachtet aber in seinen Unterrichtsversuchen, bei denen die metaphorische Ausdruckskraft der Kinder bewusst provoziert wird, eine Gleichzeitigkeit wörtlichen und metaphorischen Verstehens (Oberthür 1995a, 827). Oberthür lässt sogar Kinder eigene Reich-Gottes-Gleichnisse aufschreiben, verzichtet dabei aber darauf, dass Kinder ausdrücklich die Sprachform Gleichnisse reflektieren, also die gattungsspezifischen Merkmale verbalisieren und so Gleichnisse als Gleichnisse verstehen müssen, bevor sie mit ihnen umgehen.

Norbert Mette: Entwicklungspsychologische Erkenntnisse ernst nehmen und Kinder in metaphorisches Sprechen verwickeln

Diese unterschiedlichen Einschätzungen des Metaphernverständnisses von Grundschulkindern hängen mit unterschiedlichen Prämissen zusammen. Es ist ein Unterschied, ob ich von kognitiven Entwicklungstheorien in der Spur von Jean

Piaget ausgehe (wie z.B. Bucher) und das rationale Verstehensvermögen in den Blick nehme oder ob ich (wie z.B. Halbfas) auch mit vorbewussten intuitiven Zugängen zum Metaphernverständnis rechne. Mette sucht in den konträren Positionen den jeweiligen Erkenntnisgewinn. Von Bucher her sei anzunehmen, dass gewisse entwicklungspsychologische Verstehensvoraussetzungen für eine adäquate gattungsgemäße Rezeption von Gleichnissen gegeben sein müssen. Ein entwicklungspsychologisch geschulter Blick auf die Kinder kann diese vor Verfrühungen und Überforderungen bewahren, vor allem davor, dass ihnen Einsichten aufgepfropft werden, die sie sich selber nicht aneignen können. Von Bucher kann man lernen, auch »unrichtige« Deutungen der Kinder als entwicklungsangemessene annehmen zu können ohne sie als falsch zu verwerfen. Bucher hat Recht, wenn er die kognitiv-reflexive Kompetenz eines gattungsgemäßen Gleichnisverständnisses erst nach der Grundschulzeit ansetzt.
Letzteres kann aber in der Grundschulzeit vorbereitet werden. Darum kann man von Halbfas, Baldermann und Oberthür lernen, wie man Kinder in metaphorisches Sprechen und in die Sprache von Gleichnissen verwickeln kann. Es kommt dann darauf an, mit den Kindern in Gleichnissen zu sein und ein intuitives Partizipieren zuzulassen und zu fördern (Mette 1993).

3. Wozu Bibel im Religionsunterricht?

Stand in früheren Zeiten außer Frage, dass Bibeltexte wie selbstverständlich zentrale oder zumindest wichtige Bestandteile des Religionsunterrichts zu sein haben, muss dies heute auch bildungstheoretisch begründet werden. Hier sollen einige Argumente angeführt werden (nach Kropač 2003, 389–391):

»Allgemeinbildung«

Wolfgang Klafki definiert Allgemeinbildung als »Aneignung der die Menschen gemeinsam angehenden Frage- und Problemstellungen ihrer geschichtlich gewordenen Gegenwart und der sich abzeichnenden Zukunft« (Klafki 1996, 53). Schulischer Unterricht kann im Hinblick auf ein solches Bildungsverständnis nicht an der breiten Auslegungs- und Wirkungsgeschichte der biblischen Überlieferung vorübergehen. In einem gewissen Sinne ist unsere Kultur immer noch in einem nicht zu unterschätzenden Maße als Wirkungsgeschichte und Auslegungsgeschichte der biblischen Überlieferungen zu sehen. Unsere Sprache, unsere Nor-

men und Werte, viele Kulturgüter der bildenden Kunst, der Architektur, der Musik sind gespeist durch biblische Traditionen. Viele biblische Vorstellungen, Redensarten, Metaphern und Symbole sind zum Allgemeingut geworden. Um ihre Bedeutung erschließen zu können, ist ein Rückgang auf ihre biblischen Quellen notwendig.
Auch im Streit um Werte und Normen in unserer Gesellschaft spielt die Bibel eine nicht zu unterschätzende Rolle (z.B. Bewahrung der Schöpfung, Gerechtigkeit aus der Sicht der Zu-kurz-Gekommenen, Euthanasie, Friedensdiskussion, Schutz des Lebens usw.). Die Bibel ist unbestritten ein Werk der großen Weltliteratur. Eine Schule, die es als Aufgabe sieht, die Erscheinungsformen unserer Kultur zu erschließen und verstehbar zu machen, kommt also nicht ganz an der Bibel vorbei. Käme sie nicht im Religionsunterricht vor, müssten andere Unterrichtsfächer sich der Bibel annehmen.

(Religiöse) Sprachfähigkeit

Wirklichkeit eröffnet sich durch die Sprache und in der Sprache. Zum Bildungsauftrag gehört daher unverzichtbar ein Vertraut-Machen mit der Sprache und ihrer Wirklichkeit erschließenden Kraft. Die Bibel leistet hierfür einen bedeutsamen Beitrag, weil sie zu einer vertieften und mehrdimensionalen Wahrnehmung von Wirklichkeit anregt.
Biblischer Unterricht bietet so die Chance, ein eindimensionales Welt- und Sprachverständnis aufzubrechen: Die Welt lässt sich nicht auf einen berechenbaren und messbaren Nenner bringen, in eine faktizistische Sprache. Biblische Texte bergen das ganze Spektrum existenzieller Erfahrungen. Die Wahl verschiedener Redemodi (symbolisches, bildhaftes, mythisches, rituelles Sprechen) ist Ausdruck eines Ringens um eine angemessene sprachliche Gestalt dieser Erfahrungen. Biblische Sprache ist der Versuch, die Wirklichkeit in ihrer Fülle und den hinter ihr geahnten unaussprechlichen Grund ins Wort zu heben, wohl wissend, dass diesem nie voll entsprochen werden kann.
Lernen an und mit biblischen Texten erweitert also die Sprachkompetenz und das Verständnis von Wirklichkeit. Es stellt sprachliche Formen zur Verbalisierung eigener Lebenserfahrungen und Emotionen zur Verfügung. Dies gilt vor allem für religiöse Erfahrungen. Biblisches Lernen steht vor der Aufgabe, eine Alphabetisierung in der religiösen Sprache zu leisten.

Prozessuale Identitätssuche

Die Bibel kann helfen, die oft widersprüchlichen Erfahrungen des Lebens zu deuten, weil sie in umfassenden Sinnzusammenhängen denkt (Zeit und Ewigkeit, Himmel und Erde, Krieg und Frieden, Leid und Freude, Leben und Tod, Liebe und Hass usw.). In ihr werden die großen Existenzprobleme der Menschen thematisiert, Fragen gestellt und Antworten versucht (Wer bin ich? Welchen Sinn hat mein Leben, hat das Dasein?). In der Bibel ist ein in tausenden von Jahren zusammengetragener Erfahrungsschatz (vgl. Ritter 1989), der die Existenzprobleme und Grunderfahrungen von Menschen in Sprache fasst, in kaum überbietbarer Weise enthalten. Ingo Baldermann weist darauf hin, dass die Bibel Bilder und Worte anbietet, um unnennbare Ängste, Sorgen, Hoffnungen zur Sprache bringen zu können, und somit helfen kann, mit solchen Erfahrungen umzugehen. »Sie wollen mir ihre Erfahrungen zeigen, damit ich auch meine Erfahrungen und Fragen neu zu sehen lerne« (Baldermann 1996, 5). Auch Kinder können ihre Existenzfragen und -erfahrungen in der Bibel entdecken. Vielleicht kann die Bibel sogar dazu beitragen, Vertrauen zu stärken und Mut zum Leben zu vermitteln.

Kritik- und Hoffnungsfähigkeit

Die Texte der Bibel enthalten an vielen Stellen Kritik an zeitgenössischen Umständen. Sie entlarven falsche Ansprüche, sie rufen zur Umkehr, zur Veränderung, zur Ausrichtung auf die Zukunft auf. Biblische Texte enthalten »gefährliche Erinnerungen« (J.B. Metz) wach, welche Absolutsetzungen infrage stellen und auf noch nicht erreichte Möglichkeiten des individuellen und gesellschaftlichen Lebens hinweisen. Die Bibel beschreibt Zustände, die noch immer nicht eingelöst sind und noch ausstehen. Sie spricht dem Menschen die Möglichkeit radikaler Veränderung zu (Umkehr): nicht nur dem Einzelnen, sondern auch ganzen Gruppen (Exodus). Die Bibel ist ein Buch der Hoffnung, das Wege zeigt, »Hoffnungsvolles zu tun und im Sinne dieser Hoffnung zu leben.« (Baldermann 1996, 10). So ist die Bibel auch ein Buch des Gegenentwurfs, der Alternativen gegen die Hoffnungslosigkeit (vgl. Reents 1999, 343). Ohne Hoffnungen verfallen wir leicht der Resignation. Mit der Bibel kann man die Sprache der Hoffnung lernen. Vor allem die Wundergeschichten wollen zu tätiger Hoffnung ermuntern. Weil hier nicht akzeptiert wird, dass die lebensfeindlichen Verhältnisse so bleiben, wie sie sind, weil hier »Sachzwänge« relativiert werden zugunsten des Lebens. Wundergeschichten führen unsere unheile als doch heilbare Welt vor Augen (vgl. Ritter 1995, 840).

Wenn Schule und Bildung nicht nur zur Anpassung an Verhältnisse, sondern auch zu Veränderungen im Sinne der Humanisierung des Lebens beitragen sollen, dann kann biblisches Lernen unter solchen Vorzeichen gut begründet werden.
Als Ur-kunde des kirchlichen Glaubens ist die Bibel kritische Instanz für die kirchlichen Erscheinungsweisen und für ihr Handeln und hat so auch für sie den Charakter der »gefährlichen Erinnerung«. Die Kirche ist als Lese- bzw. Erzählgemeinschaft Ort authentischer Bibelauslegung, zugleich hat sie sich der Bibel zu stellen und erhält hier die Maßstäbe für ihr Handeln. Zumindest Christen müssen deshalb von der Bibel wissen.

4. Lernwege und methodische Anregungen

Bei der Methodenwahl im Umgang mit biblischen Texten ist stets zu beachten, dass die lebensbezogenen Glaubenserfahrungen in einem biblischen Text einerseits und die gegenwärtigen Lebenskontexte und -erfahrungen der Lernenden andererseits in eine produktive Wechselbeziehung (s. II., Einführung) kommen können (vgl. u.a. Ritter 1989, 290ff). Dies setzt voraus, dass die in einem Text aufbewahrten und tradierten Erfahrungen wenigstens ansatzweise wahrgenommen werden können und auf der anderen Seite die Kinder sich mit je ihrer Lebenswelt, ihrem subjektiven Wirklichkeitsverständnis und ihren Denkstrukturen in das Gespräch mit dem Text und den Mitlesern einbringen können. Auch der Stand ihrer religiösen Vorprägung und die jeweiligen lern- und entwicklungspsychologischen Voraussetzungen sind dabei zu bedenken. In diesem Sinne ist nach Lernformen zu fragen, die einen solchen Dialog zwischen Text und Kind anbahnen. Ob er gelingt, ist auch durch eine noch so geschickte Methodenwahl nicht zu garantieren. Welche Lernwege bzw. Methoden jeweils angemessen sind, muss mit Blick auf den jeweiligen Text, sein Thema und seine Intentionalität, auf die Erfahrungswelt und entwicklungsbedingten Voraussetzungen der Lernenden reflektiert werden (vgl. Ott 1995, 301–306). Eine Vielzahl von Anregungen zu einer lebendigen und mehrperspektivischen Bibelarbeit findet sich in den einschlägigen Methodenbüchern zum Religionsunterricht (z.B. Kurz 1992; S. Berg 1998; Niehl/Thömmes 1998; Adam/Lachmann 2002a; Rendle 1996a; Schmid 1997; Grom 1998 und in Kommentaren zu Schulbibeln, z.B. Niehl 2003, Hoeps 2003).

Schritte eines interaktionalen und dialogischen biblischen Lernens

Im Kontext einer interaktionalen und dialogischen Begegnung mit biblischen Texten, bei der die Leser mit dem Bibeltext und in einer Lerngruppe miteinander in einen erfahrungsbezogenen Dialog kommen sollen, schlägt Theophil Vogt (1985, 95–124) folgenden idealtypischen Dreischritt für die Bibelarbeit vor: auf den Text zugehen (entdecken), vom Text ausgehen (erarbeiten), über den Text hinausgehen (aneignen).

Auf den Text zugehen – persönliche und assoziative Entdeckungen

Im Eröffnungsschritt muss Zeit und Raum geschaffen werden, um persönliche Alltagserfahrungen mit dem Text in Beziehung bringen zu können. Kinder müssen die Gelegenheit haben, eigene Entdeckungen am Bibeltext zu machen und diese in ein Gespräch einzubringen. Dabei sollen sie ihre emotionale Nähe und Distanz zu dem Erzählten bzw. zu einzelnen Handlungsträgern der Erzählung erspüren und ausdrücken dürfen. Diesbezüglich müssen die Lehrenden Stille aushalten können, abwarten lernen und der Ungeduld bewusst entgegensteuern und genau hinhören auf das, was der Text an Bildern und Erinnerungen aufsteigen lässt und was Kinder vielleicht nur mit Satzstücken äußern (vgl. Baldermann 1996, 42f). Folgende Methoden können dem dienen: Vor dem Vorlesen des Textes werden ausgesuchte Schlüsselwörter aus dem Text verbildlicht oder Assoziationen dazu aufgeschrieben, die dann – an entsprechender Stelle des Textes – vorgelesen werden. Ein Text wird in Ruhe und Gelassenheit mehrfach vorgelesen; Schülerinnen und Schüler lesen ihn abschnittsweise, jeder so viel er möchte. Wenn zwischendurch Pausen entstehen, ist das willkommen. Dem Gehörten kann man nachsinnen. Wer will, kann einzelne Worte oder Sätze, die ihm wichtig sind, noch einmal wiederholen. Nicht die mundgerechte Annäherung, sondern Annäherungen mit Widerständen und Blockaden gegen das zu schnelle Konsumieren schützen gegen unproduktive Langeweile bei biblischem Lernen. Je entfernter die Lernenden zum Bibeltext stehen, desto mehr sollte gerade dieser erste Zugang methodisch ausgedehnt werden. Entscheidend ist, dass eine persönliche Beziehung zum Text bzw. zur Erzählung und so eine emotionale und motivationale Basis geschaffen wird, an die sich ein intensives Befragen und Untersuchen des Textes anschließen kann.

Vom Text ausgehen – Arbeit am Text

Dieser Schritt, bei dem vom Text ausgegangen wird, ist dann produktiv, wenn der Text vor zu schneller Vereinnahmung geschützt und in seiner sprachlichen Gestalt ernst genommen wird. Dies kann geschehen, indem man Sinnschritte mit eigenen Überschriften versieht und sie in einer Bildfolge visualisiert. Auch ein Suchen nach Motiv- und Wortwiederholungen, das Zusammentragen der im Text vorkommenden Verben und das Aufspüren von Gegensätzen, von Ungereimtheiten und Widersprüchen (vgl. Kropač 2005, 130) können dazu beitragen, die Andersheit des Textes wahrzunehmen und zu erspüren, was er sagt, was nicht. Eine Textbegegnung kann intensiviert werden dadurch, dass wörtliche Rede im Text mehrfach und sehr unterschiedlich nachgesprochen wird.
Methoden des »verzögerten Lesens« (vgl. Kurz 1992, 73ff) (z.B. etappenweises Lesen, bei dem Leerstellen von den Schülern mit alternativen Textvarianten aufgefüllt werden, Möglichkeiten erdacht werden, wie die Erzählung weitergehen könnte, puzzleartiges Verschneiden eines Textes, der dann als Textganzes rekonstruiert wird, etc.) unterbrechen verlangsamend einen zu schnellen »Verbrauch« und nur wiedererkennende Rezeption. Solche Methoden schützen zugleich die Eigenständigkeit und Fremdheit eines Bibeltextes. »Wortkarten« mit Textstücken oder Worten konzentrieren das gemeinsame Gespräch, dazu können Bilder gemalt oder zugeordnet werden.

Über den Text hinausgehen – Gestaltwerdung/Verinnerlichung

Dieser dritte Schritt wird dann produktiv, wenn Erfahrungen mit dem Text sinnenhaft zum Ausdruck gebracht werden können. Eine Vielfalt mehrperspektivischer Zugänge begünstigt das Eindringen in den Text und das Eindringen des Textes in die Person. Dies kann auch einen Aneignungsprozess im Sinne einer nachhaltigen »Sicherung« fördern.
Von der Vielfalt der Lernwege einer kreativen Bibelarbeit heben Hanisch und Bucher (2002, 105f) u.a. Folgende hervor:

- Das szenische Nachspielen, bei dem es sich immer wieder bewährt, auf einfache Requisiten zurückzugreifen, um ein hohes Maß an Anschaulichkeit zu erreichen.
- Die musikalische Nachgestaltung mit Orffschen oder selbst gebauten Instrumenten oder auch körpereigenen Möglichkeiten. Dialoge können in Klänge umgesetzt, Stimmungen (z.B. Steigerungen und Abfallen der Spannung) durch klangliche Untermalung ausgedrückt werden.
- Die bildhafte Nachgestaltung durch das »Westentaschentheater«. Die Handlungsträger werden von den Kindern aus Papier gerissen und auf den

Tageslichtprojektor gelegt. Anhand dieser Figuren wird die Geschichte nacherzählt.

- Die Rekonstruktion der Geschichte anhand vorgegebener Bildgeschichten. Einzelnen Bildern können die Kinder bestimmte Erzählpassagen zuordnen.
- Das Zusammenstellen eines Erzählbuches, in dem die Kinder bestimmte biblische Geschichten schriftlich wiedergeben und illustrieren.

Die Kinder sollen bei all diesen Lernwegen selbst erspüren, dass die biblischen Erzählungen und Texte etwas mit ihnen selbst und mit ihrem Leben zu tun haben und für sie bedeutungsvoll werden.

Zusammenfassung:

Für den Religionsunterricht ist die Bibel ein zentraler Lerngegenstand. Kinder, vor allem jüngere, mögen biblische Erzählungen, wenn sie auch ihre Emotionen ansprechen und nicht immer auf die gleiche Weise behandelt werden. Biblischer Unterricht kann somit mit Offenheit und mit positiver Resonanz rechnen, wenn biblische Texte spannend, wichtig und schön sind, wenn der Unterricht methodisch variantenreich ist und die Kinder sich die Texte aktiv aneignen können.

Kinder sind anders als Erwachsene und sie haben ein Recht, dass die Andersartigkeit ihres kindlichen Verstehens wahrgenommen und geachtet wird. Sie sind als Experten für ihre Art der Bibelauslegung und ihrem eigenständigen Zugang zu biblischen Texten ernst zu nehmen. Für die Unterrichtenden ist diese Sichtweise des Kindes eine Herausforderung, ihre subjektiven Rezeptionsweisen und Bedeutungskonstruktionen sensibel wahr- und ernst zu nehmen und im Unterricht Kinder zu eigenständigen Entdeckungen, Auslegungen und Aneignungen im Sinne einer subjektorientierten Bibeldidaktik zu ermutigen. Dabei sind auch entwicklungspsychologische Erkenntnisse zu beachten, z.B. die jeweiligen kognitiven Denkstrukturen, die es vielen jüngeren GrundschülerInnen verwehren, einen adäquaten gattungsgemäßen Zugang z.B. zur metaphorischen Redeweise der Gleichnisse oder zu Wundererzählungen jenseits von einem wortwörtlichen Verstehen zu bekommen. Es kann aber auch beobachtet werden, dass Kinder Fähigkeiten metaphorischer Rede haben und entwickeln können und zu origineller Metaphernproduktion fähig sind. Auch wenn die kognitiv-reflexive Kompetenz eines gattungsgemäßen Gleichnisverständnisses erst nach der Grundschulzeit angesetzt werden kann, ist es unverzichtbar, Kindern metaphorische Sprache, Psalmworte oder Gleichnisse zu erschließen und ein intuitives Partizipieren zuzulassen und zu fördern.

Biblisches Lernen hat Anteil am Bildungsauftrag der Schule, weil unsere Kultur und das Wertebewusstsein unserer Gesellschaft immer noch in einem nicht zu unterschätzenden Maße durch Wirkungsgeschichte und Auslegungsgeschichte der biblischen Überlieferungen geprägt sind, weil es die Chance bietet, ein eindimensionales Wirklichkeits- und Sprachverständnis aufzubrechen, die Sprachkompetenz erweitert und eine elementare Alphabetisierung in der religiösen Sprache leistet.
Die Bibel kann helfen, die oft widersprüchlichen Erfahrungen des Lebens zu deuten. Auch Kinder können grundlegende Existenzfragen und -erfahrungen in der Bibel entdecken. Die Bibel ist ferner ein Buch gegen Hoffnungslosigkeit.
Bei der Methodenwahl im Umgang mit biblischen Texten ist stets zu beachten, dass die lebensbezogenen Glaubenserfahrungen in einem biblischen Text einerseits und die gegenwärtigen Lebenskontexte und -erfahrungen der Lernenden andererseits in eine produktive Wechselbeziehung kommen können. Dabei sollen die Kinder selbst erspüren, dass die biblischen Erzählungen und Texte etwas mit ihnen selbst und mit ihrem Leben zu tun haben und für sie bedeutungsvoll werden.

Lesehinweis:

Baldermann, Ingo (1996): Einführung in die biblische Didaktik. Darmstadt.

Hanisch, Helmut/Bucher, Anton (2002): Da waren die Netze randvoll. Was Kinder von der Bibel wissen. Göttingen.

Hoeps, Reinhard (Hg.) (2003): Sehen lernen mit der Bibel. Der Bildkommentar zu »Meine Schulbibel«. München.

Lachmann, Rainer/Adam, Gottfried/Reents, Christine (Hg.) (2001): Elementare Bibeltexte. Exegetisch – systematisch – didaktisch. Göttingen.

Niehl, Franz Wendel (Hg.) (2003): Leben lernen mit der Bibel. Der Textkommentar zu »Meine Schulbibel«. München.

Oberthür, Rainer (1998): Kinder fragen nach Leid und Gott. Lernen mit der Bibel im Religionsunterricht. München.

II.3 Symbole wahrnehmen, verstehen und gestalten

Georg Hilger

In unserem Alltag spielen Symbole und Symbolhandlungen eine große Rolle. Auch Kinder gebrauchen und entwickeln eine Vielfalt von Symbolen, um sich auszudrücken, Beziehungen zu gestalten, Zugehörigkeiten zu signalisieren und Konflikte zu bewältigen. Wer ein Kreuzzeichen macht, begeht eine symbolische Handlung. Wer vom »Himmel« spricht, verwendet ein sprachliches Symbol. Himmel, Berg, Wasser, Weg, Baum, Wüste, Wind, Sturm, Licht, Ring, Kerze und vieles mehr sind durch ihren Verweischarakter gegenständliche Symbole. Warum sind Symbole für religiöses Lernen so wichtig? Was bedeutet der Begriff Symbol und welche symboldidaktischen Entwürfe sind wirksam und inspirierend für den Religionsunterricht?

1. Symbole und ihre Bedeutung

Es gibt keine Religion ohne Symbole. Religiöse Überlieferungen bieten stets ganze Symbolwelten an, die von den Religionsgemeinschaften tradiert werden. Dies geschieht durch Brauchtum, Feiern, Gesten, durch Bilder, Gebäude, Erzählungen oder auch durch institutionalisierte »Weitergabe« einer verbalen und non-verbalen Symbolwelt. Die dabei oft so rationale Einseitigkeit bei der religiösen Erziehung und Bildung lässt wieder neu danach suchen, was den Menschen mit all seinen Sinnen und mit dem Herzen anspricht. Auch die Herausforderung einer visuellen Kultur mit einer anwachsenden und oft vereinnahmenden Symbolproduktion fordert dazu auf, Symbole in ihrer Ambivalenz und Mehrdeutigkeit wahrzunehmen, ihre Bedeutung und Verwendungszusammenhänge zu verstehen. Was aber ist ein Symbol? Eine erste Annäherung an diesen vieldeutigen Begriff ist möglich über die Wortbedeutung.
Das griechische Verb *»symballein«* heißt so viel wie »zusammenwerfen«, »zusammenfallen«, »Getrenntes zusammenfügen«; das entsprechende Substantiv *»symbolon«* bedeutet »das Zusammengefügte« oder »Zeichen«, »Kennzeichen«, »Erkennungszeichen für Freunde«, »Vertrag«. Symbolisieren bedeutet dann so

viel wie: »etwas zusammenfügen, das zusammengehört, aber vorher getrennt war«. Es war so viel wie ein Erkennungszeichen oder »Passwort« für die im Glauben Verbundenen. Eine Verstehenshilfe ist auch der Gegenbegriff »diaballein«. »Diabolos« ist der, der trennt, auseinander wirft, was zusammengehört, zerstört. Wer die Wortbedeutung von »Symbol« Kindern erklären will, kann dies anhand der Vorstellung eines antiken Brauchtums tun, von dem die folgende Geschichte erzählt:

Zwei Freunde im Alten Griechenland nehmen Abschied voneinander. Sie ritzen ihren Namen auf eine Tonscherbe und brechen sie in zwei Stücke. Jeder nimmt eine Hälfte mit; er weiß, dass er den Freund lange nicht sehen wird. Das Brechen von Ton und Namen drückt den Schmerz des Abschieds aus. Das sorgfältige Bewahren steht für die gegenseitige Treue. Jede Hälfte verweist auf die Freundschaft, die gestern erlebt wurde, und ist zugleich ein Zeichen der Hoffnung auf die Freundschaft, die morgen neu erfahren werden kann. Der zerbrochene Teil der Tonscherbe ist zwar selbst nicht Freundschaft, aber er ist ein sinnliches Erkennungszeichen, das abwesende Freundschaft lebendig macht und so in die Gegenwart hineinziehen kann. – Nach langer Zeit treffen sich die Freunde wieder; bei einer Schale Wein setzen sie die Tonstücke zusammen. Ton und Namen ergänzen sich wieder. Sie feiern das Glück der Wiedervereinigung der Getrennten (vgl. Biehl 1987, 481).

Diese Geschichte veranschaulicht: Symbole haben einen Hinweischarakter; die Tonscherben weisen über sich hinaus auf die Wirklichkeit der erfahrenen Freundschaft. Sie vergegenwärtigen diese Freundschaft in einer räumlichen und zeitlichen Distanz. Der Sinn von Freundschaft bekommt so eine sinnliche Gestalt.

Folgendes Beispiel kann noch andere Bedeutungen und Funktionen von Symbolen veranschaulichen:

Während der Zeit der Christenverfolgung kommt ein junger Christ in eine römische Stadt. Er weiß, dass dort Christen leben. An einem Brunnen trifft er auf ein Mädchen, das dort gerade Wasser schöpft. Er beginnt ein Gespräch und zeichnet spielend mit nassem Finger einen Fisch auf den Brunnenrand. Daran erkennt das Mädchen, dass auch der Fremde ein Christ sein könnte und nimmt ihn mit nach Hause, wo er sich zu erkennen gibt. Das griechische Wort »ichthys«, Fisch, verweist mit seinen Anfangsbuchstaben auf das urchristliche Glaubensbekenntnis: Jesus Christus Gottes Sohn der Retter = **I**esous **Ch**ristos **T**heou **H**yios *S*oter. Dies »ichthys« ist so etwas wie ein Passwort. Wer die Bedeutung der Buchstaben kannte, konnte sich als Christ ausweisen. Der christliche Gebrauch des Begriffs Symbol leitet sich vom lateinischen Wort für Glaubensbekenntnis ab: *symbolum* (vgl. Biehl 1987, 481f).

Das Beispiel zeigt: Symbole sind über das oben Gesagte hinaus auf Verständigung und Anerkennung angewiesen. Wenn sie ihre Bedeutung in der Gemeinschaft verlieren, können sie auch in Vergessenheit geraten und verloren gehen. Umgangssprachlich wird der Begriff »Symbol« meist abwertend gebraucht. »Das ist ja nur symbolisch« bedeutet so viel wie: unpräzise, nur ein bildlicher Ausdruck für einen »eigentlichen« Sachverhalt oder Gegensatz zu »wirklich«, »real«. Dahinter steckt dann ein enges und positivistisches Verständnis von Sprache: Sprache als Abbildung von Sachverhalten, Sprache als Vokabular von eindeutigen Namen, die nichts als die Etiketten der Dinge seien. Gleichzeitig können die gleichen Personen die Symbole ihrer eigenen Lebenswelt enorm hoch schätzen: den Freundschaftsring, das Zeichen einer Gruppenzugehörigkeit, das Erinnerungszeichen an eine geliebte Person usw.

Eine für die Religionsdidaktik inspirierende Unterscheidung macht die amerikanische Philosophin Susanne Langer. Sie unterscheidet *präsentative Symbole* von *sprachlichen* bzw. *diskursiven Symbolen*. In einem solchen Verständnis kann z.B. ein Ring ein präsentatives Symbol werden, in dem der geliebte Partner präsent wird, der ihn einmal schenkte. Sogar die Natur als Schöpfung kann zu einem präsentativen Symbol werden, wenn in ihr der Schöpfer wahrgenommen werden kann. Ein zentrales präsentatives Symbol ist der menschliche Leib. In ihm zeigt sich die Beseeltheit des Menschen. Präsentative Symbole wollen mit allen Sinnen wahrgenommen werden (s. I.2), denn im Sinnlichen zeigt sich unmittelbar der geistige Gehalt. Die Tiefe der Symbole erschließt sich im handelnden Umgang mit ihnen. Diskursive Symbole wären dann die sprachlichen Zeichen mit einem mehrfachen Sinn (zur religionspädagogischen Rezeption vgl. Bucher 1990).

Schon diese wenigen Hinweise zeigen, dass der Begriff »Symbol« mehrdeutig, oft auch widersprüchlich verwendet wird, und das nicht nur in der Umgangssprache. Dass sich »Symbol« nicht eindeutig definieren lässt, ist für manche Menschen eine Barriere, manche sehen gerade darin eine besondere Chance.

2. Zur religionsdidaktischen Verwendung des Symbolbegriffs

Auch in der Religionsdidaktik wird der Begriff »Symbol« in unterschiedlichen Kontexten und unter Verweis auf unterschiedliche Theorien verwendet. Maßgabe ist dabei die Schwerpunktsetzung der einzelnen Autoren. Der weite semantische Bedeutungshorizont des Symbolbegriffs führt dazu, dass die exponiertesten Autoren wie z.B. *Hubertus Halbfas, Yorick Spiegel, Peter Biehl*, und *Anton A. Bucher* je mit unterschiedlichen Symbolbegriffen operieren. Sie verweisen darauf, dass sich die Bedeutungsfülle des Symbols einem eindeutig definierten Begriff entzieht. Folgende Merkmale und Funktionen werden in den verschiedenen religionspädagogischen Publikationen hervorgehoben (vgl. Hemel 1990, 151f):

- Hinweis- und Vermittlungscharakter: Symbole machen das Abwesende anwesend und das Anwesende sichtbar und verweisen somit auf eine Wirklichkeit (wie z.B. die Tonscherbe auf Freundschaft), die über den Gegenstand hinausweist. Sie vermitteln Gegenwart, Vergangenheit und Zukunft, innere und äußere Wirklichkeit.
- Soziale Integration: Das Beispiel von der christlichen Bedeutung des Symbols Fisch verweist auf die integrierende und orientierende Bedeutung von Symbolen. In ihnen können gemeinsame Erfahrungen einer Gruppe zum Ausdruck gebracht werden. Symbole ermöglichen Verständigung und gemeinsame Erinnerung, sind andererseits aber auch auf Verständigung und Anerkennung angewiesen. Wenn sie ihre Bedeutung in der Gemeinschaft verlieren, können sie in Vergessenheit geraten und verloren gehen.
- Symbole als Bedeutungsträger: Symbole haben die Kraft, tiefere Erfahrungen und Dimensionen von Wirklichkeit zu erschließen und so den Dingen und dem Leben Bedeutung im Horizont von umfassenden Sinnbezügen zu verleihen.
- Offenheit: Symbole sind – wenn sie nicht zu eindeutigen Zeichen degenerieren – vieldeutig und bedeutungsoffen und haben einen mehrfachen Sinn. Die Offenheit ermöglicht es, dass unterschiedliche Gefühle, Erfahrungen und Erlebnisse durch sie ausgedrückt und auf sie bezogen werden können.
- Ambivalenz: Mit der Polyvalenz hängt ihre ambivalente Wirkung zusammen. Wasser z.B. kann Leben spenden und zerstören, Hände können Geborgenheit und Gewalt symbolisieren.
- Eigenwert des Symbolträgers: Der nicht-symbolische Eigenwert des anschaulichen Symbolträgers hat eine eigene Bedeutung. Der Bedeutungsgehalt ersetzt nicht die Leiblichkeit und Materialität des Bedeutungsträgers. Die Balken des Kreuzes bleiben Gegenstände aus Holz mit allen Eigenschaften des Holzes und hölzerner Balken, selbst wenn der symbolische Wert des Kreuzes für Christen unermesslich ist. Zum Verstehen des symbolischen Wertes ist und bleibt es notwendig, die Balken aus Holz in ihrer eigenen Sinnlichkeit wahrzunehmen. Das Brot bleibt unverwechselbar Brot, auch wenn es in der »Wandlung« den »Leib Christi« vergegenwärtigt. Um das Brotsakrament zu verstehen muss erahnt werden können, was es bedeutet, wenn ein Weizenkorn, um Frucht zu bringen, sterben muss, wie Brot gebacken wird, was Brotbrechen bedeutet usw.

3. Religionsdidaktische Entwürfe einer Didaktik der Symbole

Über die Bedeutung einer »Symboldidaktik« wird seit Beginn der Achtzigerjahre des vorigen Jahrhunderts in der Religionspädagogik diskutiert (vgl. zu Geschichte und zu den unterschiedlichen Ansätzen Biehl 1999, 1–23). Bahnbrechend war die 1980 erschienene Schrift von Peter Biehl und Georg Baudler mit dem programmatischen Titel »Erfahrung – Symbol – Glaube. Grundfragen des Religionsunterrichts«. In der Folgezeit konkretisierten beide Autoren ihre differierenden Ansätze. Während Baudler mit seinen Praxisentwürfen auch die Grundschule im Blick hatte (u.a. Baudler 1984), konzentrierten sich Peter Biehls Entwürfe auf die Sekundarstufen (Biehl 1991a, 1993, 1999). Für die Praxis des Religionsunterrichts in der Grundschule sind in der Folgezeit vor allem die vom Ansatz her unterschiedlichen Entwürfe des Symbollernens von Hubertus Halbfas und von Anton A. Bucher bedeutsam geworden. Diese sollen im Folgenden vorgestellt werden:
Halbfas hat das Wort »Symboldidaktik« in die religionspädagogische Diskussion eingebracht. 1982 erschien das Werk mit dem programmatischen Titel »Das dritte Auge – Religionsdidaktische Anstöße«. *Halbfas* geht in diesem Werk noch von einer weitgehenden Symbolunfähigkeit der Kinder und der Menschen heute aus. Sein Anliegen ist es, den Menschen so zu sensibilisieren, dass er wieder mit Symbolen kommunizieren kann und durch tätigen Umgang zur unmittelbaren Wahrnehmung von Symbolen fähig wird. Dabei soll sich ein emotionaler Bezug und eine Intuition für das Symbol oder – symbolisch gesprochen – das »dritte Auge« entwickeln als ein Organ, das es ermöglicht, das Unsichtbare sichtbar zu machen, das Sakrale im Profanen wahrzunehmen. Das »dritte Auge« kann nach innen und in die Tiefe schauen und die eindimensionale, oberflächliche Wirklichkeit durchbrechen. Dieses zu schulen, bedeutet den inneren Symbolsinn zu entwickeln, also eine Sensibilisierung für den genuin religiösen Sinn anzubahnen. Für Halbfas sind Symbole die einzige Sprache, in der sich religiöse Sprache unmittelbar ausdrücken kann. Religionsunterricht kann verstanden werden als eine Sehschule für das »dritte Auge«, und in eine solche Sehschule sind die Kinder und Jugendlichen einzuüben.

Einen Unterricht über Symbole als Symbolkunde lehnt er ab. Das im Hintergrund einer Geschichte Geahnte, das dem Schweigen Anvertraute, das zwischen den Zeilen Gesagte ist ihm wichtiger als ein streng methodisch geplanter Zugang zu einem Symbol. Die Einübung in das Symbol erfordert einen ganzheitlichen Unterrichtsstil und fordert einen schulpädagogischen Kontext bzw. eine besondere Schul- und Lernkultur. Stilleübungen als Weg in die Stille sind geeignet, die integrierende und orientierende Kraft der religiösen Symbole wieder freizulegen. In seinem praktischen Anregungspotenzial kann der Ansatz von Halbfas nicht genug gewürdigt werden. Dennoch muss auf einige Diskussionspunkte hingewiesen werden: So kommt die gesellschaftskritische und ideologiekritische Perspektive eher indirekt als direkt zur Sprache. Bei einer Überbetonung von Intuition können die Reflexion und Interpretation von Symbolen und eine Symbolkritik zu kurz kommen. Wenig bedacht werden auch die Symbole des Alltags, mit denen Kinder und Jugendliche ständig konfrontiert sind und mit denen sie umgehen.

Anton A. Bucher gilt als vehementer Kritiker der Symboldidaktik von *Halbfas*. Seine Kritik lässt sich zusammenfassen unter dem Vorzeichen von »Verfrühung« und einer Nichtbeachtung psychologischer Erkenntnisse. Interessanter als seine Kritik ist sein Ansatz, der sich u.a. der Entwicklungspsychologie von *Jean Piaget* (s. II.4) verpflichtet weiß: Kinder müssen ihre Symbole selber »aufbauen« und konstruieren. Symbole gehen aus Handlungen hervor, ehe sie eine Sprachgestalt bekommen können. Das Kind muss einen Ball greifen, ihn spüren, mit ihm spielen, ehe sich in seinem Bewusstsein eine verinnerlichte und bleibende Vorstellung, eben ein Symbol des Balles bilden kann. In diesem Symbol bleiben die Handlungen und Erfahrungen, die das Kind z.B. mit dem Ball gemacht hat, aufgehoben. Kinder müssen also mit jenen Dingen, die wir als Symbole (seien es religiöse oder nichtreligiöse) bezeichnen, agieren können, mit der Hand ebenso wie mit dem Kopf und mit dem Herzen. Wenn wir beispielsweise das Wasser als Symbol des Lebens erschließen, genügt es nicht, über die Erfahrungen mit diesem Element bloß zu reden oder schöne Texte und Mythen über das Wasser zu hören. Das konkrete und aktive Handeln muss immer den Worten vorausgehen. Mit dem Wasser muss so umgegangen werden, dass die Ambivalenz erfahrbar wird, dass die vielen Verwendungszusammenhänge, die Konflikte um Wasserbeschaffung, die verschiedenen Wasserqualitäten etc. deutlich werden, bis sich verdichtet, dass Wasser mehr ist als H2O, und Symbol werden kann für neues Leben. Nur wer wirklich mit allen seinen Sinnen wahrgenommen hat, was ein Sturmwind ist, der kann – nach *Bucher* – verstehen, dass der Sturmwind ein Symbol des Geistes ist, der reinigen und beleben und Feuer entfachen kann. Symbollernen ist damit engstens verbunden mit ästhetischem Lernen (s. I.2).

In der Praxis, die er befürwortet, unterscheidet sich *Bucher* nicht so sehr von den Unterrichtsvorschlägen bei *Halbfas*. Aber der Ansatz ist ein anderer: Bei *Buchers* Symbolerziehung wird nicht die innere Intuition und die Schulung des »dritten Auges« in den Vordergrund gestellt. Hier wird betont, dass wirklich mit beiden Augen gesehen, mit beiden Ohren gehört, mit beiden Händen ergriffen, also mit Leib und Seele erlebt wird. Nur so sind die Bedeutungen zu bilden, die dann Bestände der biblisch-christlichen Überlieferung durchdringen können. Im Zentrum seines Interesses steht damit der aktive Prozess der Symbolbildung durch das Kind.

4. Zur Praxis des Symbollernens

So wie der Symbolbegriff vielschichtig ist, kann auch der Umgang mit Symbolen in Lehr-/Lernprozessen vielgestaltig sein. Es kann z.B. einmal der ästhetische Zugang des Wahrnehmens und Gestaltens von Symbolen, ein andermal das Symbolverstehen bzw. eine Symbolkunde im Vordergrund stehen. Es können Alltagssymbole der Kinder (z.B. Kleidung, ihre »Heiligtümer«) oder explizit religiöse Symbole thematisiert werden. Für alle diese Zugänge gilt, dass sich im idealen Fall die Wahrnehmung mit allen Sinnen, das eigene Gestalten und die kritische Urteilsfähigkeit ergänzen. Die sinnenhafte Nähe und Erfahrung von und mit Symbolen ist unverzichtbar

Das folgende Beispiel will Möglichkeiten aufzeigen, wie Symbollernen im Religionsunterricht gefördert werden könnte.

Beispiel: Steine

Kinder sitzen am Boden und haben sich zum Kreis formiert. Zunächst ist es wichtig, eine Atmosphäre der Aufmerksamkeit vorzubereiten. Den Kindern, die ihre Augen geschlossen haben, legt die Lehrkraft einen kleineren Stein, den sie vom Meeresstrand mitgebracht hat, in die Hand. Auch sie nimmt einen Stein in die Hand und setzt sich zu den Kindern. Es bleibt Zeit, den Stein zu fühlen und zu erspüren, immer noch mit geschlossenen Augen. Dann schauen sich alle den Stein lange an. Es wird dabei nicht gesprochen. Auf einem Blatt Papier schreiben die Kinder »steinige Wörter« auf, die sich aus dem entwickeln, was sie zuvor gefühlt, gerochen, gesehen, gehört und evtl. auch geschmeckt haben. Beim nochmaligen Durchlesen unterstreicht jedes Kind drei ihm besonders wichtige Wörter. Mit diesen Wörtern bildet es ein oder zwei Sätze. Diese kleinen Texte werden nun vorgelesen, ohne dass das Gehörte kommentiert wird. Jedes Kind kann nun seinen Stein mit nach Hause nehmen.

Am nächsten Tag können die Kinder ihre Steine mit Bleistift zeichnen und die drei unterstrichenen Wörter und den kleinen Text dazu gestalten.

Alexander hat die Worte *hart, erdig, Staub* ausgewählt und folgenden Text geschrieben: *»Ein Stein fällt hart in den Staub. Er ist erdig.«*

Bei Kindern der vierten Klasse geht eine Lehrerin so vor: Sie packt eine Sammlung von Steinen aus, die sie in einem Bach oder auf einem ungeteerten Weg oder auf der Baustelle in der Nähe gefunden hat, und die Schüler suchen sich einen aus, tasten ihn ab, wägen, wenden ihn nach allen Seiten. Es wird darüber gesprochen, wie einem der Stein vorkommt, wie er sich anfühlt, was man mit ihm machen könnte, woran er erinnert. Die Kinder erzählen und hören zu, sie schauen einander an. Die Steine werden Anstoß, etwas von sich selber anderen mitzuteilen (s. III.1).

So erzählen die Steine auf einmal von Beziehungen zueinander und machen eine Realität sichtbar im Symbol.
Aus dem Bezug zu Redensarten und Redewendungen (z.B. »jemandem einen Stein in den Weg legen«) ergibt sich ein Hinweis auf den Symbolgehalt des »Steins« im Alltagsbewusstsein.
Zahlreich sind die Möglichkeiten, biblische Textstellen heranzuziehen, etwa Gen 28,10–22: Jakob richtet den Stein, auf dem sein Kopf während des »Himmelsleiter-Traums« gelegen hatte, zu einem Denkmal auf und begründet so das Heiligtum Bethel; Jos 4,1–5,1: Die zwölf Gedenksteine am Jordan, die an den Durchzug des Volkes Israel durch den Jordan vor der Landnahme erinnern, Jes 50,7: Hier schreibt der verfolgte und gepeinigte »Gottesknecht«: »Ich mache mein Gesicht hart wie einen Kieselstein.«; Mt 4,3: Die Versuchungsgeschichte: »Wenn du der Sohn Gottes bist, sprich, dass diese Steine Brot werden.«; Mt 7,9: »Wer von euch wird seinem hungrigen Kind Steine statt Brot geben?«

Zusammenfassung:

Symbollernen versteht sich immer auch als Symbolisieren-Lernen. Es eröffnet wichtige Lernchancen:
Die Bedeutung und die Funktion von Symbolen im alltäglichen und im religiösen Leben kann erkannt, befragt und kultiviert werden. Mithilfe von Symbolen z.B. aus der Bibel, dem kirchlichen Leben, aus Religionen, Literatur, Kunst und Musik und Alltag und einem kreativ-leibhaften Umgang mit Symbolen können Kinder für ihre religiös-relevanten Erfahrungen eine Sprache gewinnen und schrittweise ihre religiöse Ausdrucksfähigkeit verfeinern. Durch eine erfahrungsnahe Erschließung von Symbolen können Zugänge zum Verständnis christlicher Feste, Sakramente und fundamentaler christlicher Erfahrung gewonnen werden. Symbole der tradierten und gelebten christlich-jüdischen Tradition können Einladungen sein, mit dem Symbolangebot des christlichen Glaubens probeweise Erfahrungen zu machen. Auch für das Symbollernen gilt: Weniger ist mehr! Eine Symbolinflation und Überfütterung mit Symbolen ist kontraproduktiv.

Lesehinweis:

Biehl, Peter (1991a): Symbole geben zu lernen. Einführung in die Symboldidaktik anhand der Symbole Hand, Haus und Weg. Neukirchen-Vluyn.
Bucher, Anton A. (1990): Symbol – Symbolbildung – Symbolerziehung. Philosophische und entwicklungspsychologische Grundlagen. St. Ottilien.
Halbfas, Hubertus (1982): Das dritte Auge. Religionsdidaktische Anstöße. Düsseldorf.

II.4 Kinder und Schöpfung

Werner H. Ritter

Schöpfung als theologisches und religionspädagogisches Thema muss zur Vorbereitung späterer Lehr-Lernprozesse bzw. von Religionsunterricht in der Grundschule vorab didaktisch reflektiert werden. Didaktische Reflexion will wesentliche Aspekte des Themas sowohl von der Sache her als auch im Blick auf die *SchülerInnen* klären. Näherhin beinhaltet didaktische Reflexion auf das Thema Schöpfung in der Grundschule bezogen dreierlei (vgl. Ritter 2004a):

- Aufspüren biblischen Redens von Schöpfung (1),
- systematisch-theologische Reflexion auf das, was Schöpfung heute meint (2),
- Erörterung unterrichtlicher Zusammenhänge und Aufgaben (3).

1. Biblische Zusammenhänge

Vielstimmig finden sich in der Bibel Staunen und Freude über Reichtum und Schönheit des Lebens, des Geschaffenen, der Schöpfung in Erzählungen, Psalmen (Liedern) und Poesie, in »Lehre« und Lehraussagen, in Bekenntnissen und Lobpreis, im AT häufiger als im NT. »Schöpfung« kommt selten als Begriff, aber oft der Sache nach in beiden Teilen der Bibel vor. Alles »Leben« wird zurückgeführt auf Gott, der den Lebensodem einhaucht und es ins Dasein ruft (vgl. Ps 36,10; 33,4; Gen 1,1ff). Leben ist nicht selbstverständlich oder »natürlich«, sondern Inbegriff *verdankter Schöpfung*.

Altes Testament

Israel hat Gottes Wirken nicht nur in der Geschichte, sondern auch in der Schöpfung erfahren. Um Schöpfung geht es in Gen 1 und 2, vielen Psalmen (z.B. 8; 19; 33; 104; 121; 139; 147; 148), bei Ijob (v.a. Kap. 38–41), im Buch der Sprüche, bei Jesaja (17,7ff; 40–55). Dabei lassen sich *zwei elementare theologische Aussagereihen* erkennen: *Einmal* wird, breit bezeugt (Ps; Ijob; Jes; Mt 6,25ff), von Schöpfung in Form des *Staunens* über sie und in Form des *Schöpfungslobs* geredet. Angesichts der Größe von Welt und Kosmos und der Winzigkeit des Menschen wird gefragt: »Was ist der Mensch, dass du seiner gedenkst ...?« (Ps 8,5); es ist z.B. die Rede von Quellen, aus welchen Tiere ihren Durst löschen, vom Regen, der die Erde tränkt, sodass Grünes wachsen kann (Ps 104,10ff). Für Schöpfung als gegenwärtige Realität (vgl. Ps 104,14f) wird gedankt, sie wird wegen ihrer Größe und Schönheit bestaunt und gepriesen, was immer wieder in das Lob des Schöpfers mündet (vgl. Ps 139,14). Schöpfung und Geschöpflichkeit werden existenziell erfahren, was eine Anknüpfungsmöglichkeit für unsere Erfahrungen darstellt. *Zweitens* gibt es Schöpfungsaussagen, die eine Art Anfangsgeschehen inszenieren und imaginieren. In Gen 1,1–2,3 und 2,4–25 geht es um ein Geschehen »am Anfang der Zeit«. Diese Kapitel wurden in der Theologiegeschichte häufig so gelesen, dass Schöpfung als Weltentstehung verstanden wurde, was eine Verkürzung des biblischen Gesamtzeugnisses darstellt. Gleichwohl soll ihre Bedeutung nicht geschmälert werden: Offensichtlich hat auch Israel – wie die Religionen der Sumerer, Babylonier und Ägypter – Schöpfungsgeschichten bzw. -mythen im Sinne von Kosmo- bzw. Biogenese (Entstehung von Welt und Leben) erzählt, freilich mit bezeichnenden Unterschieden.

Der *jüngere priesterliche Text* (Gen 1,1ff), ca. im 6. Jh. v. Chr. entstanden, ist ein faszinierende Mischung aus priesterlich-religiöser Poesie – einem alttestamentlichen Schöpfungslied (Psalm) verwandt und lied- bzw. strophenartig aufgebaut – und naturkundlichem Wissen damaliger Zeit. Auffällig ist, dass der Text als rhythmisch gegliederter Schöpfungspsalm weniger berichtende als vielmehr lobende, d.h. *doxologische Absicht* hat; Gott schafft souverän durch sein Wort; in *kosmozentrischer* Ausrichtung wird von der Schöpfung des ganzen Kosmos erzählt; Welt und Kosmos werden entgöttert, die Gestirne sind Lampen (1,14ff); dem Menschen als »Ebenbild Gottes« (1,26) wird ein verantwortungsvoller Herrschaftsauftrag über alles erteilt (1,28); der Sabbat ist Ziel der Schöpfung (2,2). Die Intention des Textes ist, dem deportierten und von seinen eigenen Wurzeln abgeschnittenen Israel kundzutun: Nicht der babylonische Götterkönig Marduk, sondern unser Gott schuf Himmel und Erde; ihm gehört die Welt und alles, was darinnen ist; der Sabbat ist Zeichen seiner Gegenwart. Im Vertrauen auf diesen Gott darf das exilierte Israel hoffen und getrost nach vorne schauen.

Die sich anschließende ältere (10. oder 9. Jh. v. Chr.) *jahwistische Schöpfungserzählung* (Gen 2,4ff) hat im Unterschied zur ersten eine erdverhaftete und *anthropozentrische* Perspektive und liefert einen anderen »Schöpfungs-Ablauf«. Im Hintergrund dieses Textes stecken menschliche Fragen, welche die Erzählung einer Antwort zuführen will: Wozu lebt der Mensch? Was ist mit der Erde zu tun? Warum fühlen sich Mann und Frau zueinander hingezogen? Woher haben die Tiere ihre Namen? Warum ist der Mensch ein so zwiespältiges Wesen? Warum erleben wir die Arbeit so ambivalent? Warum wird der Mensch nach dem Tod wieder zu Erde? Der Text bringt dies alles mit Jahwe und seinem Schöpferwillen zusammen.

Wenn in Gen 1f und Ijob 38f Schöpfung als *Weltentstehung* erscheint, ist dies ein wichtiger, aber nicht der einzig entscheidende Aspekt. Vielmehr sind diese Texte als *ätiologische Erzählungen* an dem interessiert, was jetzt ist und woher es kommt: »Ätiologische Erzählungen dieser Art wollen Gegenwärtiges durch die Frage nach seiner Herkunft und seinem Ursprung erhellen, nicht Vergangenes darstellen. (...) Wenn vom Menschen gesagt wird, er sei aus Erde gemacht worden, so wird damit etwas über sein Wesen, nicht über seine Entstehung gesagt« (Baldermann 1988, 248). Mit einem Minimum an Begrifflichkeit und einem Maximum an Anschaulichkeit machen sie Aussagen zur »Herkunft« und »Befindlichkeit« von Mensch, Tier und Welt. Zudem bezeugen sie die Erfahrung, dass es inmitten des Chaos (vgl. Gen 1,2; Ijob 38,8ff) gottgegebene Bewahrung und »Ordnung« gibt, die Leben ermöglichen und schützen. Schöpfungserzählungen als »Mythen« (Karl Kerényi) reden vom Unsagbaren weltlich und bringen das, was sich der Vorstellung entzieht, ins Bild, liefern eine Daseinsbegründung und Sinngebung. Der genaue Entstehungsprozess des Universums wird nie zur Angelegenheit des Bekenntnisses. So entfalten diese alten Erzählungen in Vorstellungen und Erkenntnissen ihrer Zeit – Gott *macht* (Gen 2,4ff); Gott *gebietet* durch sein Wort (Gen 1,1ff) im Chaoskampf – unterschiedlich ihr Bekenntnis zu Gott. Kosmozentrisch die eine, anthropozentrisch die andere, bezeugen sie, dass die Welt von Gott kommt, nicht etwa (wie im babylonischen Weltschöpfungsepos »Enuma eliš«) das Ergebnis eines Kampfes verschiedener Götter ist und dass der Mensch einen Schöpfungsauftrag hat. Zeigt der erste Text Gottes gute und heile Welt (»und siehe, es war sehr gut«, Gen 1,31), so weiß der zweite, dass Gottes Schöpfung infolge der Sünde gebrochen und unheil ist (vgl. Gen 3). Erstaunlich dabei ist, wie das Bekenntnis zu Gott unterschiedliche naturkundliche Sichtweisen integriert, weswegen beide Texte ein Beispiel dafür sind, wie der Glaube mit sich wandelnden naturkundlichen bzw. – wie wir heute sagen würden – naturwissenschaftlichen Erkenntnissen umgeht.

Die Vorstellung einer »Schöpfung aus dem Nichts« (creatio ex nihilo) kennt das AT selbst nicht, sie findet sich erst später (vgl. 2 Makk 7,28).

Neues Testament

Das NT setzt, ohne dass dies immer expliziert wird, die alttestamentlichen Vorstellungen vom Schöpfer sowie von Schöpfung und Geschöpflichkeit voraus. Gott hat durch sein Wort die Welt geschaffen (vgl. Joh 1,3; Hebr 11,3; 2 Petr 3,5) und »durch ihn ist alles geschaffen, was im Himmel und auf Erden ist, das Sichtbare und das Unsichtbare« (Kol 1,16). *Jesus* erzählt in den Evangelien einerseits vom gegenwärtigen, gütigen Schöpfungs- und Erhaltungshandeln Gottes (so in Gleichnissen des NT; vgl. II.2), vom Vertrauen in Gottes Schöpfungswirken gegen alles Sich-Sorgen (Mt 6,25ff), und er beruft sich auf den ursprünglichen Schöpferwillen (Mt 5,27ff; Mk 10,2ff); andererseits verkündet er das Kommen des (Gottes-)Reiches im Sinne der Durchsetzung des endgültigen Schöpferwillens Gottes und befreit zeichenhaft die bestehende Schöpfung von Entfremdungen, Krankheiten und Dämonen. *Paulus* spricht davon, dass alle Menschen Gott aus den Werken der Schöpfung erkennen können (Röm 1,19ff), und von der Hoffnung, dass die vergängliche Schöpfung von der Knechtschaft der Vergänglichkeit befreit werden wird (Röm 8,19ff). Zwar ist der Christusgläubige schon jetzt eine neue Kreatur, eine neue Schöpfung (2 Kor 5,17), aber er harrt – wie die ganze Schöpfung – noch auf die vollendete Erlösung. Der gegenwärtige (unvollendete) Zustand der Schöpfung verweist darauf, was sie von Gott her sein soll, sein wird und in Jesus Christus sein kann. Insgesamt ist im NT die bestehende Schöpfung einerseits ein guter, aber vor-läufiger Zustand angesichts dessen man auf Gottes gegenwärtige und zukünftige Schöpfer-Fürsorge vertrauen kann (vgl. Lk 12,22ff), andererseits wird eine vollkommene Neuschöpfung erwartet, wobei die erste Schöpfung entweder vernichtet (Offb 21,1.5) oder in die zukünftige Erlösung einbezogen wird (Röm 8).

Gesamtbiblische Perspektiven

AT und NT sprechen von *Erfahrungen* des Geschaffenseins und machen Aussagen zum schöpferischen Gott in unterschiedlichen Redegattungen: narrativ, konfessorisch, doxologisch. Das Nebeneinander verschiedener Vorstellungen zeigt: Es gibt nicht *die* biblische Aussage zur Schöpfung. Schöpfungstexte dienen nicht zur Befriedigung theoretischer Neugier, sondern zum Lob des Schöpfers sowie zum Nachsinnen über die Schöpfung und drücken menschliches Staunen über das wunderbare Gefüge unserer Welt und des Lebens aus, das nicht selbstverständlich und notwendig ist. In ihren Hauptaussagen ist die Bibel am Schöpfer und an Geschöpflichkeit, am Erhaltenwerden und Verdanktsein, nicht an einer Geschichte der Weltentstehung interessiert. Auch Naturromantik ist ihr fremd. Schöpfung wird in der Bibel in ihrer Güte, aber auch in ihrer Gebrochenheit wahrgenommen, was auf Neuschöpfung hoffen lässt.

2. Systematisch-theologische Zusammenhänge

Aus der Glaubensgeschichte

Die beiden altkirchlichen Symbole bekennen Gott als »den Schöpfer des Himmels und der Erde« (Apostolicum) und als den, »der alles geschaffen hat, Himmel und Erde, die sichtbare und die unsichtbare Welt« (Nicäno-Constantinopolitanum). *Augustin* (354–430) spricht vom »Buch der Natur«, in welchem sich wie im »Buch der Bibel« Gottes Offenbarung findet. Bei *Franziskus von Assisi* (1181–1226) finden sich Idee und Praxis der Mitgeschöpflichkeit alles Geschaffenen sowie des Friedens in und mit der Natur. In seinem »Sonnengesang« nennt er alle Lebewesen und Dinge seine Geschwister. Für *Martin Luther* (1483–1546) spielt die Schöpfungsthematik eine wichtige Rolle, wie v.a. seine Auslegung zum ersten Artikel des Glaubensbekenntnisses zeigt: »Ich glaube, dass mich Gott geschaffen hat, samt aller Kreatur ...« Darin kommt ein wesentlicher Zug christlichen Schöpfungs- und Lebensverständnisses zum Ausdruck, das nicht bei der Frage nach dem zeitlichen Anfang von Schöpfung, sondern bei der gegenwärtigen Situation des Menschen und seiner Geschöpflichkeit einsetzt. Hierin zeigt sich die Güte des Schöpfers, weswegen Schöpfung keine Erklärung natürlicher Entstehungsursachen, sondern eine existenzielle Grundüberzeugung und Zuversicht meint. Gottes schöpferisch-gegenwärtiges Wirken umfasst auch die *Erhaltung* des Lebens. Zu einer Konzentration auf den Menschen im Schöpfungsglauben kommt es erst durch die Naturentfremdung der Theologie im 19. Jh. (vgl. Frey 1996, 104): Vorbereitet in Renaissance und Humanismus wird allmählich die Vorstellung der Natur als Zeichen und Werk Gottes aufgegeben und von ihrer Eigenständigkeit gesprochen, was im 19. und 20. Jh. zusehends dazu führt, dass sie als autonom und eigengesetzlich wahrgenommen wird. Gefördert wurde diese Entwicklung durch eine Lektüre v.a. der ersten beiden Kapitel der Bibel, die die Schöpfung einseitig auf Weltentstehung verkürzte. Seither rückte infolge zunehmender Bedeutung der Naturwissenschaften das Thema Schöpfung immer mehr an den Rand der (evangelischen wie katholischen) Theologie, die es aufgab, die Welt »verstehen« zu wollen.

Systematisch-theologische Brennpunkte

Schöpfung, als Thema der Dogmatik bis in die 70er-Jahre relativ unwichtig und nur in privater Frömmigkeit bedeutsam, hat seither v.a. infolge der Umweltkrise einen enormen Aufschwung und eine zunehmende theologische Reflexion erfahren.

(1) »Schöpfung« ist danach kein naturwissenschaftlicher, sondern ein theologischer Begriff; er thematisiert die Beziehung zu Gott, wie sie in der Erfahrung der Welt und des Lebens als Gaben Gottes gegenwärtig ist.

(2) Theologische Rede von Schöpfung resultiert aus zwei Erfahrungen: *Einmal* aus der der eigenen Geschöpflichkeit: Leben ist nicht selbst gemacht, sondern empfangen und meint geschenkte Existenz, deren Bestand und Zukunft. *Sodann* rührt sie her aus dem (späteren) Nachdenken über einen (zeitlichen) Anfang dessen, was ist, einen »Schöpfungs-Akt«, wenn auch jüdisch-christlicher Glaube nicht an einer stringenten Kosmologie interessiert ist. Die dogmatische Tradition nennt diesen Aspekt von Schöpfung »creatio originans« als ursprüngliches Schöpfungshandeln im Unterschied zur »creatio continua« bzw. »continuata« als fortwährendem Schöpfungshandeln Gottes.

(3) Wer von Schöpfung spricht, belässt es nicht bei der Kontingenz (Zufälligkeit) von Welt und Leben (vgl. so Monod 1979), sondern bringt sie konfessorisch in Beziehung zu Gott. »Schöpfung« zeigt an, dass alles, was ist, nicht ein aus sich und in sich bestehendes Gefüge, sondern geschaffen ist. Wer Schöpfung sagt, sieht hinter der Welt und dem Leben einen Willen, einen Plan, eine gute Absicht. Sie sind nicht Zufall oder Notwendigkeit, auch nicht nur von einem »sächlichen« Motor Evolution verursacht, sondern jenseits von jedem Nihilismus verdankt und vom Schöpfer und Erhalter abhängig. Gleichwohl sind für viele Menschen Natur und Welt nach wie vor einseitig naturwissenschaftlich besetzt und erschöpfen sich in Kosmologie und Biologie. Dann reduziert sich Schöpfung häufig auf einen Schöpfergott-Glauben (Deismus), oder eine Gottesvorstellung wird völlig überflüssig.

(4) Schöpfung beinhaltet die Verschiedenheit von Welt/Leben und Gott: Welt und Leben gehen nicht – wie in Religions- und Philosophiegeschichte oft gedacht – aus der Gottheit hervor, sei es durch Zeugung, infolge eines Götterkampfes oder als Emanation. Dies bedeutet Säkularisierung, besser Profanierung von Welt und Leben im Sinne von Entgötterung, »Entzauberung« (Max Weber), denn nichts Weltliches kann Gott sein.

(5) Glaube und Theologie sprechen nicht von »Natur« (vgl. Schoberth 1992). Dieser Begriff ist nur scheinbar eindeutig, in Wirklichkeit aber unbestimmt.

Ferner bestreitet der Glaube, dass die Beschreibung der Welt als naturwissenschaftlich fixierbare Größe ausreichend ist; im Rahmen des Weltbildes klassischer neuzeitlicher (Natur-)Wissenschaft lässt sich das, was Schöpfung theologisch meint, überhaupt nicht angemessen zur Sprache bringen. »Schöpfung« beinhaltet nämlich einen »Mehrwert«, der über das neuzeitliche Naturverständnis hinausgeht und die der Welt innewohnende »Sprache« und ihren Zauber wahrnimmt. Dementsprechend ist Schöpfung auf Erfahrungen der Geschöpflichkeit menschlichen und allen Lebens zu beziehen. Dies widerstreitet »dem herrschaftlichen Zugriff auf die Welt, der nur das gelten lassen will, was sich seinen Schemata fügt« (Schoberth 1997, 165), und entdeckt die der Welt eigene Schönheit und Würde.

(6) Kirche und Theologie haben bis in die 60er-Jahre eine nur anthropozentrische Schöpfungslehre vertreten. Seitdem gibt es eine ökologisch, philosophisch und religiös motivierte Gegenbewegung, infolge derer das Eingebettetsein des Menschen in die Schöpfung, seine Teilhabe an ihr und seine Verbundenheit mit den anderen Geschöpfen ins Bewusstsein gehoben wird. Schon nach dem AT und NT (vgl. Kol 1,16) ist »alles durch ihn und zu ihm« geschaffen, »was in den Himmeln und auf Erden ist ... das Sichtbare und das Unsichtbare«. Deswegen spricht Jürgen Moltmann in seiner »ökologischen Schöpfungslehre« (Moltmann 1993) von Gottes »Einwohnung« in seiner Schöpfung, die Belebtes und Unbelebtes, »sichtbare und unsichtbare Welt«, Kosmos, Kreatur und Mensch umfasst. Der Mensch ist Teil der Schöpfung; seine Gleichstellung als Geschöpf unter Geschöpfen verrät Sinn für die Solidarität aller Geschöpfe und die Gemeinschaft allen Lebens – eine Vorstellung, die nicht nur in der antiken Welt einmalig gewesen ist, sondern auch heute nur aus jüdisch-christlichen Traditionen heraus aufrechterhalten werden kann.

(7) Gottes schöpferisches Wirken vollzieht sich auch im Erhalten der Welt als die kontinuierliche Fortsetzung des Schöpfungsgeschehens, dessen Spezifikum nicht das Element des Anfangs, sondern der »Daseins-Gewährung und des Dasein-Lassens« ist (Härle 1995, 423). Es umfasst Gottes Voraussicht und sein ordnendes Handeln in der Welt, wie sie immer wieder erfahren wurden, wenngleich auch von Gottes Verborgenheit in der Schöpfung zu reden ist.

(8) Schöpfung erscheint – auch infolge der Sünde – als gefallene Schöpfung (vgl. Gen 3,14ff; 11,6ff; Röm 8,20). Der Blick auf ihre Güte ist oft – man denke an das Leiden und das Böse in der Welt – verstellt und getrübt, was wiederum Sehnsucht nach Erlösung und Hoffnung auf Vollendung hervorruft. Das »Sehr gut« bei der Beurteilung des Geschaffenen (Gen 1,31) ist oft nur gegen den Augenschein und »auf Hoffnung hin« festzuhalten.

(9) Aussagen über Schöpfung intendieren und intonieren Freude über Geschaffenes und Dank an Gott, Lob des Geschaffenen einschließlich seiner Schönheit und Lebensdienlichkeit, Lob des Schöpfers, das Erleben von Geborgenheit und Beschütztsein. Sie zielen weniger auf »Lehre«, als sie zum Staunen und Lobsingen verführen und einladen, selbst zu sehen und zu schmecken, »wie freundlich der Herr ist« (Ps 34,9).

(10) Auch wenn biblisch die Frage nach Weltentstehung nicht im Vordergrund gestanden hat, müssen sich Glaube und Theologie heute mit naturwissenschaftlichen und evolutionären Erkenntnissen befassen. Neuzeitlich-moderne Naturwissenschaften fragen spezifisch nach den Entstehungsursachen von Kosmos, Leben und Mensch. Geschichtlich gesehen wurde mit ihren Ansprüchen Gottes Schöpfer-Sein im 19. und 20. Jh. immer fragwürdiger, und der Theologie dieser Zeit gelang es immer weniger zu vermitteln, was Schöpfung meint. In der Folge erhielten die Naturwissenschaften das Monopol in Sachen Naturerkenntnis, Kosmogenese und Biogenese, sodass die Alternative Schöpfung *oder* Evolution zur entscheidenden weltanschaulichen Frage stilisiert wurde. Heute stellt sich aufgrund differenzierterer theologischer und naturwissenschaftlicher Erkenntnisse die Alternative so nicht mehr, vielmehr bewegen sich in Sachen Schöpfung und Weltentstehung Naturwissenschaft *und* Glaube/Theologie auf verschiedenen Ebenen auf die *eine* Wirklichkeit zu: »Schöpfungsglaube und Entwicklungsgedanke stellen ... *Erkenntnisweisen auf verschiedenen Ebenen* dar, die sich wohl durchdringen können, aber in keinem Konkurrenzverhältnis zueinander stehen müssen« (Altner 1983, 17). Wurde zur Zeit klassischer Naturwissenschaften am Übergang vom 19. zum 20. Jh. der Schöpfungsglaube radikal als vorwissenschaftlich kritisiert und als unvereinbar mit moderner naturwissenschaftlicher Sicht bezeichnet, bahnte sich durch die Formulierung der Quantenmechanik, der Relativitätstheorie, des Komplementaritätsprinzips und der Unschärferelation eine neue Sicht des Verhältnisses von Naturwissenschaften und Glaube und damit auch eine neue Sicht der Schöpfung an. Die Öffnung des geschlossenen Weltbildes der klassischen Mechanik und die »Einführung des Subjekts« in die Naturwissenschaften ließen einem Handeln Gottes und einem Glauben von Naturwissenschaftlern an Gott Platz. *Dass* Gott alles geschaffen hat, kann der Glaube bekennen und aussagen; wie sich die Erschaffung von Kosmos, Welt, Leben und Mensch vollzogen hat, versuchen Naturwissenschaften zu klären. Zur Theorie der biologischen Evolution als wissenschaftlicher Hypothese gibt es wohl keine Alternativen, gleichwohl muss man mit ihr verbundene Lücken und Unzulänglichkeiten einräumen (vgl. Eccles/Robinson 1991, 40). *Theologisch* ist dabei daran festzuhalten, dass Gott Herr und Schöpfer des Ganzen, nicht nur der Motor der Evolution

(vgl. Teilhard de Chardin, 1881–1955) ist. Zwar wird immer wieder die Ansicht des *Kreationismus* vertreten, wonach Gott im Rahmen der v.a. in Gen 1 chronistisch verstandenen Angaben (6 Tage) vor ca. 6 000–10 000 Jahren alles geschaffen habe, doch ist solch eine fundamentalistische Ansicht naturwissenschaftlich heute schwer zu halten; zudem wird übersehen, dass die biblischen Texte wenig an faktischen Abläufen der Weltentstehung interessiert sind, vielmehr Gottes Schöpfermacht bekennen und sein Lob singen.

(11) Lange Zeit wurde der Satz aus Gen 1,28 – »Machet euch die Erde untertan« – positiv gesehen. War die Erde dem Menschen als »Herrschaftsraum« anvertraut, bedeutete dies früher Arbeit gegen die Feindlichkeit und Unwirtlichkeit der Natur. Das Schöpfungsbekenntnis ermutigte immer neu, einer menschenfeindlichen Umwelt Lebensraum abzutrotzen. Doch im Gefolge moderner Zivilisation und Technik kam es zu schwer wiegenden Eingriffen in die »Natur«, die natürliche Lebenswelt und das Öko-System – mit problematischen Folgen. Seit den 70er-Jahren des 20. Jh. ist die Zerstörung unserer Welt durch uns selbst bedrohlicher denn je: Die Erde ist verletzlich und verletzt, die Schöpfung begrenzt und erschöpft, das Leben gefährdet. Umstritten ist, inwieweit der biblische Herrschaftsauftrag dazu beigetragen hat (vgl. Amery 1980). Unter dem Druck dieser Krise weisen neuere theologische Interpretationen darauf hin, dass dem Menschen eine willkürliche Herrschaft und Ausbeutung verboten sind, dass er vielmehr mit der verantwortlichen Gestaltung der Welt beauftragt ist. Heute ist theologisch weniger der erste Schöpfungstext (Gen 1,1ff) als der zweite (Gen 2,4ff) im Blick, in dem die Erde als »Garten« bezeichnet wird, den der Mensch »bebauen und bewahren« soll (Gen 2,15). Das Bild vom »Garten« verlangt von der Kirche und den vielen in der ökologischen Bewegung engagierten Christen einen behutsamen und schonenden Umgang mit der Schöpfung, die kein auszuschlachtender Steinbruch ist, sondern nur im Rahmen ihrer Regenerationsfähigkeit und des Generationenvertrags genutzt werden darf.

Wer über die Ursachen der ökologischen Krise nachdenkt, findet sie letztlich im technokratischen Verständnis von »Natur«. Theologisch sind »Natur«, Welt und Leben mehr als Material, über das der Mensch verfügen kann. Von Schöpfung reden macht neue Wahrnehmungen des Lebendigen (Ästhetik) und des Handelns (Ethik) möglich.

Schließlich hat die Rede von Schöpfung die *Verantwortung* des Menschen für die Welt und den sorgsamen Umgang mit ihr im Blick. Die Herrschaft des Menschen »soll der Fürsorge des Schöpfers entsprechen«, der sich »die grundsätzliche Verfügung über das Dasein alles Geschaffenen« vorbehält (Frey 1996, 105). Um die Beziehungen des christlichen Glaubens zu Kreatur, Natur und Leben darzustellen, sind in der Theologie mehrere symbolische Formeln geprägt worden, die nicht nur die Bewahrung des einzelnen Lebens, sondern der natürlichen Grundlagen des Lebens generell in den Mittelpunkt stellen. Basis des Umgangs mit Schöpfung können sein

- *»Ehrfurcht vor dem Leben«,* wie sie Albert Schweitzer (1875–1965) ins Bewusstsein gehoben hat (vgl. Schweitzer 1981);
- *»Frieden in/mit der Natur«,* was besagt, dass Verminderung der Gewalt gegenüber der Natur der entscheidende Maßstab menschlichen Naturverhältnisses ist;
- *»Bewahrung der Schöpfung«,* die in der ökumenischen Bewegung für »Frieden, Gerechtigkeit, Bewahrung der Schöpfung« seit den 80er-Jahren eine große Rolle spielt.

Schöpfungsethik achtet Leben als Gabe Gottes und erlaubt nicht »grenzenlose Experimente, sondern ein umsichtiges Erkunden ihrer Spielräume«; als »Ethik des Spielraums« wägt sie die vielfältigen Folgen in umgreifenden Lebenszusammenhängen (Systemen) ab und hört dabei »auf mögliche ›Antworten‹ des Geschaffenen« (Frey 1996, 106f). »Schöpfung« und Schöpfungsethik machen heute eine entsprechende Bildung (Umwelterziehung) unabdingbar. Die ungeheuren Möglichkeiten moderner Naturwissenschaften und Technologien, in das Leben einzugreifen (z.B. Gentechnik), führen immer wieder in Grenz- und Entscheidungssituationen, in welchen es um die Verfügbarkeit menschlichen Lebens geht. Zwar ist das bloß biologische Leben nicht das höchste Gut (Franz Böckle) – aber darf der Mensch alles machen, was er kann? (Theologische) Ethik betrachtet Leben in Verantwortung vor Gott, nicht nur vor der Öffentlichkeit und der Wissenschaften und verweist auf die unantastbare Würde allen Lebens.

3. Unterrichtliche Zusammenhänge

Religionspädagogische und religionspsychologische Überlegungen

Nach Ansicht der religiösen Entwicklungspsychologie (vgl. Oser/Gmünder 1988, 87f) ist es in der Regel so, dass religiös erzogenen und sozialisierten Kindern, die mit der Vorstellung Gottes als großem Macher (Deus ex machina) etwas anfangen können, die Vorstellung einer rein »materiellen« und »zufälligen« Welt eher fremd ist. Welt und Kosmos erscheinen ihnen so gewaltig, dass sie nicht von selbst ent-

standen sein können, sondern von jemandem geschaffen sein müssen. Die Person eines göttlichen Schöpfers verbürgt ihnen, dass Lebewesen und Dinge der Mit- bzw. Umwelt einen guten Sinn und eine gute Ordnung haben. Dies ist wichtig, weil Kinder alles Ungeordnete und Chaotische viel unmittelbarer als Erwachsene als bedrohlich empfinden. Mit der späten Kindheit kann sich diese Einstellung zu Schöpfergott und Schöpfung verändern: Häufig entsteht dann eine Haltung des »Deismus« (3. Stufe nach Oser/Gmünder; s. I.7), wonach Gott die Welt einst geschaffen, sich aber von ihr zurückgezogen hat und nun nicht mehr schaffend oder erhaltend in/an ihr tätig ist, weswegen der Mensch und sein Schaffen wichtig werden.
Von der Glaubensentwicklung her (vgl. Fowler 1991; s. I.7) ist mit einer gewissen Wahrscheinlichkeit zu sagen, dass Kinder die Rede von Schöpfer und Schöpfung mythisch-wörtlich im Sinne des Artifizialismus und des Artifiziellen (Jean Piaget) verstehen, wenngleich ihnen immer wieder auch ein übertragenes Verständnis möglich ist; in später Kindheit begreifen sie die Schöpfung eher synthetisch-konventionell, also so, wie ihre soziokulturelle Mitwelt sie versteht bzw. missversteht; ausgesprochen kritische Auseinandersetzung mit der Vorstellung der »Schöpfung« findet sich im Kindesalter in der Regel nicht. Hinsichtlich eines möglichen Konfliktes zwischen naturwissenschaftlichem Weltbild und religiösem Verständnis von Schöpfung in diesem Alter ist zu bedenken: Im Umfeld traditioneller christlicher Kultur werden religiöse und »wissenschaftliche« Weltbilder von Anfang an »unkoordiniert an die Kinder herangetragen bzw. von ihnen entwickelt«. Bis etwa zum 8. Lebensjahr gehören sie »ganz selbstverständlich zu ihrer einen Welt, spalten sich dann auf, bleiben jedoch von 9–12 Jahren noch synkretistisch beieinander stehen« (vgl. Reich 1987, 332). Die Alternative von naturwissenschaftlicher oder religiöser Weltbetrachtung ist demzufolge in aller Regel noch kein Problem. Erst geraume Zeit später kommt es hier zu »kognitiven Dissonanzen«, die dazu führen können, dass religiöse Vorstellungen aufgegeben werden, weil sie kindisch und mit wissenschaftlichen Erkenntnissen unvereinbar erscheinen.
Religionspädagogisch kommt es in erster Linie darauf an, Schöpfung nicht als »Problem«, sondern vor allem als »Geschenk« und »Gabe« zu sehen, die freilich auch verantwortlichen Umgang erfordert.

Inhaltsauswahl

Bis in die 3./4. Klasse, aber auch noch danach fragen Kinder selten naturwissenschaftlich nach Weltentstehung und Evolution, sondern eher »Warum ist das so?«, »Woher kommt das?«, »Was war, als ich noch nicht war?«, und sie versuchen im Gespräch mit Erwachsenen und Mitschülern Erfahrungen und Eindrücke zu ordnen. Daran hat sich die Behandlung des Themas Schöpfung zu orientieren.

Pädagogisch-psychologisch wie didaktisch empfiehlt es sich nicht, das Thema mit den Texten Gen 1 und 2 zu eröffnen, weil diese das anthropomorphe und artifizialistische Gottesverständnis von Kindern fördern. Stattdessen thematisieren wir Schöpfung als Geschöpflichkeitserfahrungen aller Art (im eigenen Erleben und in biblischen Texten), dabei auch Erfahrungen (mit) der bedrohten Schöpfung. Schöpfungstexte sollten weniger »separat« behandelt werden, sondern vielmehr als Erzählelemente im Zusammenhang von konkreten Begegnungen mit der Natur, des Lobpreises und Gebetes fungieren. So bilden sie eine Brücke zwischen unserer und der biblischen Begegnung mit Schöpfung.
Im Religionsunterricht der Grundschule erstreckt sich die Auswahl auf: Gottes gute Schöpfung; Schönheit und Vielfalt der Schöpfung; der Mensch als Teil der Schöpfung; Freude und Dank (Schöpfungslob zum Ausdruck bringen); Schöpfungspsalmen und Noahgeschichte (Gen 6–9) als Zeichen für Gottes Schutz über Schöpfung und Leben; »Garten« als Bild für Schöpfung und Bewahrung der Schöpfung; bewahrende Ordnungen, Lebensrhythmen; Spuren des Lebens in der Schöpfung; Leid in der Schöpfung und Hoffnung auf eine »neue Welt«.

Ziele

Die Unterrichtsziele brauchen nicht von einer apologetischen Verteidigungshaltung geprägt zu sein, so als müsse man biblische und theologische Rede von Schöpfung und Geschöpflichkeit permanent gegen moderne naturwissenschaftliche Erkenntnisse in Schutz nehmen. Vielmehr sollen sie den befreienden Charakter biblischer Schöpfungs-Texte und theologischer Rede von Schöpfung zur Geltung bringen, die Aspekte des Staunens, Lobens, Dankens angesichts der Schöpfung und schließlich die Verantwortung ihr gegenüber verdeutlichen. Die Ziele im Religionsunterricht der Grundschule sollten schwerpunktmäßig das Staunen über das Geschaffene und das Betroffensein widerspiegeln. Dabei sind die dogmatischen wie die ethischen Aspekte des Themas zu berücksichtigen und die Lernziele pragmatisch, kognitiv wie emotiv zu dimensionieren. Dadurch können Schöpfung/Geschöpflichkeit

- *entdeckt*, aufgespürt, erlebt und wahrgenommen,
- *bedacht* (hörend, erzählend, sich damit auseinander setzend) und
- *gestaltet*, gespielt und gefeiert werden.

Für den Religionsunterricht in der Grundschule werden folgende Lernziele wichtig:

(1) Anlässe zum Staunen über das Geschaffene bei uns und in der uns umgebenden Welt entdecken;
(2) Spuren des Lebens, des Lebendigen und der Schöpfung wahrnehmen und erleben;
(3) Gottes gute Schöpfung schmecken, sehen, spüren und erfahren;
(4) Staunen und Freude über und an der guten Schöpfung Gottes in biblischen Texten (v.a. Psalmen) und bei uns empfinden;
(5) von Lob und Dank für Gottes gute Schöpfung hören und beides selbst ausdrücken und gestalten lernen;
(6) vom »Bebauen und Bewahren« der Schöpfung hören und selbst aktiv werden;
(7) spüren, dass Gottes Schöpfung auch unsere Hilfe braucht;
(8) ein Schöpfungsfest vorbereiten, gestalten und feiern (s. II.8 und III.11);
(9) vom Leid in der Schöpfung hören und die Bedrohung der Schöpfung wahrnehmen;
(10) Gottes neue Schöpfung imaginieren (s. III.3).

Zugänge

Zugänge können bibelorientiert und themen-, problem- und situationsorientiert durch »Lesen« und Entdecken der Alltagswelt oder biblischer Schöpfungstexte erfolgen. Zugänge ergeben sich *über Fragen* von Kindern und Jugendlichen (vgl. Gaarder 1993) – Natur, Leben und Welt sind für sie eine unerschöpfliche Quelle dafür: Wozu leben wir? Wo komme ich her? Woher kommen die Welt und das Schöne? Woher kommen Leid und das Böse in Gottes guter Schöpfung? Es ist wichtig, solche Fragen zuzulassen und sich mit Kindern und Jugendlichen gemeinsam auf den Weg zu machen. Biblische Schöpfungstexte sind dabei *eine* wichtige Hilfe, werden aber missbraucht, wenn wir damit lediglich Kinderfragen »erledigen« wollen. Sie sind vielmehr Einladungen, von Erfahrungen der Geschöpflichkeit und des Lebens zu erzählen, darüber zu reden, zu singen und sie zu loben. Da Religion oft nicht mehr von Anfang an als »Muttersprache« erlernt wird, heißt Schöpfung unterrichtlich zu erschließen auch, zu entsprechender Frage- und Sprachfähigkeit, Wahrnehmungs- und Gestaltungsfähigkeit beizutragen (s. I.2). Zugänge gibt es sodann über *eigenes Erleben* von Kindern und Jugendlichen: elementare Begegnungen mit Natur (Wasser, Erde, Feuer, Luft) machen und davon erzählen; von Beobachtungen an Tieren und Pflanzen und von den eigenen Haustieren berichten; bei sich zu Hause und gemeinsam (z.B. auf Ausflügen) Beobachtungen machen, auch in Sachen bedrohter Umwelt, und sich darüber austauschen. Das Staunen über Schöpfung im Nah- und Fernbereich, über ihren Reichtum und ihre Vielfalt stellt einen wichtigen Zugang dar. Zugänge schaffen wir über Sensibilisierung und Förderung der *sinnlichen Anschauung*, Wiederentdeckung der Sinne und die Kunst des Aufspürens und Entdeckens in Alltag und Lebenswelt. Gleichermaßen bahnen *Jahreskreislauf und Kirchenjahr* (Erntedankfest!) einen Weg zum Thema, nicht zu vergessen musikalisches Erleben von Schöpfungslob und Schöpfungserfahrungen, wie wir es in Liedern des Gotteslobs, des Gesangbuches und neuerem Liedgut finden (s. III.4).

Zusammenfassung:

Das Thema Schöpfung ist ein zentrales Thema des Grundschulreligionsunterrichts, weil es sowohl in der biblisch-christlichen Tradition als auch in der Lebenswelt von Erwachsenen und Kindern eine große Rolle spielt. Was in den Schöpfungstexten der Bibel (kontextuell bedingt) wie ein Bericht über den Anfang der Welt erscheinen mag, hat eigentlich begründende (= ätiologische) und lobende (= doxologische) Absicht: Leben und Welt, wie sie Menschen in ihrer Gegenwart wahrnehmen, sollen als Gottes Schöpfung verstanden und gepriesen werden. »Ich glaube, dass mich Gott geschaffen hat samt aller Kreatur« (Martin Luther), ist kein vorwissenschaftliches Festhalten an kreationistischen Theorien, sondern ein Bekenntnis, das aus einem tiefen Gefühl des Sich-verdankt-Wissens resultiert. Mit ihm ist verbunden ein Bewusstsein der sich daraus ergebenden eschatologischen Implikationen (Hoffnung auf Neuschöpfung) und der ethischen Konsequenzen (Fürsorge für Umwelt und Mitgeschöpfe).
Für die Thematisierung von Schöpfung im Unterricht bieten sich viele Zugangsweisen an. Den Kindern und dem Thema gleichermaßen gerecht wird man am ehesten durch eine Mehrfachdimensionierung der Lernziele, indem man also zunächst Schöpfung entdeckend wahrnehmen und erleben lässt (emotionale Dimension), sodann die Erfahrungen mit Schöpfung gemeinsam mit den Kindern bedenkt (kognitive Dimension), aber auch gestaltet und feiert und, wo nötig, aktiv bewahrt (pragmatische Dimension).

Lesehinweis:

Ritter, Werner Heinz (2004a): Schöpfung. In: Lachmann, Rainer/Adam, Gottfried/Ritter, Werner Heinz: Theologische Schlüsselbegriffe. 2. Aufl. Göttingen, 320–336.
Tschirch, Reinmar (1997): Biblische Geschichten erzählen. Stuttgart/Berlin/Köln.
Veit, Reinhard (1991): Bewahren der Schöpfung. Zehn Unterrichtsentwürfe mit 33 Kopiervorlagen und 8 Dias für das 1.–4. Schuljahr. Lahr.

II.5 Ethisches Lernen – Moralische Entwicklung bei Kindern

Georg Hilger

Es ist in unserer Zeit mehr argumentative Kraft dafür aufzuwenden, biblische, dogmatische oder liturgische Inhalte in ihrer Bedeutung für den Bildungsauftrag der Schule plausibel zu machen als die Notwendigkeit ethischer Bildung und Erziehung zu erweisen. Dem Religionsunterricht wurden seit Beginn seiner Etablierung als Schulfach in der staatlichen Schule zu Beginn des 19. Jh. besondere Kompetenzen im Bereich der sittlich-religiösen Erziehung zugesprochen. Ihr galt das besondere Interesse des Staates am Religionsunterricht – vor allem daran, die Gehorsamspflichten der Untertanen gegenüber der Obrigkeit religiös zu vertiefen als Unterwerfung unter die Autorität eines Gottes, der Gehorsam verlangt gegenüber seinen Geboten. Religiös-sittliche Erziehung ergänzte so die Erwartungen vordemokratischer Landesherrn an ihre Untertanen.

Ethische Erziehung und Bildung in christlich-theologischer Sicht zielen heute nicht auf untertänigen Gehorsam, sondern auf die Ermöglichung von Werterfahrung und Werteinsicht, auf Empathiefähigkeit und Einübung in achtsame und verantwortungsvolle Freiheit, in die Gott den Menschen gerufen hat. Ethisches Lernen im Religionsunterricht ist eingebunden in die Beziehung zu einem Gott, der von sich aus den Menschen als einen haben will, der ihm als sein Ebenbild in Freiheit antworten kann.

Auch der freiheitlich-demokratische Rechtsstaat kann und darf von seinem Selbstverständnis her keine blinde affirmative Gehorsamsmoral von der Schule erwarten. Staat und Gesellschaft erwarten heute mehr ethische Erziehung und Werterziehung von der Schule allgemein und vom Religionsunterricht bzw. Ethik-Unterricht als noch vor einigen Jahrzehnten. Ihre Dringlichkeit hängt mit den Individualisierungs- und Pluralisierungsphänomenen der Moderne (s. I.1) im Bereich der Werte und Normen zusammen: Individualisierung als Wunsch, ein eigenes Leben zu führen, hat das selbstverständliche Einverständnis mit allgemein anerkannten Normen und Erwartungshaltungen (was man nicht zu tun oder unbefragt zu tun hat) in eine Krise gebracht. Von den Erwartungen an ethische und moralische Bildung und Erziehung sind die Schule als Ganze, die Schulkultur, und somit alle Fächer der Schule betroffen. Der Religionsunterricht hat darum seinen Beitrag zur Moral- und Werterziehung zu leisten. Religionsunterricht und auch

das Ersatzfach Ethik (s. I.3) wären aber überfordert, wenn diese Fächer die alleinige Verantwortung für ethische und moralische Bildung und Erziehung hätten. Schließlich enthält jede Situation menschlichen Handelns ethische Ansprüche.
Ein Hinweis zu wichtigen Begriffen: Moral meint die an einem Ideal des Sollens ausgerichteten Einstellungen und Haltungen und zu praktizierenden Verhaltensweisen, bei denen Wertvorstellungen eine Rolle spielen: das, was man sinnvollerweise darf, nicht darf, was man tun bzw. unterlassen soll. Ethik – vereinfacht ausgedrückt – betont stärker die Reflexion moralischer Praxis mit dem Interesse an ihrer theoretischen Durchdringung, Systematisierung und Rechtfertigung (vgl. Nipkow 1996, 40). Normen sind Handlungsregeln, die etwas vorschreiben, erlauben oder verbieten. Sie drücken ein Sollen aus, wie es in einer idealen Welt gelten soll, sind somit auch »kontrafaktisch« und situationsübergreifend. Werte drücken Vorlieben und Präferenzen aus (z.B. Treue ist besser als Untreue, Solidarität ist besser als Egoismus).
In diesem Kapitel wird nach der spezifischen Perspektive eines christlichen Religionsunterrichts auf das ethisch-moralische Lernen gefragt (1), um vor diesem Hintergrund unterschiedliche Modelle eines solchen Lernens vorzustellen und zu bewerten (2 und 3). Von diesen wird das Modell der Wertentwicklung nach Lawrence Kohlberg wegen seiner hohen Relevanz gerade für schulisches Lernen erläutert und kritisch gewürdigt (4). Eine weitere ergänzende Perspektive für moralisch-ethisches Lernen eröffnet Bernhard Grom mit seinen Überlegungen zur Förderung von Prosozialität als aktuelle Antwort auf gesellschaftliche Entsolidarisierungsprozesse (5).

1. Ethisches und moralisches Lernen im Horizont christlicher Überlieferung

Der spezifisch christliche Beitrag zu einer solchen Erziehung und Bildung kann abstrakt beschrieben werden als ethisches Handeln in Relation zu einer Gottesbeziehung, genauer in Relation zum Gott Jesu Christi. Ethisch-moralisches Lernen im Religionsunterricht unterscheidet sich grundlegend dadurch vom Ethikunterricht, dass Ethik und Moral immer in Relation zur Gottesbeziehung gesehen werden. Diese ist der umfassende Sinnhorizont christlicher Ethik und Moral. Im Religionsunterricht wurde dieser Sinnhorizont oft durch den Dekalog (Ex 20,1–17; Dtn 5,1–21) und das zusammenfassende Doppelgebot der Gottes- und Nächstenliebe (Mk 12,29–31 par) dargestellt, als Willenserklärung des Schöpfers und Herrn der Welt, dem jeder Mensch Gehorsam schuldet.

Erst ihre Einordnung in die Gottesoffenbarung, die Theophanie Jahwes am Sinai und ihre Einleitung durch die Präambel: »Ich bin Jahwe, dein Gott, der dich aus Ägypten geführt hat, aus dem Sklavenhaus« (Ex 20,2; Dtn 5,6), qualifizieren den Dekalog als einen religiösen Normenkatalog: Der Gott, der sein Volk befreit und rettet, der also Leben und Freiheit will, gibt dir diese Weisungen und will, dass du sie in dein Herz eingräbst. Wer an diesen Gott glaubt, der wird auf diese Befreiungs- und Rettungstat dankbar antworten, indem er dem anderen sein Leben, seine Freiheit, sein Recht, seine Ehe, sein Eigentum usw. lässt und gewährt (vgl. Langer 1986, 273).

Das Liebesgebot Jesu gewinnt seine volle Bedeutung erst im Horizont des anbrechenden »Reiches Gottes«. Wenn Gott selbst das Heil des Menschen ist und sich dafür verbürgt, dann wird der Mensch frei von der ausschließlichen Sorge für das eigene Glück, frei zu einem »Dasein für andere und anderes«. Es begründet so das Ethos der Freiheit und der »universalen Solidarität«.

Der christliche Beitrag zum ethischen und moralischen Lernen liegt im Aufzeigen von grundlegenden Werteinstellungen, Sinnhorizonten und Motivationen für sittliches Handeln. Dies berührt die fachübergreifenden Ziele ethischen Lernens, ein Urteilsvermögen zu entwickeln, das zu verantworteten Entscheidungen befähigt hinsichtlich der Fragen: Was muss ich tun? Was sollen wir tun? Was soll gelten? Was ist wünschbar und haltbar – für mich und für andere? Christen urteilen in ethischer Hinsicht (wie andere auch) unter Zuhilfenahme ihrer Vernunft, aber sie tun dies im Horizont der biblisch-christlichen Überlieferung (vgl. Ziebertz 2003a, 402). Der spezifische Beitrag des Religionsunterrichts zur ethischen und moralischen Erziehung und Bildung liegt also darin, dass er sittliche Konkretisierungen in den Sinnhorizont der Gottesherrschaft stellt: in den Horizont von Erlösung und Befreiung, von Schöpfung und Gottebenbildlichkeit, und damit auch in den Horizont der sittlichen Unzulänglichkeit des Menschen, der als Sünder der Gnade und Vergebung bedarf. Im Sinnhorizont der Gottesherrschaft ist ethisches und moralisches Lernen nicht entmündigende Anforderung (Imperativ), sondern ermutigende Zusage von Lebensmöglichkeiten und Lebensperspektiven (Indikativ). Für den Glaubenden kann das Leben darum letztlich nicht sinnlos sein. Christlich motivierter Moral und Ethik geht der Indikativ des Zuspruches und des Ja Gottes zum Menschen und zu seiner Schöpfung dem Anspruch voraus, der daraus erwächst. Angemessene Antworten auf Gottes Zuwendung zum Menschen sind somit nicht Ängstlichkeit und blinder Gehorsam, sondern Vertrauen und verantwortete Freiheit.

Vor dem Hintergrund der bisherigen Überlegungen lässt sich folgende Zielperspektive für den Religionsunterricht aufzeigen: Im *Religionsunterricht geht es darum, zu sittlichem Handeln herauszufordern als Beitrag zu gelingendem Leben im personalen und universalen Horizont, motiviert durch die Zuwendung Gottes zum Menschen und den befreienden Charakter des Evangeliums Jesu Christi. Religionsunterricht begrenzt sich dabei nicht nur auf ethische und moralische Urteils- und Reflexionsfähigkeit; er strebt auch die Motivation für ein moralisches Handeln an, für das z.B. die Parteinahme für die Schwachen eine selbstverständliche Konvention ist.*

Wichtiger als Forderungen sind dabei Ermutigungen, sich darauf einzulassen (vgl. Grewel 1990, 50).

Für einen christlichen Religionsunterricht ist *Gewissensbildung* seit jeher mit ethisch-moralischem Lernen eng verbunden. Mit Gewissen ist die »Instanz« im Menschen gemeint, mit deren Hilfe er ethisch-moralische Zusammenhänge erkennen kann und sich orientieren kann. Gewissen gehört zum Menschen und betrifft ihn als Person. Das Gewissen befähigt den Menschen, einen Begriff von Schuld zu bilden und Schuld zu erkennen (vgl. Biesinger/Schmitt 1996, 176f), und zwar Schuld vor Gott, sich selbst und den anderen. Das Gewissen ist als »Begegnungsort« zwischen Gott und Mensch (Mokrosch 2001, 711) – obwohl dem Menschen gegeben – in christlicher Erziehung zu sensibilisieren, damit das Gespür für das Gute und Böse und für die ethische Selbstwahrnehmung verfeinert wird. So befähigt das Gewissen als eine im Menschen tief verwurzelte Instanz sowohl intuitiv als auch reflexiv, das eigene Handeln vor sich selbst und vor Gott zu verantworten. Das Gewissen hilft uns zu erkennen, wo wir Gutes getan und wo wir »Gutes unterlassen und Böses getan haben«. Gewissensbildung will den Menschen stärken, den Einsichten seines Gewissens Gehör zu verschaffen, ihnen zu folgen und so das moralische Selbst zu stärken, das den Menschen zu einem verantwortlichen Handeln in der Welt befähigt. Gewissensbildung mit dem hohen Anspruch eines selbst verantworteten Gewissens wird im Jugendalter ihren Brennpunkt haben (vgl. Mokrosch 1990, 101), kann aber in der Kindheit vorbereitet werden, durch Selbstbesinnung auf das, was gut, weniger gut und was schlecht war im eigenen Verhalten. Ältere Grundschulkinder entwickeln schon ein Gespür für Schuld im Sinne einer subjektiven moralischen Verantwortung, wenn sie eine als richtig erkannte Handlung unterlassen oder verletzt haben. Gewissensbildung im Grundschulalter zeigt sich als behutsame Hinführung zu einer differenzierten Prüfung der eigenen moralischen Verantwortung im Sinne einer Selbstbesinnung, zu der auch die Verantwortung für das eigene Wohl und die eigene Würde gehört. Gewissensängstlichkeit und unbegründete Schuldgefühle sollten aber durch eine solche Selbstbesinnung nicht entstehen, darum haben Selbstlob genauso wie Selbstkritik ihre Bedeutung (vgl. Grom 2000a, 223–229).

2. Grundmodelle und Positionen ethisch-moralischen Lernens

Wo eine allseits geteilte Wertüberzeugung in einer pluralen Gesellschaft (s. I.1) fehlt, kann schulische ethisch-moralische Erziehung und Bildung nicht ohne weiteres das Ziel verfolgen, Kinder unhinterfragt in eine bestimmte Wertüberzeugung einführen zu wollen. Der weitgehende Verlust von Selbstverständlichkeiten fordert dazu heraus, sich über pädagogisch verantwortbare Konzepte ethischen Lernens Gedanken zu machen. Hans-Georg Ziebertz stellt vier idealtypische Modelle ethischer Erziehung und Bildung vor, mit denen im Unterricht Werte und Normen vermittelt oder behandelt werden können: Wertübertragung, Werterhellung, Wertentwicklung, Wertkommunikation. Diese Modelle können eine Hilfe sein, die eigene oder in der Schule anzutreffende Praxis auf ihre impliziten Normen und ihre möglichen Wirkungen hin zu reflektieren und in einem Lehrerkollegium zur Diskussion zu stellen (Ziebertz 2003a, 407–413):

- *Wertübertragung* zielt auf die Weitergabe und Übernahme von Werten und Normen, welche ErzieherInnen für ihre Zöglinge auswählen und für wichtig befinden. Dementsprechend sollen die Einstellung und Handlungen der Kinder beeinflusst und geformt werden. Im Vordergrund steht das Interesse, jungen Menschen ein bestimmtes vorgegebenes Wertesystem zu vermitteln. Auf moralische Entscheidungsfähigkeit im Sinne einer eigenständigen und bewussten moralischen Kompetenz legt dieser Ansatz keinen Wert.
- Das Konzept der *Werterhellung* geht von den Werten, die Heranwachsende verinnerlicht haben, aus und versucht diese zu klären. Jede/r Einzelne soll lernen, über die eigene Werttradition und ihre Stimmigkeit nachzudenken und sich über die eigenen Wertvorstellungen zu äußern. Hier steht die Freiheit des Individuums im Vordergrund. Es soll selbst entscheiden, welche Werte und Normen zum eigenen Lebenskonzept passen. ErzieherInnen verzichten dabei auf jegliche Parteinahme für bestimmte Werte und Normen.
- Wer – wie z.B. Lawrence Kohlberg – das Konzept der *Wertentwicklung* vertritt, sucht nach Lernprozessen, durch die Heranwachsende ihre moralische Urteilsfähigkeit stufenweise und je nach ihrem Entwicklungsstand von einem egozentrischen Denken in früher Kindheit hin zu einem prinzipiengeleiteten Denken im Erwachsenenalter entwickeln können. Hier steht eine zu steigernde ethische Urteilskompetenz im Vordergrund des Interesses.
- *Wertkommunikation* als Konzept will die Kommunikationsfähigkeit und Argumentationsfähigkeit fördern, damit Heranwachsende eine Urteilskom-

petenz im Hinblick auf die Wünschbarkeit und die Begründung von solchen Normen und Werten entwickeln, die Geltung beanspruchen können. Ausgangspunkt sind Wertekonflikte, um die ethische Wünschbarkeit von konfligierenden Wertvorstellungen argumentativ zu überprüfen.

In der unterrichtlichen Praxis der Grundschule werden sich diese idealtypischen Modelle überschneiden. Aber je nach dem Erziehungskonzept der Lehrkraft werden sie bewusst oder unbewusst unterschiedlich favorisiert. Wer auf Konformität mit den eigenen Wertvorstellungen drängt, wird dem Konzept der Wertübertragung nahe stehen, wer ein antiautoritäres Erziehungskonzept vertritt, wird mit dem Modell der Werterhellung sympathisieren. ErzieherInnen, welche diskursive Verständigung über wünschbare Werte und Normen und ihre Geltungsansprüche anzielen, suchen immer wieder nach Gelegenheiten zum argumentativen Austausch, zur wechselseitigen Übernahme von Perspektiven und nach Wegen der Verständigung im Sinne von Wertkommunikation. Wer Entwicklung als Ziel von Erziehung (s. I.7) in den Blick nimmt und diagnostische Einblicke gewinnen will in die entwicklungsbedingten moralischen Urteilsstrukturen der Kinder, wird sich von dem Ansatz einer Wertentwicklung nach Lawrence Kohlberg inspirieren lassen (s.u., 4.).

3. Lernen zwischen Indoktrination und Relativismus

»An welchem Modell sich Lehrerinnen und Lehrer auch immer praktisch orientieren: Ethische Bildung in der Schule muss zwei Extreme vermeiden: Rigidität und Gewährenlassen. Moralische Rigidität in ethischen Lernprozessen intendiert Vereinnahmung und Konformität. Einer rigiden ethischen Bildung können wohlwollende Motive zugrunde liegen, etwa keine Unsicherheit aufkommen zu lassen und die ›richtigen‹ Antworten zu geben, aber solche Lernprozesse unterliegen der Gefahr der Indoktrination. Auf der anderen Seite kann Gewährenlassen ein soziales Vakuum schaffen. Schülerinnen und Schüler lernen nicht, sich ein Urteil zu bilden und es zu vertreten. Selbst bei der besten Absicht, etwa die Entscheidungsfreiheit der Heranwachsenden unangetastet zu lassen, tendiert Gewährenlassen zu moralischer Verwahrlosung. Es gilt also, das Dilemma, zwischen beiden Polen wählen zu müssen, zu übersteigen« (Ziebertz 2003a, 412f). Indoktrination bewirkt keine Veränderung der moralischen Handlung, dauernde Relativierung taugt nicht für den Aufbau sozialer und moralischer Kompetenz. Indoktrination kann vermieden

werden, wenn Kinder als aktive Subjekte in die Entwicklung von gemeinsam geltenden Regeln in Interaktion mit Gleichaltrigen und Erwachsenen einbezogen werden. Relativismus kann durch die gemeinsame Verständigung über und die Beachtung von den in der jeweiligen Gemeinschaft geltenden Regeln und Normen vermieden werden.
Zwischen den beiden Polen einer rigiden Indoktrination und einem moralischen Relativismus ist ein Mittelweg zu suchen. Dieser kann darin liegen, dass Kinder – im Rahmen ihrer entwicklungsbedingten Möglichkeiten – lernen, sich gemeinsam mit moralischen Fragen und Problemen, die ihr Zusammenleben betreffen, auseinander zu setzen, um gerechtere und angemessenere Lösungen zu suchen, die dann in einer Schulgemeinschaft verwirklicht werden. Ziel soll es sein – im Sinne der Modelle Wertentwicklung und Wertkommunikation – durch eine gute Gesprächskultur ethisches Urteilsvermögen zu fördern, und auf diesem Wege sowohl das moralische Klima in einer Schule als auch die moralische Entwicklung der Kinder zu fördern. In der Praxis erprobte Anregungen dazu gibt der Ansatz von Lawrence Kohlberg.

4. Moralische Entwicklung und ethisches Urteilsvermögen

Stufen der moralischen Entwicklung nach Lawrence Kohlberg

Schon 1932 hat Jean Piaget (1986–1980) eine Studie zum Thema »Das moralische Urteil beim Kinde« (dt. Frankfurt 1973) veröffentlicht. Kohlberg (1927–1987) griff diese Untersuchungen auf und dehnte sie auch auf das Erwachsenenalter aus. Er geht davon aus, dass Kinder schon vom frühesten Alter an ihre eigene Wirklichkeit aktiv konstruieren. Bei seinen Beobachtungen stieß er darauf, dass dieselbe Norm – z.B. das Verbot des Stehlens – sehr unterschiedlich begründet werden kann (z.B. Freunde dadurch verlieren, bestraft werden, die Ordnung der Gesellschaft in Gefahr sehen ...). Darum kommt es ihm bei seinen Untersuchungen zur moralischen Entwicklung weniger darauf an, welche inhaltlichen Normen und Werte in einer bestimmten Entwicklungsstufe beobachtet werden, sondern nach welchen Prinzipien diese begründet werden. Moralische Entwicklung ist für Kohlberg eng mit dem kognitiven Entwicklungsprozess verbunden.

Den unterschiedlichen Begründungen ist er mithilfe von sog. Dilemma-Geschichten nachgegangen. Sie konfrontieren mit komplexen Problemen, die ohne Normkonflikt nicht zu lösen sind. Jeder Lösungsversuch verstößt gegen moralische Normen. Ein solches »Lernen aus Widersprüchen« (Kuld/Schmid 2001) soll dazu zwingen, seine Begründungen offen zu legen. Im Hinblick auf moralische Urteilsbildung setzt Kohlberg auf moralische Stimulation durch kognitive Konflikte und will so eine Höherentwicklung moralischer Urteilsformen erreichen.
Zu den bekanntesten seiner vielen Dilemma-Geschichten zählt das sog. Heinz-Dilemma:

Eine Frau drohte an einer besonderen Krebserkrankung zu sterben. Nur ein Medikament könnte Hilfe bringen. Es war eine Radium-Verbindung, für die die Apotheke, die dieses Medikament entwickelt hatte, zehnmal mehr verlangte, als die Herstellung kostete. Heinz, der Ehemann, bekam bei all seinen Versuchen, Geld zu leihen, nur die Hälfte der Kosten zusammen. Er sagte dem Apotheker, dass seine Frau zu sterben drohe, und er bat ihn darum, das Medikament billiger zu verkaufen oder Kredit zu gewähren. Der Apotheker lehnte dies ab. Er wollte mit seiner Entwicklung Geld verdienen. In seiner Verzweiflung drang Heinz in die Apotheke ein und stahl das Medikament.
Sollte der Ehemann dies tun? Warum? Darf er überhaupt Gesetze übertreten? Warum?

Die Begründungsformen teilt Kohlberg in drei Niveaus mit je zwei Stufen ein. So kommt er zu den sechs Stufen des moralischen Urteils. Auf dem *präkonventionellen bzw. vormoralischen Niveau (I)* werden Entscheidungen mit drohenden Strafen, mächtigen Autoritäten oder mit eigenem Interesse begründet. Auf dem *konventionellen Niveau (II)* dominiert das Interesse am Erhalt der Beziehung zu wichtigen und persönlich bekannten Personen. Auf dem *postkonventionellen Niveau (III)* wird das Ordnungssystem nicht mehr als unwandelbar und fraglos wichtig anerkannt. Es werden nun Prinzipien und Werte definiert, die der Gesellschaft vorgeordnet sind, auch unabhängig von der Autorität von Gruppen oder Personen. Auf diesem Niveau zeigt sich eine persönlich verantwortete Moralität, die auf selbstständiger Gewissensbildung und -prüfung beruht und »Ichstärke« voraussetzt.

Kohlberg geht davon aus, dass die Abfolge der Stufen nicht umkehrbar ist (invariant und irreversibel) und dass die höhere Stufe differenzierter und integrierter ist als die niedrigeren, also zu angemesseneren, »besseren« Urteilen führt. Gerade diese letzte Annahme macht deutlich, dass seine Stufen von philosophischen und theologischen Wertungen abhängig sind. Je höher die Stufe, desto näher befindet sich das Urteil an universellen Prinzipien wie der Goldenen Regel, dem Gebot der

Nächstenliebe oder dem Kategorischen Imperativ im Sinne Kants: Handle nur nach derjenigen Maxime, durch die du zugleich wollen kannst, dass sie ein allgemeines Gesetz werde! Die Stufenhierarchie bei Kohlberg steigt auf von einer egozentrischen zu einer universalistischen Begründung der Urteile.

Die Stufen des moralischen Urteilens

Stufe 0: **Egozentrisches Urteilen** (etwa 4 Jahre)	*Was richtig ist:* *Grund zum Gutsein:*	Ich sollte meinen Willen bekommen. Belohnungen erhalten, Strafe vermeiden.
Stufe 1: **Blinder Gehorsam** (etwa Vorschulalter)	*Was richtig ist:* *Grund zum Gutsein:*	Ich sollte tun, wie mir gesagt wird. Sich aus Schwierigkeiten heraushalten.
Stufe 2: **Fairness als direkter Austausch: »Was ist dabei für mich drin?«** (Grundschuljahre)	*Was richtig ist:* *Grund zum Gutsein:*	Ich sollte an meinen eigenen Nutzen denken, aber zu denen fair sein, die fair zu mir sind. Eigeninteresse: Was ist für mich günstig?
Stufe 3: **Zwischenmenschliche Konformität** (Mittlere Kindheit bis Jugendalter)	*Was richtig ist:* *Grund zum Gutsein:*	Ich sollte ein netter Mensch sein und den Erwartungen derjenigen entsprechen, die ich kenne und an denen mir liegt. Ich möchte, dass die anderen gut von mir denken (soziale Anerkennung) und ich damit auch eine gute Meinung von mir selbst haben kann (Selbstwertschätzung).
Stufe 4: **Verantwortlichkeit gegenüber dem System** (Mittleres oder spätes Jugendalter)	*Was richtig ist:*	Ich sollte meine Verpflichtungen gegenüber dem sozialen System oder Wertsystem, dem ich mich zugehörig fühle, erfüllen.

	Grund zum Gutsein:	Ich möchte dazu beitragen, dass das System nicht auseinander bricht, und ich möchte meine Selbstachtung als jemand erhalten, der Verpflichtungen nachkommt.
Stufe 5: **Prinzipiengeleitetes Gewissen** (Frühes Erwachsenenalter)	*Was richtig ist:* *Grund zum Gutsein:*	Ich sollte die größtmögliche Achtung vor den Rechten und der Würde jedes einzelnen Menschen zeigen, und ich sollte ein System unterstützen, das die Menscherechte schützt. Die Gewissenspflicht, gemäß dem Prinzip der Achtung gegenüber allen menschlichen Lebewesen zu handeln.
(Schema: Lickona 1989, 20–21 nach Ziebertz 2003, 410. Die Beschreibung der Stufen 1 bis 5 basiert auf Lawrence Kohlbergs Stufen des moralischen Urteilens; Stufe 0 wurde von William Damon und Robert Selman übernommen. Die Altersangaben beziehen sich auf Kinder mit normaler Intelligenz, die in einer fördernden moralischen Umwelt aufwachsen.)		

Urteilen und Handeln im Kontext von Schule

Als pädagogische Aufgabe ergibt sich aus der Hierarchie der Stufenwertigkeit die Herausforderung, nach Interventionsmöglichkeiten zu suchen, wie z.B. durch Wertediskurse und Impulse Kinder zur nächsthöheren Stufe stimuliert werden können und wie durch »ganzheitliche« Lernprozesse eine optimale Stufenentwicklung begünstigt werden kann. Dabei muss berücksichtigt werden, dass Menschen gleichen Alters sich auf unterschiedlichen Stufen befinden können. Dennoch sind grobe Orientierungen möglich: Im Grundschulalter wird man auf Kinder treffen, die in ihrem moralischen Urteil entsprechend ihrer kognitiven Entwicklung tendenziell von den Stufen 1 und 2 her argumentieren und auch entsprechend handeln (vgl. Kuld/Schmid 2001, 84). Das jeweilige moralische Urteilsvermögen lässt sich diagnostizieren und zugleich fördern, wenn man Kinder im Grundschulalter schon mit Dilemmasituationen konfrontiert, welche aus dem Leben der Lerngruppe herausgegriffen sind oder konstruiert sind, etwa mithilfe folgender Dilemma-Geschichte:

Letzten Freitag hat Sonja Daniela, ihrer besten Freundin, versprochen, sich mit ihr nächsten Freitag nachmittags wieder zu treffen. Am Freitagnachmittag sind die beiden fast immer zusammen; es ist der einzige Tag, wo beide frei haben. Sie sehen bei Daniela zu Hause fern oder spielen bei Sonja. Am Dienstag, als sie sich kurz im Bus treffen, sagt Daniela, sie habe am Wochenende Krach mit ihrem älteren Bruder gehabt; darüber will sie am Freitag mit Sonja sprechen. Am Mittwoch erhält Sonja von Ulrike die Einladung, mit ihr am Freitagnachmittag ins Kino zu gehen. Ulrike ist seit Beginn des Schuljahrs in Sonjas Klasse; sie hat noch keine Freundin und möchte gerne öfter mit Sonja zusammen sein.
Soll Sonja die Einladung ins Kino annehmen – oder lieber ihre Verabredung mit Daniela einhalten? (Kuld/Schmid 2001, 161)

Bei der Diskussion wird man – je nach Entwicklungsstand – fünf unterschiedliche Urteilsmuster und Entscheidungspräferenzen antreffen können: 1. Eigenes Interesse, 2. Freundschaft, 3. die Ambivalenz Freundschaft vs. Eigeninteresse, 4. Freundschaft vs. Altruismus, 5. Altruismus. Altruistisch kann auch begründet werden, das Versprechen nicht einzuhalten, um dem Kind, das noch keine Freunde hat, eine Freude zu machen (vgl. Montada 1995, 890f).
Konkreter schulischer Anlass und die Diskussion eines hypothetischen Falls schließen sich nicht aus, wobei Letzteres durch seinen Abstand von der konkreten Situation unter Umständen das erträglichere Licht auf ein tatsächlich gegebenes Problem werfen kann. In der Nähe zu Kohlberg schlägt Helmut Schreier vor, mit Kindern Dilemma-Geschichten mit ihrem ungelösten Problem im Sinne einer philosophischen Diskussion (s. II.7) zu behandeln. Dazu lässt er Fragen der Kinder an die Tafel schreiben. Eine davon wird ausgewählt als Thema für die Diskussion der Kinder, wobei die Lehrkraft hier und da auf einen Widerspruch hinweist oder ein Argument auf den Punkt bringt. Solche Diskussionen können vertieft werden durch szenische Spiele, bei denen Kinder verschiedene Möglichkeiten einer Problemlösung vorspielen, oder durch das Anfertigen einer Collage, mit deren Hilfe das Umfeld des verhandelten Problems umrissen wird (vgl. Schreier 1997, 7ff). Sowohl bei der Diskussion über hypothetische Dilemma-Situationen als auch bei der so wichtigen Verhandlung von unmittelbar die Kinder angehenden Situationen und Problemen aus dem Schulleben kommt es darauf an, dass die Kinder immer wieder aufgefordert werden, ihre Meinungen und Argumente zu begründen, und dass sie lernen, über angemessene Lösungen zunehmend (mit) zu entschei-

den. Ihre moralische Entwicklung kann gefördert werden, wenn ihnen durch MitschülerInnen oder durch die Lehrkraft Argumente von der nächsthöheren Stufe her angeboten werden (nach der sog. Plus 1-Konvention).
Problematisch wäre es, wenn ethisches Lernen sich auf die kognitive moralische Urteilsfähigkeit als zentrale Kompetenz und auf Dilemmadiskussionen fixieren würde. Moralische Urteilsfähigkeit (wissen, was ethisch-moralisch angemessen ist) auf der einen und moralische Motivation (bereit sein, das Richtige auch zu tun) sowie moralisches Handeln (das Gewollte auch verwirklichen) auf der anderen Seite können auseinander klaffen. Zur Moralität eines Menschen gehört mehr als die kognitive Urteilsfähigkeit, obwohl es Hinweise darauf gibt, dass die Übereinstimmung zwischen moralischem Urteil und dem Handeln mit der Ausdifferenzierung der moralischen Urteilsfähigkeit zunimmt (vgl. Kuld/Schmid 2001, 87; Montada 1995, 891).
Kohlberg hat die begrenzte Reichweite seines inspirierenden Ansatzes erkannt und darum auch die Bedeutung eines »ganzheitlichen« Lernens und moralischen Handelns betont, das auf soziale Kontexte einer moralischen Lebenswelt in einer »gerechten Gemeinschaft« angewiesen ist (vgl. Oser 2001, 474ff). Ebenso wichtig wie Moraldiskussionen sind soziale Erfahrungen in und mit Institutionen, in denen Gerechtigkeit in ethisch relevanten Handlungen, Aktionen und Projekten erfahren werden kann. Ohne Handlung aber bleibt ein ausschließlich kognitives Lernen vor allem bei Kindern wirkungslos: Ethisches Handeln und ethisches Urteilen gehören zusammen, weil ethische Kompetenz aus dem täglichen Handeln, aus dem Miteinander-Umgehen der Menschen, aus dem Anteilnehmen und dem Anteilgeben erwächst (vgl. Biesinger/Schmitt 1996, 170f). »Junge Menschen sollen am Ende nicht nur *wissen und beurteilen können,* was gut und was nicht gut ist. Sie sollen auch lernen, so zu *handeln*, dass das Gute gefördert wird, d.h. dass Menschen mehr Liebe, Gerechtigkeit, Barmherzigkeit erfahren« (Grewel 1990, 59).
Damit kommt die Schule als ethischer Erfahrungsraum in den Blick. »Das wirksamste Mittel der Erziehung zum selbstbewussten und tugendhaften Verhalten ist das Ethos der Gemeinschaft, in der ein Kind heranwächst« (Schreier 1997, 10). Neben der Logik des moralischen Urteils muss auch die Fähigkeit der Empathie und Sozialität in einem moralischen Klima entwickelt werden, in dem modellhaft das Ethos von Gerechtigkeit und Liebe erfahren werden kann. Das Kind ist auf Erfahrungen des Angenommenseins und der Zugehörigkeit angewiesen. Das hat Konsequenzen für das moralische Klima in einer Schule, für die Art, wie dort Werte gelebt und wie regelmäßig und mit welcher Gesprächskultur dort moralische Probleme verhandelt werden, und ob die Kinder hier lernen, Regeln und soziale Perspektiven auf konkrete Situationen und Inhalte anzuwenden. Die Stufentheorie von Kohlberg bietet viele wertvolle und praxisnahe Anhaltspunkte zur Förderung der moralischen Entwicklung, insbesondere im schulischen Kontext, wo das bei Kohlberg so zentra-

le Prinzip der Gerechtigkeit im Hinblick auf eine demokratische Erziehung eine so wichtige Rolle spielt. Die Grenzen und Chancen des Ansatzes liegen in der beschränkten Reichweite: Weil die Reichweite begrenzt ist, ist der Ansatz kontrollierbar und nachvollziehbar (zur Diskussion Oser 2001, 472).

Kritische Anfragen an die Stufentheorie

Diskussionswürdig im Hinblick auf ethisches Lernen in der Grundschule ist die Zuordnung des Denkens der Kinder auf das präkonventionelle Niveau. Schon 4- bis 8-jährige Kinder können sich mehrerer Studien zufolge einfühlungsbestimmt (empathisch) an Interessen anderer orientieren und dazu allgemeine Gerechtigkeitsregeln entwickeln, in denen sie ihr Handeln nicht nur an Eigennutz und Autorität orientieren (vgl. Grom 2000a, 54), sondern handeln, weil sie z.B. einem geliebten Menschen etwas Gutes tun wollen (vgl. Montada 1995, 888f). Gertrud Nunner-Winkler vertritt die Meinung, dass die für Kinder tendenziell beobachtbare Orientierung an Autoritäten weniger von dem moralischen Entwicklungsstand als von spezifischen Entwicklungsbedingungen der Kinder abhängig sei. Bei einem sozial-integrativen Entwicklungsstil der Familien würden Kinder in ihren moralischen Urteilen auch weniger häufig auf Autoritäten verweisen (vgl. Nunner-Winkler 1992). Man muss annehmen, dass konkretes moralisches Handeln auch durch soziale Einflüsse, Familienatmosphäre, Bedürfnisse, Affekte, Vorbilder in Wort und Tat beeinflusst wird. Die Kenntnis von Geboten und Verboten und die Einsicht in ihre Sinnhaftigkeit reichen also noch nicht aus, um ethisch-moralische Motivation und Handeln zu entwickeln.

5. Prosoziale Sensibilisierung als ganzheitliche Moralerziehung

In kritischer Distanz zu der Stufentheorie von Lawrence Kohlberg steht der katholische Religionspsychologe und Religionspädagoge *Bernhard Grom*, der unter dem Vorzeichen einer ganzheitlichen Moralerziehung die Entfaltung prosozialen Empfindens, Denkens und Verhaltens in den Vordergrund rückt. In Anbetracht von Entsolidarisierungstendenzen in der Gesellschaft bekommt dieses Ziel eine hohe Aktualität. Unter prosozialem Verhalten versteht Grom eine »Interaktion mit der Absicht (und dem entsprechenden Empfinden und Denken), trotz der ebenfalls beteiligten selbstbezogenen Motive, eindeutig das Wohlergehen anderer zu fördern (...)« (Grom 2000a, 196). Wohlwollen geht für ihn über Gerechtigkeit hinaus.

Obwohl Kinder in ihrem sozialen Verhalten entwicklungsbedingt bis ins Grundschulalter stark von selbstbezogenen Motiven, unmittelbarer Bedürfnisbefriedigung und von der Durchsetzung eigener Wünsche geprägt sind, betont Grom, dass sie schon im zweiten Lebensjahr vorreflexiv prosozial handeln können (z.B. anderen Spielsachen anbieten, trösten) und dass prosoziales Handeln im Laufe des Kindesalters quantitativ zunimmt (vgl. ebd. 198).

Prosoziales Verhalten setzt die Entwicklung und Förderung folgender Dispositionen voraus: *Empathiefähigkeit mit Perspektivübernahme, Soziale Kognition – Lernen durch Einsicht sowie Lernen durch eigenes prosoziales Tun*. Empathiefähigkeit zeigt sich bei Kindern darin, dass sie eine emotional-mitfühlende Reaktion gegenüber der Befindlichkeit einer anderen Person zeigen, z.B. ein Gespür dafür entwickeln, in welcher Stimmung sich andere befinden und wie man ihnen eine Freude machen kann. Die Folgen eines bestimmten Verhaltens für andere zu erspüren, den Standpunkt anderer berücksichtigen zu können, setzt reversibles Denken und die Überwindung eines sozialen Egozentrismus voraus, zu dem Grundschulkinder von ihren kognitiven Voraussetzungen her schon fähig sind. Eine entwickelte Reflexion und die Verarbeitung von Informationen über die Notlage des anderen kann Hilfeverhalten unabhängig machen von Sympathie- und Antipathiegefühlen und beitragen zu einer prinzipiengeleiteten Einstellung zu prosozialem Verhalten. Bestärkende Erfahrungen mit eigenem prosozialem Handeln und das damit verbundene Gefühl, gebraucht zu werden und sinnvoll anderen zu helfen, können die Hilfsbereitschaft und das Verantwortungsgefühl und nicht zuletzt auch das Selbstwertgefühl erhöhen. Grom nimmt an, dass sich Heranwachsende durch Gelegenheiten zu eigenem prosozialen Tun intensiver in die Lage anderer versetzen können (vgl. ebd. 202).

Die oben genannten Dispositionen Empathiefähigkeit, soziale Kognition und eigenes Tun können im Raum der Schule durch eine emotional positive Beziehung zu anderen SchülerInnen und den Lehrkräften beeinflusst werden, weil sich so eine positive Grundeinstellung zum Selbst und zu anderen Menschen aufbaut. Ein positives Selbstkonzept vergrößert die Bereitschaft, die Bedürfnisse anderer zu beachten (vgl. ebd. 203). Eng damit verbunden sind ein *»Lernen am Modell«,* wenn uneigennütziges Verhalten bei anderen vor allem bei sympathischen Personen beobachtet werden kann, ein *»Lernen durch Instruktion«,* wenn Kindern der Sinn und die Folgen des Helfens erläutert werden, und ein *»Lernen durch Fremdverstärkung und soziale Bestätigung«*. Letzteres will nach Grom prosoziales Verhalten nicht abhängig machen von extrinsischer Motivation, sondern bewirken, dass die Heranwachsenden als Urheber prosozialer Fähigkeiten stolz auf sich sein können (vgl. ebd. 204).

In der unterrichtlichen Praxis können Szenen, bei denen von Kindern Gefühle und Stimmungen pantomimisch dargestellt und von anderen erraten werden, erste Schritte zur Förderung einer sozialen und kognitiven Empathiefähigkeit sein. Auch das aktive Zuhören, die Fähigkeit anderen ihre Wertschätzung auszudrücken, eine Kultur des achtsamen Wahrnehmens (s. I.2) und Helfens in einer Schulklasse, die Diskussion über Dilemma-Geschichten oder Gespräche über konstruktive Konfliktlösungen tragen zu dieser Schlüsselkompetenz für prosoziales Verhalten bei. Einen überzeugenden Praxisentwurf für prosoziale Erziehung in der Grundschule dokumentiert Matthias Bahr in seiner Studie »Erziehung zur Prosozialität bei Acht- bis Zehnjährigen am Lernort Religionsunterricht« (Bahr 1992, 267–329). Religiöse Motivation kann prosoziales Verhalten im Sinne einer tätigen Antwort auf die Liebe Gottes und das biblische Liebesgebot verstärken. Diese wenigen Hinweise zeigen schon, dass das Erziehungsziel prosozialer Kompetenz über den Religionsunterricht hinausgeht. Für diesen aber ist Prosozialität eng verbunden mit »Compassion«, nach dem Theologen Johann Baptist Metz als »Empfindlichkeit für das Leid des anderen« Schlüsselwort des Christentums und ein wesentliches Vermächtnis des Christentums an die Menschheit (vgl. Metz 2000). Compassion meint eine christlich motivierte soziale Sensibilität für solidarisches Handeln und tätige »Mitleidenschaft« in konkreten Situationen, so wie es Jesus modellhaft erzählt: vom Samariter (Lk 10,25–37) mit seiner Aufmerksamkeit und klugen Hilfsbereitschaft für den, der auf fremde Hilfe angewiesen war.

Zusammenfassung:

Moralisch-ethisches Lernen im Raum der Schule und im Religionsunterricht kennt viele Ansätze und Methoden, die sich trotz ihrer unterschiedlichen Perspektiven im Zusammenspiel ergänzen und gegenseitig bereichern können. Das gilt insbesondere für den kognitiven Ansatz der Stimulation zu einer differenzierteren moralischen Urteilsbildung und der Kommunikation über Werte, der ergänzt werden muss durch konkrete Erfahrungen im Umgang mit konkreten Wertkonflikten und mit gelingendem prosozialem Handeln, für das Empathiefähigkeit und Perspektivenwechsel Grunddispositionen sind wie auch das Lernen am Modell bzw. die Begegnung mit konkreten oder medialen Modell-Gestalten sowie konkrete soziale Erfahrungen inspirierend sind. Zu beachten sind die entwicklungsbedingten Voraussetzungen und Fördermöglichkeiten für moralische Entwicklung. Die Stufen moralischer Entwicklung nach Kohlberg sind dafür ein brauchbares, aber sensibel zu handhabendes diagnostisches Instrumentarium. Moralisch-ethisches Lernen betrifft das Schulleben und alle Schulfächer und somit auch den Religionsunterricht. Christlicher Religionsunterricht verliert ohne eine ethische Dimension sein Profil, weil christlicher Glaube sich im konkreten ethischen Handeln bewährt und parteiisch Position bezieht für ein Leben im Horizont der Botschaft vom anbrechenden Reich Gottes. Darum ist auch die entwicklungsgemäße Anbahnung von »Compassion« als »Empfindlichkeit für das Leid des anderen« (J.B. Metz) eine unaufgebbare Zielperspektive ethisch-moralischen Lernens. Christlich motivierter Moral und Ethik geht der Indikativ des Zuspruches und des Ja Gottes zum Menschen und zu seiner Schöpfung dem Anspruch, der daraus erwächst, voraus.

Lesehinweis:

Adam, Gottfried/Schweitzer, Friedrich (Hg.) (1996): Ethisch erziehen in der Schule. Göttingen.

Grom, Bernhard (Hg.) (2000): Religionspädagogische Psychologie des Kleinkind-, Schul- und Jugendalters. 5. Aufl. Düsseldorf.

Kuld, Lothar/Schmid, Bruno (2001): Lernen aus Widersprüchen. Dilemmageschichten im Religionsunterricht. Donauwörth.

II.6 Kinder begegnen anderen Konfessionen und Religionen

Werner H. Ritter

In unseren heutigen Grundschulen sitzen und leben in der Regel Kinder unterschiedlicher konfessioneller und religiöser Herkunft in einer Klasse zusammen. Dies ist religionspädagogisch wahr- und ernst zu nehmen und in entsprechender Gestaltung des Religionsunterrichts religionsdidaktisch zu berücksichtigen. Das heißt: Das (erste) *Kennenlernen* anderer Konfessionen und Religionen und die anfangshafte (kritische) *Auseinandersetzung* mit ihnen sind auch in einem konfessionell bzw. konfessionell-kooperativ verantworteten Religionsunterricht (s. I.3 und I.4) von der Grundschule an unverzichtbar. Konkret geht es dabei um

- *Lernen von und mit* anderen Konfessionen und Religionen in Begegnung und Gespräch,
- *Entdecken* von Ähnlichkeiten und *Gemeinsamkeiten* sowie deren *Förderung* und Stärkung,
- *Gewahrwerden* und Beachten *des Eigenen und Besonderen* und damit verbunden des zwischen den Konfessionen und Religionen *Differenten.*

Besonderes Augenmerk gilt dabei der Wahrnehmung der Kinder in konfessionell und religiös pluralen Lebenswelten (1) und den diesbezüglichen unterrichtlichen Aspekten, Zielen und Aufgaben (3), was eine Reflexion auf die theologischen Implikationen der Thematik einschließt (2).

1. Wahrnehmung: Kinder in konfessionell und religiös pluralen Lebenswelten

Bis in die 50er-Jahre des vergangenen Jahrhunderts hinein vollzog sich Religionsunterricht in Deutschland weitestgehend in konfessionell geschlossenen Milieus. Es gab zu dieser Zeit einigermaßen klar identifizierbare, traditionell konfessionell-evangelische und konfessionell-katholische Stammlande und Regionen, in denen die eine Konfession deutlich in der Mehrheit, die andere dagegen in der Minderheit war. Dementsprechend sah die Religionsunterricht-Landschaft aus. Die jeweils andere Konfession kannte man eher vom Hörensagen als vom konkreten Erleben – entsprechend war es auch um den Wissens- und Informationsstand bestellt. Andere, nichtchristliche Religionen waren zu dieser Zeit weitestgehend »terra incognita«: unbekannte Größen.

Veränderte religiöse Landschaften

Mit den Flüchtlingsströmen in den Jahrzehnten nach dem Zweiten Weltkrieg (1939–1945) durchmischte sich die Konfessionslandschaft nachdrücklich. Das Erscheinungsbild des Christentums wurde seit den 60er-/70er-Jahren des 20. Jh. mit dem Entstehen bzw. Auftreten anderer christlicher Denominationen und Konfessionen insgesamt vielfältiger und bunter. Letzteres gilt auch für andere, fremde Religionen. Kannte man auch diese bis in die 60er-Jahre hinein bestenfalls vom Hörensagen, so leben wir heute – beginnend vor allem mit dem Zuzug ausländischer Gastarbeiter – in Deutschland mit einer Vielfalt großer und kleinerer Religionen vor der Haustür. An dieser Entwicklung partizipieren schon Grundschulkinder.

Andere Religionen und andere Konfessionen sind heute zu etwas nahezu Alltäglichem geworden. Sie sind da, auch wenn man wenig oder gar nichts über sie weiß. So sitzen in heutigen Grundschulklassen nicht nur evangelische und katholische Kinder, sondern nicht selten auch reformierte, unierte, altkatholische, russisch- und griechisch-orthodoxe, mennonitische, freikirchliche usw., ferner solche mit muslimischer und hier und da Kinder mit jüdischer, hinduistischer, buddhistischer usw. Religionszugehörigkeit, nicht zu vergessen die vielen »ohne Bekenntnis«. Auch wenn in Deutschland das Christentum mit seinen unterschiedlichen konfessionellen Ausformungen nach wie vor die vorherrschende Religion ist (s. I.1 und I.4), ist die Religionslandschaft insgesamt längst plural geworden.

Religiös veränderte Kindheit

Das Stichwort »veränderte Kindheit« (s. I.1) weist in diesem Sinne auch darauf hin, dass für Kinder die Erfahrung religiöser Pluralität schon sehr früh beginnt und den Normalfall darstellt (vgl. Schweitzer 2003b, 46). Pluralität erscheint demzufolge als ein charakteristisches Merkmal unserer religiösen Gegenwartskultur (s. I.1). Die vielen Einzelnen haben es also nicht mehr nur mit einer bestimmten bzw. »ihrer« Konfession oder Religion zu tun, sondern mit einer Mehr- oder Vielzahl, weswegen Konfession und Religion nicht mehr ausschließlich als vom Lebensanfang an »zugeboren«, sondern auch als »wählbar« erscheinen (vgl. Berger 1980). Ein solcher Pluralismus wird immer wieder zum Problem werden und zu Problemen führen, nicht nur für Erwachsene, sondern bereits für Kinder (s. I.1). Sie fragen: Welche ist denn »meine« Konfession bzw. Religion? Wie sieht sie aus? Was ist mit den anderen? Welche ist die »richtige«? Sind alle gleich? Sind die anderen »falsch« oder »schlecht«? Gibt es nicht auch Gemeinsames? Und wie schwer wiegen die Unterschiede? Wie »anders« sind die anderen Konfessionen und Religionen? Können wir voneinander lernen oder müssen wir uns abgrenzen? Solange die eigene Konfession – sei sie nun katholisch oder evangelisch – bzw. nur eine Religion (= die christliche) den Lebensraum von Menschen bildete und prägte, konnte man sich im Normalfall von Kindesbeinen an darin exklusiv-ausschließlich bewegen, was weltanschauliche Sicherheit, konfessionelles bzw. religiöses Selbstbewusstsein und Wahrheitsgewissheit verlieh und die Lebenswelt schon von Kindern nachhaltig stabilisierte.

Wachsender religiöser Orientierungsbedarf – Eigenes und Fremdes

Heute, in weltanschaulich, religiös und konfessionell pluralisierten und individualisierten Zeiten, wächst der diesbezügliche Orientierungsbedarf eminent an, weil wir aus den alten Sicherheiten herausgefallen sind. Religiöse Bildung kann sich nicht an diesen gravierenden Herausforderungen vorbei ereignen. Vielmehr ist die Frage drängend: Worauf können sich Menschen heute religiös und konfessionell verlassen? All dies stellt die Grundschule insgesamt und den Religionsunterricht in ihr vor neue, bislang nicht da gewesene Aufgaben. Leben mit anderen Konfessionen und Religionen – Leben in Pluralität also – als einer unserer relevantesten heutigen kulturellen Bedingungsfaktoren stellt aber nicht nur ein Problem, sondern eine Herausforderung und eine große Chance für (religiöses) Lernen von Kindern im Grundschulbereich dar (vgl. Englert/Schweitzer 2003, 78ff). Dies verlangt nach einer Grundschul-»Religionsdidaktik in der Pluralität« (vgl. Schweitzer/Faust-Siehl 2000b, 16ff), wobei andere Konfessionen und Religionen als ein inhaltlicher Schwerpunkt heutigen Grundschulreligionsunterrichts gesehen und behandelt werden müssen (vgl. Lähnemann 2003).

Im Raum der öffentlichen Schulen braucht es eine entsprechende religiöse (schulische) Bildung, die die aus religiöser Pluralisierung (und Individualisierung) resultierenden Gegebenheiten, Probleme und Aufgaben berücksichtigt und positiv-konstruktiv aufnehmen kann, damit Kinder schritt- und ansatzweise ein (reflektiertes) Verständnis dieser Situation gewinnen, sich orientieren und positionieren können. Dies erfordert neben einer schwerpunktmäßigen »Einführung« in die eigene Konfession (und Religion) im Sinne religiös-kultureller Partizipation am Christentum in der Gestalt konkreter katholischer und evangelischer Konfession (s. I.4) auch den Blick und die Beschäftigung mit dem und den konfessionell und/oder religiös Anderen und Fremden. Wer nämlich – und dies gilt schon für Kinder! – nur seine eigene Welt, seine Religion bzw. Konfession »kennt«, »kennt« vermutlich auch diese zu wenig. »Kennen«, verstehen, sich bilden, orientieren und positionieren geht auch religiös nur im Kontakt und der Begegnung mit dem (potenziell) Eigenen und dem bzw. den religiös oder konfessionell Anderen bzw. Anderem.

»Weltbildentwicklung« und Zugehörigkeiten

Plurale Konfessionen und Religionen stellen Schule und Kinder, Lehrende wie Lernende vor neue Herausforderungen, aber auch neue Chancen gemeinsamen und differenzierten religiösen (Kennen-)Lernens und Sich-Bildens. Dabei ist in unserem Zusammenhang vor allem von pädagogisch-entwicklungspsychologischer und grundschulpädagogischer Seite mit Blick auf die kindliche »Weltbildentwicklung« (vgl. Fetz 2001; Englert/Schweitzer 2003, 63f; 67; Ritter 2005b) nachdrücklich auf Folgendes hinzuweisen: Kinder sind schon im Grundschulalter mit einer ersten umfassenden Ordnung und »Errichtung« ihrer Welt, ihres Weltbildes, ihres Sinn- bzw. Religions- oder Glaubenssystems beschäftigt. Solches Erfassen, Durchdringen, Ordnen und Errichten der komplexen Wirklichkeit stellt eine wichtige Entwicklungsaufgabe der Kinder und damit der Grundschule in allen ihren Unterrichtsfächern dar.
In speziell religiöser und konfessioneller Hinsicht ist zu sagen: Selbst wenn Kinder gerade in den ersten Klassen noch wenig konfessionelles oder christliches Bewusstsein an den Tag legen, heißt das noch lange nicht, dass sie gar keine christlichen oder konfessionsspezifischen Erfahrungen gemacht hätten (vgl. Schweitzer/Biesinger u.a. 2002, 73ff). Vielmehr ist Kindern, auch wenn sich deren kindliches Verständnis von Religion und Konfession weitgehend in »Äußerlichkeiten« zeigt, die Klärung eigener Zugehörigkeit in Sachen Konfession und Religion für ihre Welterschließung und Weltbildentwicklung eine wichtige und elementare Angelegenheit. Hier geht es nämlich – ganz ähnlich wie in anderen Bereichen – um die kindliche »Konstruktion« von Welt, Wirklichkeit und Religion »im Zuge

der kognitiven sowie der Sozial- und Persönlichkeitsentwicklung«, welche im Unterricht, auch im Religionsunterricht, begleitet und unterstützt werden muss (Englert/Schweitzer 2003, 64). Dieser Aufgabe hat sich der Grundschulreligionsunterricht unabdingbar zu stellen, weil es hier um seine pädagogische und schulpädagogische Legitimität, seine Lebensrelevanz für Kinder und seine Begründung geht.

Im folgenden Abschnitt ist zu fragen: Wie geht konfessionelle bzw. konfessionell gebundene Theologie mit anderen Konfessionen und Religionen um? Was bedeutet die Vielzahl von Konfessionen und Religionen für den Wahrheitsanspruch des christlichen Glaubens und die Wahrheitsfrage?

2. Theologische Deutung: Konfession(en) und Religionen

Die faktisch gegebene Pluralität von Konfessionen und Religionen muss einer theologisch reflektierten Sichtung und beurteilenden Deutung unterzogen werden. Dies ist – nicht zuletzt weil das Christentum nicht allgemein, sondern ausschließlich in konkreten Konfessionsgestalten als evangelisches, katholisches usw. Christentum vorkommt – ein sehr komplexes Feld, das einer differenzierten Darstellung bedarf, die hier auf Wesentliches beschränkt werden muss (vgl. ausführlicher Ritter 2004c; 2004d; Ziebertz/Leimgruber 2003; Lähnemann 2002; Schmidt-Leukel 1997). Grundsätzlich ist unstrittig, dass sich die christlichen Theologien heute mit anderen Konfessionen und Religionen beschäftigen und auseinander setzen müssen, strittig allerdings sind die Weise dieser Auseinandersetzung und die ihr zugrunde liegenden religiös-theologischen Werturteile.

Konfession – Konfessionen

Zur Begriffsgeschichte

In seiner ursprünglichen und *ersten* Bedeutung leitet sich das Wort Konfession vom lateinischen Wort »confessio« ab, was mit Bekenntnis/Bekennen übersetzt wird. Es begegnet der Sache und dem Wort nach von Anfang an im Alten wie im Neuen Testament, teils in kurzen Einzelbekenntnissen (z.B. Ex 15,21; Mk 8,29; 1 Kor 12,3), teils in größeren »summarischen« Bekenntnissen (z.B. Dtn 26,5ff; Phil 2,5ff; 1 Kor 15,3ff) als geprägten Formulierungen, in denen verdichtet festgehalten wird, was für den Glauben konstitutiv ist. Als aktuelle wie auch auf Dauer gestellte Bekenntnisse haben sie ihren »Sitz im Leben« im Alltag, dann in Gottesdienst und Feiertag, in der Unterweisung sowie der (Selbst-)Verständigung der Gläubigen und Gemeinden (vgl. Ritter 2004c).

In der Epoche der *Alten Kirche* entwickelt sich eine *zweite* Bedeutung des Wortes Konfession im Sinne von *kirchlichem Bekenntnis* als ausformuliertem, tradiertem und »approbiertem« Text heraus, so das Apostolicum (Mitte des 2. Jh.), das Nicäno-Constantinopolitanum (381), das Chalcedonense (451) u.a., welche infolge theologischer Konflikte notwendig wurden. In der Funktion als *»Glaubensregel«* (= regula fidei) wird Konfession neben biblischem Kanon und Bischofsamt zum unverzichtbaren Norm-Faktor kirchlichen Lebens.

Zum spezifischen Terminus wird das Wort – *dritte* Bedeutung – während der *Reformationszeit* im 16. Jh. und meint jetzt den *lehrmäßigen Inhalt von Bekenntnisdokumenten und -schriften.* So ist etwa die Augsburger Konfession (Confessio Augustana) von 1530 die zusammenfassende (Lehr-)Darstellung des lutherischen Bekenntnisses und seiner Anhänger.

Nach dem Scheitern aller Konfessionsgespräche entstehen *nachreformatorisch*, Mitte/Ende des 16. Jh. – *vierte* Wortbedeutung von Konfession – die verschiedenen *Konfessionskirchen* (wie Katholiken, Lutheraner, Reformierte, Unierte usw.) bzw. Religionsparteien, die wir bis heute kennen. *Mit dem 18. bis zur Mitte des 20. Jh.* kommt es immer wieder zu besonderen Betonungen des je eigenen kirchlichen Bekenntnisses, sodass sich Konfession häufig als *(Re-)Konfessionalisierung* im Sinne verstärkter konfessioneller Abgrenzung darstellt; *»Konfessionalismus«* lässt dann etwa katholische und evangelische Lehre als (vorwiegend) kontrovers erscheinen.

Das Problem der Konfessionen in der Moderne besteht darin, dass sich christliche Körperschaften gegenüberstehen, »die jeweils für sich den Anspruch erheben, nicht nur eine Teilwahrheit des Glaubens zu vertreten, sondern in je spezifischer Ausdrucksform das Ganze des Glaubens zu repräsentieren und deswegen einander – oft mehr oder minder grundsätzlich – ihre Christlichkeit oder ihren Charakter als Kirche« absprechen (Stobbe 1988, 899). Mit dem *Übergang vom 19. auf das 20. Jh.* wurden dies und die faktische Zerrissenheit der Kirche(n) zunehmend als Skandal empfunden. An ihre Stelle trat allmählich eine – sicher auch vom modernen Geschichts- und Fortschrittsdenken beeinflusste – auf Christus bezogene Einheitsvision. Hier stellt der 1948 in Amsterdam gegründete *Ökumenische Rat der Kirchen* (ÖRK) die wichtigste Institution der modernen ökumenischen Bewegung dar. Sah dessen ursprüngliche Verfassung als Hauptaufgabe »nur« den Dienst an der Suche der getrennten Kirchen nach einem *gemeinsamen Ausdruck ihrer Einheit* vor, so spricht die neue Verfassung (Nairobi 1975) ergänzend vom *Ziel der sichtbaren Einheit im Glauben.* Auch die *römisch-katholische Kirche* –

die nicht Mitglied im ÖRK ist – legte während des Zweiten Vatikanischen Konzils (1962–1965) mit dem Ökumenismusdekret »Unitatis redintegratio« einen ungeahnten Verständigungswillen mit den anderen Kirchen und kirchlichen Gemeinschaften an den Tag, wenngleich sie ein eigenes Ökumeneverständnis verfolgt, demzufolge die kirchliche Einheit bereits in der römisch-katholischen Kirche »subsistiert« (besteht).

Mit der zweiten Hälfte des 20. Jh. kommt es zu einer weltweiten, nachhaltigen ökumenischen Verständigung und Bewegung vor allem auch von der kirchlichen Basis aus, die trotz aller Erschwernisse und Rückschläge das ökumenisch Gemeinsame höher achtet als das Verschiedene.

Theologische Überlegungen

Systematisch-theologisch bzw. dogmatisch betrachtet ist im Blick auf Konfession/Konfessionen Folgendes zu sagen (vgl. Ritter 2004c, 305ff): Kirche und Christentum gibt es als phänomenologisch und soziologisch fassbare Größen nur in der *Pluralität* konfessioneller Gestaltungen (vgl. Graf 1988, 207), nicht als »das« Christentum also, sondern »in unendlichen Variationen dargestellt« (Friedrich D. E. Schleiermacher) als je und je konfessionell geprägtes Christentum.

Einerseits sind zwar infolge nachlassender kirchlich-konfessioneller Bindung auch Erziehung und Sozialisation, konfessionelles Bewusstsein *rückläufig*, andererseits aber gibt es qua »kulturelles Gedächtnis« und insofern doch *bewusstseinsbeeinflussend* nach wie vor die großen Konfessionskirchen. Diese spirituell, gestalt- und lehrmäßig *bestimmten Ausprägungen* innerhalb der Christenheit unterscheiden sich immer wieder hinsichtlich Frömmigkeit, Stil und Lehre. Solche konfessionellen Identitäten, die in einem komplexen geschichtlichen Prozess entstanden sind, lassen sich nicht einfach rückgängig oder ungeschehen machen.

Bei aller bereichernden Übereinstimmung im Verständnis des Evangeliums und des Glaubens, welche größer ist als das Differente, gibt es spirituelle, gestalt- und lehrmäßige Unterschiede, auch Gegensätze, welche eine Verständigung und gegenseitige Anerkennung zumindest kirchenoffiziell erschweren oder mitunter – noch oder dauerhaft? – verhindern. So spricht, auch wenn Anhänger des ökumenischen Gedankens das Konfessionsproblem für überholt erachten, etliches dafür, dass die Konfessionen bestehen bleiben werden, was keinen neuerlichen »Konfessionalismus« (s.o.) meint oder intendiert.

Ferner gibt es in der neueren Diskussion eine Rückbesinnung auf die spezifische *Leistungsfähigkeit konfessioneller Positionalität.* Es braucht infolge der im Alltag massiv begegnenden entgrenzenden Entkonfessionalisierung, Individualisierung bzw. Pluralisierung und der damit einhergehenden neuen Unübersichtlichkeit Individualismus-Korrektive, »überindividuelle« »Positionen« bzw. »Konfessionen«, die zu einer *Gestaltung gemeinsamen Lebens* beizutragen vermögen, wie wir sie in konkret begegnenden Überzeugungs- und Lebensgemeinschaften finden. So bedeutsam heute in Sachen Glaube und Religion Autonomie, Individualisierung und (Wahl-)Freiheit für die Einzelnen auch sind, in der Religion steht – so der bedeutende evangelische Theologe und Soziologe Ernst Troeltsch am Anfang des 20. Jh. – »keiner dauerhaft lediglich auf sich selbst«, eben weil sich permanenter Individualismus selbst überfordert und zu wenig »gemeinsames Leben« ermöglicht.

Dementsprechend ist in der ökumenischen Auseinandersetzung die ursprüngliche positive Bedeutung von Konfession als Bekenntnis (s.o.) wieder entdeckt worden als Positions- und Ortsbestimmung in der Zeit und vor Gott – was für Glaube, Kirche, Christsein unverzichtbar ist. Ferner wird seit geraumer Zeit der Begriff Konfession weniger abgrenzend, sondern eher als »Gesamtausdruck und Lebensform eines ganzen Komplexes von Wahrheiten des Glaubens und ethischen Verhaltensformen« verstanden (vgl. Lehmann 1993). Deswegen steht Konfession heute nicht mehr so sehr für Abgrenzung, (Selbst-)Beharrung und »splendid isolation«, sondern für »gesprächsfähige Identität« (vgl. DBK 1996, 49). In diesem Sinne stehen Konfession und Konfessionalität gegen mögliche Geschichts- und Gedankenlosigkeit sowie Selbst-Fixiertheit subjektiver Religion bzw. Religiosität (vgl. Englert 1998, 10f). Letztere kann sich an überindividueller Konfession und Konfessionalität kritisch abarbeiten, wie umgekehrt »objektive«, offizielle Religion sich in Gestalt von Konfession/Konfessionalität auch intensiv mit »subjektiver« Religion/Religiosität beschäftigen, an ihr bewähren und – je nachdem – wachsen und sich verändern muss. (An-)Bindung an eine Konfession bewahrt die Einzelnen vor einer möglichen Überstrapazierung durch subjektive Religion/Religiosität und davor, diese zum Maßstab und Inhalt von Religion generell zu machen. Zudem entlastet »objektive« Religion in der Gestalt einer Konfession oder Glaubensgemeinschaft die Einzelnen, in Sachen Religion alles selbst machen und verantworten zu müssen. Durch Konfession(en) wird Christentum konkret und anschaulich. Konfession hat anregende Funktion und die Qualität eines Forums, das uns zu denken, zu sehen, zu spüren und zu schmecken gibt, was Glaube ist. Sie gibt uns also zu glauben und befördert gemeinsames Lernen und Leben.

Für die *christliche Ökumene* ist entscheidend, dass das den verschiedenen »Christentümern« und Konfessionen Gemeinsame mehr, größer und gewichtiger ist als die *Unterschiede*. Letztere sind aber offensichtlich weder einfach nivellierbar noch ausräumbar, gehören vielmehr zum Erscheinungsbild der Kirche(n) in der Zeit. Es spricht viel dafür, dass es für ein ökumenisches Miteinander nicht unbedingt Vereinheitlichung im Sinne von Gleichschaltung braucht. Vielmehr zeigt sich die Lebendigkeit des christlichen Glaubens von Anbeginn an in seiner Vielfalt. Und im Zeichen der *»Einheit in der Vielfalt«* können die Konfessionen bei-

einander bleiben, auch wenn die sichtbare Einheit der Christen noch aussteht. Sie ist verheißen, kann aber offensichtlich nicht einfach von Menschen »gemacht« werden, weil sie nach dem Verständnis gemeinchristlichen Glaubens Werk des Heiligen Geistes, freilich auch, so Kardinal Walter Kasper auf dem Katholikentag 2004 in Ulm, ein »Wachstumsprozess des Lebens« ist. Richtig verstanden zielt Ökumene auf Überwindung allen »Konfessionalismus« (s.o.) und betont das Gemeinsame. Missverstanden ist sie, wenn sie konfessionelle Gestalten und Besonderheiten negiert bzw. ausschalten will (vgl. Ritter 2004c, 309).
Damit meint *Konfession/Konfessionalität im ökumenischen Zeitalter* keine zementierte, unveränderbare Größe, sondern eine Lebensform, ein Sich-kenntlich-Machen und Zu-erkennen-Geben, eine Favorisierung einer Position inmitten von mehreren anderen. Als Spurensuche verstanden beinhaltet sie immer auch einen Rest von Unsicherheit und Offenheit, sucht das Gespräch und die Verständigung mit dem und den Anderen; dies nicht so, als könne man unentschieden zwischen verschiedenen konfessionellen Positionen hin- und herlavieren, sondern im Sinne einer Präferenz, die Bestimmtheit als Bereicherung erfährt, ohne ihre Bedingtheit und Begrenztheit zu übersehen (vgl. Ritter 2004c, 316).

Vielfalt der Religionen

Die Situation des Christentums und der christlichen Konfessionen hat sich in den letzten fünf Jahrzehnten enorm verändert: Unser Blick weitet sich über die Bedingtheiten und Grenzen der eigenen christlichen und konfessionellen Bindungen hinaus und kreist um die Religionen-Vielfalt. *Geschichtlich gesehen* lässt sich Folgendes sagen (vgl. Ritter 2004d):

Biblisch

Die Bibel weiß um andere Völker (Heiden) und deren Religionen. Das Alte Testament redet mehrfach davon, dass am Ende der Tage die Völker (Heiden) zum Zion wallfahren werden (Jes 2,2ff; 25,6f; 52,7ff; Mi 4,1ff), das Neue Testament tut dies in ähnlichen Bildern noch wesentlich häufiger (Mt 8,11f; 24,30; 25,32ff; Lk 13,29; Offb 7,9ff; 21,24). Anklänge an die Religionen-Thematik finden sich bei Lukas (Apg 1; 2) und bei Johannes (vgl. 10,16; 14,2). Biblische Texte sprechen bezüglich der Religionenvielfalt eine deutliche, Anderes und Fremdes eher ab- und ausgrenzende Sprache, als wir das in postmodern-pluralen Zeiten gewohnt sind (vgl. Ritter 2004d, 243f; 240). Von Anfang an ist sowohl im Alten als auch im Neuen Testament das *Weitersagen der »großen Taten Gottes«* bedeutsam und kann als ein biblisches Strukturprinzip gelten, welches auch auf Anders- (und

Un-)Gläubige angewendet wird und vom signifikanten Selbstverständnis alt- und neutestamentlichen Glaubens zeugt (Dtn 6,3ff. 20ff). Der *Begriff* Mission für die Verbreitung des christlichen Glaubens kommt zwar erst im 16./17. Jh. auf, findet sich jedoch als Phänomen und der Sache nach längst vorher unter anderen Bezeichnungen wie »apostolische Predigt«, »Vermehrung des Glaubens«, »Wachstum der Kirche«.

Von Augustinus bis zur Neuzeit

Seit Augustin (354–430) bis ins ausgehende Mittelalter behalf sich christlicher Glaube angesichts anderer Religionen apologetisch mit der Unterscheidung von *»vera religio«* und *»falsae religiones«* – der christliche Glaube ist demnach die wahre, die anderen dagegen sind die falschen Religionen. Mit der Renaissance und dem Eintritt der europäischen Christen in außereuropäische Geschichtsräume gerieten andere Religionen verstärkt ins Blickfeld und mussten gedanklich in eine tolerable Beziehung zum Christentum gebracht werden. In der Epoche der *Aufklärung* wurde die Einsicht in die Partikularität und die Relativität der eigenen Religion unausweichlich. Im Anschluss vor allem an Georg F. W. Hegels (1770–1831) Bezeichnung des Christentums im Rahmen der Religionsgeschichte als »absolute Religion« musste die Vielfalt der Religionen nicht mehr als bedrohlich wahrgenommen werden. Mit dem Entwicklungsgedanken ließen sie sich in eine wertende Hierarchie einordnen, wodurch eine positivere Haltung ihnen gegenüber möglich wurde. Aus heutiger kritischer Rückschau betrachtet spiegelt der Absolutheitsgedanke eurozentrische und kolonialistische Herrschaftsansprüche wider und geht zudem von der schwer haltbaren Vorstellung aus, wir könnten *gleichsam objektiv* über andere Religionen und Kulturen urteilen.

Modelle des 20. Jahrhunderts

Zwei weitere bedeutende christlich-theologische Denkmodelle vor allem des 20. Jh. im Umgang mit anderen Religionen waren – und sind teilweise immer noch – der *Exklusivismus* und der *Inklusivismus*; sie werden nicht nur katholischerseits (vgl. Bernhardt 1990; Ziebertz/Leimgruber 2003, 436) vertreten. Exklusivismus meint eine Vorstellung, wonach die (eigene) christliche Religion der einzige Heilsweg ist, was ausschließt, dass andere Religionen wahr und erlösend sein können. Exklusivismus verfolgt eine klare Abgrenzungs- und Ausgrenzungsstrategie, der in aller Regel ein dualistisches Denken (gut – schlecht) zugrunde liegt. Diese Position bestimmte lange Zeit die Beurteilung anderer Religionen und hinterließ bis in die 70er-Jahre des 20. Jh. ihre Spuren in Religionsunterrichtsbüchern, findet jedoch in der jüngsten religionspädagogisch-theologischen Diskussion kaum mehr Widerhall (vgl. König 2002, 113). Das theologische Modell des *Inklusivismus* besagt: Gott wirkt auch in (den) anderen Religionen, sodass sich in ihnen Spuren der Wahrheit finden. Dies ist auch die Position der katholischen Kirche seit dem Zweiten Vatikanischen Konzil (1962–1965): »Die katholische Kirche lehnt nichts von dem ab, was in diesen Religionen wahr und heilig ist. Mit aufrichtigem Ernst betrachtet sie jene Handlungs- und Lebensweisen, jene Vorschriften und Lehren, die zwar in manchem von dem abweichen, was sie selber für wahr hält und lehrt, doch nicht selten einen Strahl der Wahrheit erkennen lassen ...«, heißt es in der Erklärung über das Verhältnis zu den nichtchristlichen Religionen (Rahner/Vorgrimler 1987, 356). Andere Religionen sind nicht von der Wahrheit ausgeschlossen, sondern partizipieren – im Einzelnen unterschiedlich – daran, wobei die christliche Religion als einzigartiger und maßgeblicher Weg zu Gott gesehen wird. Die inklusivistische Verhältnisbestimmung ersetzt den Dualismus des Exklusivismus durch das Bild vieler konzentrischer Kreise (= andere Konfessionen und Religionen), die um die Mitte (= Christus) in mehr oder weniger großer Nähe kreisen. Bei aller Offenheit dieses Denkmodells birgt es die Gefahr, andere Religionen zu vereinnahmen und ihnen ihre Eigenständigkeit und Andersheit zu nehmen (vgl. Sundermeier 1996; König 1999). Damit aber liegt diesem Denkmodell sublim und unangefochten von neueren Entwicklungen der alte Absolutheitsgedanke zugrunde.

Ein drittes und jüngstes (theologisches) Denkmodell im Umgang mit anderen Religionen findet sich unter der Bezeichnung *»pluralistische Religionstheologie«* bzw. *»Theologie der Religionen«* (vgl. Schmidt-Leukel 1997; Schwandt 1998; Ritter 2004d, 243f). Es basiert auf entsprechenden (theologischen) Denkveränderungen, die nicht mehr einfach und ungebrochen den überkommenen historischen Modellen des Umgangs mit Andersgläubigen verpflichtet sind. In den 70er-Jahren des 20. Jh. entstanden und keine einheitliche Größe, will sich die pluralistische Religionstheologie angesichts der »Wiederkehr« der Religionen dem religionskulturellen Pluralismus öffnen, teils unter Aufgabe, teils unter Reformulierung des Absolutheitsgedankens. Sie ist der (post)moderne Versuch, mit dem Pluralismus der Religionen konstruktiv umzugehen und das Verhältnis zum Christentum modifiziert zu klären. Erste Ansätze kann man in der Ringparabel in Gotthold E. Lessings Drama »Nathan der Weise« finden, die die Frage nach der Wahrheit der Religionen »plural« beantwortet. Die »Theologie der Religionen« stellt also eine neuartige Zuordnung der Religionen im Sinne von *prinzipieller Gleichrangigkeit* dar. Danach kommt es überparteilich-neutral unter Zurückstellung (nicht Leugnung!) des eigenen konfessionellen Standpunktes darauf an, einen für die verschiedenen Religionen gleichwertigen und verbindlichen Standpunkt zu finden (vgl. Schmidt-Leukel 1996, 293). Entscheidend ist: Es gibt nicht nur einen einzigen Heilsweg, sondern viele, nicht eine wahre Religion, sondern potenziell mehrere, eben weil Gott alle Menschen retten will, aber durch das Christentum nicht alle erreicht. Damit geht es in allen Religionen um eine letzte *transzendente Wirklichkeit*, die von Menschen aber unterschiedlich wahrgenommen und ausformuliert wird (vgl. Hick 1996). Als Kronzeuge wird Jesus angeführt, der theozentrisch gedacht und gelebt habe. Dieser »theozentrische Pluralismus« sieht nicht das Christentum in der Mitte, sondern Gott, um den sich alle Religionen drehen. Das Absolute (Gott) kann sich aber immer nur konkret, d.h. relativ (siehe Christusereignis) zeigen. Der Vorzug des pluralistischen Modells ist, dass jenseits bloßer Ausgrenzung und Vereinnahmung hier andere Religionen als prinzipiell *mögliche* gleichwertige Heilswege betrachtet werden. Zweifelsohne fordert der Heilsuniversalismus dieser Position den Monopolanspruch des christlichen Glaubens und der Theologie enorm heraus. Dass er dies tut, kann allein noch nicht falsch sein. Ebenso wenig vermag das Argument, die pluralistische Religionstheologie atme den relativistischen und pluralistischen Zeitgeist der Postmoderne, dieses Denkmodell zu desavouieren, auch wenn in Sachen »Wahrheit« biblisch-theologische Einsichten in einem spannungsvollen Gegensatz zu diesem Modell stehen. Hier zeigt sich deutlich eine massive Schwachstelle der pluralistischen Religionstheologie. Letztlich muss man gegen sie dies kritisch zu bedenken geben: Woher weiß sie, dass es in allen Religionen letztlich um ein und dieselbe transzendente Wirklichkeit geht, die sich lediglich verschieden ausformt? Thematisieren die Anhänger verschiedener Religionen wirklich die gleiche Erfahrung unterschiedlich, oder machen sie nicht doch (auch) unterschiedliche Erfahrungen? Kommt es durch die dieser Position zugrunde liegende Nivellierung nicht zu voreiligen Einordnungen und Parallelisierungen, die das Fremde und Eigene der jeweiligen Religionen gar nicht mehr wahrnehmen lassen (vgl. Antes 1992, 1544)? Ein entsprechender Religionsunterricht hätte voraussetzungsgemäß alle Eigenarten und Ansprüche der einzelnen Religionen konsequent zu parallelisieren und gleichzuschalten (vgl. König 2002, 114). Dem hier zugrunde liegenden Gleichheitspostulat aller Religionen entgegen ist sich heutige Religionsforschung und -wissenschaft keineswegs darüber einig, dass es in den Religionen wirklich etwas »letztes Gemeinsames« gibt (vgl. Antes 1992). Vielmehr zeigt sich, dass Erfahrungen nur in bestimmten, geschichtlichen Traditionszusammenhängen wahrnehmbar sind und gedeutet werden müssen und sie darum unterschiedlichen Interpretationen unterliegen (vgl. Brück 1991). Das Manko der pluralistischen Religionstheologie ist damit letztlich ihr vorgeblicher Standpunkt jenseits oder oberhalb konkreter Religionen – ein Standpunkt, den es jedoch nicht gibt: Da wir uns, religiös und kulturell geprägt, in aller Regel immer in einer bestimmten Tradition und Kultur bewegen, schauen wir (andere) Religionen und Kulturen nicht aus einer gleichsam frei schwebenden Vogelperspektive an, sondern mehr oder weniger positionell und

»konfessionell« gebunden. Diese Bindung an eine Religion ist in der Regel an die Vorstellung gekoppelt, dass es in dieser um die Wahrheit gehe. Im Normalfall hilft solche Standortgebundenheit, mit der Religionen-Vielfalt konstruktiv umzugehen, sie kann sie aber auch erschweren und verunmöglichen.

Die Frage der »Absolutheit« und der Wahrheit

Systematisch-theologische bzw. dogmatische Reflexion der Religionen-Vielfalt muss bedenken, dass das Christentum heute eine Religion unter und neben anderen Religionen ist. Im Christentum sind wir nicht *den* Weg der Menschheit gegangen, sondern einen unter prinzipiell vielen anderen möglichen. Insofern repräsentieren phänomenologisch und sachlich alle Religionen und Konfessionen der Menschheit jeweils nur einen begrenzten Ausschnitt der religiösen Möglichkeiten der Menschen.
Wie sind dann religiöse Überzeugungen in ihrer Vielheit sowie in ihrem Anspruch auf Unbedingtheit zu verstehen? Wie können konkret christlicher Glaube bzw. christliche Religion angesichts der postmodernen Forderung von Absolutheits-Verzicht und Pluralisierungsbejahung authentisch zur Sprache gebracht werden? Postmoderne Philosophie weist ja einerseits nicht nur zu Unrecht auf den totalitären Charakter von Absolutheitsansprüchen hin und widersetzt sich »der illegitimen Erhebung eines in Wahrheit Partikularen zum vermeintlichen Absoluten« (Welsch 1991, 5). Muss nicht, wer die Orts- und Zeitgebundenheit (= Kontingenz) von Religion(en) und Konfession(en) erkennt und anerkennt, nicht auch deren Pluralität akzeptieren?

Absolutheit?

Der zeitbedingte und vieldeutige Begriff hat zweifelsohne auch zu selbstfixiertem Erwählungsglauben und damit zu Missbrauch und religiöser Intoleranz geführt. Absolutheitsdenken vergisst, dass wir das Absolute (Gott) nie direkt und »rein« haben können, sondern nur indirekt und vermittelt; der sprachliche Ausdruck dafür ist nicht die Sache selbst. Aufgrund unterschiedlicher Erfahrungen haben Menschen unterschiedliche Verständnisweisen vom Absoluten (vgl. Brück 1991). Gleichwohl erheben Religionen wie Konfessionen Anspruch auf Orientierung, Verbindlichkeit und Letztgeltung. So gesehen ist ein Absolutheitsanspruch kein Spezifikum oder Kuriosum des christlichen Glaubens (vgl. Ratschow 1983, 31). Menschen suchen, weil sie nicht mit einem fertigen Lebenssinn und Weltbild

geboren werden, in ihren Kulturen und Religionen nach Verlässlichkeit und (Letzt-)Orientierung für ihr Selbst-, Welt- und Gottesverständnis jenseits von Beliebigkeit (s. 1) und wollen sich gerade angesichts von Vielfalt positionell verankern und festmachen.
Insofern hat der so genannte Absolutheitsanspruch des Christentums der Sache nach – nicht aber begrifflich! – Anhalt an der Bibel und dem Selbstverständnis des christlichen Glaubens. So finden sich sowohl im Alten (z.B. Dtn 5,6ff; 6,4f; Jes 45,5ff; Ex 20,2ff) als auch im Neuen Testament (z.B. Joh 14,6; Apg 4,12; Kol 2,8ff) Verbindlichkeits- und Ausschließlichkeitsansprüche, sei es der Jahwe- oder der Christusverehrung (vgl. Ritter 2004d, 241; Bernhardt 1994). Recht verstanden wollen diese Texte, wenn man ihren situativen Kontext beachtet, primär keine negativen und allgemein gültigen Urteile über andere Religionen aussprechen, sondern Jahwe/Gott und Jesus Christus »groß machen« und verherrlichen, indem sie sie extravagant herausstellen und konfessorisch-doxologisch erhöhen bzw. überhöhen. Es handelt sich dabei um *Bekenntnisse* und nicht um neutrale Sachbehauptungen; hier sprechen und bekennen Jünger, Überzeugte also, und Anhänger (vgl. Bernhardt 1994, 104f). Dann kann der Begriff in Situationen des Bekennens, Lobpreisens und »Überwältigtseins« (»Liebesabsolutismus«) und der Not, Bedrückung und Verfolgung (»Notwehr- oder Nothilfeabsolutismus«) zu Recht verwendet werden, nicht aber als »Herrschaftsabsolutismus«, der andere verwirft und ausgrenzt.

Religion(en) und Wahrheit

Heute erheben viele Religionen Anspruch auf Wahrheit und Verlässlichkeit. Kann diesbezüglich die Lösung der pluralistischen Religionstheologie überzeugen, wonach prinzipiell alle Religionen potenziell gleich wahr sind? Dies wird unseres Erachtens weder dem christlichen Wahrheitsverständnis noch dem vermutlichen Selbst- und Wahrheitsverständnis anderer Religionen gerecht. Was ist das für ein Wahrheitsverständnis, wenn alle Religionen wahr sind? Ist nicht, wenn alles wahr ist, nichts mehr wahr? Hier fällt Wahrheit letztlich ebenso aus wie der »Streit« und die Verständigungsversuche um sie. Von einem Dialog der Religionen zu sprechen, ist nur dann sinnvoll, »wenn in ihm die Gesprächspartner je zu ihrer Wahrheitsgewissheit stehen und von daher auch einander den respektvollen Widerspruch nicht schuldig bleiben« (Härle 1992, 337). So hat etwa die Wahrheit für das Judentum mit der Thora, die des Christentums mit Jesus Christus und die des Islam mit dem Koran zu tun, was ihre Unveräußerlichkeit wie ihre Unterschiedlichkeit zeigt.
Damit ist die Lösungsrichtung für das Wahrheitsproblem unseres Erachtens weniger in einer vorgeblich neutralen pluralistischen Religionstheologie zu suchen als vielmehr in einer positionellen »christlichen Theologie der Religionen« (vgl. Rit-

ter 2004d, 246f). Ihr zufolge zeigt sich Wahrheit, wenn wir auch nicht über sie verfügen, sondern ihr auf der Spur sind, und ihr inhäriert ein Anspruch: Eine Wahrheit, die nur für mich, nicht aber potenziell auch für andere gilt, ist dialogisch wertlos. Insofern geht es nicht um einen Dialog unter Absehung von der Wahrheitsfrage, sondern um »eine Wahrheit, die man im Dialog immer tiefer und umfassender zu verstehen hofft. Dialogfähigkeit setzt also ein Wahrheitsgewissen voraus und nicht dessen Vergleichgültigung« (Kuschel 1994, 108). Entscheidend sind Einsicht und Vertrauen, dass die Wahrheit sich durchsetzen wird, nicht dass man sie besitzt. Eine »christliche Theologie der Religionen« hat ihr Orientierungszentrum in Jesus Christus, der für Christen der letztgültige Maßstab ist und das entscheidend und unterscheidend Christliche ausmacht, was die potenzielle Wirklichkeit von Heil in anderen Religionen nicht ausschließt. Vielmehr achtet eine angemessen christliche Religionstheologie auf das Selbstverständnis und die Besonderheit der Religionen. Dabei »ist« christliche Religion als irdisch-geschichtliche Größe nicht einfach die absolute Wahrheit, sondern verweist fragmentarisch (1 Kor 13,9ff) auf sie, ist Zeichen und Werkzeug des Heils, nicht aber das Heil selbst. Konzentriert und konkretisiert in Jesus Christus ist das Reich Gottes auf seine Vollendung durch den »größeren und erst noch kommenden Gott« offen zu halten. Dabei werden wir das letzte Wort ihm selbst überlassen müssen.
Bei der konkreten Darstellung und Behandlung der Religionen-Vielfalt empfiehlt sich eine christliche Selbstbegrenzung bzw. Selbstrelativierung im Sinne einer Unterscheidung zwischen *Wahrheitsanspruch* und *Geltungsanspruch*: Da das Christentum nicht verlangen kann, dass alle seinen Wahrheitsanspruch anerkennen und teilen, hält es zwar an diesem Wahrheitsanspruch fest, ohne ihn aber gleichzeitig als Geltungsanspruch für alle zu formulieren (vgl. Schwan 1981, 198; König 2002, 112).

3. Gestaltung: Unterrichtliche Aspekte

Hier ist zu klären, wie und mit welchen Zielen wir für und mit Kindern im evangelischen bzw. katholischen Religionsunterricht andere Konfessionen und Religionen kindgemäß und theologisch verantwortet erschließen können. Das Thema »Andere Konfessionen und Religionen« taucht zwar explizit (in der Regel) erst im Religionsunterricht der 3. und 4. Jahrgangsstufe auf, doch Grundschulkinder leben im häuslichen wie im schulischen Alltag mit Menschen unterschiedlicher Konfessionen, Religionen und Kulturen zusammen. Religiöse Bildung (s. I., Einführung) beinhaltet heute auch das Kennenlernen dieser anderen und die Auseinandersetzung mit ihnen, weswegen das *Lernen von und mit* Angehörigen anderer Konfessionen und Religionen zu einer konstitutiven Aufgabe der Grundschule und des Religionsunterrichts geworden ist. Der von uns vertretene Grundschulreligionsunterricht in *christlich-konfessioneller Gestalt und Gebundenheit bei ökumenischer und (inter-)religiöser Offenheit* (vgl. Ritter 2004d, 248ff; s. I., Einführung und I.4) ist offen für andere Konfessionen und Religionen, sucht die Begegnung und das Gespräch mit ihnen und empfindet das als Herausforderung und Chance. Die Anbindung an *eine* konkrete Konfession bzw. Religionsgemeinschaft soll in erster Linie eine elementare Hilfestellung für die Kinder (und Heranwachsenden) bei der Suche nach religiöser Orientierung sein und diese nicht verweigern: Junge Menschen müssen konkret erfahren können, wie man Religion und Konfession *lebt*, wenn denn religiöse Bildung mehr sein soll als eine Anhäufung religionskundlichen Wissens und wenn Religion bzw. Konfession eine *»Lebensform«* ist. Damit sind in dem von uns intendierten Religionsunterricht die (eigene) christliche Tradition bzw. Konfession sowie andere Konfessionen und Religionen adäquat zu berücksichtigen, und zwar im Sinne der *»Doppelaufgabe* einer elementaren, vertrautmachenden Einführung in das ›Partikulare‹ verbunden mit einer ›universalisierend-öffnenden‹ Begegnung mit dem Fremden und anderen« (Nipkow 1994a, 35).

Dabei ist das herkömmliche religionsdidaktische Modell – »erst christliche Inhalte und Erfahrungen, dann andere« – fragwürdig (s. I.4). Erfahrungsorientierter Religionsunterricht präferiert hier vielmehr folgendes Modell: Unter gewandelten geschichtlichen, soziokulturellen und religiösen Verhältnissen bezeichnen die beiden religionsdidaktischen Grundaufgaben – SchülerInnen im Umkreis der Religion ihres geschichtlichen Kulturraums anzusiedeln einerseits und die Förderung interreligiöser Erfahrungs- und Verständigungsfähigkeit andererseits – nicht ein Nacheinander, sondern, zeitlich gesehen, ein Nebeneinander und, didaktisch gesehen, ein Miteinander: »Das Vertrautwerden mit der eigenen religiösen Tradition hat zunächst natürlicherweise im Vordergrund zu stehen, mit einem eigenen Schwergewicht; aber die Aufgabe des interreligiösen Lernens kann und sollte gleichzeitig früh beginnen« (Nipkow 1994b, 226). Dabei kann die Frage, in welchem Alter die Begegnung von GrundschülerInnen mit anderen Konfessionen und Religionen schwerpunktmäßig ihren Platz haben soll, nicht generell und prinzipiell beantwortet werden, da die schulischen Situationen plural und unterschiedlich sind. So wird in einer Grundschule, in der sehr wenige SchülerInnen einer nichtchristlichen Glaubensrichtung angehören, die Öffnung für andere konfessionelle oder religiöse Traditionen und Erfahrungen später stattfinden können als in einer anderen, in der ein (sehr) großer Teil der Kinder etwa dem muslimischen Glauben angehört; hier wird man das Prinzip didaktischer Regionalisierung zu beachten haben und dementsprechend die Begegnung mit anderen und fremden religiösen Erfahrungen früher und intensiver ansetzen. Aufseiten der Kinder ist hierbei zu rechnen mit:

- oft geringer oder fehlender religiöser Sozialisation;
- bisweilen aber auch überstarker Identifikation mit der christlichen Religion, die andere religiöse Lebensformen lächerlich erscheinen lässt;
- wenigen oder keinen Kenntnissen anderer Konfessionen und Religionen;
- Neigungen zur Relativierung von Unterschieden und der Wahrheitsfrage.

Zum Umgang mit dem Anderen und Fremden

Für den Umgang mit dem Anderen und Fremden im Religionsunterricht ist religionsdidaktisch mehreres zu berücksichtigen: Die anderen Religionen und Konfessionen sollen wie die eigene geachtet werden, wozu es auch schon in der Grundschule kognitiver Klärung bedarf. Erst von dieser Basis kann auch eine Zielbestimmung erfolgen.

Gleichachtung, nicht Gleichwertigkeit

Religionsdidaktisch entscheidend bei der *Begegnung mit anderen (christlichen) Konfessionen* ist die fundamentale Erkenntnis, dass das Christentum von seinen Anfängen an bis heute eine plurale Größe ist und sich in seiner Geschichte immer wieder als pluralitätsfähig erwiesen hat und vor der Religionen- wie Konfessionen-Vielfalt nicht zu erschrecken braucht. Bei der *Begegnung mit anderen Religionen* ist deren *Achtung* religionsdidaktisch wichtig. Das darf aber nicht Gleichmacherei bedeuten, weil es erhebliche Unterschiede und Gegensätze gibt, die sich nicht einfach nivellieren lassen. Dies spricht dafür zu *unterscheiden zwischen Gleichachtung und Gleichwertigkeit* (vgl. König 2002, 115; Taylor 1997). Der Grundschulreligionsunterricht lässt also anderen Religionen Gleichachtung und Anerkennung zuteil werden, was aber nicht deren von vornherein feststehende Gleichwertigkeit impliziert nach dem Motto »alle haben Recht«. Gleichwohl ist religionsunterrichtlich eine Achtung bzw. Anerkennung anderer Religionen diesbezüglich intendiert, dass in ihnen religiös und kulturell Bedeutsames zum Vorschein kommt (vgl. Arens 2000, 291). Darüber hinaus haben aber schon GrundschülerInnen ein Anrecht auf Position und Positionierung, auf Verlässlichkeit und Wahrheit – nicht Gleichmacherei und Beliebigkeit! – sowie dialogische Begegnungsbereitschaft respektive -befähigung.

Anderes und Fremdes verstehen lernen

Religionsdidaktisch kommt es darauf an, andere Konfessionen und Religionen in ihrer Besonderheit und Fremdheit nicht nur »zur Kenntnis« zu nehmen, sondern sie zunehmend als lebendige Größen in ihrer *Praxis* wie in ihrer *Mentalität* verstehen zu lernen. Letzteres wiederum erfordert Vorstellungen davon, was SchülerInnen selbst religiös ihr Eigenes nennen (wollen oder können), weswegen Fremdes-verstehen-Lernen und die Ausbildung einer eigenen religiösen Positionalität engstens zusammengehören. Dabei beziehen im Grundschulalter Kinder dem Fremden und Anderen gegenüber so unterschiedliche Positionen und Haltungen wie Ablehnung und Offenheit, Neugier und abwartende Skepsis, Standpunkthalterei und Unsicherheit. SchülerInnen sollen sich öffnen und *probeweise auf andere Religionen einlassen* können, um sie besser *wahrnehmen* und *verstehen* zu lernen. Konkret können für Unterricht (wie Alltag) vier relevante, aber verschieden zu gewichtende *Verstehenswege* (vgl. König 1999; 2002) benannt werden:

(1) *Verstehen lernen durch Einordnen:* Das Neue/Fremde (z.B. die Gebetsriten im Islam) wird vom schon Bekannten (christliches Gebet) her verstanden und in vorhandene Erfahrungen und Begrifflichkeit eingeordnet. Dies nimmt ihm das Befremdliche und macht Begegnungen angstfreier. Allerdings räumt dieser Verstehensweg der eigenen Position einen gewissen Vorrang ein, was die »widerständige Eigenart« (König 2002, 116) des Anderen übersehen lassen kann.

(2) *Verstehen lernen durch Erklären:* Wenn eine Einordnung des Anderen in das Eigene wegen zu großer Fremdartigkeit fehlschlagen muss (z.B. fünfmaliges Pflichtgebet pro Tag im Islam), lässt sich ein Phänomen eher aus seinem eigenen Kontext erklären, der auf die unterschiedlichen Entstehungs-, Zeit- und Bedingungszusammenhänge aufmerksam macht. So können SchülerInnen der Vielfalt und Andersartigkeit religiöser Wirklichkeit(en) gewahr werden. Allerdings kann dieser Verstehensweg das Fremde so exotisch und absonderlich erscheinen lassen, dass weder eine Begegnung noch ein Dialog zustande kommt.

(3) *Verstehen lernen durch Erschließen bzw. Aneignen:* Unser Leben in einem liberalen (west-)europäischen Kontext hat Prägungen und Plausibilitäten, die kulturell überliefert und internalisiert werden, weswegen uns die Eigenheiten anderer Religionskulturen (z.B. jüdische Sabbatfrömmigkeit) fremd anmuten. In der lernenden Begegnung mit einer fremden Religion können SchülerInnen ihrer eigenen religionskulturellen Bedingtheit, Standortgebundenheit und Begrenztheit ansichtig werden, indem sie sich die Vielgestaltigkeit und besondere Positioniertheit anderer Religionen erschließen und aneignen und

damit einen Blick über den eigenen »Zaun« hinaus gewinnen, der zeigt, dass es mehr und andere religiöse Wirklichkeit(en) gibt als die je meine(n). Dieser Verstehensweg fragt uns an, fordert uns heraus und kann uns bereichern.

(4) *Verstehen lernen durch Anerkennen:* Dieser Verstehensweg will die Fremdartigkeit des Anderen (z.B. jüdische Sabbatfrömmigkeit) nicht bloß einordnen, erklären oder sich erschließend aneignen, sondern anerkennen, d.h. achten lernen und respektvoll damit umgehen. Solcher Verständnisgewinn lässt SchülerInnen andere Religionskulturen sensibel wahrnehmen und sie in ihrer Authentizität würdigen, ohne sie vorschnell zu schematisieren oder »von oben herab« zu beurteilen (vgl. Renz/Leimgruber 2004, 40). Andere Religionen verstehen zu lernen, heißt sie in ihrer Eigenart und Fremdheit zu entdecken, zu begreifen und anzuerkennen.

Die vier genannten und beschriebenen Verstehenswege sind wichtige, aber nicht gleichgewichtige Lernwege im Umgang mit anderen Religionen. Sie müssen, weil Verstehen nicht einfach beherrscht wird, sondern gelernt werden will, im Unterricht auch immer wieder geübt werden (vgl. König 2002, 119).
Alles in allem kommt es religionsdidaktisch schon in der Grundschule darauf an, fremde Konfessionen bzw. Religionen nicht einfach nur als unvereinbaren Kontrast oder nur als wichtige *Ergänzung* zur eigenen Religion (bzw. Konfession) erscheinen zu lassen, sondern als Ursprung und Urgrund von *Eigenheit* und *Differenzerfahrung* (vgl. Greiner 2002, 26–56), also von je Eigenem und Nicht-Eigenem. Verstehen lernen gibt es dabei nicht ohne die Fähigkeit und Bereitschaft, sich selbst zurückzunehmen und zu begrenzen und gleichzeitig dem Anderen zu lauschen und sich dafür zu öffnen. Letzteres wiederum verlangt schon im Religionsunterricht der Grundschule ansatzweise nach einer eigenen Position.

Ziele

Welche Ziele sind religionsdidaktisch in einem Grundschulreligionsunterricht zu verfolgen, der konfessionell-positionell konzipiert ist und Fremdes achten und verstehen will (vgl. Ritter 2004d, 248ff)? Wenn wir uns im Religionsunterricht heute generell (s. I.4 und I., Einführung) um ein »Gleichgewicht zwischen religiöser Zugehörigkeit und Offenheit« (Schweitzer 2003b, 56) bemühen müssen, dann ist es *Hauptziel*, SchülerInnen gleichzeitig eine gute Erschließung ihrer eigenen Religion bzw. Konfession zu ermöglichen *und* sie dabei zu unterstützen, dass sie die Religion bzw. Konfession anderer exemplarisch wahrnehmen, verstehen und achten lernen können. Im Einzelnen ergibt sich:

- Kinder sollen im Religionsunterricht lernen, dass sie auf der Grundlage der von ihnen auf der Beziehungsebene erlebten Gemeinsamkeiten mit Menschen anderskonfessioneller oder -religiöser Herkunft mit diesen auch zusammenleben können. Insofern ist *»Konvivenz«* ein Teilziel des Religionsunterrichts. Fragwürdig ist allerdings, ob ein allein am Konvivenz-Paradigma ausgerichtetes religiöses Lernkonzept (vgl. Asbrand 2000; 2003) schulisch-fachlichen und bildungsmäßigen Ansprüchen genügt.
- Grundschulkinder sollen im Religionsunterricht *wichtigen anderen* Religionen (vor allem Judentum und Islam) *in lebensweltlicher Bezogenheit* begegnen, sie verstehen und anerkennen können. Ihre Inhalte sind dabei so darzustellen, dass andere Religionen nicht als *Negativfolie* erscheinen, ferner die religiösen Gefühle ihrer AnhängerInnen nicht verletzt werden und SchülerInnen ihnen nicht abwertend oder vereinnahmend gegenübertreten, sondern mit dem *Respekt*, den sie sich auch für sich selbst und ihre Religion bzw. Konfession wünschen. Dies meint Erziehung zur *»Pluralitätsfähigkeit«*.
- SchülerInnen können durch die Auseinandersetzung mit anderen Religionen das Fremde als *Bereicherung*, aber auch in seinem *Anderssein*, das herausfordert und infrage stellt, entdecken; sie können *Vorurteile* bemerken und abbauen.
- SchülerInnen sollen altersgemäß, phänomennah und exemplarisch Juden und Muslimen bei uns begegnen, ihren *Alltag*, ihre *Religion*, ihre *Feste und Feiern* wahrnehmen, Gemeinsamkeiten und Besonderheiten entdecken, ohne dass es in der Grundschule zu einer verfrühten kognitiven Behandlung von »Lehrunterschieden« kommen muss.
- SchülerInnen sollen Fremdes verstehen lernen und Fähigkeiten bzw. Bereitschaften zur probeweisen *Perspektivenübernahme* entwickeln.
- SchülerInnen sollen angesichts anderer Religionen und Konfessionen die Frage stellen können, was für sie *verlässlich* und *wahr* ist, und dieser Frage nicht ausweichen müssen. Sie sollen entdecken und begreifen, dass es auf der Suche nach Wahrheit verschiedene Wege gibt und dass Religionen bzw. Konfessionen von ihrem Selbstverständnis mit einem Anspruch auf Verbindlichkeit und Wahrheit einhergehen, dass Christen dabei auf die Wahrheit vertrauen, die in Jesus Christus konkret geworden ist, ohne anderen Religionen Wahrheit einfach pauschal abzusprechen.
- Schließlich sollen schon Grundschulkinder Ermutigung und Unterstützung erfahren, die Unsicherheiten der Moderne zwischen Konfessions- und Religionen-Vielfalt sowie der Anbindung an eine Konfession bzw. Religion auszuhalten, mit ihnen zu leben und »Unsicherheitstoleranz« zu entwickeln (Wohlrab-Sahr 1993, 180).

Inhalte

Exemplarische Thematisierung

Auch wenn die christlichen Konfessionen in der Wahrnehmung nicht mehr trennscharf erscheinen – Kinder begegnen in ihrer Lebenswelt immer wieder unterschiedlichen *christlichen Konfessionen*, die sie herausfordern und neugierig machen. Nicht wenigen Kindern – je älter sie sind, desto mehr – sind die Begriffe dafür zumindest teilweise bekannt. Das heißt aber nicht, dass sie »evangelisch«, »katholisch«, »freikirchlich« usw. auch inhaltlich erläutern könnten (vgl. Schweitzer/Biesinger u.a. 2002, 25ff). Diesbezüglich haben die Grundschule und der Religionsunterricht in ihr erhellende und erklärende Aufgaben. Günstig hierfür ist, dass sehr viele Grundschulkinder im Laufe der Schulzeit zunehmend an konfessioneller »(Selbst)Zuordnung« interessiert sind (vgl. Schweitzer/Biesinger u.a. 2002, 29ff), was heißt, dass sie »wissen« wollen, wohin »die anderen« und sie selbst gehören. In diesem Zusammenhang erscheint es sinnvoll, wenn im Grundschulreligionsunterricht nicht nur die eigene Konfession, sondern auch andere Konfessionen vorkommen und inhaltlich thematisiert werden. Dies kann sich exemplarisch und regional bzw. kommunal orientiert ereignen, umfasst auf jeden Fall die Konfessionen Evangelisch und Katholisch und darüber hinaus – je nach lokaler Notwendigkeit – auch Alt-Katholisch, Reformiert, Pfingstkirchen, Freikirchen, Orthodoxe usw.

Gleiches gilt für die Thematisierung *anderer Religionen*. Auch hier geht es nicht um Überblickswissen über die Religionenvielfalt, sondern um deren exemplarische Thematisierung in Gestalt vor allem des Judentums und des Islams, vornehmlich wie sie »vor Ort« sind. Weiteres muss auch hier in Abstimmung mit den lokalen Besonderheiten geklärt werden.

Die Behandlung christlicher Konfessionen weist erheblich mehr Gemeinsamkeiten und Nähe auf als die Behandlung von Religionen (Lähnemann 2003, 95f), die das Ferne und Fremde in die Nähe bringen soll, ohne ihm dabei das Andere und Besondere zu nehmen. So sind bei aller Nähe des Judentums und Islams zum Christentum beide als eigene Größen darzustellen, was man z.B. daran aufzeigen kann, dass im Falle des Islams der Koran unverfälschte inhaltliche Richtschnur ist, dem eine einzigartige Würde zukommt bis dahin, dass er achtungsvoll in die Hand genommen werden muss und niemals auf dem Boden liegen darf. Diesbezüglich müssen im konfessionellen Religionsunterricht sach- und kindgerecht Türen in andere Glaubens- und Lebenswelten geöffnet werden (vgl. Tworuschka/Tworuschka/Pfeffer 2004).

Die Lehrpläne

Ein Blick in eine entsprechende Lehrplanübersicht zu den evangelischen und katholischen Religionslehrplänen der Grundschule (vgl. Brühl 2000) zeigt zweierlei: Zum einen gibt es im Grundschulreligionsunterricht nahezu aller deutschen Bundesländer Unterrichtseinheiten, die generell mit dem Anderen und Fremden zu tun haben. Zum anderen findet sich ebenfalls in (nahezu) allen Religionslehrplänen das Thema »Andere (christliche) Konfessionen und Religionen« – konkretisiert vor allem, aber nicht nur, anhand des Judentums und Islams, teilweise schon in den Jahrgangsklassen 1 und 2, dann verstärkt in 3 und 4, mit je unterschiedlicher Darstellungs- bzw. Behandlungsintention (dazu mehr gleich weiter unten). Schwerpunktmäßig können zum Beispiel bayerische SchülerInnen nach dem Drittklassplan evangelischer- wie katholischerseits dem Judentum begegnen, der Viertklassplan sieht einen Blick ins Leben und den Glauben von Muslimen vor.

Kind- und sachgerechte Behandlung

Der am Kind orientierte Grundschulreligionsunterricht wird Religionen wie Judentum und Islam nicht in erster Linie als Glaubenssysteme und von deren Glaubenssystematik her behandeln (vgl. König 2002, 119). Im Vordergrund stehen vielmehr Leben und Glauben von Juden und Muslimen, speziell Kindern, deren Religions- und Glaubenspraxis samt ihrem Alltag und die dadurch bei Kindern im christlichen Kontext hervorgerufenen Erfahrungen, Empfindungen, Fragen und Probleme, Wünsche und Sehnsüchte. Dies erfordert natürlich aufseiten der Religionslehrkräfte ein bestimmtes *lebensbezogenes Kompetenz- und Anschauungswissen* hinsichtlich beider Religionen (vgl. dazu Tworuschka/Tworuschka/Pfeffer 2004), das mehr generalistischer als spezialistischer Art sein sollte.
Konkret erscheinen didaktisch-methodisch *drei Zugänge* auf Judentum und Islam (und andere Religionen) in der Grundschule möglich (vgl. König 2002, 199):

(1) *Inhalte deduktiv aus dem Selbstverständnis der jeweiligen Religion zu gewinnen* und zu lehren, erfordert viel Wissenskompetenz der Lehrenden und eine sehr hohe Elementarisierungsfähigkeit. Beides macht diesen Zugangsweg für Lehrende und Lernende eher schwer, weswegen er in der Unterrichtspraxis eine Ausnahme bleibt.

(2) Einen weiteren Zugang zu fremden Religionen stellt die *vergleichende Erarbeitung von parallelen oder ähnlichen Inhalten und Erscheinungen* aus Judentum bzw. Islam einerseits und Christentum andererseits dar. Hier können dann – nicht unwichtig für den Religionsunterricht – Gemeinsamkeit und Unterschiede entdeckt und bedacht werden. Um aber vergleichend arbeiten zu können, braucht es eine gewisse Bekannt- und Vertrautheit mit der eigenen

christlichen Religion bzw. der jeweiligen Konfession, was aber so heute nicht mehr bei der großen Mehrheit der (Grund-)SchülerInnen vorausgesetzt werden kann. Insofern ist dieser Zugang anspruchsvoll und kann nicht permanent gegangen werden.

(3) Der dritte Zugang will *Inhalte als Bearbeitungen*, Exploration und Klärung *von Erfahrungen*, Empfindungen, Fragen, Problemen, Wünschen und Sehnsüchten der SchülerInnen *erschließen*. Er setzt lebensnah an und veranschaulicht an im Lebensalltag begegnenden Aspekten jüdischer und muslimischer Religion in elementarisierten Ausschnitten das, was Judentum und Islam ausmacht. Zunächst in kleinen, später dann in mehr ausgreifenden »Erkundungsgängen« und -bemühungen wird die jeweilige Religion entdeckt und begangen (s. I., Einführung und I.4). Im Übrigen begegnen andere Religionen auch sonst im Schulleben und der Schulkultur (vgl. Krauß/Radtke 2001; s. I.5).

Lernmöglichkeiten

Meint Lernen generell ein schöpferisches Verarbeiten von Erfahrungen, das zu einer Veränderung bzw. Erweiterung des Verhaltens führt (vgl. Tremel 1995, 97), dann geht es speziell hier um ein die eigene religiöse Sicht erweiterndes und bereicherndes kognitiv, affektiv und pragmatisch dimensioniertes Lernen von, an und mit anderen Konfessionen und Religionen. Folgende Möglichkeiten sind wichtig:

Lernebenen

Näherhin können wir mehrere Ebenen des Lernens von, an und mit anderen Konfessionen bzw. Religionen unterscheiden (vgl. Renz/Leimgruber 2004, 45ff):

(1) *Ästhetische Ebene*: Wir nehmen andere Konfessionen und Religionen mit möglichst allen Sinnen wahr (s. I.2), beobachten sie und lassen sie auf uns wirken, ohne gleich mit (Vor-)Urteilen zu kommen. Dadurch kann Neues entdeckt werden, was Auswirkungen auf die eigene Einstellung hat, diese bestärkt, korrigiert oder modifiziert.

(2) *Beziehungs- und Gefühlsebene:* Kontakt mit dem Anderen und Fremden betrifft unsere Empfindungen. Für die (religiöse) Persönlichkeitsentwicklung ist es wichtig, diese zuzulassen, zu kultivieren und auszudrücken. Solche Begegnung mit dem Fremden ist umso ertragreicher, je mehr wir Menschen anderer konfessioneller und religiöser Herkunft von ihren Gefühlen und Motiven her entdecken und verstehen lernen. Bleibt diese Ebene ausgeblendet, erweist sich Verständigung häufig als schwierig.

(3) *Kognitive Ebene:* Kontakt mit anderen braucht auch den kognitiven Ausdruck; intuitives Zugehen verlangt nach sprachlich-inhaltlicher Artikulation, weil Gefühl nicht alles ist und religiöse Bildung an exemplarischer inhaltlicher Befassung mit anderen Konfessionen und Religionen nicht vorbeikommt, da diese ihre eigenen Denk- und Sprachformen haben, die nicht einfach gleich-gültig sind.

(4) *Handlungsebene:* Der Kontakt mit dem Anderen und Fremden hat auch eine pragmatische Dimension: Was können und sollen wir (gemeinsam) tun? Angesichts der Menschheitsprobleme (Hunger, Armut, Konflikte/Kriege, Krankheiten, Umweltprobleme) ist religiöses Lernen auch interessiert am guten Zusammenleben und Zusammenarbeiten im Alltag der Welt.

(5) *Spirituelle Ebene:* Glaube hat im Verständnis von Konfessionen und Religionen auch mit dem »Herzen« zu tun, schließt also die spirituelle Dimension ein. Die existenzielle Begegnung mit dem Anderen zielt auf eine Ausbildung oder Vertiefung der eigenen Religiosität, nicht aber auf Konfessions- bzw. Religionsvermischung. Solches Lernen ist vor allem in Schulklassen sinnvoll, in denen SchülerInnen unterschiedlicher Konfessions- und Religionszugehörigkeit unterrichtet werden.

Begegnung, Dialog und Austausch

Religiöses Lernen von, an und mit anderen Konfessionen und Religionen vollzieht sich im Wesentlichen in zwei Gestalten, einmal in der (direkten) Begegnung, sodann in Dialog, Gespräch und Austausch (vgl. Fischer 2002, 371). Mit beiden Gestalten können kind- und sachnah, authentisch und exemplarisch »Glaube und Leben« anderer Konfessionen und Religionen erspürt, erarbeitet und ansatzweise geklärt werden. Angesagt sind die lebendige und direkte bzw. »originale Begegnung« (Heinrich Roth) primär mit Kindern und Erwachsenen anderer konfessioneller und religiöser Herkunft, dann auch – wenn nicht anders möglich bzw. wo sachlich-fachlich nötig – mit Erzählungen, Texten, Dokumenten bzw. relevanten »Objekten« der anderen. Dem jüdischen Religionsphilosophen Martin Buber (1878–1965) zufolge ist es das Charakteristikum der dialogischen Begegnung, das gegenseitige Fremdsein aufzubrechen, weswegen er die Begegnung für die »Urkategorie der menschlichen Wirklichkeit« hält und für ihn alles »wirkliche Leben« Begegnung ist (Buber 1962, 208, 18; Renz/Leimgruber 2004, 44f). Hier sind wir Gebende und Nehmende und sind »mit Kopf, Herz und Hand« (Johann Heinrich Pestalozzi) dabei. So kann die direkte oder *»originale Begegnung«* bzw. Erkundung einer evangelischen oder katholischen Kirche (s. III.9), einer jüdischen Synagoge und einer muslimischen Moschee mit den entsprechenden Repräsentanten (PfarrerIn, Priester, Rabbi, Imam oder Hodscha) das »Unverwechselbare« einer Konfession bzw. Religion sichtbar und deutlich machen (vgl. Lähnemann 2003, 95). Solche Begegnungen prägen sich SchülerInnen oft wie Schlüsselerlebnisse ein.

Zu *direkten Begegnungen* kommt es auch, wenn man Vertreter anderer Konfessionen und Religionen in die Schule und den (Religions-)Unterricht bittet, sie erzählen lässt und sich miteinander austauscht oder wenn man beispielsweise zu einem Martinsfest, das in der Schule gefeiert wird, muslimische Kinder und deren Angehörige einlädt. Umgekehrt können Letztere im Laufe des Schuljahres ein Fest aus ihrer Tradition ausrichten (vgl. König 2002, 112).

Solche lernenden Begegnungen können sich im Unterricht und in anderen schulischen Situationen ereignen. In diesem Zusammenhang ist daran zu erinnern, dass sich religiöses Lernen auch in den pädagogischen Situationen des Tages- und Wochenanfangs, des Morgenkreises und des Wochenabschlusses, bei Festen und Feiern im Jahreskreis und Schuljahresablauf ergeben kann (s. I.5) – mannigfache Gelegenheiten, auf andere Konfessionen und Religionen ein- und zuzugehen und sie einzubeziehen. Gerade Schulleben, Schulfeste, aber auch andere Feste lassen sich mit Kindern (und deren Angehörigen) aus anderen Konfessionen und Religionen gestalten, bringen diese zum Mit-Teilen und Mit-Gestalten, was Schule lebensvoller macht (vgl. Lähnemann 1998, 322f). Fremdes aufzusuchen und zu besuchen, Begegnungen mit Angehörigen anderer Konfessionen und Religionen können Beziehung(en) stiften und Vertrauen schaffen, Angst und Unsicherheit nehmen sowie (positive) Einstellungen anbahnen helfen.

Indirekte Begegnungen mit anderen Konfessionen und Religionen gibt es über Erzählungen, Texte, Dokumente und Objektivationen, mittels derer religionsunterrichtlich Relevantes erkannt, thematisiert und ansatzweise geklärt werden kann. Dies geschieht etwa, wenn wir miteinander wichtige Gebete von Christen, Juden und Muslimen kennen lernen (vgl. Miederer/Rehlen/Weidinger 2004, 142–157). Es kann bibelorientiert geschehen, z.B. durch Themen wie: Jesus in christlichem Glauben sowie in jüdischer und muslimischer Erfahrung (vgl. Sieg 2001; Sieg u.a. 2001); Abraham christlich, jüdisch und muslimisch. Wir können aber auch themenorientiert sprechen über Leben und Tod, Gebet, Gott und das Leid in der Sicht christlicher, jüdischer und muslimischer Menschen (vgl. Ritter 2004d, 253).

Auch wenn nicht jede unterrichtliche Begegnung mit dem Anderen direkt sein kann (und doch ihren eigenen Wert hat), eröffnet die direkte oder originale dialogische Begegnung eine gleichsam hautnahe »Teilnahme und Teilgabe am Leben und der Person des anderen« (Renz/Leimgruber 2004, 46) und hat – nicht nur in der Grundschule – ihren eigenen Reiz.

Zusammenfassung:

Die Beschäftigung mit anderen Konfessionen und Religionen ist im Religionsunterricht von der Grundschule an unverzichtbar, insbesondere deshalb, weil Kinder heute infolge zunehmender Migrationsbewegungen von klein auf in eine plurale religiöse Lebenswelt hineinwachsen. Dabei ist es wichtig, im Religionsunterricht einerseits das Eigene, d.h. das Christentum in seiner spezifisch konfessionellen Prägung, zu stärken und andererseits zu Achtung und Verständnis gegenüber dem Fremden zu erziehen. Dies ist aus gesellschaftlichen und theologischen Gründen geboten: Kirche gibt es nur in der Pluralität konfessioneller Gestaltungen, weshalb andere Konfessionen nicht abgewertet, sondern als Lernmöglichkeiten und Chancen zur Selbstkorrektur betrachtet werden sollten. Auch fremde Religionen sind mit Respekt zu behandeln, weil sie »nicht selten einen Strahl der Wahrheit erkennen lassen« (Zweites Vatikanisches Konzil). Christlich-konfessioneller Religionsunterricht tut gut daran, am Wahrheitsanspruch für die von ihm vertretenen Inhalte festzuhalten, aber darauf zu verzichten, ihn als Geltungsanspruch für alle zu formulieren.
Bei der unterrichtlichen Umsetzung besteht auch schon in der Grundschule einiger Bedarf an kognitiver Klärung. Gleichwohl ist gerade bei diesem Thema, weil es nicht zuletzt den Umgang mit anderen Menschen betrifft, v.a. auch affektiv und pragmatisch dimensioniertes Lernen wichtig. Gute didaktische Möglichkeiten hierfür ergeben sich nicht selten durch die konkrete Situation vor Ort, die originale Begegnungen möglich macht.

Lesehinweis:

König, Klaus (1999): Fremdes verstehen lernen. Zwischen Abgrenzung und Anerkennung. In: KatBl 124, 299–304.

Ritter, Werner Heinz (2004d): Mission/Absolutheitsanspruch/Theologie der Religionen. In: Lachmann, Rainer/Adam, Gottfried/Ritter, Werner Heinz: Theologische Schlüsselbegriffe. Biblisch – systematisch – didaktisch. 2. Aufl. Göttingen, 240–254.

Speck-Hamdan, Angelika u.a. (Hg.) (2003): Kulturelle Vielfalt, religiöses Lernen. Jahrbuch Grundschule IV. Seelze.

II.7 Über Leben und Tod nachdenken – Philosophieren mit Kindern

Georg Hilger

Kindergedicht

Ein Kind
ist kein Rind
Ein Kind
ist geschwind
wie der Wind

Es hört
was euch stört
Es denkt
was euch kränkt
Es fragt
was euch nicht behagt
Es schreit
was ihr wirklich seid
Was es weiß
macht euch heiß
Und ihr sagt es sekkiert
wenn es euch irritiert

Erich Fried (1993, 575)

»Kinder sind anders« (Maria Montessori) und in ihrer Spontaneität nicht selten störend und unbequem. Das gilt vor allem für ihre oft so spekulativen Fragen (z.B.: Können Hunde denken? Können Pflanzen glücklich sein? Was wäre, wenn es mich nicht gäbe? Wieso kommt der Baum da in mein Auge?) und unkonventionellen Weltsichten und -deutungen, solange man ihnen diese nicht ausgetrieben hat. Ihre Weltdeutungen entstehen oft beiläufig beim Spielen, beim Lesen oder beim Fernsehen und sind bezogen auf ihre Erfahrungen, die sie im konkreten Umgang mit den Menschen und den sie umgebenden Dingen gewonnen haben. Aufgrund neuer Erfahrungen und Fragen verwerfen sie ihre Deutungen und versuchen so immer wieder neu den Geheimnissen ihres Lebens nachzuspüren. Daraus entwickeln sie ihre fantasievollen »Theorien« darüber, wie das Leben und die Welt beschaffen ist. Darum kann man von einer philosophischen Disposition sprechen, die Kindern ursprünglich zukommt, die aber auch leicht verloren gehen kann, wenn sie nicht ernst genommen und gepflegt wird.
Rainer Oberthür hat das oben zitierte Gedicht, das Erich Fried als Kind im Alter von sechseinhalb Jahren geschrieben hat, an den Anfang eines Buches mit vielen Kindertexten gesetzt (Oberthür 2000, 10). Oberthürs Buch trägt den Untertitel »Was Kinder über Gott und die Welt wissen« und verweist damit auf den für Kinder noch selbstverständlichen Zusammenhang von philosophischen und religiösen Weltdeutungen. Wenn Kinder über die Welt nachdenken, stoßen sie auf die Frage nach dem Grund und Ziel von Welt und Leben und damit nicht selten auf die Gottesthematik.
In diesem Kapitel wird der Frage nachgegangen, warum Philosophieren mit Kindern ein wichtiges Anliegen ist (1) und im Religionsunterricht kultiviert werden sollte (2). Ideen für die Praxis des Religionsunterrichts wollen dazu ermutigen, die Fragen und Weltdeutungen der Kinder anzuregen und ernst zu nehmen (3).

1. Was heißt »Philosophieren mit Kindern«?

Eine Bewegung mit Folgen

Weil Kinder gerne über »Gott und die Welt« nachdenken, sollte man im Unterricht mit ihnen philosophieren und so ihre Freundschaft oder Liebe zur Weisheit (griech. philo-sophia) erhalten und pflegen.
Die relativ junge und dynamische Bewegung »Philosophieren mit Kindern« (vgl. dazu u.a. Petermann 2002, 96ff; Brüning 1999ff) ist inspiriert durch Matthew Lip-

man, der 1970 in den USA das »Institute for the Advancement of Philosophy for Children« gründete, das in der Tradition der Reformpädagogik die Förderung des logischen Denkens im Blick hatte. Der Amerikaner Gareth B. Matthews, ein weiterer Experte für Kinderphilosophie, setzt anders als Lipman bei der Fähigkeit der Kinder zum Staunen und metaphysischen Fragen an und regt die philosophischen Gespräche mit Kindern und von Kindern untereinander durch kleine Impulsgeschichten an (Matthews 1989, 1991).
In Deutschland hat Hans-Ludwig Freese, Pädagogikprofessor in Berlin, in den Achtzigerjahren des vorigen Jahrhunderts den Ansatz von Matthews bekannt gemacht und durch sein Buch »Kinder sind Philosophen« (1989) und Anregungen für die Praxis die Bewegung vorangetrieben, ebenso wie Ekkehard Martens (1999), der zusammen mit Barbara Brüning (1990, 1999, 2001) in Hamburg Philosophiegruppen leitete mit der Zielsetzung, die Haltung der Neugier und Offenheit sowie die Dialogfähigkeit zu fördern. Immer wieder trifft man in der schnell wachsenden Literatur zum Thema Philosophieren mit Kindern auf Anregungen, das staunende, beobachtende Denken, das (Weiter-)Fragen und die sinnliche Wahrnehmung zu fördern (z.B. bei Helmut Schreier, 1993 und Eva Zoller 1991).
In vielen europäischen Ländern sind inzwischen philosophische Sinnfragen in die Lehrpläne unterschiedlicher Schulfächer aufgenommen worden. Inzwischen wird in einigen Bundesländern (z.B. Mecklenburg-Vorpommern und Thüringen) in der Grundschule das Fach »Philosophieren mit Kindern« als Ersatzfach zum Religionsunterricht angeboten. Die Lehrpläne orientieren sich an den vier großen Fragen der Philosophie Kants: Was kann ich wissen? Was soll ich tun? Was darf ich hoffen? Was ist der Mensch? (vgl. Brüning 1999, 21). Philosophieren mit Kindern ist in Lehrplänen anderer Bundesländer ein fächerübergreifendes Unterrichtsprinzip, von dem der Religionsunterricht in besonderer Weise betroffen ist.

Philosophieren mit Kindern oder Philosophie für Kinder?

In Deutschland hat sich die Bezeichnung »Philosophieren mit Kindern« durchgesetzt, um sich von einer belehrenden »Philosophie für Kinder« deutlich abzugrenzen. Mit dem bevorzugten Begriff werden der dialogische und prozessuale Charakter und die Eigentätigkeit des Philosophierens von Kindern als eigenständige Denkform hervorgehoben. Kinder sollen die Chance bekommen, ihre Denkfähigkeit zur Entfaltung bringen zu können (vgl. Petermann 2002, 100).
»*Philosophieren* mit Kindern« meint etwas anderes als »*Philosophie* mit Kindern«. Die Verbalisierungsform macht deutlich, dass die Pflege eines sorgfältigen, beharrlichen und offenen Nachdenkens und Nachfragens zwar Berührungs-

punkte mit der akademischen Wissenschaft aufweist, nicht aber mit ihr verwechselt werden will. Es geht ja nicht um Philosophiegeschichte und philosophische Theorien, also um popularisierte Philosophie, sondern um den eigenständigen und entwicklungsgemäßen philosophischen Diskurs von Kindern untereinander und von Erwachsenen mit Kindern. Hierbei können die Fragen der Philosophie (z.B. Was ist Glück? Was gibt es wirklich auf dieser Welt? Woher bekommen die Dinge ihren Namen?) das eigene Nachdenken inspirieren. Neben den »großen Fragen« können auch Fragen des alltäglichen Sich-Wunderns (z.B. Wohin fließt das Wasser? Warum bin ich manchmal froh? Können Fische fröhlich sein? Was ist ein Klang?) zu philosophischem Fragen führen, weil sie ihren Ursprung im unmittelbaren Staunen haben, was Grundlage einer jeden philosophischen Tätigkeit ist. Der Grad der Rückbindung an den sachkundigen philosophischen Diskurs macht den Unterschied zwischen Philosophie und philosophischem Fragen und Ahnen aus. Darum kann man begründet die Position vertreten: »Kinder sind ... philosophisch Fragende und Ahnende, aber nicht Philosophen« (Petermann 2002, 105).

Kompetenzen und Ziele

In den verschiedenen Ansätzen zum Philosophieren mit Kindern lassen sich folgende Schwerpunkte bzw. Ziele erkennen:

- *Haltungen*: z.B. des achtsamen Wahrnehmens (s. I.2), des Staunens, des Sich-Wunderns über das Rätselhafte und Ungereimte, des Suchens, Fragens und Weiterfragens;
- *Denkfähigkeit und Urteilsbildung*: z.B. argumentieren, Behauptungen und Meinungen begründen, sie (selbst-)kritisch überprüfen, bewerten, bestreiten oder ihnen zustimmen, Gemeinsamkeiten, Zusammenhänge und Differenzen herausfinden, neue Ideen entwickeln, Begriffe unterscheiden, verbinden und bilden;
- *Dialogfähigkeit*: z.B. sich mitteilen und einander zuhören, auf die Gedanken anderer eingehen, die Meinung anderer ernst nehmen, prüfen und verstehen, Eigentümlichkeiten anderer annehmen.

Im Hinblick auf diese wichtigen Kompetenzen kann man die Fähigkeit zu philosophieren mit Martens als »eine elementare Kulturtechnik humaner Lebensführung und Lebensgestaltung« bewerten und für schulische Bildung einfordern (Martens 1990, 190).

Methoden des Philosophierens

In den aufgeführten Kompetenzen und Zielen sind schon methodische Hinweise enthalten, wie das gemeinsame Nachdenken und Weiterfragen gezielt gefördert werden kann durch Aktivitäten wie miteinander diskutieren und argumentieren, einander zuhören, eigene Gedanken entwickeln, weiterfragen, den Dingen und den Sinnfragen auf den Grund zu gehen. Brüning zählt vier methodische Verfahren aus der philosophischen Tradition auf, die besonders geeignet sind, die Denkfähigkeit zu fördern: begriffliches Arbeiten, Argumentieren, das reflexive Unterrichtsgespräch und Gedankenexperimente (vgl. Brüning 1999, 15ff).

- Zum *begrifflichen Arbeiten* gehört die Erläuterung von Begriffen durch das Suchen verwandter bzw. das Fragen nach entgegengesetzten Begriffen, möglichst konkretisiert durch Beispiele, Erlebnisse, Situationen. Die Kinder können zu einem Begriff wie »Glück« eine Begriffspyramide bauen und dabei diskutieren, welche verwandten Begriffe dem Spitzenbegriff am nächsten stehen (z.B. freudige Überraschung, Wohlbefinden oder Wunscherfüllung).
- Wichtig für das Gespräch ist das *Begründen von Meinungen und Behauptungen* (»Beschreibe doch deinen Gedanken noch mal genauer ...«) z.B. durch den Verweis auf eigene Erlebnisse oder Fakten, auf Bücher oder Medien.
- Beim *reflexiven Gespräch* sollte jedem Kind die Gelegenheit gegeben werden, seine Meinung zur Diskussion zu stellen und gemeinsam mit anderen Kindern darüber nachzudenken (»Was meinst du mit ...?«). Dazu gehört auch die Fähigkeit, überzeugendere Argumente annehmen zu können. Zum reflexiven Gespräch zählt die von vielen Autoren hervorgehobene sog. sokratische bzw. *mäeutische Gesprächsmethode*, bei der die Lehrenden in der Rolle des Mäeuten (»Geburtshelfers«) der Gedanken der ihnen anvertrauten Kinder sind und diese durch geschicktes Fragen zur Erkenntnis führen wollen, ohne sie zu schon vorher feststehenden Ergebnissen zu leiten. Es sollten Fragen sein, welche die Kinder auf ungewöhnliche Ideen und auf den Weg des Suchens nach möglichen bzw. vorläufigen Antworten und Meinungen bringen.
- *Gedankenexperimente* wollen anregen, Gedanken, Begriffe und Argumente auf ungewöhnliche und kreative Weise miteinander zu verbinden. Hier werden die Kinder zu imaginativ-spielerischen Möglichkeiten und Ideen, zur Entwicklung ihres Möglichkeitssinns, der das Vorfindliche und Nachweisbare übersteigt (s. III.4), ermutigt. Gedankenexperimente haben die Form von »Was wäre, wenn (nicht) ...«.

2. Philosophieren im Religionsunterricht

In dem von der Deutschen Bischofskonferenz herausgegebenen »Grundlagenplan für den katholischen Religionsunterricht in der Grundschule« wird deutlich, welchen Stellenwert philosophisches Fragen und Suchen für den Religionsunterricht im Kontext des Bildungs- und Erziehungsauftrags der Grundschule haben. Dort heißt es: »Der Religionsunterricht hilft den Kindern, ihr Fragen ernst zu nehmen, ihre Fragen nach dem Woher, Wozu und Wohin des Lebens wach zu halten, zu wecken, zu bedenken und als wertvoll für ihr Selbstverständnis anzunehmen« (DBK 1998, 8). Dazu zählen Fragen wie: Wer bin ich? Wieso bin ich so, wie ich bin? Warum gibt es Krieg? Warum müssen Menschen sterben? Warum schafft Gott den Tod nicht ab? Wann fing die Zeit an? Kann man ohne Wörter denken? Gibt es Gott wirklich? Solche existenziellen und oft nicht zu beantwortenden Fragen bieten zahlreiche Anknüpfungspunkte für den Religionsunterricht. Sie sind sowohl philosophisch als auch theologisch brisant und relevant. Ihre Kultivierung lässt die Fragwürdigkeit der Welt offen und sensibilisiert für die Transzendenz des menschlichen Daseins.

Religionsunterricht will ferner die Fähigkeit zur Unterscheidung, zum eigenen Urteilen und Handeln fördern. Dies betont neben dem Grundlagenplan für den katholischen Religionsunterricht auch die Stellungnahme des Rates der Evangelischen Kirche in Deutschland »Religion in der Grundschule«. Hier heißt es: » ... der Religionsunterricht soll die religiöse Urteilsfähigkeit der Kinder entwickeln und Handlungs- und Wertorientierung vermitteln«. Des Weiteren soll den Kindern » ... ein Raum der Besinnung gegeben werden, in welchem sie nach Sinn und Bedeutung fragen, Leid und Angst und Trauer äußern sowie Sehnsucht und Hoffnung ausdrücken können, um so die spirituelle Dimension des Lebens zu spüren« (EKD 2000, 6). In diesen Zielformulierungen zum Religionsunterricht findet man unschwer Anklänge an die vier schon genannten Fragen Kants.

Sowohl im Religionsunterricht als auch beim Philosophieren mit Kindern geht es – fächerverbindend und -überschreitend (s. I.5) – um Sinnentdeckung und Selbstvergewisserung der Menschen bei ihren oft gleichen Inhalten und Fragestellungen. Sucht man nach den je spezifischen Perspektiven, kann man die Öffnung für das Unbedingte und Transzendente und somit für die Gottesfrage als Perspektive des Religionsunterrichts und die Vernunftorientierung als Denkform für das Philosophieren ansehen. In den Grundsätzen zur fächerübergreifenden Zusammenarbeit von Religionsunterricht und »Philosophieren mit Kindern« in Mecklenburg-Vorpommern sind sowohl die Nähe als auch das Proprium dieser beiden Fächer auf den Punkt gebracht: » ... Religionslehre und Philosophieren mit Kindern sind affine Disziplinen. ... In Religionslehre geschieht Sinnentdeckung in der

Auseinandersetzung und Begegnung mit der Glaubensoffenbarung und ihren Wirkungen. Das Fach ›Philosophie mit Kindern‹ richtet sich auf Sinnentdeckung in der Selbstvergewisserung durch Vernunft. Das schließt für den Religionsunterricht den rationalen Diskurs und für die Philosophie die Artikulation der Bedingungen und die Erfahrung der Grenzen dieser Rationalität ein. In diesen Fächern bedingen das Sich-Öffnen für das Unbedingte und Vernunftorientierung einander. Von daher können sich Philosophie und Religion füreinander öffnen und innerhalb einer Fächergruppe ergänzen« (Schwerin 1998, 81). Dort, wo es kein eigenes Fach »Philosophieren mit Kindern« gibt, sollte der Religionsunterricht das philosophische Gespräch im Rahmen seiner Zielsetzungen und Voraussetzungen kultivieren.

3. Anregungen für die Praxis

In der religionsdidaktischen Literatur gibt es inzwischen eine Fülle von Anregungen, mit Kindern in ein nachdenkliches philosophisches Gespräch zu kommen. Manche Anregungen berühren sich mit den Anliegen eines Theologisierens mit Kindern (s. I.7). In diesem Kapitel wollen folgende Beispiele ermutigen, sich im Religionsunterricht auf das philosophische Gespräch mit Kindern einzulassen.

Kultur des Fragens in einem frageorientierten Religionsunterricht

Rainer Oberthür setzt immer wieder bei Kinderfragen an, die er gekonnt hervorlockt durch Medien wie einen Gedichtanfang, literarische Texte und Bilder oder durch Impulse wie: »Fragen, über die ich mir den Kopf zerbreche«, »schwere Fragen« oder »Fragen, auf die es nicht nur eine einzige richtige Antwort gibt oder die gar niemand endgültig beantworten kann«. Die Liste der von den Kindern zusammengetragenen Fragen ist beeindruckend. Hier finden sich die großen Fragen der Menschheit wieder, was Oberthür ermutigt, von einem »fragenorientierten Religionsunterricht« zu sprechen (Oberthür 1995b, 11–22). Aber nicht nur die eigenen Fragen können das nachdenkliche Gespräch fördern, sondern auch die Fragen großer Denker sind geeignet, Kinder zu Wort kommen zu lassen, so z.B. die 333 Fragen des chilenischen Dichters und Politikers Pablo Neruda, die er kurz vor seinem Tod aufschrieb (Neruda 1997). Oberthür wählte davon einige aus und gab folgende Impulse: »Welche Fragen hättest du auch stellen können? Kannst du auf einige Fragen von Pablo Neruda eine Antwort geben?« Hier einige wenige Antworten der Kinder als Kostprobe:

- *Wie viele Fragen hat eine Katze?* Gar keine, weil sie nicht fragen kann. – Genauso viele wie ein Mensch.
- *Warum lässt sich der Donnerstag nicht überreden, nach dem Freitag zu kommen?* Weil es sich so entwickelt hat. – Weil Gott die Tage festgelegt hat. Weil jeder Tag seinen Platz haben muss.
- *Wen kann ich fragen, was auf dieser Welt ich suche?* Ich frage meine Mutter, sie kann es mir bestimmt sagen. – Man kann nur Gott fragen. – Du musst es selber herauskriegen. Geh deinen eigenen Weg (Oberthür 2000, 136ff, vgl. auch die anderen Beispiele in diesem Buch mit vielseitigen Anregungen, Kinder zu Wort und zum eigenen Ausdruck kommen zu lassen zu ihren großen Themen und Fragen).

Mit Kindern über den Tod nachdenken

Zu den Fragen der Kinder gehören auch Fragen nach dem Tod, wie: Was mache ich, wenn ich tot bin? Warum müssen Menschen sterben? Wo kommen wir hin, wenn wir tot sind? Wenn Gott stärker als der Tod ist, warum schafft er dann den Tod nicht ab? Wird Gott nie sterben? Hört das Leben auf der Erde nie auf? (Oberthür 2000, 23). Die Frage nach Sterben und Tod sollte nicht aus dem Gespräch mit Kindern ausgeblendet werden, obwohl viele LehrerInnen, Erzieher und Eltern meinen, Kinder nicht mit diesen Themen belasten zu dürfen. Dabei gehen Kinder relativ unvoreingenommen an dieses Thema heran, mit dem sie ja durch die Medien, durch das Sterben eines geliebten Haustieres, die lebensgefährliche Erkrankung oder den Tod von Verwandten, z.B. des Großvaters oder der Großmutter, durch die Teilnahme an einer Beerdigung schon früh in Berührung kommen. Die Vorstellungen von Sterben und Tod hängen davon ab, wie die Menschen in der Umgebung des Kindes damit umgehen. Der Religionsunterricht sollte darum Raum schaffen für ein behutsames Gespräch mit den Kindern über das Sterbenmüssen, den Tod und die Hoffnungen der Glaubenden. Viele Impulse geben dazu geeignete Bilder- oder Kinderbücher wie »Pele und das neue Leben« von Regine Schindler und Hilde Heyduck-Huth (Lahr 1981), »Abschied von Rune« von Wenche Øyen und Marit Kaldhol (München 1987) oder das Buch »Hat Opa einen Anzug an?« von Amelie Fried und Jacky Gleich (München/Wien 1997), in dem der fünfjährige Bruno die Fragen stellt: Wo ist Opa jetzt? Kann er mich jetzt noch hören oder sehen? Ist er wirklich für immer weg? Was ist die Seele? Wie kann jemand gleichzeitig auf dem Friedhof und im

Himmel sein? (vgl. zu den genannten und weiteren für Kinder geeigneten Büchern: Rose/Schreiner 2002, 115–128).
Mirjam Schambeck nähert sich zusammen mit zehnjährigen Kindern der Fragestellung und dem Phänomen Tod über den Auftrag an: »Ich möchte gerne, dass sich jeder von euch überlegt, was jemand im Tod erlebt, wenn er stirbt. – Dieses Erlebnis sollst du nun malen.« Magdalena schreibt drei Fragen in ihr äußerst differenziertes Bild: Wie ist der Tod? – Wie ist der Tod wohl? Lebt man weiter, oder stirbt man für immer? Die letztere Frage spielt mit der Möglichkeit, ob letztlich nicht das Nichts das letzte Wort hat. Nach Schambeck beschäftigte sich die Mehrzahl der SchülerInnen mit der Frage, »ob im Tod das Leben oder das endgültige Nichts die Oberhand gewinnt. Sechs von insgesamt 23 Schülerinnen haben die Frage eindeutig zugunsten des Lebens entschieden. Die meisten lassen die Frage offen« (Schambeck 2002, 111). Etwas wurde noch bei diesem Unterricht deutlich: Die Frage nach dem Tod weckte bei fast allen Kindern die Frage, was das Leben sinnvoll macht. Das zeigten folgende immer wiederkehrende Bildmotive: Freizeitbeschäftigungen, Eltern, Großeltern, Freunde, Tiere und Pflanzen.

Zusammenfassung:

Mit der Bezeichnung »Philosophieren mit Kindern« werden der dialogische und prozessuale Charakter und die Eigentätigkeit des Philosophierens von Kindern hervorgehoben. Dabei geht es im Unterricht um die Pflege eines sorgfältigen, beharrlichen und offenen Nachdenkens und um den eigenständigen und entwicklungsgemäßen philosophischen Diskurs von Kindern untereinander sowie von Erwachsenen mit Kindern, bei dem die Fragen der Philosophie (z.B. Was ist Glück? Was gibt es wirklich auf dieser Welt? Woher bekommen die Dinge ihren Namen?), das eigene Staunen und Fragen, das gemeinsame Nachdenken und den Dingen auf den Grund gehen inspirieren können. Die Nähe philosophischen Fragens und Suchens zum Religionsunterricht wird deutlich durch die Zielformulierung im »Grundlagenplan für den katholischen Religionsunterricht in der Grundschule«: »Der Religionsunterricht hilft den Kindern, ihr Fragen ernst zu nehmen, ihre Fragen nach dem Woher, Wozu und Wohin des Lebens wach zu halten, zu wecken, zu bedenken und als wertvoll für ihr Selbstverständnis anzunehmen« (DBK 1998, 8). Dazu zählen Fragen wie: Wer bin ich? Wieso bin ich so, wie ich bin? Warum gibt es Krieg? Warum müssen Menschen sterben? Wann fing die Zeit an? Kann man ohne Wörter denken? Gibt es Gott wirklich?
Solche existenziellen und oft nicht zu beantwortenden Fragen lassen die Fragwürdigkeit der Welt offen und sensibilisieren für die Transzendenz des menschlichen Daseins. Manche Anregungen des Philosophierens mit Kin-

dern berühren sich mit den Anliegen eines Theologisierens mit Kindern (s. I.7). Sowohl im Religionsunterricht als auch beim Philosophieren mit Kindern geht es um Sinnentdeckung und Selbstvergewisserung des Menschen. Die Öffnung für das Unbedingte und Transzendente ist dabei die Perspektive des Religionsunterrichts, während die Vernunftorientierung die Denkform für das Philosophieren ist wie z.B. die Kultur des Fragens.

Lesehinweis:

Brüning, Barbara (2001): Philosophieren in der Grundschule. Grundlagen, Methoden, Anregungen. Berlin.

Martens, Ekkehard (2005): Kinderphilosophie und Kindertheologie – Familienähnlichkeiten. In: Bucher, Anton A. u.a. (Hg.): Jahrbuch für Kindertheologie 4, 12–28.

Oberthür, Rainer (2000): Die Seele ist eine Sonne. Was Kinder über Gott und die Welt wissen. München.

II.8 Rituale, Feste, Feiern und Gottesdienst

Georg Hilger

»Feste und Feiern sind wichtige Ereignisse des Zusammenlebens und -lernens und unverzichtbarer Bestandteil der Schulkultur. Zu solchen Gelegenheiten des Innehaltens, der Nachdenklichkeit, der Fröhlichkeit und ritualisierten Würdigung gehören unter anderem christliche Andachten und Schulgottesdienste, Morgenfeiern und Gedenktage, zu denen alle Schülerinnen und Schüler (und ggf. Eltern) unabhängig von ihrer religiösen und weltanschaulichen Herkunft eingeladen sind und sich nach Möglichkeit auch aktiv beteiligen können« (EKD 2000, 12).
»Christliche Feste und Bräuche haben oft den Sinn eingebüßt, den sie im Kirchenjahr oder im bäuerlichen Jahreskreis hatten. Dennoch haben sie teilweise überlebt oder wurden weiterentwickelt. Der Alltag der Schule wird unterbrochen und bereichert, wenn Kinder lernen miteinander zu feiern. Der Religionsunterricht versucht, bestimmte Bräuche und Feste für Kinder neu mit Leben zu füllen. Dadurch wird das Leben der Kinder bereichert, und sie werden fähig, Gemeinschaft zu erleben. In christlichen Festen und Bräuchen kann das Kind seine soziale und religiöse Umwelt erfahren und handelnd erleben. Wenn Kinder solche Feste und Bräuche mitfeiern, gewinnen sie eine Ahnung vom Glauben« (DBK 1998, 31).

Sowohl der »Grundlagenplan für den katholischen Religionsunterricht in der Grundschule« (DBK 1998) als auch die Stellungnahme der EKD »Religion in der Grundschule« (EKD 2000) erinnern daran, dass eine lebendige Schulkultur sowie ein Religionsunterricht, der religiöse Erfahrungen ermöglichen will, nicht auf die Unterbrechung des schulischen Alltags durch Rituale, Feste, Feiern und Gottesdienste verzichten sollten (s. auch I.5). Damit stellt sich die Frage nach der Bedeutung solcher formalisierten und wiederkehrenden rituellen Handlungen für Bildung und Schulkultur allgemein und für religiöse Bildung im Besonderen. Als übergreifenden Terminus für schulische, gesellschaftliche, religiöse und christlich-kirchliche Bräuche verwenden wir den seit einigen Jahrzehnten in der interdisziplinären Diskussion häufig gebrauchten Begriff »Ritual«. Dieser hat nach einer ritualkritischen Phase in den Siebzigerjahren des vorigen Jahrhunderts eine neue Aufmerksamkeit gefunden (vgl. u.a. Heimbrock 1989, 47ff). Rituale sind wieder »in« und haben »Konjunktur« bei Theologen, Pädagogen, Soziologen, und tauchen auch in den Medien auf (vgl. Rupp 1998, 75). Ebenso kommen die Funktionen und Leistungen von Ritualen wieder in den Blick, sowohl in ihrer Lebensnotwendigkeit als auch in ihrer Ambivalenz. So kann man von einer »Neuentdeckung von Ritualen« (Heimbrock 1997, 29) oder sogar von einer »Sehnsucht nach Ritualen« (Haunerland 1999, 282) sprechen. Die Bedeutung von Ritualen wird nachvollziehbar, wenn man über ihre Wirkungen und Funktionen nachdenkt (1). Für schulische Erziehungs- und Bildungsprozesse sind sie unverzichtbar, wobei aber auch ihre Ambivalenz in den Blick zu nehmen ist (2). Mit einem Plädoyer für eine bewusste Pflege von Festen, Feiern und gottesdienstlichen Formen (3) wird für eine Schulkultur geworben, in der Kinder probeweise auch religiöse Erfahrungen machen können.

1. Was Rituale leisten

Rituale entlasten

Die neue Aufmerksamkeit, die Rituale finden, hängt damit zusammen, dass sie bzw. ritualisiertes Verhalten in einer immer komplexer und unübersichtlicher werdenden Lebenswelt, besonders in Krisen- und Konfliktsituationen, entlastend wirken. Formalisiertes und wiederholbares Ausdrucksverhalten erspart es dem Einzelnen wie auch einer Gruppe, sich in wiederkehrenden Situationen immer wieder neu entscheiden, neue Verhaltensorientierungen erarbeiten und sich neu definieren zu müssen. Dies gilt für individuelle und für kollektive Rituale im alltäglichen Leben wie auch für religiöse Rituale. Feste Formen oder Bräuche wie z.B. Begrüßungs-, Versöhnungs- oder Tröstungsgesten, Gesprächs- und Konfliktlösungsregeln, ritualisierte Gestaltungen des Unterrichtsbeginns und -endes vereinfachen und erleichtern das tägliche Leben. So kann Bewährt-Bekanntes und Spontaneität in Balance gebracht werden (vgl. Winkler 1994, 10). Rituale vermitteln die Erfahrung der Verlässlichkeit und Beständigkeit (vgl. Haunerland 1999, 283). In ihnen finden Erfahrungen eine dramatisierte symbolische Ausdrucksgestalt (vgl. Heimbrock 1997, 31). Sie schaffen durch ihre Form eine Realität, die ohne sie nicht zu haben ist (vgl. Steffensky 1994, 27), und dienen der Formgebung des Lebens.

Rituale integrieren und stabilisieren

Rituale haben für Gruppen und Gemeinschaften eine integrierende und stabilisierende Funktion. Mit ihnen kann die Aufnahme in eine Gemeinschaft symbolisiert und die Mitgliedschaft in ihr bekräftigt werden. »Ihnen fällt bei der Sozialisation des Individuums Relevanz zu; sie spielen in der Familie wie in der Schule, in profanen wie sakralen Lebenszusammenhängen eine Rolle, verweisen auf die in diesen Institutionen geltenden Werte, Normen und Traditionen. Sie vermitteln Sicherheit und Geborgenheit – wer sich ihnen verweigert, läuft Gefahr, zum Außenseiter zu werden« (Sustek 1996, 34). Rituale vermitteln ein Wir-Gefühl und geben dem Zusammenleben im Mitvollzug Halt. Sie bringen eine Verhaltensübereinstimmung von handelnden Subjekten in bestimmten, wiederkehrenden Situationen zum Ausdruck (vgl. Kraml 1999, 29). Durch die auf Wiederholbarkeit angelegte Struktur von Ritualhandlungen erfahren Heranwachsende Verlässlichkeit in einer sozialen Ordnung, innerhalb derer sie handeln können. Rituale bilden somit ein Gegengewicht zum Zwang einer immer wieder spontanen Selbstinszenierung. Sie verweisen das Subjekt über sich selbst hinaus auf die es tragende Gemeinschaft mit ihren Werten und Normen und setzen so »die Gemeinschaft mit- und gegeneinander handelnder Menschen in eine Beziehung« (Luckmann 1999, 27). Durch nicht aufgezwungene Rituale kann man als Subjekt bei sich sein, ohne ausschließlich bei sich zu sein (vgl. Steffensky 1994, 29). Aus Individuen entsteht mit ihrer Hilfe eine Gemeinschaft. Gleichzeitig wird eine Gemeinschaft durch Rituale geprägt und gehalten, insbesondere durch solche, die sinnenhaft-expressiv sind und die Leiblichkeit des Menschen einbeziehen. Solche Rituale binden und prägen eine Gemeinschaft stärker als vorzugsweise sprachliche Rituale (vgl. Uhl 1999, 233).

Rituale dienen der Identitätsfindung

Rituale spielen bei der Identitätsfindung und bei der individuellen und sozialen Stabilisierung eine unverzichtbare Rolle im Lebenslauf. Dies wird deutlich bei Übergangsritualen, den »rites des passage« (van Gennep 1986), die der Bewältigung von lebensgeschichtlich bedingten Krisen und Knotenpunkten des Lebens bei Statusübergängen bzw. Schwellensituationen wie Geburt, Aufnahme in den Kreis der Erwachsenen, Heirat und Tod dienen. Solche Riten erleichtern den Übergang von einem alten in einen neuen Status und geben Halt in der Unsicherheit. An den Knotenpunkten des Lebens hat die Kirche daher ihre Passageriten bzw. Übergangssakramente angesiedelt: Taufe, Firmung bzw. Konfirmation,

Hochzeit, Beerdigung. Diese finden in einem relativ kirchendistanzierten Umfeld auch heute noch weitestgehend Akzeptanz. Neben diesen kulturell verankerten Passageriten einer Normalbiographie besteht heute ein zusätzlicher Bedarf an Riten in der Form von Segensfeiern für weitere Übergänge, z.B. Wechsel der Schulform, Beendigung des Studiums oder der Berufsausbildung, Auszug von Kindern aus dem elterlichen Haus, Führerscheinerwerb, Scheitern einer Beziehung, Ehescheidung, Übergang ins Rentenalter (vgl. u.a. Lutz 2004, 110). Zu Übergangsritualen in einem weiteren Sinne gehören im schulischen Kontext (vgl. I.5) auch die Feiern bzw. Gottesdienste am Schulanfang und Schulende. Rituale können also helfen, Lebenskrisen des Übergangs zu bewältigen und Lebenssinn zu vermitteln (vgl. Wöller 2004, 93). In den sinnlich-symbolischen Ausdrucksformen der Übergangsrituale tritt der transformatorische Charakter von Ritualen deutlich in Erscheinung.

Rituale unterbrechen die Routine des Alltags und rhythmisieren Zeit

Rituale können die Routine des Alltäglichen unterbrechen, indem sie Zeit strukturieren, Zeit zur Erinnerung einräumen, Zeiten des Innehaltens im Fluss der Zeit ermöglichen. Die theologische Bedeutung einer solchen »Unterbrechung« – nach Johann Baptist Metz »die kürzeste Definition von Religion« (1997, 150) – wird im priesterschriftlichen Schöpfungslied deutlich, wenn es die Unterbrechung und das Innehalten des Schöpfers am Schabbat, dem siebten Tag, als Höhe- und Zielpunkt der Schöpfung besingt (s. auch II.4). »Schabbat« bedeutet als Verb »unterbrechen, aufhören, ruhen«. Das Ruhigwerden am Schabbat bzw. im christlichen Kontext am Sonntag unterbricht ein gleichförmiges Zeitverständnis, rhythmisiert die Zeit, damit der Mensch und die Schöpfung zu sich und zu Gott finden können.

So ist es eine wichtige Funktion von Ritualen, dass sie Zeit strukturieren und rhythmisieren: Tages-, Jahres-, Lebens- und Weltzeiten. Rituale erinnern so an die Zeitlich- und Endlichkeit menschlicher Existenz. »In diesem Sinne thematisieren Rituale eine Grundspannung menschlicher Existenz zwischen dem Unterworfensein unter die Zeitlichkeit und einem Gestaltungsspielraum innerhalb dieser Grenze. Im Ritual und nur im Ritual können Menschen mit dem Mittel der Zeit in symbolischer Weise sogar ein Jenseits der Zeit entwerfen« (Heimbrock 1989, 79). In Festen und Feiern zeigt sich die Fähigkeit des Menschen, den alltäglichen Zeitstrom und die Plausibilitäten des Alltags spielerisch zu unterbrechen und Visionen einer anderen Zeit zum Ausdruck zu bringen. Dies kann im christlichen

und gottesdienstlichen Horizont die vorweggenommene Feier einer noch ausstehenden eschatologischen Zeit sein, welche die unverfügbare Offenheit von Zukunft symbolisch erinnert und erfahrbar werden lässt.
Unterbrechung des alltäglichen Zeitflusses steht in fruchtbarer Spannung zu einer anderen Leistung von Ritualen, nämlich Halt und Sicherheit gebende Gleichmäßigkeiten in die Tages- und Zeitabläufe zu bringen. Diese wiederum vermittelt Erwartungssicherheit und Verlässlichkeit: Man weiß, was der Tag, der Wochenablauf, die Festzeit bringen wird, und kann sich darauf einrichten und sich darauf freuen.

Rituale machen symbolische Handlungen wiederholbar

Vor dem Hintergrund der bisherigen Überlegungen und mit Blick auf die pädagogische und religionspädagogische Bedeutung von Ritualen ist die Definition von Hartmut Rupp hilfreich: *»Rituale sind sich wiederholende, symbolische Handlungen von Einzelnen oder Gruppen, die zeitlichen Verläufen, Beziehungen, Gefühlen, Sinndeutungen und Veränderungen sinnlichen Ausdruck geben, diese deuten und bearbeiten«* (Rupp 1998, 78). Diese Bestimmung bezieht sich auf die Alltagsrituale (z.B. zum Tagesbeginn oder -ende, Morgenkreis in der Schule, zu den Mahlzeiten), Feiertagsrituale (z.B. christliche Festzeiten, staatliche Feier- und Gedenktage), Jahrestagsrituale (z.B. Geburtstage, Namenstage, Hochzeitstage, Todestage), Gemeinschaftsrituale (z.B. Schulfeiern, Nachbarschaftsfeste, Vereinsfeiern, Parteitage), Lebenskreisrituale (Schulbeginn und -entlassung, Taufe, Firmung, Konfirmation, Hochzeit, Beerdigung) und Interaktionsrituale (z.B. Gesprächsregeln). Allen diesen Ritualen ist ein leiblich-praktischer, sinnlich-handelnder und somit ästhetischer Bezug zur Welt eigen (vgl. Combe 1994, 25), der in Spannung zu einer einseitig reflexiven und distanzierten Weltsicht steht.
Heimbrock betont die transformatorisch-verwandelnde Qualität von Ritualen: *»Als Riten oder Rituale bezeichne ich (...) alle Akte formalisierten und dramatisierten symbolischen Ausdruckshandelns von Einzelnen oder Gruppen mit transformatorischem Charakter«* (Heimbrock 1997, 31). In Ritualen findet die symbolische Transformation von Erfahrungen ihren adäquaten Ausdruck. Besonders deutlich rücken die sakramentalen kirchlichen Übergangsrituale die transformatorisch-transitorische Dimension in den Vordergrund. Gegenwart und Zukunft erscheinen in einem neuen Licht und werden verwandelt (vgl. Kohler-Spiegel 2004, 109).

2. Rituale in der Schule – unverzichtbar und ambivalent

Wenn hier vor allem die positiven Seiten von Ritualen und ihre Notwendigkeit für das menschliche Leben hervorgehoben werden, muss gleichzeitig an ihre Ambivalenz erinnert werden. Rituale sind nicht von sich aus gut oder schlecht, sie können menschenfreundlich und menschenfeindlich sein. »Sie können alles bedienen: die erhabenste Kulturleistung und die abscheulichste Barbarei bis hin zum Massenmord. Sie sind ebenso vielfältig wie die Lebensformen der Menschen« (v.d. Groeben 1999, 7). Die Kehrseite von Ritualen zeigt sich in »Form von unbewusst zwanghafter Verhaltensregulierung oder politischer Manipulation« (Heimbrock 1997, 32) bei rigiden Verhaltensformen, die aufgezwungen oder ideologisch getränkt sind und manipulieren wollen. Sie können, zur Stabilisierung von bestimmten Machtverhältnissen missbraucht, Menschen gefügig machen. Sie können in bestimmter Form aber auch als subversive Machtkritik eingesetzt werden wie z.B. die wiederkehrenden Montagsgebete und -demonstrationen in Dresden 1989, die Rituale der Atomkraftgegner, die Lichterketten in der Friedensbewegung, Rituale bei Streiks. Rituale können den Menschen versklaven sowohl durch falsche Formelhaftigkeit und totes Zeremoniell. Sie können aber auch einer Versklavung durch die »Formlosigkeit und die Gefangenschaft im ungekennzeichneten Leben« (Steffensky 1994, 27) entgegenwirken.

Darum muss – bei aller Unverzichtbarkeit einer Gewöhnung an und Wiederholung von Ritualen, und bei aller Bedeutung von vorreflexivem symbolischem Ausdruck – immer wieder pädagogisch überprüft werden, was Rituale bewirken und inwieweit sie einer Humanisierung des (Zusammen-) Lebens dienen. Im schulischen Kontext müssen Rituale daraufhin befragt werden, ob sie der Bildung und Erziehung dienen. Schließlich sollen sie helfen, die »Heranwachsenden stark zu machen, nicht aber sie zu uniformieren ...« (Susteck 1996, 38).

Schule als Erfahrungsraum kann auf sinnstiftende Rituale nicht verzichten. Eine bewusste Ritualpraxis gehört zur Schulkultur und kann Schule davor bewahren, zur reinen Lernanstalt, gekennzeichnet durch einen »öden Zeitbrei«, zu verkommen (vgl. Ziehe 1987). Die Ambivalenz von Ritualen fordert in einer Schule zu einer Positionsbestimmung heraus. Annemarie von der Groeben beschreibt pädagogische Entscheidungsspielräume, die das Profil einer Schule prägen können. Bewusste und balancierende Verortungen sind erforderlich zwischen folgenden Polen (vgl. Groeben 1999, 8):

- *Offenheit und Geschlossenheit* (Vorgaben und Spielräume für kreative Entfaltung)
- *Zeitlosigkeit und Vergänglichkeit* (Beständigkeit und Revision)
- *Fraglose Gültigkeit und Veränderbarkeit* (Akzeptanz gemeinschaftlicher Werte und Kritisierbarkeit)
- *Unverstehbarkeit und Einsicht* (Mitvollzug und Verständnis)
- *Erlebnis und Kognition* (Emotionalität und Reflexivität)
- *Kollektive und persönliche Identität* (Sozialität und Stärkung des Individuums)

Man kann damit rechnen, dass Kinder sich gerne auf sinnvolle Rituale einlassen und von sich aus darauf achten, dass sie auch eingehalten werden. Jedes Ritual lebt von seiner für alle Beteiligten stimmigen Gestalt, die eingeübt werden muss, und von der Wiederholung. Kinder müssen darum über eine längere Zeit die Gelegenheit haben, Erfahrungen mit Ritualen zu machen. Die unverzichtbaren Vorgaben durch die Lehrkräfte schließen nicht aus, dass mit Kindern zusammen Rituale reflektiert und gemeinsam weiterentwickelt bzw. sogar neue entwickelt werden.
Wichtig ist, dass im Lehrerkollegium ein Bewusstsein von der Sinnhaftigkeit und der Ambivalenz von Ritualen gepflegt wird und dass über die in der jeweiligen Jahrgangsstufe oder im Schulleben einzuführenden Rituale Konsens erreicht wird. Dabei müssen PädagogInnen immer wieder Rechenschaft ablegen können, was die von ihnen eingeführten Rituale bewirken und was diese bewusst oder unbewusst vermitteln (vgl. Winkler 1994, 10).

3. Feste, Feiern und Gottesdienst

Feste und Feiern

Feste und Feiern gemeinsam zu gestalten und zu feiern gehört zu einer Schule, die sich als Lebens- und Erfahrungsraum versteht (s. I.5). Dazu sind Rituale unverzichtbar (vgl. Halbfas 1984, 115f). Bei Festen und Feiern kann erfüllte Zeit als eine zweckfreie und sinnvolle erfahren werden, die da ist für die Menschen, damit diese sich begegnen und sich am Leben und am Schönen freuen können. So wird die Möglichkeit anderer Zeit erahnbar, dem Außergewöhnlichen wird

Zeit eingeräumt, Freiheit kann so erfahren werden. Die anthropologische Bedeutung eines Festes liegt darin, dass nicht Zwecke und Leistungen der tiefste Sinn des Menschseins sind.

Trotz einer Inflation von »Festen« kann man von einer verbreiteten Unfähigkeit sprechen, Feste feiern und den Augenblick heiligen zu können. Darum ist die Kunst, mit anderen zusammen zu feiern, froh und ausgelassen zu sein, einfach zusammen zu sein, aneinander Anteil zu nehmen und so Gemeinschaft zu erfahren im Sinne einer nicht verkürzten Menschenbildung »erlernenswert«. Feste und Feiern bilden somit ein Gegengewicht zum zweckrationalen Handeln in der Schule. Feste und Feiern können ein Innehalten von geschäftiger Betriebsamkeit bedeuten (aber auch ausarten in eine neue Betriebsamkeit). In der Vergegenwärtigung und Erinnerung von gemeinsamer oder individueller Vergangenheit (z.B. als Jubiläum, als Feste des Kirchenjahres), in der Feier eines Übergangsereignisses (z.B. Einschulung, Schulabschluss) oder eines Höhepunkts in der Lebensgeschichte (z.B. Namenstag oder Geburtstag) kann eine »Unterbrechung« des nivellierten und gleichförmigen Lebens erfahren werden (s. I.5). Feste und Feiern verdichten und bejahen somit das Leben, sind Zustimmung zur Welt (Pieper 1963). Sie zeigen, was Leben ist bzw. sein könnte oder einmal als erlöstes Leben in Fülle sein wird. Sich dafür Zeit zu nehmen, zeichnet den Menschen als Menschen aus. Er zeigt damit seine Souveränität und leistet der Herrschaft einer linear ablaufenden, mechanischen Zeit Widerstand (vgl. Dober 1992, 226ff).

Bei Festen wird Vergangenes erinnert und vergegenwärtigt sowie Zukünftiges vorweggenommen. Fast alle Feste symbolisieren und rhythmisieren Zeit, angefangen vom Sonntag bis hin zu den Festen im Jahreskreislauf und hier vor allem dem Festkreis des Kirchenjahres, welcher meistens in enger Beziehung zur Jahreszeit steht (z.B. Ostern, Pfingsten, Weihnachten) und den Menschen jährlich wiederkehrend einlädt, einer anderen Zeit zu begegnen und so neue Lebensperspektiven zu gewinnen (vgl. Dober 1992, 247f). Feste transzendieren den Alltag auf eine tiefere Sinnhaftigkeit hin und heiligen ihn. Sie haben mit ihren Riten und Symbolen religiösen Hinweischarakter.

Feste in der Schule

Religionslehrerinnen und Religionslehrer können als »Experten in Sachen Ritual« (Meyer-Blanck 2000, 350) dazu beitragen, dass Schule ein Ort ist, an dem nicht nur gearbeitet, sondern das Leben und Lernen auch gefeiert wird: Klassenfeste, Feste der Schule und des Schulortes, Feste des Jahresablaufs und des Kirchenjahres sowie Feste anderer Religionen können in der Lebensgemeinschaft

Schule gefeiert werden (vgl. auch II.6). Viele inspirierende Anregungen zu einer bewussten Festkultur in der Schule und ihrer Rituale gibt Hubertus Halbfas (Halbfas 1984, 115–138; 1985a, 341–369). Wenn Feste die Qualität haben, das Menschliche im Menschen zu fördern, dann haben sie in der Schule eine bildende Kraft und dann sollte der Religionsunterricht eine »Vorreiterrolle bei der Integration festlicher Elemente in die Schule von heute übernehmen« (Betz 1987, 287). Denn: »Nicht nur das Feiern will gelernt, sondern auch das Lernen soll gefeiert werden, wenn es um den Glauben geht« (Schröer 1998, 276).

Gottesdienste und liturgische Feiern

Zur religiösen Festkultur gehört auch die Vielfalt gottesdienstlicher Formen, wenn sie so gestaltet sind, dass sie Feier der Zustimmung Gottes zum Leben und der Nähe Gottes im Leben der jungen Menschen werden. In Gottesdiensten sind rituell-festliche Gestaltungen mit der Gottesthematik (s. II.1) verbunden. Sie sind in ihren vielen Formen bis hin zur kirchlichen Eucharistie- bzw. Abendmahlsfeier Ausdruck einer Gottesbeziehung, die im feiernden Mitvollzug durch ihre Riten eine ganzheitlich-sinnliche Gestalt bekommen hat. Gottesbeziehung meint hier die Hinwendung Gottes zu den Menschen und die Antwort des Menschen auf seine Zuwendung. Gottesdienste sind dann erinnernde und vergegenwärtigende Feiern der geglaubten und erhofften Zuwendung Gottes zu den Menschen (vgl. Bitter 2001, 45; Blum 2004, 398). »Hier werden nicht nur gute Wünsche ausgesprochen, sondern Hilfe und Heilung gefeiert und erwartet von dem, der sich in Jesus Christus den Menschen zugewandt hat« (Haunerland 1999, 286). Gottesdienste erschließen sich als »Dienst Gottes« (Bizer 1984, 110) für den Menschen durch vollziehende Teilnahme an ihren sinnlichen und gemeinschaftlichen Formen und symbolischen Sprach-Handlungen. Der Mitvollzug setzt ein Maß an Einverständnis voraus, und erst im verstehenden Mitvollzug kann man eine Ahnung davon bekommen, um was es im Gottesdienst eigentlich geht: sein Leben Gott anzuvertrauen und sich von Gott verwandeln und verlebendigen zu lassen. Hier werden im symbolischen Handeln die eigenen Erfahrungen mit Gott in Verbindung gebracht (Odenthal 2004, 412f). Diese Qualität kann nicht ritualistisch erzwungen werden und ist in letzter Konsequenz nicht »machbar«. Gottesdienste können aber Türöffner für Gotteserfahrungen und die Erfahrung von christlichem Glauben werden.

Gottesdienste und liturgische Feiern in der Schule

Das wirft die Frage auf, ob und inwieweit liturgische Feiern und Gottesdienste im schulischen Kontext begangen werden können, ohne das religionspädagogische Konzept von »Kirche in der Schule« wieder beleben zu wollen. Eine mögliche Lösung wäre, sich im Raum der Schule auf die Reflexion von und Information über christlich-kirchliche Gottesdienstformen zu beschränken. Dies aber wäre unbefriedigend, weil zur »Sache« der expressiv-ästhetische Zugang gehört (s. auch III.2). Zum Inhalt gehört die sinnlich wahrnehmbare Form. Die symbolische »Formsprache« von Gottesdiensten lässt sich nicht adäquat in Worte fassen und durch Worte ersetzen.

Behutsamkeit ist angebracht, damit der schulische Religionsunterricht einerseits der ästhetisch-expressiven Dimension von Religion (s. I.2) und so den Phänomenen gelebter Religion und gelebtem Glauben gerecht wird, um den Kindern »probeweise« (Meyer-Blanck 2000, 351) religiöse und kirchliche Erfahrungsräume und Erfahrungen damit, wie man Gott feiern kann, zugänglich zu machen. Andererseits muss stets die Differenz von Unterricht und Gottesdienst beachtet werden.

Gottesdienste bedienen sich der Formsprache des festlichen Rituals, sind reich an expressiver Symbolik. Hier wird die eigene und die gemeinsame Religiosität zum Ausdruck gebracht im Handeln, in das sich die Feiernden einbringen. Das unterscheidet die gottesdienstliche Form von einem Unterricht, in dem über Religion gesprochen und diskutiert wird (vgl. Blum 2004, 403). Darum sind eine schulische Festkultur und die Entwicklung eines Sinnes für symbolisch-expressiven (gestisch, spielerisch, musikalisch, poetisch) und ästhetischen Ausdruck zugleich auch ein Zugang zum Gottesdienst im Sinne einer liturgischen Propädeutik (Sauer 1996, 86–179) bzw. »liturgischen Bildung« (Gerhards 1998, 266–268; Blum 2002, 2004), die im Kontext von Schule verantwortbar und sinnvoll ist. Dazu gehören u.a. die zu fördernde Fähigkeit, gemeinsam Feste zu gestalten und zu feiern, sich symbolisch auszudrücken (s. II.3), im Spiel (s. III.7), in Tanz und Bewegung (s. III.6), in der Raumerfahrung (s. III.10), im musikalischen Ausdruck (s. III.5), in eigener Sprache (s. III.8) und in der biblischen Sprache der Psalmen (s. II.2), still zu werden und schweigen zu können (s. III.3).

In schulischen Gottesdiensten kann ein geschützter Erfahrungsraum erschlossen werden, in dem man in Riten und Symbolen verbal und nonverbal das Leben als Ausdruck eines Vertrauens auf Gott öffnen kann. Zu beachten ist dabei, dass gottesdienstliche Feiern sich als freier Raum ohne Zwang zeigen. Die Kinder sollen selbst entscheiden können, ob sie sich feiernd einbringen, in einer mehr beobachtenden Außenperspektive bleiben oder auch nicht teilnehmen wollen. Wichtig ist ferner, dass die Kinder die liturgische Feier im Wechselspiel von festen und freien Formen mit ihrem Leben in Beziehung bringen können. Dieses Wechselspiel und der Zusammenhang von Ritual und Fest schützt Gottesdienste sowohl vor einem Ritualismus als auch vor Formlosigkeit (vgl. König 1996, 117). Verlieren Gottesdienste ihren Lebenszusammenhang, drohen sie zu Ritualismus zu erstarren und zum toten Zeremoniell zu degenerieren.

Zur Kultur einer Grundschule gehören in fast allen Regionen Gottesdienste zur Einschulung oder zum Ende der Grundschulzeit, zu Beginn oder Ende eines Schuljahres als »Übergangsrituale«, bei denen der Segen Gottes diesen lebensgeschichtlichen Knoten- oder Wendepunkten für den Abschied und den Neuanfang zugesprochen wird (s. auch I.5). In der Gestaltung sollte darum auch in den Liedern, Gesten, Symbolen und Worten die Spannung von Abschied und Aufbruch durch den Wechsel von vertrauten und fremden Elementen zum Ausdruck kommen. Im Mittelpunkt eines solchen gemeinschaftlichen Gottesdienstes im Raum der Schule oder in einer Kirche steht der Segen als Zuspruch des Beistandes. In außergewöhnlichen biografischen Situationen können gottesdienstliche Feiern unterschiedlichster Form Ausdruck der Gegenwart Gottes im Leben der Menschen sein, z.B. zu Ferienbeginn, in Situationen der Krankheit oder des Todes eines Mitglieds der Schulgemeinde, in der Anteilnahme am Schicksal naher oder ferner Menschen, zu Beginn eines Schulfestes.

Durch das Kirchenjahr werden Jahreszeiten rhythmisiert und Grundthemen des christlichen Glaubens mit menschlichen Grunderfahrungen verbunden und zum Ausdruck gebracht, so z.B. das Warten und Erwarten im Advent, Leid in der Passionszeit, Freude und Hoffnung auf neues Leben in der österlichen Zeit, Dank für das Geschenk der Schöpfung und die Fülle des Lebens am Erntedanktag, die Freude des Teilens am Martinstag. Hubertus Halbfas bietet eine Fülle von Anregungen und Beispielen zur Integration solcher Festzeiten und kirchlicher Jahrestage in das Schulleben und in den Religionsunterricht (vgl. Halbfas 1984, 138; vgl. auch Rupp 1998, 82–86).

Gottesdienstliche Elemente haben auch im schulischen Alltag ihren Platz, z.B. in der Form eines bewusst gestalteten morgendlichen Schulbeginns mit der Begrüßung eines jeden Kindes, einer Stillephase und eines Segensspruches über die Klassengemeinschaft: »Der Herr segne dich und behüte dich. Der Herr wende sein Angesicht dir zu und schenke dir Heil.« (Num 6,24)

Zusammenfassung:

Rituale vermitteln durch ihre gestaltete Form Erfahrungen und Wirklichkeiten, die nur durch sie und durch ihren Mitvollzug gemacht werden können. Sie wirken durch ihre Form von außen nach innen, geben Halt und Geborgenheit, bilden und stützen Gemeinschaften, vermitteln das Gefühl von Zugehörigkeit, können aber auch aus- und abgrenzen. Rituale strukturieren und rhythmisieren Zeit und unterbrechen gleichförmig dahinfließende Zeit für außeralltägliche Zeiten. Für die Identitätsbildung sind Rituale unverzichtbar. Sie können aber auch Identität behindern, indem sie Menschen zur blinden Anpassung und Rollenübernahme zwingen. Im pädagogischen Kontext müssen Rituale darum auf ihre Sinnhaftigkeit überprüft und in ihrer Ambivalenz bedacht werden. Religiöse Bildung ist auf Ritualkompetenz angewiesen, weil Religion und Glaube durch Riten als »Handlungsform von Symbolen« (Luckmann 1999, 11) ihre Gestalt gewinnt. Gottesdienste bedienen sich der Formsprache des festlichen Rituals, sind reich an expressiver Symbolik. Darum sind eine schulische Festkultur und die Entwicklung eines Sinnes für symbolisch-expressiven Ausdruck (gestisch, spielerisch, musikalisch, poetisch) zugleich auch ein Zugang zum Gottesdienst im Sinne einer liturgischen Propädeutik.
Mit liturgischen Feiern und Gottesdiensten im Raum der Schule muss behutsam umgegangen werden. Kinder können hier probeweise Erfahrungen mit liturgischen Ausdrucksformen gelebten Glaubens machen. Dabei ist die Differenz von zielorientiertem Unterricht und einer zweckfreien gottesdienstlichen Feier zu verschiedenen Anlässen zu beachten. Wichtig ist ferner, dass die Kinder die liturgische Feier im Wechselspiel von festen und freien Formen mit ihrem Leben in Beziehung bringen können.

Lesehinweis:

Heimbrock, Hans-Günter (1997): Rituale: Unsinn oder Beitrag zu religiöser Sinn-Bildung? In: Wermke, Michael (Hg.): Rituale und Inszenierungen in Schule und Unterricht. Münster, 25–47.

Rupp, Hartmut (1998): Rituale – pädagogisch inszeniert. In: Glaube und Lernen 13, 75–87.

Kohler-Spiegel, Helga (2004): Riten – Rituale – Sakramente: religionspädagogische Überlegungen. In: KatBl 129, 102–109.

III ANREGUNGEN FÜR EIN LEBENDIGES LERNEN IM RELIGIONSUNTERRICHT

Einführung: Nachdenken über Lernwege und Methoden

Georg Hilger

Der Religionsunterricht hat sich als ordentliches Schulfach (s. I.9) im Hinblick auf seine innere Gestalt pädagogischen Qualitätsmaßstäben zu stellen, die für alle Fächer in der Grundschule gelten. Der Schulpädagoge Hilbert Meyer zählt in seinem Buch »Was ist guter Unterricht?« (2004) zehn Merkmale guten Unterrichts auf, die auch religionsdidaktisch von Bedeutung sind:

(1) *Klare Strukturierung des Unterrichts:* »Er ist dann klar strukturiert, wenn das Unterrichtsmanagement funktioniert und wenn sich ein für Lehrer und Schüler gleichermaßen gut erkennbarer ›roter Faden‹ durch die Stunde zieht.« (Meyer 2004, 26) Dieser wird nachvollziehbar durch die Stimmigkeit von Zielen, Inhalten und Methoden (s.u. 2), klare Aufgaben, verlässliche Regeln

und Rituale (s. II.8), Rollenklarheit bei Lehrenden und Lernenden (s. I.8), eine transparente Rhythmisierung des Unterrichts und eine vorbereitete Lernumgebung (s. III.10).

(2) *Hoher Anteil echter Lernzeit* (vgl. ebd., 39–46): Angesprochen ist damit die von den Kindern aktiv genutzte und individuell gebrauchte Lernzeit außerhalb von organisatorischen Aufgaben, Disziplinierungsmaßnahmen, Zeit für Tests etc. Zur Lernzeit gehört auch die Zeit zum Nachdenken und Verweilen, zur intensiven Wahrnehmung im Sinne einer produktiven Verlangsamung (s. I.2).

(3) *Lernförderliches Klima* (vgl. ebd., 47–54), das gekennzeichnet ist durch gegenseitigen Respekt, verlässliche Regeln und Rituale (s. II.8), gemeinsam geteilte Verantwortung, Gerechtigkeit und Fürsorge der Lehrkraft.

(4) *Inhaltliche Klarheit* (vgl. ebd., 55): Diese liegt dann vor, wenn die Aufgabenstellung verständlich, der thematische Gang plausibel und die Ergebnissicherung (s. III.13) klar und verbindlich gestaltet ist.

(5) *Sinnstiftendes Kommunizieren* (vgl. ebd., 67–73): Dabei geht es um die persönliche Bedeutung, die Kinder im Austausch mit den Lehrkräften dem Lernprozess und seinen Ergebnissen beimessen. Wichtig sind als sinnvoll und interessant empfundene Themen, die in Beziehung zu den Lebenszusammenhängen der Kinder stehen (s. I.4; II., Einführung und 7), die Beteiligung der Kinder an der Unterrichtsplanung, eine Feedbackkultur und ein Unterricht über Unterricht (s. III.13).

(6) *Methodenvielfalt* (vgl. ebd., 74–85), welche der Heterogenität der Lernvoraussetzungen und Interessen der Kinder gerecht wird und die methodischen Großformen wie Freiarbeit (s. III.10), Lehrgänge und Projektarbeit (s. III.11) sinnvoll ausbalanciert. Dies verlangt sowohl von Lehrenden wie von den Lernenden den Aufbau von Methodenkompetenz und von einem variablen Methodenrepertoire (s.u. 2).

(7) *Individuelles Fördern* (vgl. ebd., 86–103): Jedem Kind sollen im Rahmen seiner Möglichkeiten durch geeignete Maßnahmen Lernchancen eingeräumt werden, beispielsweise durch eine innere Differenzierung in der Freiarbeit (s. III.10).

(8) *Intelligentes Üben* in einem ausreichenden und richtigen Rhythmus, durch sinnvolle Übungsaufgaben und mit einer zu fördernden Überkompetenz bei den Kindern (vgl. ebd., 104–112). Dazu gehören die Möglichkeit der Eigenkontrolle des Lernerfolgs, die Entwicklung eigener Lernstrategien und von metakognitiver Kompetenz durch ein Nachdenken über das eigene Lernen, ferner die Anerkennung der Übungsleistungen und der Hausaufgaben durch die Lehrkräfte (s. III.13).

(9) *Transparente Leistungserwartungen* (vgl. ebd., 104–112), welche sowohl die schwachen als auch die starken Schülerinnen und Schüler fordern und fördern und von ihnen auch verstanden werden. Wichtig sind dabei differenzierte Rückmeldungen sowohl seitens der Lehrkräfte als auch der MitschülerInnen und abwechslungsreiche Formen der Leistungsrückmeldung (s. III.13).

(10) *Vorbereitete Umgebung* (vgl. ebd., 120–126), die sich ausdrückt in sinnvoller Ordnung mit klaren Regeln, gemeinsam vereinbarten Ritualen (s. II.8), Ermöglichung von Handlungs- und Spielräumen, Bereitstellung der benötigten Lernwerkzeuge und Arbeitsmaterialien und eine funktionale und ästhetisch ansprechende Einrichtung der Lernumgebung. In ihrem Klassenraum sollen die Kinder sich wohl fühlen können, weil es ihr Raum ist, den sie mitgestaltet haben und in dem sie sich frei bewegen können (s. III.5).

Viele von diesen Merkmalen sind in den drei Teilen dieser Religionsdidaktik implizit oder explizit angesprochen. Der abschließende Teil III widmet sich schwerpunktmäßig der inneren Form des Religionsunterrichts und thematisiert Gestaltungselemente, welche zu einer ästhetisch inspirierten Lernkultur (s. I.2) und damit verbunden zu einem lebendigen und erfahrungsbezogenen Lernen beitragen wollen, das in der Spur der Zielsetzungen (s. I., Einführung; I.4) und der Inhaltlichkeit (s. II., Einführung) eines kind- und zeitangemessenen Religionsunterrichts bleibt und zu einem guten Religionsunterricht beiträgt (s. I.6). Im Vordergrund stehen in diesem Teil Lernwege, die wir besonders hervorheben wollen, ohne den Anspruch zu erheben, damit das vielseitige methodische Spektrum des Religionsunterrichts abzudecken, wie es sich widerspiegelt in der auf Methoden spezialisierten pädagogischen (u.a. Meyer 1988) oder religionsdidaktischen Literatur (vgl. u.a. Rendle 1996a; Kurz 1998; Niehl/Thömmes 1998; Adam/Lachmann 2002a; Schmid 1997; Herion 1990).
In diesem einleitenden Kapitel wird die Methodenfrage reflektiert auf dem Hintergrund erster Begriffsklärungen (1), der grundlegenden Frage des Zusammenhangs von Zielen – Inhalten – Methoden (2) und der Fragen nach den notwendigen methodischen Kompetenzen für Lehrende und Lernende (3). Den Abschluss bilden Überlegungen zu neueren Lehr-Lernkonzepten (4) von religionsdidaktischer Relevanz.

1. Begriffsklärungen

Methode

»Methode« umfasst sowohl umgangssprachlich als auch im Kontext der Wissenschaften eine Fülle von Bedeutungen. Das Wort ist aus dem Griechischen abgeleitet und setzt sich zusammen aus meta hodos, wörtlich »Nach-/Hin-Weg«, oder »einen Weg entlang«. Folgt man der Metapher »Weg«, dann kann damit der unterrichtliche Weg des Lehrers oder der Weg der Schülerin bzw. des Schülers auf ein Ziel hin gemeint sein: als Weg des Lehrens oder des Lernens. Dementsprechend kann man auch zwischen Lehrmethoden des Lehrers und Lernmethoden der Schülerinnen und Schüler unterscheiden.
»Methode« meint hier ein bewusstes und zielgerichtetes, produktives Handeln von Lehrern und Schülern, das als Unterrichtsmethode den Lernweg des Schülers strukturiert (vgl. Meyer 1987, 85–92). Methoden sind Mittel zur Zielerreichung, vermitteln zwischen Lernenden und den anzueignenden Lerngegenständen (s. II., Einführung) bzw. -inhalten und umfassen Rahmenbedingungen zur Schaffung von günstigen Lernbedingungen bzw. Lernarrangements. So gesehen umfassen sie alle »Wie- und Wegfragen« unterrichtlichen Lehrens und Lernens (vgl. Lachmann 2002, 18).
Unterscheiden lassen sich *methodische Tätigkeits- und Handlungselemente* (z.B. fragen, sich melden, Notizen machen), *komplexere Methoden* wie Erzählen (s. III.1), Spielen (s. III.6), Gespräch (s. II.7), *Sozialformen* des Unterrichts (z.B. Einzelarbeit, Partnerarbeit, Gruppenarbeit, Frontalunterricht) und *methodische Großformen* wie Lehrgang, Freiarbeit, Projektlernen, Lernortwechsel (s. III.9–III.11).

Lernen

»Lernen« wird hier verstanden als ein komplexer Prozess, der aus Interaktionen eines Menschen mit anderen, mit der Umwelt und im schulischen Kontext mit Lerninhalten bzw. Themen besteht und Erfahrungen kreativ verarbeitet, um zu bestimmten, sichtbaren oder auch unsichtbaren Reaktionen und Aktionen oder Veränderungen zu führen. Lernen hat mit Veränderungen zu tun, die nicht als Reifung erklärt werden können. Verlernen, Umlernen und Weiterlernen sind wichtige Elemente im Prozess des Lernens. Lernen ist auf Erfahrungen angewiesen und verändert Erfahrungen (s. I., Einführung; I.4).
In diesem Buch wird aus religionsdidaktischem Interesse ein Lernverständnis bevorzugt, das Wert legt auf einsichtiges Lernen, das die aktive und strukturierende

Rolle des Lernenden (s. I.7) bei der Wahrnehmung von Wirklichkeit und der Verarbeitung von Informationen und Eindrücken sowie die Bedeutung sozialer Interaktion im Blick hat. Auch Intuition, Staunen, Imaginieren (s. III.3) und Schweigen (s. III.2) sind wichtig für ein religionsdidaktisches Verständnis von Lernen.

2. Zur Interdependenz von Zielen, Inhalten und Methoden

Die Frage nach dem Verhältnis von Inhalt und Methode ist ein alter Streit zwischen Erziehungswissenschaft und den Fachwissenschaften, auch zwischen Religionspädagogik und den anderen theologischen Disziplinen. Es geht dabei um die wissenschaftstheoretische Frage, ob (Religions-)Didaktik lediglich zuständig ist für optimale Methoden zur Vermittlung von vorgegebenen Inhalten. Es gibt aber nicht den Inhalt an sich, und es gibt nicht die Methode an sich. Beides wird erst im Kommunikationsprozess konstituiert, beides ist unlösbar miteinander verbunden. Die Methode wird zum Lernweg durch Ziele und Inhalte, und die Ziele und Inhalte erschließen sich und konstituieren sich in ihrer jeweiligen Perspektivität und Bedeutung im Aneignungsprozess durch das einzelne Subjekt. Sachgehalt eines Inhalts und Zugangsart sind darum unauflöslich miteinander verschränkt. So kann man weder von Unter- noch von Überordnung sprechen, sondern muss stets die wechselseitige Abhängigkeit von Inhalten, Zielen und Methoden im Blick behalten. Methodenentscheidungen sind darum immer im Zusammenhang mit Ziel- und Inhaltsentscheidungen und mit Blick auf die konkrete Situation und die Lernenden zu treffen. In der Didaktik hat sich für diesen unlösbaren Implikationszusammenhang der unterschiedlichen Faktoren des Lernprozesses der Terminus *Interdependenz* eingebürgert (vgl. Blankertz 1970, 91). So kann man sagen: »Die Methoden haben teil an der Interdependenz aller Unterrichtsfaktoren und bilden mit ihnen zusammen einen sich wechselseitig bedingenden Implikationszusammenhang« (Lachmann 2002, 17f). Die konkrete Gestalt, in der Inhalte dargeboten werden, eröffnet Perspektiven oder blendet sie aus, formiert oder deformiert Inhalte. Methoden sind deshalb nie ziel- und inhaltsneutral, sie enthalten normative Implikationen. Dies wird vor allem bei Lehrmethoden deutlich, die Kinder unselbstständig halten oder Selbstständigkeit fördern wollen, die entmutigen, psychisch beschädigen oder die Kinder stärken wollen.

3. Methodenkompetenz sowohl für Lehrende als auch für Lernende

Methodenkompetenz gehört zur Professionalität von Lehrenden und meint die Handlungsfähigkeit in konkreten unterrichtlichen Situationen. Kompetent ist, wer alle Wege unterrichtlichen Lehrens und Lernens auch in nicht vorhersehbaren Unterrichtssituationen zielorientiert bedenken kann, über ein vielseitiges Spektrum an methodischen Möglichkeiten verfügt und zugleich ein (selbst-)kritisches Problembewusstsein hinsichtlich der Möglichkeiten und Grenzen eines auf eine konkrete Situation hin verantwortbaren Methodengebrauchs besitzt.

Methodische Vielfalt gegen Methodenmonismus seitens der Lehrkräfte

Da überlegt eine Lehrkraft sorgsam bei der Unterrichtsplanung, wie sie durch einen guten Lehrervortrag und auflockernde Fragen den Kindern das nahe bringt, was der Lehrplan vorsieht. Eine solche herkömmliche lehrerzentrierte Methode hat immer noch ihre Berechtigung, vor allem wenn Lehrkräfte sich darauf verstehen, die Kinder zu motivieren, den Unterrichtsprozess und die Gesprächsführung gekonnt zu steuern, Sachverhalte zu visualisieren, den Lernzuwachs zu kontrollieren. Dies ist jedoch nur in solchen Unterrichtssituationen sinnvoll, in denen es vorrangig um die Vermittlung grundlegender Inhalte geht und ein großes Informationsgefälle zwischen Lehrenden und Lernenden besteht. Ist der Unterricht aber ständig lehrerzentriert aufgebaut, dann besteht die Gefahr, dass sich die Kinder unterfordert sehen und immer passiver werden. Wer eine aktive Teilnahme der Kinder am Unterricht und initiatives Verhalten erreichen will, muss nach Arbeits- und Kommunikationsformen suchen, die den Kompetenzen der Lernenden Raum geben und sie vielseitig fördern. Dazu gehört das Angebot von vielfältigen Lernwegen, welche seitens der Lehrkräfte als Kompetenz methodische Flexibilität und methodische Fantasie erfordern, ebenso auch die Fähigkeit, Kinder an Methoden des aktiven Lernens heranzuführen, beispielsweise an Methoden des kreativen Schreibens (s. III.7), des bildnerischen Gestaltens (s. III.9), an Spielformen wie das Rollenspiel (s. III.6) oder an ein projektartiges Lernen (s. III.11).

Methodenkompetenz auch für die Lernenden

Solche Lernwege können im Unterricht aber nur Hilfen sein, die gewünschten Lernergebnisse zu erzielen, wenn die Schüler entsprechende Kommunikationsregeln und Arbeitstechniken beherrschen. Kinder wollen Abwechslung in der Methode, und sie brauchen dazu auch eigene Methodenkompetenz (s. I.6). Darum sollen sich auch die Lernenden Methodenkompetenz aneignen als eine Fähigkeit, den eigenen Arbeits- und Lernprozess bewusst, zielorientiert, ökonomisch und kreativ zu gestalten (vgl. Meyer 1987, 107) und auf diese Weise das Lernen lernen. Der Aufbau von Methodenkompetenz wird in der Unterrichtspraxis zu oft vernachlässigt. Durch ein *»Metalernen«* können Methoden der Informationsgewinnung (z.B. Fragetechnik erlernen, gezieltes Markieren, in Büchern nachschlagen, aktives Zuhören durch Nachfragen), der Informationsverarbeitung (z.B. Arbeitsaufträge verstehen, Unverstandenes erfragen, Notizen machen, Skizzen anfertigen können, reduzieren, Strukturieren von Texten, Präsentieren und Visualisieren von Arbeitsergebnissen), Kommunikationstechniken (z.B. Gesprächsregeln einüben, Rollenspiel, etwas mithilfe von Stichworten vortragen können) und Techniken des Übens und Wiederholens (z.B. Methoden des Auswendiglernens) gelernt und reflektiert werden. Der Aufbau von Methodenbewusstsein und -kompetenz dient nicht zuletzt der langfristigen Zielsetzung, dass die Lernenden zunehmend Subjekte ihres Lernens werden und die Fähigkeit aufbauen, selbstständig ihre Lebenswelt zu verstehen, zu bearbeiten und zu verändern.

4. Anregungen für ein lebendiges Lernen aus der Lernforschung

Lehren und Lernen zwischen Rekonstruktion und Konstruktion, situiertem und instruktionalem Lernen

Immer wieder werden in dieser Religionsdidaktik Kinder als aktive Subjekte des religiösen Lernens (s. I.7) oder auch als »Konstrukteure« ihres Weltbildes (s. I., Einführung; I.7) in den Blick genommen. In diesem Zusammenhang wird ihre Selbsttätigkeit betont. Wenn von den Kindern als Theologen, als aktiven Konstrukteuren oder Ko-Konstrukteuren ihres Weltbildes und ihres Wissens gesprochen wird, dann verrät dies eine Nähe zu einer konstruktivistischen Lerntheorie (vgl. u.a. Reich 1996; Gruber/Renkl, 2000; Terhart 1999), die auch in der Religionsdidaktik rezipiert wird (Mendl 1997; 2002). Was damit gemeint ist und welche theoretischen Annahmen diese enthält, soll im Folgenden erläutert werden. Wir tun dies mit den Begriffen Konstruktion und Rekonstruktion. Vor diesem Hintergrund können die daran anschließenden Überlegungen zu einem situierten und einem instruierenden Lernen besser verstanden werden.

Wirklichkeitsaneignung und Lernen als Konstruktion

Das Verständnis von Lernen und Lehren und von Wissensaufbau als Konstruktion verändert herkömmliche Vorstellungen von Unterricht und Lernen, sodass man von einem Perspektivenwechsel sprechen kann. Lernen wird als Aneignungsprozess bzw. als Konstruktion gesehen. Konstruktion bedeutet, dass Wirklichkeit eine Konstruktion bzw. Er-Findung des Subjektes ist. Lernen ist dann subjektabhängige Konstruktion von Wirklichkeit. Wirklichkeit gibt es in der Sicht so genannter radikaler Konstruktivisten als eine intersubjektive, die dadurch entsteht, dass Menschen sich auf das verständigen, was gilt. Jedes Wissen ist in der Sicht radikaler Konstruktivisten eine subjektive bzw. intersubjektive Konstruktion.

Mildere Varianten – denen sich Religionsdidaktiker eher anschließen können – betonen die Wechselbeziehung zwischen den erkennenden Subjekten und außer-subjektiven Realitäten. Sie sehen in den Schülern nicht nur die »Adressaten« einer Botschaft, sondern aktive Subjekte, die selbst »religiösen Sinn« konstruieren (vgl. Büttner 2002b; Mendl 1997; 2002b). Lernen wird im didaktischen Kontext konsequent als Selbsttätigkeit gesehen, diese ist im Unterricht zu fördern und zu fordern.

Wirklichkeitsaneignung und Lernen als Rekonstruktion

Eine radikale Sicht der Konstruktion von Wirklichkeit vernachlässigt die soziale, gesellschaftliche und geisteswissenschaftliche Konstruktion von Wirklichkeit. Es braucht nicht alles erfunden werden, was schon eine Gestalt bekommen und sich bewährt hat. Es gibt Weltsichten und Weltdeutungen, die kulturelle und gesellschaftliche Gestalt bekommen haben und prägend sind, unabhängig von der eigenen Konstruktion. Tradierte Symbolsysteme der Religionen enthalten Deutungen und Interpretationen von Wirklichkeit, die re-konstruiert werden müssen, wenn man ihre Relevanz für die eigene Weltsicht befragen will. So präsentiert der Religionsunterricht durch seinen Bezug auf Traditionen und Wissenschaften (z.B. auf Theologie) Weltsichten und Deutungen, die aufgefunden bzw. rekonstruiert werden müssen, wenn sie integriert werden sollen in die eigene Konstruktion der religiösen Biografie.

Option für einen gemäßigten Konstruktivismus

Von uns und den meisten Didaktikern (vgl. Einsiedler 2001, 323) wird darum ein gemäßigter Konstruktivismus vertreten. Einerseits wird die unverzichtbare Konstruktionsleistung des lernenden Subjekts und darum auch seine Eigenaktivität – soweit es möglich und sinnvoll ist – gefördert. Andererseits betonen wir die soziale und kulturelle Konstruktion von Wirklichkeit und Wirklichkeitswissen, ihr Entstehen durch Interaktion und Kommunikation und ihre Einbettung in Sozialisationsprozesse. Der hier vertretene gemäßigte Konstruktivismus anerkennt auch die Wirklichkeit von Phänomenen in ihrem Eigenanspruch. Realität wird nicht geleugnet, ist aber nur zugänglich in aktiver Aneignung und in Auseinandersetzung mit menschlichen Deutungen und Interpretationen anderer, die im Lernen rekonstruiert werden müssen. Lernen ist sowohl Konstruktions- als auch Rekonstruktionsleistung. Diese ergänzen sich und müssen in einem für den Lernenden sinnvollen Wechselbezug gesehen werden. Bildung versteht sich dann als gegenseitiger Erschließungsprozess von Subjekt und Objekt. Religionsdidaktisch klingt diese Überlegung auch in den Prinzipien der Elementarisierung und der Korrelation (s. II., Einführung) mit an.
Zusammenfassend kann man sagen: So viel Konstruktion wie möglich. Das bedeutet vor allem Förderung der Eigenaktivität und Selbsttätigkeit und das Bewusstmachen der eigenen Weltdeutungen und Weltsichten. Eigene Konstruktionen sind darüber hinaus sinnvoll in Beziehung zu bringen zu den Konstruktionen anderer (Rekonstruktion). Von hierher werden auch Vermittlungsprozesse und die Präsentation und die Bearbeitung von Informationen und von vorhandenen Wissensbeständen sinnvoll.
Diese religionsdidaktische Positionierung konvergiert mit folgenden grundlegenden Annahmen der Lernforschung (vgl. Weinert 1996, 8f):

- Lernen ist ein aktiver und produktiver Prozess.
- Lernen ist produktiv, wenn das Wissen als kontextuiertes und situiertes Wissen für das Leben des Lernenden als bedeutungsvoll erkannt wird.
- Langfristiger Lernertrag wird vor allem durch selbst initiiertes, selbst gesteuertes, selbst kontrolliertes und selbstverantwortliches Lernen begünstigt. Instruktion muss diesem Mittel und Ziel dienen.

Für die weithin noch übliche Praxis des Grundschulunterrichts bedeutet die Akzeptanz eines moderaten Konstruktivismus einen Perspektivenwechsel. »Die Perspektive wechselt von den Lehraktivitäten für alle Schüler zu den selbst beschrittenen individuellen Lernwegen« (Einsiedler 2001, 324).

Lehren und Lernen zwischen »situiertem« und »instruktionalem« Lernen

Schulisches Lernen ist weitgehend immer noch »rezeptives« Lernen, bei dem die zu lernenden Inhalte in fertiger Form dargeboten werden: im günstigen Falle gut strukturiert, mit sinnvollen Inhalten, in kleinen Schritten, mit Übungsmöglichkeiten und Rückmeldungen für die Lernenden. Dieses Modell der direkten und lehrerzentrierten Instruktion ist effektiv für die Vermittlung neuen Wissens in gut-strukturierten Teilbereichen, z.B. bibelkundliches Basiswissen. Rezeptives Lernen leidet aber oft an motivationalen Defiziten, weil die Lernenden zu wenig als »Entdecker« aktiv sind und zu wenig Gelegenheit bekommen, die Bedeutung des instruierten Inhalts in seinen verschiedenen Perspektiven und seinen Transfermöglichkeiten zu entdecken. Gelingt es nicht, beim Lernenden Interesse zu wecken, kann eine instruktionale Wissensvermittlung noch so gut geplant und perfekt inszeniert worden sein, das angelernte Wissen bleibt bedeutungslos im Hinblick auf außerschulische Anwendungssituationen, bleibt somit »träges Wissen« (vgl. Gruber/Renkl 2000).

Situiertes Lernen

»Situiertes Wissen« (vgl. Gruber/Renkl 2000, 13–15) betont die enge Beziehung zwischen der Situation, in der das Individuum lernt, und in der es das erworbene Wissen in anderen Situationen anwendet. Gelerntes schulisches Wissen ist an einen bestimmten Kontext gebunden und kann nicht automatisch auf andere Kontexte außerhalb der Schule bezogen werden. Eine solche Anwendung in neuen möglichen Situationen und Kontexten muss darum beim Lernen schon reflektiert oder auch antizipierend eingeübt werden. Einen Transfer auf andere Situationen ermöglicht am ehesten ein Lernen an authentischen oder zumindest realitätsnahen Problem- oder Fragestellungen, und zwar am besten in Interaktion und Kooperation mit anderen. Dies ermöglicht die Wahrnehmung und Eröffnung verschiedener Perspektiven. Auch sinnvolle Phasen lehrerzentrierter Instruktion können dann greifen.
Welche Prinzipien eines »situierten Lernens« (Renkl u.a. 1996a, 8ff) sollten berücksichtigt werden?

(1) *Problemorientiertes und erfahrungsorientiertes Lernen,* das sich auf realitätsnahe Fragestellungen und Erfahrungen bezieht. Antworten werden erst dann bedeutsam, wenn sie sich auf Fragen der Lernenden beziehen lassen. Wenn Fragen des Unterrichts zu echten Fragen geworden sind (s. II.7), dann werden von den Lernenden auch Suchbewegungen ausgehen, die zu ersten tastenden Antworten führen. Wichtig sind ferner motivierende Herausforderungen und Fragestellungen die einen Bezug zum Leben (s. II., Einführung)

und evtl. zu späteren Anwendungskontexten aufweisen. Die Fragestellung muss motivieren, sich ein bestimmtes Wissen bzw. bestimmte Kompetenzen anzueignen, welche einer Problemlösung dienen.

(2) *Realitätsnähe* bedeutet, dass die Lernsituation der Anwendungssituation möglichst ähnlich sein soll. Ohne Realitätsnähe kann kaum davon ausgegangen werden, dass anwendbares Wissen entsteht.

(3) *Artikulation und Reflexion* sollen helfen, dass erworbenes Wissen nicht an einem bestimmten Kontext, beispielsweise dem Religionsunterricht, »festklebt«. Das Bewusstmachen und Gestaltgeben des Gelernten (s. III.13) unterstützt einen Transfer auf andere Kontexte.

(4) *Multiple Perspektiven* unterstützen den Aufbau eines flexibel anwendbaren Wissens. Dadurch, dass die Problemstellung aus unterschiedlichen Perspektiven beleuchtet wird (z.B. aus der eigenen biografischen und fachkompetenten Perspektive der Lehrenden, aus der Perspektive verschiedener Schüler, die immer wieder Gelegenheit bekommen sollen, ihre Perspektive und ihre Sicht von Wirklichkeit in den Dialog einzubringen, sowie aus der Perspektive der für das Thema jeweils relevanten Wissenschaften), entsteht ein Bewusstsein von der vielfältigen Bedeutung der Lerninhalte.

(5) *Lernen im sozialen Austausch* findet beispielsweise durch das Problemlösen in Kleingruppen statt. Schülerinnen und Schüler sollen fähig werden, gemeinsam und kooperativ zu lernen. Im Religionsunterricht sollte diese Kultur gepflegt werden. Lernen im sozialen Austausch unterstützt die oben genannten Prinzipien.

Diese Prinzipien gelten für ein Lernen, bei dem anwendungsrelevantes Wissen und lebensrelevante Kompetenzen aufgebaut werden sollen. Die Rolle der Lehrenden (s. I.8) ist es dabei, den Lernenden möglichst viele Anregungen zu geben und Lernsituationen zu ermöglichen. Dabei ist auf die notwendige Balance zwischen den nicht gesteuerten Phasen situierten Lernens auf der einen und wohl organisierten Instruktionsprozessen auf der anderen Seite zu achten.

Instruktionslernen

Für den Aufbau von Basiswisssen oder von komplexen Kulturtechniken (vgl. Weinert 1996, 4) eignen sich Formen gut organisierter Instruktion, für den Erwerb von Anwendungswissen hingegen sind Formen des situierten Lernens überlegen (vgl. Gruber/Renkl 2000, 16).

Darstellendes und selbsttätiges Lernen brauchen sich nicht auszuschließen. Doch darf Instruktionslernen nicht missverstanden werden als ein rein passives und mechanisches Aufnehmen von Informationen. Lernen können nur die Lernenden

selbst, und darum muss jede Instruktion darauf ausgerichtet sein, deren selbstständiges Lernen zu unterstützen. Eine gelungene Erzählung (s. III.1), ein gutes Vorlesen, die Darbietung einer Situation oder die Darstellung und Erklärung eines Sachverhalts können Fragen aufwerfen und zur Interaktion mit dem Lerngegenstand motivieren, welche herausfordert, eigene Vorstellungen zu bilden (s. III.3).
Die oft heterogenen und nicht kompatiblen Lerntheorien erschweren es, zu eindeutigen Prinzipien für erfolgreiche Instruktion zu kommen. Mit Vorbehalten seien hier einige empirisch gut belegte und für methodische Entscheidungen inspirierende Prinzipien genannt (vgl. Weinert 1996, 39ff):

- Bei den Entscheidungen über Ziele, Inhalte und Lernwege sind die interindividuellen Differenzen des kognitiven Entwicklungsstandes, des Vorwissens und der Lernmotivation zu berücksichtigen.
- Wenn nicht zumindest ein Minimum an Sach-, Lern- und Leistungsmotivation bei den Lernenden vorhanden ist, muss dieses durch geeignete Instruktionsmaßnahmen ausgelöst oder substituiert werden.
- Instruktion muss dafür sorgen, dass das für den Aufbau inhaltsspezifischer Wissenssysteme notwendige Wissen in hinreichender Qualität und Quantität, in angemessenem Schwierigkeitsgrad und Umfang gelernt werden kann. Für fehlendes Vorwissen müssen Kompensationsmöglichkeiten gesucht werden.
- Instruktion bedeutet nicht nur Unterstützung beim Aufbau inhaltlicher Wissenssysteme, sondern sollte auch dazu beizutragen, dass Lernen selbst erlernt wird.
- Die Bedeutung des Gelernten für verschiedene Anwendungssituationen bzw. seine Relevanz sollte thematisiert werden.
- Auch wenn Routinen, automatisierte Fertigkeiten, mechanisch reproduzierbare Kenntnisse keineswegs in ihrer Bedeutung für das Lernen unterschätzt werden dürfen, sollte Lernen grundsätzlich ein möglichst tiefes Verstehen des Gelernten zum Ziel haben.
- Rückmeldungen sind wichtig für den Lernprozess (s. III.13). Sie müssen aber informativ und auf den Lernprozess bezogen sein und sollen darüber hinaus auch motivierend wirken.
- Langfristiges Behalten von Gelerntem hängt vor allem von seiner lebensweltlichen Relevanz für das Individuum, von seinem »Nutzungswert«, aber auch von spezifischer Übung, Automatisierung, Anwendung in unterschiedlichen Situationen und der Reflexion von Anwendungsmöglichkeiten des Wissens ab.

Vergleicht man die beiden Konzepte des Lehrens und Lernens wird man die jeweiligen Stärken herausfinden. Situiertes Lernen motiviert zu eigenständigen und selbstgesteuerten Lernaktivitäten und schafft so Voraussetzungen für das Interesse der Lernenden am Lerngegenstand. Vor allem wird in diesem Konzept die Bedeutung eines über die Schule hinaus wirkenden Anwendungswissens betont und Problemlösefähigkeit gefördert. Instruktion betont die Lehreraktivitäten im Sinne eines angeleiteten und gesteuerten Lernens etwa in einem fragend-entwickelnden Unterricht oder einem einübenden Lernen. In ihrer Ergänzung hat sich ein Wechsel von angeleiteten und selbst gesteuerten Aktivitäten als lernfördernd erwiesen. Darum sollten im Unterricht die verschiedenen Lehr-Lernkonzepte kombiniert werden (vgl. Einsiedler 2001, 327).

Zusammenfassung:

In diesem Kapitel wird die Bedeutung der Methoden bei der aktiven Rezeption und eigenständigen Verarbeitung von unterrichtlichen Inhalten im Interesse an einer Förderung religiöser Mündigkeit und Kommunikationsfähigkeit hervorgehoben. Kinder werden als Ko-Konstrukteure ihrer Wirklichkeitssicht und ihres Weltbildes gesehen im Geiste eines gemäßigten Konstruktivismus. Methodenentscheidungen sind stets im Zusammenhang mit Ziel- und Inhaltsentscheidungen zu sehen, weil jene nie inhaltsneutral und frei von normativen Implikationen sind. Methodenmonismus ist für den Religionsunterricht kontraproduktiv. Angemessene methodische Entscheidungen auf die Lernenden und auf die Ziele und Inhalte des Faches hin erfordern methodische Kompetenz sowohl bei Lehrenden als auch bei den Lernenden. Eigenständiges Lernen und ein effizienter Wissensaufbau werden gefördert durch die Beachtung von Gesichtspunkten sowohl eines situierten Lernens als auch von Regeln für ein produktives Instruktionslernen. Letzteres hat als Ziel die aktive Aneignung durch die Lernenden im Hinblick auf ihre Selbsttätigkeit. Dabei ist auf die notwendige Balance zwischen den nicht gesteuerten Phasen situierten Lernens auf der einen und wohl organisierten Instruktionsprozessen auf der anderen Seite zu achten.

Lesehinweis:

Adam, Gottfried/Lachmann, Rainer (Hg.) (2002): Methodisches Kompendium für den Religionsunterricht 1. Basisband. 4. Aufl. Göttingen.

Niehl, Franz Wendel/Thömmes, Arthur (1998): 212 Methoden für den Religionsunterricht. München.

Schmid, Hans (1997): Die Kunst des Unterrichtens. Ein praktischer Leitfaden für den Religionsunterricht. München.

Rendle, Ludwig u.a. (1996a): Ganzheitliche Methoden im Religionsunterricht. Ein Praxisbuch. München.

III.1 Die Kunst des Erzählens und Zuhörens

Georg Hilger

Die Kultur des Erzählens nimmt für einen lebendigen Religionsunterricht einen unverzichtbaren Platz ein. Im Folgenden werden zunächst einige Überlegungen angestellt, inwieweit das Erzählen zum einen den Kontext unserer Alltagswelt bestimmt, und zum anderen transparent ist für ein »Mehr« an Erfahrungen (1). Dieses Potenzial, das über das Vordergründige hinausgeht, kann im Religionsunterricht zum Ort werden, die Kinder mit der prophetischen Kraft der jüdisch-christlichen Erzählwelt in Berührung zu bringen und ihnen so Deutungen für ihre eigenen (Lebens-)Geschichten zu eröffnen (2). Eine solche Weise des Erzählens braucht bestimmte Regeln, um gelingen zu können. Auch sie sollen im Folgenden kurz angesprochen werden (3).

1. Warum Erzählen lebenswichtig ist

Jeder kann erzählen und hört gerne Erzählungen. Erzählen – so Stan Nadolny in seiner Münchener Poetik-Vorlesung – sei eine ebenso unvermeidliche wie lebenswichtige Tätigkeit: Sie ist ein Teil der lebenswichtigen Arbeit, die das menschliche Gehirn überhaupt leistet: Narrativierung, die Herstellung eines nachvollziehbaren Zusammenhangs, sei er nun ›real‹ oder ›fiktiv‹. Eine grundlegende Arbeit, die jeder tut, der lebt. Nur wer einen Zusammenhang erkennt oder die Chance hat, ihn herzustellen, steht – so Nadolny – morgens aus dem Bett auf (vgl. Nadolny 1990, 77). Durch Erzählen werden sinnvolle Zusammenhänge geschaffen, die ein Kind braucht, um sich in seiner Welt zurechtzufinden und seine Identität zu bilden. Wer wir sind, das entdecken wir durch unsere Erzählungen, die wir anderen, uns selbst erzählen und denen wir zuhören. Was für die einzelne Person gilt, das lässt sich auch auf Familien, Gruppen, Gemeinschaften, Religionen und Kulturen übertragen: Auch sie sind angewiesen auf identitätsstiftende Geschichten. Erzähl- bzw. Narrationsfähigkeit ist eine lebenswichtige Bildungsaufgabe.

Nach dem Wochenende erzählen Kinder und Erwachsene von ihren Erlebnissen und Unternehmungen, am Telefon erzählen wir Geschichten. Wir teilen uns dabei erzählend mit und teilen damit unseren Alltag mit andern. Erzählen fordert zu Anteilnahme, Identifikation auf und lässt zugleich immer auch die Möglichkeit der Abgrenzung, des Widerspruchs und der Distanzierung offen. Das, was Menschen erzählen, stellt zugleich einen Teil der alltäglichen Erfahrungen und Lebenswirklichkeiten dar. Es hilft, den Alltag zu verstehen und ihn auch in seiner Ambivalenz auszuhalten. Erzählen ist immer auch ein Deuten und Bewältigen von Erfahrungen und Widerfahrnissen, auch von schrecklichen Begebenheiten und von Leid. Manches Leid wird durch Erzählen verarbeitbar oder sogar überwindbar.
Erzählen kann auch Isolation überwinden und Gemeinschaft stiften. Erzählte Lebensgeschichten helfen den Menschen, die Ambivalenzen ihres Alltags auszuhalten, in ihm einen Sinn zu entdecken bzw. ihm einen Sinn zu geben. Aus den verschiedenen Geschichten wird so eine Lebensgeschichte.
Sowohl das Lernen an fremden Biografien wie auch das Gewahrwerden der eigenen Biografie kann in besonderer Weise gefördert werden durch das Erzählen. Die Erzählkultur ist in der Schule häufig vernachlässigt worden zugunsten einer Diskurs- und Belehrungskultur. Sowohl im Erzählen eigener Geschichten wie im Erzählen von Geschichten anderer zeigen sich Erzählende – wenn er oder sie gut erzählt – als authentisches Subjekt. Erzählungen sind nur gut und glaubhaft, wenn sie authentisch erzählt oder nacherzählt werden.

2. Warum der Religionsunterricht nicht auf das Erzählen verzichten kann

Religionsunterricht ist einladend und glaubwürdig als Erfahrungsraum für das unbedingte Erwünschtsein und Angenommensein eines jeden Menschen, wenn in seiner konkreten Praxis auch Kinder mit ihren Geschichten und ihrer Biografie ernst genommen werden. Religionsunterricht muss dann ein Ort sein, an dem alle Beteiligten sich mit ihren Geschichten einbringen und sie erzählen dürfen bzw. dazu ermutigt werden. Das muss sicher oft erst wieder gelernt werden.
Die Erzählung ist ein Medium, das nichts kostet und nichts anderes verlangt als Zuhörer und Zuhörerinnen. Kinder und Erwachsene hören gerne Erzählungen, vor allem dann, wenn die Erzählenden etwas von sich mitteilen und so die Zuhörenden in die eigenen Erfahrungen und Geschichten hinein nehmen und sie darin verstricken, oder wenn im Erzählen Entferntes herbeigeholt wird und Fremdes nahe kommt. Erfahrungen, Einstellungen, Gefühle, Sehweisen, Traditionen wer-

den in Geschichten weitergegeben. Im Erzählen können wir uns selbst mitteilen und finden Menschen ihre Geschichte. Tragisch ist es, wenn Erzählende keine Zuhörerinnen und Zuhörer finden, die an seinen/ihren Geschichten interessiert sind. Das ist auch verhängnisvoll für Kinder, wenn z.B. die Lehrenden kein Ohr für ihre Geschichten haben. Erzählen und Zuhören ermöglichen das Mitfühlen, Mitfreuen und Mitleiden und so Teilhabe an den Leiden und Hoffnungen gegenwärtig lebender und verstorbener Menschen. So ist Erzählen anthropologisch gesehen ein Moment der dialogischen Struktur der menschlichen Existenz und eine elementare Form menschlicher Kommunikation.
Erzählungen können aber auch befremden, indem sie Selbstverständlichkeiten infrage stellen. Sie können für die Mächtigen geradezu gefährlich werden, wenn Erinnerungen an bessere Zeiten oder Vorstellungen eines anderen und freieren Lebens geweckt werden. Erzählungen einer besseren Welt können zu widerständigen Hoffnungsgeschichten werden. Erzählungen sind schön, wenn sie das Erwartete umkehren, das Gewohnte und Alltägliche übertreiben, Furcht gegenstandslos machen, Hoffnungen unerwartet erfüllen und Schwächen zu Stärken werden lassen.
Erzählen ist eine Grundform jüdisch-christlicher Überlieferung. In ihren Erzählungen zeigen sich die prophetische Kraft »gefährlicher Erinnerungen« (Metz 1973), die Vorstellungen einer erlösten Welt als Hoffnungsspuren und das Wirken Gottes in der Geschichte. Dieses Handeln Gottes erweitert die Grenzen der Wirklichkeit. Vor allem Wundergeschichten inszenieren geradezu den Widerspruch zu vordergründigen Gewissheiten. In den biblischen Erzählungen werden die Hoffnungsgeschichten der Vergangenheit zu Zukunftsvisionen. Erzählen ist somit eine der Grundformen biblischer Didaktik (vgl. Baldermann 2001, 436).
Religiöses Lernen braucht das Erzählen und Zuhören und dabei die Erfahrung einer Erzählgemeinschaft. Dazu gehören nicht nur biblische Geschichten, sondern auch die eigenen Geschichten vom Leben und Glauben und – neben den Geschichten von anderen Glaubenden, Hoffenden, Zweifelnden, Leidenden und Liebenden – auch Alltagsgeschichten.
Die Hochschätzung des Erzählens darf nicht übersehen, dass Erzählungen und das Erzählen auch missbraucht werden können zur Legitimation ungerechter Herrschaftsverhältnisse, zur Verfälschung von Wirklichkeit, zur Manipulation und zur Verdummung. Erzählungen können auch verletzen. Darum sind die in Erzählungen enthaltenen Deutungen und Interessen auch kritisch bzw. selbstkritisch zu befragen (vgl. Zimmer 2002, 482).

3. Authentisch erzählen – Vorstellungen und Fragen wecken – Erzählatmosphäre schaffen

Folgende Empfehlungen können helfen, das Erzählen als eine Grundform religiösen Lernens im Besonderen wieder neu zu entdecken:

Authentisch erzählen

Kinder und Jugendliche haben ein Gespür dafür, wie erzählt wird. Hält sich die/der ErzählerIn aus der Geschichte heraus, wirkt die Geschichte künstlich konstruiert und aufgesetzt. Schafft es die/der ErzählerIn dagegen, sich selbst in einen Bezug zur Geschichte zu bringen und auch etwas von sich mitzuteilen, nehmen die Zuhörenden das als spannende und authentische Erzählung wahr. Beim Erzählen authentisch zu bleiben bedeutet, seine eigene Sprache zu sprechen und nicht »kindertümelnd« zu werden bzw. in einen anbiedernden Jargon zu verfallen. Im Hinblick auf biblisches Nacherzählen fordert Ingo Baldermann eine doppelte Authentizität: Authentizität einerseits gegenüber dem biblischen Text und dem, wovon er erzählen will, und andererseits gegenüber der Glaubwürdigkeit des Erzählers. Authentizität wird verfehlt, »wenn die Erzählung an den Erfahrungen der ursprünglich Betroffenen vorbeigeht, an ihren Schmerzen und ihrer Sehnsucht, und zum anderen, wenn die Erzählung an mir selbst vorbeigeht« (Baldermann 1996, 100). Solches authentisches Erzählen setzt voraus, den Bibeltext wahrzunehmen, mit ihm umzugehen, auf ihn zu hören, sich von ihm ansprechen zu lassen und sich mit seinen Widerständigkeiten – auch mithilfe von exegetischen Kommentaren – auseinander zu setzen. Die Intentionen und die Sprachformen der Texte sind dabei zu beachten. So sollte eine symbolische Erzählung (wie z.B. Gen 3) nicht in einen Tatsachenbericht transformiert werden (vgl. Berg 1993, 183). Im Interesse der persönlichen Authentizität sollten möglichst nur solche Bibeltexte erzählt werden, die persönlich bedeutungsvoll geworden sind. Authentisches Erzählen verbietet auch ein absichtsvolles Psychologisieren und Moralisieren. Wer authentisch erzählt, löst sich auch von einem wörtlichen Nacherzählen bzw. Nachsprechen z.B. eines biblischen Textes oder einer Erzählvorlage. Bei aller Treue gegenüber einer Vorlage gilt es, ihr entfaltend eine eigene Form zu geben (zum entfaltenden Erzählen vgl. u.a. Adam 2002, 150ff).

Vorstellungen wecken

Erzählungen können bei den Zuhörenden Imaginationskräfte freisetzen und Bilder hervorrufen oder erzeugen (s. III.3). Dies wird erschwert, wenn in einer generalisierenden Sprache erzählt wird oder wenn die Bilder im Erzählen schon zu sehr ausgemalt werden. Imaginationskraft wird eher durch sparsame und präzise erzählerische Mittel geweckt als durch überbordende Anschaulichkeit, die jedes Detail ausmalen will. Produktive Anschaulichkeit lässt Leerstellen, Lücken und aktiviert durch Unausgesprochenes Fragehaltungen und Vorstellungen. In den biblischen Erzählungen findet man eine solch sparsame und unaufdringliche Anschaulichkeit, die kraftvoll ist und viele Bilder wecken kann (Baldermann 1996, 106). Kraftvoll wird eine Erzählung durch die Beachtung folgender Regeln einer »Grammatik des Erzählens« (Berg 1993, 184): kurze Hauptsätze, Schachtelsätze vermeiden, direkte Rede, sparsame Verwendung von Adjektiven und eine aktivische Erzählform.

Erzählatmosphäre schaffen

Dazu gehören Rituale wie zum Beispiel eine angemessene Sitzordnung, die Bereitschaft zuzuhören, der Blickkontakt der Erzählerin, des Erzählers mit den Zuhörenden und das Erzählen mit Gesten. Erzählen und Zuhören verlangen eine Erzählkultur, die häufig erst wieder eingeübt werden muss angesichts eines diskursiven und informierenden Unterrichtsstils. Ein solcher Unterrichtsstil lässt eine narrative und poetische Sprache verkümmern oder wertet diese sogar ab. In einer solchen Lernkultur hat das Erzählen keinen Platz. Es verwundert darum nicht, dass viele Lehrende nicht (mehr) erzählen können.

Zur Erzählatmosphäre gehört auch das Interesse an den anderen und an dem, was sie und er zu erzählen hat, sowie die Bereitschaft, die Scheu zu überwinden, Erfahrungen auszutauschen. Eine mangelnde Fähigkeit, Erfahrungen auszutauschen, verweist auf Schwächen oder Störungen in der sozialen Kommunikation. Erzählen fördert zwar Gemeinschaft, setzt aber auch eine Bereitschaft zur Erzählgemeinschaft voraus.

Zusammenfassung:

Erzählen ist ein sinnstiftendes »Lebensmittel« und ein wesentliches Bildungsgut im Hinblick auf die Identitätsentwicklung im Verlauf der eigenen Lebensgeschichte. Das Erzählen eigener Geschichten, die Erzählungen fremder Biografien und Erinnerungen setzen anteilnehmende Kommunikation voraus und fördern sie. Erfahrungen aus vergangenen Zeiten können durch Erzählen gegenwärtig und zukunftsbedeutsam werden. Erzählen ist eine Grundform jüdisch-christlicher Überlieferung und Theologie und somit auch unverzichtbar für den Religionsunterricht. Für die Praxis des Erzählens wird eine doppelte Authentizität gefordert: Authentizität gegenüber dem Text und seinen Aussageabsichten und gegenüber der Glaubwürdigkeit des Erzählers. Erzählen, das Bilder und Vorstellungen wecken will, ist angewiesen auf eine unaufdringliche poetische Sprache, die dennoch kraftvoll ist. Zu achten ist auf eine Erzählatmosphäre der gegenseitigen Aufmerksamkeit und Achtsamkeit.

Lesehinweis:

Adam, Gottfried (2002): Erzählen. In: Ders./Lachmann (Hg.): Methodisches Kompendium für den Religionsunterricht 1. Basisband. 4. Aufl. Göttingen, 137–162.

Baldermann, Ingo (2001): Erzählen. In: Mette, Norbert/Rickers, Folkert (Hg.): Lexikon der Religionspädagogik. Bd. 1. Neukirchen-Vluyn, 435–441.

Zimmer, Siegfried (2002): Erzählen. In: Bitter, Gottfried u.a. (Hg.): Neues Handbuch religionspädagogischer Grundbegriffe. München, 481–484.

Tschirch, Reinmar (1997): Biblische Geschichten erzählen. Stuttgart.

III.2 Die Stille spüren – Meditative Übungen und Gebet

Werner H. Ritter

Die Alltagswelt von (Grund-)SchülerInnen ist heute in der Regel laut und ablenkungsintensiv – so wie wir alle eher in einer Zerstreuungs-Kultur leben als in einer, die zur Sammlung und zum Nach-Sinnen anleitet. Deswegen sind Kindern im Alltag Stille, Meditation, konzentriertes Nachsinnen und Beten in der Regel weniger vertraut und geläufig. Andererseits sind Stille, Meditation und Gebet konstitutive und elementare Bestandteile christlicher Religion und Spiritualität, aber auch teilweise der Schulkultur (s. I.5). Durch Spiritualität wird christlicher Glaube in »meine« Lebens- und Glaubensgeschichte eingeholt und »inkarniert«. Das bringt nicht nur eine Gestaltenvielfalt von Spiritualität hervor, sondern zeigt auch ihre Offenheit, die sich einer exakten Definition entzieht (vgl. Bitter 1993, 8). Gehört »spirituelle Bildung« unverzichtbar zu (religiöser) Bildung dazu, dann darf sie im Grundschul(religions)unterricht nicht fehlen. Kinder lassen sich für entsprechende Gestaltungen und Be-Gehungen (Christoph Bizer) christlicher Religion, Unterrichts- und Schulkultur öffnen und sensibilisieren. Im Folgenden denken wir zunächst anthropologisch-pädagogisch über »Stille in der Schule« nach (1), entdecken sodann die theologische und religionspädagogische Relevanz von Stille, Meditation und Gebet (2) und schließen daran (religions-)didaktisch-methodische Überlegungen und Konkretionen (3) an.

1. Stille spüren in der Schule – anthropologisch-pädagogische Reflexion

Zum Menschsein gehören Arbeit und Ruhe, Alltag und Feiertag, Anspannung und Entspannung, Einatmen und Ausatmen, »Kampf und Kontemplation« (eine Taizé-Formulierung), Stille und Betriebsamkeit. Kindsein als eigenständiger Modus des Menschseins partizipiert an dieser dialektischen Grund-Spannung. Dementsprechend gehört zum Leben und Lernen in der Grundschule beides:

Aktivität *und* Passivität, Handeln *und* Sein-Lassen. Wo Leben und Schule nur aus Anspannung, Kampf, Arbeit, Lärm bestehen, geschieht zu viel – und zugleich zu wenig.
Wir Heutigen lernen wieder neu, was es heißt, dass für Menschen generell und Kinder speziell der Wechsel von Anspannung und Arbeit einerseits, Entspannung und Ruhe andererseits so notwendig ist wie der von Einatmen und Ausatmen. Dies gilt für den Alltag der Erwachsenen wie den Schultag von Kindern. Wir brauchen Zeiten der Stille und Zeiten des pulsierenden, »lauten« Lebens. Dabei sind Stillsein und Konzentration bedeutsame Faktoren für Bildung allgemein und Schulunterricht speziell – spirituelle Bildung leistet »einen wichtigen Beitrag zu allgemein bildungsmäßig und schulpädagogisch wichtigen Zielen« (Grethlein 2002b, 253).

2. Zur theologischen und religionspädagogischen Relevanz von Stille, Meditation und Gebet

Zu den Grundvollzügen lebendiger christlicher Religion gehören vom Ersten und Zweiten Testament her bis heute Stille, Meditation und Gebet, was von theologischer und religionspädagogischer Relevanz ist.
Theologisch sind *Stille und Still-Sein* schon im Alten Testament von Bedeutung. Weil Gott für Menschen eintritt und kämpft, können diese still sein, sich zurückziehen und zurücknehmen (vgl. Ex 14,14; Ps 37,7; 46,11; Jes 7,4; 30,15) und Gott »in der Stille (zu Zion) loben« (Ps 65,2). Jesus sucht den Evangelien zufolge die Stille z.B. im Garten Gethsemane (Mt 26,36ff) oder wenn er sich von den ihn bedrängenden Menschenmassen zurückzieht (vgl. Mk 3,7ff; 6,31ff u.ö.). Auch im Himmel ist nicht nur das gewaltige »Heilig, heilig, heilig ist der Herr Zebaoth« (Jes 6,3) und das Lob der himmlischen Heerscharen (Lk 2,14) zu hören, sondern es wird auch eine Stille sein (Offb 8,1). Gott ist der, der im Alten und Neuen Testament dem Einzelnen wie seinem Volk Ruhe schafft, jetzt schon (Ex 16,23; Dtn 3,20; Jos 21,44; Jes 32,18; Mt 11,29) und dereinst (Hebr 4,1.9). Theologisch ist es möglich, ihn auch im Schweigen, in der Stille auszudrücken und zu verehren; Schweigen und Stille sind eine (Expressions-)Gestalt des christlichen Glaubens.
Der Mensch, wie ihn das Erste und Zweite Testament vorstellen, ist einer, der »Freude an der Weisung des Herrn« hat (Ps 1,1) und Gottes Wort »wiederkäut«, wie Martin Luther (1483–1546) das Wort *Meditation* eindeutscht (vgl. Nicol

1992; Grethlein 2002b, 253), und es immer von Neuem wieder-holt und sich darauf ein-lässt. Solche Gott, seinem Wort und seinen Handlungen nach-sinnende Haltung kennzeichnet den Menschen in der Sicht christlicher Anthropologie (vgl. Schoberth 2006). Ferner zählt ebenfalls im Ersten und Zweiten Testament das *Gebet* in seinen verschiedenen Expressions- und Konkretionsgestalten zu den Kennzeichen christlicher Religiosität (vgl. Ritter 2004e).

Alle drei Phänomene gehören zur Geschichte und zum »Wesen« des christlichen Glaubens, sicher in unterschiedlicher und mit der Zeit wechselnder Wichtigkeit, Betonung und Bedeutung. Alle drei zeigen, dass christlicher Glaube nicht etwas rein Abstraktes, Geistiges und Gestaltloses ist, sondern erfahrungs- und gestaltförmig wird und nach Ausdruck, Darstellung und Nachvollzug verlangt (s. I.2).

Religionspädagogisch sollen Kinder (und Heranwachsende) Stille, Meditation und Gebet als Grundakte christlicher Religion nicht (nur) kritisch bedenken, sondern in konkreter Gestaltung durch Mit- und Nachvollzug kennen lernen und »üben«. Was christliche Religion ist, wird für Grundschulkinder (aber nicht nur für sie) exemplarisch anschaulich und sinnenfällig erlebbar im Stille-Spüren, im meditierenden Nach-Sinnen und Sich-Konzentrieren sowie im Gebet. Es bedarf also seitens der SchülerInnen der lebendigen Begegnung mit und der Partizipation an diesen spirituellen Lern-Wegen, ihres Mit-Tuns und ihrer Ein-Übung: So wird ihnen Religion konkret und kann zum Wurzelgrund eigener Religiosität werden.

Während in weiterführenden Schulen und dem dortigen Religionsunterricht noch bis vor wenigen Jahren eine relativ deutliche Reserve gegenüber Formen spirituellen Lebens herrschte, bestand diesbezüglich in der Grundschule immer schon eine relative Offenheit und Unbefangenheit (vgl. Grethlein 2002b, 254).

3. (Religions-)didaktische und methodische Möglichkeiten und Konkretionen

Partizipieren und Sich-Einüben

Spirituelle Bildung ist, religionsdidaktisch gesehen, eine wesentliche und unverzichtbare Dimension religiöser Bildung (s. I., Einführung; vgl. Grethlein 2002b). Sie wurde bis in die 80er-Jahre des 20. Jh. hinein schulisch mehr (so evangelisch) oder minder (so katholisch) vernachlässigt. Heute ist uns deutlich, dass Religionsunterricht entsprechende »authentische (Erst-)Erfahrungen grundlegen« helfen muss (Albrecht 2004). Unterstützt von ästhetischen, kreativen, erfahrungs- und handlungsbezogenen didaktischen Ansätzen und Konzepten geht es heute religionsdidaktisch darum, mit und für SchülerInnen Möglichkeiten und Gelegenheiten zu schaffen, damit sie christlichen Spiritualitätsformen begegnen und sie mit- und nachvollziehen können. *Religionsdidaktisch* ist spirituelle Bildung vor allem deswegen wichtig, weil damit die (spirituelle) »Qualität« und Eigenlogik christlicher Religion für SchülerInnen wahrnehmbar und erfahrbar werden. (Grundschul-)Religionsunterricht muss Kindern beim Aufbau von religiösen Deutungs- und Partizipationskompetenzen behilflich sein. Da Stille, Meditation und Gebet zur Eigenlogik christlicher Religion gehören, ist Religionsunterricht von der Grundschule an gehalten, SchülerInnen das Kennenlernen solch grundlegender Vollzüge gelebter christlicher Religion (zumindest probeweise) zu ermöglichen, was das – zwanglose – *Üben und Sich-Einüben* einschließt.

Wie lernen Menschen Religion, und wie partizipieren sie an ihr? So wie sie Leben, Sprache, Musik lernen: indem sie daran teilhaben, indem sie sie mit- und nachvollziehen. Wir lernen all das also nicht wie in einem Trockenschwimmkurs abstrakt und theoretisch, sondern indem wir uns in das betreffende Metier oder Medium mit allen Sinnen hineinbegeben und es mitleben. Diesbezüglich verdanken wir neuerer Erziehungswissenschaft und Religionspädagogik wichtige Einsichten, wenn sie mittels Vorstellungen wie »Gestalt«/»Gestaltpädagogik«, »Lebensform«, »Erfahrung« und »Ganzheitlichkeit« auf den konstitutiven Zusammenhang von Leben(sform) und Bildung aufmerksam machen (vgl. Prengel 1983; Rumpf 1981; Bizer 1989). Der Begriff *Lebensform* erinnert pädagogisch, soziologisch und religionspädagogisch an die geschichtlich-sozialen Grundlagen, auf die Religion und Bildung angewiesen sind: Beide »leben« nicht ohne Lebensformen und erfahrbare Gestalten (vgl. Flitner 1967). So lässt sich auch Religion am besten im Lebenszusammenhang und an konkreten Erfahrungs-Modellen »anschauen«, »probieren« und »verstehen«. In diesem Sinne braucht es schulische und religionsunterrichtliche »Erfahrungsfelder« mit der Möglichkeit des »Probierens« und »Praktizierens«, nicht bloß des »Theoretisierens« (vgl. Bizer 1989; Englert 2002b; Blum 2004), zumal SchülerInnen nicht nur Wissenszugewinn erwarten, sondern auch praktische Lebensorientierung. Insofern muss der (Grundschul-)Religionsunterricht immer wieder erfahrungs- und verweisungsoffen für gelebte christliche Existenz sein. Ohne solche »Anschauung und Erfahrung« könnte er nicht nur langweilig, sondern auch »gegenstandslos« werden.

Insofern gehört es zu den Aufgaben religiöser Bildung, dem *Glauben einen wahrnehmbaren Ausdruck geben* zu lernen (s. I.2 und I.4). Dazu aber braucht es das Üben und Sich-(Ein)Üben. Übungen sind – in Abwandlung einer Formulierung von Christoph Bizer – regelmäßige, gestaltete und gestalthafte spirituelle *Be-Gehungen christlicher Religion*. Dies erfordert kontinuierliches, regelmäßiges Üben

und Ein-Üben und die Wieder-Holung (vgl. Peters 1993, 51). Dem kommt entgegen, dass Kinder wie Menschen generell »Ritualisten« sind, die hilfreiche Formen und Gestalten suchen, mit denen sie ihr Leben strukturieren können (s. II.8). Dabei hat nur das, was regelmäßig und wiederholend »geübt« und vollzogen wird, Chancen, zu Haltungen und haltenden Strukturen, Glaubensstil- und Lebensstil-bildend zu werden (vgl. Englert/Frost/Lutz 1996). Solche Übungen müssen nicht mit Pflicht und Langeweile verbunden sein, sondern können Freude und Zufriedenheit hervorrufen. Entscheidend ist, dass wir *selbst üben* und unsere Erfahrungen im konkreten Vollzug machen – Spiritualität entsteht nicht allein im Kopf, sondern im Tun und Erfahren. Üben heißt auch, das unmittelbare Erleben »dem Sprechen über die Dinge vorausgehen zu lassen«; üben ist gleichsam »lernen aus erster Hand«, häufig ohne Worte: »nicht zuerst über Dinge zu sprechen, sondern sie selbst zu den Schülern sprechen zu lassen, nicht so sehr begreiflich machen zu wollen«, sondern SchülerInnen Möglichkeiten zu eröffnen, dass sie sich ergreifen lassen können (Bauer 2002, 521). Zwar brauchen Übungen *auch Erklärungen*, aber sie erklären sich meist mit der Zeit von selbst (vgl. Bauer 2002, 519). Schädlich ist auf jeden Fall ein Zuviel an Erklärungen – je mehr wir SchülerInnen (in oft gut gemeinter didaktischer Absicht) mit vermeintlich »notwendigen« Erklärungen überhäufen, desto größer ist die Gefahr, dass wir sie zuschütten (vgl. Biesinger 2001, 346) und damit das Eigentliche am (Ein-)Üben verfehlen.
Was wir (nicht nur) in der Grundschule von heute wieder brauchen, ist solches Einüben zum einen in Lebensformen und Übungen, und zwar einmal ganz allgemein und fachunspezifisch, zum anderen aber auch gerade im Religionsunterricht in Gestalt von Stilleübungen, meditativen Übungen und Gebeten als »Weg(en) zu einer zeitgemäßen Spiritualität in der Schule« (Bauer 2000).

Stilleübungen

Warum Stille und Stilleübungen?

Stille ist bei Kindern einerseits Mangelware (s.o.), ihre Um- und Mitwelt ist weitgehend laut, selten still. Andererseits empfinden Kinder Stille häufig als un-natürlich, langweilig und bedrohlich, weil »nix los ist«. Gleichwohl fehlt ihnen die Stille: Sie erscheinen deswegen oft unkonzentriert, fahrig, abgelenkt usw., und Lehrkräfte klagen über ihre Zappeligkeit, Unruhe, mangelnde Konzentration sowie Verhaltensauffälligkeiten (vgl. Peters 1993, 51). Anders als im Kindergarten gehören aber nun einmal Still-Sein, Still-Sitzen, konzentriertes Da-Sein und Arbeiten zum Selbstverständnis von (Grund-)Schule und Religionsunterricht. So

erscheinen die Forderung von Stille in der Schule sowie die Anleitung von SchülerInnen zum Still-Sein als notwendige (Teil-)Aufgaben der Grundschule und des schulischen Religionsunterrichts.
Stilleübungen sind keine Erfindung unserer Zeit, sondern haben – teilweise unter anderem Namen – eine lange (pädagogische) Tradition (vgl. Faust-Siehl u.a. 1995; Faust-Siehl 2002, 367ff). Sie gehörten schon zu den vor allem von der Reformpädagogik gepflegten Methoden. Für Maria Montessori (1870–1952) – von ihr stammt der Ausdruck »Stilleübungen« – stand am Anfang folgende eindrucksvolle Erfahrung: Sie brachte eines Tages einen vier Monate alten Säugling mit in die Klasse. Die Ruhe dieses Kindes und das Hören auf seinen leisen Atem, das nur bei vollständiger Ruhe möglich war, führten zu einer konzentriert-gespannten Betrachtung des Säuglings (vgl. Halbfas 1983, 47f; Faust-Siehl 2002, 368ff). So wurde für Maria Montessori die Stilleübung zu einem unaufgebbaren Bestandteil von Schule. Seit einigen Jahrzehnten wird Stille in ihrer Bedeutung für die Schule und die SchülerInnen neu wahrgenommen. Vor allem *zwei* (schulpädagogische) *Gründe* sprechen für sie: *Zum einen* hat das Wort Schule von seiner altgriechischen und lateinischen Wortbedeutung her mit *»Muße«* und *»Ruhe«* zu tun (vgl. Weiß/Futterlieb 2001, 162). In ihr geht es um Be-Schaulichkeit, konzentriertes Dasein und Verweilen – weniger um »zielgerichtetes Wettrennen« (= Curriculum), sondern um Entschleunigung (vgl. Hilger 2000c). Stilleübungen brauchen und fördern eine Kultur des Sich-Einlassens und -Konzentrierens. *Zum anderen brauchen und mögen Kinder Zeiten der Stille* (vgl. Montessori 1980, 165f). Gerade weil die Sozialisationsbedingungen einer »veränderten Kindheit« (s. I.1) bei Kindern Lärm, Hektik und Unruhe befördern, wächst das Verlangen, der Stille und den Stilleübungen einen festen Platz in der Schule und im Unterricht einzuräumen. Allerdings sollten sie nicht als Disziplinierungstechniken missbraucht werden (vgl. Peters 1993, 51). Wirkliche Stille kann zudem auch nicht gegen die Kinder durchgesetzt werden, sondern braucht vielmehr deren Mitarbeit und Hingabe an die »Sache« (vgl. Weiß/Futterlieb 2001, 163).

Was ist Stille?

Stille ist etwas anderes als das Fehlen von akustischen Reizen und bloßes »den Mund halten«. Sie ist »Ausdruck eines inneren Zustandes, Hinwendung zur eigenen Mitte, Konzentration der inneren Kräfte« (Faust-Siehl u.a. 1995, 7); sie ist eine Möglichkeit ganz da zu sein, ohne »nur« zu funktionieren. Stille heißt, es muss nichts geleistet werden. Als »Ausdruck innerer Sammlung, Gelassenheit und Aufmerksamkeit« ist sie eine Grundvoraussetzung für intensive Erfahrungen von Wirklichkeit.

Wert der Stille

- Stille hat ihren Wert in sich, vor und jenseits jeder funktionalen Verzweckung:
- Sie sammelt uns, lässt uns zur Ruhe, zu uns, in unsere »Mitte« kommen und reorganisiert uns (vgl. Faust-Siehl 2002, 369).
- Sie unterbricht den All-Tag und lässt uns Abstand vom »normalen« Leben gewinnen.
- Sie macht uns auf uns selbst und die Umwelt aufmerksam, lässt uns »lebenswichtige, eigene Erfahrungen, ›Primärerfahrungen‹« machen (Peters 1993, 51).
- Sie ermöglicht ein gesteigertes Wahrnehmen von Wirklichkeit, hebt die Engführungen eines diskursiv-rationalen Lernverständnisses auf, erweitert damit unsere Erfahrungsmöglichkeiten und gibt Raum für Empfindungen, Vorstellungen und Fantasie (vgl. Faust-Siehl 2002, 375; Ritter 2000).
- Sie lässt uns da sein, innehalten, Atem holen und erholen, sie heilt und tröstet (vgl. Lubienska de Lenval 1961, 63; Lentner 2004, 431).
- Sie dient der Persönlichkeitsbildung von Heranwachsenden im umfassenden Sinn und einer achtsamen Lebenshaltung (vgl. Faust-Siehl 2002, 367f; Lentner 2004, 431).

Was beinhaltet Stille lehren und üben?

Stille lässt sich in der Schule nicht einfach »anordnen« oder (technisch) machen. Wer Stille will, muss sie lehren (Lehrkraft) und üben (Lehrkraft und Schüler). Stille lehren kann man, wenn man sie liebt, aber auch, wenn und weil man sie vermisst. Vor praktischen Übungen sind einige wichtige didaktische Gesichtspunkte zu beachten, ohne die Stille in Schule und Unterricht schlecht gelingt, nämlich bezüglich des Raums, der Atmosphäre und der Lehrkraft (vgl. dazu Bauer 2000; 2002; Faust-Siehl 2002, 374f).

Der Raum

Lernen und Arbeiten, Schweigen, Stille und Konzentration finden normalerweise in (Schul-) Räumen statt. Räume sind für Menschen nicht gleichgültig, sondern sie verhalten sich zum Raum, sind »räumliche Wesen« und erleben den Raum (vgl. Bollnow 1994, 18ff; s. III.9). Der Raum, in dem Stille- (und meditative) Übungen stattfinden, ist im Normalfall wohl ein Klassenzimmer, so sehr ein spezieller Raum dafür auch sinnvoll sein kann (vgl. Glees-zur Bonsen 2004). Das

Zimmer sollte idealiter Ruhe ausstrahlen, Kinder zur Ruhe kommen, sie ent-spannen und da sein lassen. Es muss (kon-)zentrierend und nicht diffundierend oder ablenkend wirken. Es sollte einigermaßen ruhig und vor Lärm von außen geschützt liegen; es darf nicht zu hell sein und sollte Vorrichtungen zur leichten Abdunkelung haben. Der Raum muss zumindest so groß sein, dass sich SchülerInnen darin gut bewegen können und Stuhl- oder Sitzkreis, vielleicht sogar Bauch- und Rückenlagen möglich sind.

Die Atmosphäre

Die Atmosphäre ist nicht etwas, das für die Schule, den Unterricht und das Lernen nur »äußerlich« oder gar unwichtig ist, sondern sie entscheidet mit über deren Gelingen, weil von ihr das Wohlbefinden der SchülerInnen abhängt. Speziell Stilleübungen sind in hohem Maße auf das Atmosphärische angewiesen. Dazu braucht es ein freundliches, einladendes Zimmer, in dem die Kinder gerne verweilen mögen. Hilfreich, wohltuend und (kon-)zentrierend wirkt dabei eine schön gestaltete Mitte mit einer Kerze, mit Blumen oder einem anderen sichtbaren Gegenstand, sei es der Jahreszeit, sei es der jeweiligen Unterrichtsthematik entsprechend. Gedämpftes (Tages-)Licht beruhigt die Kinder und ebenso – je nach Notwendigkeit bzw. Gelegenheit – leise Musik (s. III.4).

Die Lehrkraft

Bei Stilleübungen hängt sehr viel von der Lehrkraft ab, der eine besondere Bedeutung zukommt: Stille bei den Kindern kann nur gelingen, wenn die Lehrkraft selbst still werden kann, Stille übt und diese ihr wertvoll ist. Denn nur das, was wir Lehrkräfte selbst als wichtig erachten und praktizieren, können wir Kindern erschließen und vermitteln. Die Lehrkraft muss sich also selbst im privaten wie im schulischen Kontext Zeit-Raum für Stille nehmen bzw. schaffen. Stille entsteht nicht ohne (regelmäßiges) Üben, weder für Lehrkräfte noch für SchülerInnen. Dementsprechend muss die Lehrkraft aufmerksam sein auf (vgl. Bauer 2002, 520):

- ihre *Stimme*: Ist sie ruhig und freundlich? Spreche ich klar und wenig?
- ihren *Blick*: Nehme ich die Kinder wahr?
- ihre *(Körper-)Bewegungen*: Sind sie ruhig, langsam und harmonisch? Ruhe ich in mir?
- ihre *Hände*: Gestikuliere ich damit wild herum, oder wirken sie beruhigend?

Gelegenheiten und Möglichkeiten

Gelegenheiten für Stille und Stilleübungen finden sich nicht nur im Religionsunterricht (obwohl er dafür besonders geeignet erscheint), sondern auch in den einzelnen Unterrichtsfächern und im Schul(all)tag.
Welche konkreten methodischen Möglichkeiten dafür empfehlen sich in der Grundschule? Grundsätzlich gesehen kann Stille zu einem eigenständigen Thema werden, sie kann aber auch in unterschiedlichsten Zusammenhängen »nebenbei« (ein-)geübt werden, etwa durch den bewussten Einsatz von Schweigephasen zwischendurch oder durch die Ritualisierung von Stille-Minuten (vgl. Peters 1993, 51). Auf folgende Übungsfelder sei exemplarisch hingewiesen (vgl. Bauer 2000, 235ff; ausführlicher Faust-Siehl u.a. 1995; Maschwitz/Maschwitz 1998a):

- *Grundhaltung:* Die Haltung bzw. eine gute Einübung in sie und damit die Vorbereitung des Leibes/Körpers auf die Stille sind wichtig. Geachtet werden soll auf eine aufrechte Haltung mit viel Freiraum im Brust-Bauch-Bereich, stabiles Sitzen auf Stühlen, Hockern, Kissen. Arme und Beine sollen zur Ruhe kommen, der Atemrhythmus soll ruhig und gleichmäßig werden. Der Kreis – sei es ein Sitzkreis oder Stuhlkreis – bezieht alle ein und (kon-)zentriert sie auf die Mitte. Wo Kreisbildung nicht möglich ist, übt jeder/jede an seinem/ihrem Platz.
- *Sinnesübungen:* Durch eigenes Sehen, Fühlen, Riechen, Schmecken – ohne Worte – lässt sich Stille sinnlich üben, etwa wenn wir in die Hände der Kinder Sinnliches geben: einen kleinen Stein, ein Getreidekorn, ein Stück Brot usw.; ferner durch (Aus-)Malen von Mandalas und konzentrischen Kreisen, Betrachten einer Kerze, einer Blume, eines Bildes in der Mitte oder vor jedem Kind. Der Stille förderlich sind weiter Fantasiereisen, die den SchülerInnen beruhigende Imaginationen ermöglichen sollen (vgl. Maschwitz/Maschwitz 1998b; s. III.3).
- *Bewegungsübungen:* Stille kann bewegen und Bewegung vermag still zu machen (vgl. Bauer 2000, 237) – in diesem Sinne können wir das natürliche Bewegungsbedürfnis der Kinder produktiv nutzen: Allein oder zu zweit gehen, blind gehen, sich in der Stille oder zu den Klängen leiser Musik bewegen, einer erzählten Geschichte nach-gehen. Förderlich sind auch Schreitübungen (Labyrinthe, Spiralen und konzentrische Kreise etc.) und mit den Händen oder Armen gestisch etwas still nachzuzeichnen oder nachzumachen (s. III.5 und III.9).
- *Themenbezogene Übungen:* Stilleübungen bieten sich auch im Rahmen der unterrichtlichen Behandlung unterschiedlichster Themen an (z.B. Wasser, Feuer, Luft; Streit, Freundschaft, Trauer etc.) und vertiefen das Thema spiri-

tuell. Stilleübungen sind möglich im Kontext anderer didaktischer Schwerpunkte wie Symbollernen (vgl. Faust-Siehl 2002, 372; s. II.3), ästhetische Bildung (s. I.2), praktisches Lernen (s. III.11) und Lernen »mit Kopf, Herz und Hand«. Auch mithilfe kurzer Texte, Gedichte, eigener Schreibübungen, sofern sie zum »Überschreiten vordergründiger Wahrnehmung« (Bauer 2002, 521) anleiten, können wir zur Stille führen bzw. kommen.

Wichtig für das Gelingen dieser Übungen sind gute, knappe *Anleitungen bzw. Hinführungen* (vgl. dazu v.a. Rendle u.a. 1996d). Stilleübungen wollen im Rahmen der Unterrichtsvorbereitung von der Lehrkraft durchdacht, vorbereitet und selbst geübt sein. Sie werden nicht bewertet (Zensur), und wir erwarten auch keine überprüfbaren Ergebnisse davon (vgl. Faust-Siehl 2002, 374f). Stilleübungen sind oft Vorraussetzung dafür, dass Kinder meditative Übungen vollziehen sowie Beten lernen und probieren können.

Meditative Übungen

Die Übergänge von Stilleübungen zum Meditativen sind fließend. Auf jeden Fall sind meditative Übungen gute Möglichkeiten, zur Stille zu kommen. Stillsein und konzentriertes Dasein wiederum sind notwendige Voraussetzungen für Meditieren bzw. meditative Übungen. Was unterscheidet Stille von meditativen Erfahrungen? Meditieren findet seit den 70er-Jahren des 20. Jh., als man sich der Leere des reinen Aktionismus bewusst wurde, in Deutschland viel Beachtung. Auch wenn die Worterklärung durch Karlfried Graf Dürckheim von »meditari« (lat.) als »in medium ire« (= in die Mitte gehen) etymologisch unzutreffend ist, drückt sie doch die gemeinsame Tendenz großer christlicher Gestalten des Meditierens sehr gut aus (vgl. Sudbrack 1993, 15). Gemeint ist damit eine Form des gesteigerten *Nachsinnens*, des *Verweilens, Sich-Einlassens* und *-Konzentrierens*, des *Loslassens* und *Sich-Verlassens* sowie der intensiven *Wahrnehmung* bzw. der *Achtsamkeit* (s. I.2) und der Sensibilität (vgl. Biesinger 1993; Grethlein 2002b, 253; Sudbrack 1993, 19f; Lentner 2004, 431f; Kurz 2002, 352ff).

Grundformen des Meditierens

Zu unterscheiden sind die *gegenstandsbezogene* Form des Meditierens und die *gegenstandslose* (vgl. Sudbrack 1993, 18f; Kurz 2002, 352ff; Rendle u.a. 1996d, 86ff). Während bei der gegenstandslosen Form des Meditierens alles von außen Kommende abgelöst und abgeblendet wird, damit der Meditierende leer werden und sich völlig öffnen und hingeben kann, so wendet sich im anderen Fall der Meditierende wahrnehmend und erfahrend nach außen und lässt sich intensiv auf das ihm Begegnende ein. In letzterem Fall können wir mit Kindern meditative Übungen machen zu:

- Wort/Wörtern (z.B. Stern, Himmel, Erde ...),
- Liedern (»Herr, deine Liebe ist wie Gras und Ufer ...«),
- Gegenständen aller Art (z.B. Bilder, Blumen, Bäume, Steine etc.),
- Farben,
- Schriften und Formen (vgl. Kohler-Spiegel/Spiegel 2000).

Grundsätzlich sind beide Grundformen des Meditierens wichtig und spielen wohl in allen echten meditativen Erfahrungen eine Rolle (vgl. Sudbrack 1993, 18). Gleichwohl erscheinen gegenstandsbezogene meditative Übungen sinnvoller, weil sie (Grundschul-)Kindern »leichter« fallen als gegenstandslose. Die Bezeichnung gegenstandsbezogen ist insofern falsch und irreführend, als damit die Gegenstände des Meditierens zu Objekten von Information, Wissen und Beherrschen degradiert werden können (vgl. Sudbrack 1993, 18). Vielmehr intendiert gegenstandsbezogenes Meditieren den »Blick« durch die Gegenstände hindurch auf das »Geheimnis des Glaubens«.

»Geheimnis des Glaubens«

Meditative Übungen im Religionsunterricht intendieren sicher auch Ruhe, Stille, Entspannung, intensives Erleben/Wahrnehmen. Darüber hinaus haben sie mit dem christlichen Glauben, letztlich mit Gott zu tun, auf den sie »zielen« (vgl. Lentner 2004, 433). Auch wenn dies – im Unterschied zum Gebet – nicht expressis verbis zur Sprache kommen muss, ist Gott das »anonyme« oder heimliche Zentrum christlicher Meditation, aus dem sich alles (meditierende) Tun und Lassen speist.

Beten

Stille- und meditative Übungen sind hilfreich für das Gebet/Beten. Sie unterbrechen die Routinen des Schul(all)tags und die Zweck- und Leistungsorientierung schulischen Lernens. Beten ist Kindern nicht völlig unbekannt und auch nicht völlig ungeübt – siehe Stoßseufzer und -gebete, Bittgebete usw. –, aber häufig doch wenig vertraut, was mit einer gewissen religiösen Sprach-Unfähigkeit (»religiöser Analphabetismus«) und reduzierter bis fehlender Gebetspraxis zu tun hat (vgl.

Ritter 2004e, 80f). Gebet aber erfordert diese Praxis, Übung, Gemeinschaft, nicht primär theoretische Reflexion. Heißt beten (lernen) in die »Sprachschule des Glaubens« gehen, so können SchülerInnen dies im (Religions-)Unterricht auf zwei Weisen realisieren. Zum einen lernen sie Beten überhaupt kennen und »probieren« es; zum andern können sie so wirklich mit Gott in Berührung kommen. Beten drückt gestalthaft-konkret aus, dass wir im Religionsunterricht nicht nur *über* Gott reden, sondern *zu ihm Kontakt aufnehmen* (können).

Worum geht es beim Beten?

Beten ist eine maßgebliche Äußerung und Lebensgestalt(ung) christlichen Glaubens und Ausdruck menschlicher Gottesbeziehung (vgl. Ritter 2004e, 75ff). Betend drückt ein Mensch aus, was ihn bewegt, belastet, erfreut und beglückt (expressive Funktion des Gebets). Im Gebet »ver-lässt« sich der Mensch und sucht die Nähe und Gegenwart Gottes, der ein erreichbares Du und Gegenüber ist. Beten geschieht unter zwei Maßgaben. Die eine ist: Gott hört und erhört die Bitten des Beters (Ps 94,9; Mt 6,8; Mt 7,7ff), die andere: Gottes Wille soll geschehen (vgl. Mk 14, 36; Vaterunser).

Grundformen des Betens

Wie Umfragen zeigen, steht bei Kindern (wie auch Heranwachsenden und Erwachsenen) das Bittgebet im Vordergrund (vgl. Blöchinger 2004, 417; Grethlein 2002b, 254). Demgegenüber kennen Bibel und christliche Tradition zumindest vier markante Grundformen des Betens, die SchülerInnen kennen lernen und praktizieren (können) sollen (vgl. Ritter 2004e, 75; 78f). Im *Lobgebet* (Doxologie) preist der Beter selbst-los und selbst-vergessen Gottes Größe und Barmherzigkeit. Im *Dankgebet* gedenkt er der Gnade Gottes und der großen Taten Gottes, die er selbst erfahren hat, und dankt dafür. Im *Bittgebet* wenden sich Menschen bittend und flehend an Gott und bringen konkrete Wünsche vor ihn; es erwächst aus der Hoffnung und setzt auf die erfahrene Treue Gottes, vor den die Kluft zwischen dem, was ist, und dem, was sein könnte, gebracht wird. Im *Klagegebet* werden Zustände des Lebens und der Welt, die »zum Himmel schreien« und nicht sein sollen, vor Gott getragen; gefragt wird: »Warum, Herr?« und: »Wie lange noch?« Aus Bitt- und Klagegebeten resultieren Probleme wie das der (ausbleibenden) Gebetserhörung und das einer sog. Kosten-Nutzen-Rechnung.

Erhört Gott Gebete?

Schon Kinder bemerken heute beizeiten, dass unter Umständen z.B. das tägliche Gebet für den erkrankten Opa nichts nützt. Lohnt es sich dann überhaupt zu beten? Erhört Gott überhaupt Gebete (vgl. Ritter 2004e, 79)? Neben erhörten Gebeten stehen nicht erhörte. Ein angemessenes Gebetsverständnis vertraut darauf, dass menschliches Beten Gott erreicht und er eingreifen kann. Aber wir können nicht über Gott verfügen – Gott ist nicht einfach ein Wunscherfüllungsautomat. Hilfreich im Umgang mit der Frage nach dem Zweck von Gebeten kann die Überlegung sein, dass es sich im Einzelnen gar nicht genau sagen lässt, ob wir betend Gott verändern und bewegen oder er uns – auch das könnten falsche Alternativen sein (vgl. Werbick 2003, 34). Ebenso sind die Kategorien Nutzen und Zweck für Beten und Gott unzureichend: Im Beten ver-lassen wir uns auf Gott hin, so wie sich Liebende einander hingeben, ohne nach dem Nutzen zu fragen. So gesehen hat Beten seinen Sinn jenseits jedes Zwecks (vgl. Werbick 2003, 36).

Gebet als Haltung und Zwiesprache

Beten vollzieht sich mit Worten und im Sprechen, aber nicht nur da. Es kann sich »mit Herzen, Mund und Händen« in vielen Formen ereignen. Als eine Haltung und Einstellung zum Erlebten ist es ein wahrnehmendes nach-denkliches Umgehen mit Gott und der Welt; gleichwohl gerinnt es notwendigerweise immer wieder in Worte und spricht sich aus (vgl. Ritter 2004e, 76). Das Stichwort Zwiesprache zeigt dabei an, dass Beten kein reines Selbstgespräch oder eine ich-fixierte Nachdenklichkeit ist, sondern wir uns an ein »ansprechbares Du« wenden. Dass wir es Zwiegespräch nennen, ist sozusagen menschlicher Zwiesprache abgeschaut, meint aber bei Gott immer noch mehr und anderes. Beten als Haltung meint auch: Wer betet, handelt schon, weil er Leben und Welt vor Gott bringt. Beten ist also kein Handlungsersatz, sondern Aufbruch in die neuen Möglichkeiten Gottes – Beten kann, aber muss nicht Ersatzhandlung sein (vgl. Ritter 2004e, 79). Beten entlastet vom Zwang zum Handeln, befreit aber auch dazu.

Sollen Kinder beten?

Beten ist für Kinder aus mehreren theologisch-pädagogischen Gründen wichtig (vgl. Schweitzer 2000a, 111ff): Neben dem *Still- und Ruhigwerden*, das zu den zentralen menschlichen Erfahrungen zählt, wissen wir seit geraumer Zeit wieder, dass Leben und Religiosität feste Formen brauchen, wie sie *Rituale* bieten (s. II.8). Beten als Ritual orientiert uns und gibt uns Sicherheit; es lebt wie alle Rituale davon, »dass es beständig und verlässlich wiederkehrt. Es lebt davon, dass seine Form sich gleich bleibt und dass es als Wiederholung kenntlich ist« (Schweitzer 2000a, 112), als Morgen- und Tischgebet, als Schulgebet, als Abendgebet. Ein dritter Grund dafür, dass Kinder beten (sollen), ist die damit verbundene Möglichkeit, *Vertrauen und Geborgenheit* zu erfahren, auch im Raum der Schule – eine Erfahrung, die ins weitere Leben ausstrahlen kann. Ein vierter Grund lautet: Beten ist ein Zeichen der *Hoffnung*, steht also dafür, dass die Welt (auch die des Kindes) noch nicht so ist, wie sie Gott will, und es ermutigt uns, sich nicht mit dem (schlechten) Status quo abzufinden. Ein letzter wichtiger Grund dafür, dass Kinder in der Schule beten sollen: Sie können dies zusammen und *in Gemeinschaft mit ihrer (Religions-)Lehrkraft* tun. Diese ist ja für SchülerInnen ein »signifikanter außerfamilialer Sozialisationsagent« (s. I.8) und stellt für Heranwachsende ein Lebens- und Religiositätsmodell über die Familienangehörigen hinaus dar. Es verstärkt die Wichtigkeit des Gebets für Kinder positiv, wenn sie merken, dass die Lehrkraft mit ihnen betet.

Welche Gelegenheiten und Möglichkeiten für das Beten gibt es in der Grundschule?

Zum Erlernen des Betens anzuleiten, ist eine wichtige Aufgabe des Religionsunterrichts generell, des Grundschulreligionsunterrichts speziell. Beten (können) ist eine religiöse bzw. religionspädagogische Basisqualifikation (vgl. Ritter 2004e, 82). Wir können das Beten zwar nicht anerziehen, es aber anbahnen, pflegen, fördern und entsprechende Haltungen (Wissen eingeschlossen) vorstellen und vermitteln.

Wichtige Ziele für das Beten-Lernen

- Wahrnehmungsschulung, staunen lernen, innehalten, still werden und Stille üben, religiöse Kräfteschulung (vgl. Oser u.a. 1985; Harz 1992, 16ff), mit allen Sinnen beten (vgl. Blöchinger 2004, 419; Weidinger 2002, 197);
- die Fülle von Gebetsformen (Lob, Dank, Klage, Bitte) aus ihrem »Sitz im Alltag« (Leben) heraus wahrnehmen, begreifen und anwenden lernen;
- bedeutsame biblische Gebete (z.B. Psalmen, Vaterunser) und heutige Gebete kennen lernen und ausprobieren;
- Gebetszeiten (im Tagesablauf, z.B. Morgen/Mittag/Abend; im Wochenverlauf etc.), Gebetssitten, -haltungen, -gebärden und -rituale entdecken und sie sich vertraut machen;
- eigene Gebete formulieren und sprechen, eigene Erfahrungen beim Beten ausdrücken können;
- der expressiven, entlastenden und motivierenden Funktion des Betens gewahr werden;
- das Gebet als Möglichkeit sehen, alles vor Gott bringen zu können, was einen bewegt;
- entdecken, dass Beten unter Gottes guter Verheißung steht (vgl. Mt 7,7ff), aber in dessen Willen auch seine Relativierung und Begrenzung findet, dass es erhörte und unerhörte Gebete gibt.

Wichtige Gelegenheiten für das Erlernen des Betens sind

- ausgewählte Lebens- und Alltagssituationen, in denen ich Glück erlebt habe, beschenkt worden bin, traurig war, meine Bedürftigkeiten gespürt habe;
- andringende medial vermittelte Ereignisse im Nah- und Fernbereich, die uns nachdenklich machen und beten lehren (können): Wir können das ganze Leben sowie das Schulleben ins Gebet nehmen (vgl. Blum 2004; Blöchinger 2004);
- der Tages- und Wochenlauf in der Schule (z.B. Unterrichtsbeginn und -ende; Wochenanfang und Wochenschluss) sowie der Jahreskreis und das Schuljahr; Geburts- und Namenstage; Erntedank; Advent; Weihnachten; neues Jahr etc.;
- der Kontext von stärker biblischen, aber auch problemorientierten Themeneinheiten wie miteinander umgehen; schuldig werden; Freude erfahren; traurig sein; krank sein; Hoffnung haben sowie Gebete anderer Konfessionen und Religionen (s. II.6);
- exemplarisch ausgewählte, vorformulierte überlieferte Gebete (Bibel; Evangelisches Gesangbuch; Gotteslob; D. Bonhoeffer, H. Oosterhuis u.a.) sowie heutige Gebete von Kindern und für sie. Eine sehr elementare Gelegenheit ist dabei das Vaterunser, das wir gemeinsam sprechen und besprechen können.

Gebundenes und freies Gebet

Wir müssen Gebete nicht immer selbst erfinden und uns ausdenken. Die Chance überlieferter, »gebundener« Gebete liegt gerade darin, dass wir uns in ihnen bergen, sie gebrauchen und bewohnen dürfen. Sie fallen uns zu. Beten lernen heißt auch, bei BeterInnen vor uns »in die Sprachschule des Glaubens gehen«. Gerade wenn wir müde, traurig, erschöpft sind und es uns schwer fällt, eigene Gebetsworte zu finden, sind die überlieferten Gebete eine Hilfe, zur Sprache zu kommen und uns auszudrücken. Unsere christliche Tradition ist reich an vorformulierten Gebeten: Psalmen, Lieder, das Vaterunser, Worte aus Gebetssammlungen – sie haben das, was ich sagen möchte, schon oft (nicht immer!) in gute Worte gefasst. Hilfreich gerade für Kinder sind hier kurze, auch gereimte Gebete in einer rhythmischen Sprache: Sie prägen sich leichter ein und eignen sich zum Wiederholen, was gefühlsmäßige Sicherheit verleiht (vgl. Weidinger 2002, 197). Aber es ist in diesem Zusammenhang eine befreiende Entdeckung – hier können Lehrkräfte und Erwachsene von Kindern lernen –, dass wir auch so beten dürfen, wie wir es vermögen: im freien Gebet. Mit Gott reden können, wie's einem ums Herz ist, ist eine wichtige Erfahrung und eine Kostbarkeit. Der Nachteil gebundener Gebete kann sein, dass es nicht meine/unsere Worte sind; umgekehrt kann uns freies Beten überfordern, wenn und weil wir ständig neu formulieren müssen. Wir können darüber hinaus auch schweigend beten – wie man sich in einer guten menschlichen Beziehung immer wieder wortlos verständigen kann, so auch in der Beziehung mit Gott. Der Einsatz verschiedener Gebete lässt Kinder die Vielfalt von Gebetsmöglichkeiten und -erfahrungen entdecken und kann ihnen auf ihrem Weg zum eigenen Beten und zu eigener Gebetspraxis hilfreich sein (vgl. Schweitzer 2000a, 116).

Kindgemäßes, aber nicht kindisches Beten

Kindgemäß meint zweierlei: Zum einen sollen Gebete so gehalten sein, dass sie der Sprache der Kinder und ihrer Erfahrungswelt zugänglich sind, also nicht die Sprache Kanaans oder altertümlichste Kirchensprache sprechen. Zum anderen haben Kinder auch inhaltlich das Recht auf ihnen entsprechende Gebete: Im Gebet dürfen wir das sagen, was uns wichtig ist und was wir lieben – und das muss nicht an den Grenzen der »magersüchtigen Redlichkeit« (Fulbert Steffensky) bzw. Rationalität vor allem von Erwachsenen Halt machen (vgl. Schweitzer 2000a, 116f). Die Gebete dürfen aber nicht – das ist das andere – die Welt von Erwachsenengebeten einfach ausschließen, weil sonst kindliches Beten leicht kindisch werden kann.

Beten und Atmosphäre

Beim Erlernen von Beten/Gebeten spielt für Kinder das Atmosphärische und eine entsprechende Gestaltung eine beträchtliche Rolle: Ob das nun eine brennende Kerze, vielleicht ein Duftöl, Blumen etc., bestimmte wiederkehrende Zeiten, eine bestimmte Haltung von Händen und Leib, eine feste Eingangsformel, eine akustische (musikalische) Anleitung usw. ist – all dieses sind hilfreiche sinnenfällige Formen, die Beten (lernen) unterstützen (vgl. Weidinger 2002, 197; Schweitzer 2000a, 117f).

Probleme, Grenzen, Chancen

Stille-, meditative Übungen und Gebet liegen zum üblichen Schul-Betrieb einigermaßen quer und können, weil sie schulische Normalroutinen unter- und durchbrechen, Probleme machen und »stören«. Andererseits sind »Störungen« oft hilfreich und heilsam. Des Weiteren werden diese Übungen, weil sie mit Verlangsamung und Entschleunigung einhergehen, von Lehrkräften, SchulleiterInnen etc., vielleicht auch von manchen Kindern als kontraproduktiv wahrgenommen, von anderen wieder eher produktiv. Der straffe 45-Minuten-Schultakt kann Stille- und meditative Übungen wie auch das Gebet erheblich erschweren, er kann aber auch durch sie relativiert werden. Ebenso können solche Übungen durch hyperaktive Kinder und Kinder mit ADS schnell an eine Grenze kommen. Wenn sich mit Stille, mit Meditativem und Gebet auch viele Hoffnungen für eine »gute« Schule verbinden, muss man gleichwohl vor zu hohen Erwartungen warnen: »Was gelernt werden kann, in welchem Verhältnis dieses erweiterte Lernen zu den in der Schule verbreiteten Formen schulischen Lernens steht und ob es ›Übersetzungen‹ und wechselseitige Bereicherungen geben kann«, muss sich erst zeigen (Faust-Siehl 2002, 376). Auch wenn vieles von dem hier Besprochenen vordergründig und auf den ersten Blick als verlorene und vertane Zeit erscheinen mag, die man »besser und effektiver nutzen« sollte – könnte es nicht sein, dass sich das langfristig gesehen als falsch herausstellt, weil dadurch in Wirklichkeit Zeit vielfach gewonnen wird und damit die alte Bedeutung des Wortes Schule revitalisiert wird?

Zusammenfassung:

Stille wahrnehmen, meditieren und beten können als Grundfähigkeiten spiritueller Bildung gelten und sollten in der Grundschule eingeübt werden. Dies ist heute umso nötiger, weil viele Kinder diesbezüglich noch kaum Erfahrungen gemacht haben. Schon Ruhe und Still-Sein sind im pulsierenden »lauten« Leben der heutigen Zeit ungeübt – und doch brauchen Kinder Zeiten des Konzentrierens und Zu-sich-Findens. Auch das gegenstandsbezogene oder gegenstandslose Meditieren kann hier eine gute Übung sein, die für Entspannung wie auch für eine intensivere Wahrnehmung hilfreich ist. Einen zentralen Stellenwert im Religionsunterricht hat das Beten, das als Ausdruck der menschlichen Gottbeziehung und als »Sprachschule des Glaubens« für Kinder aus theologischen wie pädagogischen Gründen sehr bedeutsam ist. Im Religionsunterricht der Grundschule soll dabei nicht die neutrale Information über Stille, Meditatives, Gebet im Vordergrund stehen, sondern es sollten gemeinsam mit den Kindern diesbezügliche Übungen praktiziert werden, damit die SchülerInnen authentische Erfahrungen machen können. Zwar stellt dies LehrerInnen wie SchülerInnen unter Umständen vor neue Herausforderungen, weil die schulischen Normalroutinen dafür unterbrochen werden müssen – der Versuch aber lohnt, da das, was vordergründig als »vertane Zeit« erscheinen mag, sich für die Beteiligten letztlich als äußerst produktiv erweisen kann.

Lesehinweis:

Bauer, Eva-Maria (2002): Stilleübungen. In: Bitter, Gottfried u.a. (Hg.): Neues Handbuch religionspädagogischer Grundbegriffe. München, 518–522.

Grethlein, Christian (2002b): Spirituelle Bildung – Gebet – Meditation. In: Bitter, Gottfried u.a. (Hg.): Neues Handbuch religionspädagogischer Grundbegriffe. München, 252–254.

Faust-Siehl, Gabriele (2002): Stille und Stilleübungen – Pädagogische Grundlagen einer Methode des Religionsunterricht. In: Adam, Gottfried/Lachmann, Rainer (Hg.): Methodisches Kompendium für den Religionsunterricht 1. Basisband. 4. Aufl. Göttingen, 366–376.

Rendle, Ludwig/Heinemann, Ursula/Kuld, Lothar/Moos, Beatrix/Müller, Alois (1996d): Meditatives Umgehen mit alltäglichen Dingen. In: Diess.: Ganzheitliche Methoden im Religionsunterricht. Ein Praxisbuch. München, 86–96.

III.3 Vorstellungen bilden – Imaginatives Lernen im Religionsunterricht

Georg Hilger

Alltägliche Impulse wie: »Versetz dich in die Situation von ...«, »Wie könnte die Geschichte weitergehen?«, »Was wird der Blinde am Straßenrand wahrgenommen haben?«, »Welche Bilder kommen dir beim Hören dieser Musik, beim Lesen dieses Gedichts in den Sinn?« zeigen, dass im Religionsunterricht immer wieder Vorstellungen evoziert oder auch vorausgesetzt werden. Damit stellt sich die Frage nach der Bedeutung von Vorstellungen und Imagination für das Lernen. Diese sind nicht nur einzubeziehen, sondern auch bewusst zu fördern, vor allem aus religionsdidaktischem Interesse. Warum und wie dies geschehen soll und kann, wird in diesem Kapitel entfaltet, ohne die Grenzen und die Ambivalenzen von imaginativen Übungen zu übersehen.

1. Vorstellungen und Imaginationen kultivieren als Aufgabe von Schule

Die Begriffe Vorstellungslernen und Imaginationslernen werden hier fast synonym gebraucht, wobei »Imagination« nicht eingeengt bleibt auf visuelle Bilder. Während »Imagination« eher eine Fähigkeit bezeichnet, meint der Begriff »Vorstellung« inhaltlich bestimmte Vorgänge (vgl. Fauser 1996, 241f). In der Schule wird wie selbstverständlich Imaginationskraft vorausgesetzt und an mitgebrachte Vorstellungen angeknüpft. Schule beschränkt sich meist auf die Systematisierung von Vorstellungen und setzt dabei etwas voraus, was sie selber nicht vermittelt bzw. bei vielen Schülerinnen und Schülern nicht (mehr) vorhanden ist. Schule verlässt sich dabei darauf, dass wir uns die Welt vorstellen und sie uns geistig vergegenwärtigen können (vgl. Fauser 1999, 8). Als neue Herausforderung stellt sich damit, Vorstellungslernen bzw. imaginatives Lernen in seiner pädagogischen und religionsdidaktischen Bedeutung für das Lernen zu bedenken.

Unterrichtliche Lernwege wie Rollenspiel und Bibliodrama, Fantasiereisen, Stilleübungen, die Verklanglichung eines Textes, die pantomimische Darstellung einer Situation als »Standbild«, das Ausdrücken einer Stimmung in Farbe und Form, das »Clustern«, das automatische Schreiben und das Schreiben zu Bildern und Musik versuchen, Vorstellungen und Emotionen zu strukturieren und für Textproduktionen etc. freizusetzen. Dass solche Methoden z.B. des kreativen Schreibens (vgl. u.a. Spinner 1993; s. III.7) inzwischen in der Schule Fuß fassen konnten, deutet darauf hin, dass in der Praxis zumindest intuitiv die Bedeutung der Imaginationskraft für ein lebendiges und identitätsförderndes Lernen erkannt worden ist. All diese Ausdrucksarten setzen die Fähigkeit zur Imagination, zur Aktivierung und Produktion von innerer Sprache, inneren Bildern bzw. von Vorstellungen voraus. Durch sie werden innere Wirklichkeiten angesprochen, evoziert oder auch gezielt konstruiert und reflektiert und zugleich neue Wirklichkeitsräume eröffnet. Verfestigte Vorstellungen können aber auch wahrnehmungsblind machen bis hin zur krankhaften Einkapselung des Ich in eine nicht mehr dialogfähige und für das Neue und Fremde nicht mehr offene Vorstellungswelt.
Vorstellungen sind also ambivalent, subjektiv, individuell, manchmal wenig bewusst, oft situationsgebunden und nicht immer zu kontrollieren. Die Konfrontation mit vielen Bilderwelten und Wertsystemen, die die Vorstellungen und die inneren Wirklichkeiten der Menschen beeinflussen wollen, ohne die Mündigkeit des Subjekts im Blick zu haben, machen deutlich, wie wichtig es ist, Schülerinnen und Schüler ihre eigenen Vorstellungen entwickeln zu lassen, die ein »Mehr« an Leben im Blick haben. Das setzt einen Unterricht voraus, der den individuellen Sichtweisen Raum gibt und sie bewusst und achtsam in den Unterricht einbezieht (vgl. u.a. Fauser/Wulffen v. 1999, 6f). Ein Weg dazu ist, mit Schülerinnen und Schülern zu philosophieren, ihnen Räume und Zeiten zu eröffnen, die Wirklichkeit zu befragen und auf ihren tieferen Grund hin auszuloten (s. II.7).
Ein solches Lernen gibt auch dem Empfinden und den Emotionen Raum, fördert und kultiviert die Fantasie und will dabei Kognition und Imagination miteinander in Beziehung bringen.
Zusammenfassend kann man die wichtigsten pädagogischen Intentionen eines Vorstellungslernens bzw. imaginativen Lernens wie folgt auf den Punkt bringen: Ein solches Lernen sucht möglichst alle Sinnesmodalitäten anzusprechen und einzubeziehen, will einen »inneren Sinn«, »innere Bilder« (visuell, akustisch und kinästhetisch) bilden, fördert ein Denken, das die Vieldimensionalität von Wirklichkeit berücksichtigt, will den ganzen Menschen ansprechen mit seinen Emotionen und Kognitionen und seinen Erfahrungen und ist offen für Paradoxien, Irritationen und experimentelles Handeln, um daraus Impulse zu beziehen, Neues zu sehen und Neues hervorzubringen (vgl. Madelung 1996, 114f; Fauser/Irmert-Müller 1996, 238ff;).

Wenn man anerkennt, dass Religionsunterricht den ganzen Menschen im Blick hat mit seinem Denken, seinen Sinneserfahrungen, Gefühlen, seiner Fantasie (s. I.2) und seiner Symbolisierungsfähigkeit und –bedürftigkeit (s. II.3), dann lässt sich erahnen, welche Bedeutung Vorstellungsdenken bzw. imaginatives Lernen für die religiöse Bildung hat.

2. Imaginationskraft und biblischer Unterricht

Die Rezeption von literarischen und damit auch biblischen Texten lebt in besonderer Weise von der Imaginationskraft. Literarische Texte sind einerseits Produkte von Imagination und nehmen es andererseits den LeserInnen und HörerInnen nicht ab, diese auf ihre je eigene Weise zu entdecken, indem sie sie re-imaginieren bzw. indem die Texte die Rezipientinnen und Rezipienten aktivieren, neue Vorstellungen zu entwickeln, die auch über diejenigen des Textproduzenten hinausgehen können (vgl. Lange 1995, 136–138). Bewusst oder unbewusst setzt ein Erzähler bei den Zuhörenden Imaginationskraft voraus, wenn er sie an andere Orte und ferne Zeiten versetzt und sie Anteil nehmen lässt an fremden Lebensschicksalen. Das alles versucht der Erzähler mit Worten zu erreichen, die Bilder entstehen lassen, Sehnsüchte hervorrufen, sinnliches Fühlen bewirken. Im Unterricht geschieht das beispielsweise, wenn biblische Texte so erzählt werden, dass vor allem die »Leerstellen« des Textes in den Vordergrund rücken (vgl. Stenger 1977; s. II.3; III.1).

Die Schülerinnen und Schüler sitzen im Kreis. Es wird die Erzählung der gekrümmten Frau vorgetragen, die schon 18 Jahre lang krank war (Lk 13,10–17). Dieses Mal interessieren vor allem die Stellen, an denen die Bibel die Geschichten der Beteiligten weitererzählt, ohne ihre Reaktionen, ihr Erschrecken oder auch ihre Freude näherhin zu beschreiben. Die Lehrerin erzählt z.B. V. 12: Als Jesus die gekrümmte Frau sah, rief er sie zu sich und ... Die Schülerinnen und Schüler ergänzen nun die »Leerstelle« durch Zurufe. Dabei ist es unwichtig, ob sie den biblischen Text kennen oder nicht. Die »Leerstelle« ermöglicht ihnen, sich hineinzuversetzen in die Situation in der Synagoge, in der Jesus lehrte. Sie können sich entweder in die Rolle der Frau begeben, die plötzlich spürt, dass sie von den Augen Jesu getroffen wird und nun auch schon das Wort hört, zu ihm zu kommen. Sie können aber auch das Erstaunen oder Erschrecken der Personen artikulieren, die neben der Frau saßen, oder der Männer, die gewohnt waren, in der Synagoge das Sagen zu haben ...

Wenn die verschiedenen Ergänzungen der SchülerInnen zum Ende gekommen sind, fährt die Lehrkraft mit der Erzählung fort bis zur nächsten »Leerstelle«. In dieser Perikope könnte das beispielsweise nach den ersten Worten des V. 13 sein: Und Jesus legte ihr die Hände auf. Im gleichen Augenblick richtete sie sich auf und ... Weitere Leerstellen sind nach V. 14a, V. 15a, V. 17a, V. 17b möglich.

Erzählen aktiviert also Imaginationskräfte, weckt neue Vorstellungen, die mit Sinneserfahrungen und nicht nur mit visuellen Bildern verbunden sind. So können neue Wirklichkeiten entstehen, neue Weltsichten wachsen, kann ein neuer Blick neue Möglichkeiten eröffnen (vgl. Collmar 1996, 178–182).
Anders als durch das Ergänzen der Leerstellen durch die Schülerinnen und Schüler wie im obigen Beispiel kann z.B. auch das offene Ende einer Erzählung wie der Parabel vom Vater und den zwei Söhnen (Lk 15,11–32) zum Anlass werden, eine Geschichte »weiterzuspinnen«.

3. Die Welt auch anders sehen können: Religiöse Einbildungskraft

Friedrich Schweitzer zeigt auf, wie in der Geistesgeschichte die Abwertung von Imagination eng mit einer Abwehr von Religion verbunden ist (vgl. Schweitzer 1996, 92). Imagination zu diskreditieren bedeutet, der Religion eine wichtige Grundlage zu entziehen, weil so für das kein Platz mehr bleibt, was sich dem empirisch Wahrnehmbaren entzieht. Religion insgesamt wird dann infrage gestellt und kann keine Bedeutung mehr für das Bildungsgeschehen beanspruchen.
Wer Glaube als eine Haltung versteht, die ernst nimmt, dass alles vor Gott und durch Gott ein gutes Ende finden wird, ist gehalten, das, was ist, anzunehmen und zugleich das, was vorfindlich, machbar und verfügbar ist, zu transzendieren. Damit wird dem Machbaren unter eschatologischer Perspektive der Schein des Letztgültigen genommen. Wahrnehmung der eschatologischen Dimension von Wirklichkeit setzt aber wiederum die Fähigkeit zur Imagination voraus und ruft nach einer Förderung des Möglichkeitssinns und der Einbildungskraft. Die Einbildungskraft des Möglichen in Anbetracht des Faktischen avanciert zu einer Zielperspektive religiösen Lernens. Es geht hier um die Fähigkeit eines »neuen Sehens« und Wahrnehmens von Wirklichkeit, damit erahnbar wird, was Gott mit dieser Wirklichkeit vorhat (s. I., Einführung; I.2).
Diesem Anliegen versucht ein Religionsunterricht gerecht zu werden, der sich als Wahrnehmungsschule (vgl. Hilger 1998) versteht. In ihm geht es nicht nur darum,

den Wirklichkeitssinn zu fördern, sondern um einer menschenwürdigen und gottgefälligen Wirklichkeit zuliebe auch den Möglichkeitssinn bei den Schülerinnen und Schülern zu entwickeln. Im Interesse einer zu gestaltenden Zukunft, die offen ist für Neues und für das, was man kaum zu hoffen wagt, wird hier versucht, in ein neues Sehen einzuüben durch die imaginative Kraft der Gleichniserzählungen, die imaginativ-poetische Kraft der Psalmen, die prophetisch-utopischen Verheißungen einer »neuen Erde« und eines »neuen Himmels« oder auch durch die Begegnung etwa mit bildender Kunst. All dies kann helfen, dass Wirklichkeit neu gesehen wird und sich neue Möglichkeiten des Hoffens auftun, die auch ein neues Handeln ermöglichen. Rainer Oberthür eröffnete beispielsweise eine Unterrichtssequenz zu den Propheten mit folgender Aufgabenstellung:

»Stell dir vor, du bekommst die Chance, eine Rede an die ganze Menschheit zu halten. Sie wird in alle Erdteile übertragen. Schreibe deine Rede an die Menschen auf! Sage ihnen, was schlecht ist auf der Erde, wo Unrecht geschieht, wo sie aufhören müssen, so zu handeln! Bedenkt, gerade weil du ein Kind bist, siehst du mehr und andere Dinge als die Erwachsenen« (Oberthür 1998, 134).

So verstanden wohnt Vorstellungen und Imaginationen auch ein kritischer Handlungsimpuls inne, weil sie in die Deutung des Wahrzunehmenden die Wirklichkeit des Möglichen integrieren (vgl. Ritter 2000a), die Mechanismen und Zwänge des Alltags unterbrechen und einen Weg zeigen, wie Leben sein könnte oder sein sollte (zum Zusammenhang von Kritik und Imagination: vgl. Failing/Heimbrock 1998b, 283ff).

Die Fähigkeit der Imagination kann man ohne Übertreibung als eine »religiöse Schlüsselqualifikation« ansehen (Biehl 1997, 410). Es ist schon viel gewonnen, wenn der Religionsunterricht mit seinen Möglichkeiten dazu beiträgt, eine produktive Vorstellungs- und Imaginationskraft im Raum der Schule nicht zu verunmöglichen, sondern die Schülerinnen und Schüler für ein Weltverstehen zu sensibilisieren, das offen ist für das Überraschende und Neue, für das nicht Beherrsch- und Planbare.

4. Ansätze einer Kriteriologie

Es stellt sich nun die Frage, was das imaginative Lernen im Kontext des Religionsunterrichts meint, welche Bedeutung es für das Denken und insbesondere für die Theologie hat und warum es in einer Schule von heute und für morgen wichtig ist. Das imaginative Lernen wäre gründlich missverstanden, wenn es dazu beitrüge, einem neuen Irrationalismus das Wort zu reden bzw. esoterische Praxis und manipulative Beeinflussung zu propagieren. Imaginatives Lernen als Dimension religiösen Lernens zielt auf religiöse Mündigkeit und auf Subjektwerdung der jungen Menschen und gewinnt von diesen Komponenten her seine Kriteriologie. Wie diese näherhin zu bestimmen ist, versuchen folgende Überlegungen anzudeuten:

Für das Leben sensibilisieren und dafür tätig werden

Imaginatives Lernen zielt in erster Linie darauf, Vorstellungen zu bilden, die für das Leben sensibilisieren. Es gilt, die Fähigkeit der Menschen zu kultivieren, Vorstellungen zu bilden, die achtsam sind gegenüber allen Angriffen auf das Leben und ausgerichtet, ein je Mehr an Leben zu entwerfen. Damit ist das entscheidende Kriterium für das imaginative Lernen benannt. Vorstellungslernen zielt darauf, Wirklichkeit auch anders sehen zu lernen und entsprechende Handlungsoptionen zu entwickeln, die dem Leben zuarbeiten.

Gottesvorstellungen aktivieren und darüber kommunizieren

Wodurch das im Bereich des jüdisch-christlichen Glaubens motiviert ist und was das heißen kann, zeigt sich beispielsweise in den prophetischen Gestalten, die für die Armen und Unterdrückten Partei ergreifen, in den Lebensregeln, wie sie in der Thora formuliert sind, und in der Reich-Gottes-Botschaft, wie sie Jesus verkündigt. Gott wird vorstellbar als einer, der das Leben der Menschen will, und zwar in Fülle (Joh 10,10), und dabei vor allem die Schwachen und an den Rand Gedrängten im Blick hat. Diese Vorstellung von Gott, die die geschehene bzw. verweigerte Begegnung mit den Armen als geschehene bzw. verweigerte Begegnung mit ihm selbst ausweist (vgl. Mt 25,31–46), wird zum Horizont eines Handelns, das den Einsatz für das (geknechtete) Leben hervorhebt.

Vorstellungslernen ist also – zumindest im Bereich des religiösen Lernens – geprägt von der Gottesvorstellung, und zwar in einem doppelten Sinn: Zum einen ist imaginatives Lernen im Religionsunterricht durch die Gottesvorstellung der jüdisch-christlichen Tradition konturiert, insofern die Vorstellung eines befreienden Gottes, der das Leben will, dafür sensibilisiert, selbst lebensförderndes Denken und Handeln zu entwickeln.

Zum anderen wird durch das imaginative Lernen versucht, bei den Schülerinnen und Schülern die eigenen Gotteserfahrungen und Gottesvorstellungen zu aktivieren, mit ihnen umzugehen (vgl. Hilger 2000d; Klein 2000b; s. I.7) und diese mit den Vorstellungen Gottes in der jüdisch-christlichen Tradition in einen Dialog zu bringen (vgl. Schambeck 2000). So soll durch ein befreiendes Gottesbild auch ein frei werdender Mensch gedacht werden können, der auf Handlungen setzt, die allen ein befreites Leben ermöglichen.

Die Mehrdimensionalität von Lernen respektieren

Will das imaginative Lernen also dazu beitragen, Mündigkeit, Freiheit und Selbstverantwortung des Menschen zu stärken, damit Leben gelingt, dann muss in ihm die Mehrdimensionalität des Menschen angesprochen werden. Das heißt vor allem, dass produktive Einbildungskraft und Vorstellungslernen Rationalität erweitern und nicht ausschließen wollen. Lernprozesse müssen so angelegt sein, dass nachzudenken, zu fragen, zu imaginieren und zu konstruieren einander bedingende Weisen sind, mit einem Lerngegenstand umzugehen.

Respekt vor Kommunikationsverweigerung

Für den Unterrichtenden ergibt sich aus diesen Überlegungen ein weiteres, wichtiges Kriterium für das imaginative Lernen. Obwohl auch Vorstellungsbildung in unterrichtlichen Prozessen nicht beliebige Assoziationen wachrufen will und thematisch gelenkt werden soll, kann und darf über sie nicht von außen verfügt werden. Weil das imaginative Lernen in hohem Maß mit dem Innersten des Menschen zu tun hat, muss es in der Entscheidung der Schülerinnen und Schüler bleiben, über die eigenen Vorstellungen zu kommunizieren oder auch nicht. Damit Vorstellungslernen in der Schule gelingt, müssen sich die Lehrenden bewusst sein, dass viele imaginative Übungen in ihren Konsequenzen ambivalent sind, vor allem im Hinblick auf ihre therapeutische Wirkung nur sehr behutsam angewendet werden dürfen. Zudem sollen die Lehrenden mit der jeweiligen Übung schon eigene Erfahrungen gemacht haben. Vorstellungslernen braucht Raum und Zeit, die es ermöglichen, dass in der jeweiligen Lerngruppe ein Vertrauensklima entsteht.

Erweiterung der religiösen Vorstellungswelt

Vorstellungsbildung und Imaginationslernen im Kontext von Wirklichkeit sind dann religionspädagogisch sinnvoll, wenn dadurch die Imaginationskraft der Lernenden so angeregt und erweitert wird, dass ihnen Neues aufgeht und es zu einer

Vertiefung der religiösen Vorstellungswelt kommt (vgl. Kuld 1989, 235), die den Wirklichkeitssinn erweitern und Handlungsimpulse wachrufen hilft (vgl. Ritter 2000a).

Zusammenfassung:

Religiöses Lernen ist auf die Fähigkeit zur Imagination und auf eine kultivierte Vorstellungskraft, die ein Mehr an Wirklichkeit im Blick hat und offen ist für Neues und Unerwartetes, angewiesen. Religionsunterricht fördert darum auf spezifische Weise den Möglichkeitssinn und die eschatologische Hoffnung auf einen neuen Himmel und eine neue Erde. Die Fähigkeit zur Imagination ist zwar eine religiöse Schlüsselqualifikation, kann aber auch im Unterricht manipulativ beeinflusst und missbraucht werden, wenn Religionsunterricht sich nicht auf religiöse Mündigkeit und auf Subjektwerdung hin ausrichtet und von der Vorstellung eines befreienden und das Leben in seiner Fülle bejahenden Gottes inspiriert ist. Imaginationsübungen im Religionsunterricht wollen sensible Achtsamkeit gegenüber dem Leben und seinen Möglichkeiten fördern, setzen aber auch eine achtsames Vertrauensklima und eine besondere Behutsamkeit bei den Lehrenden voraus.

Lesehinweis:

Fauser, Peter/Madelung, Eva (Hg.) (1996): Vorstellungen bilden. Beiträge zum imaginativen Lernen. Seelze.

Fauser, Peter (2002): Lernen und Imagination. In: Adam, Gottfried/Lachmann, Rainer (Hg.): Methodisches Kompendium für den Religionsunterricht 2. Aufbaukurs, Göttingen, 110–120.

III.4 Musik wahrnehmen, singen und musizieren

Werner H. Ritter/Michaela Albrecht

»Wer singt, betet doppelt.« – Schon der Kirchenvater Augustin hat die hohe Bedeutung der Musik, des Singens und Musizierens für die christliche Religion erkannt. Auch heute hat die Musik ihren bedeutsamen Stellenwert in fast allen Erscheinungs- und Äußerungsformen der christlichen Kirchen, im Gottesdienst, in der religiösen Alltags- und Jahresgestaltung (z.B. Morgen- und Schlaflieder, Advents-, Oster- oder Sommerlieder), in christlichen Freizeitgruppen (z.B. Jungschar, Pfadfindergruppen, Kinderchöre, Gesangsvereine) und eben auch im Religionsunterricht nicht eingebüßt. Kindern sind Musik und oft auch speziell religiöse Lieder daher nicht fremd: *Zum einen* gibt es kaum Elternhäuser, in denen nicht gesungen oder Musik gehört wird, häufig Lieder mit religiösen Elementen; *zum anderen* werden auch im Kindergarten oft religiöse Lieder gesungen; *schließlich* hinterlassen die Gottesdiensterfahrungen, die viele Kinder gemacht haben dürften, nicht zuletzt durch die dort wahrgenommene Musik tiefe Eindrücke. Musik sollte daher im Religionsunterricht der Grundschule nicht fehlen.
Umso erstaunlicher ist, dass die religionspädagogischen Reflexionen zu diesem Thema spärlich sind (vgl. Lähnemann 2002b, 303). Im Folgenden sollen einige Hinweise auf die enge wechselseitige Bezogenheit von Musik und Religion gegeben werden (1). Sodann wird darüber nachgedacht, warum auch im Religionsunterricht Musik ihren Platz haben muss (2). Schließlich folgen Anregungen für verschiedene Einsatzmöglichkeiten von Musik im Religionsunterricht (3).

1. Musik und Religion

Aus mehreren Gründen gilt die Musik als elementarer Bestandteil des religiösen Lebens der meisten Menschen (vgl. Heimbrock 1998, 76ff).

Die enge Verbundenheit von Musik und Religion

In den unterschiedlichsten Kulturen gibt es Mythen, die die Herkunft der Musik in Erzählform darstellen wollen. Dabei sind Musik und Religion häufig in erstaunlicher Weise miteinander verknüpft. Im altgriechischen Mythos entspringen sie einer gemeinsamen Quelle, beides wird Menschen von den Göttern gelehrt. Der Gott Apollon, der Gott des Lebens und der Kunst, ist mit seinem Lyra-Spiel das Ur-Bild der für die Götter musizierenden Musen und sodann auch für die Menschen; gleichzeitig ist er Quelle und Inspiration für die Priester in Delphi und Delos (vgl. Bitter 2002b, 80). Religion und Musik werden demzufolge als eng aufeinander verwiesen gedacht. Auch die frühen Christen knüpfen deutlich an diese Vorstellungswelt an, wenn sie Christus in Bildern und Ehrentiteln (»Licht der Welt«) in gewisser Hinsicht zu einem neuen Apollon stilisieren. Ebenso lässt das Fresko in der Calixtus-Katakombe in Rom, das Christus mit den Symbolen des Apollon-Schülers Orpheus zeigt, darauf schließen, dass auch die frühen Christen die Musik als etwas Überweltliches, in besonderer Weise mit dem Göttlichen Verbundenes empfunden haben.

Musik als Ausdrucksform des Glaubens und der Gottesbeziehung in der Bibel

Auch in Israel zur Entstehungszeit der alttestamentlichen Schriften und damit in einem gänzlich anderen Kulturkreis wird Musik als eine in besonderer Weise religiös qualifizierte Äußerungsform wahrgenommen. Im Medium der Musik kann das ganze Leben des Menschen mit all seinen so unterschiedlichen Empfindungen – Freude, Dank, aber auch Klage – vor Gott gebracht werden, wie z.B. das *»Buch der Lobpreisungen«* (griech. *psalein* = lobsingen) eindrücklich zeigt. Es enthält häufig Angaben zur Vortragsweise (z.B. »vorzusingen, auf der Gittit« [Ps 81,1]) oder zur Melodie (z.B. »vorzusingen, nach der Weise ›Die Hirschkuh, die früh gejagt wird‹« [Ps 22,1]). Das Abschlussgebet des Psalters, das »große Halleluja« (wörtlich: »Lobt Jahwe«), fordert dementsprechend auf: »Lobet ihn mit Posaunen, lobet ihn mit Psalter und Harfen! Lobet ihn mit Pauken und Reigen, lobet ihn mit Saiten und Pfeifen! Lobet ihn mit hellen Zimbeln, lobet ihn mit klingenden Zimbeln! Alles, was Odem hat, lobe den Herrn!« (Ps 150,3–6) *König David*, dem viele dieser Psalmen zugeschrieben werden, gilt nicht nur wegen seiner politischen Erfolge als Ideal-König, sondern ist dem Volk Israel vor allem auch als Sänger und Harfenspieler im Gedächtnis geblieben. Auch andere Stücke des Alten Testaments, beispielsweise das bekannte *Schöpfungsloblied* in Gen 1 oder die *Lieder von Moses und Mirjam* (Ex 15), in denen Gott für die Errettung der Israeliten am Schilfmeer gepriesen wird, zeugen davon, dass Israel seine Gottesbeziehung auf musikalische Weise besonders tief zum Ausdruck bringen kann (vgl.

auch z.B. Ri 5; Dtn 32; 1 Sam 2; 2 Sam 23 u.a.). Auch im Neuen Testament geht diese Erkenntnis nicht verloren: Einige der wirkmächtigsten, weil schönsten und eindruckvollsten Passagen der Evangelien sind Liedtexte, so das *Magnificat der Maria* (Lk 1,46–56) oder der *Lobgesang des Zacharias* (Lk 1,67–79). Auch in der *Briefliteratur* zeigt sich, dass man diese Form, sich vor Gott auszudrücken, in der christlichen Kirche weiterpflegte und der Gesang von Anfang an elementarer Bestandteil der Gottesdienste war (vgl. Bitter 2002, 81; Lähnemann 2002b, 299). So heißt es im Brief an die Kolosser: »Lehrt und ermahnt einander in aller Weisheit; mit Psalmen, Lobgesängen und geistlichen Liedern singt Gott dankbar in euren Herzen« (Kol 3,16; vgl. auch Eph 5,19).

Die hohe Bedeutung der Musik in der Kirche und ihre Ausstrahlung in die Popularkultur

Ihren biblischen Traditionen treu und häufig legitimiert durch das paulinische Wort, dass der Glaube »aus dem Hören« komme (Röm 10,17), ließ sich die Kirche ihre hohe Wertschätzung der Musik zu keiner Zeit nehmen. *Nur einige Schlaglichter* können genannt werden. Schon in der *frühen Christenheit* war es selbstverständlicher Brauch, Gott in Liedern zu preisen. Die *Kirchenväter* (Ambrosius, Augustin) schätzten die Musik und musikalische Ausdrucksformen des Glaubens (vgl. Lähnemann 2002b, 299). Durch das ganze Mittelalter hindurch blieb die Musik im Gottesdienst wichtig, wenn sie auch weitgehend den anderen gottesdienstlichen Vollzügen nachgeordnet war, zumal ihr Zweck ja nicht in der Ergötzung der Ohren, sondern in der Erweckung der Sehnsucht nach himmlischer Seligkeit liege, wie Papst Marcellus II. 1555 mahnend ins Gedächtnis ruft (vgl. Schaller 1988, 7f). In der evangelischen Kirche hat das Lied, von *Luther* herkommend, einen gesteigerten Stellenwert erhalten; Luther betätigte sich selbst als Lieddichter und rief damit in den folgenden Jahrhunderten gerade in protestantisch-pietistischen Kreisen ein ungeahntes Engagement auf dem musikalischen Gebiet ins Leben, dem sich nicht wenige der bis heute als zu den wunderbarsten musikalischen Zeugnissen des Christentums zählenden Werke verdanken (vgl. die Kirchenlieder Paul Gerhardts oder die Kompositionen von Bach, Schütz, Händel und vielen anderen).

Später bezogen die nordamerikanischen Sklaven Kraft und Mut aus den *Negro-Spirituals*, die noch heute in vielerlei Hinsicht fortwirken, sei es im Kampf für Freiheit, sei es zur ökumenischen Inspiration. Auch heute noch wird vielfältig christliche Musik produziert, nicht nur in kirchlichen Kreisen, sondern auch im *populär-kommerziellen* Bereich wie z.B. Xavier Naidoo (vgl. Heimbrock 1998, 72ff). Die Pop- und Rockmusik bedient sich unbefangen aus dem Fundus biblischer Motive.

2. Musik im Religionsunterricht – warum und wozu?

Angesichts des hohen Stellenwerts der Musik im religiösen Kontext darf sie auch im Religionsunterricht nicht fehlen. Dies soll nicht allein mit der allgemein gängigen Praxis untermauert werden, vielmehr sollen schulpädagogisch-didaktische und anthropologische Gründe für die große Nützlichkeit des Musikmachens und -hörens im Religionsunterricht angeführt werden.

Selbstverständnis des Religionsunterrichts

Bis weit in das 20. Jh. hinein waren das »Gesangbuch« bzw. »Gotteslob« neben Bibel und Katechismus die wichtigsten Bücher im Religionsunterricht (vgl. Pirner 2001a, 1259). Das gemeinsame Singen und Auswendiglernen der dort zu findenden Lieder galten als selbstverständliche Bestandteile des Unterrichts, der sich nicht zuletzt als ein Einübungsraum in das kirchliche Leben, als »Kirche in der Schule« verstand und dem liturgische Elemente schon von daher selbstverständlich waren (vgl. Lähnemann 2002b, 302). In den folgenden Jahrzehnten wurde das Singen weitgehend aus dem Unterricht zurückgedrängt, da die vorherrschenden Konzeptionen des hermeneutischen wie auch des problemorientierten Unterrichts stärker kognitiv ausgerichtet waren und für ästhetisch-»ganzheitliche« Gestaltungen wenig Spielraum vorsahen. Mitte der 70er-Jahre zeichnete sich hier ein deutlicher Paradigmenwechsel ab: »Spiel, Festlichkeit, Fantasie kehrten vor allem in kirchliche Bildungs- und Jugendarbeit ein und inspirierten auch den RU« (Lähnemann 2002b, 302). Hinter diese »Wiederentdeckung der Ästhetik in der Theologie« (ebd.) können wir auch heute nicht mehr zurück: Denn der Religionsunterricht soll den *ganzen* Menschen mit all seinen Fähigkeiten und Möglichkeiten wahrnehmen, weil Religion nicht nur eine Sache des Kopfes, sondern auch des Herzens und der Hand ist (vgl. Johann Heinrich Pestalozzi); er soll nicht nur rational-analytisch über Gott belehren, sondern die SchülerInnen als Subjekte ihrer eigenen Religiosität ernst nehmen und ihnen verschiedenste Weisen vorstellen, durch die sie etwas von Gott erfahren und erspüren können (s. I.2). Musik bietet hierfür sehr gute Möglichkeiten.

Musik im menschlichen Alltag

Musik ist aus dem Religionsunterricht nicht wegzudenken, weil sie aus dem menschlichen Leben nicht wegzudenken ist. »Menschliches Leben ist musikalisiertes Leben« (Bitter 2002b, 79). Schon für Säuglinge scheint Musik unentbehrlich zu sein; sie geben selbst Laute von sich und sehnen sich nach vertrauten Rhythmen und Melodien durch ihre Bezugspersonen, die ihnen ein Gefühl der Geborgenheit zu geben vermögen (vgl. Pirner 2001a, 1259). Im Kleinkindalter fangen die Kinder meist von sich aus an, Lieder zu singen, was durchaus die Qualität einer »*Bewältigungsstrategie* im Sinne einer Lebenshilfe« (Pirner 2001a, 1258) haben kann. Musik gibt Menschen ganz offensichtlich ein Gefühl der Sicherheit und des Wohlbefindens. In religiösen Liedern wird eben dies nicht allein durch Melodie und Rhythmus, sondern zusätzlich durch den Text erreicht: Dieser bringt durch seine Froh-Botschaft das explizit zum Ausdruck, was die Melodie dem Menschen, der sie wahrnimmt, implizit verheißt (vgl. Pirner 2001a, 1259). Auch wenn es außer Frage steht, dass die musikalischen Begabungen bei Menschen unterschiedlich intensiv ausgeprägt sind, dass Menschen im Musizieren und ebenso auch im Wahrnehmen musikalisch-kompositorischer Nuancen unterschiedlich talentiert sind und dass hier so wie in allen anderen Bereichen der menschlichen Fähigkeiten Erziehung und Sozialisation großen Einfluss haben, sind die affektiven Wirkungen der Musik dennoch weithin als anthropologisch konstant anzusehen. Auch Menschen, die wenig von Musik verstehen, werden von ihr emotional bewegt, was in der Allgegenwart von Musik im menschlichen Alltag einen Ausdruck findet (vgl. Bitter 2002b, 80; Pirner 2001a, 1258; Lähnemann 2002b, 300).

3. Einsatzmöglichkeiten von Musik im Religionsunterricht

Grundsätzlich gibt es zwei didaktische Möglichkeiten des Einsatzes von Musik im Religionsunterricht: Musik kann zum einen Anlass zur *Impression* sein, dann nämlich, wenn SchülerInnen Musik hören, sie auf sich wirken lassen, ihr nach-sinnen; zum anderen eignet sie sich aber auch zur *Expression*, indem die SchülerInnen mit Musik ihre Stimmungen, Gefühle, Meinungen ausdrücken.

Musik hören

Die großen kompositorischen Meisterwerke werden, so interessant sie für den Religionsunterricht sind, in der Grundschule relativ selten didaktisch genutzt werden können. Geeigneter sind Lieder mit eingängiger Melodie und einem für die Kinder verständlichen Text, wobei aber gleichwohl darauf zu achten ist, dass der Text in theologischer Hinsicht vertretbar ist (vgl. Lähnemann 2002b, 311; Pirner

2001a, 1260). Das Evangelische Gesangbuch und das Gotteslob bieten einen reichen Schatz an Liedern für alle Gelegenheiten – zum Kirchenjahr, den Jahres- und Tageszeiten, Lieder zu Glaubenslehre und Ethik, Psalmlieder oder biblische Erzähllieder –, die von der Lehrkraft vorgesungen werden und in die die SchülerInnen miteinstimmen können, sodass sie in ihrer *ästhetisch-inhaltlichen Ganzheit wahrnehmbar* werden (vgl. Lähnemann 2002b, 305). Auf diese emotionale Annäherung sollte aber, gerade weil Musik stark das Gemüt anspricht (vgl. Lähnemann 2002b, 325), eine Phase der *kognitiven Auseinandersetzung* folgen, in der unklare Stellen des Textes, Entstehungssituation, ursprüngliche Intention des Dichters oder Komponisten u.a. erklärt werden können. Dies macht dann eine erneute emotionale und pragmatische Annäherungsphase, in der die SchülerInnen *selbst aktiv das Lied gestalten* können (s.u.), ertragreicher.

Meditatives Musikhören

Musik eignet sich für meditative Phasen, die im Grundschulreligionsunterricht einen Platz haben sollten (s. III.2). Die aktive Form – meditatives Musizieren – dürfte sich in der Grundschule in aller Regel als zu schwierig erweisen. Die passive Form aber wird beispielsweise durch eine leise Musik entschieden erleichtert. Rainer Schmitt (1983) nennt drei entscheidende Stufen solcher »Meditation« (vgl. Lähnemann 2002b, 322f): Zunächst lassen sich die SchülerInnen in einer Phase der *Tiefenentspannung* ganz auf die Musik ein, indem sie sich von allen anderen Geräuschen abwenden. Auf diese äußere Konzentration folgt sodann die innere: »Körper und Geist fühlen sich in ›Einklang‹ mit der Musik bzw. den Klängen«, störende Gedanken werden verdrängt, die SchülerInnen *verweilen in der Musik*. In der dritten Phase schließlich folgt die *Öffnung für transzendentale Bezüge*: »es entstehen Bilder, man spürt ein Bedürfnis nach Bewegung, empfindet sich als zeitlos in unendlichem Raum und konzentriert sich auf ein Neues« (zit. nach Lähnemann 2002b, 323).

Singen und Musizieren

Der pädagogische Wert gewisser Fähigkeiten im Musizieren oder im Singen ist kaum zu überschätzen. Didaktische Einsatzmöglichkeiten ergeben sich regelmäßig zu Beginn und am Ende einer Unterrichtsstunde oder des Schultages, um die SchülerInnen zu sammeln und zur Konzentration zu bringen, indem mit ihnen gemeinsam ein Lied angestimmt wird. Aber auch für die thematische Arbeit im Religionsunterricht erweisen sich Lieder als sinnvoll (vgl. Miederer/Rehlen/Weidinger 2004). Die Zahl von biblischen Erzählliedern ist beachtlich (z.B. »Abraham, Abraham, verlass dein Land«; »Jesus zieht in Jerusalem ein!«); sie können in der

Grundschulklasse als Ergänzung zur verbal dargebotenen Bibelgeschichte gesungen werden. Hier ist darauf zu achten, dass die Lieder nicht auf der Textebene verzweckt, sondern als Ganzes wahrgenommen werden, damit auch der Melodie der ihr zustehende Rang zukommt. Lieder, die nicht direkt auf einen biblischen Text Bezug nehmen, sondern theologische Aussagen zur Sprache bringen wollen (z.B. »Ich sitze oder stehe, ich liege oder gehe, du hältst stets deine Hand über mir ...«; »Herr, deine Liebe ist wie Gras und Ufer ...«; »Gott baut ein Haus, das lebt ...«), können das Thema vertiefen helfen, indem sie zusätzlich zur kognitiv-verbalen Ebene durch Melodie und Rhythmus und die beim Singen sich entwickelnde Atmosphäre ein emotionales Verarbeiten unterstützen. Bei der letztgenannten Gruppe von Liedern ist allerdings von der Lehrkraft einfühlsam darauf zu achten, ob die Symbolik und Motivik, auf denen Bibelaussagen interpretierende Lieder häufig beruhen, die GrundschülerInnen überfordern oder ob vielleicht gerade durch die Kombination von Text und Musik – auch wenn die SchülerInnen die Bedeutung der Worte noch nicht exakt wiedergeben können – ein erstes Verstehen solcher bildhafter Aussagen angebahnt werden kann.

Viele Grundschulkinder werden schon selbst ein Instrument spielen können. Auch die anderen haben in aller Regel Freude daran, einfache Instrumente auszuprobieren, und sind oft erstaunlich schnell fähig, einfache Melodien oder Rhythmen zu reproduzieren. So lohnt der Versuch, SchülerInnen mit Xylofon, Keyboard, mit Rasseln oder Trommeln den *Gesang der Klasse* begleiten zu lassen. Besonders eindrücklich kann das sein, wenn die SchülerInnen selbst ohne weitere Vorgaben Instrumente und ihre *Klangwirkungen* einfach *ausprobieren* und sie ihren Gefühlen klangliche Gestalt geben. Sie können dann beispielsweise biblische Erzählungen oder Gebete mit Tönen, Melodien, Rhythmen begleiten, auch mit »körpereigenen Instrumenten« (z.B. durch Klatschen), wodurch die SchülerInnen leibhaft erfahren, dass es bei Religiosität nicht ausschließlich um Verbalität und Kognition geht. Eine andere Möglichkeit ist die *»Lied-Erfindung«,* die, je nach Alter und Bereitschaft der SchülerInnen, verschiedene Stufen haben kann: Textergänzung, Textveränderung, Melodieveränderung, Rhythmusveränderung, Liedkomposition, Liedaufführung (Schmitt 1983; vgl. Lähnemann 2002b, 317). Konkret kann das in einer Grundschulklasse so aussehen, dass beispielsweise bestimmte Passagen eines Liedes leiser, langsamer, tiefer gesungen werden als andere, oder dass die Schüler versuchen, eigene Strophen zu einem Lied zu ergänzen. Der pädagogische Nutzen solcher Eigentätigkeit liegt darin, »dass Schülerinnen und Schüler sich in eigengestalteten Texten und Melodien unmittelbar ausdrücken können, dass solche Lieder in besonderem Maße ›ihre‹ Lieder sind: für sie singbar, für sie existenziell wesentlich« (Lähnemann 2002b, 317).

Tanz und Bewegung zu Musik

Grundschulkinder bewegen sich gerne (s. III.6). Wird im Klassenraum Musik gespielt, werden sie sich daher ohnehin kaum auf den Stühlen halten lassen: »Beim Spielen, Singen und Verklanglichen wird oft wie von selbst Bewegung hinzukommen. Diese spontanen Äußerungen lassen sich dann sehr gut ausbauen: zu Pantomimen, zu Bewegungen in der Gruppe, zum vorbereiteten und geübten Tanz« (Berg 2002b, 179f). Schon die einfache Auflockerung des durch Still-Sitzen bestimmten Schulalltags durch die gestische Begleitung mit zu einzelnen Wörtern eines gesungenen Liedes passenden Handbewegungen motiviert Grundschulkinder oft ungemein. In pädagogischer Hinsicht erweist sich der natürliche Bewegungsdrang der Kinder als sehr nützlich. Hierdurch wird nämlich erreicht, dass das, was im Lied durch Text und Melodie ausgesagt wird, sie als ganze Menschen erfasst und nicht nur als kognitive Wesen anspricht, sodass sie sich leibhaftig, »ganzheitlich« einbringen können (s. III.6). Wenn die SchülerInnen selbst über die Art der Bewegungen und die Form des Tanzes mitentscheiden dürfen, wird in einem solchen Religionsunterricht auch ihre Kreativität gefördert.

Zusammenfassung:

Musik ist – konstant über kulturelle Grenzen und Zeitalter hinweg – ein wichtiger Bestandteil des religiösen Lebens der meisten Menschen. Auch in der Bibel und den Traditionen der christlichen Kirchen haben Lieder und Gesang einen hohen Stellenwert. Im Religionsunterricht sollte dies ebenfalls beachtet und gepflegt werden: weil Menschen ein grundständiges Bedürfnis nach Musik haben, weil so ein »ganzheitliches« Lernen unterstützt wird und weil sich Kindern durch gemeinsames Lauschen, Singen, Musizieren ein Zugang zur christlichen Religion eröffnet, der nicht allein auf Kognition setzt, sondern auch affektive und pragmatische Komponenten zulässt, und sie so ihren Glauben auch ausdrücken können. Methodische Möglichkeiten sind das Singen traditioneller Lieder, eigene kreative Liedgestaltungen mit neuen Melodien, Texten und Bewegungen/Tänzen oder auch die meditativen Übungen zu und mit Musik.

Lesehinweis:

Bechter, Edgar (1996): Klangbausteine im Religionsunterricht. In: Rendle, Ludwig/Heinemann, Ursula/Kuld, Lothar/Moos, Beatrix/Müller, Alois: Ganzheitliche Methoden im Religionsunterricht. Ein Praxisbuch. München, 226–249.

Harz, Frieder (1995): Mit Kindern singen. Zugänge und Anregungen zu Liedern aus dem Evangelischen Gesangbuch. Bayreuth.

III.5 Bewegung, körperlicher Ausdruck und Tanz im Religionsunterricht

Georg Hilger

Wenn wir uns bewegen, können wir uns in unserer Körperlichkeit und Leiblichkeit erfahren, können wir uns Menschen und Dingen nähern oder davon entfernen, uns ihnen zu- oder von ihnen abwenden. Bewegung beeinflusst Wahrnehmungsperspektiven: der Welt, des Selbst und der anderen. Ein leiblich vorgenommener Perspektivenwechsel fördert neue Sichtweisen und Einsichten und somit einen beweglicheren Geist. Im körperlichen Ausdruck wird sichtbar, wie sehr der Leib Ort und Medium der Erfahrung ist. Zur Religion gehören von Anfang an Gesten, Tanz, Bewegung und Wege. Sie sind in ihrer Leiblichkeit Ort und Quelle von Erfahrung. Eine bewegte und sinnenreiche Lernkultur im Religionsunterricht bejaht die Leiblichkeit und Bewegungsfreude der Kinder und fördert damit ihre Wahrnehmungs- und Ausdrucksfähigkeit (s. I.2). In diesem Kapitel soll aufgezeigt werden, wie sehr und warum Bewegung, Tanz und körperlicher Ausdruck als Sprache eigener Art engstens mit religiöser Bildung verbunden sind (1). und wie im Religionsunterricht der Grundschule eine bewegte Lernkultur gefördert werden kann (2).

1. Bewegung, Tanz und Religion

Spielerische Bewegung und Tanz, Gesten und Gebärden sind eine Sprache eigener Art, in denen der Mensch sich, seine Lebens- und Weltansichten sowie seine Gottesbeziehung ausdrücken und dem anderen begegnen kann. In den Zwanzigerjahren des 20. Jh. hat der katholische Theologe Romano Guardini immer wieder darauf hingewiesen, wie sehr verkörperter Geist und durchseelter Leib zum Menschsein gehören. Darum wendet er sich gegen eine Religion der bloßen Innerlichkeit, eine Entkörperlichung des Betens und gegen ein religiöses Leben, das abstrakt, formelhaft, schematisch wird und den Zusammenhang mit der innersten

Struktur des Lebens verliert. Unter dem Vorzeichen »liturgischer Bildung« gelte es wieder zu lernen, mit dem Körper zu beten, unser Inneres im Äußeren auszudrücken und aus Äußerem das Innere abzulesen, um wieder symbolfähig zu werden (Guardini 1998, 221). Dass eine Entfaltung der Körperlichkeit und Sinnlichkeit so wenig Raum in Theologie und religiöser Erziehung, Spiritualität und Liturgie fand, erweist sich immer mehr als verhängnisvolles Defizit, als Ausdruck eines unbiblischen Leib-Seele-Dualismus und als Distanz gegenüber der körperlich-ekstatischen Dimension religiöser Erfahrung. Der evangelische Theologe Wolf-Eckart Failing erinnert daran, dass der biblische Gott kein »unbewegter Beweger« ist. Der Gott Israels und Jesu hat sich vielmehr als Movens auf die Menschen zubewegt und will uns beweglich und durch seinen Geist in Bewegung halten. Leibliche Bewegung ist damit konstitutiver Bestand religiöser Erfahrung. Religion leben bedeutet dann in Bewegung bleiben (vgl. Failing 1998b, 37f).

Tanz und Bewegung gehören zu den ältesten religiösen und kulturellen Ausdrucksmustern. Als eine Möglichkeit, spirituelle Erfahrungen zu machen und seinem Leben und Glauben Gestalt zu geben, gewinnen Tanz und Bewegung nach einer wechselvollen Geschichte der strikten Ablehnung und zaghaften Annäherung (vor allem im kirchlichen Brauchtum) in der Gegenwart im Christentum allmählich die ihnen zustehende Bedeutung. Für die katholische Kirche z.B. eröffnet die Liturgiekonstitution des II. Vatikanums (1962–1965) neue Möglichkeiten, Tanz und Bewegung in den Gottesdienst zu integrieren. Das sind Anzeichen dafür, dass leibliche Expression und Emotion auch im Raum der Kirche einen Ort finden darf, z.B. in den verschiedenen Formen des liturgischen, meditativen und darstellenden Tanzes, in vielfachen Formen des Friedensgrußes, durch Stampfen und Klatschen und Bewegung bei rhythmischen Gesängen.

2. Bewegung und Tanz im Religionsunterricht

Aus der Perspektive ästhetischen Lernens sind Tanz, Bewegung und gestischer Ausdruck unverzichtbare Dimensionen religiöser Bildung und finden immer mehr Eingang in die Praxis schulischen Lernens (vgl. u.a. Hilger/Hilger 1996, 2000). Tanzend und sich bewegend können religiöse Erfahrungen ganzheitlich-leiblich ausgedrückt und intensiviert werden: die Erfahrung von Freiheit, Annahme und »Harmonie« (vgl. Failing 1998b, 65f).

Unter dem Vorzeichen der Integration von Bewegung und Tanz in religiöse Bildung finden sich in den einschlägigen Publikationen und Methodenbüchern Vor-

schläge, in denen sich verschiedene Zielvorstellungen und Lernverständnisse widerspiegeln: Zu unterscheiden sind thematisch gebundene Anwendungsmöglichkeiten von Bewegung und Tanz (vgl. dazu zahlreiche Hinweise bei Elisabeth Buck 1997), das Einüben und Nachmachen von Bewegungsabläufen und Tanzschritten nach festen Vorgaben bis hin zum Drill und auf der anderen Seite das experimentelle Suchen nach authentischen leiblichen Ausdrucksmöglichkeiten in der Improvisation. Ein streng lernzielbezogener »Einsatz«, bei dem Kinder lediglich einstudierte und vorgemachte Bewegungen nachmachen sollen, verkürzt Tanz und Bewegung funktionalistisch, diese bleiben dann häufig oberflächlich und werden nur schwer authentischer Ausdruck des Selbst und dessen, was die Kinder bewegt. Andererseits ermöglicht eine einstudierte Bewegungsabfolge Erfahrungen der Zusammengehörigkeit, wenn die Bewegungsabläufe gemeinsam abgesprochen bzw. gefunden worden sind.
Mit den bisherigen Überlegungen dürfte deutlich geworden sein, dass Tanz und Bewegung hier nicht als kompensatorischer Ausgleich, als Auflockerungsübung oder gar als »Lerngymnastik« verstanden werden, damit Kinder in der Monotonie einer weithin entsinnlichten Schulkultur im Anschluss daran besser »funktionieren« und konzentrierter lernen. Hier geht es um mehr: um Bewegungsbildung als Menschenbildung (vgl. Kunstmann 2002) im Sinne von Subjektwerdung und um Tanz, Bewegung und Körpersprache als Ermöglichung und Ausdruck von religiös-relevanten Erfahrungen.

3. Anregungen und Beispiele für die Praxis

Thematisch bezogene Bewegungen und Tanzformen setzen eine Bewegungskultur voraus, die behutsam – ohne Überforderung der Lehrenden und Lernenden – aufgebaut werden muss. Darum werden hier zuerst einige Hinweise gegeben, die nicht nur für den Religionsunterricht relevant sind.

Bewegung im Raum mit Musik und Gegenständen

Der gemeinsame Weg von Kindern und Lehrenden im Sinne einer bewegteren Lernkultur ist ein Weg der kleinen Schritte und Veränderungen. Es gilt, die vielfältigen Bewegungsmöglichkeiten unseres Körpers bewusst zu machen und zu erweitern. Es gilt, neue Wege zu gehen und zu entdecken. Dabei können die Kinder erleben, wie der jeweilige Raum auf sie und ihre Bewegung wirkt und wie sie ihn

durch ihre Bewegung (und ihre räumliche Körperlichkeit!) verwandeln können. In der bewegten Beziehung mit den anderen wird der Raum schließlich zum sozialen Raum.
Wir können uns sehr langsam und ruhig, aber auch voller Dynamik und schnell bewegen. Wir können mit unserem Körper rhythmisieren, stampfen, schlurfen, klatschen, klopfen, sprechen, flüstern, juchzen und vieles mehr. Mit Gegenständen und Instrumenten (besonders Orff'schen Instrumenten) können wir Rhythmen und Melodien selbst gestalten, improvisieren und uns dazu bewegen. Mit gezielt ausgewählter Musik akzentuieren und beeinflussen wir die subjektive Bewegungsgestaltung, in der durch das Zusammenspiel von Bewegung, Klang, Raum und Rhythmus neue Ausdrucksformen gefunden und erfahren werden. Grundsätzlich eignet sich jede gute Musik zur Bewegungsgestaltung, wenn Lehrende und Lernende Beziehung dazu aufbauen können. Als besonders inspirierend und die Kreativität anregend erweist sich immer wieder der spielerische Umgang mit Gegenständen. Die Bewegung mit Tüchern aller Größen und Qualitäten, mit Papierbällen, verschiedenen Stöcken, mit Steinen, Luftballons, Röcken, Hüten, Bändern usw. befreit von Verkrampfungen, regt die Fantasie an und fördert die Imaginationskraft.

Begrenzung – Bewegung als Stundeneröffnung

Das Prinzip der Begrenzung ist für Bewegungsgestaltung wesentlich. Jegliche Kreativität braucht Strukturen. Ob Kinder das Tuch mit beiden Händen oder mit einer Hand halten, führt zu sehr unterschiedlicher Ausdrucksform im Tanz. Ob ein Stab oder ein Luftballon von einer Hand oder von beiden Händen geführt wird, verändert wesentlich die Bewegungsqualität. Die bewusst gesetzte Begrenzung fördert immer wieder den spielerischen Charakter und die Gestaltungsfantasie (vgl. Rodari 1992, 171ff).
Es empfiehlt sich, mit einer gewissen Regelmäßigkeit, den Unterricht mit Bewegung und Tanz zu beginnen. Spielerische Übungen zu Beginn sensibilisieren für den eigenen Körperausdruck, lockern, bringen in Bewegung, machen wach für Wahrnehmung des Raumes, des Ich, des Miteinanders. Sie können der Situation entsprechend aktiv bis ganz still (bewegte Stilleübung) gestaltet sein. Sie helfen den Kindern in Bewegungsfluss zu kommen, sich auf das Ausdrucksmittel »Körpersprache« einzulassen. Das gelingt umso besser, wenn in dieser Phase darauf verzichtet wird, miteinander zu sprechen. Das ist für Kinder gewöhnungsbedürftig, aber zunehmend reizvoll.

Vom »Ich-Spiel« zu »Ich-Erfahrungen«

Das »Ich-Spiel« ist mit seiner einfachen Spielstruktur für den Einstieg ins Bewegen besonders geeignet. Religionsdidaktisch bekommt es seine Bedeutung durch die Förderung der Selbstwahrnehmung und Wahrnehmung der anderen.
Spielverlauf: Alle stehen (sitzen) im Kreis mit ausreichendem Abstand zum Nachbarn. Die Lehrerin ruft: »Ich!« Das ist das einzig gesprochene Wort des Spiels! Sie macht eine Bewegung vor, die alle nachahmend übernehmen, so lange, bis ein anderer Ich-Rufer das Spiel mit seiner Bewegungsvorgabe verändert. Wieder nehmen alle diese Bewegung wahr und probieren sie selbst aus, lange genug, um in der nachgeahmten Bewegung heimisch zu werden. Das Spiel ist auch reizvoll zu Musik (von Rock'n Roll bis zur meditativen Musikqualität). Ein verabredetes Zeichen (z.B. »Hand hoch«) regelt den Spielverlauf dann besser als das »Ich«-Rufen. Dieses Wechselspiel von Bewegung erfinden, wahrnehmen und nachahmen lässt sich weiter variieren durch räumliche Vorgaben: am Boden sitzend, auf dem Bauch liegend, auf Stühlen, Hockern, Kissen sitzend, in der Gasse (Reihe) sich gegenüberstehend (sitzend) usw. Andere und vor allem auch einschränkende Impulse fördern Kreativität und Bewegungsfantasie: »Macht große, weite Bewegungen mit Armen und Händen!«, »Erfindet Bewegungen nur mit den Händen!«, »Mache eine Bewegung mit nur einem Körperteil!«, »Erfindet eckige Roboterbewegungen!« usw. Die Bewegungen und die unterschiedlichen Rollen ergeben die Basis für ein Gespräch oder »Ich«-Texte in der Gestalt von Elfchen, Schneeball, Rondell usw. (vgl. Heide Hilger 1999).

Wege gehen

In den Ländern, in denen Folkloretanz noch lebendig ist, treffen sich die Menschen auf dem Dorfplatz und ziehen und tanzen in offenen Kreisformen ihre Wege, durch lockere Handfassung miteinander verbunden. Zwischengeschaltete Tücher haben sich bewährt, die Kette wird länger, Arme und Hände sind entlastet und weniger verkrampft. Der Zug bewegt sich durch den Raum, zieht seine Bahnen in Kurven, spiraligen Wegen bis zur Mitte der Spirale und aus der Enge wieder heraus, er malt Wegebilder in den Raum. Für dieses Spiel eignet sich besonders Folkloremusik. Dynamik und Rhythmus der gewählten Musik bestimmen Gehen, Schreiten, Ziehen der TeilnehmerInnen, nicht der Anspruch gelernter Schrittfolgen. Es ist äußerst reizvoll, Musik unterschiedlicher Dynamik aneinander zu reihen und so unterschiedlichen Schrittes – mal ganz langsam, mal mit bewusst ganz kleinen Schritten, mal hüpfend, mal fußbetont stampfend, mal ganz schnell bewegt – sich den Raum zu erschließen, sich miteinander einzustimmen, sich auf die Musik und Bewegung einzulassen.

Tanzen mit Kerzen

Die Kinder tragen Billiggläser mit Teelichtern im abgedunkelten Raum, tanzen und bewegen sich zu ruhiger Musik. Nach dem Tanzen werden alle Lichter in die Mitte des Kreises gestellt. Die Kinder sitzen im Kerzenlicht und schreiben ein Schneeballgedicht im Reihumverfahren zu den Motiven »hell und dunkel« oder »Licht und Dunkelheit«.

Hände können tanzen

Die Kinder sitzen im Kreis und erfinden und erkunden in der Gestalt des »Ich-Spiels« (s.o.) vielfältige Handbewegungen. Hände tanzen und bewegen sich zu ruhiger Musik. Später können die Kinder ihre eigene Hand auf dem Papier abbilden und in die Abbildung Wörter ihrer Tanzerfahrungen assoziieren und schreiben.

Die oben angeführten Beispiele sind thematisch noch nicht festgelegt und können auch fächerverbindende Bedeutung haben. Im Hinblick auf klassische Inhalte des Religionsunterrichts ermöglichen sie Lernerfahrungen im thematischen Kontext von Identitätsstärkung, Erfahrung von Einmaligkeit und von Symbollernen (z.B. Weg, Licht, Hand).

Thematische Anknüpfungspunkte

Im Zusammenhang der Emmaus-Erzählung (Lk 24,13–35) sollte man nicht darauf verzichten, die so unterschiedlichen Wege der beiden Jünger von Jerusalem nach Emmaus und von Emmaus nach Jerusalem gehen zu lassen und nach einem leiblichen Ausdruck der unterschiedlichen Wegeerfahrungen zu suchen.

Der Weg des Elias auf der Flucht, in die Verzweiflung und Resignation, wie er wieder aufrecht gehen lernt oder im Gehen dem Elischa begegnet usw., bietet sich für einen leibhaften Ausdruck im Dialog mit 1 Kön 19,1–21 geradezu an (vgl. Zilleßen/Gerber 1997, 127ff). Dass »Weg« zugleich ein Symbol für Leben und ein religiös und jüdisch–christlich dicht besetztes Symbol ist, das kann und soll im Religionsunterricht weiter vertieft und angereichert werden.

Dass das »Ich-Spiel« Erfahrungsgrundlage sein kann für die Zusage Gottes an jeden, beim Namen gerufen, von ihm gewollt und angenommen zu sein, das kann auch deutlich werden. So ließen sich bei den o.a. Beispielen unschwer Bezüge auch zu weiteren Lehrplanthemen des Religionsunterrichts aufweisen.

Eine Vielfalt von thematisch gebundenen Anwendungsmöglichkeiten von Bewegung und Tanz im Religionsunterricht findet sich bei Elisabeth Buck (1997). Mit den oben präsentierten Anregungen ging es um eine Richtung ändernde Weichenstellung hin zu einer Lernkultur, welche die Körperlichkeit und eine leibgebundene Wahrnehmung, Gestaltung und Kommunikation aus der Verdrängung heraushebt, und zwar aus pädagogischem und theologischem Interesse an einem erfahrungsgesättigten Religionsunterricht.

Zusammenfassung:

Tanz, Bewegung und gestischer Ausdruck sind unverzichtbare Dimensionen religiöser Bildung und eine Möglichkeit, spirituelle Erfahrungen zu machen und seinem Leben und Glauben Gestalt zu geben. Tanzend und sich bewegend können religiöse Erfahrungen ganzheitlich-leiblich ausgedrückt und intensiviert werden: die Erfahrung von Freiheit, Annahme und die Erfahrung der eigenen Einmaligkeit und die der anderen. Zu unterscheiden sind thematisch gebundene Anwendungsmöglichkeiten von Bewegung und Tanz, das Einüben und Nachmachen von Bewegungsabläufen und Tanzschritten nach Vorgaben auf der einen und das experimentelle Suchen nach authentischen leiblichen Ausdrucksmöglichkeiten in der Improvisation auf der anderen Seite.

Im Hinblick auf den Religionsunterricht ist darauf zu achten, dass Bewegungskultur behutsam – ohne Überforderung der Lehrenden und Lernenden – aufgebaut werden muss.

Lesehinweis:

Buck, Elisabeth (1997): Bewegter Religionsunterricht. Theoretische Grundlagen und 45 kreative Vorschläge für die Grundschule. Göttingen.

Buck, Elisabeth (2002a): Bewegter Religionsunterricht: Bewegung/Panomime/Tanz/Symbolspiel. In: Adam, Gottfried/Lachmann, Rainer (Hg.): Methodisches Kompendium für den Religionsunterricht 2. Aufbaukurs. Göttingen, 209–229.

Failing, Wolf-Eckart (1998b): Geist und Bewegung – Bewegtheit durch Geist. In: Ders./Heimbrock: Gelebte Religion wahrnehmen. Lebenswelt – Alltagskultur – Religionspraxis. Stuttgart/Berlin/Köln, 37–68.

III.6 Kind und Spiel – Lernen im Spielen

Georg Hilger

Spiel ist gerade für junge Kinder wichtig, spielen sie doch bis zum Alter von ca. sieben Jahren etwa acht Stunden pro Tag (vgl. van der Kooij 2001, 293). Kinder spielen aus Vergnügen oder um Aggressionen und Wut auszudrücken, Angst zu bewältigen, Erfahrungen zu machen, Freunde und Feinde zu finden, Beziehungen zwischen innerer und äußerer Realität herzustellen, etwas von ihrem Inneren und ihrem Äußeren anderen Menschen darzustellen als Ausdruck ihres Wunsches nach Kommunikation (vgl. Winnicot 1978). Vor allem der Kontakt mit Gleichaltrigen im Spiel ist Kindern ein hoher Wert. Hierdurch erproben sie ihre Formen des sozialen Austauschs und erleben im Gegenüber Gemeinsamkeiten und ihre Verschiedenheit. Schon diese wenigen Gründe zeigen, wie wichtig Spielen für Kinder und für ihre Persönlichkeitsentwicklung ist. Darum sollte im Alltag und in pädagogischen Kontexten zum Spielen eingeladen und Spielmöglichkeiten eröffnet werden. Spiel im eigentlichen Sinne steht in Spannung zu systematischem Lernen im Dienste des Wissenserwerbs und lässt sich nicht als pädagogisches Mittel zu einem festgelegten Zweck verordnen. Dagegen spricht der Freiheitscharakter des Spiels. Dennoch ist zu wünschen, dass Kinder im Unterricht spielen, weil sie im Spiel viel lernen können, meist zwar unsystematisch und zufällig, doch sehr viel, was für ihre Entwicklung und ihr Menschsein wichtig ist. Darum sollte die Spielfreude einen deutlichen Vorrang vor dem Lernzweck haben und dem Spiel sein Eigenwert belassen werden. Der Mensch braucht zum Menschsein und für ein erfülltes Leben vieles, was er auf den ersten Blick nicht unbedingt braucht. Und dazu gehört das Spiel. So kann man das Spiel zu den grundlegenden Phänomenen des Lebens zählen, die ihren Sinn in sich haben und keiner weiteren Begründung bedürfen (vgl. u.a. Flitner 1982, 23).

Daher ist es gerade in einer leistungsbezogenen »Arbeitswelt« notwendig, an die Bedeutung und die Besonderheit des Spiels für die Erziehung und Bildung zu erinnern (1) und mögliche Fähigkeiten aufzuzeigen, die im Spiel erworben bzw. vertieft werden können (2). Wer mit Kindern spielt, ist in solchen Phasen des Unterrichts SpielleiterIn und dann in einer anderen Rolle als im normalen, zielorientierten Unterrichtsgeschehen. Worauf als SpielleiterIn zu achten ist, wird in einem weiteren Abschnitt bedacht (3). Manche werden in diesem Kapitel konkrete Spielvorschläge vermissen. Dazu gibt es eine umfängliche Literatur, u.a. in den einschlägigen Methodenbüchern. Einige davon werden abschließend aufgeführt.

1. Spielen im Religionsunterricht: Mehr als Spielerei!

Dass im Religionsunterricht Spielen zum Methodenrepertoire gehört, ist keine Neuigkeit. Spielvorschläge finden sich in jedem methodischen Handbuch zum Religionsunterricht (vgl. Rothgangel 1999). Spiel ist aber mehr als eine austauschbare Methode zur Optimierung von Lernprozessen. Wer bewusst die Dimension des Spiels in den Unterricht integriert, stellt die Dominanz eines zweckrationalen Unterrichtsverständnisses, bei dem Unterricht ausschließlich als Technologie der Wissens- und Kompetenzvermittlung angesehen wird, infrage.

Spiel als Zweck in sich und als Ausdruck ästhetischer Weltzuwendung

Im Spielen bekommt Unterricht eine neue Qualität dadurch, dass er von einer ästhetischen Zuwendung zur Welt und zum Leben bestimmt ist (s. I.2): von einem, wie es Horst Rumpf nennt, »spielerischen Geist der Weltzuwendung«, der neue Blicke auf das Leben ermöglicht (vgl. Rumpf 1997, 143). Wichtig werden dann die Form-Inhalt-Relation, die Balance zwischen Wahrnehmen und Gestalten, Eindruck und Ausdruck, das Verhältnis von detaillierter Planung und notwendigen Spielräumen, damit sich alle Akteure als Subjekte ins Spiel bringen und mit dem jeweiligen Thema in Beziehung treten können. Spiel lebt von der Spannung zwischen Vorgabe und Regelwerk einerseits und Ausdruck menschlicher Freiheit andererseits. Darum ist das Spiel mit seinen Regeln, Herausforderungen und Requisiten besonders geeignet, das Leben mit seinen komplexen Sozialsituationen zu spiegeln (vgl. Berger 1979; Hoffman 1973).
Spielen ist Ausdruck des Menschseins und hat seinen Sinn und Zweck in sich, weil im Spiel unverwechselbare Erfahrungen gemacht werden können, die den Menschen als Menschen ansprechen und seine Zustimmung zum Leben und zur Welt ausdrücken. Der katholische Theologe Hugo Rahner (1900–1968) sah in dem 1948 vorgetragenen Essay »Der spielende Mensch« das Nachdenken über das Geheimnis der menschlichen und christlichen Lebensweisheit des spielenden Menschen eine »heilende Notwendigkeit für uns Menschen von heute, die wir in

der Verzweckung des blöden Ernstes oder in die Sinnlosigkeit einer bloßen Diesseitigkeit verstrickt sind (...)« (H. Rahner 1952, 9). Er meditiert die Würde des spielenden Menschen als Partner des schöpferisch spielenden Gottes, der diese Welt sinnvoll und als nicht notwendig geschaffen hat, und stellt Kirche als spielende Kirche vor, die das Geschenk der Erlösung sinnhaft und sichtbar als Antwort auf Gegebenes und als Vorspiel des Kommenden vorspielt.

Spiel als Ausdruck geschenkter Freiheit

Spiel kann ein Erfahrungsraum der Freiheit sein, in dem sich unverzwecktes Leben darstellt und eine stimmige Form findet. Ähnlich wie Rahner argumentiert der evangelische Theologe Jürgen Moltmann, wenn er das Spiel der Liebe Gottes mit der Welt reflektiert und als Ausdruck der Freude an der von Gott geschenkten Freiheit theologisch bedenkt (vgl. Moltmann 1971).

Was gespielt wird, das hat immer den Charakter des Experiments, des »So-tun-als-ob« als einem der stärksten Wesenszüge des Spiels neben den weiteren Spielmerkmalen wie Flexibilität, positive Emotionen sowie Mittel-vor-Zweck (vgl. Einsiedler 1999, 7; van der Kooij 2001, 304). Im Spiel werden Möglichkeiten erprobt und Erwartungen durchkreuzt, um heilvolle Distanz gegenüber einer sich absolut setzenden Wirklichkeit zu schaffen und um sich aus den Fesseln der Zwänge zu befreien. In einer Welt, in der nur Leistung zählt, kommt durch das Spiel ein widerständiger Moment der Freiheit zum Zuge. Im Spiel wird somit eine Distanz zum Üblichen eröffnet. Diese Distanz ermöglicht ein neues Wahrnehmen von Wirklichkeit, um sie genauer in den Blick nehmen zu können. Durch das Spiel kann etwas sichtbar und sinnlich wahrnehmbar gemacht werden, was sonst nur schwer oder auch in dieser Gestalt gar nicht gesehen und erlebt wird. Der Unterricht braucht Spielräume, damit sich die Mitspieler mit ihren Charakterzügen einbringen können und damit Raum für Überraschendes und Neues entsteht. Spielräume entstehen, wo Gestaltungen und Ausdruck ermöglicht werden, wo Einfälle erwünscht sind und Freiheit erfahren bzw. erprobt werden kann. Spielräume eröffnen sich nicht, wo alles determiniert ist, wo Mitspieler zu Marionetten degradiert werden und nur Vorgegebenes zu vollziehen haben und so zu »Nachspielern« werden, die keinen Einfluss auf das Regelwerk und die Regie nehmen dürfen.

Freiräume im Spiel als umgrenzte Gestaltungsräume

Freiräume im Spiel setzen nachvollziehbare Rahmenbedingungen voraus und SpielleiterInnen, die verantwortlich darüber wachen, dass sinnvoll und freudvoll gespielt wird. Freude am Spiel wird u.a. gesichert durch einen vorgegebenen und

schützenden Rahmen als »Spielraum«. Freiheit im Spiel ist auf einen solchen Raum angewiesen, sowohl inhaltlich wie prozessual. Ohne Regeln gibt es kein Spiel, jene haben die Bedeutung, dass sie einen Raum der Freiheit eröffnen und ihn zugleich umgrenzen. Das ist ja das Geheimnis des Spiels, dass hier Freiräume als Gestaltungsräume entstehen und dass es Ordnungen braucht um der Freiheit willen (vgl. Grözinger 1991, 186ff).
Regeln, Rituale, Begrenzungen und die emotionale Einfühlung in eine Spielhandlung sind wichtige Voraussetzungen für das Spiel. Sie müssen aber von allen Beteiligten angenommen, d.h. in Freiheit akzeptiert werden (s. II.8) im Sinne einer internen Kontrolle. Spiel und Kontrolle sind darum kein Widerspruch, weil der Spieler im Hinblick auf seine Gefühle, seine Bewegungen, seinen Spielplan, auf die Intensität und Spieldauer usw. Kontrolle über das eigene Spielverhalten braucht, um in einer Spielsituation sicher zu sein (vgl. van der Kooij 2001, 304).

2. Fähigkeiten, die im Spiel erworben und vertieft werden können

Die Bedeutung des Spielens lässt sich theologisch, philosophisch und pädagogisch entfalten (vgl. z.B. die Beiträge in dem zweibändigen Handbuch der Spielpädagogik, hg. v. Kreuzer 1983, die Monographien von H. Rahner 1952, Moltmann 1971, Cox 1970, Huizinga 1961, Scheuerl 1977, Einsiedler 1999 und die jeweils dort angegebene Literatur). Einerseits steht die Eigenwertigkeit und die Zweckfreiheit des Spiels in Spannung zu einer pädagogischen Funktionalisierung des Spiels im Sinne zielorientierter Lernspiele. Der Eigenwert des Spiels und der spielerischen Mittel muss geachtet werden. Anderseits werden im Spiel wichtige Fähigkeiten erworben, die religionspädagogisch von Belang sind.
Produktives Lernen und befreites Spiel stehen in einer Spannung, schließen sich aber nicht aus. Spielen kann im Sinne von Lernerfahrungen produktiv sein, und gelungene Lernerfahrungen können befreiend wirken. Nicht zuletzt aber ist es das Spielen selbst, das spielend gelernt wird. »Beim Spielen lernt das Kind in erster Linie – spielen. Es erlernt die Geschicklichkeit, die Verhaltensweisen, die Techniken, die Improvisationen, die Sozialsysteme, die für die jeweiligen Spielweisen erforderlich sind. Es wird heimisch in einer Lebensform, die für die Humanität, für die Behauptung des Menschen innerhalb von Systemzwängen unentbehrlich ist und die ihm in einer Welt der Leistung und Zweckhaftigkeit Räume der Freiheit und des Glücks zu erhalten vermag (...)« (Flitner 1982, 119f). Zweckfreiheit des Spiels bedeutet ja nicht Ziellosigkeit und vor allem nicht Planlosigkeit. Wil-

helm Albrecht weist auf folgende religionspädagogisch relevanten Fähigkeiten hin, die langfristig im Spiel mittelbar vertieft oder erworben werden können:

- in der Freiheit des zweckfreien Tuns stehen,
- ein Stück erfüllte Zeit erleben und auskosten,
- sich an Nicht-Notwendiges hingeben,
- die Gunst des Augenblicks nutzen oder frei auf sie verzichten,
- das Machbare am Spiel vom Nichtmachbaren unterscheiden,
- Freude am überraschenden Augenblick gewinnen,
- sich dem Unberechenbaren nicht verweigern (vgl. Albrecht 1978, 661).

Im Hinblick auf schulisch anzubahnende Kompetenzen wird man damit rechnen können, dass Spielen wichtige Grundqualifikationen für soziales Handeln fördert. Nach Lothar Krappmann sind dies folgende: flexibler Umgang mit Regeln, soziale Sensibilität, Fähigkeit zur Kommunikation und Kooperation durch Vertrauen auf sich selbst und auf die Gruppe, Empathiefähigkeit, Kreativität, soziales Mitempfinden, die Fähigkeit Regeln einzuhalten und mit ihnen flexibel umzugehen, mit ambivalenten Situationen umzugehen, um der gemeinsamen Freude willen auch eine nur partielle Befriedigung der eigenen Bedürfnisse in Kauf zu nehmen und nicht zuletzt die Fähigkeit, vorgegebene Handlungsbedingungen zu akzeptieren bzw. zu verändern (Krappmann 1978, 202–216; zu empirischen Untersuchungen vgl. u.a. Einsiedler 1999, 161f).

3. Auf die SpielleiterInnen kommt es an!

Lehrkräfte können Spielfreude erhalten und fördern, aber auch stören und verderben. Sie brauchen eine spezifische Sensibilität für Kinder und für Spielsituationen und die Bereitschaft, sich mit den Kindern am Wagnis Spiel freuen zu können. Mit der Einstellung und dem Verhalten der SpielleiterInnen steht und fällt das Gelingen eines Spiels oder einer Spielphase. Benita Daublebsky (1978, 115–149) gibt auf dem Hintergrund langjähriger Spielpraxis grundlegende Empfehlungen, von denen einige hier aufgeführt werden:

- Kinder haben ein Recht auf Spiel. Wer mit Kindern spielen will, muss sich klar darüber sein, dass man ihnen dadurch keine Gnade erweist. Das Spiel ist also keine Belohnung und kein Geschenk.

- Es gilt Kindern zu helfen, aber man darf sie dabei nicht zu stark an sich binden.
- Spielgruppen sind einerseits vor überfordernden Schwierigkeiten zu schützen, andererseits sollen sie so weit wie möglich ihre eigenen Erfahrungen machen können.
- Bei Gruppenspielen dürfen sich die Kinder frei gruppieren, aber denen, die nicht gewählt werden, muss man als SpielleiterIn helfen.
- Als SpielleiterIn schaffen wir eine offene Atmosphäre und tragen durch eigenes Verhalten dazu bei, dass Kinder sich gegenseitig helfen.
- Spielregeln sind so anzusagen, dass sie nach den ersten Ansagen oder spätestens nach einer Wiederholung verstanden werden. Dass Kinder die Spielregeln anhören und verstehen, ist ja eine der Voraussetzungen für das Gelingen von Spielen.
- Zweckfreiheit des Spiels bedeutet nicht Planungslosigkeit. Spielsituationen wollen sorgsam geplant sein und gleichsam offen bleiben für Neues, für spontane Aktivitäten, für Abweichungen und für die Modifikation von Regeln.
- Kinder, die nicht mitspielen wollen, dürfen nicht zum Spiel gezwungen werden. Ihnen ist behutsam zu helfen, evtl. später noch ins Spiel zu finden.

In diesen grundsätzlichen Hinweisen spiegelt sich ein ständiges Balancieren wider, das Wolfgang Edelstein als die Notwendigkeit eines »verhaltenssicheren Balancierens zwischen Zurückhaltung und Engagement, Distanz und Wärme, Einfühlung und emotionaler Unabhängigkeit, Schutz und Risikobereitschaft, reflexiver Bedachtsamkeit und Schlagfertigkeit, Zielbewusstsein und Flexibilität und Geduld« (Edelstein 1978, 187) charakterisiert. Zu allem ist wichtig, dass die Lehrkräfte ihre Freude am Spiel und am Spielen als Ausdruck ihres Menschseins zeigen und sich am Kinderspiel freuen können. Die eigene Spielfreude kann anstecken wirken. Darum ist es vor allem bei jüngeren Kindern angebracht, als SpielleiterIn hier und da mitzuspielen und die notwendige Distanz aufzugeben (vgl. zu dieser Frage Pütt 1983, 432).

Literatur mit Spielanregungen:

Berg, Horst Klaus (1978): Lieder, Bilder, Szenen im Religionsunterricht, Bd. 3. Szenen für das 1.–4. Schuljahr. Stuttgart/München.

Buck, Elisabeth (2001a): Kommt und spielt 1. Bewegter Religionsunterricht im 1. und 2. Schuljahr. 2. Aufl. Göttingen.

Buck, Elisabeth (2001b): Kommt und spielt 2. Bewegter Religionsunterricht im 3. und 4. Schuljahr. Göttingen.

Bubenheimer, Ulrich/Strecker, Dieter (1979): Religionsunterricht und Spielpädagogik in der Grundschule. Limburg.

Daublebsky, Benita (1978): Spielen in der Schule. Vorschläge und Begründungen für ein Spielcurriculum. 6. Aufl. Stuttgart.

Dietrich, Wolfgang (1985): Und Mirjam nahm die Pauke in die Hand. Eschbach.

Haas, Dieter (Hg.) (1988): Spielideen zur Bibel. Anregungen und Beispiele für Schule und Gemeinde. Lahr.

Kurz, Helmut (1998): Methoden des Religionsunterrichts. Arbeitsformen und Beispiele. 4. Aufl. München.

Longardt, Wolfgang (1999): Das neue Spielbuch Religion. 80 ausgewählte Spiele für die Grundschule, die Gemeinde und den Kindergarten. Düsseldorf.

Longardt, Wolfgang (1988): Spielbuch Religion. Für den Umgang mit fünf- bis zwölfjährigen Kindern. 65 Ideen, Praxisvorschläge und Werkstattskizzen. 2. Aufl. Lahr u.a.

Lorenz, Gertrud (1988): Singen und spielen. Einfache religiöse Lieder und Spiellieder. Stuttgart.

Niehl, Franz-Wendel/Thömmes, Arthur (1998): 212 Methoden für den Religionsunterricht. München.

Petillon, Hanns (2000): Von Adlerauge bis Zauberbaum. 1000 Spiele für die Grundschule. 2. Aufl. Landau.

Rendle, Ludwig u.a. (1996): Ganzheitliche Methoden im Religionsunterricht. Ein Praxisbuch. München.

III.7 Kreatives Schreiben – Eine eigene Sprache finden und gestalten

Georg Hilger

Schreibend kann man herausfinden und ausdrücken, wer man ist, was man denkt und fühlt. Die Fähigkeit, sich schreibend auszudrücken, will aber gelernt sein. Dieser lebenslange Lernprozess beginnt in der Regel in der Grundschule und ist nicht auf ein spezielles Schulfach begrenzt. So bieten sich auch im Religionsunterricht immer wieder Möglichkeiten an, sich schreibend der eigenen Erfahrungen, Vorstellungen, Hoffnungen und Weltdeutungen zu vergewissern, ihnen Gestalt und Ausdruck zu geben, anderen etwas mitzuteilen oder Wichtiges festzuhalten. Eine Voraussetzung dazu ist, dass (evtl. sogar schulisch vermittelte) Schreibblockaden verhindert werden bzw. gezielt abgebaut werden.
In diesem Kapitel wird das kreative Schreiben als eine besondere Art des experimentellen Umgangs mit Sprache vorgestellt mit seinen vielfältigen Möglichkeiten, Kreativität, Imaginationskraft (s. III.4) und subjektiv authentischen Ausdruck zu fördern (III.7.1). Ferner werden seine religionsdidaktische Bedeutung bedacht und einige seiner Methoden vorgestellt, die den Religionsunterricht bereichern können (III.7.2).

1. Was ist kreatives Schreiben?

Kreatives Schreiben aktiviert die Fähigkeit des Menschen, Neues zu schaffen, und kann einen neuen grundlegenden Zugang zum Schreiben eröffnen (Spinner 1993, 21), indem es Verfahrensstrukturen anbietet, welche dazu provozieren, etwas auf neuartige Weise wahrzunehmen, zu fühlen, zu erkennen oder zu denken.
Folgende Merkmale und Prinzipien zeichnen – hier auf Kinder im Grundschulalter bezogen – das kreative Schreiben aus (nach Böttcher 1999b, 11ff; Spinner 1993, 17ff):

- Prinzip der *Kreativität*: Schreibend entstehen beim Kind über assoziative Brücken durch die Aktivierung der Imaginationskraft, das Wechselspiel von Subjektivität und Objektivität und durch die Stimulierung des inneren Sprachprozesses Neues oder eine neue Sicht auf Bekanntes.
- Prinzip der *Irritation*: Schreibend durchbricht das Kind eingeschliffene Vorstellungsmuster, Routinen und Beschränkungen durch ein produktives Wechselspiel von Sprachkonvention und Sprachfantasie und durch die Bearbeitung von Widersprüchlichem oder Zwiespältigem. Irritierende Impulse fördern die Imagination und Gestaltungsfantasie.
- Prinzip der *Begrenzung*: Schreibend werden zwar konventionelle Schreibformen spielerisch transformiert, dennoch ist das Prinzip der Begrenzung zu beachten. Die bewusst gesetzte Begrenzung durch Strukturen und Irritationen fördern den spielerischen Charakter des Schreibens und die Gestaltungsfantasie (vgl. Rodari 1992, 171ff).
- Prinzip der *Expression*: Schreibend sucht das Individuum den Ausdruck von Subjektivität und Authentizität. Kreatives Schreiben kann so als Suchbewegung auf dem Weg zur eigenen Identität (Spinner 1993, 18) angesehen werden.
- Prinzip der *Imagination*: Schreibend werden in der imaginativen und gestaltenden Wahrnehmung die Gegensätze kognitiv und emotional aufgehoben und innere Vorstellungen aktiviert (s.III.3).
- Prinzip der *Sozialität*: Schreibend wird z.B. durch kooperatives Schreiben oder beim Vorstellen, Besprechen, Weiterbearbeiten von Texten die kommunikative und soziale Dimension des Schreibens erfahren. Kreatives Schreiben beschränkt sich nicht auf individuelle Schreibakte, sondern schließt den Austausch in der Gruppe mit ein.
- Prinzip der *Anerkennung und Ermutigung*: Schreibend wird die Schreibfreude der Kinder aktiviert. Dadurch werden Schreibblockaden gelöst und Kindern gelingen oft Texte , die weit über die bisherigen Schreibleistungen hinausgehen und so das Vertrauen in die eigene Sprachfähigkeit stärken.

Wichtig ist, dass die Anlässe beim kreativen Schreiben stimulierend sind und zu ungewöhnlichem Ausdruck motivieren. Die Schreibanlässe sollen der eigenen Sichtweise des Kindes auf seine Welt und seine eigene Wirklichkeit entgegenkommen, aber auch das Hineintauchen in andere Wirklichkeiten und neue Perspektiven herausfordern (vgl.Böttcher 1999b, 20). So können die Kinder sich in den Unterricht mit ihren kreativen Einfällen und Vorstellungen einbringen. Dabei ist der Prozess der Schreiberfahrungen wichtiger als das Produkt. Wie bei jedem kreativen Unterricht müssen den Kindern eigenwillige Experimente und Irrtümer zugestanden werden.

2. Kreatives Schreiben und Religionsunterricht

Religionsdidaktische Lernchancen

Kreatives Schreiben bietet zahlreiche Lernchancen von religionsdidaktischer Relevanz, insbesondere im Zusammenhang mit ästhetischer Bildung (s. I.2). Im Religionsunterricht sollen Kinder ermutigt werden, sich selbst und ihre Vorstellungen von Gott und Welt authentisch zur Sprache zu bringen. Schreibend können sich Kinder als Subjekte äußern und sich so als Subjekte erfahren (s. I.4). Das stärkt das Vertrauen in die eigene Ausdrucksfähigkeit (s. I.3) und das Selbstbewusstsein.
Lena, Schülerin eines vierten Schuljahres, drückt diese Erfahrung in einem *»Schneeballgedicht«* so aus:

Ausdrücken
ist schwer
aber wichtig. Mut
gehört dazu. Man muss
es richtig frei zeigen. Lebendig,
und ohne ein kleines bisschen Scham.

Ein Religionsunterricht, welcher der Identitätsentwicklung dienen will, wird darauf Wert legen, dass Kinder »mutig« und »lebendig« – wie Lena es schreibt – sich selber ausdrücken.
Vorangegangen war improvisierendes Tanzen (s. III.7) mit kleinen farbigen Tüchern. Die Anweisung zum kreativen Schreiben lautete: »Schreibe in die erste Zeile dein ausgewähltes Wort, in die zweite Zeile zwei Wörter, in die dritte Zeile drei Wörter usw., insgesamt nicht mehr als sechs Zeilen. Die Wörter können unverbunden nebeneinander stehen, können aber auch Sätze bilden« (vgl. Böttcher/Hilger 1993, 34f). »Schneeballgedichte« eröffnen durch ihren Formzwang viele sprachliche Möglichkeiten, können alleine oder in der Gruppe erstellt wer-

den und sind vielgestaltig: »aufrollend« (mit einem Wort beginnend, jede neue Zeile enthält ein Wort mehr), »schmelzend« (die Umkehrung, endend mit einem Wort), rautenförmig (die Zusammensetzung der beiden o.a. Formen) oder Schneeballgedicht in Diabolo-Form (bei der in der Mitte des Blattes ein Wort steht, auf das hin zugeschrieben und von dem wieder »aufgerollt« wird).
Zur religiösen Sprachfähigkeit gehören sowohl die Kompetenz des authentischen sprachlichen Ausdrucks jenseits von angelernten schablonierten Sprachmustern bzw. religiösen Sprachklischees als auch eine Sensibilität für eine Sprache, welche die innere Welt mit der äußeren verbindet und reich ist an Metaphern. Hier bietet das kreative Schreiben Möglichkeiten an, Kindern schon vor einem reflexiven Umgang mit Metaphern (s. I.7) Gelegenheiten zur kreativen Produktion verdichteter metaphorischer Sprache zu geben, in der sie ihrer Fantasie und ihrer Einbildungskraft Ausdruck geben können. Dies fördert das Gespür für die Mehrdimensionalität von Sprache und von Wirklichkeit, eine Voraussetzung für das Verstehen z.B. der Sprache Jesu mit seiner fantasievollen und metaphorischen Reich-Gottes-Verkündigung (vgl. zum Zusammenhang von Fantasie und Religion: Ritter 2000b), das Verstehen von biblischen Symbolen und das Gespür für die Sprache des Mythos und des Heiligen (vgl. Beisbart 2002, 182). Spielerisch können beim kreativen Schreiben Fantasie und Imaginationskräfte aktiviert werden. Das sind Fähigkeiten von fundamentaler religiöser Bedeutung, weil dadurch der Sinn für das Mögliche geweckt werden kann, Vorstellungen von dem, was noch nicht ist, aber erhofft und erbetet werden kann, und wofür sich ein Einsatz lohnt (s. III.4).
Schon diese wenigen Verweise zeigen, dass kreatives Schreiben viele religionsdidaktische Lernchancen eröffnet, die im Kontext einer subjektorientierten Religionsdidaktik (s. I., Einführung) bedeutsam sind und mit den unterschiedlichsten Inhalten und Zielen des Religionsunterrichts verbunden werden können.

Methodische Hinweise

Kreatives Schreiben kennt viele Methoden. Je nach Intention, Inhalt und je nach dem Entwicklungsstand der Kinder bieten sich unterschiedliche Methoden an. Ihre Wirkungen hängen entscheidend davon ab, ob Kreativität, Fantasie, Gestaltungsfreude, Imaginationsfähigkeit und Mut zum eigenen Ausdruck zur Lernkultur in einer Schulklasse gehören. Voraussetzung ist eine »kreative Haltung«, die auch den übrigen Unterricht bestimmt (Spinner 1993, 23). Ohne eine solche kreativitätsfreundliche Lernkultur laufen die schönsten Methoden des kreativen Schreibens ins Leere.
In den folgenden sechs Methodengruppen, die Ingrid Böttcher (1999c) in dem von ihr herausgegebenen Sammelband mit vielen Beispielen aus der Grundschularbeit vorgestellt hat, zeigt sich die Vielfalt kreativen Schreibens:

(1) *assoziative Verfahren:* z.B. Cluster, Metaphern-Meditation, Schreiben zu Fantasiereisen;
(2) *Schreibspiele:* z.B. das gemeinsame Verfassen von Reihum-Geschichten oder -Gedichten;
(3) *Schreiben nach Vorgaben, Regeln und Mustern:* z.B. das o.a. Schneeballgedicht, Elfchen, Akrostichon, Zeilenumbrechen;
(4) *Schreiben zu und nach (literarischen) Texten:* z.B. eine (biblische) Geschichte zu Ende schreiben, ausgelassene Zeilen von Psalmversen füllen, Satzanfänge ergänzen;
(5) *Schreiben zu Stimuli:* z.B. zu Musik, Bild, Tanz-Bewegung, zu Gegenständen, Symbolen, Psalmversen, Wörtern;
(6) *Weiterschreiben und Bearbeiten von kreativen Texten:* z.B. das individuelle oder kooperative Überarbeiten von geschriebenen Texten durch einen neuen Zeilenumbruch, durch Kürzen oder Weiterschreiben.

Alle diese Methoden können auch im Religionsunterricht ihren Platz haben:
Assoziative Verfahren sind z.B. reizvoll, wenn es darum geht, Kinder auf ein Thema in seiner Vielschichtigkeit und in seinen Bezügen zu ihren Erfahrungen einzustimmen und dazu einen kurzen Text zu schreiben, wie es z.B. Tessa (s.u.) getan hat. Nachdem sie sich an das Thema Beten mit der *Methode des »Sternförmigen Denkens«,* bei der sternförmig um das Wort »Beten« unstrukturierte Assoziationen in Stichwortform aufgeschrieben werden, herangetastet hat, schrieb sie folgenden Text zu einigen von ihr ausgewählten Stichwörtern: »Beten ist etwas Wunderbares, da kann man sein Vertrauen reinlegen. Da kann man von Gott einen Auftrag kriegen. Davor braucht man keine Angst haben, und wenn man Angst hat und man betet, verschwindet die Angst. Ins Beten kann man mit Fragen reingehen, und wenn man richtig mit Jesus spricht, kann man mit Antworten rauskommen ... Beten kann man unterschiedlich« (Humpert 1996, 302).
Eine Variante zu diesem Schreibimpuls könnte eine sog. *Metaphernmeditation* sein, mit der Kinder ihre Erfahrungen mit dem Beten in bildhafter Sprache ausdrücken, ausgelöst durch den Satzanfang: »Beten ist wie ...« Folgende Textproduktionen (nach Humpert 1996, 304f) zeigen, wie hier Kinder vorreflexiv symbolisieren: »Beten ist wie ein frisch gewaschenes Kleid anziehen«; »Beten ist wie ein Vogel in die Lüfte steigen«; »Beten ist wie eine kalte Cola nach einem harten Fußballspiel«, »Beten ist wie ganz müde vom Spielplatz kommen und dann ins Bett gehen können«.
Eine klassische Methode des kreativen Schreibens mit dem Ziel, Ideen und Assoziationen auf nicht-lineare Weise zu strukturieren, ist das *Cluster* (Rico 1984, 27). Auf ein großes Blatt wird in die Mitte ein Schreibimpuls geschrieben und eingekreist. Dazu schreiben die Kinder ihre Gedanken und Assoziationen auf. Jede auf-

geschriebene Assoziation wird mit einem Strich verbunden und eingekreist. Nach dem »Clustern« können die Kinder einen oder mehrere Begriffe oder Ideen des Clusters aufgreifen und dazu einen kurzen Text schreiben als Vorbereitung für ein Gespräch, als Einstieg oder auch als Schlussbilanz eines Themas (genauere Beschreibung und Anweisungen vgl. Böttcher 1999c, 53f).

Das *Schreiben nach Vorgaben, Regeln und Mustern* ist gelenkter als assoziative Verfahren und arbeitet mit der Dialektik von Begrenzung und Spontaneität. Bekannt und beliebt sind das *»Akrostichon«* oder das *»Schneeballgedicht«* (s.o.). Beim Akrostichon werden die Buchstaben eines Wortes senkrecht untereinander geschrieben und bilden dann jeweils den Anfang eines neuen Wortes, Satzes oder eine Wortreihe.

Im Rahmen einer Unterrichtsstunde zum Thema »Wir entdecken Gott in seiner Schöpfung« bekamen die Kinder den Auftrag, sich einen Gegenstand aus der Natur auszusuchen, der sie besonders anspricht (vgl. Humpert 1996, 303). Maly hatte sich einen Stein ausgesucht, ihn betrachtet, befühlt und bestaunt und dann folgendes Akrostichon mit den Anfangsbuchstaben von Stein geschrieben:

Schau mich an, ich bin
Teil, das Gott gemacht hat.
Eine Spinne lebt auf mir.
In mir ist Liebe.
Nie hätte ich gedacht, dass auch ein Stein was sagen kann.

Auch das *Schreiben zu und nach (literarischen) Texten* bietet viele Möglichkeiten für den Religionsunterricht. Im Rahmen einer Unterrichtsreihe zum Thema Beten stellte Humpert den Kindern vier Psalmen in gekürzter Form zu den Gebetshaltungen Loben, Vertrauen, Danken und Bitten zur Verfügung: Verse aus den Psalmen 104, 23, 138, 25. Sie wählte die Methode der Textreduktion, welche es ermöglicht, einen Text zu verdichten und ihn auf eigene Weise zu rezipieren. Bei dieser Methode suchen und unterstreichen die Kinder für sie wichtige Kernworte und schreiben diese gesondert auf in selbst gewählter Form. Die Kernwörter können dann Ausgangspunkt für einen neuen Text mit einem eigenen Zeilenumbruch werden.

Oberthür gibt den Kindern in seinem Freiarbeitsmaterial der Psalmwortkartei (s. III.11) die Anregungen, auf vielfältige Weise mit ausgewählten Psalmworten zu arbeiten, z.B. pantomimisches Darstellen, gestaltetes Sprechen, Malen, Verklanglichen (vgl. auch Oberthür 1995b, 81–94). Dazu gehört auch, dass sie schließlich eigene Psalmworte in der Sprache der Psalmen schreiben und so poetische Sprache poetisch transformieren. Die Beispiele zeigen eine erstaunliche Sensibilität für die vorgegebene Sprachform und eine Souveränität beim Weitertexten und Erfinden von neuen Metaphern: »Ich verdampfe wie Wasser.« »Ich fühle mich wie ein Füller, in dem keine Patrone ist und mit dem trotzdem geschrieben wird.« »Du erwärmst mich mit so viel in meinem Herzen, wie die Sonne die Erde.« »Ich bin wie Regen und Sonne. Manchmal traurig, manchmal glücklich.« Diese Sätze zeigen eindrucksvoll, wie Kinder sich selbst zum Ausdruck bringen, wenn man sie dazu ermutigt und anspruchsvolle Anregungen gibt.

Zusammenfassung:

Kreatives Schreiben im Religionsunterricht fördert Möglichkeiten, sich schreibend der eigenen Erfahrungen, Vorstellungen und Hoffnungen und Weltdeutungen zu vergewissern, ihnen Gestalt und Ausdruck zu geben, anderen etwas mitzuteilen oder Wichtiges festzuhalten. Schreibend können sich Kinder als Subjekte äußern und sich so als Subjekte erfahren. Darum sollten die Kinder immer wieder ermutigt werden, sich selbst und ihre Vorstellungen von Gott und Welt authentisch zur Sprache zu bringen. Das stärkt das Vertrauen in die eigene Ausdrucksfähigkeit, das Selbstbewusstsein, und dient der Identitätsentwicklung.
Methodisch ist das kreative Schreiben vielfältig. Je nach Intention, Inhalt und je nach dem Entwicklungsstand der Kinder bieten sich unterschiedliche Methoden an. Ihre Wirkungen hängen entscheidend davon ab, ob Kreativität, Fantasie, Gestaltungsfreude, Imaginationsfähigkeit und Mut zum eigenen Ausdruck zur Lernkultur in einer Schulklasse gehören. Eine wichtige Voraussetzung ist eine »kreative Haltung« auch bei den Lehrkräften und ihre Fähigkeit, Schreibblockaden bei den Kindern gar nicht erst entstehen zu lassen bzw. in einer gelösten Lernatmosphäre zu entkrampfen.

Lesehinweis:

Beisbart, Ortwin (2002): Kreatives Schreiben/Schreibmeditation/Personales Schreiben. In: Adam, Gottfried/Lachmann, Rainer (Hg.): Methodisches Kompendium für den Religionsunterricht 2. Aufbaukurs. Göttingen, 175–191.

Spinner, Kaspar H. (1993): Kreatives Schreiben. In: Praxis Deutsch 119, 17–23.

Böttcher, Ingrid (Hg.) (1999a): Kreatives Schreiben. Berlin (mit vielen Beispielen für die Grundschularbeit und methodischen Anregungen).

III.8 Umgang mit Bildern und bildnerisches Gestalten

Werner H. Ritter/Michaela Albrecht

Es gibt für Kinder in der Welt unendlich viel zu sehen und zu lernen. »Wenn etwas sinnenlos ist, wird es auch bald sinnlos«, so hat Elisabeth Moltmann-Wendel die konstitutive Verwiesenheit der Welterschließung auf die ästhetische Komponente prägnant zum Ausdruck gebracht (zit. bei Berg 2002b, 178). Gerade das bildnerische Gestalten und der Umgang mit Bildern und Kunst sind daher als Lernwege im Grundschulbereich von hoher Bedeutung. Lernen ereignet sich nämlich primär bildlich-ikonographisch, lange bevor die kognitive und verbale Perzeption hinzutritt (vgl. Schäfer 1995). So können Bilder Kindern (wie Erwachsenen) sinnlich und sinnenfällig die Wirklichkeit erschließen helfen und »die Augen öffnen« für Dinge, die sie vorher so oder gar noch nicht gesehen haben. Zudem können Kinder sich auch selbst bildlich zum Ausdruck und zur An-Sicht bringen.
Im Folgenden wird gezeigt, warum die Produktion und Rezeption von Bildern im Religionsunterricht von so großer Bedeutung ist (1). Anschließend werden praktische Anregungen für unterschiedliche Arbeitsformen im Umgang mit Kunst gegeben (2).

1. Kunst im Religionsunterricht – warum und wozu?

Dass Bildbetrachtungen und Malen gerade im Religionsunterricht eine so herausragende Position unter den möglichen Methoden einnehmen, hängt mit dessen doppelter Ausrichtung an der Theologie einerseits, an den zu unterrichtenden Kindern andererseits zusammen. Denn sowohl theologisch als auch pädagogisch nimmt die bildende Kunst einen besonderen Rang ein.

Theologische Gründe

Schon zu ihrer frühesten Zeit wurde die jüdisch-christliche Tradition in erster Linie durch die Wortverkündigung weitergegeben. Gegenüber Bildern hegte man, in erster Linie aufgrund des Bilderverbots des Dekalogs, immer wieder starke Vorbehalte: Man war sich bewusst, dass einem Festhalten Gottes im Bild die Versuchung des Sich-Gott-verfügbar-machen-Wollens inhäriert (s. II.1). Erst im 8. Jh. wurden Bilder, obgleich bereits seit dem 2. Jh. symbolhafte Darstellungen und Bilder zum Leben Jesu weite Verbreitung gefunden hatten, kirchenrechtlich auf dem Zweiten Konzil von Nicäa (787) legitimiert. Das Hauptargument war dabei, dass durch Jesus Christus *Gott* in die Welt gekommen sei und dieser dadurch auch *darstellbar* werde (vgl. Orth 2002b, 490f). So kann man spätestens ab dieser Zeit von der christlichen Religion keineswegs mehr sagen, sie sei bildlos. Vielmehr kennt sie in ihren konfessionellen Gestalten Bilder und arbeitet mit ihnen (s. II.1). Schon vom jüdisch-christlichen *Schöpfungsverständnis* (s. II.4) her wird eine solche Umgangsweise mit Bildern legitimiert: Als Ebenbild Gottes ist der Mensch mit seinem schöpferischen Potenzial von Gott gewollt, und gerade der Religionsunterricht sollte auf dem Hintergrund einer Erziehung im Sinne des christlichen Menschenbildes die schöpferischen Anlagen des Menschen nach seinen Möglichkeiten fördern.

Das schöpferische Potenzial des Menschen ist im Bereich des Religiösen besonders bedeutsam. Bilder – »fremde«, aber auch unsere eigenen – machen christliche Religion und Glauben uns selbst und anderen *zugänglich* und *sinnlich-lebendig*, bringen ihn zur *Gestalt*. Glaube und Leben können sich in Bildern ausdrücken und wir – ob als Erwachsene oder als Kinder – können selbst unseren Glauben, unser Leben in Bildern darstellen und in Sicht bringen. Die Verkündigung des Evangeliums geschieht eben nicht allein durch Worte – auch Bilder können sprechen und religiöse Botschaften darstellen. Die Potenz von Bildern liegt dabei aber nicht allein darin, biblische Erzählungen bildhaft vor Augen zu stellen. Ihre durch nichts anderes ersetzbare Kraft ist vielmehr, religiöse Gefühle und Stimmungen so auszudrücken, wie sie sonst nicht sagbar wären: »Wenn Gestalt und Gehalt eines Bildes ebenso gut mit Worten zu rekonstruieren sind, erweist es sich als schwach, letztlich als überflüssig. Gerade das, was anders ist am Bild im Vergleich zum überlieferten Text (...) mach(t) den Reiz des Kunstwerks und seinen religionspädagogischen Wert aus« (Lange 2002b, 248). Ein Bild kann so zu einem »locus theologicus werden«: ein Ort theologischer Entdeckungen (Orth 2002b, 490).

Pädagogische Gründe

Gegen eine einseitige Wortlastigkeit des Unterrichts

Der Religionsunterricht hat es in einem erheblichen Umfang mit Wort, Sprache und Text(en) und damit mit Kognitivem und Kognition zu tun. Sowohl Kunstbetrachtungen als auch eigene Bildgestaltung können hier ein heilsames Korrektiv bilden. *Bilder der Kunst* sind eine non-verbale, stärker affektiv und pragmatisch konturierte, aber gleichwohl wirksame und wichtige Weise des Umgangs mit und Zeigens von Religion und Religiösem. Die Chance, die Kunst bietet, liegt darin, dass menschliche Erfahrungen thematisiert werden, die offen sind für theologische Deutung bzw. solch theologisches Potenzial in sich haben. Durch Kunst ist es möglich, Themen zu »veranschaulichen«, die auf keine andere Art und Weise veranschaulichbar sind, denn »Kunst gibt nicht das Sichtbare wieder, sondern macht sichtbar« (Klee 1973, 28). Die Nutzbarkeit von Bildern als »biblia pauperum« gewinnt so eine neue, veränderte Aktualität.
Auch das eigene *Malen* der Kinder ermöglicht es, einer einseitigen Ausrichtung des Religionsunterrichts auf Verbalität entgegenzuwirken. Für die Grundschule kommt dem Malen eine besondere Bedeutung zu: »Gerade im Anfangsunterricht gelingt es dem Kind, indem es malt, oft sich eindringlicher und zutreffender auszudrücken als durch die Sprache; denn mit den Ausdrucksmöglichkeiten der Bild-Sprache ist es seit früher Kindheit vertraut« (Müller 2002, 212).
Schon *Kurt Frör*, bei dem das Malen im Religionsunterricht erstmals im 20. Jh. zum Gegenstand der religionspädagogischen Reflexion wird, erkennt im Malen der Kinder ein unentbehrliches »Gegengewicht gegen das rein passive Aufnehmen und gegen den unkindlichen Intellektualismus« (Frör 1966, 24). Ihm zufolge hat aber nicht nur die eigentliche künstlerische Tätigkeit, sondern auch die anschließende verbale Interpretation des Bildes großen pädagogischen Wert, weil dieser »Zirkel gegenseitiger Interpretation« (Frör 1966, 19) – Interpretation der Wirklichkeit durch das Bild und Interpretation des Bildes durch das Wort – Element des »offenen Dialogs« mit dem Wort Gottes sein kann (Frör 1966, 22). So könnte auch ein Gewinn bringender Ausgleich des immer wieder aufkeimenden Streits zwischen dem bis ins 18. Jh. unangefochtenen Primat des Sehens vor dem Hören einerseits und dem lutherischen Pochen auf das reine Wort andererseits stattfinden (vgl. Frör 1966, 16ff), da beides wichtig ist, wie schon Hans-Eckehard Bahr deutlich gemacht hat: »Zur Antwort auf die (...) Selbstvergegenwärtigung des Heilsereignisses sind (...) alle Gestaltungsmöglichkeiten menschlicher Kunst aufgerufen. So wird das Ganze – nicht nur das Ohr, sondern auch die Sphäre des Sichtbaren – in den Dienst Gottes eingeschlossen, analog

dem Bekenntnis Prov. 20,21: ›Das Ohr, das hört, und das Auge, das sieht, der Herr hat sie beide gemacht‹« (Bahr 1960; zit. bei Frör 1966, 18).
Für die Lehrkraft bietet das Malen zudem auch eine Möglichkeit, den Lernfortschritt verbal schwächerer SchülerInnen wahrzunehmen; denn weil manche Kinder sich nicht gewandt ausdrücken können, ist oft nicht sicher festzustellen, ob sie das im Unterricht Bearbeitete verstanden haben. Wenn sie das Gehörte in eine bildnerische Darstellung transformieren, wird das eigene Verständnis eher sichtbar (vgl. Müller 2002, 224).

Für »Ganzheitlichkeit« und Selbsttätigkeit

Wenn die Kinder im Unterricht das, was sie zunächst nur passiv rezipiert haben, in eigene Bildwerke umsetzen, ermöglicht ihnen dies eine vertiefte Auseinandersetzung mit dem Gehörten. Diese Transformation in eine aus dem eigenen Inneren generierte Bildersprache trägt dazu bei, den biblischen Inhalt mit eigenen Erfahrungen und Empfindungen zu verknüpfen.
Miteinander über Bilder zu sprechen – ob nun über die von Kindern verfertigten oder solche der Kunstgeschichte –, kann zu einem »ganzheitlichen« Lernen beitragen, weil hier die Kinder herausgefordert werden, ihre eigenen Empfindungen zu versprachlichen, sich in andere, seien es Figuren im Bild oder sei es der Maler des Bildes, hineinzuversetzen (*Empathiefähigkeit*) und miteinander zu arbeiten (*soziales Lernen*). Schließlich können bildnerisches Gestalten und Bildbetrachtungen den SchülerInnen helfen, zu sich selbst und zu *innerer Ruhe* zu finden (s. III.2) – auch solches Ruhigwerden sollte in der Schule seinen Platz haben.

Für eine Stärkung der ästhetischen Bildung

Religiöse Bildung ereignet sich nicht nur über den Verstand, sondern auch über Emotionalität, Gefühl, Atmosphäre, Anschauung und Ausdruck, also ästhetisch (s. I.2). Eine wichtige Komponente solchen ästhetischen Lernens ist die *Sinneswahrnehmung* (aisthesis), für die der Unterricht den SchülerInnen ausreichend Raum und Zeit bieten sollte: »Der Schlüssel für einen angemessenen Zugang zu einem Bild ist die Verlangsamung des Sehens, die Stärkung der Sehgeduld« (Hilger 2003b, 211). Auch die *Gestaltung von Bildern* (poiesis) gehört hier unabdingbar dazu, weil der Glaube der Kinder so sichtbar und mitteilbar wird. Ästhetischer Bildung muss aber auch eine *aufklärerische Komponente* inhärieren: Schon Grundschulkinder sollten für manipulative Verwendungsweisen ästhetischer Mittel sensibilisiert und so auch zu ästhetischer Urteilsbildung angeleitet werden (vgl. Orth 2002b, 491). Dabei wird es auch um *Wissensaneignung* gehen, sei es, dass den Kindern aus Bildbetrachtungen im Religionsunterricht eine allmähliche

Vertrautheit mit der christlichen Bildersprache erwächst, oder sei es, dass eine Basis für das Verstehen religiöser Symbole gelegt werden kann.

Prozessorientierung statt Produktorientierung

Im Grundschulbereich wird heute im Religionsunterricht häufig gemalt, wobei es mitunter den Anschein hat, als werde diese Methode allein zur Auflockerung und Abwechslung des sonstigen Unterrichts eingesetzt, ohne dass eigens über die damit erreichbaren Unterrichtsziele reflektiert und über die spezifischen Schwierigkeiten nachgedacht würde. Da aber das bildnerische Gestalten wie auch die Betrachtung von Kunst für den Unterricht in so vielfacher Hinsicht Gewinn bringend sein können, sollten diese Methoden mit Bedacht eingesetzt werden. Für das Malen bedeutet dies konkret, dass die ReligionslehrerInnen weniger auf die künstlerische Qualität des Endprodukts achten sollten als vielmehr darauf, die SchülerInnen zu ermutigen, ihre eignen Gefühle und Empfindungen auszudrücken, auch dann, wenn die formale Qualität des Bildes darunter leiden sollte. Geht es im Religionsunterricht allein um die Produktion »sehenswerter Bildergebnisse«, ohne dass die Kinder ihre eigenen Ideen, ihre vom Thema evozierten Emotionen frei explizieren können, erscheint es fraglich, ob damit der Intention des Religionsunterrichts entsprochen wird (vgl. Müller 2002, 213f).

2. Unterschiedliche Arbeitsformen

Die didaktischen Möglichkeiten im Umgang mit Bildern gehen in zwei unterschiedliche Richtungen: Die eine ist *das eigene bildnerisch-künstlerische Gestalten*, die andere das Betrachten, Nach-Sinnen, Nachvollziehen ausgewählter *klassischer wie neuer Bilderwerke* oder auch moderner *audio-visueller Medien*. Dazu nachfolgende Anregungen.

Bildnerisches Gestalten

Über die gesamte Entwicklungsgeschichte der Menschheit hinweg begehen und »bewältigen« Menschen ihr Leben von Kindheit an durch Malen. Dabei treten in spezifischer Weise Gefühl und Intellekt mit Handlung zu einer Einheit zusammen, was es ermöglicht, innere und äußere Erlebnisse besser zu verarbeiten, als dies bei einer rein innerseelischen Auseinandersetzung möglich ist.

Grundsätzlich sind im Religionsunterricht Bilder zu verschiedensten Themen möglich: Erzählte *biblische oder nicht-biblische Geschichten* können in einem Bild festgehalten werden, oder die Kinder können *eigene Vorstellungen* zu einem bestimmten Thema malend gestalten. Vor allem durch *nicht-gegenständliches Malen* sind beachtliche Wirkungen zu erzielen, da hier die »in der ›Tiefenschicht‹ verwahrten existenziellen symbolisch gefassten Inhalte« aufgedeckt werden (Berg 2002b, 178). Als sinnvoll erweist sich diese Art des Malens auch, weil sich hier Kinder, die sich im gegenständlichen Malen als weniger erfolgreich als ihre MitschülerInnen erleben, unter Umständen wieder mehr zutrauen. Dabei kann es hilfreich sein, wenn die Lehrkraft die SchülerInnen in bestimmte Darstellungsformen einführt und ihnen so verschiedene Möglichkeiten zeigt, wie sie durch Farben und Formen Gefühle ausdrücken können. Die Basis ist in aller Regel schon von selbst gegeben: »Das Grundschulkind (...) kann noch ohne Hemmungen seine ureigenen Vorstellungen durch bildnerisches Gestalten in äußere Bilder umsetzen« (Müller 2002, 212).

Formendes Gestalten, beispielsweise mit Ton oder vergleichbaren Materialien, ist eine gute Möglichkeit für den Religionsunterricht, weil solches Arbeiten durch die haptische Komponente ein wichtiger Beitrag zum »ganzheitlichen« Lernen sein kann. Die Bibel bietet viele Anregungen für die Gegenstände solchen Bildens: Beliebt sind gerade in der Adventszeit Krippenfiguren, aber auch andere biblische Figuren eignen sich sehr gut (Noah und die Tiere der Arche, Gestalten der Abrahams-Erzählung, Josef und seine Familie, Jesus und sein Umfeld). Aus gruppendynamischer Sicht zeichnet sich solches Arbeiten dadurch aus, dass hier die SchülerInnen gemeinsam für ein Ganzes arbeiten (s. III.11).

Mitunter kann das Problem auftreten, dass die SchülerInnen in der erforderlichen Technik noch ungeübt sind. Diese zu lehren, kann nicht eigentlich die Aufgabe des Religionsunterrichts sein, da in ihm nicht das bastlerische Produkt, sondern die Auseinandersetzung mit der Thematik durch den Herstellungsprozess, der Inhalt also im Mittelpunkt steht. Daher ist es auch nicht nötig, die Technik perfekt zu beherrschen, es erweist sich aber als hilfreich, wenn die Kinder schon Vorerfahrungen mit dem Material gemacht haben, damit sie nicht ihre gesamten Energien in die Materialbewältigung stecken müssen, sondern frei sind für die innere Auseinandersetzung mit dem Gegenstand.

Hinsichtlich der Vorgehensweise ist beim Malen wie beim Formen eine mehrschrittige Arbeitsfolge empfehlenswert: Auf eine *»Phase der stillen, persönlichen Auseinandersetzung und Verarbeitung«* (Müller 2002, 230), in der die SchülerInnen sich in das Thema einfühlen und eindenken können und ihre Empfindungen bildnerisch umsetzen, sollte eine *kommunikative Phase* folgen, in der das Ergebnis der Klasse vorgestellt und erklärt wird. Das Gespräch darüber trägt dazu bei, dass die SchülerInnen sich auch besser über das ursprüngliche Thema austauschen können, zum einen weil Redehemmungen abgebaut werden, zum anderen weil die Möglichkeit gegenständlicher Bezugnahmen gerade Kindern, die im Gespräch über Abstraktes noch ungeübt sind, das Reden über Religiöses, über Gefühle und Stimmungen leichter machen kann. Der Gedankenaustausch über die bildnerischen Produkte ermöglicht es zudem gruppendynamisch, die SchülerInnen aus der Vereinzelung zu lösen und sie wieder für die Lerngruppe zu öffnen (vgl. Müller 2002, 229).

Kunstrezeption

Bildwerke

Bilder können im Religionsunterricht beispielsweise als Einstieg in eine Thematik am Stundenbeginn, um die Aufmerksamkeit der SchülerInnen zu erregen, um durch einen Medienwechsel das Gelernte zu vertiefen, zur Illustration eines bestimmten Sachverhalts oder zur Auflockerung der Stunde dienen (vgl. Rendle 1996c, 211). Hier werden die Bilder in aller Regel nicht in ihrem Eigenwert wahrgenommen. Anders bei der eigentlichen *Bildbetrachtung*, die hohe Anforderungen an die Lehrkraft stellt: Die große Zahl von Bildern, die biblische Erzählungen oder religiöse Erfahrungen thematisieren, macht die Auswahl schwer. Es muss sich beim ausgewählten Bild nicht um »kindgemäße Kunst« handeln (falls es die überhaupt gibt): »Sicher werden Grundschüler oft die Differenziertheit der Bildersprache oder die Bedeutungsfülle eines Kunstwerks noch nicht im Einzelnen erfassen; aber die für diese Altersstufe charakteristische intuitive, ganzheitliche Wahrnehmung bringt oft Aspekte an einem Kunstwerk zum Vorschein, die die Analyse nicht erfasst« (Berg 2002b, 178). Die Lehrkraft sollte daher vielmehr nach altersgemäßen Zugangsmöglichkeiten und Verstehenshilfen suchen, wenn sie ein bestimmtes Bild einsetzen will (vgl. Orth 2002b, 492). Es empfiehlt sich, »gute« Bilder, authentische bildhafte Auseinandersetzungen mit einem Thema, nicht einfach Bilder mit illustrierendem Charakter auszuwählen, Bilder, die »deutungsoffen« sind, »Fragen aufwerfen«, und nicht etwa »den Betrachter auf eine einzige Sichtweise festlegen« (Berg 2002b, 177). Die Bedeutung solcher Kunst »ist mit dem ersten Hinschauen nicht erschöpft« (Orth 2002b, 492), vielmehr wird »ein sehr geduldiger, aufmerksamer Betrachter nie damit ›fertig‹« (Lange 2002a, 249). Bei der Darbietung ist darauf zu achten, dass das Bild seinen Eigenheiten entsprechend und das heißt primär: in adäquater Helligkeit und nicht zu klein (vgl. Berg 2002b, 177) gezeigt wird, damit es seine Wirkung auch entfalten kann.
Bei der weiteren Vorgehensweise ist nach wie vor die inzwischen fast schon »klassische« Methode, wie sie Günter Lange (2002a, 257f) vorstellt, empfehlenswert:

(1) *Spontane Wahrnehmung:* Die Kinder betrachten das Bild ohne konkreten Sehauftrag und dürfen sich spontan und unzensiert dazu äußern.
(2) *Analyse der Formensprache:* Der Aufbau des Bildes, seine Formen und Farben und deren Zusammenwirken werden wahrgenommen und besprochen. Gerade im Grundschulbereich sind hier auch Sachinformationen, z.B. über traditionelle christliche Symbolik und Bildsprache nötig (vgl. hierzu ausführlicher Lange 2002a, 251ff).
(3) *Innenkonzentration*: Die SchülerInnen äußern Gefühle und Assoziationen, die das Bild bei ihnen auslöst.
(4) *Analyse des Bildgehalts:* Das Thema des Bildes, das Dargestellte wird erkannt und benannt. In dem Maße, wie es Kindern möglich ist, versuchen sie, die spezifischen Akzente, die das Bild gegenüber der biblischen Geschichte, die es darstellt, setzt, zu benennen. Es wird versucht, ein Verständnis für die Erfahrungen anzubahnen, die sich im Bild niedergeschlagen haben. Von der LehrerInseite sind hier einführende Sachklärungen nötig, beispielsweise bezüglich der Motivik.
(5) *Identifizierung mit dem Bild:* In dieser Phase werden affektive Lernziele verfolgt: Die SchülerInnen lassen sich in das Bild hineinverwickeln, sie können sich mit Figuren identifizieren, haben aber auch das Recht, dies abzulehnen.

Mittels dieser unterschiedlichen Schritte der Bildbetrachtung können die SchülerInnen einen »ganzheitlichen« Zugang zum Kunstwerk gewinnen. Wichtig ist dabei allerdings, diese Vorgehensweise nicht als starre Regelfolge zu verstehen, sondern sie je nach Bild und nach den Erfordernissen, die von den SchülerInnen ausgehen, frei zu variieren.

Audiovisuelle Medien (AVM)

Unter audiovisuellen Medien versteht man Medien, die über Hören und Sehen zugleich wahrgenommen werden (Filme, Tonbilder, Computerprogramme) und die gerade aufgrund dieser Wahrnehmungsverschränkung bei Menschen, Erwachsenen wie Kindern, besonders einprägsam sind und starke emotionale Wirkungen auslösen können. Medien dieser Art haben heute im Alltagsleben der Kinder eine besonders große Bedeutung, weil in unserer hoch technisierten Kultur viele Bereiche der Wirklichkeit über solche Medien und damit über Sekundärerfahrungen erschlossen werden – ein Faktum, das, obwohl von Pädagogen unterschiedlichster Richtungen immer wieder kritisiert, als gegeben akzeptiert werden muss und durchaus auch seine positiven Seiten hat. LehrerInnen müssen sich dieses Umstandes bewusst sein, wenn sie die SchülerInnen erreichen wollen, weil mit den veränderten Lebensbedingungen der Kinder auch veränderte Wahrnehmungsge-

wohnheiten einhergehen: So ist für Kinder und Jugendliche heute ein zumindest tendenzieller Wandel »vom begrifflichen Denken hin zur bildhaften Kommunikation« zu verzeichnen; sie nehmen die Wirklichkeit, anders als noch die Generation ihrer Eltern und Lehrkräfte, weniger verbal-schriftlich und damit analytisch als visuell-auditiv-ikonisch und somit synthetisch wahr (Baacke/Röll 1995, 15) – diese Generationendifferenz kann den Unterricht erschweren, wenn die LehrerInnen die veränderten Wahrnehmungsbedingungen ignorieren.
Wie auch Bilder bieten AV-Medien Kindern, die weniger gut sprachlich, dafür aber besser akustisch-musikalisch und/oder visuell-graphisch lernen können, gute Chancen im Unterricht. Eine weitere pragmatische Stärke der AV-Medien liegt darin, dass sie in Bereichen, in denen eine originale Erkundung eines Unterrichtsgegenstandes nicht möglich ist, in Form von Videos etc. eine entschieden eindrücklichere Begegnung mit dem Thema ermöglichen, als dies durch bloße Verbalität erreichbar wäre (vgl. Mendl 2002a, 541).
Sie erfordern aber noch in weit stärkerem Maße als die traditionellen Medien eine kritische Reflexion bezüglich ihrer Wirkmechanismen, damit schon die Grundschulkinder für manipulative Mechanismen sensibilisiert werden, wie sie bei der Verknüpfung unterschiedlicher Wahrnehmungskanäle besonders leicht einsetzbar sind.

Zusammenfassung:

Bilder sind für Kinder (wie Erwachsene) Lernmedien von großem Wert. Sie können sinnlich und sinnenfällig die Wirklichkeit erschließen und den BetrachterInnen die Augen öffnen für Dinge, die sie vorher nicht gesehen haben. Im Religionsunterricht bieten sich Bildbetrachtungen und bildnerisches Gestalten in besonderem Maß als Lernwege an, weil hier religiöse Botschaften auf eine eindrückliche Weise dargestellt werden können, aber auch weil die Kinder dabei selbst wahrnehmend-fühlend wie auch schöpferisch aktiv werden können und so als ganze Menschen mit all ihren Fähigkeiten angesprochen werden. Wichtig ist dabei, dass das Malen wie auch die Bild- oder Videobetrachtung im Religionsunterricht der Grundschule nicht allein illustrierenden Charakter zum verbal-kognitiv vermittelten Lernstoff haben sollten, sondern dass sie eigenständige Lernwege sein können. Darum steht auch nicht das künstlerische Produkt im Vordergrund des Unterrichtsgeschehens, sondern die Gefühle, die Kinder dadurch ausdrücken können, weshalb einfühlsame Bildbesprechungen mit den SchülerInnen ein eigenständiges Moment solchen Unterrichts sein sollten.

Lesehinweis:

Frör, Kurt (Hg.) (1966): Zeichnung und Bild im kirchlichen Unterricht. 4. Aufl. München.

Lange, Günter (2002a): Umgang mit Kunst. In: Adam, Gottfried/Lachmann, Rainer (Hg.): Methodisches Kompendium für den Religionsunterricht 1. Basisband. 4. Aufl. Göttingen, 247–261.

Müller, Eva (2002): Bildnerisches Gestalten. In: Adam, Gottfried/Lachmann, Rainer (Hg.): Methodisches Kompendium für den Religionsunterricht 1. Basisband. 4. Aufl. Göttingen, 211–236.

III.9 Lernortwechsel – Räume wahrnehmen und erkunden

Georg Hilger

›Lernortwechsel‹ bedeutet, den Klassenraum und das Schulgebäude zu verlassen, um an einem anderen Ort Lernerfahrungen zu machen, die über die unterrichtlichen Möglichkeiten in einem Klassenzimmer oder im Schulgebäude hinausgehen. Schule soll geöffnet werden für das Leben, das vor der Schultür liegt, und was außerhalb der Schultür erkundet und erfahren wird, kann dann in die Schule hineinkommen und den Unterricht bereichern. So kann eine künstliche räumliche und institutionelle Trennung von Schule und Lebenswelt ringsum überwunden und der institutionellen Erfahrungs- und Handlungsarmut von klassenraumbezogenem Lernen entgegengewirkt werden.
›Lernorte‹ oder außerschulische Lernsituationen in diesem Sinne können Begegnungen mit anderen Menschen an ihren Wirkungsorten oder in ihren Lebensräumen sein, Begegnungen mit der Natur oder auch Erkundungen von Räumen, Gebäuden, Denkmälern, von sozialen oder kirchlichen Einrichtungen. Dabei kann die Chance genutzt werden, mit allen Sinnen zu lernen und möglichst viele Zugänge zur Wirklichkeit zu aktivieren, im Sinne eines mehrdimensionalen Lernens und der Schulung einer vielfältigen Wahrnehmungsfähigkeit von Wirklichkeit (s. I.2 u. I., Einführung).
Durch reale Begegnung, eigene Erkundung, eigenes Handeln kann eine emotionale Beziehung zu Lerngegenständen und Fragestellungen gefördert werden. Nicht zuletzt bieten außerschulische Lernorte Chancen für ein eigenaktives entdeckendes Lernen, das Interesse weckt und auf ein Weiterlernen neugierig macht.
Formelles und informelles Lernen ergänzen sich dabei: geplantes und systematisiertes Lernen einerseits und sich nebenher ergebende Lernimpulse, die von den unterschiedlichen Lernorten und Begegnungen außerhalb der Schule ausgehen, andererseits. So ergeben sich nicht selten überraschende Einfälle, Fragestellungen und Lernimpulse, die den Unterricht im Klassenzimmer bereichern können.
Für den Religionsunterricht in der Grundschule kommen viele Ziele für einen Lernortwechsel in Betracht. Ein Lerngang zu einer Bäckerei, zu einer Quelle, ei-

nem Getreidefeld, einem Labyrinth, einem Kreuzweg oder einem Wegekreuz kann einen religionsdidaktischen Stellenwert bekommen im Sinne des Symbollernens (s. II.3), die Begegnung mit gläubigen Juden in einer Synagoge oder die mit Muslimen in einer Moschee im Sinne interreligiösen Lernens (s. II.6; I.4). Die Erkundung einer sozialen Einrichtung, eines Gemeindezentrums oder eines Friedhofes kann Gelegenheiten zur ›originalen Begegnung‹ (Heinrich Roth) im Rahmen verschiedener Themenbereiche des Religionsunterrichts ermöglichen. Denkmäler können erinnern an bestimmte geschichtliche Ereignisse oder Personen. Sie wollen zu denken geben und verbinden Vergangenheit, Gegenwart und Zukunft. In Denkmälern mit religiösen Motiven und Symbolen drücken sich religiöse Einstellungen aus, die für Menschen einer bestimmten Zeit bedeutungsvoll waren und welche sie an die nächsten Generationen weitergeben wollten. Das Museum bietet die Möglichkeit einer unmittelbaren Begegnung mit Exponaten, seien es originale Zeugnisse der Vergangenheit, Bilder oder Skulpturen. Dabei sollte es nicht nur beim bloßen Betrachten bleiben. Vielfältige Zugänge ermöglichen eine vertiefte Auseinandersetzung, auf die der anschließende Unterricht im Klassenzimmer eingehen kann (2).
Für den Religionsunterricht kommen viele Lernorte infrage. Besondere Lernchancen bietet der Kirchenraum als Ort der Begegnung mit gestaltgewordenen Glaubens- und Gotteserfahrungen von Menschen verschiedenster Zeiten (1).

1. Der Kirchenraum als außerschulischer Lernort

Eine Begegnung mit Kirchenräumen ermöglicht eine Fülle von religiös relevanten Lernerfahrungen, auf die der Religionsunterricht nicht verzichten sollte. Begegnung meint hierbei zweierlei: sowohl die Begegnungen mit Menschen, die mit der Kirche als Gebäude verbunden sind bzw. dort beruflich wirken (z.B. Pfarrer, Küster, Organist, Gemeindemitglieder, Betende), als auch die Begegnung mit Kirche als sakralem Raum.
Kirchen unterscheiden sich von Räumen, in denen wir uns im Alltag aufhalten. Kirchen sind in der Regel zwar verortet inmitten von Städten oder Gemeinden und umgeben von Wohnhäusern oder anderen Funktionsräumen, jedoch verweisen sie durch die Andersartigkeit ihrer Bauweise auf eine Welt jenseits der Geschäftigkeit des Alltags. Als Räume der Stille können sie auf das Bedürfnis nach Intensität, nach Tiefe und nach sinnerfüllter Zeit antworten (vgl. Liebau 1998, 243).
Kirchen sind Stein gewordene Zeugnisse religiöser Tradition und gelebten Got-

tesglaubens, sie sind lesbare ›Texte‹ vergangenen Lebens und geronnene Form von Glauben und Gottesdienst unterschiedlicher Zeit (vgl. Degen 1998, 7). Kirchengebäude bringen zur Sprache, was nur sie zur Sprache bringen können (ebd., 18). Gotteserfahrungen werden hier öffentlich zum Ausdruck gebracht. Hier zeigt sich Religion (vgl. Meyer-Blanck 2003) durch die Architektur, das Baumaterial und nicht zuletzt durch die Bilder, Skulpturen, Symbole, die man hier entdecken kann. So vermitteln Kirchenräume durch ihren Reichtum religiöser Ausdrucksgestalten ein symbolisches Wissen vom Glauben und die Erfahrungen vorangegangener Generationen. Kirchen sind zwar Zeugnisse vergangener oder auch gegenwärtiger Kultur, als Orte gelebter Religiosität, in denen gebetet, Gottesdienste gefeiert, bedeutende Lebensübergänge (Taufe, Kommunion oder Konfirmation, Heirat, Tod) rituell gestaltet werden, unterscheiden sie sich jedoch von Museen. Andreas Prokopf und Hans-Georg Ziebertz (2003, 243f) betonen drei religionsdidaktische Lerndimensionen, die bei einer Begegnung und Erkundung von Kirchenräumen beachtet werden sollten: wahrnehmen, deuten und handeln.

Kirchenraum wahrnehmen

Die Kinder sollten wahrnehmen lernen, wie sie sich in der Kirche fühlen und welche Stimmungen sie in der Kirche erspüren. So sollten die Kinder die Gelegenheit bekommen, die Kirche – wenn es die bauliche Situation zulässt – vor dem Eintritt ein oder mehrmals schreitend und bewusst langsam zu umrunden und dabei hier und da das Gebäude zu berühren und die Steine zu betasten und so Fühlung mit diesem Gebäude aufzunehmen. Die Höhe des Kirchturms kann geschätzt, die Anzahl der Fenster und Türen gezählt, die Himmelsrichtung des Gebäudes und der Türe festgestellt werden, um so einen Zugang zur Symbolik des Kirchengebäudes und seiner Besonderheit zu bekommen. In der Kirche sollten sie Gelegenheit bekommen, frei umherzugehen und den Raum auf sich wirken zu lassen, um zu erspüren, ob sie sich willkommen und geborgen oder fremd und ungebeten fühlen. Dazu können das stille Betrachten der Gegenstände und das verharrende Schauen gehören. Anschließend können sie aufgefordert werden, sich einen Lieblingsplatz zu suchen, ggf. die Augen zu schließen und weitere Eindrücke aufzunehmen. Die Wahrnehmung kann auf den Lichteinfall, die Positionierung und die Gestaltung des Altars, des Lektionars, des Taufbeckens, auf die Art der Bestuhlung oder auf den Hall und Klang von Gesang, Orgel, Glocke und die eigene Stimme (singend, rufend, sprechend, flüsternd) usw. gelenkt werden. Jeder Raum hat seine eigene Stille und seinen eigenen Klang, was es in Stille wahrzunehmen gilt. Weitere Möglichkeiten für eine intensive Raumwahrnehmung wären: die Längen- und Breitenmaße abschreiten, die Raumhöhen schätzen, unterschiedliche Perspektiven (Blicke von der Orgelbühne oder Empore, vom Altar von der Seite, auf dem

Boden liegend und nach oben schauend, kniend, stehend) einnehmen, ein ›blinder Spaziergang‹ (zwei Personen bilden ein ›Team‹: ein Schüler führt einen anderen durch die Kirche, wobei den Geführten die Augen verbunden werden). Zur Wahrnehmung des Kirchenraumes mit seinen Einrichtungen und Gegenständen sollten alle Sinne angesprochen werden, das Hören, Tasten, Bewegen, Riechen, Sehen, Schmecken: Ornamente und Skulpturen können beispielsweise mit den Händen abgetastet und die Eindrücke später ausgetauscht und gedeutet werden (vgl. Kürschner 1998, 152f). Eine ›Blindenführung‹ konzentriert die Sinneswahrnehmung auf die Geräusche und die Gerüche eines Raumes: die Kerzen, Weihrauch, frische oder abgestandene Luft, Geruch der Wände (weitere Anregungen hierzu vgl. Christa Brülle u.a. 2003, 32–46).

Für Kinder besonders spannend sind Orte innerhalb der Kirche, die nicht ohne weiteres zugänglich sind: die Sakristei, die Orgelempore, der Kirchturm mit seinen Glocken. Hier gibt es manches zu entdecken und es stellen sich viele Fragen. Was bedeuten die (lateinischen) Inschriften, die Jahreszahlen, die Namen der Glocken, welche Symbole tragen sie?

Im Sinne des ökumenischen Lernens (s. II.6) können Gemeinsamkeiten und Unterschiede von evangelischen und katholischen Kirchen sowohl hinsichtlich der Atmosphäre, der Raumaufteilung, der Skulpturen und Bilder, der Einrichtungsgegenstände (z.B. Beichtstuhl, Weihwasserbecken, Tabernakel, Ewiges Licht) entdeckt werden. Wichtig bei alldem ist, dass die Kinder vor oder neben aller Wissensaneignung *den Kirchenraum erleben und eine innere Beziehung zu ihm herstellen*. Dabei geht es um subjektive Wahrnehmungen und um emotionale Begegnungen mit dem Kirchenraum.

Kirchenraum deuten

In Kirchenräumen können Kinder danach suchen, was diese von anderen Räumen unterscheidet. Kinder können ihre Eindrücke deuten lernen, indem sie zum Beispiel erarbeiten, was die Bilder und Skulpturen zeigen und was die vielen Gegenstände in der Kirche bedeuten bzw. welche Funktion sie für den Gottesdienst haben. Die Deutungen sollten sich zuerst einmal beziehen auf die Gegenstände, Orte oder Bilder, welche die Kinder sich ausgesucht haben: das Taufbecken beispielsweise als Anstoß, über die Bedeutung der eigenen Taufe zu sprechen. Der Kirchenraum insgesamt kann anregen, über die eigenen biografischen Erfahrungen mit diesem Ort zu sprechen. Symbole als Ornamente, Skulpturen oder auf Bildern fordern heraus, ihre Bedeutung oder ihre biblischen Bezüge zu erkunden oder sich erklären zu lassen.

Wichtig für entdeckendes Lernen ist eine Fragehaltung. Fragliches sollte notiert werden, um es anschließend ›Experten‹ (Küster, Kirchenführer, Pfarrer, Lehrer oder auch Kinder, die sich darauf besonders vorbereitet haben) vorzutragen. Si-

cher gehören zur Deutung auch kindgerechte Informationen oder Erzählungen zur Baugeschichte des Kirchengebäudes.
Der Kirchenraum wird ohne Bezug zum Gottesdienst nicht hinreichend erschlossen. Während des gemeinsamen Besuchs eines Gottesdienstes kann die Kirche als Raum wahrgenommen werden, in dem etwas Bestimmtes geschieht. Alle Handlungen verweisen auf Inhalte. Vertieft werden kann dies durch die gemeinsame und sehr bewusste Planung und Gestaltung eines (Klassen-, Schul- oder gar Gemeinde-) Gottesdienstes.

Im Kirchenraum handeln

Wahrnehmungen werden vertieft durch Handlungsmöglichkeiten bei der Kirchenraumerkundung, um die Dimensionen des ›heiligen Raums Kirche‹ leibhaftig zu erfahren. So können die Kinder z.B. ›Kanzellesen‹ üben und dabei erfahren, wie sich die eigene Stimme beim Lesen eines biblischen Textes anhört, welche Wirkung erzielt wird, welche Tonlage angemessen ist und welche nicht. Der gemeinsame Gesang in der Kirche vermittelt eine Vorstellung davon, wie die Stimmen im Raum wirken. Auch im liturgischen Tanz und in der Prozession durch den Kirchenraum mit selbst gewählten Liedern wird gehandelt. Dabei stellt sich die Frage nach den dem Raum angemessenen Gangarten, die erprobt werden sollten. Skulpturen im Kirchenraum regen dazu an, sie leibhaftig mit dem eigenen Körper nachzustellen. Kinder halten bildlich fest oder dokumentieren schriftlich oder mit dem Fotoapparat, was ihnen im Raum besonders aufgefallen und für sie bedeutsam geworden ist. Vielleicht lässt sich sogar in höheren Grundschuljahrgängen aus eigenen Bildern, Fotos und Textstücken ein eigener ›Kirchenführer‹ der Klasse zusammenstellen.

2. Methodischer Dreischritt: Vorbereitung – Durchführung – Auswertung

Die Lernaktivitäten im Zusammenhang von außerschulischen Begegnungen und Erkundungen sollen in einem Bezug zu schulischem Lernen stehen, es anreichern, ergänzen und vertiefen. Als didaktischer Ort ist der Beginn oder die Mitte einer Unterrichtsreihe denkbar. Die Lernaktivitäten einer Erkundung sollen gut vorbereitet, sorgfältig durchgeführt und intensiv ausgewertet werden. Zu unterscheiden sind drei Aktivitätsphasen: Vorbereitungs-, Durchführungs- und Auswertungsphase (vgl. Burk/Claussen 1981, 26–41).

Vorbereitungsphase

In der *Vorbereitungsphase* geht es um die Entwicklung von gemeinsamen Fragestellungen bzw. Handlungszielen: Wo gehen wir hin? Was wollen wir dort tun? Die Kinder sollen sich vorstellen können, worum es geht, was sie erwartet und was sie an dem Lernort oder bei der Begegnung tun können, fragen oder erkunden wollen. Wichtig ist das Zusammentragen der Vorerfahrungen und des Vorwissens der Schüler und das Sammeln von ersten Fragen, mögen diese anfangs noch so bruchstückhaft und vorurteilsgeladen sein. So wichtig in der Vorbereitungsphase die Arbeit an gemeinsamen Fragehaltungen und Vorstellungen ist, sollte eine zu enge Vorplanung vermieden werden zugunsten von neuen Fragerichtungen und spontanen Aktivitäten ›vor Ort‹.
Zur Vorbereitungsphase gehören Aktivitäten wie die Ermittlung von Vorerfahrungen und Vorstellungen der Kinder zum Lernort, das Sammeln von Fragen, ferner die Verständigung über Handlungsziele. Hilfreich ist auch eine Sammlung von Informationsmaterial, um die Erkundung vorzubereiten (evtl. Bilder, Sachbücher, Berichte von Eltern oder Verwandten). Je nach Lernort und Handlungszielen sollten Möglichkeiten zum Dokumentieren vorbereitet sein: z.B. Schreib- oder Zeichenpapier, Fotoapparat, Kassettenrekorder. Dass die notwendigen organisatorischen Vereinbarungen getroffen werden müssen, versteht sich von selbst.

Durchführungsphase

Für die *Durchführungsphase* wurden oben schon im Hinblick auf Kirchenraumerkundungen Anregungen gegeben, wie eine tiefere Begegnung mit Kopf, Herz und Hand zwischen Schüler und Lernort ermöglicht werden kann.

Auswertungsphase

In der *Auswertungsphase* wird die während der Erkundung erlebte, erfahrene, beobachtete Wirklichkeit erneut thematisiert, um ihre Aneignung zu fördern. Dabei können Zusammenhänge entdeckt, Eindrücke verdichtet und strukturiert werden. Dies kann je nach Unterrichtsgang im Unterrichtsgespräch, durch das Erarbeiten und Zusammenstellen von Texten und Bildern, durch die Gestaltungen von Wandzeitungen und Plakaten, durch Ausstellungen, durch das Nachlesen und Nachschlagen in Büchern oder anderen Informationsquellen geschehen.

Zusammenfassung:

›Lernortwechsel‹ tragen dazu bei, dass schulisches Lernen sich öffnet für das Leben außerhalb der Schultür. So kann der Unterricht bereichert werden durch neue Lernimpulse und durch viele lebensweltliche Bezüge. Die vielen Möglichkeiten eines eigenaktiven entdeckenden Lernens fördern eine Fragehaltung und eine Lernmotivation, die den Unterricht im Klassenzimmer bereichern können.

Von den vielen für den Religionsunterricht in der Grundschule in Betracht kommenden Zielen für einen Lernortwechsel bietet der Kirchenraum besonders wichtige Möglichkeiten für religiöses Lernen. Dabei sollten sich ganzheitliche und sinnenreiche Wahrnehmung, dem jeweiligen Entwicklungsstand angemessene Deutung und Wissensaneignung mit vielfältigen Handlungsmöglichkeiten verbinden (s. I.2).

Der Zusammenhang von systematisiertem Lernen im Klassenraum und den sich bei Lerngängen ergebenden Erfahrungen, Fragehaltungen und neuem Wissen wird gewährleistet durch den Zusammenhang von Vorbereitungs-, Durchführungs- und Auswertungsphase.

Lesehinweis:

Bucher, Anton A. u.a. (Hg.) (2005): Jahrbuch für Kindertheologie 4. »Kirchen sind ziemlich christlich« – Erlebnisse und Deutungen von Kindern. Stuttgart.

Degen, Roland/Hansen, Inge (Hg.) (1998): Lernort Kirchenraum. Münster.

Goecke-Seischab, Margarete Luise/Harz, Frieder (2001): Komm, wir entdecken eine Kirche. Räume erspüren, Bilder verstehen, Symbole erleben. München.

Glockzin-Bever, Sigrid/Schwebel, Horst (Hg.) (2002): Kirchen – Raum – Pädagogik. Münster.

Klie, Thomas (Hg.) (1998a): Der Religion Raum geben. Kirchenpädagogik und religiöses Lernen. Münster.

Prokopf, Andreas/Ziebertz, Hans-Georg (2003): Wo wird gelernt? – Schulische und außerschulische Lernräume. In: Hilger, Georg/Leimgruber, Stephan/Ziebertz, Hans-Georg (Hg.): Religionsdidaktik. Ein Leitfaden für Studium, Ausbildung und Beruf. 2. Aufl. München, 234–247.

Rupp, Hartmut (Hg.) (2006): Handbuch der Kirchenpädagogik. Stuttgart.

III.10 Freiarbeit im Religionsunterricht

Georg Hilger

Formen der Freiarbeit sind aus einer für pädagogische Reformen aufgeschlossenen und kindorientierten Grundschule nicht mehr wegzudenken. Dass die Idee der Freiarbeit unter dem Vorzeichen einer inneren Schulreform oder des »offenen Unterrichts« heute so populär geworden ist, hängt u.a. mit der gewachsenen Sensibilität für die Subjektrolle des Kindes und für die Bedeutung selbstständigen Lernens zusammen. Hinzu kommt, dass die Heterogenität der Kinder hinsichtlich ihrer Lernvoraussetzungen, -leistungen und -motivationen zu innerer Differenzierung herausfordert und damit zum Angebot von unterschiedlichen Lernwegen. Dies stellt ein Lernen im Gleichschritt einer Klassenformation infrage und verlangt nach Differenzierung und nach einer stärkeren Kindorientierung bei den Unterrichtsformen.

Schaut man jedoch in Grundschulklassen hinein, zeigt sich schnell, dass unter dem Vorzeichen »Freiarbeit« recht Unterschiedliches praktiziert wird: von herkömmlicher »Stillarbeit« nach den Anweisungen eines Schulbuches oder einem Wochenplanlernen mit fremdbestimmten Arbeitsaufgaben bis hin zu Formen projektartigen Lernens, bei dem die Kinder zu selbstständigen Erkundungen ermutigt werden. Formen der Freiarbeit gehören zu festen Bestandteilen einer guten Grundschularbeit. Dies kann aber (noch) nicht für den Religionsunterricht behauptet werden. Hier ist Freiarbeit noch lange keine Selbstverständlichkeit.

Dieses Kapitel will Freiarbeit als Unterrichtsform in wesentlichen Begründungen, Zielen und Gestaltungselementen vorstellen (1) und seine Bedeutung für den Religionsunterricht bedenken (2).

1. Begründungen, Ziele und Gestaltungselemente von Freiarbeit

»Freiarbeit« ist ein schillernder Begriff, der in verschiedenen Zusammenhängen verwendet wird. In diesem Kapitel wird Freiarbeit als eine Unterrichtsform im Kontext eines pädagogischen Konzepts verstanden, in dem Kinder frei von direkter Steuerung durch die Lehrperson aus einem vielfältigen Lernangebot in freier Sozialform Lerntätigkeiten entwickeln. Freiarbeit orientiert sich an den individuellen Bedürfnissen des einzelnen Lernenden und will einen Prozess selbstständigen Arbeitens ermöglichen (vgl. Berg 2002, 56). Dabei können die Lernenden im Rahmen ihrer Möglichkeiten selbst entscheiden, welchen *Lerninhalt* sie mit welcher *Methode* zu welcher Zeit mit welcher *Intensität* und welchen *Partnern* wo im Raum bearbeiten wollen. Mit dem Gewähren solcher Entscheidungsfelder wird das Kind als Subjekt seines Lebens und Lernens ernst genommen und gefördert.
Dass Freiarbeit heute zum Standard einer guten Grundschule gehört, hängt u.a mit dem sozialen Wandel und seinen Individualisierungs- und Pluralisierungsprozessen (s. I.1), mit dem Förderauftrag der Grundschule und mit einem veränderten Leistungsbegriff zusammen. So kann man als Begründung für Freiarbeit anführen:

(1) Freiarbeit ist eine pädagogische Antwort auf den *sozialen Wandel*. Die Grundschule als Schule für alle muss pluralitätsfähig sein und Vielfalt und Heterogenität konstruktiv bearbeiten. Freiarbeit kann als eine angemessene Reaktion auf die Vielfalt verstanden werden.
(2) Der *Förderauftrag* der Grundschule verlangt nach Individualisierung und Differenzierung. Erst daraus kann Selbstständigkeit und Verantwortungsübernahme für sich selbst erwachsen. Dafür kann Freiarbeit eine Lernumgebung schaffen.
(3) Ein neuer *Leistungsbegriff* betont das Ziel »selbst verantwortetes Lernen« im Hinblick auf zukunftsorientierte Bildung und Erziehung, für die Selbstverantwortung immer wichtiger wird. Dazu kann Freiarbeit ein wichtiges Übungsfeld sein.

Schon diese wenigen Aspekte zeigen, dass Freiarbeit eine Unterrichtsform mit einem anspruchsvollen pädagogischen Konzept und mehr ist als eine auswechselbare Methode unter anderen. »Es ist vor allem gekennzeichnet durch ein verändertes Menschenbild (Selbstverantwortung), durch eine veränderte Kindorientierung (Selbsttätigkeit), einen veränderten Unterrichtsanspruch (Leistung und Differenzierung), einen veränderten Lernbegriff (aktiver Umgang mit Wissen) und eine veränderte Berufsrolle der Lehrenden (Diagnose, Beratung, Förderung).« (ebd.)

Als pädagogisches Ziel steht bei den verschiedenen Formen einer kindorientierten Freiarbeit die Befähigung zu selbst verantwortetem Lernen im Vordergrund, bei dem die Kinder zunehmend als selbstständige Subjekte ihren Lernprozess aktiv mitgestalten und sich dabei Erkenntniswege und Strukturen eines fachlich bedeutsamen Inhalts erschließen (Berg 1997, 66f). Das Ziel der Selbstständigkeit des Lernenden erfordert eine neue Lernkultur, bei der die notwendigen Kompetenzen planvoll gefördert werden und die Kinder bei ihren Entscheidungsmöglichkeiten im Hinblick auf die Inhalte, die Lernwege, die Interaktionen vor Unter- und Überforderung geschützt werden.

Dies tangiert die Rolle der Lehrenden und Lernenden, das Angebot von Inhalten, die Arbeits- und Interaktionsmöglichkeiten, das Zeitmanagement in den Phasen der Freiarbeit, die Gestaltung der Lernumgebung, wozu neben dem Raum vor allem die didaktische Qualität des Lernmaterials gehört.

Die Rolle der Lehrenden

Wenn die Kinder zunehmend selbst entscheiden (lernen), was sie bearbeiten, mit wem sie arbeiten, wo sie arbeiten und wie schnell sie arbeiten, dann ändert sich damit ihre (Schüler-) Rolle und mit ihr die Rolle der Lehrkraft. Ihre wichtigste Aufgabe wird es, eine anregende Lernumgebung zu schaffen, die Tätigkeiten der Lernenden zu unterstützen, zu ermutigen, zu begleiten und herauszufordern. Sie ist dann nicht der Dreh- und Angelpunkt des Unterrichts wie etwa im herkömmlichen Frontalunterricht. Nicht das Be-Lehren, sondern das Beobachten, Begleiten und Beraten steht dann im Zentrum ihrer Aktivitäten. *Beobachten* heißt für die Lehrkraft, herauszufinden, in welcher entwicklungsmäßigen Phase sich die Kinder befinden und für welche Lernanregungen sie empfänglich bzw. sensibel sind. *Begleiten* bedeutet, den Kindern in ihrem Lernprozess zur Seite zu stehen, sie nötigenfalls anzuregen oder zu unterstützen bei ihrer aktiven Aneignung der Inhalte. *Beraten* meint, den Kindern bei Entscheidungen behilflich zu sein (vgl. Berg 1995, 78).

Die Aktivitäten der Lehrkräfte sind zu einem erheblichen Anteil in die Planungs- und Vorbereitungsphasen verlagert. Dazu gehören vor allem die Vorbereitung der Lernumgebung sowie die Bereitstellung und ständige Verbesserung des Freiarbeitsmaterials. Während des Unterrichts sind die Hilfestellung bei individuellen Problemen der Schülerinnen und Schüler (Lernberatung), Gespräche über die Bedeutung der jeweiligen Lernsituation und die Anleitung der Klasse zur Reflexion von Regeln und des Lernprozesses wichtige Aufgaben der Lehrenden. Zu Letzteren gehört auch die Auswertung und Würdigung der Arbeitsergebnisse im Sinne einer transparenten Rückmeldekultur. Dies trägt zu einer Steigerung von Lernmotivation und Leistungsbereitschaft bei.

Freie Wahl der Inhalte, der Arbeitsmethoden, der Sozialformen und freie Zeiteinteilung

Wahl der Inhalte

In der Freiarbeit wählen die Kinder aus dem inhaltlichen Angebot die Lerninhalte weitgehend selbst aus und bearbeiten sie eigenverantwortlich alleine oder in Kooperation mit anderen. Haben sie sich für einen Lerninhalt entschieden, wird von ihnen erwartet, dass sie den Bearbeitungsprozess nicht unbegründet abbrechen (vgl. Hintz/Pöppel/Rekus, 1995, 114–115). Diese freie Wahl entbindet den Lehrenden nicht von der didaktischen Verantwortung für die angebotenen Inhalte und Lernmaterialien. Sie müssen didaktisch aufbereitet und strukturiert sein, den Fähigkeiten und dem Entwicklungsstand der Lernenden und den inhaltlichen Anforderungen der behandelten Thematik gerecht werden sowie in Beziehung zu den Anforderungen des Lehrplans stehen. Entscheidend ist, dass sie für die Kinder einer konkreten Lerngruppe Aufforderungscharakter haben und sie zu einer selbstständigen Bearbeitung und Ergebnisüberprüfung anregen.

Wahl der Arbeitsmethoden und Lernwege

Die Kinder können in der Freiarbeit die Lernwege und Methoden, mit denen sie die gewählte Aufgabe lösen wollen, selbst wählen. Sie müssen die notwendigen Arbeitsabläufe planen, die erforderlichen Informationen und Materialien beschaffen und ihre Ergebnisse dokumentieren und präsentieren. Auf diese Weise kann Freiarbeit den Schülerinnen und Schülern zu Problemlösefähigkeit und Methodenkompetenz verhelfen. Das setzt altersgemäße und differenzierte Aufgabenstellungen voraus, die methodisch vielseitig sind und die Kinder anregen, sich auf vielfältige Weise mit dem Lerngegenstand auseinander zu setzen. Wichtig unter dem Vorzeichen eines selbstständigen Lernens sind dabei mit zunehmender methodischer Kompetenz der Kinder Gestaltungsspielräume in den Aufgabenstellungen, die eine eigenständige Auseinandersetzung mit dem Thema ermöglichen. Christine Lehmann schlägt darum halb offene Aufgabenstellungen vor, die zwar einen Arbeitsauftrag und eine Methode vorgeben, dabei aber dazu anregen, auch eigene Fragen und Ideen bei der Erarbeitung zu realisieren (Lehmann 1999, 227).

Wahl der Sozialformen

Zur freien Wahl gehört auch die Entscheidung der Kinder, ob sie eine Thematik alleine, mit einer Partnerin bzw. einem Partner oder in der Gruppe bearbeiten wollen. Sie wählen, mit wem sie arbeiten. Dabei können sie sich allerdings nicht nur nach ihren eigenen Vorlieben richten, sondern müssen in der Wahl der Sozialform auch die Anforderungen der Aufgabenstellung, die Interessen der Mitlernenden sowie die Möglichkeiten der Lernumgebung berücksichtigen (vgl. Hintz/Pöppel/Rekus, 1995, 115). So üben sich die Kinder ein, Verantwortung für das Klima in der Lerngruppe bzw. der Klassengemeinschaft zu übernehmen und das Miteinander als bereichernd zu erfahren. Im Austausch und in der Zusammenarbeit mit anderen Kindern lernen sie nicht selten mehr als durch eine belehrende Lehrkraft.
Freie Arbeit kennt wegen der freien Wahl der Lernwege und Sozialformen keine vorgegebenen Aktivitäten der gesamten Lerngruppe. Deshalb eignen sich Themen, die Gemeinschaftserfahrungen didaktisch nahe legen (z.B. Gebet und Meditation), weniger für die Freiarbeit. Schon aus diesem Grund ist ein sinnvoller Wechsel zwischen Freiarbeit und gemeinschaftlichem Unterricht im Klassenverband sinnvoll.

Wahl der Arbeitszeit

Die Kinder teilen sich in der Freiarbeit die Zeit, die sie auf jede Aufgabe verwenden wollen, selbst ein. Sie müssen entscheiden können, wie lange sie sich mit dem Thema auseinander setzen. Auf diese Weise können sie einen angemessenen Umgang mit ihrer Lernzeit einüben. Andererseits findet Freiarbeit in vorgegebenen zeitlichen Phasen statt und oft wird ein zeitliches Limit für die Bearbeitung eines Themas vorgegeben. Damit müssen die Kinder lernen, den Zeitbedarf einer Aufgabenstellung einzuschätzen, ihre Vorhaben auch zeitlich zu planen und ihren Zeitplan einzuhalten.
Bei einer thematisch gebundenen Freiarbeit unterscheidet Berg folgende drei Phasen (Berg 2002a, 73f):

(1) *Eröffnungsphase:* Hierbei wird in die Thematik eingeführt, die verschiedenen Aspekte des Themas werden deutlich, das Interesse und die Neugier für das Thema oder für Teilaspekte des Themas können wachsen, zu bearbeitende Fragen kommen in den Blick und mögliches Arbeitsmaterial wird gesichtet (vgl. auch Fischer 1999, 174).

(2) *Phase der Freiarbeit:* Die Kinder setzen sich mit dem aufbereiteten Material auseinander, gehen unterschiedlichen Fragen nach, recherchieren, erkunden, suchen nach geeigneten Formen der Bearbeitung und arbeiten an der Überprüfung bzw. Darstellung der Erkenntnisse und Ergebnisse.
(3) *Abschluss/Auswertungsphase:* Die Ergebnisse werden präsentiert, zur Kenntnis gegeben (z.B. in einem Bericht einer Lerngruppe, in einer Wandzeitung, in einem Religionsheft), gewürdigt und anerkannt. Die Kinder sollen auch selbst in der Lage sein, ihre Leistungen zu beurteilen.

Der Lernort als vorbereitete Umgebung

Freiarbeit setzt Lernräume voraus, die den Kindern genug Möglichkeiten zur freien Bewegung geben und die notwendigen Lernaktivitäten ermöglichen und dazu anregen. Unverzichtbar sind Regale und Schränke für Materialien, Nachschlagewerke usw. Sinnvoll ist die Abtrennung von verschiedenen Bereichen des Klassenzimmers für unterschiedliche Arbeitszonen (z.B. Leseecke, Bastelecke) mithilfe von Raumteilern. Gruppentische, freie Flächen und stille Ecken sollen zur inhaltlichen Auseinandersetzung in verschiedenen Sozialformen und mit unterschiedlichen Methoden einladen. Die Kinder sollten mit daran beteiligt werden, den Klassenraum so zu gestalten, dass sie darin lernen und leben können. Freiarbeit traut den Kindern zu, dass sie den Ort zur Bearbeitung der gestellten Aufgabe selbst wählen. Dabei kann es sich um eine Arbeitsecke, um einen Teppich in der Leseecke, um einen Gruppenarbeitsraum, eine Ecke im Schulflur, die Schulbücherei oder um den Raum mit Internetzugang handeln. Die Kinder suchen sich die Arbeitsumgebung, die am besten zu ihrem Lernstil und zu ihrer Arbeitsaufgabe passt.

Freiheit und Bindung: Verabredungen für die Freiarbeit

Horst Klaus Berg hat sich als Religionspädagoge bei seinem Verständnis von Freiarbeit immer wieder von der großen Reformpädagogin Maria Montessori (1870–1952) inspirieren lassen, für die Freiheit der Wahl und Würde des Menschen zusammengehören. Freiheit und Bindung sind für Montessori keine Widersprüche. Dies wird deutlich durch die Bindung an selbstgewählte Inhalte und Aufgabenstellungen und durch Verbindlichkeit von gemeinsam mit den Kindern ausgehandelten Verabredungen als Grundlage eines produktiven Lernklimas für die freie Tätigkeit. Berg nennt als Beispiel sieben Verabredungen, die mit Kindern abgesprochen worden sind und bei Bedarf auch verändert werden können (Berg 2002a, 61). Die folgenden Verabredungen fassen vieles von den bisherigen Überlegungen zusammen:

(1) Ich denke darüber nach, was ich arbeiten will, und mache mir einen Plan.
(2) Ich überlege, ob ich allein oder gemeinsam mit anderen arbeiten will.
(3) Ich halte mich daran, dass ich bei einer Arbeit, die ich angefangen habe, bleiben muss und sie zu Ende führen soll.
(4) Ich halte meine Arbeitsergebnisse so fest, wie es verabredet ist (z.B. in einem Projektheft).
(5) Ich gehe sorgfältig mit den Materialien um. Wenn meine Arbeit fertig ist, kontrolliere ich nach, ob das Material in Ordnung ist, und stelle es an seinen Platz zurück.
(6) Ich nehme auf meine Mitschüler Rücksicht und bemühe mich, sie nicht zu stören. Ich bewege mich leise in der Klasse, wenn ich etwas brauche; ich bespreche etwas im Flüsterton. Ich sage meinen Mitschülern, wenn ich mich gestört fühle.
(7) Ich bin bereit, meinen Mitschülern zu helfen, wenn sie mich darum bitten.

2. Freiarbeit im Religionsunterricht – religionsdidaktische Perspektiven

Das Konzept der Freiarbeit ist von einer Anthropologie getragen, welche die Personwürde und die Gottebenbildlichkeit des Menschen achtet und die Kinder ermutigt, sich als Subjekte in den Religionsunterricht einzubringen. Weil Glaube nicht aufgezwungen werden kann und darf und darum freie Antwort des Menschen auf den Anruf Gottes bleiben soll, sind für religiöse Bildung Lernformen angemessen, welche den eigenen Weg zum Glauben fördern. Glaube ist unlösbar mit einem Akt innerer Zustimmung verbunden und damit nur in personaler Freiheit zu realisieren. Dies gilt für jeden Religionsunterricht, der zum Glauben-Lernen anregen will. Darum ist auf vielfältige Weise die Entwicklung eigener religiöser Vorstellungen (s. III.4) und Urteilsfähigkeit zu respektieren und zu fördern. Die Lernenden müssen im Religionsunterricht ihren religiösen Weg selbst suchen dürfen, damit sie eigene Zugänge zu Religion und Glaube finden können (s. I.4 und I.8). Der Respekt vor der Würde des Kindes gebietet es, auch eine Entscheidung des Nicht-glauben-Wollens oder die Ablehnung von bestimmten Inhalten und Zielen zu akzeptieren (Fischer 1999, 178). Freiarbeit kann somit ein Übungsfeld werden für die Zielperspektive religiöser Mündigkeit. Freiarbeit ist in diesem Sinne freies Lernen im Blick auf die *Aneignung von Religion* (Berg 1997, 55). Dies stellt hohe Anforderungen an das Lernklima und an die Freiarbeitsmaterialien.

Berg fordert von den Freiarbeitsmaterialien, dass sie Strukturen erschließen anstatt einfach eine Fülle von Inhalten zu vermitteln. Er spricht in diesem Zusammenhang davon, dass Freiarbeitsmaterialien so zu konstruieren und einzusetzen seien, dass sie für die Kinder *»Schlüssel zur Welt des Glaubens«* und zur Welt der Religion werden können, mit denen die Kinder einen für ihre Entwicklung zentralen Aspekt der Welt aufschließen können. Berg bezieht sich bei dieser Formulierung auf die Forderung Maria Montessoris, Freiarbeitsmaterialien müssten die Qualität haben, dass sie »Schlüssel zur Welt« sind (Berg 1995, 89). Diese »Schlüssel« sind einerseits *exemplarische Inhalte und Erfahrungen* (wie z.B. die biblischen »Schlüssel-Überlieferungen« von der Schöpfung, die die Menschenwürde betont und dem Menschen den Platz in der Schöpfung anweist, die Freiheits- und Gerechtigkeitstraditionen des Alten und Neuen Testaments, die Rede von der heilenden und tröstenden Gottesherrschaft), andererseits sind es *exemplarische Erschließungswege* zu religiöser Sprache und Tradition (wie z.B. das mehrdimensionale, symbolische Wahrnehmen und Denken, das mehrschichtige, erfahrungsbezogene Verstehen religiöser Sprache in Texten, Bildern und Architektur, in Musik und Dichtung).

Es geht in der Freiarbeit sowohl um exemplarische Inhalte als auch um exemplarische Erschließungswege zur Welt der Religion und des Glaubens, also darum, den Kindern Lernchancen zu eröffnen für deren selbstständige Erschließung religiöser und symbolischer Sprache, für die Aneignung von religionskundlichem Wissen und für die Entwicklung religiöser Wahrnehmungen und Erfahrungen (vgl. Fischer 2000b, 320). Implizit sind das Kriterien, an denen alle Vorschläge und Materialien für den Religionsunterricht zu messen sind. Bloßes Beschäftigungsmaterial (wie es oft unter dem Etikett Freiarbeitsmaterial angeboten wird) wird diesen religionsdidaktischen Kriterien nicht gerecht.

Von hoher religionsdidaktischer Relevanz ist Freiarbeit als eine Form freiheitlichen und selbstständigen Lernens auch deshalb, weil hier ein Unterrichtsklima entwickelt wird, das die unterschiedlichen Glaubenshaltungen und religiösen Prägungen der Lernenden anerkennt. Im freiarbeitlichen Religionsunterricht finden die Kinder genügend Freiraum, sich mit dem inhaltlichen Angebot gemäß ihrer religiösen Haltung auseinander zu setzen. Den Lernenden erlaubt er eine eigenständige Haltung gegenüber der christlichen Perspektive auf Gott und die Welt, was »verantwortliche[s] Denken und Verhalten im Hinblick auf Religion und Glauben« (DBK 1974, 2.5.1) fördert. Zielgerichtet und bei angemessenen Lerngegenständen eingeplant, bringt Freiarbeit christliche Grundüberzeugungen und -haltungen auf eine Weise zur Sprache, die die Lernenden zu einer eigenverantwortlichen Glaubenshaltung befähigen kann (Riegel 2003, 485).

Grenzen und Begrenzungen von Freiarbeit im Religionsunterricht

Wenn hier der hohe religionsdidaktische Wert von selbstständiger Arbeit in der Form der Freiarbeit hervorgehoben wird, soll nicht übersehen werden, dass sie eine Unterrichtsform unter anderen ist und ihre *Grenzen* hat. Diese können sich von der Struktur der Sache, von den entwicklungspsychologischen Voraussetzungen (gerade in den ersten Jahrgangsstufen) oder auch aus lernökonomischen und organisatorischen Gründen ergeben. Erschwerend wirkt sich der 45-Minuten-Takt des Stundenplans, die Einstündigkeit des Fachunterrichts und die Zusammensetzung der Lerngruppen nach konfessionellen Gesichtspunkten für nur diese eine Stunde aus. In 45 Minuten kann es nur selten zu einer konzentrierten, anhaltenden Auseinandersetzung mit frei gewählten Materialien kommen. Freiarbeit braucht Zeit, verlangt Kontinuität und benötigt eine vorbereitete Umgebung. Diese ließe sich in einem Fachraum Religion gestalten. Mit einer Doppelstundenregelung für Religion im Stundenplan wären hemmende organisatorische Hürden für Freiarbeit überwunden. Vielleicht lässt sich sogar Freiarbeit für das Fach Religion in die allgemeine Freiarbeitszeit integrieren.

Nicht für alle Gegenstandsbereiche des Religionsunterrichts lassen sich Materialien entwickeln und nicht alles ist in Freiarbeit erarbeitbar. »Die wichtigsten Dinge fügen sich nicht dem Zugriff von Verstand und Willen, unterliegen keiner ausgreifenden Aktivität, sondern verlangen den in sich gesammelten, vernehmenden Menschen« (Halbfas 1985b, 37). Für Halbfas gehört ein breites Spektrum musischer und gemeinsamer Tätigkeiten unverzichtbar zu einem guten Religionsunterricht: »Erzählen und Singen, Musizieren und Spielen, Malen und Basteln – dies alles immer wieder zusammengefügt bei Festen, Feiern und Gottesdiensten – ergeben jene Schulkultur, die dem Unterricht erst Halt, innere Spannung und Zugänglichkeit verleiht« (ebd. 38). Manches davon lässt sich in Freiarbeit vorbereiten und vertiefen, vieles davon sollte und muss aber Gemeinschaftserfahrung werden. Dies gilt vor allem für das gemeinsame Musizieren, Singen, Spielen, Feiern, für die gemeinsame Erzähl- oder Vorleserunde, für Feste und für Gottesdienstformen.

Freiarbeit ist ein wichtiger Lernweg im Religionsunterricht, ihre individuellen und auf Selbstständigkeit ausgerichteten Lernwege bedürfen aber der Ergänzung durch Formen gruppenbezogenen und kommunikativen Lernens z.B. im Klassenverband. Schließlich haben Religion und Glaube neben der individuellen eine ausgeprägte soziale und kommunikative Dimension, die ausgerichtet ist auf Verständigung über gemeinsam Gemeintes. Individuelle und gruppenbezogene Lernprozesse im Klassenverband können sich dabei wechselseitig inspirieren, bereichern und ergänzen (Lehmann 1999, 278f). So kann eine Balance entstehen zwischen Individualität und Sozialität; dieses rückt bei gruppenbezogenen Lernformen, jenes z.B. bei der Freiarbeit in ihren unterschiedlichen Formen in den Blickpunkt.

Freiarbeitsmaterialien für den Religionsunterricht

Freiarbeit bahnt sich den Weg in den Religionsunterricht der Grundschule über das wachsende Verlagsangebot von Freiarbeitsmaterialien. Dabei wird vor allem die Zielgruppe des dritten und vierten Schuljahres bedacht. Gute Einblicke in das Angebot ermöglichen die Übersichten von Rudolf Horn (1998) und Petra Freudenberger-Lötz (2002a).

Hans Freudenberg (2000) und Monika Kehr (1999) bieten in ihren Büchern zur Freiarbeit Anregungen und Ermutigungen, sich auf Freiarbeitsphasen im Religionsunterricht einzulassen. Freudenberg stellt Materialien für sieben ausgearbeitete Unterrichtseinheiten vor (zu den Themenkreisen Ostern, Schöpfung, Engel, Jona, Kirchengebäude, Bibel, Steine). Kehr konzentriert sich auf Anregungen, wie im Sinne einer »vorbereiteten Umgebung« Freiarbeitsmaterialien gestaltet bzw. beschafft werden können.

Zur »vorbereiteten Umgebung« gehören neben thematisch aufbereiteten Materialien aber auch *Nachschlagewerke* (wie z.B.: Ich entdecke die Welt der Bibel, Bd. 1: Altes Testament, Bd. 2: Neues Testament, Ravensburg 1990/91; oder zu den Religionen: Alan Brown/Andrew Langley: Woran wir glauben. Religionen der Welt – von Kindern erzählt, Lahr 1999), Lesebücher (wie z.B. das zu Lk 15,11–32 von Philipp Wegenast, illustriert von Martin Baltscheid mit dem Titel »Lukas haut ab«, Lahr 1997), Bilderbücher etc., mit denen die Kinder angeregt werden, sich Informationen zu beschaffen und sie auszuwerten, Materialien zur Meditation für eine »Stille-Ecke«, in der Bilder angeschaut werden können, Texte gelesen werden können, mit Kopfhörern Musik gehört werden kann.

Freiarbeitsmaterialien zu festgelegten Themenbereichen kann man mit Petra Freudenberger-Lötz (2002a, 154ff) vier verschiedenen Lernbereichen zuordnen:

(1) *Zu (existenziellen) Fragen der Kinder* (z.B. die »Gewitternachtskartei« mit Bildern und Fragen zum Nachdenken und Staunen über Gott und die Welt, Oberthür/Maier 1998);
(2) *zur Frage nach Gott, zu Jesusgeschichten und anderen biblischen Geschichten* (z.B. »Sara und Abraham gehen ihren Weg im Vertrauen auf Gott«, Bayer/Ehrenfelder/Rinklin 2000, »Mit Jesus beginnt etwas Neues«, Berg/Weber 1995);
(3) *zum Symbollernen* (z.B. »Symbole entdecken – Symbole verstehen« Berg/Weber 2000);
(4) *Material zum Kennenlernen und Vertiefen der Tradition* (vgl. »Abraham, Moses & Co«, Sanders 2000).

Dabei wird man bei den angebotenen Materialsammlungen auf unterschiedliche Konzepte von Freiarbeit treffen. Manche verstehen sich als didaktisiertes Material zur Informationsvermittlung, zur Übung oder Wiederholung mit überwiegend geschlossenen Aufgabenstellungen, andere bearbeiten fast lehrgangsmäßig und schrittweise ihre Themen, wieder andere wollen Angebote zum entdeckenden und forschenden Lernen machen und favorisieren Aufgabenstellungen zur selbstständigen Recherche und Informationsbeschaffung über das Material hinaus und rücken Freiarbeit in die Nähe des projektartigen Lernens.

Zusammenfassung:

Freiarbeit ist eine Unterrichtsform, welche die zunehmende Selbstständigkeit und die Subjektwerdung der jungen Menschen in besonderer Weise unterstützen will durch Entscheidungs- und Freiräume. Dabei können die Lernenden im Rahmen ihrer Möglichkeiten selbst entscheiden, welchen Lerninhalt sie mit welcher Methode zu welcher Zeit mit welcher Intensität und welchen Partnern wo im Raum bearbeiten wollen. Dies erfordert eine neue Lernkultur, bei der die notwendigen Kompetenzen planvoll gefördert werden und die Lehrenden sich vor allem als Begleiter und Berater verstehen. Wichtig sind die Gestaltung einer anregenden Lernumgebung, wozu neben dem Raum vor allem die didaktische Qualität des Lernmaterials gehört.
Das Konzept der Freiarbeit ist von einer Anthropologie getragen, welche die Personwürde und die Gottebenbildlichkeit des Menschen achtet und die Kinder ermutigt, sich als Subjekte in den Religionsunterricht einzubringen. Die Lernenden sollen im Religionsunterricht ihren religiösen Weg selbst suchen dürfen, damit sie eigene Zugänge zu Religion und Glaube finden können. Freiarbeit kann somit ein Übungsfeld für die Zielperspektive religiöser Mündigkeit werden. Freiarbeit ist in diesem Sinne freies Lernen von und an Religion.

Lesehinweis:

Berg, Horst Klaus (1997): Freiarbeit im Religionsunterricht. Konzepte – Modelle – Praxis. Stuttgart/München.

Lehmann, Christine (1999): Freiarbeit – ein Lern-Weg für den Religionsunterricht? Eine Untersuchung von selbstständigem Lernen im Horizont kritisch-konstruktiver Didaktik. 2. durchges. Aufl. Münster.

Riegel, Ulrich (2003): Freiarbeit. In: Hilger, Georg/Leimgruber, Stephan/Ziebertz, Hans-Georg: Religionsdidaktik. Ein Leitfaden für Studium, Ausbildung und Beruf. 2. Aufl. München, 479–488.

Themenheft (1995): »(In) Freiheit lernen. Freiarbeit im Religionsunterricht«. In: ru 25, H. 3.

III.11 Projektartiges Arbeiten mit GrundschülerInnen

Werner H. Ritter

Projektunterricht und projektorientiertes Arbeiten wurden seit Mitte der 70er-Jahre des 20. Jh. als wichtiger Bestandteil der inneren Schulreform wieder entdeckt und finden sowohl in fächerübergreifenden Projekten als auch in Projektarbeiten innerhalb eines einzelnen Unterrichtsfaches viel Zuspruch. Sie stellen heute schulartenübergreifend ein wichtiges didaktisches (nicht nur methodisches) Konzept dar, das die Selbstständigkeit und Eigentätigkeit der SchülerInnen und damit letztlich deren Subjektwerdung (s. I., Einführung) fördern will. In sinnvoll gehandhabter Gestalt hat es unseres Erachtens in der Grundschule und im dortigen Religionsunterricht seinen Platz und trägt dazu bei, dass SchülerInnen Unterricht als ihren Unterricht und nicht bloß als den der Lehrkraft erleben. Wir fragen im Folgenden, woher die Projektidee kommt und welchen Hintergrund sie hat (1), sodann nach ihren Anliegen, ihren Merkmalen, nach Planung und Planungsschritten (2). Weiter: Welche Gründe gibt es für projektorientiertes Arbeiten speziell im Religionsunterricht, geht das schon im Grundschulunterricht, und welche Möglichkeiten haben wir hier (3)? Schließlich sind neben den Chancen auch die Schwierigkeiten projektorientierten Arbeitens anzusprechen (4).

1. Herkunft und Hintergrund

Projektunterricht und projektorientiertes Arbeiten sind keine Erfindungen unserer Tage, sondern haben ihre Wurzeln zum einen in der europaweiten Reformpädagogik v.a. des ersten Drittels des 20. Jh. (vgl. Ritter 1999), zum anderen in einer bestimmten pragmatisch-sozialreformerischen Pädagogik in den USA (vgl. Reents 2002, 73): Da es keinen eindeutigen Projektbegriff gibt, kann Projektunterricht sowohl als eine reine Methode »praktischen Problemlösens«, aber auch viel grundsätzlicher im Sinne einer »Philosophie der Erziehung« verstanden werden (vgl. Gudjons 1992, 61). Diese hat ihre Wurzeln in der pragmatischen Erziehungsphilosophie, wie sie maßgeblich der Philosoph (und Pädagoge) John Dewey (1859–1952) entwickelt hat, und lässt sich als Demokratisierung der Leistungskriterien verstehen: »Aus Untertanen und Unmündigen ... werden Gesellschaftsmitglieder, die durch wechselseitige Absprache und Verpflichtungen ihre Verhältnisse selbst regeln« (Gudjons 1992, 62). Als Pädagogik der Erfahrung ist dieses Konzept am »Erfahrungslernen« der SchülerInnen selbst interessiert. Letzteres hat eine Orientierung am Subjekt zur Folge, die in der Religionspädagogik seit den 90er-Jahren des 20. Jh. zunehmend wichtig wird (s. I., Einführung und I.7). Diesem Verständnis zufolge sind dann allerdings Projektunterricht und projektorientiertes Arbeiten nicht nur eine Frage der Methode, vielmehr geht es dabei um ein schulisches Lern- und Bildungsverständnis von grundsätzlich-prinzipieller Bedeutung, das autonome bzw. zunehmend autonom werdende Subjekte in den Mittelpunkt rückt.

2. Anliegen, Merkmale, Planung

Anliegen

Projektunterricht und projektorientiertes Arbeiten meinen weder pragmatischen noch reflexionslosen Aktionismus. Ihr Anliegen ist es vielmehr, Lernen so zu organisieren, dass zum einen SchülerInnen über bloße Wissensaneignung hinaus schulisch an und mit Inhalten wirkliche Erfahrungen machen *können* und zum anderen infolge ihrer inneren Beteiligung auch weitere Erfahrungen machen *wollen* (»intrinsische Motivation«). Indem SchülerInnen dergestalt an und mit Erfahrungen lernen, erschließen Inhalte sich ihnen anschaulich und etablieren sich über nur äußeres Wissen hinaus in der eigenen Erfahrungswelt (vgl. Ziebertz 2003c, 457).

Merkmale

Grundsätzlich versteht sich Projektarbeit im Kontext »handlungsorientierten Lernens«. Letzteres meint einen »didaktischen Ansatz zur Gestaltung subjektorientierter Lehr-Lernprozesse, bei dem das produktorientierte und ganzheitliche Arbeiten der Lernenden an selbst gesetzten Aufgaben im Mittelpunkt steht« (Konukiewitz/Meyer 2002, 511). Bei einer gewissen Nähe zum fächerverbindenden und fächerübergreifenden Unterricht (s. I.5) stellt Projektunterricht eine eigene attraktive und anspruchsvolle Form handlungsorientierten Lernens dar. Weitere wichtige Merkmale sind (vgl. Heilmeier/Gandlau 2002; Konukiewitz/Meyer 2002):

- Lehrkräfte und SchülerInnen planen und realisieren ein Projekt im Wesentlichen *gemeinsam*, es wird also nicht vorab und allein von den Unterrichtenden festgelegt. Intendiert ist damit eine weitgehende Selbstorganisation der Lernprozesse durch die Beteiligten.
- Dabei ist in einer offenen Ausgangssituation den *SchülerInnen* möglichst viel *Mitwirkung* hinsichtlich Themenwahl, Planung, Gestaltung und Durchführung einzuräumen. Dies fördert die Selbstständigkeit, Initiative und Eigentätigkeit der SchülerInnen.
- Projektunterricht ist die Unterrichtsform, in der SchülerInnen den größtmöglichen *Spielraum für Entscheidungen* haben (vgl. EKD 2000, 22), bis dahin, dass sie auf besondere Weise ihren »eigenen Interessen nachgehen, individuelle Schwerpunkte setzen und ihr persönliches Lerntempo finden« können (Heilmeier/Gandlau 2002, 141).
- *(Handlungs-)Produktorientierung wie Prozessorientierung* sind ihm gleichermaßen wichtig. Das heißt: Die entstehenden Produkte sollen »Gebrauchswert« haben, damit die Lernenden etwas mit ihnen »anfangen« und sich während des Projekts austauschen können.
- Intendiert ist ein *»ganzheitliches« Lernen* mit allen Sinnen und mit einem einigermaßen ausgewogenen Verhältnis von Kopf-, Herz- und Handarbeit (Johann Heinrich Pestalozzi).
- Wichtig sind ferner Nähe zum *Leben* und zu den *SchülerInnen*, die mit ihren Möglichkeiten und Fähigkeiten in die Arbeit einbezogen werden.

Planung

Projektunterricht und projektorientiertes Arbeiten zu planen, fällt leichter, wenn man bestimmte Projektschritte zugrunde legt. Letztere variieren und können sehr differenziert ausfallen (vgl. Jank/Meyer 1991; Konukiewitz/Meyer 2002, 512f). Wir legen hier in didaktischer Vereinfachung für die Grundschule folgende vier Projektschritte zugrunde (vgl. ausführlicher Gudjons 1992, 68–92; Reents 2002, 74–76):

(1) *Zielsetzungen:* Eine interessante »Sachlage« mit lebensweltlicher Relevanz sowie mit Bezug zur Realität und zu den Interessen der Beteiligten wird ausgewählt, und zwar mit der Absicht, dass SchülerInnen hier ihre Erfahrungen machen können. Die Auswahl kann fächerverbindend, fächerübergreifend, aber auch fachintern erfolgen. Eine griffige Themenformulierung ist wichtig.

(2) *Planung:* Es ist kooperativ ein Plan zur Bearbeitung zu entwickeln, der Lehrkräfte und SchülerInnen berücksichtigt (vgl. das Schema bei Reents 2002,

76). Die Arbeitsschritte müssen festgelegt werden, wobei die Planungsarbeit offen und revidierbar erfolgen muss.

(3) *Ausführung:* Die Ausführung muss kognitive, affektive und pragmatische Dimensionen umfassen, kommunikativ und kooperativ erfolgen, die SchülerInnen angehen und sie herausfordern.

(4) *Präsentation und Auswertung:* Die erarbeiteten Ergebnisse (Produkte) sind in angemessener Weise festzuhalten und öffentlich zu präsentieren (etwa mittels einer Ausstellung, Gestaltung z.B. eines Schulgartens oder von Vogelkästen etc., Vorführung z.B. eines Theaterstückes, Dokumentation z.B. von Gegenständen in einer Kirche usw.). Sodann sind die Ergebnisse von der Lerngruppe auch kritisch anzusehen: Was konnte realisiert werden, was nicht? Wer hat wie mitgearbeitet? Eine offene Auswertungsrunde in Form eines Feedbacks für alle Beteiligten sollte am Ende stehen.

3. Sinn und Möglichkeiten projektorientierten Arbeitens im Religionsunterricht

Generell sollen in der Grundschule bei den SchülerInnen

- differenziertes Erleben, Wahrnehmen und Denken gefördert,
- soziales Lernen ermöglicht und
- schöpferische Kräfte sowie Freude am Gestalten geweckt werden.

Für die Realisierung dieser Aufgaben, an der natürlich auch der Religionsunterricht partizipiert, schaffen Projektunterricht und projektorientiertes Arbeiten sehr gute Voraussetzungen. Gibt es darüber hinaus noch spezielle Gründe für projektorientiertes Arbeiten im Religionsunterricht der (Grund-)Schule? Und welche Möglichkeiten zeichnen sich hier ab?

Projektorientiertes Arbeiten im Religionsunterricht?

Christliche Religion hat neben einer kognitiven und affektiven Komponente auch eine pragmatische oder Handlungskomponente. Sie schreitet hierbei gleichsam vom Kopf und dem Herzen in die bzw. zur Tat und wird konkret. Mittels Projektarbeit kann dies im Religionsunterricht exemplarisch umgesetzt und realisiert werden. Gerade weil religiöse Inhalte oft so angeeignet werden, dass SchülerInnen keine lebens- und wirklichkeitsbezogenen Erfahrungen mit dem »Lernstoff« verbinden können (s. III., Einführung), besteht demgegenüber der Vorzug projektorientierten Arbeitens im Religionsunterricht im *Erfahrungslernen* mit und an Religion, was etwas anderes ist als *Stofflernen*. Schließlich werden im Projektunterricht, wenn man ihn nicht bloß als Methode, sondern als einen eigenständigen didaktischen Ansatz im Sinne der Subjektorientierung versteht, die (religiösen) Erfahrungen der SchülerInnen konstitutiv wichtig (s. I., Einführung und I.7), weswegen SchülerInnen »mit ihren Erfahrungen und Kompetenzen in die Gestaltung des Lernprozesses einbezogen« werden (Konukiewitz/Meyer 2002, 513) – dies aber entspricht voll den Einsichten neuerer Religionspädagogik zur Subjektorientierung religiöser Lernprozesse. Von daher sind Projektunterricht und projektorientiertes Arbeiten im Religionsunterricht erziehungswissenschaftlich, theologisch und religionsdidaktisch begründet und sinnvoll.

Projektunterricht schon im Religionsunterricht der Grundschule?

Projektunterricht im strengen Sinne, der im hohen Maße Selbsttätigkeit und Eigenverantwortlichkeit aufseiten der Lernenden voraussetzt, ist in der Grundschule und im Grundschulreligionsunterricht in voller Konsequenz normalerweise nicht möglich. Deswegen sprechen Grundschullehrpläne von projektartigem Arbeiten oder projektorientiertem Unterricht. Dieses hat sich zweifelsohne in der Grundschule mehrheitlich bewährt und als sinnvoll erwiesen, was mit den *Kindern* und der »Sache« *Religion* zu tun hat: Gerade *Grundschulkinder* lieben, wie zahlreiche empirische Untersuchungen zum Grundschulreligionsunterricht erwiesen haben, einen Religionsunterricht, in dem sie aktiv, selbstständig und selbsttätig sein und gemeinsam handeln können (vgl. Bucher 2000a, 28; Englert/Güth 1999; Lück 2002; s. I.6 und I.8). Auch von der *»Sache«* her bieten sich viele Inhalte des Grundschulreligionsunterrichts zu projektartigem Arbeiten, Gestalten und Begehen geradezu an.

Möglichkeiten

Es tut sich eine ganze Reihe von *Möglichkeiten und Gelegenheiten* auf. In den meisten Fachlehrplänen sowohl für den evangelischen als auch den katholischen Religionsunterricht finden sich eigens vermerkt zahlreiche Konkretionen, Anregungen und Vorschläge in der Regel für jede Jahrgangsstufe:
In der *1. Klasse* können die Kinder ein »Ich-Buch« (»Das bin ich«) anlegen (vgl. Mendl 2003), ein Klassenbilderbuch zu Weihnachten miteinander herstellen, eine

(Hirten-)Weihnachtsfeier gestalten; sie können miteinander eine »Präsentation« zum Thema »Wir sind Kinder einer Erde« vorbereiten und durchführen. In der *2. Klasse* lässt sich projektartiges Arbeiten beispielsweise so realisieren: Wir gestalten und pflegen unseren Schulgarten oder unser Klassenzimmer; wir organisieren und feiern ein Schöpfungsfest oder ein Regenbogenfest; wir gestalten ein Ritual, eine Feierstunde (s. II.8); wir bauen eine »Rettungsarche« für Tiere, Pflanzen, Menschen. SchülerInnen der *3. Klasse* könnten ein »Spurenbuch« anlegen: »Spuren von Menschen und Ereignissen in meinem Leben«; sie könnten zu »Streiten und Versöhnen« ein Theaterstück vorbereiten und aufführen oder ein Versöhnungsfest oder ein Segensfest gestalten. Kinder der *4. Klasse* können eine Ausstellung zu »Einsamkeit und Angst erfahren – Trost und Hoffnung finden« erarbeiten, eine Patenschaft (für Kindergarten, Sozialstation, Altenheim) übernehmen und gestalten, ein Begegnungsfest der Kulturen und Religionen vor Ort machen; sie können den Sonnengesang des Franziskus von Assisi projektartig gestalten oder etwa ein Klassenbuch zum Thema »Evangelisch – Katholisch« anlegen.

Chancen, Anforderungen und Schwierigkeiten

Projektartiges Arbeiten in der Grundschule kann sich zum einen im jeweiligen Fachunterricht Evangelische bzw. Katholische Religionslehre, zum anderen auch im Verbund mit anderen Fächern, also fächerverbindend vollziehen (s. I.5). In beiden Fällen sind der Zugewinn und die *Positiva* solchen Unterrichts beachtlich: Hier wird erlebnis-, erfahrungs- und sinnenintensiv an praktischen (Problem-)Projekten gearbeitet, dazu sozialintegrierend und gemeinschaftsfördernd. Die hohen *Anforderungen* sind dabei freilich genauso wenig zu übersehen wie die Schwierigkeiten. Ob im Fachunterricht oder im fächerverbindenden Lernen, das projektartige Arbeiten stellt nicht zu unterschätzende *Anforderungen* an alle Beteiligten, die Lehrkraft bzw. die Lehrkräfte (im fächerverbindenden Arbeiten!) ebenso wie die SchülerInnen, sei es hinsichtlich Kooperation und Kooperationsbereitschaft – vor allem in fächerübergreifenden Arbeiten –, Kenntnis der anderen Fachlehrpläne, Absprachen und Abstimmungen usw. Gelingt dies in den Jahrgangsstufen 1 und 2 im Rahmen des grundlegenden Unterrichts noch eher, so wird es – aus unterschiedlichen Gründen – in den Jahrgangsstufen 3 und 4 erheblich schwieriger (vgl. Heilmeier/Gandlau 2002, 141). An *Schwierigkeiten* sind namentlich zu nennen: Selbstständiges Arbeiten kann Kinder ebenso überfordern wie die dafür notwendige Eigeninitiative; die Arbeitsverteilung kann ungleich und ungerecht ausfallen; nicht wenige haben Vorbehalte gegenüber praktischem

Tun und präferieren »Kopfarbeit«; es fallen bei Projekten häufig (Mehr-)Kosten an (vgl. Reents 2002, 78f). Wenn diese Schwierigkeiten aber schon vorab bei der Planung bedacht werden, erweisen sie sich in vielen Fällen als überwindbar.

Zusammenfassung:

Projektunterricht ist ein wichtiges didaktisches Konzept, das die Selbstständigkeit und Eigentätigkeit der SchülerInnen fördern will. Sein Ziel ist, dass SchülerInnen über den bloßen Wissenserwerb hinaus eigene Erfahrungen mit den Lerngegenständen machen können. Da der Religionsunterricht den Menschen als ganzen im Blick haben sollte, hat projektartiges Lernen für ihn eine herausragende Bedeutung, weil es nicht nur kognitive, sondern auch affektive und pragmatische Komponenten beinhaltet. Auch von den zu behandelnden Themen und der Disposition der SchülerInnen her bietet es sich schon für den Religionsunterricht der Grundschule an. Die häufig von Lehrkräften als schwierig empfundene methodische Umsetzung wird erleichtert, wenn man bei der Planung und Organisation bestimmten Arbeitsschritten folgt. Die erhöhten Anforderungen, die der Projektunterricht dennoch stellt, werden legitimiert durch Positiva wie die hohe Erlebnis-, Erfahrungs- und Sinnendichte solchen Unterrichts und seine Leistungen in Bezug auf die Klassengemeinschaft.

Lesehinweis:

Gudjons, Herbert (1992): Handlungsorientiert lehren und lernen. Schüleraktivierung, Selbsttätigkeit, Projektarbeit. 3. Aufl. Bad Heilbrunn.

Konukiewitz, Wolfgang/Meyer, Hilbert (2002): Handlungsorientiertes Lernen und Projektarbeit. In: Bitter, Gottfried u.a. (Hg.): Neues Handbuch religionspädagogischer Grundbegriffe. München, 511–514.

Reents, Christine (2002): Projektunterricht. In: Adam, Gottfried/Lachmann, Rainer (Hg.): Methodisches Kompendium für den Religionsunterricht 1. Basisband. 4. Aufl. Göttingen, 72–80.

III.12 Aller Anfang ist schwer – Religion im Anfangsunterricht

Georg Hilger

»Wenn Kinder ins erste Schuljahr kommen, sind sie zwar ähnlich modisch gekleidet und haben neue Schulsachen. Doch schon ein möglicher Altersunterschied von nur einem Jahr ist für Sechs- bis Siebenjährige nicht wenig. Selbst wenn sie im Einzugsgebiet einer Grundschule relativ nahe beieinander wohnen, kommen sie aus unterschiedlichem Milieu. Manche haben viel Zuwendung erfahren, gelegentlich fast zu viel. Andere kennen Entbehrungen und leiden unter Trennungsängsten. Einige leben mit einer allein erziehenden Mutter oder nur mit ihrem Vater zusammen, andere werden in Kleinfamilien oder manchmal auch im größeren Geschwisterkreis groß. Je nach dem Einzugsgebiet der Schule sind auch Heimkinder dabei. Manche sind die ständige Aufmerksamkeit Erwachsener gewohnt; andere sind es nicht gewohnt, mit Gleichaltrigen auszukommen. Vielfach ist der Tageslauf vom Fernsehen mitbestimmt: Täglich konsumieren sie stumm und alleine gelegentlich drei bis vier Stunden hintereinander das, was das Programm zu bieten hat.« Das sind nur einige der Merkmale, mit denen Christine Reents (1986, 42) die unterschiedliche Ausgangslage der Kinder zu Schulbeginn skizziert. Es fällt in dieser Situation des Anfangs noch mehr Heterogenität ins Auge: die unterschiedlichen Erziehungsstile, durch die die Kinder geprägt sind; das unterschiedliche Selbstbewusstsein, mit dem Kinder in einer Schulklasse auftreten; die Unterschiede im Hinblick auf die religiöse und die kirchliche Sozialisation durch das Elternhaus, den Kindergarten und das soziale Umfeld. Kinder begegnen den Lehrkräften als Jungen oder als Mädchen und sind durch ihre Geschlechterrollen geprägt und das wiederum auf unterschiedliche Weise. Lehrkräfte müssen in der ersten Schulwoche damit rechnen, dass nicht alle Kinder wissen, ob sie getauft sind oder welcher Konfession sie angehören. In gewisser Weise zeigt sich jedes Kind somit in vielerlei Hinsicht als Sonderfall (s. I.1; I.6). Jedes Kind ist in seiner Eigenart wahrzunehmen. Folgende Fragen können dabei helfen (vgl. Naurath 2004, 36): Welche Erfahrungen bringen die Kinder mit? Wie drücken sie sich und ihre Empfindungen aus? Was können sie hören und worauf achten sie? Welche religiösen und kirchlichen Voraussetzungen und Erfahrungen bringen sie mit? Wel-

che Geschichten kennen und lieben sie? Welche Gewohnheiten haben sie? Mit der Heterogenität müssen LehrerInnen zurechtkommen und dem Anspruch des Kindes auf Berücksichtigung seiner Ausgangslage durch individualisierte und differenzierende Lernangebote Rechnung tragen. Den Kindern sollten darum von Schulbeginn an verschiedene Lernzeiten und Lernmaterialien zugestanden werden, beispielsweise in Phasen der Freiarbeit, die freilich durch Lernsituationen zu ergänzen sind, in denen bewusst das Miteinander inszeniert, institutionalisiert und ritualisiert wird (vgl. Fölling-Albers/Wopp 1990, 116).
In diesem Kapitel können nur einige Fragen des für die weitere schulische Lerngeschichte so wichtigen Schulanfangs bedacht werden: Was zeichnet einen Schulanfang in einer kindgerechten Grundschule aus (1)? Wie können sich Kinder Anfangsrituale aneignen, die ihnen ein Signal für die Besonderheit des Faches Religionsunterricht sind (2)? Soll Religion in der Anfangsphase integrativ oder fachspezifisch, konfessionsübergreifend oder mit konfessionellem Profil unterrichtet werden (3)?

1. Schulanfang in einer kindgerechten Grundschule – einige Hinweise

Für Kinder bedeutet Schulanfang, sich im Schulsystem orientieren zu müssen, sowohl in personeller, zeitlicher, räumlicher Hinsicht als auch im Hinblick auf die für sie neuen schulischen Inhalte. Kinder brauchen dabei viel Zeit, sich an das für sie neue System und an die neuen Formen des Miteinanderlernens zu gewöhnen, bis sie sich in der Schule in ihrer neuen Rolle als SchülerInnen geborgen fühlen. Dies fordert dazu heraus, am Schulanfang *gute Bedingungen für eine kindgerechte Grundschule* zu schaffen, eine Schule also, die den Kindern gerecht wird, und konflikthaltige Übergangsprobleme zu vermeiden, damit die Kinder sich ihre Freude auf die Schule erhalten und selbst zum Gelingen ihres Schulanfangs beitragen (vgl. Faust-Siehl u.a. 1996, 139). Die meisten Kinder wollen ja etwas Neues in der Schule lernen und Entdeckungen machen, so unterschiedlich ihre Ausgangslagen auch sind. Sie sind offen für Neues und bereit, sich persönlich mit ihrem Leben und ihrem Wissen und Können in den Unterricht einzubringen, wenn sie sich emotional aufgehoben fühlen. Dies gilt auch für das religiöse Lernen, selbst dann, wenn Kinder nicht christlich-religiös erzogen wurden und nicht im kirchlichen Leben beheimatet sind. Darum ist der behutsamen und kindgerechten Erstinformation und Erstbegegnung mit Erscheinungsformen von Glauben und Religion im Anfangsunterricht viel Zeit einzu-

räumen. Viele Kinder hören hier vielleicht zum ersten Mal von Gott und Jesus (vgl. DBK 1998, 88). Auch solchen Kindern ist zu vermitteln, dass sie angenommen sind mit dem, was sie in den Religionsunterricht an Fragen, Wissen, Erfahrungen und Können mitbringen. Alle Kinder sollen die ermutigende Erfahrung machen, dass sie Wichtiges in den Unterricht einbringen. Jedem Kind soll im Interesse seines Selbstwertgefühls, das für die Identitätsbildung und für das Selbstkonzept, die Einstellung gegenüber sich selbst, so wichtig ist, zu Schulanfang soziale Akzeptanz, eine positive Einstellung zu den Lerngegenständen und Erfolge ermöglicht werden (vgl. Hacker 1999, 69). Dazu gehört die Chance, selbst aktiv zu sein, seine Kompetenzen zu erweitern, Entscheidungen zu treffen, Verantwortung zu übernehmen und seinen Gefühlen Ausdruck geben zu können (vgl. Speck-Hamdan 1991, 29).
Viel Zeit brauchen die Kinder ferner beim Übergang von einem mehr spielerischen zu einem stärker aufgabenbezogenen Lernen, welches das Lernen im Spiel (s. III.7) im Laufe der Grundschulzeit zwar nicht ersetzt, doch zunehmend ergänzt. Darum sind gerade in der Anfangssituation die vielfältigen Formen des ästhetischen Ausdrucks (s. I.2) in Tanz und Bewegung (s. III.6), in der Musik (s. III.5), im Spiel (s. III.7) und im bildnerischen Gestalten (s. I.8) bewusst zu pflegen.
Neben (evtl. festen) Zeiten für das Spiel und für Stilleübungen (s. III.2) im Wochenrhythmus ist die *Rhythmisierung des Schultages* (z.B. durch den Morgenkreis, eine erste gemeinsame Arbeitsphase oder Freiarbeitsphase, das gemeinsame Frühstück, eine zweite gemeinsame Arbeitsphase und einen bewusst gestalteten Ausklang) für die Kinder ein orientierender und verlässlicher Rahmen für den Schulanfang, mit all den neuen Erwartungen und Anforderungen. Es sollten flexible, aber stabile und verlässliche Rahmenbedingungen sein, an denen sich die Kinder orientieren können (vgl. Fölling-Albers/Wopp 1990, 14–16).
Schon am ersten Schultag stellt sich die Frage, wie Lehrkräfte darauf reagieren sollen, *wenn Jungen und Mädchen bei Gruppenbildungen unter sich bleiben wollen*? Soll man gegen ihren Willen Koedukation bei der Bildung von Tischgruppen erzwingen? Man wird damit rechnen müssen, dass sich schon am Schulanfang Jungen und Mädchen nicht nur in ihrem Sozialverhalten unterscheiden, sondern dass sich die beiden Geschlechter von Schulbeginn an voneinander abgrenzen (vgl. Petillon 1993, 174f). Diese geschlechterhomogene Orientierung bei Mädchen und bei Jungen ist bei der Wahl der sozialen Kontakte innerhalb einer Schulklasse, bei der Zusammensetzung von geschlechterheterogenen Tischgruppen zu respektieren. »Das Oktroy einer geschlechterhomogenen Sitzregel ist problematisch, weil es den Mädchen und Jungen keine Chance einräumt, ihre sozialen Kontakte in freier Entscheidung und Selbstbestimmung zu wählen und zu erproben« (Röhner/Thies 2001, 79). Für die Persönlichkeitsentwicklung ist es wichtig, dass

Mädchen und Jungen auf der Basis von Gleichheit Differenz entfalten können. Die empirisch feststellbaren Differenzen im Erleben, Wahrnehmen, Denken und Handeln bei Jungen und Mädchen sind auch bei den Unterrichtsinhalten, -materialien und Arbeitsweisen zu berücksichtigen. Charlotte Röhner und Wiltrud Thies plädieren für das Prinzip einer »egalitären Differenz«, das auch im Hinblick auf diese didaktischen Entscheidungen beiden Geschlechtern gleiche Anteile an Raum, Zeit und Aufmerksamkeit gibt. Dabei können sich die stärker »weiblich« favorisierten Themenbereiche (fürsorgeorientierte Beziehungen zwischen den Menschen und zur Natur) und »männliche« (stärker sachlich-orientierte und distanziertere) Wahrnehmungen und Aneignungsmuster der sozialen und sachlichen Umwelt gegenseitig bereichern (ebd).

2. Rituale in der Anfangssituation des Religionsunterrichts

Sorgsam eingeführte und wiederkehrende Rituale machen den Kindern die neue Situation des Schulanfangs durchschaubar und vermitteln Sicherheiten (s. II.8). Regeln und Rituale helfen, dass die Kinder Beziehungen untereinander und zu den Lehrkräften knüpfen lernen und ihre neue Rolle als SchülerInnen erkunden können. Dazu gehören unter anderem ein Unterrichtsauftakt-Ritual, vielleicht durch ein Klangzeichen (Klangschale, Triangel, Glöckchen), ein Morgengrußritual (verbal oder durch ein Lied), ein Einstiegsritual für den Religionsunterricht (Lied, Gebet, Stilleübung), ein Unterrichtsschlussritual (Rückblick auf den Unterrichtstag, ein Gruß, ein Segen, ein Text: vgl. Frank 2000, 7–11).

Beispiel für die Einführung eines Anfangsrituals

Anne Klaaßen (2001) beschreibt, wie sie als Fachlehrerin in ihrer »ersten Lerneinheit« zu Beginn eines 1. Schuljahres ein Anfangsritual für den Religionsunterricht einführt: Sie bringt »Namensbänder« mit (also für jedes Kind ein vorbereiteter Stoffstreifen mit seinem Namen), durch die sie die Kinder und die Kinder untereinander die Namen kennen und achten lernen. Die Kinder lernen einen Stuhlkreis zu bilden. In dessen Mitte steht zunächst ein gedecktes Tischchen mit einem Blumenstrauß und einer Kerze. Die Lehrerin bringt ihre Namensbänder in diesen Kreis. »Ich heiße Frau Klaaßen und kenne schon ... Anja.« Sie versucht die Bänder an die Kinder auszuteilen und lässt sich dabei von den Kindern helfen. Das aufgerufene Kind nimmt den Satz auf, nennt zuerst seinen Namen und ruft ein ihm bekanntes Kind auf. Nach einer Weile führt die Lehrerin eine Variante ein: »Wer an der Reihe war, legt sein Band wie einen Sonnenstrahl an die Mitte.« Aus den Bändern wird dann ein Kreis gebildet mit folgenden Anweisungen: »Nacheinander nimmt jedes Kind – leise, immer nur ein Kind allein – mit seiner rechten Hand ein Ende seines Bandes, es bleibt vor seinem Stuhl stehen und hält es hoch – so wie ich es vormache.« Nachdem die Lehrerin es vorgemacht hat, fordert sie das Kind neben sich auf weiterzumachen, bis alle Kinder in der Runde ihr Band mit der rechten Hand hochhalten. Es folgt die nächste Anweisung: »Mit der freien Hand fasse ich das herunterhängende Ende vom Band des Kindes links neben mir.« Das Greifen nach dem anderen Band geht reihum. Dann führen alle die eigenen Hände vor dem Körper zusammen und halten die Bänder als Verbindung dazwischen. Wenn alle verbunden sind, wird mehrmals folgender Vers rhythmisch gesprochen: »Seht auf das Band, und nehmt es alle in die Hand. Gott lädt uns ein, bleibt nicht allein!« Nach einer Weile des Haltens legen die Kinder die Bänder wieder in die Mitte. Die Lehrerin spricht mit den Kindern über den Vers und darüber, dass man im Religionsunterricht an Gott denkt, und zündet als Zeichen dafür die mitgebrachte Kerze an. Danach wird der Vers wiederholt, schließlich gesungen. Gegen Ende der Einheit bilden die Kinder wieder mit den Bändern einen Kreis und singen den vertrauten Vers. Dann werden die Bänder abgelegt und der Sitzkreis aufgelöst. In den folgenden Wochen wird das eingeführte Ritual wiederholt und variiert, etwa dadurch, dass jedes Kind ein zusammengerolltes Band zieht, den Namen mithilfe der Lehrerin zu entziffern versucht, es verteilt, bis wieder ein Kreis gebildet werden kann. So können die Kinder den Beginn einer Religionsstunde deutlich erkennen. Klaaßen berichtet davon, dass die Kinder jede Änderung des Rituals bemerken, vor allem wenn sie etwas vergisst. Das Anfangsritual der ersten Schulwochen war den Kindern wichtig geworden, sodass sie sich auch später immer wieder einmal »das mit den Bändern« wünschten.

Viel Zeit, die sich später auszahlt, ist auch den Ritualen des unterrichtlichen Umgangs und des Lernens einzuräumen, so z.B. der Raumgestaltung (einen Sitzkreis bilden), dem Sich-Melden, dem Zuhören, wenn jemand anderes spricht, etwas erzählt oder vorliest, dem Umgang mit einer Hausaufgabenmappe, den Diensten in der Klasse etc.

3. Religion am Anfang: fachübergreifend oder fachspezifisch, konfessionsübergreifend oder konfessionsspezifisch?

Wie ist in der Anfangssituation damit umzugehen, dass in der Stundentafel ein katholischer und ein evangelischer Religionsunterricht mit einem bestimmten Zeitdeputat vorgesehen ist? Sollen die Kinder gleich zu Beginn der Schulzeit für den Fachunterricht nach Konfessionen getrennt werden oder soll dieser erst nach einer bestimmten Zeit beginnen, damit sie sich in der neuen Klassengemeinschaft zuerst einmal einleben? Die Frage lässt sich über den konfessionellen Fachunterricht hinaus ausweiten: Soll Religion in der Anfangsphase integrativ als Teil der Schulkultur (s. I.5) fächerverbindend und situativ, oder soll er fachspezifisch als eigenes Phänomen erkannt und bearbeitet werden?

Es spricht viel dafür, Religion als Fachunterricht prinzipiell zu erhalten, gleichzeitig aber auch ihn als wichtigen Baustein für fächerverbindendes, situatives oder projektartiges Lernen anzuerkennen (s. I.3). Darum sollten auch Lehrkräfte, die das Fach Religion nicht unterrichten, in der Lage und bereit sein, auf religiöse Themen einzugehen, welche die Kinder spontan hervorbringen, oder fähig sein, den Aspekt Religion in einem fächerverbindenden Lernen, bei projektartigen Aktivitäten (s. III.11) bzw. in Phasen der Freiarbeit (s. III.10) zu integrieren. Dies gilt auch für einen rhythmisierten Schulvormittag. Religion sollte bei einem offenen morgendlichen Anfang nicht aus informellen Gesprächen ausgeblendet werden, und Kinder sollten in offenen Anfangsphasen neben anderen Lernmaterialien auch Bücher mit religiösen Inhalten vorfinden und auswählen können. Religion sollte ferner von Anfang an im Schulleben berücksichtigt werden (s. I.5), bei der Gestaltung des ersten Schultages, beim Morgenkreis, beim Abschluss des Unterrichtstages, beim Wochenanfang und -abschluss sowie bei Festen und Feiern (vgl. Freudenberger-Lötz 2002b, 274f; siehe auch II.8). Kinder können dann von Anfang an Religion sowohl integrativ als auch fachspezifisch wahrnehmen.

Damit ist noch nicht die heikle Frage der Trennung nach Konfessionen in einem Fachunterricht Religion beantwortet. So sinnvoll und rechtlich verbindlich ein konfessioneller Religionsunterricht ist (s. I.9), sollte schon relativ früh nach Schulbeginn, etwa nach zehn bis zwölf Wochen gemeinsamen Unterrichts im Klassenverband, den Kindern erfahrbar werden, was konfessionelle Kooperation für den Religionsunterricht bedeutet. Dazu tragen beispielsweise gemeinsame Unterrichtsphasen mit – je nach Thema – wechselnden Lehrkräften und ökumenische Schulgottesdienste bei. Gemeinsame und nach Konfession bzw. Religion getrennte Unterrichtsphasen wechseln sich bei einem konfessionell-kooperativen Religionsunterricht ab. Über den Rhythmus dieser unterschiedlichen Phasen entscheiden die Absprachen und Gegebenheiten vor Ort. Zu den Ergebnissen eines wissenschaftlich begleiteten Schulversuches in Tübingen gehört, dass ein konfessionell-kooperativer Religionsunterricht für die Lehrenden anspruchsvoll ist, von den Kindern als interessant und abwechslungsreich angesehen wird und keinesfalls zu einer konfessionellen Nivellierung führt (vgl. Schweitzer/Biesinger 2002; Freudenberger-Lötz 2002b, 284–288). Von den Lehrkräften verlangt ein solcher Unterricht, dass sie sich sowohl ihres eigenen konfessionellen Profils bewusst sind, ihre konfessionellen Besonderheiten, als auch die Denkweisen, Traditionen, Bräuche und Frömmigkeitsformen der andern Konfession kennen und diesen mit Achtung begegnen (vgl. Kuhl/Lögering u.a. 2001, 181). Nur so kann erreicht werden, dass ein konfessionell-kooperativer Religionsunterricht die Gemeinsamkeiten stärkt und den Unterschieden gerecht wird (vgl. Schweitzer/Biesinger 2002; Fischer/Holzmüller 2004, 4), weil ökumenische Verständigung und konfessionelle Identität wechselseitig aufeinander angewiesen sind.

Dietlind Fischer und Reinhild Holzmüller (2004, 4f) schlagen für die ersten zehn Wochen einen Unterricht für die gesamte Klasse vor, der von der evangelischen oder der katholischen Lehrkraft erteilt wird. Dabei könnten Themen wie Fragen nach dem Zusammenleben mit anderen, nach Alleinsein und Freundschaften, nach Hoffnung und Dankbarkeit im Mittelpunkt stehen. Gemeinsam sollten erste Rituale eingeübt werden: Wahrnehmungsübungen, Stilleübungen, Achtsamkeit und Aufmerksamkeit. Gemeinsam könnten die evangelische und katholische Lehrkraft mit der Klasse die jeweiligen Kirchengemeinden vor Ort erkunden, wobei schon ein Gespür für die Gemeinsamkeiten und Unterschiede entwickelt wird und die Kinder ein erstes Interesse für konfessionelle Prägungen entwickeln und diese mit ihrer eigenen Herkunft verbinden können.

Eine genaue Zeitangabe für den Beginn des Fachunterrichts in Religion und des konfessionellen Religionsunterrichts kann nur situativ und ortsbedingt festgelegt werden. Manche Schulen beginnen mit einem nach Konfessionen getrennten Religionsunterricht schon sehr bald in den ersten Schulwochen, manche nach zehn Wochen, manche erst nach einem Jahr oder noch später. Letzteres trifft man dort an, wo es wegen der geringen Schülerzahl nicht möglich ist, eine konfessionelle Lerngruppe zusammenzustellen. In solchen Fällen empfiehlt es sich, im Einvernehmen mit den Kirchen und den Eltern, den Religionsunterricht für Schülerinnen und Schüler anderer christlicher Bekenntnisse zu öffnen, bevor Religionsunterricht ausfällt oder Lerngruppen aus mehr als zwei Jahrgängen zusammengestellt werden. Auf eine entsprechende Regelung haben sich beispielsweise die evangelischen Landeskirchen und die katholischen (Erz-)Bistümer im Land Nordrhein-Westfalen geeinigt (vgl. Fischer 2001a, 177f).

Zusammenfassung:

Eine besondere Herausforderung des Schulanfangs ist für die Lehrkräfte die vielfache Heterogenität der Ausgangslage der Kinder in vielerlei Hinsicht. In einer kindgerechten Grundschule haben Kinder einen Anspruch darauf, dass sie in ihrer Unterschiedlichkeit und Individualität angenommen werden, damit sie sich in ihrer neuen Rolle als SchülerInnen akzeptiert und emotional aufgehoben fühlen können. Alle Kinder sollen die ermutigende Erfahrung machen, dass sie Wichtiges in den (Religions-)Unterricht einbringen, damit sie eine positive Einstellung zu den Lerngegenständen und ein gesundes Selbstwertgefühl entwickeln können. Der Übergang von einem mehr spielenden Lernen zu einem stärker aufgabenbezogenen Lernen und die Balance zwischen diesen Tätigkeitsformen ist behutsam zu gestalten. Wichtig sind wiederkehrende Rituale, die den Kindern die neue Situation des Schulanfangs durchschaubar machen und Sicherheiten vermitteln und zu einer Rhythmisierung des Schultages und der Schulwoche beitragen. Kinder sollten nach Möglichkeit von Anfang an Religion sowohl integrativ-fächerübergreifend als Teil der Schulkultur und fachspezifisch mit eigenem Profil wahrnehmen und Erfahrungen mit konfessioneller Kooperation machen können in einem Unterricht, der in ökumenischer Offenheit die Gemeinsamkeiten stärkt und den konfessionellen Unterschieden gerecht wird.

Lesehinweis:

Frank, Elsbeth Rose (2000): Anfangsunterricht Religion. Handreichungen für die Praxis des Grundschulunterrichts. Stuttgart.

Fischer, Dietlind (Hg.) (2001a): Religion lernen in der Grundschule. Ein Lesebuch. Münster.

Themenheft (2004): »Anfangen mit Religion«. In Grundschule religion H. 6.

III.13 Wirkungsüberprüfungen – Rückmeldungen – Leistungsbeurteilung

Georg Hilger

»Die Beurteilung der Lernfortschritte der Schülerinnen und Schüler ist nicht nur ein Zugeständnis an die Regeln eines ›ordentlichen Lehrfaches‹, sondern auch eine Chance, die eigene Wirksamkeit zu überprüfen und über sie Rechenschaft abzulegen. Die Leistungsbeurteilung der zu Unterrichtenden ist eine wichtige Aufgabe und zugleich ein Dilemma« (EKD 2000, 14). Das Dilemma entsteht durch die gesellschaftlichen Leistungserwartungen an jedes Schulfach und somit auch an den Religionsunterricht, symbolisiert durch die Zeugnisnoten auf der einen Seite, und durch die ideologiekritische Infragestellung eines solchen Leistungsverständnisses durch die Theologie auf der anderen Seite: Für Christen gilt die bedingungslose Annahme des Menschen durch Gott vor aller Leistung.

Die Frage nach der Bewertung und auch Benotung von Leistungen ist im Religionsunterricht darum besonders brisant. Könnte man nicht den Religionsunterricht als Fach ohne überprüfbaren Leistungsanspruch definieren und somit auf die problematische Notengebung verzichten?

In diesem Kapitel geht es daher auch um die Frage, ob es im Religionsunterricht überhaupt möglich und sinnvoll ist, Leistungen zu bewerten. Darum wird zuerst einmal zu prüfen sein, ob und in welcher Weise »Leistung« und Leistungsüberprüfung pädagogisch (1 und 2) und religionsdidaktisch (3) relevant sind. Dabei ist unbestritten, dass Rückmeldungen zu den Lernfortschritten, ein Feedback zu Lernleistungen der Schülerinnen und Schüler und zur Effektivität des Unterrichts zum Standard eines guten Religionsunterrichts gehören. Darum werden Vorschläge gemacht, wie im Religionsunterricht mit Leistung und Wirkungen des Lernens und des Unterrichts konstruktiv umgegangen werden kann (4).

1. Was ist Leistung und wer bestimmt, was Leistung ist?

Woran können Effektivität und Lernerfolg ermittelt werden? Doch wohl an den erbrachten Leistungen! Was aber ist eine Leistung? Bei dem Versuch einer Definition zeigt sich freilich schon ein Problem mit vielen pädagogischen Implikationen: Leistung an sich gibt es nicht. Etwas kann zur Leistung werden, wenn eine bestimmte Handlung oder ein Handlungsergebnis als »Leistung« anerkannt und bewertet wird. So muss man damit rechnen, dass manche Aktivitäten keine Chancen haben, als solche honoriert zu werden, weil sie – je nach dem Wertmaßstab derjenigen, die bestimmen können, was »Leistung« ist – von ihnen nicht erwünscht sind (z.B. eine Friedensdemonstration). So ist Leistung stets das Resultat einer Be-Wertung von Handlungen und somit auf ein normatives Kriterium bezogen. Um die Anerkennung als schulische Leistung wird immer wieder gerungen zwischen gesellschaftlichen Gruppen und denen, die Einfluss darauf nehmen können. Einiges davon wird wirksam durch die expliziten Anforderungen von Lehrplänen und Richtlinien, nicht weniges durch unreflektierte Erwartungen seitens des »heimlichen Lehrplans« (hidden curriculum) oder auch von Lehrenden (vgl. Heid 1992). »Leistung« in diesem Sinne stellt sich als »objektive« von außen kommende Normerwartung an einzelne Subjekte dar und ist folglich stets daraufhin zu befragen, welchen Sinn und welchen Zweck sie hat. Vom Subjekt her kann mit Klafki Leistung als Ergebnis oder Vollzug von Tätigkeiten und Handlungen umschrieben werden, die mit Anstrengung verbunden sind, für die Gütemaßstäbe gesetzt sind oder von den betreffenden Subjekten selbst gesetzt werden (Klafki 1983, 983).

Wenn in diesem Kapitel von »Wirkungsüberprüfung« und »Leistungsbewertung« und nicht von »Leistungsmessung« gesprochen wird, dann sind in dieser Wahl der Begriffe schon normative Optionen enthalten, so z.B. eine Distanz gegenüber einer »objektiven Leistungsmessung«, für welche die Einzigartigkeit und Subjekthaftigkeit der zu »vermessenden« Personen und die Abhängigkeiten der Lernleistungen von Lerngelegenheiten keine Rolle spielen. Effektivitätsüberprüfung und Leistungsbewertung beziehen sich auf geplante Lernvorgänge und können Lernenden wie Lehrenden an erster Stelle eine transparente Rückmeldung über die Effizienz des Unterrichts und der Leistungsanstrengungen ermöglichen.

2. Vermessen oder fördern? – Leistungsbewertung im Spannungsfeld von gesellschaftlichen und pädagogischen Interessen

Was in der Schule als Leistung gefordert und verstanden wird, das hängt einmal ab vom jeweils herrschenden Bildungs- bzw. Erziehungsverständnis und zum Zweiten davon, was die Gesellschaft von der Schule erwartet. Von daher ist »Leistung« pädagogisch stets neu zu reflektieren.

Schule ist heute stark beeinflusst durch ein Verständnis von Leistung, das sich ableitet von der »Leistungsgesellschaft«: Weil Erziehung und Schule junge Menschen für das harte Leben in einer »Leistungsgesellschaft« zu qualifizieren habe und weil Schule Kinder für den Beitrag zur internationalen Wettbewerbsfähigkeit auszurüsten habe, müsse sie Leistungsschule sein (vgl. Klafki 1976, 141–176). Unter diesem ideologischen Vorzeichen werden in der schulischen Praxis nicht selten Leistungen gefordert und überprüft, die wenig geeignet sind, Leistungsbereitschaft zu fördern, und Menschen nur bedingt dazu befähigen, sich in der sog. Leistungsgesellschaft zu behaupten. Während hier im wachsenden Maße Kooperationsbereitschaft und Fantasie verlangt werden, ist das schulische Verständnis von Leistung immer noch individualistisch, wettbewerbs- und konkurrenzorientiert. Ohne ein Mindestmaß an Solidarität wird eine »Leistungsgesellschaft« nicht überleben können.

Ein pädagogisch reflektiertes Leistungsverständnis steht manchen gesellschaftlichen Leistungsanforderungen und dem damit verbundenen sozialen Druck kritisch distanziert gegenüber. Diese Distanz ist gerade dann unaufgebbar, wenn Schule den ganzen Menschen fördern will und ihre eigenen Erziehungs- und Bildungsziele ernst nimmt. Maßstab für schulische Leistung sind dann Ziele wie Mündigkeit, Selbst- und Mitbestimmungsfähigkeit und die Befähigung zu solidarischem Handeln. Leistungskriterien müssen sich auch auf die Kooperations-, Kommunikations- und Kritikfähigkeit beziehen, wie sie sich in konkreten Handlungen zeigt. Kreative und originelle Leistungen, Hilfsbereitschaft und Beiträge zur gemeinsamen Lösung eines Problems etc. in der lernenden Gruppe sind dann entsprechend zu würdigen. Nicht zuletzt hat eine kriterienbezogene und für die Schülerinnen und Schüler transparente Leistungsbeurteilung dem Lernprozess und der Selbsteinschätzung zu dienen. Rückmeldungen über die eigenen Leistungen sind wichtig und unersetzlich für eine Lernmotivation. Erfolgs- oder Misserfolgserlebnisse wirken sich auf das Selbstbewusstsein und die Erhaltung oder Steigerung der Lernmotivation aus und beeinflussen somit auch die Lernbereit-

schaft. Lernbereitschaft und Leistungsstreben setzen keineswegs Leistungsanforderungen von außen voraus. Kinder verspüren aus sich heraus das Bedürfnis, etwas zu leisten und zu können. So besteht die Aufgabe der Schule darin, zu sinnvollen Leistungen zu ermutigen bzw. sie zu provozieren. Sorgfältige Rückmeldungen zu ihren Leistungen am Ende oder auch während eines Lernabschnittes sind Ausdruck einer Wertschätzung und Be-Achtung der Leistungen von Kindern und Jugendlichen. Sie sind unverzichtbares Feedback und enthalten zusätzlich Hinweise für die Lehrenden zur Effizienz und zur Verbesserung der eigenen Unterrichtsgestaltung.
Einem solchen pädagogisch reflektierten Leistungsverständnis zugunsten der jungen Menschen kann ein ständiges Beurteilen, Maßregeln und ein Abstempeln der Schüler in gute oder schlechte entgegenstehen. Wo dies geschieht, ist Schule in der Gefahr, über einem unreflektierten Leistungsverständnis ihre eigenen Bildungsziele zu verfehlen. So steckt auch die schulische Leistungsbewertung in einem widersprüchlichen pädagogischen Dilemma: Einerseits ist ihr die Aufgabe der Zuweisung von späteren Bildungsentscheidungen (Allokation) und eine Auslese für bestimmte Bildungswege (Selektion) aufgetragen, auf der anderen Seite sollen pädagogisch sinnvolle Leistungsbeurteilungen und Feedbacks individuelle Lernprozesse stimulieren und verstärken und so der Lernmotivation dienen.

3. Vertragen sich Glaube und Leistung? Ein religionspädagogisches und theologisches Dilemma

Aus theologischen Motiven wird man sich gegen jede Ideologisierung von Leistung sowohl im gesellschaftlichen Bewusstsein, im schulischen Bildungswesen als auch im Religionsunterricht wenden müssen. Der Wert eines Menschen hängt nicht von seiner Leistung ab, sondern ergibt sich aus der Gottebenbildlichkeit eines jeden Menschen, dem Gott sein unbedingtes Ja und sein bedingungsloses Erwünschtsein zugesprochen hat, und zwar von Anfang an. Die Anerkennung einer jeden Person mit ihren je eigenen Begabungen und Neigungen, die Achtung vor ihrer Unverfügbarkeit und die Bejahung von Mitmenschlichkeit und Solidarität gehören unverzichtbar zu einem christlichen Menschenbild. Vor jeder Leistung steht die liebende Zuwendung Gottes. Von daher gilt, dass die Würde der menschlichen Person nie von ihren Leistungen abhängig gemacht werden darf. Sie eignet auch solchen Personen, die nichts leisten und leisten können. Gerade den Leistungsschwachen gilt die parteinehmende Sympathie Gottes. Hiervon Ahnungen zu ermöglichen, dürfte ein wesentliches Ziel eines theologisch begründeten Religionsunterrichts sein. Leistungen sind darum stets daraufhin zu befragen, ob sie dem Menschsein in seiner Ganzheit dienen und ein solidarisches Leben fördern.

So könnte man mit Blick auf den Religionsunterricht theologisch schlüssig begründen, sich aus dem leidigen Geschäft der Notenerteilung und damit der Auslese und der Zuteilung von Berechtigungen herauszuhalten und eine für das Lernen so wichtige Leistungsüberprüfung ausschließlich als Rückmeldung im Dienste individueller Förderung und als korrigierendes, motivierendes Feedback für die Schülerinnen und Schüler und für die eigene Unterrichtsgestaltung anzuerkennen. Religionsunterricht ist von seiner Zielsetzung her nicht auf Leistungsbeurteilung und Zeugnisnoten angewiesen, braucht sie nicht, auch wenn nicht wenige diese als unverzichtbar ansehen, weil sie auf die Möglichkeiten des Drucks bzw. sekundärer Motivierung und Disziplinierung durch Noten sowie die Gleichbehandlung des Faches im Vergleich mit anderen ordentlichen Schulfächern nicht verzichten wollen. Nach sorgfältiger Abwägung der Probleme einer Leistungskontrolle kommt Karl Ernst Nipkow zu der Empfehlung, den Religionsunterricht an allen Aufgaben der Schule, also auch an der Notengebung, teilhaben zu lassen und ihn unter die gleichen Bedingungen zu stellen wie andere Fächer auch (vgl. Nipkow 1979 und 1987b). Die spezifische Aufgabe des Religionsunterrichts innerhalb der realen Bedingungen von Schule wäre es dann, in kritisch-konstruktiver Mitverantwortung an den Aufgaben der Schule zugunsten der Schüler mitzuwirken, um die Humanisierung und Veränderung des schulischen Leistungsbegriffs zu unterstützen und mit Fantasie auf innovative Formen der Leistungsüberprüfung hinzuweisen (vgl. die vielen Vorschläge bei Jendorff 1979). Schließlich können sinnvolle Leistungen und das Wissen darum, etwas gelernt und geleistet zu haben, das Selbstwertgefühl und die Selbstständigkeit von Heranwachsenden steigern.

Dies schließt nicht aus, dass der Religionsunterricht im Interesse seiner Zielsetzungen bewusst Räume kultiviert, die frei sind von jeglicher Effektivitätsüberprüfung als Auszeiten ohne objektiv überprüfbare Lernleistungen, die den Schülern gut tun und für ihre religiöse Bildung bereichernd sind (z.B. Phasen der Stille, der Kontemplation, des Schauens, Hörens, der meditativen Sammlung; vgl. III. 2).

Die folgenden Vorschläge sind vor dem Hintergrund der dargelegten pädagogischen und religionsdidaktischen Überlegungen zu verstehen.

4. Vorschläge für die Praxis von Wirkungsüberprüfung und Leistungsbewertung

Vielfältiges und variables Feedback

Zu den klassischen Modellen der Rückmeldung von Schülerleistungen an die Lehrenden gehören schriftliche Tests oder auch mündliches Abfragen. Dabei werden oft durch eine Überbetonung von individuellen, verbalen, reproduzierenden, kognitiven und punktuell erhobenen Leistungen als Lernprodukte gegenüber Gruppenleistungen wichtige Dimensionen eines produktiven Lernens vernachlässigt wie z.B. ästhetische, psychomotorische, soziale, ferner zeitlich ausgedehntere und prozessbezogene Leistungen. Im Sinne einer produktiven und motivierenden Lernkultur und eines Lernens mit allen Sinnen (s. I.2) gilt es, vielfältigere Formen der Leistungsrückmeldung zu pflegen: z.B. im Blick auf soziale, nonverbale, ikonische, symbolische, praktische und prozessbezogene Leistungen. Rückmeldungen sollen nicht nur zurückschauen und bewerten, sondern auch Anregungen für das zukünftige Lernen enthalten. Konstruktive Rückmeldungen an die SchülerInnen durch die Lehrenden sind im Sinne eines Feedback wichtiger Teil des Unterrichts und darum nicht auf Sondersituationen abzuschieben. Sie bedürfen einer Dialogform, die sich nicht zufrieden gibt mit der Bekanntgabe einer Note.

Lernergebnisse präsentieren und ihnen Gestalt geben

Ein konstruktives Verständnis von Leistungsrückmeldung wird auch immer weniger auf die alten Mittel einer bloßen Abfragerei zurückgreifen, sondern danach suchen, wie Lernergebnisse der Lerngruppe oder der Schulgemeinde präsentiert werden können und so präsent werden. Damit können Lernergebnisse wieder zu neuem Lernen anregen und Schüler anleiten, sich als Subjekte einer Lerngemeinschaft zu begreifen. In ihren Präsentationen können die Akteure verschiedene Medien ausprobieren – von der eigenen Erzählung, dem darstellenden Spiel, der sorgfältigen Gestaltung des eigenen Religionsheftes oder eines gemeinsamen Wandfrieses mit Texten und Bildern bis zum Gruppen- bzw. Klassentagebuch – und so Erfahrungen mit der Vielfalt ästhetischer Ausdrucksmittel sammeln. Präsentationen können zeigen, wie intensiv die Lernenden die Lerngegenstände wirklich bearbeitet haben, über welche Kommunikations- und Gestaltungsfähigkeit sie verfügen und inwieweit sie fähig sind, sich als Subjekte des Lernens in den gemeinsamen Lernprozess einzubringen. So können Präsentationen in ästhetischer Praxis oder in Formen sozialen Handelns Wahrgenommenes und Reflektiertes zum Ausdruck bringen, und nicht zuletzt können dabei die Lernenden in ihrem Selbstbewusstsein gestärkt werden. Zu berücksichtigen ist, dass zur Präsentation das abschließende Bewertungsgespräch gehört. Bei einer evtl. Benotung müssten sowohl der inhaltliche Gehalt als auch die Präsentationsform bewertet werden (vgl. Kossik 1999, 43–47).

Differenzierung bei Leistungsnachweisen und Methodenvielfalt

Im Hinblick auf die Heterogenität der Schülerschaft sollte eine Vielzahl von Leistungskriterien und -nachweisen ermöglicht werden, damit auch verbal- oder rechtschreibschwächere Kinder über den bildnerischen Ausdruck oder über praktische Aufgaben sich selbst und den anderen nachweisen können, was sie verarbeitet haben. Jede Prüfungsmodalität bevorzugt oder benachteiligt bestimmte Schülerinnen und Schüler. Es spräche nichts dagegen, dass sie aus unterschiedlichen Aufgabenkombinationen mit unterschiedlichen Niveaus und Ausdrucksformen auswählen können oder bewusst nach einer Abwechslung der Prüfungsformen suchen. Natürlich muss die jeweilige Aufgabenform mit den im Unterricht verwendeten Methoden in Beziehung stehen. Man kann nicht in einer Überprüfungssituation plötzlich Aktivitäten verlangen, welche im Unterricht bislang überhaupt keine Rolle gespielt haben. So spiegelt sich in der Rückmelde- und Überprüfungspraxis die Methodenvielfalt des Unterrichts wider. Gerade der Religionsunterricht kennt ja – wie in diesem Buch hoffentlich deutlich wird (s. Teil III) – eine Vielzahl von Aneignungs- und Ausdrucksformen, und er hat das Privileg, im Hinblick auf eine Leistungsbewertung wenig normiert zu sein. Das bedeutet, dass grundsätzlich möglichst alle Lernenden Erfolge erzielen können.

Kriterien für erfolgreiches Lernen bedenken

Anzustreben ist mit zunehmendem Alter der Lernenden ein reflexiver und kommunikativer Umgang mit der Bewertung von Leistungen. Transparenz sensibilisiert die Lernenden für ihren Lernprozess und fördert deren Selbsteinschätzung. Wirkungsüberprüfung und Leistungsbewertung sind somit kein exklusives Monopol von Lehrenden. Gemeinsam mit den Lernenden kann auf entwicklungsgemäße Weise darüber nachgedacht werden, was als erfolgreiches Lernen anerkannt und bewertet wird. Hierbei wird nicht nur das Lernprodukt, sondern auch der Lernprozess bedacht.

Eine Konsequenz aus den bisherigen Überlegungen ist es, Kinder behutsam und zunehmend in die Bewertung ihrer Leistungen einzubeziehen. Dies fördert die Selbstwahrnehmung der Lernenden und bereichert die Leistungswahrnehmung der Lehrenden. Wer die Lernenden zu selbsttätigem Lernen befähigen will, muss ihre Fähigkeit zur Selbstbeurteilung fördern. Dem dient es, wenn in Unterrichtssituationen gelegentlich auch die Kriterien der Bewertung thematisiert und bedacht werden. Kommunikation über Leistung muss kultiviert und gelernt werden und setzt ein Vertrauensklima einmal zwischen Lehrenden und SchülerInnen und dann auch zwischen den SchülerInnen untereinander voraus (vgl. Winter 1996). Dies stellt die entscheidende Frage nach transparenten Kriterien für ein erfolgreiches Lernen im Religionsunterricht, die einem weiten und vieldimensionalen Verständnis von religiösem Lernen gerecht werden und den Lehrenden helfen können, die Lernprozesse der Kinder zu beobachten, anzuregen und ggf. mit ihnen zu bedenken.

5. Wonach beobachten und bewerten? Die Frage der religionsdidaktischen Kriterien

Im Austausch mit evangelischen und katholischen Lehrerinnen und Lehrern an Grundschulen hat Rainer Oberthür nach Bewertungskriterien gesucht, die auf wichtige religiöse Kompetenzen und Ziele des Religionsunterrichts bezogen sind und den Lehrkräften Anregungen geben wollen, z.B. für das Schreiben eines Berichtszeugnisses (vgl. Oberthür 2001, 12). Er lässt sich dabei u.a. von den von Kirche und Staat formulierten Vorgaben und Orientierungen in Richtlinien und Lehrplänen leiten, so z.B. von der Zielformulierung im »Grundlagenplan für den katholischen Religionsunterricht in der Grundschule« (1998, s. I.4), wo das Bild eines Religionsunterrichts entworfen ist, der sich der Aufgabe stellt, den religiösen Weg der Kinder zu begleiten, und ihre »religiöse Wahrnehmungs-, Gestaltungs- und Urteilsfähigkeit« (ebd. 19) zum Ziel hat. Die hier genannten Kriterien wollen an erster Stelle eine Hilfe für die entwicklungsbezogene und individuelle Wahrnehmung der Lernleistungen von Kindern sein. Sie können aber auch die Lehrerinnen und Lehrer anregen und auffordern, sich der eigenen Zielsetzung und Konzeption des Religionsunterrichts zu vergewissern und diese auf evtl. Einseitigkeiten hin zu »überprüfen« im Sinne einer Selbstevaluation.

Zielsetzungen und Bewertungskriterien für den Religionsunterricht (nach R. Oberthür 2001)

Das Kind ist bereit und fähig,

- seine Fragen nach dem Woher, Wozu und Wohin des Lebens und seine Sichtweisen dazu in Wort oder Bild zu äußern (*Fragekompetenz*);

- sich, sein Leben, das Leben anderer und die Welt mit allen Sinnen wahrzunehmen und seine Erfahrungen anderen gegenüber zum Ausdruck zu bringen *(Wahrnehmungskompetenz)*;
- sich auf Texte, Bilder und Musik des Religionsunterrichts einzulassen, sie zu deuten und sich auf Grundlage unterrichtlicher Impulse in eigenen Worten und Bildern zum Ausdruck zu bringen *(Gestaltungs- und Urteilskompetenz)*;
- sich an den Gesprächen, Diskussionen und Symbolhandlungen (Ritualen) des Religionsunterrichts innerlich und mit eigenen Beiträgen zu beteiligen *(kommunikative Kompetenz)*;
- grundlegende Kenntnisse und Hintergründe über Inhalt, Entstehung und Auslegung einzelner biblischer Texte zu erwerben *(bibelbezogene Kompetenz)*;
- biblische Sätze und Geschichten auf eigene Erfahrungen zu beziehen und dadurch die Bibeltexte sowie das eigene Leben neu und anders zu sehen und zu verstehen *(korrelative Kompetenz)*;
- sich mit Inhalten und Ausdrucksformen anderer Religionen auseinander zu setzen und Achtung sowie Verständnis gegenüber Menschen mit anderen Lebensdeutungen zu entwickeln *(interreligiöse Kompetenz)*;
- Probleme des Menschen und des menschlichen Miteinanders zu erkennen, Einfühlungsvermögen in den anderen zu entwickeln und sich Lösungswege vorzustellen oder sie nachzuvollziehen *(ethische Kompetenz)*;
- seine mit Gott zusammengebrachten Vorstellungen und Erfahrungen auszudrücken, sich vertraut zu machen mit den christlich-jüdischen Gottesvorstellungen und -erfahrungen und sie als Anstoß für die eigene (religiöse) Entwicklung zu begreifen *(theologische Kompetenz)*.

Einen vergleichbaren Katalog für den Schulversuch in Bayern zu »Reform der Notengebung in der Grundschule im Freistaat Bayern« haben das Religionspädagogische Zentrum der Evangelisch-Lutherischen Kirche in Bayern gemeinsam mit dem Religionspädagogischen Zentrum der Katholischen Kirche in Bayern in der Form eines »Beobachtungsbogens« als Entwurf zur Erprobung zur Diskussion gestellt. Auch hier wird der Versuch unternommen, die Kinder von – hier sechs – Kompetenzbereichen her in den Blick zu nehmen. Die Bereiche religiöser Kompetenzentwicklung sind durch Beobachtungskriterien präzisiert und erläutert. Sie wollen Anregungen für eine differenzierte Beobachtung der Lernprozesse der Kinder geben und Hilfen bei der Formulierung eines Wortgutachtens im Schulzeugnis sein.

Entwurf eines Beobachtungsbogens

Name:
Klasse:

Kompetenzen	Beispiele für beobachtbares Verhalten	Datum/ Beobachtung
Wahrnehmungskompetenz	• nimmt sich selbst und die Welt mit allen Sinnen wahr, entdeckt Staunenswertes und Wunderbares, aber auch Schwieriges und Problematisches • stellt Fragen nach sich selbst, nach der Welt, nach dem Zusammenleben, nach dem Woher und Wohin, nach Gott	
Ausdruckskompetenz	• findet Zugang zu elementaren Sprach- und Ausdrucksformen des Glaubens (Texte, Bilder, Symbole, Lieder, Gebete, Feste, Feiern) und versucht sie zu deuten • entwickelt zunehmend eigene religiöse Sprach- und Ausdrucksformen	
Urteilskompetenz	• äußert eigene Vorstellungen zu grundlegenden Fragen in Worten und Bildern • beteiligt sich mit eigenständig bedachten Beiträgen am Unterricht	
Biblisch-theologische Kompetenz	• kennt Inhalte biblisch-christlicher Überlieferung und bringt sie in Zusammenhang mit grundlegenden Fragen und Erfahrungen von Menschen • entdeckt in der Bibel und der christlichen Tradition Vertrauens- und Hoffnungskräfte sowie Denkanstöße und Herausforderungen für das Leben	
Ethische Kompetenz	• nimmt Anteil am Leben anderer, entwickelt Einfühlungsvermögen und findet Möglichkeiten, in Problemsituationen achtsam miteinander umzugehen • bedenkt christliche Wertvorstellungen und Weisungen und kennt Maßstäbe für verantwortliches Handeln	
Interreligiöse Kompetenz	• setzt sich mit exemplarischen Inhalten und Ausdrucksformen anderer Religionen auseinander • entwickelt Verständnis und Achtung gegenüber Menschen anderer Religionen und Kulturkreise	

Raum für Notizen (Sozialverhalten, Lern- und Arbeitsverhalten, päd. Maßnahmen, Kontakte mit Eltern, ...):	**Probe-arbeiten:**

Religionspädagogisches Zentrum der Ev.-Luth. Kirche in Bayern und Religionspädagogisches Zentrum der Kath. Kirche in Bayern, Stand: März 2004

Zusammenfassung:

Aus religionspädagogischer Perspektive darf der Wert eines Menschen nicht von seinen Leistungen abhängig gemacht werden. Die Unverfügbarkeit der einzelnen Person und ihre vorurteilsfreie Anerkennung stehen allein im Vordergrund. Deshalb sind Religionslehrerinnen und Religionslehrer in erster Linie Anwälte der Kinder. Sie fordern ihre Schülerinnen und Schüler zu selbstständigem Lernen heraus und unterstützen sie dabei in der Wertschätzung ihrer eigenen Leistungen. Im Hinblick auf die Leistungsüberprüfung sind die Lehrenden aufgerufen, die gesellschaftlichen wie schulischen Vorstellungen von Leistung kritisch zu reflektieren und im Unterricht in altersangemessener Weise mit den Kindern über ihre Leistungen und über Leistungsbewertung und -kriterien ins Gespräch zu kommen. Dabei soll nicht vergessen werden, dass gerade der Religionsunterricht Freiräume vom Druck der permanenten Leistungsbeurteilung schaffen kann – Phasen der Stille und der Ruhe, in denen sich junge Menschen eine Leistungs-Auszeit gönnen dürfen! Vorrang vor einer Bewertung und Beurteilung haben das Feedback über den Lernfortschritt und die Wirksamkeit des Unterrichts. Wirkungsüberprüfung betrifft nicht nur die zu Unterrichtenden, sondern auch die Rechenschaft über die Qualität des Unterrichts seitens der Lehrkräfte. Beides setzt fachbezogene Kriterien voraus, die sich auf das (Selbst-)Verständnis von Religionsunterricht, die Zielsetzungen bzw. die durch den Religionsunterricht zu fördernden (religiösen) Kompetenzen beziehen müssen.

Lesehinweis:

Jendorff, Bernhard (1979): Leistungsmessung im Religionsunterricht. Methoden und Beispiele. München.

Themenheft (2001): »Leistung«. In: ru 31, H. 1.

ANHANG

Literaturverzeichnis

Adam, Gottfried (2002): Erzählen. In: Ders./Lachmann (Hg.) (2002a), 137–162.
Adam, Gottfried (2003): Religionslehrer: Beruf und Person. In: Adam/Lachmann (Hg.), 163–193.
Adam, Gottfried/Lachmann, Rainer (Hg.) (2002a): Methodisches Kompendium für den Religionsunterricht 1. Basisband. 4. Aufl. Göttingen.
Adam, Gottfried/Lachmann, Rainer (Hg.) (2002b): Methodisches Kompendium für den Religionsunterricht 2. Aufbaukurs. Göttingen.
Adam, Gottfried/Lachmann, Rainer (Hg.) (2003): Religionspädagogisches Kompendium. 6. Aufl. Göttingen.
Adam, Gottfried/Schweitzer, Friedrich (Hg.) (1996): Ethisch erziehen in der Schule. Göttingen.
Albers, Bernhard (1984): Die Not mit der Religionsnote. In: Religion heute H. 5, 199–201.
Albrecht, Wilhelm (1978): Glaube, der im Spielen steckt. Religionspädagogische Anliegen zum Thema Spiel und Spielen. In: KatBl 103, 657–664.
Albrecht, Wilhelm (2004): Editorial. In: KatBl 129, 391.
Altner, Günter (1983): Art. Schöpfung. In: TRT, Bd. 5. Hg. von Erwin Fahlbusch. 4. Aufl. Göttingen, 15–18.
Amery, Carl (1980): Das Ende der Vorsehung. Von den gnadenlosen Folgen des Christentums. Reinbek.
Antes, Peter (1992): Art. Religion 1. Religionswissenschaftlich. In: EKL, Bd. 3. Hg. von Erwin Fahlbusch u.a. 3. Aufl. Göttingen, 1543–1545.
Arens, Edmund (2000): Befreiung, Erlösung, Heil allein durch Jesus Christus? Religiöser Pluralismus und eigener christlicher Standpunkt. In: Groß/König (Hg.), 283–291.
Arnold, Ursula/Hanisch, Helmut/Orth, Gottfried (1997): Was Kinder glauben. 24 Gespräche über Gott und die Welt. Stuttgart.
Asbrand, Barbara (2000): Zusammen Leben und Lernen im Religionsunterricht. Eine empirische Studie zur grundschulpädagogischen Konzeption eines interreligiösen Religionsunterrichts im Klassenverband. Frankfurt/M.
Asbrand, Barbara (2003): Religiöses Lernen aus grundschulpädagogischer Perspektive. In: Speck-Hamdan u.a. (Hg.), 183–188.
Baacke, Dieter/Röll, Franz Josef (Hg.) (1995): Weltbilder, Wahrnehmung, Wirklichkeit. Bildung als ästhetischer Lernprozess. Opladen.

Bähr, Dorothea (2001): Zwischenräume. Ästhetische Praxis in der Religionspädagogik. Münster.

Bahr, Hans-Eckehard (1960): Poiesis. Theologische Untersuchung der Kunst. München u.a.

Bahr, Matthias (1992): Erziehung zur Prosozialität bei Acht- bis Zehnjährigen am Lernort Religionsunterricht. St. Ottilien.

Bahr, Matthias/Kropač, Ulrich/Schambeck, Mirjam (Hg.) (2005): Subjektwerdung und religiöses Lernen. Für eine Religionspädagogik, die den Menschen ernst nimmt. München.

Baldermann, Ingo (1988): Einführung in die Bibel. 3. Aufl. Göttingen.

Baldermann, Ingo (1996): Einführung in die biblische Didaktik. Darmstadt.

Baldermann, Ingo (2001): Erzählen. In: Mette/Rickers (Hg.), Bd. 1, 435–441.

Baldermann, Ingo/Nipkow, Karl Ernst/Stock, Helmut (1979): Bibel und Elementarisierung. Frankfurt/M.

Barth, Hans-Martin/Elsaß, Christoph (Hg.) (1993): Bild und Bildlosigkeit. Beiträge zum interreligiösen Dialog. Hamburg.

Bastian, Johannes (1995): Art. Unterricht, darstellender. In: Lenzen, Dieter (Hg.): Enzyklopädie Erziehungswissenschaft, Bd. 4 (Methoden und Medien der Erziehung und des Unterrichts. Hg. v. Gunter Otto und Wolfgang Schulz). Stuttgart, 640–643.

Baudler, Georg (1979): Religiöse Erziehung heute. Grundelemente einer Didaktik religiösen Lernens in der weltanschaulich pluralen Gesellschaft. Paderborn, 211–224.

Baudler, Georg (1982): Einführung in symbolisch-erzählende Theologie. Paderborn.

Baudler, Georg (1984): Korrelationsdidaktik. Leben durch Glauben erschließen. Theorie und Praxis der Korrelation von Glaubensüberlieferung und Lebenserfahrung auf der Grundlage von Symbolen und Sakramenten. Paderborn u.a.

Bauer, Eva-Maria (2000): Die Übung der Stille – Weg zu einer zeitgemäßen Spiritualität in der Schule. In: Schweitzer/Faust-Siehl (Hg.) (2000a), 229–238.

Bauer, Eva-Maria (2002): Stilleübungen. In: Bitter u.a. (Hg.), 518–522.

Bäumer, Franz-Josef (1990): Religionspädagogische Vorstellung vom Kind im Spiegel didaktischer Entwicklungen. Eine Problemanzeige. In: RpB H. 25, 110–125.

Bayer, Sylvia/Ehrenfeuchter, Gerlinde/Rinklin, Jutta (2000): Sara und Abraham gehen ihren Weg im Vertrauen auf Gott. Stuttgart.

Bayerische Staatsministerien für Unterricht, Kultus und Wissenschaft (Hg.) (2000): Amtsblatt. München.

Bechter, Edgar (1996): Klangbausteine im Religionsunterricht. In: Rendle u.a. (1996a), 226–249.

Behnken, Imbke/Zinnecker, Jürgen (1993): Kirchlich-religiöse Sozialisation in der Familie. In: Hilger/Reilly (Hg.), 147–170.

Beisbart, Ortwin (2002): Kreatives Schreiben/Schreibmeditation/Personales Schreiben. In: Adam/Lachmann (Hg.) (2002b), 175–191.

Bell, Desmond u.a. (Hg.) (1999): Menschen suchen – Zugänge finden. Auf dem Weg zu einem verantworteten Umgang mit der Bibel. FS Reents. Wuppertal.

Berg, Horst Klaus (1993): Grundriss der Bibeldidaktik. Konzepte – Modelle – Methoden. München.

Berg, Horst Klaus (1995): In Freiheit lernen. In: ru 25, 77–79.

Berg, Horst Klaus (1997): Freiarbeit im Religionsunterricht. Konzepte – Modelle – Praxis. Stuttgart/München.

Berg, Horst Klaus (1999): Ein Wort wie Feuer. Wege lebendiger Bibelauslegung. 3. Aufl. München/Stuttgart.

Berg, Horst Klaus (2000): Grundriss der Bibeldidaktik. Konzepte – Modelle – Methoden. 2. Aufl. München/Stuttgart.

Berg, Horst Klaus (2002a): Freiarbeit – Freies Lernen. In: Adam/Lachmann (Hg.) (2002b), 55–75.

Berg, Horst Klaus (2002b): Methoden biblischer Texterschließung. In: Adam/Lachmann (Hg.) (2002b), 163–186.

Berg, Horst Klaus/Weber, Ulrike (1995): Mit Jesus beginnt etwas Neues. Freiarbeit Religion – Materialien für Schule und Gemeinde. Stuttgart.

Berg, Horst Klaus/Weber, Ulrike (2000): Symbole entdecken – Symbole verstehen. Stuttgart/München.

Berg, Sigrid (1998): Kreative Bibelarbeit in Gruppen. 16 Vorschläge. 4. Aufl. München/Stuttgart.

Berger, Peter Ludwig (1979): Einladung zur Soziologie. 2. Aufl. München.

Berger, Peter Ludwig (1980): Der Zwang zur Häresie. Religion in der pluralistischen Gesellschaft. Frankfurt/M.

Berger, Peter Ludwig (2000): Sinnsuche in einer Zeit der Globalisierung. In: StdZ 218, 805–814.

Berger, Peter Ludwig/Luckmann, Thomas (1977): Die gesellschaftliche Konstruktion der Wirklichkeit. 5. Aufl. Frankfurt/M.

Berger, Teresa (1985): Liturgie und Tanz. Anthropologische Aspekte, historische Daten, theologische Perspektiven. St. Ottilien.

Bernhardt, Reinhold (1990): Der Absolutheitsanspruch des Christentums. Von der Aufklärung bis zur pluralistischen Religionstheologie. Gütersloh.

Bernhardt, Reinhold (1994): Zwischen Größenwahn, Fanatismus und Bekennermut. Für ein Christentum ohne Absolutheitsanspruch. Stuttgart.

Bettelheim, Bruno (1977): Kinder brauchen Märchen. Stuttgart.

Betz, Otto (1987): Fest und Ritual. In: Böcker/Heimbrock/Kerkhoff (Hg.), Bd. 1, 280–290.

Beuscher, Bernd (1994): Zurück zur Fragwürdigkeit! Der Rücktritt der Korrelationsdidaktik. Ein religionspädagogischer Fortschritt? In: RpB H. 34, 33–61.

Biehl, Peter (1986): Die Chancen der Symboldidaktik nicht verspielen. Kritische Symbolkunde im Religionsunterricht. In: Religion heute H. 3, 168–172.

Biehl, Peter (1987): Symbole. In: Böcker/Heimbrock/Kerkhoff (Hg.), Bd. 2, 481–495.

Biehl, Peter (1989): Religionspädagogik und Ästhetik. In: Biehl u.a. (Hg.): Jahrbuch der Religionspädagogik 1988 (JRP 5). Neukirchen-Vluyn, 3–44.

Biehl, Peter (1991a): Symbole geben zu lernen. Einführung in die Symboldidaktik anhand der Symbole Hand, Haus und Weg. 2. Aufl. Neukirchen-Vluyn.

Biehl, Peter (1991b): Die Gottebenbildlichkeit des Menschen und das Problem der Bildung. Zur Neufassung des Bildungsbegriffs in religionspädagogischer Perspektive. In: Ders.: Erfahrung, Glaube und Bildung. Gütersloh, 124–223.

Biehl, Peter (1992): Symbole – ihre Bedeutungen für menschliche Bildung. In: ZfPäd 38, 193–214.

Biehl, Peter (1993): Symbole geben zu lernen (II) – z.B. Brot, Wasser und Kreuz. Beiträge zur Symbol- und Sakramentendidaktik. Neukirchen-Vluyn.

Biehl, Peter (1995): Didaktische Strukturen des Religionsunterrichts. In: Ders./Bizer, Christoph u.a. (Hg.): Religionspädagogik seit 1945. Bilanz und Perspektiven (JRP 12). Neukirchen-Vluyn, 197–223.

Biehl, Peter (1997): Wahrnehmung und ästhetische Erfahrung. Zur Bedeutung ästhetischen Denkens für eine Religionspädagogik als Wahrnehmungslehre. In: Grözinger,

Albrecht/Lott, Jürgen (Hg.): Gelebte Religion. Im Brennpunkt praktisch-theologischen Denkens und Handelns. Rheinbach, 380–410.
Biehl, Peter (1999): Festsymbole. Zum Beispiel: Ostern. Kreative Wahrnehmung als Ort der Symboldidaktik. Neukirchen-Vluyn.
Biehl, Peter (2002): Religionsdidaktische Konzeptionen. In: Bitter u.a. (Hg.), 440–446.
Biehl, Peter u.a. (Hg.) (1989): Jahrbuch der Religionspädagogik (JRP 5). Neukirchen-Vluyn.
Biehl, Peter u.a. (Hg.) (1992): Jahrbuch der Religionspädagogik (JRP 8). Neukirchen-Vluyn.
Biehl, Peter/Baudler, Georg (1987): Erfahrung – Symbol – Glaube. Grundfragen des Religionsunterrichts. 2. Aufl. Aachen.
Biesinger, Albert (1993): Unterbrechung des Üblichen. In: LebKat 15, 46–49.
Biesinger, Albert (1994a): Kinder nicht um Gott betrügen. Freiburg.
Biesinger, Albert (1994b): Kinder nicht um Gott betrügen. In: KatBl 119, 652–655.
Biesinger, Albert (2001): Eltern unterstützen und begleiten. Ein Gespräch mit dem Religionspädagogen Albert Biesinger. In: HK 55, 342–346.
Biesinger, Albert/Schmitt, Christoph (1996): Ethikdidaktische Grundregeln. In: Groß/König (Hg.), 163–181.
Biesinger, Albert/Schweitzer, Friedrich/Tübinger Projektgruppe (1999): Konfessionelle Kooperation im Religionsunterricht. Gemeinsamkeiten stärken – Unterschieden gerecht werden. Ein Forschungsbericht. In: entwurf H. 2, 11–13.
Billmann-Mahecha, Elfriede (2003): Entwicklung von Moralität und Religiosität. In: Henning, Christian/Murken, Sebastian/Nestler, Erich (Hg.): Einführung in die Religionspsychologie. Paderborn, 118–131.
Bischof, Claudia (2001): Die Theodizeefrage im Denken von Grundschulkindern am Beispiel von Kain und Abel. In: Fischer (Hg.) (2001a), 81–86.
Bitter, Gottfried (1993): Spirituelle Erziehung im Religionsunterricht. In: LebKat 15, 5–14.
Bitter, Gottfried (2001): Zum »garstigen Graben« zwischen Liturgie und Katechese. In: ThPQ 149, 43–55.
Bitter, Gottfried (2002a): Einleitung. In: Ders. u.a. (Hg.), 13–18.
Bitter, Gottfried (2002b): Musik. In: Ders. u.a. (Hg.), 79–82.
Bitter, Gottfried u.a. (Hg.) (1986): Handbuch religionspädagogischer Grundbegriffe, 2 Bde. München.
Bitter, Gottfried u.a. (Hg.) (2002): Neues Handbuch religionspädagogischer Grundbegriffe. München.
Bitter, Gottfried/Gerhards, Albert (Hg.) (1998): Glauben lernen – Glauben feiern. Stuttgart/Berlin/Köln.
Bizer, Christoph (1989): Liturgik und Didaktik. In: Biehl u.a. (Hg.), 83–111.
Bizer, Christoph (1992): Die Heilige Schrift der Kirche und der Religionsunterricht in der öffentlichen Schule. In: Biehl u.a. (Hg.), 115–138.
Bizer, Christoph u.a. (Hg.) (2002): Religionsdidaktik (JRP 18). Neukirchen-Vluyn.
Blankertz, Herwig (1970): Theorien und Modelle der Didaktik (Grundfragen der Erziehungswissenschaft, Bd. 6). 4. Aufl. München.
Blöchinger, Ingrid (2004): Das Schulgebet – Türöffner zu liturgischen Feiern. In: KatBl 129, 415–419.
Blum, Dominik (2002): Liturgische Bildung. In: Bitter u.a. (Hg.), 255–258.
Blum, Dominik (2004): Das (Schul-)Leben ins Gebet nehmen. In: KatBl 129, 398–406.
Böcker, Werner/Heimbrock, Hans-Günter/Kerkhoff, Engelbert (Hg.) (1987): Handbuch religiöser Erziehung, 2 Bde. Düsseldorf.

Boehm, Gottfried (Hg.) (1994): Was ist ein Bild? München.
Bohnsack, Fritz (1986): Strukturen einer »guten« Schule heute. In: »Gute Schule« – Was ist das? (Loccumer Protokolle 17. Hg. von Karl Ermert). Loccum, 51–113.
Bollnow, Otto Friedrich (1994): Mensch und Raum. 7. Aufl. Stuttgart.
Böttcher, Ingrid (Hg.) (1999a): Kreatives Schreiben. Berlin.
Böttcher, Ingrid (1999b): Grundlagen kreativen Schreibens. In: Dies. (Hg.) (1999a), 9–20.
Böttcher, Ingrid (1999c): Zu den Methoden des kreativen Schreibens. In: Dies. (Hg.) (1999a), 21–32.
Böttcher, Ingrid/Hilger, Heide (1993): Bewegt, getanzt und kreativ geschrieben. In: Praxis Deutsch 20 H. 119, 28–37.
Bronfenbrenner, Urie (1976): Ökologische Sozialisationsforschung – Ein Bezugsrahmen. In: Ders.: Ökologische Sozialisationsforschung. Hg. von Karl Lüscher. Stuttgart.
Bronfenbrenner, Urie (1981): Die Ökologie der menschlichen Entwicklung. Stuttgart.
Brown, Alan/Langley, Andrew (1999): Woran wir glauben. Religionen der Welt – Kindern erklärt. Lahr.
Brück, Michael von (1991): Mystische Erfahrungen, religiöse Interpretation und die Wahrheitsfrage, In: Bernhardt, Reinhold (Hg.): Horizontüberschreitung. Gütersloh, 78–100.
Brühl, Claudia (2000): Überblick über evangelische und katholische Religionslehrpläne. In: Schweitzer/Faust-Siehl (Hg.) (2000a), 351–359.
Brülle, Christina/Ittmann, Norbert/Maschwitz, Rüdiger/Stoppig, Christine (2003): Annäherungen an den Raum. In: Grundschule 35 H. 3, 32–46.
Brüning, Barbara (1990): Mit dem Kompass durch das Labyrinth der Welt. Wie Kinder wichtigen Lebensfragen auf die Spur kommen. Bad Münder.
Brüning, Barbara (1999): Grundlagen und Konzepte für das Philosophieren mit Kindern in der Primarstufe. In: Hastedt u.a., 9–31.
Brüning, Barbara (2001): Philosophieren in der Grundschule. Grundlagen, Methoden, Anregungen. Berlin.
Bubenheimer, Ulrich/Strecker, Dieter (1979): Religionsunterricht und Spielpädagogik in der Grundschule. Limburg.
Buber, Martin (1962): Ich und du. Werke I. München.
Bucher, Anton A. (1987): Gleichnisse – schon in der Grundschule? In: KatBl 112, 194–203.
Bucher, Anton A. (1988): Symboldidaktik. In: KatBl 113, 23–27.
Bucher, Anton A. (1989): Symbol und Symbolerschließung bei C.G. Jung und Jean Piaget. In: RpB H. 23, 79–89.
Bucher, Anton A. (1990): Symbol – Symbolbildung – Symbolerziehung. Philosophische und entwicklungspsychologische Grundlagen. St. Ottilien.
Bucher, Anton A. (1992): Kinder als Theologen? In: RL 21 H. 1, 19–22.
Bucher, Anton A. (1994): Alter Gott zu neuen Kindern. Neuer Gott von alten Kindern. In: Merz, Vreni (Hg.): Alter Gott für neue Kinder. Freiburg/Schweiz, 79–100.
Bucher, Anton A. (1995a): Die Moraltheorie von Lawrence Kohlberg als Paradigma für Moraltheologie und religiös-sittliche Erziehung. In: Eid, Volker (Hg.): Moralische Kompetenz. Mainz, 37–75.
Bucher, Anton A. (1995b): Religionspädagogik und empirische Entwicklungspsychologie. In: Ziebertz/Simon (Hg.), 28–46.
Bucher, Anton A. (1996a): Kinder als Subjekte. In: Concilium 32, 141–147.
Bucher, Anton A. (1996b): Bibeldidaktische Grundregeln: Altes Testament. In: Groß/König (Hg.), 68–94.

Bucher, Anton A. (1999a): Entwicklung zur religiösen Mündigkeit. In: Lebendige Seelsorge 21, 7–14.
Bucher, Anton A. (1999b): Verstehen postmoderne Kinder die Bibel anders? In: Lämmermann u.a. (Hg.), 135–147.
Bucher, Anton A. (2000a): Religionsunterricht zwischen Lernfach und Lebenshilfe. Eine empirische Untersuchung zum katholischen Religionsunterricht in der Bundesrepublik Deutschland. Stuttgart/Berlin/Köln.
Bucher, Anton A. (2000b): Sehr gerne zeichnen und malen, aber gerne auch beten. Eine quantitativ-empirische Studie zum Religionsunterricht bei deutschen GrundschülerInnen. In: Porzelt/Güth (Hg.), 85–104.
Bucher, Anton A. (2001): Was Kinder glücklich macht. Historische, psychologische und empirische Annäherungen an Kindheitsglück. Weinheim/München.
Bucher, Anton A. (2002a): Kindertheologie: Provokation? Romantizismus? Neues Paradigma? In: Ders. u.a. (Hg.) (2002), 9–27.
Bucher, Anton A. (2002b): Religion in der Kindheit. In: Bitter u.a. (Hg), 194–198.
Bucher, Anton A. (2003): Ein paar normative Zutaten? In: Speck-Hamdan u.a. (Hg.), 90–93.
Bucher, Anton A. u.a. (Hg.) (2002): Jahrbuch für Kindertheologie 1: »Mittendrin ist Gott«. Kinder denken nach über Gott, Leben und Tod. Stuttgart.
Bucher, Anton A. u.a. (Hg.) (2003): Jahrbuch für Kindertheologie 2: »Im Himmelreich ist keiner sauer«. Kinder als Exegeten. Stuttgart.
Bucher, Anton A. u.a. (Hg.) (2004): Jahrbuch für Kindertheologie 3: »Zeit ist immer da«. Kinder erleben Hoch-Zeiten und Festtage. Stuttgart.
Bucher, Anton A. u.a. (Hg.) (2005): Jahrbuch für Kindertheologie 4: »Kirchen sind ziemlich christlich«. Erlebnisse und Deutungen von Kindern. Stuttgart.
Bucher, Anton A. / Reich, Karl Helmut (Hg.) (1989): Entwicklung von Religiosität. Grundlagen, Theorieprobleme, Anwendungen. Freiburg (CH).
Buck, Elisabeth (1997): Bewegter Religionsunterricht. Theoretische Grundlagen und 45 kreative Vorschläge für die Grundschule. Göttingen.
Buck, Elisabeth (1999): Bewegter Religionsunterricht. 2. Aufl. Göttingen.
Buck, Elisabeth (2001a): Kommt und spielt 1. Bewegter Religionsunterricht im 1. und 2. Schuljahr. Göttingen.
Buck, Elisabeth (2001b): Kommt und spielt 2. Bewegter Religionsunterricht im 3. und 4. Schuljahr. Göttingen.
Buck, Elisabeth (2002a): Bewegter Religionsunterricht: Bewegung/Pantomime/Tanz/Symbolspiel. In: Adam/Lachmann (Hg.) (2002b), 209–229.
Buck, Elisabeth (2002b): Mit Kopf, Herz, Hand und Fuß. In: Wermke (Hg.) (2002a), 94–102.
Bundesministerium für Familie, Senioren, Frauen und Jugend (Hg.) (1998): Bericht über die Lebenssituation von Kindern und die Leistungen der Kinderhilfen in Deutschland. Bonn.
Burk, Karlheinz/Claussen, Claus (1981): Zu Methodik des Lernens außerhalb des Klassenzimmers. In: Diess. (Hg.): Lernorte außerhalb des Klassenzimmers II (Beiträge zur Reform der Grundschule Nr. 49). Frankfurt/M., 18–44.
Buschmann, Gerd/Pirner, Manfred (2003): Werbung, Religion, Bildung. Frankfurt/M.
Büttner, Gerhard (1994): Zwischen Halbfas und Biehl. Diskussionsbeiträge zur Symboldidaktik. In: EvErz 46, 56–65.
Büttner, Gerhard (2002a): »Jesus hilft!« Untersuchungen zur Christologie von Schülerinnen und Schülern. Stuttgart.

Büttner, Gerhard (2002b): Wie könnte ein konstruktivistischer Religionsunterricht aussehen? In: ZPT 54, 155–170.

Büttner, Gerhard/Dieterich, Veit-Jakobus (Hg.) (2000): Die religiöse Entwicklung des Menschen. Ein Grundkurs. Stuttgart.

Büttner, Gerhard/Rupp, Hartmut (Hg.) (2002): Theologisieren mit Kindern. Stuttgart.

Coles, Robert (1994): Wird Gott nass, wenn es regnet? Die religiöse Bilderwelt der Kinder. München.

Collmar, Robert (1996): Die Lehrkunst des Erzählens. Expression und Imagination. In: Fauser/Madelung (Hg.), 177–191.

Combe, Arno (1994): Wie tragfähig ist der Rekurs auf Rituale? In: Pädagogik 46 H. 1, 22–25.

Comenius-Institut (Hg.) (1977): Elementarisierung theologischer Inhalte und Methoden im Blick auf die Aufgabe einer theologisch zu verantwortenden Lehrplanrevision und Curriculumentwicklung in den wichtigsten religionspädagogischen Praxisfeldern. Abschlussbericht und Ergebnisse der Untersuchung, vorgelegt von H. Stock unter Mitarbeit von H. B. Kaufmann. Münster.

Cox, Harvey (1970): Das Fest der Narren. Das Gelächter ist der Hoffnung letzte Waffe. Stuttgart/Berlin.

Daublebsky, Benita (1978): Spielen in der Schule. Vorschläge und Begründungen für ein Spielcurriculum. 6. Aufl. Stuttgart.

Daublebsky, Benita (1979): Vor Missbrauch wird gewarnt. In: Grundschule 11, 366–368.

DBK (Sekretariat der DBK) (Hg.) (1974): Der Religionsunterricht in der Schule. Ein Beschluss der gemeinsamen Synode der Bistümer in der Bundesrepublik Deutschland. Bonn.

DBK (Zentralstelle Bildung der DBK) (Hg.) (1977): Zielfelderplan für den katholischen Religionsunterricht in der Grundschule. Teil I: Grundlegung. München.

DBK (Zentralstelle Bildung der DBK) (Hg.) (1996): Die bildende Kraft des Religionsunterrichts. Zur Konfessionalität des katholischen Religionsunterrichts. Bonn.

DBK (Zentralstelle Bildung der DBK) (Hg.) (1998): Grundlagenplan für den katholischen Religionsunterricht in der Grundschule. München.

DBK (Sekretariat der DBK) (Hg.) (2004): Katechese in veränderter Zeit. Bonn.

Degen, Roland (1998): »Echt stark hier!« – Kirchenräume erschließen. In: Degen/Hansen (Hg.), 5–19.

Degen, Roland/Hansen, Inge (Hg.) (1998): Lernort Kirchenraum. Münster.

Derrida, Jacques (1988): Grammatologie. 2. Aufl. Frankfurt.

Dieterich, Veit-Jakobus (2002): Fächerübergreifender Unterricht. In: Bizer u.a. (Hg.), 193–204.

Dietrich, Walter/Link, Christian (2000; 2002): Die dunklen Seiten Gottes. 2 Bde. Neukirchen-Vluyn.

Dietrich, Wolfgang (1985): Und Mirjam nahm die Pauke in die Hand. Impulse aus dem Auszug aus Ägypten. Eschbach.

Dietrich, Wolfgang (1991): Art. Spiel. In: Mette/Rickers (Hg.), Bd. 2, 2024–2028.

Dietrich, Wolfgang (1994): Ich spiele – also bin ich. In: Forum Religion 1, 3–8.

Dober, Hans Martin (1992): Erfahrbare Kirche: dimensionierte Zeit und symbolische Ordnung im Kirchenjahr. In: ZThK 89, 222–248.

Dohmen, Günther (1964): Bildung und Schule. Die Entstehung des deutschen Bildungsbegriffs und die Entwicklung seines Verhältnisses zur Schule, Bd. I. Weinheim.

Dormeyer, Detlef (1986): Von Kindern Christ sein lernen. Jesus und die Kinder im Neuen Testament. In: Welt des Kindes 64, 49–56.

Drehsen, Volker (1988b): Art. Öffentlichkeit. In: Ders./Häring u.a. (Hg.) (1988a), 894–896.

Drehsen, Volker/Häring, Hermann u.a. (Hg.) (1988a): Wörterbuch des Christentums. Gütersloh/Zürich.

Dressler, Bernd (1998): Die Schule entdeckt Kirche als Ort von Religion. Wie kann der Religionsunterricht von der Kirchenpädagogik lernen? In: Klie (Hg.) (1998a), 77–92.

Dressler, Bernhard (2002): Religiöse Bildung: Warum und wozu? In: Wermke (Hg.) (2002a), 22–26.

Dressler, Bernhard/Feige, Andreas (2002): Religionslehrerinnen und Religionslehrer. In: Bitter u.a. (Hg.), 399–404.

Drews, Ursula/Wallrabenstein, Wulf (Hg.) (2002): Freiarbeit in der Grundschule. Offener Unterricht in Theorie, Forschung und Praxis. Frankfurt/M.

Dunkel, Achim (1988): Art. Leben. In: Drehsen/Häring u.a. (Hg.) (1988a), 712–713.

Ebertz, Michael N. (1988): Heilige Familie? Die Herausbildung einer anderen Familienreligiosität. In: Deutsches Jugendinstitut (Hg.): Wie geht's der Familie? Ein Handbuch zur Situation der Familie heute. München, 403–413.

Eccles, John C./Robinson, Daniel N. (1991): Das Wunder des Menschseins. 3. Aufl. München.

Edelstein, Wolfgang (1978): Produktives Lernen und befreites Spiel. In: Daublebsky, 180–189.

Einsiedler, Wolfgang (1999): Das Spiel der Kinder. Zur Pädagogik und Psychologie des Kinderspiels. 3. Aufl. Bad Heilbrunn.

Einsiedler, Wolfgang (2001): Neue Lehr-Lernkonzepte für die Grundschule. In: Einsiedler, Wolfgang/Götz, Margarete u.a. (Hg.): Handbuch Grundschulpädagogik und Grundschuldidaktik. Bad Heilbrunn, 317–330.

EKD (Kirchenamt der Evangelischen Kirche Deutschland) (Hg.) (1972): Stellungnahme des Rates der EKD zu verfassungsrechtlichen Fragen des Religionsunterrichts (vom 7.7.1971). In: EKD-Kirchenkanzlei (Hg.) (1972): Die evangelische Kirche und die Bildungsplanung. Gütersloh, 115–127.

EKD (Kirchenamt der Evangelischen Kirche Deutschland) (Hg.) (1994): Identität und Verständigung. Standort und Perspektiven des Religionsunterrichts in der Pluralität. Eine Denkschrift der Evangelischen Kirche in Deutschland. 4. erw. Aufl. Gütersloh.

EKD (Hg.) (1995): Aufwachsen in schwieriger Zeit. Kinder in Gemeinde und Gesellschaft. Gütersloh.

EKD (Hg.) (1997): Religiöse Bildung in der Schule. Hannover.

EKD (Hg.) (1998): Zur Kooperation von Evangelischem und Katholischem Religionsunterricht. Würzburg/Hannover.

EKD (Hg.) (2000): Religion in der Grundschule. Eine Stellungnahme des Rates der Evangelischen Kirche in Deutschland. Hannover.

EKD (Hg.) (2001): Religion in der Grundschule. Eine Stellungnahme des Rates der Evangelischen Kirche in Deutschland. In: Fischer (Hg.) (2001a), 13–23.

EKD (Hg.) (2003a): Kirche – Horizont und Lebensrahmen. Vierte EKD-Erhebung über Kirchenmitgliedschaft. Hannover.

EKD (Hg.) (2003b): Maße des Menschlichen. Evangelische Perspektiven zur Bildung in der Wissens- und Lerngesellschaft. Gütersloh.

EKD (Hg.) (2004): Evangelisch in Deutschland. Zahlen, Fakten, Entwicklungen. Hannover.

Ekkehard Martens (1999): Philosophieren mit Kindern. Eine Einführung in die Philosophie. Stuttgart.

Elschenbroich, Donata (2001): Weltwissen der Siebenjährigen. München.

Elsenbast, Volker (2002): Religionsunterricht und kirchliche Handlungsfelder. In: Wermke (Hg.) (2002a), 207–213.

Engelhardt, Klaus/Loewenich, Hermann von/Steinacker, Peter (1997): Fremde Heimat Kirche. Die dritte EKD-Erhebung über Kirchenmitgliedschaft. Gütersloh.

Englert, Rudolf (1993a): Die Korrelationsdidaktik am Ausgang ihrer Epoche. Plädoyer für einen ehrenhaften Abgang. In: Hilger/Reilly (Hg.), 97–110.

Englert, Rudolf (1993b): Religiöse Bedürfnisse der Kinder. Ausgangspunkt für den Religionsunterricht an der Grundschule. In: KatBl 118, 844–851.

Englert, Rudolf (1994): Gott Raum schaffen. Umrisse einer absichtslosen Religionspädagogik. In: KatBl 119, 481–489.

Englert, Rudolf (1998): Der Religionsunterricht nach der Emigration des Glauben-Lernens. In: KatBl 123, 4–12.

Englert, Rudolf (2001): Zum Professionsprofil der Grundschullehrerschaft. Empirische Befunde zur Situation und Einstellung katholischer Religionslehrerinnen und -lehrer an Grundschulen. In: ZPT 53, 330–341.

Englert, Rudolf (2002a): Dimensionen religiöser Pluralität. In: Schweitzer u.a. (Hg.) (2002a), 17–50.

Englert, Rudolf (2002b): Ziele religionspädagogischen Handelns. In: Bitter u.a. (Hg.), 53–58.

Englert, Rudolf (2003): Warum Antworten manchmal so viele Fragen aufwerfen. Über strukturelle Probleme im religionspädagogischen Legitimitätsdiskurs. In: RpB H. 50, 5–18.

Englert, Rudolf/Frost, Ursula/Lutz, Bernd (Hg.) (1996): Christlicher Glaube als Lebensstil. Stuttgart.

Englert, Rudolf/Güth, Ralf (Hg.) (1999): »Kinder zum Nachdenken bringen«. Eine empirische Untersuchung zu Situation und Profil katholischen Religionsunterrichts an Grundschulen. Stuttgart.

Englert, Rudolf/Schweitzer, Friedrich (2003): Religiöses Lernen in der Grundschule – Ein Forschungsbericht. In: Speck-Hamdan u.a. (Hg.), 60–89.

Failing, Wolf-Eckart (1998a): Die eingezäunte Welt und die Transzendenzen Gottes. In: Ders./Heimbrock (1998a), 91–122.

Failing, Wolf-Eckart (1998b): Geist und Bewegung – Bewegtheit durch Geist. In: Ders./Heimbrock (1998a), 37–68.

Failing, Wolf-Eckart/Heimbrock, Hans-Günter (1998a): Gelebte Religion wahrnehmen. Lebenswelt – Alltagskultur – Religionspraxis. Stuttgart/Berlin/Köln.

Failing, Wolf-Eckart/Heimbrock, Hans-Günter (1998b): Von der Handlungstheorie zur Wahrnehmungstheorie und zurück. In: Diess. (1998a), 275–294.

Fauser, Peter (1989): Nachdenken über pädagogische Kultur. In: Die Deutsche Schule 81, 5–25.

Fauser, Peter (1999): Was ist »Imaginatives Lernen«? In: Pädagogik 51 H. 7–8, 6–9.

Fauser, Peter (2002): Lernen und Imagination. In: Adam/Lachmann (Hg.) (2002b), 110–120.

Fauser, Peter/Irmert-Müller, Gundula (1996): Vorstellungen bilden. Zum Verhältnis von Imagination und Lernen. In: Ders./Madelung (Hg.), 211–243.

Fauser, Peter/Madelung, Eva (Hg.) (1996): Vorstellungen bilden. Beiträge zum imaginativen Lernen. Seelze.

Fauser, Peter/Wulffen, Dorothee von (Hg.) (1999): Einsicht und Vorstellungen. Imaginatives Lernen in Literatur und Geschichte. Velber.

Faust-Siehl, Gabriele (2002): Stille und Stilleübungen – Pädagogische Grundlagen einer Methode des Religionsunterrichts. In: Adam/Lachmann (Hg.) (2002a), 366–376.

Faust-Siehl, Gabriele u.a. (1995): Mit Kindern Stille entdecken. 5. Aufl. Frankfurt/M.
Faust-Siehl, Gabriele u.a. (1996): Die Zukunft beginnt in der Grundschule. Empfehlungen zur Neugestaltung der Primarstufe. Reinbek.
Feifel, Erich (1992): Was ist ästhetische Erfahrung? Prolegomena einer religionspädagogischen Ästhetik. In: RpB H. 30, 3–18.
Feifel, Erich (1995a): Didaktische Ansätze in der Religionspädagogik. In: Ziebertz/Simon (Hg.), 86–110.
Feifel, Erich (1995b): Vom Verlust der Sinnlichkeit des Glaubens. In: Leimgruber, Stephan/Langer, Wolfgang (Hg.): Religiöse Erziehung im Umbruch. München, 50–58.
Feige, Andreas (1991): Statt Postulate für eine ›religiöse terra incognita‹: Anmerkungen zu einigen Bedingungen der Möglichkeit, ein gesellschaftsweit organisches religiöses Wissenssystem zu kontinuieren bzw. zu re-etablieren. In: EvErz 43, 31–35.
Feige, Andreas u.a. (2000): »Religion« bei ReligionslehrerInnen. Religionspädagogische Zielvorstellungen und religiöses Selbstverständnis in empirisch-soziologischen Zugängen. Münster.
Fend, Helmut (1986): »Gute Schulen – schlechte Schulen«. Die einzelne Schule als pädagogische Handlungseinheit. In: Die Deutsche Schule 78, 275–293.
Fetz, Reto Lucius/Reich, Karl Helmut/Valentin, Peter (2001): Weltbildentwicklung und Schöpfungsverständnis. Eine strukturgenetische Untersuchung bei Kindern und Jugendlichen. Stuttgart.
Fikenscher, Konrad (1995): Die Herausforderung der Kinder ernst nehmen. Elementare Theologie im Religionsunterricht. In: Becker, Ulrich/Scheilke, Christoph Theodor (Hg.): Aneignung und Vermittlung. Gütersloh, 105–111.
Fischer, Dietlind (1999): Freiarbeit – eine neue Lernform für den Religionsunterricht des Gymnasiums. In: rhs 42, 172–181.
Fischer, Dietlind (2000a): Dimensionen von Religiosität. Leistung beachten – Leistung beurteilen. In: Die Grundschulzeitschrift 135/136, 69–71.
Fischer, Dietlind (2000b): Freiarbeit im Religionsunterricht. In: Schweitzer/Faust-Siehl (Hg.) (2000a), 316–324.
Fischer, Dietlind (Hg.) (2001a): Religion lernen in der Grundschule. Ein Lesebuch. Münster.
Fischer, Dietlind (2001b): Religion im Schulprogramm. In: Dies. (Hg.) (2001a), 91–94.
Fischer, Dietlind (2001c): Religion lernen in der Grundschule – Einführung in das Lesebuch. In: Dies. (Hg.) (2001a), 9–10.
Fischer, Dietlind (2002): Grundschulreligionsunterricht. In: Bitter u.a. (Hg.), 369–372.
Fischer, Dietlind/Holzmüller, Reinhild (2004): Gemeinsames stärken – Unterschieden gerecht werden. Konfessionelle Zusammenarbeit im 1. Schuljahr. In: Grundschule religion H. 6, 4–6.
Fischer, Dietlind/Schöll, Albrecht (Hg.) (2000): Religiöse Vorstellungen bilden. Erkundungen zur Religion von Kindern über Bilder. Münster.
Flitner, Andreas (1982): Spielen lernen. Praxis und Deutung des Kinderspiels. 7. Aufl. München.
Flitner, Andreas (1983): Konrad, sprach die Frau Mama ... Über Erziehung und Nicht-Erziehung. 3. Aufl. Berlin.
Flitner, Andreas (Hg.) (1978): Das Kinderspiel. 4. Aufl. München.
Flitner, Wilhelm (1967): Die Geschichte der abendländischen Lebensformen. München.
Fölling-Albers, Maria (1992): Schulkinder heute. Auswirkungen veränderter Kindheit auf Unterricht und Schulleben. Frankfurt/M.

Fölling-Albers, Maria u.a. (Hg.) (2001a): Kindheitsforschung. Forschung zum Sachunterricht. Jahrbuch Grundschule III. Seelze.

Fölling-Albers, Maria (2001b): Veränderte Kindheit – revisited. Konzepte und Ergebnisse sozialwissenschaftlicher Kindheitsforschung der vergangenen 20 Jahre. In: Dies. u.a. (Hg.) (2001a), 10–51.

Fölling-Albers, Maria (2002): Veränderte Kindheit. Kindheitsforschung und Schule. In: Pädagogische Rundschau 56, 379–391.

Fölling-Albers, Maria/Wopp, Christel (1990): Veränderte Kindheit – veränderter Schulbeginn. In: Grundschule 22 H. 6, 14–16.

Fowler, James W. (1984): Eine stufenweise geschehende Einführung in den Glauben. In: Concilium 20, 309–315.

Fowler, James W. (1991): Stufen des Glaubens. Die Psychologie der menschlichen Entwicklung und die Suche nach Sinn. Gütersloh.

Fraas, Hans-Jürgen (1995): Religion im Prozess der Persönlichkeitsentwicklung bei Kindern heute. In: RpB H. 35, 33–42.

Frank, Elsbeth Rose (2000): Anfangsunterricht Religion. Handreichungen für die Praxis des Grundschulunterrichts. Stuttgart.

Freese, Hans-Ludwig (1989): Kinder sind Philosophen. Weinheim/Berlin.

Freudenberg, Hans (Hg.) (2000): Freiarbeit mit Religionsunterricht praktisch. Materialien für die Grundschule, Bd. 1. 3. und 4. Schuljahr. Donauwörth.

Freudenberg, Hans (2002): Gott ist eine Tür. In: Wermke (Hg.) (2002a), 87–93.

Freudenberger-Lötz, Petra (2002a): Freiarbeit in der Grundschule: Neue Veröffentlichungen. In: Bucher u.a. (Hg.), 150–160.

Freudenberger-Lötz, Petra (2002b): Religiöse Bildung in der neuen Schuleingangsstufe. Religionspädagogische und grundschulpädagogische Perspektiven. Stuttgart.

Frey, Christopher (1996): Art. Schöpfung 4. Systematisch-theologisch/ethisch. In: EKL, Bd. 4. Hg. von Heinz Brunotte. 3. Aufl. Göttingen, 102–108.

Fried, Erich (1993): Gesammelte Gedichte 3. Berlin.

Frieling, Reinhard (1999): Die Grundsätze der Konfessionen. In: Ders./Scheilke, Christoph Theodor (Hg.): Religionsunterricht und Konfessionen. Göttingen, 37–51.

Frör, Kurt (1950): Das Zeichnen im kirchlichen Unterricht. München.

Frör, Kurt (1966): Zeichnung und Bild im kirchlichen Unterricht. 4. Aufl. München.

Gaarder, Jostein (1993): Sofies Welt. München.

Gabriel, Karl (1996): Religiöse Individualisierung oder Säkularisierung. Gütersloh.

Gabriel, Karl (2002): Gesellschaft und Religion. In: Bitter u.a. (Hg.), 139–143.

Gerhards, Albert (1998): Katechese und Liturgie – ein schwieriges Verhältnis? In: Bitter/Gerhards (Hg.), 258–269.

Glees-zur Bonsen, Hildegard (2004): Ein Meditationsraum für die Schule. In: KatBl 129, 434–437.

Glockzin-Bever, Sigrid/Schwebel, Horst (Hg.) (2002): Kirchen – Raum – Pädagogik. Münster.

Gmünder, Paul (1979): Entwicklung als Ziel der religiösen Erziehung. In: KatBl 104, 629–634.

Goecke-Seischab, Margarete Luise/Harz, Frieder (2001): Komm, wir entdecken eine Kirche. Räume erspüren, Bilder verstehen, Symbole entdecken. München.

Gottwald, Eckart (2001): Neue Medien. In: Mette/Rickers (Hg.), Bd. 2, 1307–1310.

Gräb, Wilhelm (2002): Sinn fürs Unendliche. Religion in der Mediengesellschaft. Gütersloh.

Graf, Friedrich Wilhelm (1988): Art. Christentum. In: Drehsen/Häring u.a. (Hg.) (1988a), 204–207.

Greiner, Ulrike (2002): Der Spur des Anderen folgen? Religionspädagogik zwischen Theologie und Humanwissenschaften. Münster.

Grethlein, Christian (1998a): »Kirchenpädagogik« im Blickfeld der Praktischen Theologie. In: Klie (Hg.) (1998a), 17–33.

Grethlein, Christian (1998b): Religionspädagogik. Berlin/New York.

Grethlein, Christian (2002a): Schule braucht Religion. In: Wermke (Hg.) (2002a), 27–33.

Grethlein, Christian (2002b): Spirituelle Bildung – Gebet – Meditation. In: Bitter u.a. (Hg.), 252–255.

Grewel, Hans (1990): Zur Diskussion um die »ethische Erziehung« im Religionsunterricht. In: RpB H. 26, 37–61.

Groeben, Annemarie von der (1999): Was sind und wozu braucht Schule »gute« Rituale? In: Pädagogik 51 H. 4, 6–9.

Grom, Bernhard (1998): Methoden für Religionsunterricht, Jugendarbeit und Erwachsenenbildung. 9. Aufl. Göttingen.

Grom, Bernhard (Hg.) (2000a): Religionspädagogische Psychologie des Kleinkind-, Schul- und Jugendalters. 5. Aufl. Düsseldorf.

Grom, Bernhard (2000b): Piagets und Kohlbergs Stufentheorien des moralischen Urteils. In: Ders. (Hg.) (2000a), 49–55.

Groß, Engelbert (1996): Dogmatikdidaktische Grundregeln. In: Ders./König (Hg.), 131–162.

Groß, Engelbert/König, Klaus (Hg.) (1996): Religionsdidaktik in Grundregeln. Leitfaden für den Religionsunterricht. Regensburg.

Groß Engelbert/König, Klaus (Hg.) (2000): Religiöses Lernen der Kirchen im globalen Dialog. Münster.

Grözinger, Albrecht (1991): Praktische Theologie und Ästhetik. Ein Beitrag zur Grundlegung der Praktischen Theologie. 2. Aufl. München.

Gruber, Hans/Renkl, Alexander (2000): Die Kluft zwischen Wissen und Handeln. Das Problem des trägen Wissens (Regensburger Beiträge zur Lehr-Lern-Forschung 7). Regensburg.

Guardini, Romano (1985): Liturgische Bildung: Die Aufgabe. In: Angefochtene Zuversicht. Romano-Guardini-Lesebuch. Hg. von Ingeborg Klimmer. Mainz, 213–224.

Gudjons, Herbert (1992): Handlungsorientiert lehren und lernen. Schüleraktivierung, Selbsttätigkeit, Projektarbeit. 3. Aufl. Bad Heilbrunn.

Günzel-Horatz, Renate / Rehberg, Silke (2003): Meine Schulbibel. Ein Buch für Siebenbis Zwölfjährige, München u.a.

Haas, Dieter (Hg.) (1988): Spielideen zur Bibel. Anregungen und Beispiele für Schule und Gemeinde. Lahr.

Hacker, Hartmut (1999): Umdenken und neue Akzente. Schulanfang in pädagogischer Sicht. In: Grundschule 31 H. 6, 8–9.

Halbfas, Hubertus (1982): Das dritte Auge. Religionsdidaktische Anstöße. Düsseldorf.

Halbfas, Hubertus (1983): Religionsunterricht in der Grundschule. Lehrerhandbuch 1. Zürich.

Halbfas, Hubertus (1984): Religionsunterricht in der Grundschule. Lehrerhandbuch 2, Düsseldorf.

Halbfas, Hubertus (1985a): Religionsunterricht in der Grundschule. Lehrerhandbuch 3. Düsseldorf.

Halbfas, Hubertus (1985b): Die freie Arbeit. In: Halbfas (1985a), 34–38.

Halbfas, Hubertus (1985c): Was heißt »Symboldidaktik«? In: Biehl, Peter u.a. (Hg.): Jahrbuch der Religionspädagogik 1984 (JRP 1). Neukirchen-Vluyn, 68–94.

Halbfas, Hubertus (1991): Wer sind unsere Schülerinnen und Schüler? Wie religiös sind sie? In: KatBl 116, 744–753.
Hameyer, Ute/Heckt, Dietlinde Hedwig (2004): Bildungsstandards: »die« Lösung? In: Grundschule. Special: Standards, 3–6.
Hanisch, Helmut (1996): Die zeichnerische Entwicklung des Gottesbildes bei Kindern und Jugendlichen. Stuttgart/Leipzig.
Hanisch, Helmut (2001): Kinder als Philosophen und Theologen. In: Glaube und Leben 16 H. 1, 4–16.
Hanisch, Helmut (2002): Kinder als Philosophen und Theologen. In: Lux, Rüdiger (Hg.): Schau auf die Kleinen ... Das Kind in Religion, Kirche und Gesellschaft. Leipzig, 156–177.
Hanisch, Helmut/Bucher, Anton (2002): Da waren die Netze randvoll. Was Kinder von der Bibel wissen. Göttingen.
Hänsel, Dagmar (Hg.) (1992): Das Projektbuch Grundschule. 4. Aufl. Weinheim.
Härle, Wilfried (1992): Der Toleranzgedanke im Verhältnis der Religionen. In: Müller, Erich Wolfgang/Schulz, Hartmut (Hg.): Theologie und Aufklärung. FS Hornig. Würzburg, 323–338.
Härle, Wilfried (1995): Dogmatik. Berlin/New York.
Harz, Frieder (1982): Musik, Kind und Glaube. Zum Umgang mit Musik in der religiösen Erziehung. Stuttgart.
Harz, Frieder (1992): Mit Kindern beten. Situation klären, Praxis gestalten. Nürnberg.
Harz, Frieder (1995): Mit Kindern singen. Zugänge und Anregungen zu Liedern aus dem Evangelischen Gesangbuch. Bayreuth.
Hastedt, Heiner u.a. (1999): Philosophieren mit Kindern in der Grundschule (Rostocker Phil. Manuskripte 7). Rostock.
Haunerland, Winfried (1999): Die Sehnsucht nach Ritualen und der Anspruch der Liturgie. In: Lebendige Seelsorge 50, 282–333.
Heid, Helmut (1992): Was leistet das Leistungsprinzip? In: Zeitschrift für Berufs- und Wirtschaftspädagogik 88 H. 2, 91–108.
Heil, Stefan/Ziebertz, Hans-Georg (2002): Religion, Glaube und Aufwachsen heute. In: Bitter u.a. (Hg.), 20–25.
Heil, Stefan/Ziebertz, Hans-Georg (2003): Abduktive Korrelation: der dritte Weg. In: KatBl 128, 290–297.
Heilmeier, Ulla/Gandlau, Thomas (2002): Fächerverbindendes und projektorientiertes Lernen. In: Katholisches Schulkommissariat in Bayern (Hg.), 141–149.
Heimbrock, Hans-Günter (1977): Fantasie und christlicher Glaube. Zum Dialog zwischen Theologie und Psychoanalyse. München/Mainz.
Heimbrock, Hans-Günter (1988): Wider die religiösen Kopfgeburten. In: Nipkow/Schweitzer/Fowler (Hg.), 193–210.
Heimbrock, Hans-Günter (1989): Ritual als religionspädagogisches Problem. In: Biehl u.a. (Hg.), 45–81.
Heimbrock, Hans-Günter (1990): Rituale in religionspädagogischer Perspektive – Chancen und Gefahren. In: RpB H. 26, 135–147.
Heimbrock, Hans-Günter (1997): Rituale: Unsinn oder Beitrag zu religiöser Sinn-Bildung? In: Wermke, Michael (Hg.): Rituale und Inszenierungen in Schule und Unterricht. Münster, 25–47.
Heimbrock, Hans-Günter (1998): »Modo religioso«. Klang und religiöse Bedürfnisse. In: Heimbrock, Hans-Günter/Failing, Wolf-Eckart: Gelebte Religion wahrnehmen. Lebenswelt – Alltagskultur – Religionspraxis. Stuttgart u.a., 69–90.

Heimbrock, Hans-Günter (1999): Theologisches Bildungsverständnis und das religionspädagogische Problem der Gottesbilder. Zugleich ein Beitrag zur Klärung der ästhetischen Dimension von Religion. In: Dressler, Bernhard/Johannsen, Friedrich/Tammeus, Rudolf (Hg.): Hermeneutik – Symbol – Bildung. Entwicklungstendenzen der Religionspädagogik seit 1945. Neukirchen-Vluyn, 61–83.

Heimbrock, Hans-Günter (2000): Vom Abbild zum Bild. Auf der Suche nach neuen Zugängen zur Religiosität von Kindern. In: Fischer/Schöll (Hg.), 19–39.

Hemel, Ulrich (1988): Ziele religiöser Erziehung. Beiträge zu einer integrativen Theorie. Frankfurt/M. u.a.

Hemel, Ulrich (1990): Ist eine religionspädagogische Theorie des Symbols möglich? In: RpB H. 25, 145–176.

Henning, Karsten/Steib, Rainer (1997): Leitfaden Medienarbeit. Erfahrungsorientierte Medienpraxis für Religionsunterricht und Bildungsarbeit. München.

Hentig, Hartmut von (1985): Ergötzen, Belehren, Befreien. Schriften zur ästhetischen Erziehung. München/Wien.

Herion, Horst (1990): Methodische Aspekte des Religionsunterrichts. Ein Kompendium zu Grundsatzfragen, Planung und Gestaltung des Unterrichts. Donauwörth.

Hetzer, Hildegard (1971): Selbstständige Bemühungen kleiner Kinder, Gott zu begreifen. In: EvErz 23, 137–148.

Heuser, August (1993): Reimer Jochims »Rot« im Religionsunterricht? Didaktische Überlegungen zu einem Bild. In: KatBl 118, 48–52.

Hick, John (1996): Religion. Die menschlichen Antworten auf die Frage nach Leben und Tod. München.

Hilger, Georg (1977): Ansätze und Typen der Korrelation von Lebenssituationen und Glaubensinhalten. In: KatBl 102, 250–257.

Hilger, Georg (1993a): Für eine religionspädagogische Entdeckung der Langsamkeit. In: Ders./Reilly (Hg.), 261–279.

Hilger, Georg (1993b): Korrelation als theologisch-hermeneutisches Prinzip. In: KatBl 118, 828–830.

Hilger, Georg (1994): Für eine Verlangsamung im Religionsunterricht. In: KatBl 119, 21–30.

Hilger, Georg (1998): Wahrnehmung und Verlangsamung als religionsdidaktische Kategorien. Überlegungen zu einer ästhetisch inspirierten Religionsdidaktik. In: Heimbrock, Hans-Günter (Hg.): Religionspädagogik und Phänomenologie. Von der empirischen Wendung zur Lebenswelt. Weinheim, 138–157.

Hilger, Georg (1999): »Achte auf den rechten Augenblick!« (Sir 4,20). Zum Umgang mit der Zeit in Religionsunterricht und Christenlehre. In: CRP 52 H. 2, 9–18.

Hilger, Georg (2000a): Eine Theologie des Radierens. Wie Kinder an ihren Gottesvorstellungen arbeiten. In: KatBl 125, 162–170.

Hilger, Georg (2000b): Kinder bilden ihre Gottesvorstellungen. Ausdruck einer Kindertheologie? In: Möde, Erwin/Schieder, Thomas (Hg.): Den Glauben verantworten. Paderborn, 297–308.

Hilger, Georg (2000c): Langsamer ist mehr! Vorschläge für eine produktive Verlangsamung des Lernen im Religionsunterricht. In: Schweitzer/Faust-Siehl (Hg.) (2000a), 239–244.

Hilger, Georg (2000d): Wahrnehmungsschulung für »Gottesbilder« von Kindern. Ein Werkstattbericht aus der Lehrerbildung. In: Fischer/Schöll (Hg.), 263–279.

Hilger, Georg (2003a): Ästhetisches Lernen. In: Ders./Leimgruber/Ziebertz, 305–318.

Hilger, Georg (2003b): Umgang mit Bildern der Kunst. In: Ders./Leimgruber/Ziebertz, 209–211.

Hilger, Georg (2003c): Wann wird gelernt? – Vom Kairos und vom guten Umgang mit der Zeit. In: Ders./Leimgruber/Ziebertz, 248–259.

Hilger, Georg (2003d): Welche Wirkung hat der Religionsunterricht? – Leistungsbewertung. In: Hilger/Leimgruber/Ziebertz, 260–270.

Hilger, Georg/Dregelyi, Anja (2002): Gottesvorstellungen von Jungen und Mädchen – ein Diskussionsbeitrag zur Geschlechterdifferenz. In: Bucher u.a. (Hg.), 64–78.

Hilger, Georg/Kropač, Ulrich (2002): Ist Korrelation »out«? In: Bizer u.a. (Hg.), 52–62.

Hilger, Georg/Kropač, Ulrich/Leimgruber, Stefan (2003): Konzeptionelle Entwicklungslinien. In: Hilger/Leimgruber/Ziebertz, 42–66.

Hilger, Georg/Leimgruber, Stephan/Ziebertz, Hans-Georg (2003): Religionsdidaktik. Ein Leitfaden für Studium, Ausbildung und Beruf. 2. Aufl. München.

Hilger, Georg/Reilly, George (Hg.) (1993): Religionsunterricht im Abseits? Das Spannungsfeld Jugend – Schule – Religion. München.

Hilger, Georg/Rothgangel, Martin (2000): Wahrnehmungsschulung für »Gottesbilder« von Kindern. Ein Werkstattbericht aus der Lehrerbildung. In: Fischer/Schöll (Hg.), 261–279.

Hilger, Georg/Schambeck, Mirjam (2001): Imaginatives Lernen und Vorstellungen bilden als Aufgabe des Religionsunterrichts. In: Mendl, Hans/Schiefer Ferrari, Markus (Hg.): Tradition – Korrelation – Innovation. Trends der Religionsdidaktik in Vergangenheit und Gegenwart. FS Weidmann. Donauwörth, 289–301.

Hilger, Georg/Schambeck, Mirjam (2002): »Wenn du mich nach Gott fragst ...« – Konturen eines zeitgemäßen erfahrungsbezogenen Religionsunterrichts in der Grundschule. In: Katholisches Schulkommissariat in Bayern (Hg.), 23–33.

Hilger, Heide (1999): Bewegung und Tanz – schreibend gestalten. In: Böttcher, Ingrid (Hg.): Kreatives Schreiben. Grundlagen und Methoden. Berlin, 138–146.

Hilger, Heide/Hilger, Georg (1996): Religionsunterricht in Bewegung. Ein Beitrag zum ästhetischen Lernen. In: KatBl 121, 296–300.

Hilger, Heide/Hilger, Georg (2000): Bewegung und Tanz – auch im Religionsunterricht! In: ru 30, 46–51.

Hintz, Dieter/Pöppel, Karl/Rekus, Jürgen (1995): Neues schulpädagogisches Wörterbuch. 2. überarb. Aufl. Weinheim/München.

Hoffman, Erving (1973): Wir alle spielen Theater. Die Selbstdarstellung im Alltag. 4. Aufl. München/Zürich.

Höhn, Hans-Joachim (2003): »Zeig's mir!« Drei Gedanken über die Anforderungen an eine theologische Ästhetik. In: KatBl 128, 242–248.

Hoeps, Reinhard (Hg.) (2003): Sehen lernen mit der Bibel. Der Bildkommentar zu »Meine Schulbibel«. München.

Horn, Rudolf (1998): Wo – Was – Wie teuer ? Modelle und Materialien zur Freiarbeit im Religionsunterricht. In: ru 28, 32–38.

Huber, Wolfgang (1990): Art. Leistung. In: TRE, Bd. 20. Hg. von Gerhard Krause u.a. Berlin/New York, 729–733.

Huizinga, Johan (1961): Homo ludens – Vom Ursprung der Kultur im Spiel. Reinbek bei Hamburg.

Hull, John M. (1997): Wie Kinder über Gott reden. Ein Ratgeber für Eltern und Erziehende. Gütersloh.

Humboldt, Wilhelm von (1903): Theorie der Bildung des Menschen (Bruchstück). In: Ders.: Gesammelte Schriften, Bd. 1. Hg. von Albert Leitzmann. Berlin, 282–287.

Humboldt, Wilhelm von (1980): Studienausgabe, Bd. 1. Hg. von Andreas Flitner und Karl Giel. 3. Aufl. Stuttgart.

Humpert, Monika (1996): Kreatives Schreiben – auch im Religionsunterricht! In: KatBl 121, 301–305.

Humpert, Monika (1999): Religion – sein Leben zur Sprache bringen. In: Böttcher, Ingrid (Hg.): Kreatives Schreiben: Grundlagen und Methoden. Berlin, 116–128.

Jank, Werner/Meyer, Hilbert (1991): Didaktische Modelle. Frankfurt/M.

Jendorff, Bernhard (1979): Leistungsmessung im Religionsunterricht. Methoden und Beispiele. München.

Jürgens, Eiko (1999): Brauchen wir ein Pädagogisches Leistungsverständnis? In: Pädagogik 51 H. 1, 47–51.

K., Nora/Hösle, Vittorio (1996): Das Café der toten Philosophen. Ein philosophischer Briefwechsel für Kinder und Erwachsene. München.

Kant, Immanuel (1999): Beantwortung der Frage: Was ist Aufklärung? In: Ders.: Was ist Aufklärung? Hg. von Horst D. Brandt, Hamburg, 20–27.

Kasch, Wilhelm Friedrich (1978): Entchristlichung und religiöse Desozialisation. München/Paderborn.

Kästner, Karl-Hermann (2003): Juristische Bemerkungen zum Vergleichsvorschlag des Bundesverfassungsgerichts in der Auseinandersetzung über den Religionsunterricht in Brandenburg. In: ZPT 55, 18–28.

Katholisches Schulkommissariat in Bayern (Hg.) (1997): Handreichungen. Der Lehrplan katholischer Religionslehre (Hauptschule). München.

Katholisches Schulkommissariat in Bayern (Hg.) (1998): Grundschule: »Das Interesse am Religionsunterricht ist groß«. München.

Katholisches Schulkommissariat in Bayern (Hg.) (2002): Handreichung zum Lehrplan Katholische Religionslehre. München.

Kaufmann, Franz-Xaver (1989): Auf der Suche nach den Erben der Christenheit. In: Ders.: Religion und Modernität. Tübingen, 70–88.

Kehr, Monika (1999): Freie Arbeit im Religionsunterricht. Materialien für die Praxis. Donauwörth.

Klaaßen, Anne (2001): Auf den Anfang kommt es an – Religionsunterricht verbindet. In: Fischer (Hg.) (2001a), 107–110. Zuerst erschienen in: Schönberger Hefte 30 H. 3, 5–7.

Klafki, Wolfgang (1963a): Studien zur Bildungstheorie und Didaktik. 7. Aufl. Weinheim.

Klafki, Wolfgang (1963b): Das pädagogische Problem des Elementaren und die Theorie der kategorialen Bildung. 2. Aufl. Weinheim.

Klafki, Wolfgang (1975): Studien zur Bildungstheorie und Didaktik. Durch ein kritisches Vorwort ergänzte Aufl. Weinheim/Basel.

Klafki, Wolfgang (1976): Sinn und Unsinn des Leistungsprinzips in der Erziehung. In: Ders.: Aspekte kritisch-konstruktiver Erziehungswissenschaft. Weinheim/Basel, 141–176.

Klafki, Wolfgang (1983): Art. Leistung. In: Enzyklopädie Erziehungswissenschaft, Bd. 1. Hg. von Dieter Lenzen. Stuttgart, 491–495.

Klafki, Wolfgang (1985): Konturen eines neuen Allgemeinbildungskonzepts. In: Ders.: Neue Studien zur Bildungstheorie und Didaktik. Weinheim/Basel, 12–30.

Klafki, Wolfgang (1991): Neue Studien zur Bildungstheorie und Didaktik. Zeitgemäße Allgemeinbildung und kritisch-konstruktive Didaktik. 2. erw. Aufl. Weinheim.

Klafki, Wolfgang (1993): Über Wahrnehmung und Gestaltung in der Ästhetischen Bildung. In: Kunst + Unterricht H. 176, 28–29.

Klafki, Wolfgang (1994): Neue Studien zur Bildungstheorie und Didaktik. 4. Aufl. Weinheim/Basel.

Klafki, Wolfgang (1996): Neue Studien zur Bildungstheorie und Didaktik. Zeitgemäße Allgemeinbildung und kritisch-konstruktive Didaktik. 5. Aufl. Weinheim/Basel.

Klee, Paul (1973): Schöpferische Konfessionen. In: Edschmid, Kasimir (Hg.): Tribüne der Kunst und Zeit, Bd. 13. Schöpferische Konfessionen. Nendeln/Liechtenstein (Berlin 1920), 28–40.
Klein, Stephanie (2000a): Gottesbilder von Mädchen als Zugang zu ihrer religiösen Vorstellungswelt. In: Fischer/Schöll (Hg.), 97–128.
Klein, Stephanie (2000b): Gottesbilder von Mädchen. Bilder und Gespräche als Zugänge zur kindlichen religiösen Vorstellungswelt. Stuttgart/Berlin/Köln.
Klein, Stephanie (2002): Religiöse Erziehung in der Familie. In: Bitter u.a. (Hg.), 295–300.
Klie, Thomas (Hg.) (1998a): Der Religion Raum geben. Kirchenpädagogik und religiöses Lernen. Münster.
Klie, Thomas (1998b): Ecclesia quaerens pädagogiam. Wege zur Semantik heiliger Räume. Einführung. In: Ders. (Hg.) (1998a), 5–16.
Klieme, Eckhard u.a. (Hg.) (18.2.) 2003: Zur Entwicklung nationaler Bildungsstandards. Eine Expertise. Berlin.
Kluge, Jürgen (2003): Schluss mit der Bildungsmisere. Ein Sanierungskonzept. Frankfurt/New York.
Knecht, Lothar/Knecht, Martin (1992): Lebendige Bibelarbeit. Beispiele für Schule und Gemeinde. Freiburg/Basel/Wien.
Köcher, Renate (1987): Tradierungsprobleme in der modernen Gesellschaft. In: Feifel, Erich/Kasper, Walter (Hg.): Tradierungskrise des Glaubens. München, 162–182.
Kögler, Ilse (2002): Umgang mit Lied und Musik. In: Bitter u.a. (Hg.), 493–496.
Kohlberg, Lawrence (1995): Die Psychologie der Moralentwicklung. Frankfurt/M.
Kohlberg, Lawrence/Turiel, Elliot (1978): Moralische Entwicklung und Moralerziehung. In: Portele, Gerhard (Hg.): Sozialisation und Moral. Weinheim/Basel, 13–80.
Kohler-Spiegel, Helga (2000): Religiöse Bildung in der Schule. In: Dies./Loretan, Adrian (Hg.): Religionsunterricht an der öffentlichen Schule. Zürich, 187–199.
Kohler-Spiegel, Helga (2002): Lernprozess Juden – Christen. In: Bitter u.a. (Hg.), 221–224.
Kohler-Spiegel, Helga (2004): Riten – Rituale – Sakramente: religionspädagogische Überlegungen. In: KatBl 129, 102–109.
Kohler-Spiegel, Helga/Spiegel, Herta (2000): Meditieren mit Schriften und Formen. Ein Übungsbuch für Erwachsene und Kinder. München.
König, Klaus (1996): Liturgiedidaktische Grundregeln. In: Groß/König (Hg.), 12–130.
König, Klaus (1999): Fremdes verstehen lernen. Zwischen Abgrenzung und Anerkennung. In: KatBl 124, 299–304.
König, Klaus (2002): Menschen anderer Kulturen und Religionen begegnen – Interkulturelles und interreligiöses Lernen. In: Katholisches Schulkommissariat in Bayern (Hg.), 112–120.
Konukiewitz, Wolfgang/Meyer, Hilbert (2002): Handlungsorientiertes Lernen und Projektarbeit. In: Bitter u.a. (Hg.), 511–514.
Kooij, Rimmert van der (2001): Pädagogik und Spiel. In: Roth, Leo (Hg.): Pädagogik. Handbuch für Studium und Praxis. 2. Aufl. München, 293–311.
Korsch, Dietrich (2000): Dogmatik im Grundriss. Eine Einführung in die christliche Deutung menschlichen Lebens mit Gott. Tübingen.
Kossik, Holger (1999): Präsentationen statt Klausuren. In: Pädagogik 51 H. 6, 43–47.
Kraml, Hans (1999): Rituale. Sprachklärungen zu den Grundlagen gesellschaftlicher Wirklichkeit. In: Uhl/Boelder (Hg.), 29–41.
Krappmann, Lothar (1978): Soziale Kommunikation und Kooperation im Spiel und ihre Auswirkungen auf das Lernen. In: Daublebsky, 190–226.

Krauß, Angelika/Radtke, Sybille (2001): Unsere islamisch-christliche Einschulungsfeier. In: Fischer (Hg.) (2001a), 111–112.

Kreuzer, Karl Josef (Hg.) (1983): Handbuch Spielpädagogik, 2 Bde. Düsseldorf.

Kropač, Ulrich (2003): Biblisches Lernen. In: Hilger/Leimgruber/Ziebertz, 385–401.

Kropač, Ulrich (2005): »Da rang Jakob mit einem Mann ...« Skizze einer dekonstruktiven Bibeldidaktik. In: Bahr/Kropač/Schambeck (Hg.), 124–134.

Küenzlen, Gottfried (1994): Der neue Mensch. Zur säkularen Religionsgeschichte der Moderne. München.

Kuhl, Lena/Lögering, Aloys u.a. (2001): Ökumenische Kooperation im Religionsunterricht des 1. Schuljahres. In: Fischer (Hg.) (2001a), 181–187. Zuerst erschienen in: KatBl 123 (1998), 409–417; ferner in: Loccumer Pelikan H. 4/98, 193–198.

Kuld, Lothar (1989): Lerntheorie des Glaubens. Religiöses Lehren und Lernen nach J. H. Newmans Phänomenologie des Glaubensaktes. Sigmaringendorf.

Kuld, Lothar (1992): Entwicklungsstufen des Glaubens? Eine kritische Hinführung zur Theorie von James W. Fowler. In: rhs 35, 313–320.

Kuld, Lothar (2001): Das Entscheidende ist unsichtbar. Wie Kinder und Jugendliche Religion verstehen. München.

Kuld, Lothar/Schmid, Bruno (2001): Lernen aus Widersprüchen. Dilemmageschichten im Religionsunterricht. Donauwörth.

Küng, Hans (1974): Christ sein. München.

Küng, Hans (1987): Existiert Gott? Antwort auf die Gottesfrage der Neuzeit. München/Zürich.

Kunstmann, Joachim (2002): Religion und Bildung. Zur ästhetischen Signatur religiöser Bildungsprozesse. Gütersloh/Freiburg.

Kürschner, Christiane (1998): Kirchenerkundung mit allen Sinnen. Ein Praxisbericht. In: Klie (Hg.) (1998a), 149–156.

Kurz, Helmut (1992/1998): Methoden des Religionsunterrichts. Arbeitsformen und Beispiele. 3. Aufl./4. Aufl. München.

Kurz, Wolfram K. (2002): Meditation. In: Adam/Lachmann (Hg.) (2002a), 350–365.

Kuschel, Karl-Josef (1994): Christologie und interreligiöser Dialog. In: Ven/Ziebertz (Hg.), 89–112.

Lachmann, Rainer (1992): Grundsymbole christlichen Glaubens. Göttingen.

Lachmann, Rainer (1996): Vom religionsdidaktischen Rang des Methodischen. In: KatBl 121, 319–323.

Lachmann, Rainer (2002): Methodische Grundfragen. In: Adam/Lachmann (2002a), 15–38.

Lachmann, Rainer (2004): Gott. In: Lachmann/Adam/Ritter, 108–123.

Lachmann, Rainer/Adam, Gottfried/Reents, Christine (Hg.) (2001): Elementare Bibeltexte. Exegetisch-systematisch-didaktisch. Göttingen.

Lachmann, Rainer/Adam, Gottfried/Ritter, Werner Heinz (2004): Theologische Schlüsselbegriffe. Biblisch – systematisch – didaktisch. 2. Aufl. Göttingen.

Ladenthin, Volker (1999): Braucht Bildung Religion? Das Fach Religion aus der Perspektive der Allgemeinen Pädagogik. In: KatBl 124, 350–359. Wieder abgedruckt in: Fischer (Hg.) (2001a), 31–37.

Lähnemann, Johannes (1996): Weltreligionendidaktische Grundregeln. In: Groß/König (Hg.), 49–67.

Lähnemann, Johannes (1998): Evangelische Religionspädagogik in interreligiöser Perspektive. Göttingen.

Lähnemann, Johannes (2002a): Interreligiöses Lernen I: Islam. In: Bitter u.a. (Hg.), 283–287.

Lähnemann, Johannes (2002b): Musik und Lied im Religionsunterricht. In: Adam/Lachmann (Hg.) (2002a), 299–326.

Lähnemann, Johannes (2003): In ökumenischer und interreligiöser Offenheit. Neue Perspektiven religiösen Lernens in der Grundschule. In: Speck-Hamdan u.a. (Hg.), 94–99.

Lämmermann, Godwin u.a. (Hg.) (1999): Bibeldidaktik in der Postmoderne. Auf dem Weg zu einem religionspädagogisch verantworteten Umgang mit der Bibel. FS Wegenast. Stuttgart/Berlin/Köln.

Landesinstitut für Schule und Weiterbildung (Hg.) (1995): Lehren und Lernen als konstruktive Tätigkeit. Beiträge zu einer konstruktivistischen Theorie des Unterrichts. Bönen.

Lange, Bernward (1995): »Was macht Frederick mit den Mäusen?« Textbezogene gelenkte Fantasie im Deutschunterricht der Grundschule. In: Spinner (Hg.), 135–153.

Lange, Günter (1977): Religionsunterricht als Sehschule durch Metapher. In: KatBl 102, 715–723.

Lange, Günter (1995): Ästhetische Bildung im Horizont religionspädagogischer Reflexion. In: Ziebertz, Hans-Georg/Simon, Werner (Hg.): Bilanz der Religionspädagogik. Düsseldorf, 339–350.

Lange, Günter (2002a): Bildwerke. In: Bitter u.a. (Hg.), 75–78.

Lange, Günter (2002b): Umgang mit Kunst. In: Adam/Lachmann (Hg.) (2002a), 247–261.

Langer, Susanne (1963): Philosophie auf neuem Wege. Das Symbol im Denken, im Ritus und in der Kunst. Frankfurt/M.

Langer, Wolfgang (1986): Ethische Erziehung/Moralpädagogik. In: Bitter u.a. (Hg.), Bd. 1, 265–274.

Lehmann, Christine (1999): Freiarbeit – ein Lern-Weg für den Religionsunterricht? Eine Untersuchung von selbstständigem Lernen im Horizont kritisch-konstruktiver Didaktik. 2. durchges. Aufl. Münster.

Lehmann, Karl (1993): Glauben bezeugen – Gesellschaft gestalten. Freiburg.

Leimgruber, Stephan (2003a): In welchen Beziehungsfeldern steht der Religionsunterricht? In: Hilger/Leimgruber/Ziebertz, 271–281.

Leimgruber, Stephan (2003b): Ökumenisches Lernen. In: Hilger/Leimgruber/Ziebertz, 430–432.

Leimgruber, Stephan (2003c): Woran wird gelernt? – Medien im Religionsunterricht. In: Hilger/Leimgruber/Ziebertz, 219–233.

Lentner, Rudi (2004): Warum Meditation in der Schule so wichtig ist. In: KatBl 129, 429–433.

Lickona, Thomas (1989): Wie man gute Kinder erzieht. Die moralische Entwicklung des Kindes von der Geburt bis zum Jugendalter und was Sie dazu beitragen können. München.

Liebau, Eckart (1998): Der fremde Raum. In: Degen/Hansen (Hg.), 237–244.

Lipman, Matthew (1986): Pixie. Philosophieren mit Kindern. Wien.

Lipman, Matthew/Sharp, Ann M. (1986): Handbuch zu Pixie. Philosophieren mit Kindern. Wien.

Longardt, Wolfgang (1988): Spielbuch Religion. Für den Umgang mit fünf- bis zwölfjährigen Kindern. 65 Ideen, Praxisvorschläge und Werkstattskizzen. 2. Aufl. Lahr u.a.

Longardt, Wolfgang (1999): Das neue Spielbuch Religion. 80 ausgewählte Spiele für die Grundschule, die Gemeinde und den Kindergarten. Düsseldorf.

Lorenz, Gertrud (1988): Singen und spielen. Einfache religiöse Lieder und Spiellieder. Stuttgart.

Lubienska de Lenval, Helene (1961): Die Stille im Schatten des Wortes. Mainz.
Lück, Christhard (2002): Religionsunterricht an der Grundschule. Studien zur organisatorischen und didaktischen Gestalt eines umstrittenen Faches. Leipzig.
Lück, Christhard (2003): Beruf Religionslehrer. Selbstverständnis – Kirchenbindung – Zielorientierung. Leipzig.
Luckmann, Thomas (1999): Phänomenologische Überlegungen zu Ritual und Symbol. In: Uhl/Boelder (Hg.), 11–28.
Luhmann, Niklas (1989): Gesellschaftsstruktur und Semantik, Bd. 3. 11. Aufl. Frankfurt/M.
Lutz, Bernd (2002): Katechese in der Gemeinde. In: Bitter u.a. (Hg.), 305–310.
Lutz, Bernd (2004): Segensfeier und Sakrament. In: KatBl 129, 110–133.
Madelung, Eva (1996): Vorstellungen als Bausteine unserer Wirklichkeit. Grundlegende Gedanken zum Projekt imaginatives Lernen. In: Fauser/Madelung (Hg.), 107–123.
Mangoldt, Hermann von/Klein, Friedrich (1957): Das Bonner Grundgesetz. 2. Aufl. Berlin/Frankfurt.
Martens, Ekkehard (1990): Sich im Denken orientieren. Philosophische Anfangsschritte mit Kindern. Hannover.
Martens, Ekkehard (1999): Philosophieren mit Kindern. Eine Einführung in die Philosophie. Stuttgart.
Martens, Ekkehard (2005): Kinderphilosophie und Kindertheologie – Familienähnlichkeiten. In: Bucher u.a. (Hg.), 12–28.
Maschwitz, Gerda/Maschwitz, Rüdiger (1998a): Stille-Übungen mit Kindern. 3. Aufl. München.
Maschwitz, Gerda/Maschwitz, Rüdiger (1998b): Phantasiereisen zum Sinn des Lebens. München.
Matthes, Joachim (1992): Auf der Suche nach dem »Religiösen«. In: SI 30, 129–142.
Matthews, Gareth B. (1989): Philosophische Gespräche mit Kindern. Berlin.
Mendl, Hans (1997): Religionsunterricht als Hilfe zur Selbstkonstruktion des Glaubens. In: RpB H. 40, 13–23.
Mendl, Hans (2002a): Audiovisuelle Medien. In: Bitter u.a. (Hg.), 540–543.
Mendl, Hans (2002b): Konstruktivismus und Religionspädagogik. In: ZPT 54, 170–184.
Mendl, Hans (2003): Projekt »Ich-Buch«. In: KatBl 128, 269–272.
Menke, Birgit (1992): Freiarbeit. Eine Chance für den Religionsunterricht? Essen.
Merz, Vreni (Hg.) (1994): Alter Gott für neue Kinder. Das traditionelle Gottesbild und die nachwachsende Generation. Freiburg.
Mette, Norbert (1990): Das Kind in der Mitte (Mk. 9,36). Eine Herausforderung für die katholische Schule. In: RpB H. 25, 126–144.
Mette, Norbert (1991): »Und er stellte ein Kind in ihre Mitte« (Mk. 9,36). Kinder als Vorbilder der Jüngerschaft. In: Fleckenstein, Wolfgang/Herion, Horst (Hg.): Lernprozesse im Glauben. FS Neuenzeit. Gießen, 311–318.
Mette, Norbert (1993): Nochmals: Gleichnisse – Schon in der Grundschule? In: KatBl 118, 470–479.
Mette, Norbert (1996): Mit Kindern leben und glauben lernen. In: Concilium 32, 177–184.
Mette, Norbert/Rickers, Folkert (Hg.) (2001): Lexikon der Religionspädagogik, 2 Bde. Neukirchen-Vluyn.
Mette, Norbert/Schweitzer, Friedrich (2002): Neuere Religionsdidaktik im Überblick. In: Bizer u.a. (Hg.), 21–40.
Metz, Johann Baptist (1973): Kleine Apologie des Erzählens. In: Concilium 9, 336–341.
Metz, Johann Baptist (1997): Glaube in Geschichte und Gegenwart. Mainz.

Metz, Johann Baptist (2000): Compassion. Zu einem Weltprogramm des Christentums im Zeitalter des Pluralismus der Religionen und Kulturen. In: Metz/Kuld/Weisbrod (Hg.), 9–18.
Metz, Johann Baptist/Kuld, Lothar/Weisbrod, Adolf (Hg.) (2000): Compassion. Weltprogramm des Christentums. Soziale Verantwortung lernen. Freiburg.
Meyer, Hilbert (1987): Unterrichtsmethoden. Praxisband. Frankfurt/M.
Meyer, Hilbert (1988): Unterrichtsmethoden, 2 Bde. 2. Aufl. Frankfurt/M.
Meyer, Hilbert (2004): Was ist guter Unterricht? Berlin.
Meyer-Blanck, Michael (2000): Liturgie und Ritual. In: Groß/König (Hg.), 349–358.
Meyer-Blanck, Michael (2003): Religion zeigen im Heiligen Raum. In: CRP 56 H. 2, 4–7.
Miederer, Gertrud/Rehlen, Heinz/Weidinger, Norbert (Hg.) (2004): Mitten unter uns. Gebete und Lieder für die Grundschule. Braunschweig/München.
Mieth, Irene/Mieth, Dietmar (1977): Vorbild oder Modell? Geschichten und Überlegungen zur narrativen Ethik. In: KatBl 102, 625–631.
Mittelstraß, Jürgen (1982): Wissenschaft als Lebensform. Reden über philosophische Orientierungen in Wissenschaft und Universität. Frankfurt/M.
Mokrosch, Reinhold (1990): Ethisches Lernen im Religionsunterricht – angesichts der Gewissensentwicklung in Kindheit und Adoleszenz. In: Zubke, Friedhelm (Hg.): Politische Pädagogik. Beiträge zur Humanisierung der Pädagogik. Weinheim, 101–115.
Mokrosch, Reinhold (2001): Gewissen, Gewissensbildung. In: Mette/Rickers (Hg.), Bd. 1, 710–716.
Moltmann, Jürgen (1971): Die ersten Freigelassenen der Schöpfung. München.
Moltmann, Jürgen (1993): Gott in der Schöpfung. Ökologische Schöpfungslehre. 4. Aufl. München.
Monod, Jacques (1979): Zufall und Notwendigkeit. 4. Aufl. München.
Montada, Leo (1995): Moralische Entwicklung und moralische Sozialisation. In: Oerter, Rolf/Montada, Leo (Hg.): Entwicklungspsychologie. Ein Lehrbuch. 3. Aufl. Weinheim, 862–894.
Montessori, Maria (1967/1980): Kinder sind anders. Stuttgart/Frankfurt u.a.
Moran, Gabriel (1988): Alternative Bilder der Entwicklung zur religiösen Lebensgeschichte des Individuums. In: Nipkow/Schweitzer/Fowler (Hg.), 165–180.
Moser, Tilmann (1976): Gottesvergiftung. Frankfurt/M.
Moser, Tilmann (2003): Von der Gottesvergiftung zu einem erträglichen Gott. Stuttgart.
Müller, Eva (2000): Gestalterische Arbeitsformen. In: Schweitzer/Faust-Siehl (Hg.) (2000a), 300–308.
Müller, Eva (2002): Bildnerisches Gestalten. In: Adam/Lachmann (Hg.) (2002a), 211–236.
Müller, Peter (2003): »Da mussten die Leute erst nachdenken ...« Kinder als Exegeten – Kinder als Interpreten biblischer Texte. In: Bucher u.a. (Hg.), 19–30.
Nadolny, Stan (1990): Das Erzählen und die guten Absichten. Münchener Poetik-Vorlesung. München.
Naurath, Elisabeth (2004): Religion als Wegbegleiterin am Schulanfang. In: Grundschule religion H. 6, 35–37.
Neruda, Pablo (1997): Buch der Fragen. 2. Aufl. Bremen.
Nicol, Martin (1992): Art. Meditation II. Historisch/Praktisch-theologisch. In: TRE, Bd. 22. Hg. von Gerhard Krause u.a. Berlin/New York, 337–353.
Niehl, Franz Wendel (1986): Korrelation. In: Bitter u.a. (Hg.), Bd. 2, 750–754.
Niehl, Franz Wendel (1993): Das offene Land vermessen. Über die innere Form des Religionsunterrichts. In: Hilger/Reilly (Hg.), 87–96.

Niehl, Franz Wendel (2002): Lebendiges Erzählen. Informationen und Impulse für Religionslehrer/innen. In: Materialbrief RU 1. Beiheft zu den KatBl. München.

Niehl, Franz Wendel (Hg.) (2003): Leben lernen mit der Bibel. Der Textkommentar zu »Meine Schulbibel«. München.

Niehl, Franz Wendel/Thömmes, Arthur (1998): 212 Methoden für den Religionsunterricht. München.

Nipkow, Karl Ernst (1971): Christlicher Glaubensunterricht in der Säkularität In: Ders.: Schule und Religionsunterricht im Wandel. Heidelberg/Düsseldorf, 236–263.

Nipkow, Karl Ernst (1979): Religionsunterricht in der Leistungsschule. Gütersloh.

Nipkow, Karl Ernst (1986): Elementarisierung als Kern der Unterrichtsvorbereitung. In: KatBl 111, 600–608.

Nipkow, Karl Ernst (1987a): Erwachsenwerden ohne Gott? Gotteserfahrung im Lebenslauf. München.

Nipkow, Karl Ernst (1987b): Leistung. In: Kerkhoff, Engelbert (Hg.): Handbuch religiöser Erziehung, Bd. 1, 163–176.

Nipkow, Karl Ernst (1990): Bildung als Lebensbegleitung und Erneuerung. Gütersloh.

Nipkow, Karl Ernst (1993): Religion in Kindheit und Jugendalter. In: Hilger/Reilly (Hg.), 183–217.

Nipkow, Karl Ernst (1994a): Religion in der Grundschule – in welcher Form? In: Schweitzer/Faust-Siehl (Hg.), 26–37.

Nipkow, Karl Ernst (1994b): Ziele interreligiösen Lernens als mehrdimensionales Problem. In: Ven/Ziebertz (Hg.), 197–232.

Nipkow, Karl Ernst (1996): Ziele ethischer Erziehung heute. In: Adam/Schweitzer (Hg.), 38–61.

Nipkow, Karl Ernst (2002): Elementarisierung. In: Bitter u.a. (Hg.), 451–455.

Nipkow, Karl Ernst/Schweitzer, Friedrich/Fowler, James W. (Hg.) (1988): Glaubensentwicklung und Erziehung. Gütersloh.

Nocke, Franz-Josef (2005): Was heißt »Gott spricht«? Zum Begriff der Offenbarung und zur Subjekt-Rolle aller am Lernprozess Beteiligten. In: Bahr/Kropač/Schambeck (Hg.), 29–39.

Nunner-Winkler, Gertrud (1992): Zur moralischen Sozialisation. In: Kölner Zeitschrift für Sozialpsychologie 44, 252–272.

Oberthür, Rainer (1992): » ... wer nicht fragt, bleibt dumm!« Philosophieren mit Kindern als Impuls für den Religionsunterricht. In: KatBl 117, 783–792.

Oberthür, Rainer (1993): In Sprachbildern der Bibel sich selbst entdecken. Umgang mit einer »Psalm-Wort-Kartei« in Religionsunterricht und Phasen freier Arbeit. In: ru 23, 287–296.

Oberthür, Rainer (1995a): »Das ist ein zweifaches Bild«. Wie Kinder Metaphern verstehen. In: KatBl 120, 820–831.

Oberthür, Rainer (1995b): Kinder und die großen Fragen. Ein Praxisbuch für den Religionsunterricht. München.

Oberthür, Rainer (1995c): »Wer fragt, weiß schon etwas!« Fragenorientiertes Lernen im Religionsunterricht mit Kindern. In: Die Grundschulzeitschrift 90, 50–54.

Oberthür, Rainer (1998): Kinder fragen nach Leid und Gott. Lernen mit der Bibel im Religionsunterricht. München.

Oberthür, Rainer (2000): Die Seele ist eine Sonne. Was Kinder über Gott und die Welt wissen. München.

Oberthür, Rainer (2001): Wie hältst du's mit der Leistung? Bewertungskriterien im Religionsunterricht. In: ru 31, 10–12.

Oberthür, Rainer/Maier, Alois (1998): Gewitternachtkartei. Bilder und Fragen zum Nachdenken und Staunen über Gott und die Welt. Heinsberg.
Odenthal, Andreas (2004): Menschenwelt und Gottesdienst. In: KatBl 129, 409–414.
Oelkers, Jürgen (1994): Die Frage nach Gott. Über die natürliche Religion von Kindern. In: Merz (Hg.), 13–22.
Oelkers, Jürgen (2004): Bildungsstandards vor dem Hintergrund der Schulgeschichte. In: ZPT 56, 195–204.
Oelkers, Jürgen/Wegenast, Klaus (Hg.) (1991): Das Symbol – Brücke des Verstehens. Stuttgart.
Orth, Gottfried (2002): Systematische Theologie. Stuttgart.
Orth, Peter (2002): Umgang mit Bildern. In: Bitter u.a. (Hg.), 489–492.
Orth, Peter (2003): Ästhetischer Religionsunterricht. Ästhetischer Religionsunterricht und die Folgen – ein Überblick über die Rezeption des Ästhetik-Diskurses seit Mitte der 1960er-Jahre in der Religionspädagogik. In: KatBl 128, 249–254.
Oser, Fritz (1988): Das Verhältnis von religiöser Erziehung und Entwicklung. Ein religionspädagogisches Credo. In: RpB H. 21, 12–29.
Oser, Fritz (1996): Moralpsychologische Perspektiven. In: Adam/Schweitzer (Hg.), 81–109.
Oser, Fritz (2001): Moralentwicklung und Moralförderung. In: Rost, Detlef H. (Hg.): Handwörterbuch Pädagogische Psychologie. 2. Aufl. Weinheim, 471–477.
Oser, Fritz u.a. (Hg.) (1985): Kräfteschulung. Mit Lektionsbeispielen. Düsseldorf.
Oser, Fritz/Althof, Wolfgang (2001): Moralische Selbstbestimmung. Modelle der Entwicklung und Erziehung im Wertebereich. Ein Lehrbuch. 4. Aufl. Stuttgart.
Oser, Fritz/Gmünder, Paul (1988): Der Mensch – Stufen seiner religiösen Entwicklung. 2. Aufl. Gütersloh.
Ott, Rudi (1995): Lernen in der Begegnung mit der Bibel. In: Ziebertz/Simon (Hg.), 291–309.
Pestalozzi, Johann Heinrich (1960): Sämtliche Werke, Bd. 6. Lienhard und Gertrud. Hg. von Artur Buchenau/Eduard Spranger/Hans Stettenbacher. 3. Aufl. Zürich.
Petermann, Hans-Bernhard (2002): Wie können Kinder Theologen sein? In: Büttner/Rupp (Hg.), 95–127.
Peters, Claudia (1993): Stille-Übungen. In: LebKat 15, 49–53.
Petillon, Hanns (1993): Das Sozialleben des Schulanfängers. Weinheim.
Petillon, Hanns (2000): Von Adlerauge bis Zauberbaum. 1000 Spiele für die Grundschule. 2. Aufl. Landau.
Pfeifer, Anke (2003): Wie Kinder Metaphern verstehen. Semiotische Studien zur Rezeption biblischer Texte im Religionsunterricht der Grundschule. Münster/Hamburg/London.
Piaget, Jean (1981): Das Weltbild des Kindes. Frankfurt/M.
Piaget, Jean (1983): Meine Theorie der geistigen Entwicklung. Frankfurt/M.
Pieper, Josef (1963): Zustimmung zur Welt. Eine Theorie des Festes. München.
Pirner, Manfred (1999): Musik und Religion in der Schule. Göttingen.
Pirner, Manfred (2001a): Art. Lied. In: Mette/Rickers (Hg.), Bd. 2, 1258–1261.
Pirner, Manfred (2001b): Musik – Religion – Religionsunterricht. Neuere Entwicklungen und Herausforderungen. In: gee-spectrum 3, 4–8.
Pirner, Manfred (2001c): Fernsehmythen und religiöse Bildung. Frankfurt/M.
Polak, Renate (Hg.) (2002): Megatrend Religion? Ostfildern.
Polzin, Manfred/Schneider, Reinhardt/Steffen-Wittek, Marianne (Hg.) (1998): Musik in der Grundschule. Frankfurt/M.

Porzelt, Burkhard (2002a): Bibeldidaktik in posttraditionalen Zeiten. In: RpB H. 49, 33–48.
Porzelt, Burkhard (2002b): Individualisierte Religiosität. In: Bitter u.a. (Hg.), 275–279.
Porzelt, Burkhard/Güth, Ralf (Hg.) (2000): Empirische Religionspädagogik. Grundlagen – Zugänge – Aktuelle Projekte. Münster/Hamburg/London.
Prengel, Annedore (1983): Gestaltpädagogik. Weinheim.
Prokopf, Andreas/Ziebertz, Hans-Georg (2000): Abduktive Korrelation – eine Neuorientierung für die Korrelationsdidaktik? In: RpB H. 44, 19–50.
Prokopf, Andreas/Ziebertz, Hans-Georg (2003): Wo wird gelernt? – Schulische und außerschulische Lernräume. In: Hilger/Leimgruber/Ziebertz, 234–247.
Pütt, Heinz (1983): Der Lehrer als Spielleiter und Animator. In: Kreuzer, Karl Josef (Hg.): Handbuch der Spielpädagogik, Bd. 2. Düsseldorf, 423–441.
Rahner, Hugo (1952): Der spielende Mensch. Einsiedeln.
Rahner, Karl/Vorgrimler, Herbert (Hg.) (1987): Kleines Konzilskompendium. 20. Aufl. Freiburg.
Ramseger, Jörg (2003): LER – eine Alternative zum konfessionellen Religionsunterricht? In: Speck-Hamadan u.a. (Hg.), 100–106.
Raschzok, Klaus (1998): Der Feier Raum geben. In: Klie (Hg.) (1998a), 112–135.
Ratschow, Carl Heinz (1983): Art. Absolutheit des Christentums. In: TRT, Bd. 1. Hg. von Erwin Fahlbusch. 4. Aufl. Göttingen, 29–31.
Reents, Christine (1986): Religionsunterricht im ersten Schuljahr. In: ru 16, 42–44.
Reents, Christine (1999): »Bibel weg – hat kein'n Zweck!« Zwölf Argumente und zwölf Gegenargumente. In: Lämmermann u.a. (Hg.), 337–344.
Reents, Christine (2002): Projektunterricht. In: Adam/Lachmann (Hg.) (2002a), 72–78.
Reich, Helmut (1987): Religiöse und naturwissenschaftliche Weltbilder. Entwicklung einer komplementären Betrachtungsweise in der Adoleszenz. In: Unterrichtswissenschaft 15, 332–343.
Reich, Kerstin (1996): Systemisch-konstruktivistische Pädagogik. Einführung in Grundlagen einer interaktionistisch-konstruktivistischen Pädagogik. Neuwied/Kristel/Berlin.
Reil, Elisabeth (1997): Elementarisierung religiösen Lernens und anzustrebende Qualifikationen im Religionsunterricht der Hauptschule. In: Katholisches Schulkommissariat in Bayern (Hg.), 54–57.
Reil, Elisabeth (2003): Lern- und Erfolgskontrolle. In Weidmann, Fritz (Hg.): Didaktik des Religionsunterrichts. 8. Aufl., 392–408.
Reilly, George (1988): Religionsdidaktik und ästhetische Erziehung. In: RpB H. 22, 55–66.
Reilly, George (1993): Süß, aber bitter. Ist die Korrelationsdidaktik noch praxisfähig? In: Hilger/Reilly (Hg.), 16–27.
Reilly, George (2001): Elementarisierung und Religionsdidaktik. In: KatBl 126, 90–93.
Religionspädagogisches Zentrum der Evang.-Luth. Kirche in Bayern/Religionspädagogisches Zentrum der Kath. Kirche in Bayern (Hg.) (2003): Beobachtungsbogen Religion. Entwurf zur Erprobung. Stand 17.10.03. Heilsbronn und München.
Rendle, Ludwig/Heinemann, Ursula/Kuld, Lothar/Moos, Beatrix/Müller, Alois (1996a): Ganzheitliche Methoden im Religionsunterricht. Ein Praxisbuch. München.
Rendle, Ludwig u.a. (1996b): Mit Farben und Materialien arbeiten. In: Diess. (1996a), 197–210.
Rendle, Ludwig u.a. (1996c): Der Umgang mit Bildern im Religionsunterricht. In: Diess. (1996a), 211–225.

Rendle, Ludwig u.a. (1996d): Meditatives Umgehen mit alltäglichen Dingen. In: Diess. (1996a), 86–96.
Rendtorff, Trutz (1969): Christentum außerhalb der Kirche. Hamburg.
Renkl, Alexander (1996a): Kooperatives problemorientiertes Lernen in der Hochschule. In: Lompscher, Joachim/Mandl, Heinz (Hg.): Lehr- und Lernprobleme im Studium. Bedingungen und Veränderungsmöglichkeiten. Bern, 4–30.
Renkl, Alexander (1996b): Träges Wissen. Wenn Erlerntes nicht genutzt wird. In: Psychologische Rundschau 47, 78–92.
Renz, Andreas/Leimgruber, Stephan (2004): Christen und Muslime. München.
Richter-Frey, Alexandra (1998): Der Tanz in der religiösen Erziehung. Frankfurt/M. u.a.
Rico, Gabriele L. (1984): Garantiert schreiben lernen. Reinbek.
Ricœur, Paul/Jüngel, Eberhard (1974): Metapher. Zur Hermeneutik religiöser Sprache. München.
Riegel, Ulrich (2003): Freiarbeit. In: Hilger/Leimgruber/Ziebertz, 479–488.
Ritter, Werner Heinz (1989): Glaube und Erfahrung im religionspädagogischen Kontext. Göttingen.
Ritter, Werner Heinz (1995): Kommen Wunder für Kinder zu früh? Wundergeschichten im Religionsunterricht der Grundschule. In: KatBl 120, 832–842.
Ritter, Werner Heinz (1999): Reformpädagogik. In: LThK, Bd. 8. Hg. von Walter Kasper u.a. 3. Aufl. Freiburg (Breisgau), 959–960.
Ritter, Werner Heinz (2000a): Kindliche Religion und Fantasie – dargestellt an einem exemplarischen Kapitel der Religionspädagogik. In: Ders. (Hg.) (2000b), 151–180.
Ritter, Werner Heinz (Hg.) (2000b): Religion und Fantasie. Von der Imaginationskraft des Glaubens. Göttingen.
Ritter, Werner Heinz (2001a): Wundergeschichten. In: Lachmann/Adam/Reents (Hg.), 274–301.
Ritter, Werner Heinz (2001b): Stichwort »Elementarisierung«. In: KatBl 126, 82–84.
Ritter, Werner Heinz (2002a): Gott – Gottesbilder. In: Bitter u.a. (Hg.), 89–93.
Ritter, Werner Heinz (2002b): Gottesbilder und religiöse Bildung. In: PrTh 37, 56–66.
Ritter, Werner Heinz (Hg.) (2003): Erlösung ohne Opfer? Göttingen.
Ritter, Werner Heinz (2004a): Schöpfung. In: Lachmann/Adam/Ritter, 320–336.
Ritter, Werner Heinz (2004b): Kirche. In: Lachmann/Adam/Ritter, 187–201.
Ritter, Werner Heinz (2004c): Religion/Konfession/Christentum/Ökumene. In: Lachmann/Adam/Ritter, 300–319.
Ritter, Werner Heinz (2004d): Mission/Absolutheitsanspruch/Theologie der Religionen. In: Lachmann/Adam/Ritter, 240–254.
Ritter, Werner Heinz (2004e): Gebet. In: Lachmann/Adam/Ritter, 74–83.
Ritter, Werner Heinz (2005a): Erfahrungsbezogene Theologie – (Post-)Moderne Spiegelungen. In: Bahr/Kropač/Schambeck (Hg.), 78–88.
Ritter, Werner Heinz (2005b): Weltbild. X. Psychologisch und pädagogisch. In: RGG, Bd. 8. Hg. von Hans Dieter Betz u.a. 4., völlig neu bearbeitete Aufl. Tübingen 2005, 1430–1431.
Ritter, Werner Heinz/Hanisch, Helmut/Nestler, Erich/Gramzow, Christoph (2006): Gott und das Leid in der Sicht von Kindern und Jugendlichen (im Erscheinen).
Ritter, Werner Heinz/Pohlmann, Margarete (Hg.) (2004): Gut oder böse? Urteilsbildung in Schule und Gemeinde. Göttingen.
Ritz-Fröhlich, Gertrud: (1991): Lasst die Kinder fragen! Ergebnisse eines Forschungsprojektes. In: Grundschule 23 H. 4, 67–69.
Rizzuto, Ana-Maria (1975): The Birth of the Living God. A Psychoanalytic Study. Chicago/London.

Rodari, Gianni (1992): Grammatik der Fantasie. Leipzig.

Roessler, Dietrich (1994): Grundriss der Praktischen Theologie. 2. Aufl. Berlin/New York.

Rolff, Hans-Günter/Zimmermann, Peter (1997): Kindheit im Wandel. 5. Aufl. Weinheim.

Rose, Susanne/Schreiner, Martin (2002): »Vielleicht wollten sie ihm das nicht sagen, weil sie finden, dass er noch zu klein dafür ist ...« Begegnung mit dem Sterben und Tod im Religionsunterricht der Grundschule. In: Bucher u.a. (Hg.), 115–128.

Roth, Heinrich (1966): Pädagogische Anthropologie, Bd. I. Hannover.

Rothgangel, Martin (1999): Religionsunterricht als Spiel. In: Angel, Hans Ferdinand (Hg.): Tragfähigkeit der Religionspädagogik. Graz u.a., 97–115.

Rumpf, Horst (1981): Die übergangene Sinnlichkeit. Drei Kapitel über die Schule. München.

Rumpf, Horst (1986): Mit fremdem Blick. Stücke gegen die Verbiederung der Welt. Weinheim.

Rumpf, Horst (1987): Belebungsversuche. Ausgrabungen gegen die Verödung der Lernkultur. München/Weinheim.

Rumpf, Horst (1994): Abschied vom Bescheidwissen. Über Bildung und Sterblichkeit. In: KatBl 119, 232–238.

Rumpf, Horst (1997): Schule als Kunst-Raum. Über zweierlei Künstlichkeit. In: Biehl, Peter u.a. (Hg.): Kunst und Religion (JRP 13). Neukirchen-Vluyn, 129–143.

Rumpf, Horst (2005): Wirklichkeit als Widerfahrnis. Über Sinnenaufmerksamkeit zwischen Religionslehre und allgemeiner Pädagogik. In: Bahr/Kropač/Schambeck (Hg.), 253–263.

Rupp, Hartmut (1998): Rituale – pädagogisch inszeniert. In: Glaube und Lernen 13, 75–87.

Rupp, Hartmut (Hg.) (2006): Handbuch der Kirchenpädagogik. Stuttgart.

Rupp, Hartmut/Rudolf, Ursula (2005): Wie Kinder Kirchenräume wahrnehmen (können). In: Bucher u.a. (Hg.), 132–142.

Ruster, Thomas (2000): Der verwechselbare Gott. Theologie nach der Entflechtung von Christentum und Religion (Quaestiones disputatae 181). Freiburg/Basel/Wien.

Sanders, Nancy I. (2000): Abraham, Moses & Co. Leben zur Zeit des Alten Testaments. Mühlheim.

Sauer, Ralph (1996): Die Kunst, Gott zu feiern. Liturgie wieder entdecken und einüben. München.

Schäfer, Gerd E. (1995): Bildungsprozesse im Kindesalter. Selbstbildung, Erfahrung und Lernen in der frühen Kindheit. Weinheim.

Schaller, Dieter (1988): Musik und Religion. Theologische und unterrichtspraktische Überlegungen. In: Gymnasialpädagogische Materialstelle der Evang.-Luth. Kirche in Bayern (Hg.): Musik im Religionsunterricht. ThF 81. Erlangen, 5–20.

Schambeck, Mirjam (2000): Mystagogisches Lernen. Aufmerksam werden für Gotteserfahrungen. In: MThZ 51, 221–230.

Schambeck, Mirjam (2002): Riesenschwer und kinderleicht – Kinder denken über den Tod nach. In: Bucher u.a. (Hg.), 105–114.

Schambeck, Mirjam (2005): Wie Kinder glauben und theologisieren. In: Bahr/Kropač/Schambeck (Hg.), 18–28.

Scheilke, Christoph Th. (2000): Leistungsbeurteilung im Religionsunterricht der Grundschule. In: Schweitzer/Faust-Siehl (Hg.) (2000a), 191–201.

Scheilke, Christoph Th. (2002): Schule – Schulentwickung – Schulkultur. In: Bitter u.a. (Hg.), 348–352.

Scheilke, Christoph Th./Schweitzer, Friedrich (Hg.) (2002): Wie sieht Gott eigentlich aus? Wenn Kinder nach Gott fragen. Gütersloh.
Scheuerl, Hans (1990): Das Spiel. Untersuchungen über sein Wesen, seine pädagogischen Möglichkeiten und Grenzen. 11. Aufl. Weinheim/Basel.
Scheuerl, Hans (Hg.) (1977): Theorien des Spiels. Weinheim/Basel.
Schillebeeckx, Edward (1979): Menschliche Erfahrung und Glaube an Jesus Christus. Eine Rechenschaft. Freiburg.
Schmid, Hans (1997): Die Kunst des Unterrichtens. Ein praktischer Leitfaden für den Religionsunterricht. München.
Schmid, Hans (1998): Grundschulumfrage der Diözesen Bayern im Fach Katholische Religionslehre (1997). In: Kath. Schulkommissariat in Bayern (Hg.), 5–37.
Schmidt, Günter Rudolf (2003): Fachdidaktischer Umgang mit ethischen Inhalten. In: Adam/Lachmann (Hg.), 381–426.
Schmidt, Günter Rudolf (1974): Einführung in Begriff und Problemstellungen der Didaktik. In: Feifel, Erich u.a. (Hg.): Handbuch der Religionspädagogik, Bd. 2. Gütersloh/Zürich u.a., 23–33.
Schmidt, Heinz (2002): Kinderfrage und Kindertheologie im religionspädagogischen Kontext. In: Büttner/Rupp (Hg.), 11–20.
Schmidt-Leukel, Perry (1996): Worum geht es in der Theologie der Religionen? In: IKZ 25, 289–297.
Schmidt-Leukel, Perry (1997): Theologie der Religionen. Probleme, Optionen, Argumente. Neuried.
Schmitt, Rainer (1983): Musik und Spiel in Religionsunterricht und Jugendarbeit. München/Stuttgart.
Schoberth, Wolfgang (1992): Art. Natur. In: EKL, Bd. 3. Hg. von Erwin Fahlbusch u.a. 3. Aufl. Göttingen, 627–631.
Schoberth, Wolfgang (1997): »Es ist alles durch ihn und zu ihm geschaffen (Kol 1,16)«. In: Stock, Konrad (Hg.): Zeit und Schöpfung. Gütersloh, 143–170.
Schoberth, Wolfgang (2006): Einführung in die theologische Anthropologie. Darmstadt.
Schori, Kurt (1992): Lasset die Kinder ... – ein theologischer Beitrag zur Frage der Religiosität von Kindern. In: EvErz 44, 247–260.
Schörken, Rolf (1994): Historische Imagination und Geschichtsdidaktik. Paderborn.
Schreier, Helmut (1993): Himmel, Erde und ich. Geschichten zum Nachdenken über den Sinn des Lebens, den Wert der Dinge und die Erkenntnis der Welt. Heinsberg.
Schreier, Helmut (1997): Werte, Tugenden und moralisches Urteilsvermögen. In: Grundschule 29 H. 5, 8–10.
Schröder, Bernd (2003): Evangelische Kontaktstunde an Grundschulen. Modelle gelingender Nachbarschaft von Schule und Gemeinde. Neukirchen-Vluyn.
Schröer, Henning (1998): Nicht nur feiern lernen, sondern lernen zu feiern! Unterwegs zu Liturgik und Didaktik in Wechselwirkung. In: Bitter/Gerhards (Hg.), 270–276.
Schroer, Silvia (1987): In Israel gab es Bilder. Nachrichten von darstellender Kunst im Alten Testament. Fribourg/Göttingen.
Schwab, Ulrich (1995): Familienreligiosität. Religiöse Traditionen im Prozess der Generationen. Stuttgart u.a.
Schwab, Ulrich (2000): »Gott ist eine Schwalbe, Mama ein Hund, und ich bin der Schmetterling«. Die Religiosität von Kindern im sozialen Kontext der Familie verstehen. In: Fischer/Schöll (Hg.), 79–95.
Schwab, Ulrich (2002a): Eltern, Kinder und die Religion. In: Wermke (Hg.) (2002a), 34–43.

Schwab, Ulrich (2002b): Religiöse Sozialisation. In: Bitter u.a. (Hg.), 180–184.
Schwan, Alexander (1981): Pluralismus und Wahrheit. In: Böckle, Franz u.a. (Hg.): Christlicher Glaube in moderner Gesellschaft, Bd. 19. Freiburg, 173–211.
Schwandt, Hans-Gerd (Hg.) (1998): Pluralistische Theologie der Religionen. Frankfurt/M.
Schweitzer, Albert (1981): Kultur und Ethik. Gesammelte Werke 2. 3. Aufl. München.
Schweitzer, Friedrich (1987): Lebensgeschichte und Religion. Religiöse Entwicklung und Erziehung im Kindes- und Jugendalter. München.
Schweitzer, Friedrich (1991): Lebensgeschichte und Religion. Religiöse Entwicklung und Erziehung im Kindes- und Jugendalter. 2. durchgesehene Aufl. München.
Schweitzer, Friedrich (1994a): Elternbilder – Gottesbilder. In: KatBl 119, 91–95.
Schweitzer, Friedrich (1994b): Erfahrung – Dialog – Verantwortung: RU in der Schule für morgen. In: KatBl 119, 245–250.
Schweitzer, Friedrich (1994c): Symbole im Kindes- und Jugendalter: Mehr Fragen als Antworten. In: EvErz 46, 16–23.
Schweitzer, Friedrich (1996): Sinn, Fantasie und Symbol. Religionspädagogische Annäherungen an den Zusammenhang von Imagination und Lernen. In: Fauser/Madelung (Hg.), 91–106.
Schweitzer, Friedrich (1999): Kinder und Jugendliche als Exegeten? Überlegungen zu einer entwicklungsorientierten Bibeldidaktik. In: Bell u.a. (Hg.), 238–245.
Schweitzer, Friedrich (2000a): Das Recht des Kindes auf Religion. Gütersloh.
Schweitzer, Friedrich (2000b): Elementarisierung als religionspädagogische Aufgabe: Erfahrungen und Perspektiven. In: ZPT 52, 240–252.
Schweitzer, Friedrich (2002a): Der Religionsunterricht in Deutschland und anderswo. In: Wermke (Hg.) (2002a), 14–21.
Schweitzer, Friedrich (2002b): Entwicklung und Identität. In: Bitter u.a. (Hg.), 188–193.
Schweitzer, Friedrich (2002c): Praktisches Lernen. In: Adam/Lachmann (Hg.) (2002b), 76–83.
Schweitzer, Friedrich (2003a): Elementarisierung im Religionsunterricht. Neukirchen-Vluyn.
Schweitzer, Friedrich (2003b): Postmoderner Lebenszyklus und Religion. Gütersloh.
Schweitzer, Friedrich (2003c): Elementarisierung – ein religionsdidaktischer Ansatz: Einführende Darstellung. In: Ders. (2003a), 9–30.
Schweitzer, Friedrich (2003d): Elementarisierung in der religionsdidaktischen Diskussion. In: Ders. (2003a), 203–220.
Schweitzer, Friedrich (2003e): Was ist und wozu Kindertheologie? In: Bucher u.a. (Hg.), 9–18.
Schweitzer, Friedrich (2003f): Pädagogik und Religion. Stuttgart.
Schweitzer, Friedrich u.a. (1995): Religionsunterricht und Entwicklungspsychologie. Elementarisierung in der Praxis. Gütersloh.
Schweitzer, Friedrich u.a. (Hg.) (2002): Entwurf einer pluralitätsfähigen Religionspädagogik. Gütersloh/Freiburg.
Schweitzer, Friedrich/Biesinger, Albert u.a. (2002): Gemeinsamkeiten stärken – Unterschieden gerecht werden. Erfahrungen und Perspektiven zum konfessionell-kooperativen Religionsunterricht. Freiburg/Gütersloh.
Schweitzer, Friedrich/Faust-Siehl, Gabriele (Hg.) (2000a): Religion in der Grundschule. Religiöse und moralische Erziehung. 4. erw. Aufl. Frankfurt/M.
Schweitzer, Friedrich/Faust-Siehl, Gabriele (2000b): Religionsunterricht am Anfang des 21. Jahrhunderts – Religionspädagogik und Grundschulpädagogik im Dialog. Vorwort zur 4. Aufl. In: Diess. (Hg.) (2000a), 8–31.

Schwerin, Eckart (1998): Geschichte und Bedeutung der Fächergruppe in Mecklenburg-Vorpommern. In: Hastedt, Heiner u.a.: Philosophie und Religion. Zukunft einer Fächergruppe (Rostocker Philosophische Manuskripte H. 5). Rostock, 77–82.
Sieg, Ursula (2001): Advent und Ramadan – eine »doppelt gesegnete Zeit«. In: Fischer (Hg.) (2001a), 199–204.
Sieg, Ursula u.a. (2001): Jesus verleiht der Seele Flügel. Bausteine eines christlich-islamischen Projekts zum »Leben und Wirken Jesu« im »Religionsunterricht für alle«. In: Fischer (Hg.) (2001a), 205–211.
Sievers, Eberhard (2000): Lieder und musikalische Gestaltungen. In: Schweitzer/ Faust-Siehl (Hg.) (2000a), 280–291.
Simon, Werner (1995): Elementarisierung. In: LThK, Bd. 3. Hg. von Walter Kasper u.a. 3. Aufl. Freiburg, 583.
Simon, Werner (2002a): Anmerkungen zum Vergleichsvorschlag zu LER. In: KatBl 127, 147–149.
Simon, Werner (2002b): Religionsunterricht an staatlichen Schulen. In: Bitter u.a. (Hg.), 362–368.
Soeffner, Hans-Georg (1998): Kirchliche Gebäude – Orte der christlichen Religion in der pluralistischen Kultur. In: Klie (Hg.) (1998a), 44–50.
Speck-Hamdan, Angelika (1991): Risiken und Chancen des Schulanfangs. Von der Verantwortung der Lehrer und Lehrerinnen, Schulanfänger nicht zu enttäuschen. In: Grundschule 23 H. 4, 27–29.
Speck-Hamdan, Angelika (1992): Schulanfang: Situation der Einführung und Neuorientierung: In: Faust-Siehl, Gabriele/Portmann, Rosemarie (Hg.): Die ersten Wochen in der Schule. Frankfurt/M., 10–22.
Speck-Hamdan, Angelika u.a. (Hg.) (2003): Kulturelle Vielfalt, religiöses Lernen. Jahrbuch Grundschule IV. Seelze.
Spenn, Matthias (2005): Theologisieren mit Kindern – ein Perspektivenwechsel. In: Bucher u.a. (Hg.), 29–38.
Spiegel, Yorick (1984): Glaube, wie er leibt und lebt. 3 Bde. München.
Spinner, Kaspar H. (1993): Kreatives Schreiben. In: Praxis Deutsch 20 H. 119, 17–23.
Spinner, Kaspar H. (Hg.) (1995): Imaginative und emotionale Lernprozesse im Deutschunterricht. Frankfurt.
Stachel, Günter (1971): Das Bild im Religionsunterricht. Zürich/Einsiedeln/Köln.
Staubli, Thomas (2004): Altorientalische Bilder als Quellenmaterial im Religionsunterricht. In: Gymnasialpädagogische Materialstelle der Ev.-Luth. Kirche in Bayern (Hg.): Altes Testament. ThF 128, 23–53.
Steffensky, Fulbert (1994): Rituale als Lebensinszenierungen. In: Pädagogik 46 H. 1, 27–29.
Stenger, Werner (1977): In Texten zu Hause. In: KatBl 102, 705–714.
Stephan, Achim (2000): Philosophieren mit Kindern im Religionsunterricht. In: Lupe. Forum für den Religionsunterricht im Bistum Fulda H. 2, 20–27.
Stettberger, Herbert (2003): Blick über den Zaun – Religionsunterricht in Europa. In: Hilger/Leimgruber/Ziebertz, 101–104.
Stobbe, Heinz-Günther (1988): Art. Ökumene. In: Drehsen/Häring u.a. (Hg.) (1988a), 897–899.
Stolz, Fritz (1988): Grundzüge der Religionswissenschaft. Göttingen.
Sturm, Wilhelm (2003): Religionspädagogische Konzeptionen. In: Adam/Lachmann (Hg.), 37–86.
Sudbrack, Josef (1993): Christliche Meditation oder Meditation des Christen? In: LebKat 15, 14–22.

Sundermeier, Theo (1996): Den Fremden verstehen. Göttingen.
Sustek, Herbert (1996): Rituale in der Schule. In: Pädagogische Welt 50 H. 1, 34–38.
Tamminen, Kalevi (1993): Religiöse Entwicklung in Kindheit und Jugend. Frankfurt/M.
Taylor, Charles (1997): Multikulturalismus und die Politik der Anerkennung. Frankfurt/M.
Terhart, Ewald (1999): Konstruktivismus und Unterricht. In: ZfPäd 45, 629–647.
Themenheft (1995): »(In) Freiheit lernen. Freiarbeit im Religionsunterricht«. In: ru 25, H. 3.
Themenheft (2001): »Leistung«. In: ru 31, H. 1.
Themenheft (2004): »Anfangen mit Religion«. In: Grundschule religion H. 6.
Theunissen, Michael (1991): Freiheit von der Zeit. Ästhetisches Anschauen als Verweilen. In: Ders.: Negative Theologie der Zeit. Frankfurt/M., 285–298.
Tiefensee, Eberhard (2000): Religiös unmusikalisch? In: KatBl 125, 88–95.
Tillich, Paul (1956): Systematische Theologie, Bd. 1. 3. Aufl. Stuttgart.
Tremel, Alfred K. (1995): Art. Lernen. In: Krüger, Hans-Hermann/Helsper, Werner (Hg.): Einführungen in die Grundbegriffe der Erziehungswissenschaften. Opladen, 93–102.
Troeltsch, Ernst (1962): Religion und Kirche. In: Ders.: Gesammelte Schriften II. 2. Aufl. (Neudruck der Aufl. von 1922). Aalen, 146–182.
Troeltsch, Ernst (1973): Die Absolutheit des Christentums und die Religionsgeschichte. 2. Aufl. Gütersloh.
Tschirch, Reinmar (1997): Biblische Geschichten erzählen. Stuttgart/Berlin/Köln.
Tworuschka, Monika/Tworuschka, Udo/Pfeffer, Rüdiger (2004): Die Weltreligionen – Kindern erklärt. 5. Aufl. Gütersloh.
Tyrell, Hartmann (1982): Familie und Religion im Prozess der gesellschaftlichen Differenzierung. In: Eid, Volker/Vaskovics, Laslo (Hg.): Wandel der Familie, Zukunft der Familie. Mainz, 19–74.
Uhl, Florian (1999): Rituale – Aspekte eines interdisziplinären Diskurses in der Religionsphilosophie. In: Ders./Boelderl (Hg.), 208–260.
Uhl, Florian/Boelderl, Artur R. (Hg.) (1999): Rituale: Zugänge zu einem Phänomen. Düsseldorf/Bonn.
Utsch, Michael (1990): Glaubensentwicklung als Thema der Psychologie. James Fowlers »Stufen des Glaubens«. In: WzM 42, 359–366.
Van Gennep, Arnold (1986): Übergangsriten. Frankfurt/M. (original: Les rites des passages. Paris 1909).
Veit, Reinhard (1991): Bewahren der Schöpfung. Zehn Unterrichtsentwürfe mit 33 Kopiervorlagen und 8 Dias für das 1.–4. Schuljahr. Lahr.
Ven, Johannes van der/Ziebertz, Hans-Georg (Hg.) (1994): Religiöser Pluralismus und interreligiöses Lernen. Kampen/Weinheim.
Vereinigte Evangelisch-Lutherische Kirche Deutschlands/Arnoldshainer Konferenz (1991): Religion, Religiosität und christlicher Glaube. Gütersloh.
Vogt, Theophil (1985): Bibelarbeit. Grundlegung und Praxismodelle einer biblisch orientierten Erwachsenenbildung. Stuttgart/Berlin/Köln.
Wagner, Falk (1991): Was ist Religion? 2. Aufl. Gütersloh.
Waldenfels, Hans (1994): Phänomen Christentum. Freiburg.
Walter, Günter (1993): Spiel und Spielpraxis in der Grundschule. Donauwörth.
Weber, Hans-Ruedi (1980): Jesus und die Kinder. Hamburg.
Wegenast, Klaus (1983a): Leistungskontrollen und Noten im RU? In: RL 12 H. 2, 2–6.
Wegenast, Klaus (1983b): Religionsdidaktik Grundschule. Stuttgart.

Wegenast, Klaus (1993): Fragen – Begegnen – Forschen: Lernen außerhalb des Klassenzimmers. In: Adam, Gottfried/Lachmann, Rainer (Hg.): Methodisches Kompendium für den Religionsunterricht. Göttingen, 81–91.
Wegenast, Klaus/Wegenast, Philipp (1999): Biblische Geschichten dürfen auch »unrichtig« verstanden werden. In: Bell u.a. (Hg.), 246–263.
Wegenast, Philipp/Baltscheit, Martin (1997): Lukas haut ab. Eine Bildergeschichte zum Gleichnis vom verlorenen Sohn. Lahr.
Weidemann, Bernd (1995): Lernen und Lerntheorien. In: Lenzen, Dieter (Hg.): Enzyklopädie Erziehungswissenschaft, Bd. 4. Stuttgart, 160–172.
Weidinger, Norbert (1990): Elemente einer Symboldidaktik, Bd. 1: Elemente einer Symbolhermeneutik und -didaktik. St. Ottilien.
Weidinger, Norbert (2002): Gebets- und Liturgie-Erziehung im Niemandsland? In: Katholisches Schulkommissariat in Bayern (Hg.), 196–199.
Weidmann, Fritz (1974): Kreative Schüler. Zürich/Einsiedeln/Köln.
Weinert, Franz E. (1996): Lerntheorie und Instruktionsmodelle. In: Ders. (Hg.): Psychologie des Lernens und der Instruktion. Göttingen/Bern u.a., 1–47.
Weinrich, Harald (1973): Narrative Theologie. In: Concilium 9, 329–334.
Weiß, Ingrid/Futterlieb, Hartmut (2001): Stille-Übung in der Grundschule. In: Fischer (Hg.) (2001a), 161–171.
Welsch, Wolfgang (1991): Unsere postmoderne Moderne. 3. Aufl. Weinheim.
Welsch, Wolfgang (1993): Ästhetisches Denken. 3. Aufl. Stuttgart.
Werbick, Jürgen (1990): Wagnis des Glaubens. Wie glaubwürdig ist der Glaube? München.
Werbick, Jürgen (1992a): Bilder und Wege. Eine Gotteslehre. München.
Werbick, Jürgen (1992b): Theologische Ästhetik nach dem Ende der Kunst. In: RpB H. 30, 10–29.
Werbick, Jürgen (2003): Der Zweifel gehört dazu. Gespräch mit Jürgen Werbick über die Bedeutung des Gebets und die landläufige Gebetspraxis. In: ZZ 4, 33–36.
Wermke, Michael (Hg.) (2002a): Aus gutem Grund: Religionsunterricht. Göttingen.
Wermke, Michael (2002b): Religion in Gottesdienst und Unterricht. Von den zwei Seiten einer Medaille. In: Ders. (Hg.) (2002a), 198–206.
Westermann, Claus (1971): Schöpfung. Stuttgart/Berlin.
Wichelhaus, Manfred/Stock, Alex (1981): Bildtheologie und Bilddidaktik. Studien zur religiösen Bildwelt. Düsseldorf.
Wild, Peter (1993): Dem Leben ausgesetzt. Hinführung zur Meditation. In: LebKat 15, 28–31.
Willert, Albrecht (2002): Religionsunterricht als fachübergreifender und fächerverbindender Unterricht. In: Wermke (Hg.) (2002a), 191–197.
Winkler, Amelie (1994): Rituale in der Grundschule. Erfundene Wirklichkeiten gestalten. In: Pädagogik 46 H. 1, 10–14.
Winnicott, Donald W. (1973): Vom Spiel zur Kreativität. Stuttgart.
Winnicott, Donald W. (1978): Warum Kinder spielen. In: Flitner (Hg.), 107–111.
Winter, Felix (1996): Schülerselbstbewertung. Die Kommunikation über Leistung verbessern. In: Bambach, Heide u.a (Hg.): Prüfen und Beurteilen. Zwischen Fördern und Zensieren (Friedrich Jahresheft XIV). Seelze, 34–37.
Wirth, Andrea (2004): Wie gehen Christen und Muslime mit ihren heiligen Büchern um? In: KatBl 129, 333–338.
Wittgenstein, Ludwig (1975): Philosophische Untersuchungen. 3. Aufl. Frankfurt/M.
Wohlrab-Sahr, Monika (1993): Zwischen Unsicherheitstoleranz und rigider Sicherung. In: Hilger/Reilly (Hg.), 171–182.

Wolf, Christof (2003): Religion und Familie in Deutschland. In: ZEE 47, 53–71.
Wöller, Hildegunde (2004): Faszination vom Geheimnis und die Tränen der Braut. In: KatBl 129, 86–93.
Zahrnt, Heinz (1970): Gott kann nicht sterben. München.
Ziebertz, Hans-Georg (1994a): Gottesbilder in der Adoleszenz. In: KatBl 119, 606–615.
Ziebertz, Hans-Georg (1994b): Religionspädagogik als empirische Wissenschaft. Beiträge zu Theorie und Forschungspraxis (Forum zur Pädagogik und Didaktik der Religion 8). Weinheim.
Ziebertz, Hans-Georg (1999): Religion, Christentum und Moderne. Veränderte Religionspräsenz als Herausforderung. Stuttgart.
Ziebertz, Hans-Georg (2002): Gesellschaft und Öffentlichkeit. In: Schweitzer u.a. (Hg.), 204–226.
Ziebertz, Hans-Georg (2003a): Ethisches Lernen. In: Hilger/Leimgruber/Ziebertz, 402–419.
Ziebertz, Hans-Georg (2003b): Gesellschaftliche Herausforderungen der Religionsdidaktik. In: Hilger/Leimgruber/Ziebertz, 67–87.
Ziebertz, Hans-Georg (2003c): Projektorientiertes Lernen. In: Hilger/Leimgruber/Ziebertz, 455–470.
Ziebertz, Hans-Georg (2003d): Wer initiiert religiöse Lernprozesse? Rolle und Person der Religionslehrerinnen und Religionslehrer. In: Hilger/Leimgruber/Ziebertz, 180–200.
Ziebertz, Hans-Georg/Kalbheim, Boris/Riegel, Ulrich (2003): Religiöse Signaturen heute. Gütersloh/Freiburg.
Ziebertz, Hans-Georg/Leimgruber, Stefan (2003): Interreligiöses Lernen. In: Hilger/Leimgruber/Ziebertz, 433–442.
Ziebertz, Hans-Georg/Simon, Werner (Hg.) (1995): Bilanz der Religionspädagogik. Düsseldorf.
Ziehe, Thomas (1987): Für inszenierte Ereignisse und gegen die symbolische Verödung der Schule. In: Westermanns Pädagogische Beiträge 39 H. 7/8, 16–19.
Zilleßen, Dietrich (2000): Lernentscheidungen: Elementarisierung im Religionsunterricht. In: ZPT 52, 252–262.
Zilleßen, Dietrich/Gerber, Uwe (1997): Und der König stieg herab von seinem Thron. Frankfurt/M.
Zimmer, Siegfried (2002): Erzählen. In: Bitter u.a. (Hg.), 481–484.
Zinnecker, Jürgen u.a. (2002): null zoff und voll busy. Die erste Jugendgeneration des neuen Jahrhunderts. Opladen.
Zinnecker, Jürgen/Silbereisen, Rainer K. (1996): Kindheit in Deutschland. Weinheim/München.
Zisler, Kurt (1988): Das Symbol als religiöse Sprachform. In: Leitner, Rupert u.a. (Hg.): Religionspädagogik, Bd. 2. Wien, 135–165.
Zoller, Eva (1991): Die kleinen Philosophen. Vom Umgang mit »schwierigen« Fragen. Zürich.
Zulehner, Paul Michael/Denz, Hubert (1993): Wie Europa lebt und glaubt. Düsseldorf.

Stichwortregister